珠江航运史

交通运输部珠江航务管理局 编

华南理工大学出版社
·广州·

图书在版编目（CIP）数据

珠江航运史 / 交通运输部珠江航务管理局编. ——广州：华南理工大学出版社，2024.10.
ISBN 978–7–5623–7875–4

Ⅰ . F552.9

中国国家版本馆 CIP 数据核字第 2024G7D33 号

Zhujiang Hangyun Shi

珠江航运史

交通运输部珠江航务管理局　编

出 版 人：房俊东
出版发行：华南理工大学出版社
　　　　　（广州五山华南理工大学17号楼，邮编510640）
　　　　　http://hg.cb.scut.edu.cn　E-mail: scutc13@scut.edu.cn
　　　　　营销部电话：020-87113487　87111048（传真）
责任编辑：王昱靖
责任校对：龙祈君　盛美珍　黄文卿
印 刷 者：广州一龙印刷有限公司
开　　本：787 mm×1092 mm　1/16　印张：33.25　插页：6　字数：852千
版　　次：2024年10月第1版　印次：2024年10月第1次印刷
定　　价：398.00元

版权所有　盗版必究　印装差错　负责调换

《珠江航运史》编审委员会

主　　任：李永恒
副 主 任：王灿强　贾绍明　胡华平　黄　强　赵　谨
　　　　　羊少刚　宋国锋　陈建平　唐强荣
委　　员：雍清赠　王平安　刘将铭　蔡海卫　古　劲
　　　　　吴彩英　刘梅珠　黄淦鑫　虞飞虎　黄翔宇

《珠江航运史》编纂委员会

主　　编：王灿强
执行主编：李小健　刘将铭
成　　员：范庆萍　汪　健　黄国勋　肖　勇　何静涛
　　　　　孙赛薇　陈振奋　易　燕　徐　洁　曾　莹
　　　　　赵　卓　廖　原　谢　晓　冯淑贤　黄月华
　　　　　彭娉容　李金泉　夏新海　阮晶晶　张懿慧
　　　　　罗栋文　左自林　张　兵　张俊峰　林炳勇
　　　　　陈　迎　韦华文　周　刚　罗文泊　方泽慧
　　　　　徐大春　黄敬华　李雪涵　谢瑞灵

序 言

　　珠江是我国第二大通航河流,发源于云贵高原的马雄山,流域地跨我国滇、黔、桂、粤、湘、赣六省(自治区)及越南部分地区,流域面积45.4万平方千米,其中我国境内44.2万平方千米。珠江流域北依五岭,南临南海,地处亚热带,气候温和,雨量充沛;河流纵横,天然成网,四季通航;自然资源丰富,地理环境优越,具有得天独厚的发展航运优势。

　　珠江航运源远流长,为沿江经济开发、社会进步和文明发展作出了重要的贡献。2000多年前,秦代开凿的灵渠,沟通珠江与长江两大水系,是世界上最古老的运河,创下了人类航运史上的一大奇迹,对全国统一、中原与岭南经济文化交流产生了深远影响。隋唐时期,经济繁荣,社会稳定,朝野重视水上交通,除两度大修灵渠外,还开辟了一条连通湘、桂、黔的相思埭运河。以广州作为主要始发港之一的"海上丝绸之路"在唐宋时期达到鼎盛,是中国与世界其他国家经济文化交流的重要通道,广州港亦成为珠江内河航运向海外延伸的重要纽带,成为"雄藩夷之宝货,冠吴越之繁华"的东方大港,至宋元而长盛不衰。宋元以后,我国北方战乱频仍,经济受挫,人口流失,而岭南地区相对安定,大批士民举族南迁,促进了岭南地区的经济社会发展。随着中原地区科技文化的融入,珠江流域造船与航海技术取得长足进步,为明清时期航运进一步发展创造了条件。从"鸦片战争"战败至清政府覆亡,帝国主义列强通过不平等条约和武力威胁等各种手段攫取了我国的江海航行权,垄断我国的内河航运业,珠江航运遭受了严重打击,在曲折斗争和极端困难中求生存图发展,直至中华人民共和国成立,珠江航运才迎来了新生。

中华人民共和国成立后，在中国共产党的领导下，珠江航运走上了一条乘风破浪、开拓前进的康庄大道。在"大跃进"时期和"文化大革命"时期，珠江航运经受重大考验，屡蹶屡起。1978年，党的十一届三中全会召开，改革开放的第一声春雷震响南粤大地，珠江航运抢抓改革之先机，取得了前所未有的巨大进步。

改革开放四十年多来，特别是党的十八大以来，在以习近平同志为核心的党中央坚强领导下，交通运输部高度重视珠江航运的改革发展，大力推进珠江水运供给侧结构性改革，补齐基础设施发展的短板，加强管理，优化服务，合力建设珠江黄金水道。珠江水系各省（自治区）党委政府积极响应，加快推进珠江航运建设，珠江航运迎来了"非凡十年"高质量发展的黄金时期，先后达成了"亿吨水网、亿吨干线、亿吨港口、亿吨船闸"的"四个亿吨"目标，实现了"高等级航道里程、船闸货物通过量、船舶平均吨位、内河货运量、港口吞吐量"的"五个倍增"目标，在服务"一带一路"倡议及粤港澳大湾区、西部陆海新通道、珠江—西江经济带等国家战略实施，促进泛珠三角区域协调发展等方面发挥了重要作用。

盛世修史，以史励志，以文化人，是中华民族几千年来的优良传统，也是中华文明延续发展的关键诀窍。"国有史，郡有志，家有谱"，1998年出版的《珠江航运史》对自先秦至1995年的珠江航运发展历史进行了回顾，留下了大量具有重要历史价值和时代意义的珍贵史料。为更好地赓续历史文脉，谱写当代华章，珠江航务管理局落实交通运输部有关修史的指示要求，在流域各省（自治区）交通港航海事部门的大力支持下，组织开展了《珠江航运史》的修编工作，经过一年多的编撰和多次审查修改，修编工作顺利完成。本次《珠江航运史》填补了改革开放以来，特别是中国特色社会主义进入新时代以来珠江航运发展史志方面的空白，以辩证唯物主义和历史唯物主义的观点，深入挖掘和讲述珠江航运发展的过程和规律。我们回眸历史是为了开创未来，为新时代更好地推动珠江航运高质量发展探寻新的思路，提供有益借鉴。

大江大河是上天恩赐，内河航运是祖先遗产。党的二十大吹响了以中国式现代化全面推进中华民族伟大复兴的号角，发出了加快建设交通强国的伟大号召。珠江航运人赶上了一个伟大的时代，将珠江航运做大、做强、做优，加快谱写交通强国珠江航运篇章是广大珠江人无上光荣的职责使命，希望这版《珠江航运史》的面世，能为社会各界了解珠江、认识珠江、建设珠江、发展珠江航运提供有益的参考和借鉴，体现存史、资治和教化的修史之本意。

李永恒

于广州

2024年4月

珠江上游的绿水青山

世界天然河流上最大的单级内河船闸——长洲枢纽船闸

北江飞来峡水利枢纽船闸

珠江上游北盘江 2000 吨级自卸货船竣工下水

西津一、二线船闸

1974年在广州发掘的一处造船工场遗址

珠江源头

2018年1月航拍龙滩

郁江堤库结合防洪骨干工程——百色水利枢纽

北江下游，航道整治（丁坝、锁坝）

西江航运干线水运潜力巨大,"百舸争流,千帆竞发"

西江航运干线长洲水利枢纽船闸

广西大藤峡水利枢纽工程船闸(黔江)

2009年1月1日,时任交通运输部副部长徐祖远(左一)调研珠江航务管理局

2009年11月23—24日，时任交通运输部部长李盛霖（前左二）赴广西、广东调研珠江水运发展

2011年11月26日，时任交通运输部副部长翁孟勇（前右二）到珠江航务管理局调研

2000年4月思贤滘水利枢纽有关通航问题专家研讨会
中国科学院院士、工程院院士窦国仁（左）与时任珠江航务管理局局长赖定荣（右）

1998年珠江水系航运规划领导小组会议，时任珠江航务管理局局长赖定荣（右三）
珠江航务管理局副局长谭林生（右一）、贵州省交通厅副厅长许德友（左三）

2019年9月6日，珠江水运发展高层协调会议在广西南宁召开，时任交通运输部副部长刘小明（右二）、交通运输部水运局副局长杨华雄（左二）、珠江航务管理局副局长李永恒（右一）

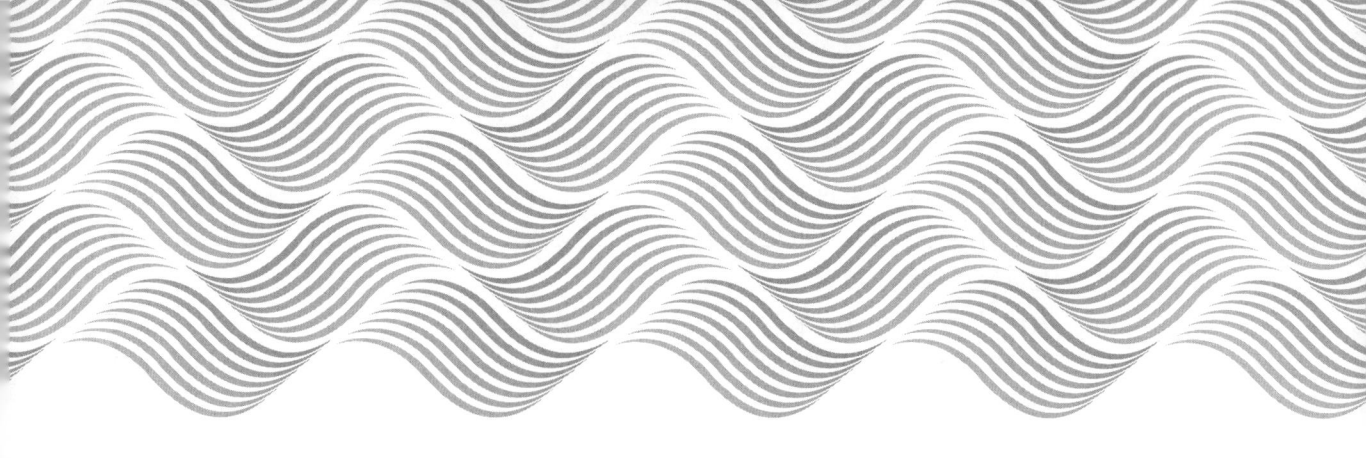

目 录

第一编　古代珠江航运 1

第一章　绪论 2

第一节　珠江流域与诸水系 3
一、自然概貌 3
二、西江水系 5
三、北江水系 7
四、东江水系 7
五、珠江三角洲河网 8
六、出海口门 9

第二节　珠江流域社会经济 10
一、经济资源 10
二、经济产值 11

第三节　发展珠江航运的优越条件 12
一、河流自然条件优越 12
二、经济资源丰富且互补性强 13
三、地域条件优越 13

第四节　珠江航运发展历程及其特征 14

第二章　先秦至南北朝时期珠江航运 18

第一节　先秦珠江流域航运肇起 19

　　　　一、岭南古越人的早期内河水上活动 19
　　　　二、先秦时期楚国对流域航运的影响 20
　　　　三、先秦岭南古越人造船 22
　　第二节　秦代灵渠开凿与珠江航运 22
　　第三节　两汉时期珠江航运的兴起 24
　　　　一、两汉安抚西南诸夷与西江上游水运 25
　　　　二、岭南开拓与珠江中下游航运 28
　　　　三、汉代珠江航道整治 32
　　第四节　两晋南北朝时期混乱对流域航运的影响 34
　　　　一、上游牂牁江航运的衰落 34
　　　　二、下游航运继续发展 34
　　第五节　秦汉时期岭南造船技术发展 36

第三章　隋唐时期珠江航运走向兴盛 38

　　第一节　珠江内河及沿海航运繁荣 38
　　　　一、发展珠江水路交通，加强对岭南的控制 38
　　　　二、海外贸易与海上丝绸之路 39
　　第二节　运河开辟、山道凿疏与航道整治 40
　　　　一、开辟桂柳运河相思埭 40
　　　　二、山道开辟与航道整治 43
　　第三节　丝路明珠——广州港 45
　　　　一、沿江港市初步形成 45
　　　　二、广州港市的兴起 46
　　第四节　广州通海夷道 48
　　第五节　造船与航行技术逐渐成熟 49

第四章　宋元时期珠江航运臻于繁荣 51

　　第一节　宋元海丝与市舶制度 51
　　　　一、宋代海丝空前活跃 51
　　　　二、元承宋制，海丝繁荣 53
　　　　三、宋元市舶制度日臻完善 54
　　第二节　宋元内河航运业的繁荣 57
　　　　一、宋元珠江上游的航运业 57
　　　　二、宋元珠江中下游的航运业 58
　　第三节　宋元时期广州港 61
　　　　一、广州港岸的形成与变迁 61
　　　　二、宋代广州港 62
　　　　三、广州港的短暂衰落 65

  第四节 宋元珠江航道整治 66
    一、航道整治 66
    二、灵渠的维修与管理 66
  第五节 造船与航行技术的演进 67
    一、宋代造船技术新的突破 68
    二、元代造船——第三个造船高峰 69
    三、宋元崖门海战 69

第五章 明代珠江航运体系初步形成 71

  第一节 社会商品经济兴起下的珠江航运 71
    一、水运网络与航运体系初具规模 72
    二、水陆联运与跨流域商品流通日益兴旺 73
  第二节 航道维护与治理 74
  第三节 海禁下的对外贸易和航运管理 75
    一、海禁促成两种对外贸易 75
    二、市舶司的恢复 76
  第四节 西方殖民主义东侵与澳门港的兴起 77
  第五节 明代造船技术臻于巅峰 78
    一、广船定型 78
    二、明代造船场所 79

第六章 清中前期（鸦片战争前）珠江航运 80

  第一节 清初海禁下的珠江航运业 80
    一、商品经济的发展促进水上运输繁荣 80
    二、水陆联运与跨流域商品流通日益兴旺 82
  第二节 粤海关、十三行与珠江航运 83
    一、"一口通商"与广州 83
    二、粤海关 84
    三、清"十三行" 86
  第三节 内河航线增辟与河道整治 88
    一、都柳江航道整修 88
    二、灵渠、相思埭的修治 89
    三、珠江三角洲水运网航道疏浚 90
  第四节 港口码头设施建设 91
  第五节 珠江航运管理与征榷 93
    一、水运管理机构与职能 93
    二、水运管理制度 94
    三、关榷机构的建制与征税 95

  第六节 疍户——独特的船户经营方式 ... 95
  第七节 造船业与航海技术 ... 97
    一、珠江上游的船型与驾技 ... 97
    二、珠江中下游地区的船型类别 ... 97
    三、珠江下游造船工艺与驾船技术的发展 ... 98

第二编 近代珠江航运 ... 101

第七章 晚清珠江民族航运业夹缝求生存 ... 102

  第一节 半殖民地半封建社会经济制度下的珠江航运 ... 102
    一、珠江上游航运的利用 ... 102
    二、西江水系航运的发展 ... 103
    三、珠江下游航运的演变 ... 104
  第二节 列强侵入后通商口岸纷纷被迫开放 ... 106
    一、珠江民族航运业在困境中自求发展 ... 106
    二、珠江下游航运为英商垄断 ... 108
  第三节 内河航行权的丧失与华洋的激烈竞争 ... 108
    一、面对困境发展地方航运 ... 108
    二、奋起抗争兴办轮拖饷渡 ... 109
  第四节 西江中下游航运在控制与反控制中曲折发展 ... 110
    一、在反控制中华资航运业的崛起 ... 110
    二、民族航运业在斗争中曲折发展 ... 111
  第五节 北江、东江的南北通道地位日趋衰落 ... 112
    一、北江水运的衰落 ... 112
    二、东江水运的衰落 ... 113
  第六节 珠江三角洲木船运输的演变及其特点 ... 113
  第七节 航道整治与港口建设 ... 114
  第八节 华商修造船工业的崛起 ... 116
    一、民族造船业的兴起 ... 116
    二、华商修造船业的形成与发展 ... 117

第八章 民国时期珠江航运业艰难发展 ... 118

  第一节 民国时期珠江民营轮运业的兴起与抗争 ... 118
    一、珠江中下游民营轮运业的蓬勃发展 ... 118
    二、外国航运势力的扩张与民营轮运业的衰退 ... 121
  第二节 航道整治与港口建设 ... 123
    一、都柳江的航道维护 ... 123
    二、珠江中上游主要航道的勘测与整治 ... 124

  三、珠江下游航道整治 125
  四、主要港口建设 126
 第三节　航政管理机构的设置和演变 127
 第四节　海员大罢工与抵制英国航运 129
 第五节　日本侵略军占领下珠江航运的苦难 131
  一、日军封锁下珠江航运陷入困境 131
  二、珠江三角洲航运遭受严密控制 132
 第六节　西江和北江航运在抗日战争中的重要作用 132
  一、西江和北江成为大后方交通动脉 133
  二、大后方的水陆联运 133
 第七节　抗日战争胜利后珠江航运的荣枯瞬变 134
  一、战后珠江水系航运迅速恢复 134
  二、水运的混乱与民营航运业的衰落 135
 第八节　珠江特有的花尾渡客货运输 137
  一、花尾渡出现背景 137
  二、花尾渡快速发展 138
 第九节　民族船舶修造业的艰难发展 138
  一、民国官办船业 138
  二、民营船厂及船用机器厂 140

第三编　从新中国走来 143

第九章　新中国初期的珠江航运（1949—1952） 144

 第一节　珠江航运的恢复和发展 144
  一、建立珠江航运管理体系和组织复航 145
  二、建立国营航运企业与加强对个体私营船舶管理 146
  三、整顿运输市场，完善航运规章制度 147
  四、新中国成立初期航运修造船业的恢复 147
 第二节　私营及个体航业的社会主义改造 148
 第三节　重点航道整治 149
  一、陈村水道全线疏浚工程 149
  二、炸除甘竹滩险恶碍航礁石 150
  三、整治都城新滩，保证西江畅通 150

第十章　第一个五年计划期间的珠江航运（1953—1957） 151

 第一节　建立航运管理体系与机构设置 151
  一、统管全水系航运的珠江航运管理局 151
  二、再次实行两广分管的珠江航运 152

>   三、航政管理 153
>   四、建立航道管理机构 153
>   第二节 完成私营及个体航业社会主义改造 153
>   一、私营轮船业公私合营 153
>   二、木帆船的民主改革与合作化 154
>   第三节 珠江内河航运生产恢复与快速发展 156
>   一、改进和加强港航生产管理 156
>   二、第一个五年计划期间珠江航运迅速发展 156
>   第四节 航道规划与航道整治 157
>   一、第一次珠江流域航运规划 158
>   二、航道维护管理 159
>   三、航标规范化建设 160
>   四、右江全线疏浚 162
>   五、郁江、浔江、柳江、红水河等航道重点治理 162
>   第五节 修造船业发展起步 164
>
> 第十一章 "大跃进"与调整时期的珠江航运（1958—1965） 165
>   第一节 航运管理体制的反复变动 165
>   一、港航管理机构变革 165
>   二、开征航道养护费 167
>   三、第二次航道普查 167
>   第二节 航道整治与渠化 168
>   一、大力进行航道整治 168
>   二、航标改革 170
>   三、闸坝碍航造成恶果 170
>   第三节 客货运输的急剧变化 172
>   一、"大跃进"初期运输生产急剧增长 172
>   二、珠江航运生产的回落 173
>   三、调整期间珠江航运的整顿 173
>   四、整顿生产秩序和安全工作 175
>   第四节 水上运输技术革命 176
>   一、船舶技术革新 176
>   二、港口装卸技术进步 176
>   第五节 "大跃进"期间的船舶工业 177
>   一、广州造船厂和文冲船厂的兴建 177
>   二、广东船舶工业的发展 178
>   三、广西船舶工业的发展 178

第十二章 曲折前行的珠江航运（1966—1978） ... 180

第一节 "文化大革命"中的珠江航运 ... 180
一、"文化大革命"期间管理体制的变动 ... 180
二、港航生产能力大幅度下降 ... 181
三、通过整顿恢复生产 ... 182

第二节 十年间的航道整治工程 ... 183
一、陈村水道四方磨切嘴裁弯 ... 183
二、右江综合整治大会战 ... 183
三、连江渠化工程 ... 183
四、红水河恶滩航运梯级及下游航道整治 ... 185
五、东江整治与枕头寨梯级工程 ... 186
六、浔江汊流滩险整治 ... 187

第三节 航道保障系统建设与闸坝碍航 ... 187
一、建成大门滘升船机 ... 187
二、闸坝碍航，恶化水系通航 ... 187
三、建立航道河工模型试验室 ... 189

第四节 运输船舶技术改造 ... 190
一、船舶更新换代，钢质船的发展 ... 190
二、水泥船的建造与推广 ... 191
三、船机更新换代 ... 191
四、船舶与船机首次定型 ... 192

第五节 水系船舶工业的发展 ... 193
一、广东船舶工业的发展 ... 193
二、广西船舶工业的发展 ... 194
三、援外造船建厂 ... 195

第十三章 迈向改革开放的珠江航运事业（1979—1985） ... 196

第一节 改革开放后珠江水运面临新形势 ... 196
一、以港澳为对象的外贸客运发展 ... 196
二、珠三角的集装箱运输发展 ... 197
三、滇黔水运发展步履维艰 ... 198

第二节 管理机制转型与改革 ... 198
一、两广航运管理机构的变革 ... 198
二、航政监督机构得到加强 ... 199

第三节 国有航运企业在改革竞争中发展 ... 199
一、国有航运企业在改革中求发展 ... 200
二、境外联营企业与联运组织 ... 202

第四节	航运规划与航道治理	203
	一、珠江流域航运规划	203
	二、南盘江、北盘江、红水河航道整治	203
第五节	运输安全措施与管理	204
	一、雷雨大风导致的七大海事	204
	二、海事发生后所采取的措施	204
第六节	船舶工业的发展	205
第七节	科技进步和文教建设	207
	一、水运科技取得重要成果	207
	二、教育事业的发展	207
	三、精神文明建设	208

第十四章　稳步发展的珠江航运事业（1986—1995） ... 210

第一节	珠江水运快速发展	210
	一、货运稳步增长，客运逐年下降	210
	二、外贸运输发展迅速	211
	三、港口生产与口岸贸易的增加	212
	四、国有航运企业在改革竞争中发展	212
	五、集体水运企业艰难发展和政府的扶持	212
	六、境外联营企业发展迅速	213
	七、云贵水运发展依旧艰难	215
第二节	企业经营与改革	216
	一、珠江航运企业改革	216
	二、加强企业管理工作	217
第三节	管理机构的变革	217
	一、交通部珠江航务管理局成立	217
	二、航运管理机构深化改革	218
第四节	运输能力增长与技术进步	218
	一、水上运力的发展	218
	二、高速客船的兴起	219
	三、集装箱运输的快速发展	220
第五节	加快推进航道规划与治理	220
	一、《珠江流域综合利用规划报告》	220
	二、西江航运干线一期工程顺利完成	221
	三、珠江三角洲航道整治	222
	四、西江上游航道整治	224
	五、北江渠化、整治工程	226
第六节	港口建设	227

一、西江水系港口 ... 227

　　二、北江水系港口 ... 232

　　三、东江水系港口 ... 232

　　四、珠江三角洲港口 ... 233

第七节　船舶工业发展 ... 240

第十五章　加快发展的珠江航运事业（1996—2002）... 242

第一节　进一步深化港航体制机制改革 ... 242

　　一、港航政策法规的逐步完善 ... 242

　　二、机构改革为珠江航运发展保驾护航 ... 244

第二节　珠江国有水运企业改革步履艰难 ... 246

　　一、广东省港航集团有限公司于困境中谋发展 ... 246

　　二、广西南宁航运总公司"起死回生" ... 248

　　三、梧州港航集团公司抡起自救"板斧" ... 249

　　四、贵州航运企业改革艰难前行 ... 250

　　五、天生桥库区航运协作 ... 251

第三节　珠江水系开启高等级航道网建设 ... 253

　　一、珠江三角洲与西江航道干线建设 ... 253

　　二、西南出海通道建设上马 ... 255

　　三、"两江一河"闸坝碍航治理 ... 256

　　四、航道建设维护工作不断提升 ... 258

　　五、融资体制改革促进珠江水系内河航道发展 ... 259

第四节　港口建设提速 ... 260

　　一、广东主要港口建设 ... 261

　　二、广西主要港口发展 ... 262

　　三、贵州主要港口发展 ... 262

　　四、云南天生桥库区码头建设 ... 263

第五节　水路运输市场治理整顿和调整 ... 263

　　一、水路运输市场治理整顿 ... 264

　　二、旅客运输转向发展旅游客运 ... 265

第六节　珠江水运安全形势明显好转 ... 267

　　一、水上安全监督管理体制改革 ... 267

　　二、开展"三年水上运输安全管理年"活动 ... 268

第七节　启动珠江船舶标准化工作 ... 270

　　一、珠江水系船舶工业结构调整 ... 270

　　二、珠江水系船型标准化的起步 ... 271

　　三、珠三角船型标准化工作推进 ... 271

第八节　航运科技的发展 ... 274

一、信息化建设 274
　　二、船型研究与开发 274
　　三、新机械新技术的应用 275
　第九节　香港回归与加入 WTO 对珠江航运的影响 275
　　一、香港回归加强了珠江航运的区位优势 275
　　二、加入 WTO 对珠江航运的影响 276

第十六章　融入全球化的珠江航运（2003—2012） 279
　第一节　与时俱进的珠江航运管理机制 279
　　一、政策法规建设推动港航事业 279
　　二、推进航运机制体制改革 282
　　三、大力推进港航法治建设 284
　第二节　珠江水系航道网规划与建设 285
　　一、航道建设稳步前进 287
　　二、珠江三角洲高等级航道网建设 289
　　三、西南水运出海通道建设 291
　　四、广西初步形成亿吨级黄金水道 293
　　五、推进闸坝碍航问题解决 294
　　六、贵州航电枢纽建设新探索 296
　第三节　港口建设规模进一步扩大 297
　第四节　过船设施和支持保障能力得到进一步提升 298
　　一、过船设施建设 299
　　二、支持保障系统建设 302
　　三、海事保障能力建设 303
　第五节　珠江水上运输深度融入全球化 304
　　一、船舶运力持续提升 304
　　二、客货运输 306
　　三、港口生产 307
　第六节　打造平安航运 314
　　一、开展水上安全专项行动 314
　　二、水系安全事故案例 315
　第七节　新世纪的珠江船舶 316
　　一、船型标准化工作取得重大进展 316
　　二、世纪之交珠江水系船舶工业转型发展 318
　第八节　航运科教迈进新世纪 320
　　一、珠江航运科学研究 320
　　二、珠江水运信息化建设 323
　　三、"航海日"珠江片区活动 325

第四编　迈入新时代 327

第十七章　珠江航运事业迈入新时代（2013—2017） 330

第一节　政策利好助推珠江航运大发展 331
一、珠江水运迎来"21世纪海上丝绸之路"新机遇 331
二、政策层面统筹推进规划发展 331
三、珠江航务管理局行政体制改革促发展 334
四、高层协调机制成为破解难题新路径 335

第二节　港航基础设施快速建设 336
一、航道建设扩能升级 337
二、港口设施不断完善 337
三、通航配套设施建设加快步伐 340
四、贵州实施三年水运建设大会战 343
五、南宁至贵港Ⅱ级航道通航 344

第三节　珠江水运生产增长迅速 347
一、船舶运力结构朝标准化、大型化发展 347
二、客货运输 350
三、港口生产 353
四、重点航道的运输形势 358

第四节　珠江船舶标准化和绿色珠江建设 360
一、持续推进珠江船型标准化工作 360
二、绿色珠江建设步伐加快 361

第五节　建设"平安珠江" 366
一、进一步加强水上安全生产监管 367
二、水上应急救助与专项行动显成效 368

第六节　智慧珠江与航运文化 370
一、航运信息化建设 370
二、珠江航运科技 374
三、"航海日"活动 377

第十八章　高质量发展的珠江航运事业（2018—2022） 379

第一节　科学规划和管理体制改革 379
一、科学谋划珠江水系发展 379
二、推进珠江航务管理局体制改革 386
三、进一步完善珠江水运发展高层协调机制 390
四、建立西江航运干线通航保畅机制 393

第二节　打造珠江航道新格局 394
一、航道建设与升级 395

二、水系主要港口及其基本情况 ... 397
　　三、通航配套设施与海事保障 ... 399
　　四、百色、龙滩枢纽通航设施攻坚实现新突破 ... 403
　　五、西部陆海新通道——（平陆）运河建设 ... 407
第三节　珠江航运生产向高质量发展 ... 410
　　一、船舶运力 ... 410
　　二、客货运输 ... 413
　　三、港口生产 ... 416
　　四、重点航道的运输形势 ... 422
第四节　"平安珠江"更上一层楼 ... 426
　　一、稳步推进安全生产体系建设 ... 428
　　二、水上安全监管稳步推进 ... 429
　　三、水上应急救助 ... 433
　　四、西江航运干线船舶碰撞桥梁隐患治理三年行动 ... 436
　　五、坚决打赢新冠疫情防控攻坚战 ... 438
第五节　打造绿色与智慧珠江航运 ... 441
　　一、绿色智慧政策引领 ... 441
　　二、建设生态航道 ... 444
　　三、推进绿色港口建设 ... 445
　　四、船舶发展——绿色同行 ... 449
　　五、船舶工业深度调整 ... 451
　　六、智慧珠江航运 ... 457
第六节　珠江航运服务提质增效 ... 463
　　一、水路运输管理 ... 463
　　二、航道管理与养护 ... 466
　　三、海事管理 ... 468
第七节　航运科教文化建设 ... 469
　　一、航运文化 ... 469
　　二、科技创新与科学研究 ... 470
　　三、水运教育 ... 472

珠江水系港口与航道示意图 ... 480

大　事　记 ... 481

（一）古代部分：先秦—1839年 ... 481
（二）近代部分：1840—1949年 ... 485
（三）现代部分：1949—2022年 ... 489

后　记 ... 516

第一编 古代珠江航运

第一章
绪论

珠江是我国四大河流之一，其干流全长2 214千米，全流域年径流量3 492亿立方米，居全国江河的第二位，仅次于长江，是黄河年径流量的6倍。珠江流域是一个复合流域，由西江、北江、东江及珠江三角洲诸河等四个水系组成。西、北两江在广东省佛山市三水区思贤滘汇合，东江在广东省东莞市石龙镇汇入珠江三角洲，经虎门、蕉门、洪奇门、横门、磨刀门、鸡啼门、虎跳门及崖门等八大口门汇入中国南海。

珠江河流水系，大约形成于中更新世。有史以来，上游河道比较稳定，下游三角洲河道受人类活动等因素影响而不断发生变化。秦代以前，西江出三榕峡、北江出飞来峡、东江出田螺峡后，有多条古河道及其分出的众多汊道。晋代尤其是进入宋代以后，中原大批人口南迁，大规模筑堤防洪，固定河槽，围垦造地，发展农耕，古河道逐渐淤塞，众多汊道被截断。明清时期，西、北、东三江下游河道逐渐演变成今日形状。与此同时，珠江三角洲加速向南海推进，唐代以前以每年小于10米、宋代以后以每年大于20米的速度自东偏西向南海延伸。其中西江方向推进最快，现今西江主流河口磨刀门仍以每年约100米的速度向南海推进。

"珠江"一词首见于明代嘉靖三十七年（1558）前后黄佐所作的《雨后珠江登望》[①]诗首句"珠江烟水碧濛濛"。清康熙二十五年（1686），《番禺县志》[②]在分述东江、北江、西江之后，指出"粤故海国也，支流为多，而皆源于三江，即西、北、东三江，出虎门入海"。

"珠江"概念的形成，与20世纪后的水利事业发展有密切关系。1914—1936年，督办广东治河事宜处及广东治河委员会曾对珠江流域的主要河流进行勘测研究，仍将西江、北江、东江及珠江视为四条河流，三角洲亦称为"广州三角洲"，"珠江"指的是广州白鹅潭至虎门的一段70多千米的河道。将西江、北江、东江及珠江三角洲诸河四个水系总称为"珠江"的说法，是在20世纪上半期逐步形成的。1937年南京国民政府统一水政，设立珠江水利局，在全国水利系统内明确了"珠江流域"的内涵。1947年珠江水利局向水利部申请办理了珠江正式命名的立法手续，[③]珠江流域进一步获得确认。

---

① 高宗华编著《永修历代诗词选》，百花洲文艺出版社，2017，第245页。
② 孔兴璉修康熙《番禺县志》卷一《舆地 山水附》，岭南美术出版社，2006，第378页。
③ 吴尚时，曾昭璇. 珠江三角洲[J]. 岭南学报，1947, 8(1): 105-122.

关于珠江的源流，明代徐霞客所著的《盘江考》[①]曾记载珠江源位于云南省曲靖市的马雄山。1985年8月，经过云南、贵州、广西、广东四省（自治区）有关部门的调研，确认云南省曲靖市马雄山东麓的双层石灰岩"水洞"为珠江源。

第一节　珠江流域与诸水系

珠江流域地处我国西部偏南地区。其主流西江源出云贵高原，自西向东，斜贯云贵两广，流向华南出海。该流域位于亚热带地区，气候温和，雨量充沛，山清水秀，四季如春。河道纵横，终年不冻；水多沙少，河床稳定，自然条件优越；经济资源丰富，得天独厚。珠江航运源远流长，历史悠久，为我国西南、华南地区经济发展、人类文明及社会进步做出过历史性的巨大贡献。在当代中国新时期的经济建设大潮中，珠江航运在华南地区改革开放、经济建设、发展外贸运输等方面担负重要任务。

珠江水系构成条件比较特殊，它与一般为一条干流加上许多支流汇入而独流或分叉入海的水系有所不同。珠江是西江、北江、东江及珠江三角洲四大河系组成的复合型水系。流域面积在100平方千米以上的支流共260条，其中10 000平方千米以上的6条，1 000~10 000平方千米的49条，100~1 000平方千米的205条；珠江三角洲河网区的河道纵横交错，主要水道近100条，总长达1 600多千米，河网密度居各大水系之冠。

一、自然概貌

珠江流域几度沧桑，大体经历了地槽、准地台、大陆边缘活动带三个地壳构造阶段。经长期演变，逐渐形成以沉积岩、岩浆岩为主体的地层岩性，变质岩亦有分布。珠江流域内沉积岩地层从前震旦系至第四系均有露出，其中地层以寒武系、泥盆系、石炭系、三叠系最为发育。碳酸盐岩是流域内主要岩溶地层。岩浆岩地层集中分布于流域东部两广地区，其他地区只有零星露出，其中以花岗岩类占绝大多数，岩浆多作东北及东西向展布。流域地质构造复杂，体系纷繁，上下游差异较大。珠江流域自西向东分布有五个活动构造地震带：上游地区的通海—石屏地震带；东川—宜良地震带；中下游地区的北起平南、南至北海的灵山地震带；北起佛冈、清远，南经恩平的广州—阳江地震带；东起福建崇安以北的邵武—河源地震带。上游地区活动强度和频度较高，中下游地区则较低，自有记录以来破坏性地震次数不多，未造成较大影响，大地赋予珠江流域的自然条件堪称优越。

（一）地理特征

珠江流域地理位置处于北纬21°31′~北纬26°49′，东经102°14′~东经115°53′，流域范围跨越滇、黔、桂、粤、湘、赣六省（自治区）及越南东北部。流域总面积453 690平方千米，其中我国境内占442 100平方千米，占全国陆地总面积4.7%。[②]

[①] 徐霞客编《徐霞客游记·盘江考》，中华书局，2009，第440页。
[②] 水利部珠江水利委员会. http://www.pearlwater.gov.cn/swh/zjzj/.

珠江流域周缘为分水岭山地环绕，北以南岭、苗岭山脉，西北以乌蒙山脉，西以梁王山脉等与长江流域分界；西南以哀牢山余脉与红河流域接壤；南以十万大山、六万大山、云开、云雾大山与桂粤独流入海诸河分界；东以武夷山脉、莲花山脉与韩江流域相邻。珠江流域地势大体为西北高东南低，由西北向东南倾斜。由自西向东的云贵高原、广西盆地、珠江三角洲平原三个宏观地貌单元构成。三大地貌间均有山地、丘陵作为过渡或分隔，其中以广西盆地为流域主体。按地形的比高划分为山地、丘陵、平原三种基本类型。高程在50米以下的低地平原仅占流域总面积5.6%，山地丘陵占94.4%，山多地少是珠江流域地形一大特征。岩溶地貌发育，碳酸盐岩出露面积达17.35万平方千米，占全流域总面积39.0%，主要连片分布于西江和北江中上游地区，云南路南石林与桂林漓江峰林最为典型，世所罕见。著名的贵州黄果树大瀑布则是由落水洞塌落而成的岩溶瀑布。岩溶区水秀峰奇，石林异洞构成珠江流域特有的风光胜景。珠江三角洲则为第四纪晚更新世中期由西江、北江和东江冲积而成的海湾冲填式三角洲，占流域总面积5.91%。其三面环山，南临大海，以冲积平原为主。平原上分散兀立160多个岛屿残丘及丘陵台地。网河密布、纵横交错，别有一番水乡景象。

（二）气象、水文特征

珠江流域地处亚热带，气候温和，流域年平均气温在14℃～22℃，上下游地区差异不大。上游南盘江开远与北盘江罗甸的年平均气温为19.6℃～19.8℃，为云贵高原区内气温较高的地区；流域中部广西壮族自治区的年平均气温为18.8℃～22.1℃；下游广东西江、北江、东江和珠江三角洲地区年平均气温为20.3℃～21.8℃。流域最高气温42.5℃出现在右江百色，最低气温-9.8℃出现于南盘江陆良。

流域年平均相对湿度在71%～82%。春末夏初阴雨连绵季节，最大相对湿度可达100%，而秋冬季节最小相对湿度为0～14%，广州曾出现3%的最小相对湿度。

流域年平均风速0.7～2.7米/秒，冬季大于夏季，最大风速达30米/秒；多出现在受台风直接影响的沿海地区。流域冬季多偏北风，夏季多偏南风，春秋转季风向不定，多数地区全年中静气机会较多，约占28%～67%。

流域年平均日照时间为1 282～2 243小时，其中南盘江陆良为2 243小时，红水河天峨为1 282小时，全年日照百分率为33%～51%，以南盘江陆良、开远日照百分率较高。

珠江三角洲介于北纬21°30′～23°40′，面向热带性的海洋，形成热带亚热带季风气候。其雨季长，河流的洪水期也较长。约四月间涨水，九月间下落，内河水量丰盈、经冬不冻，有利于航行。

流域雨量充沛，年平均降水量为1470毫米。降水量由东向西递减，一般山地降水多，平原河谷降水少。来源于南海、西太平洋及孟加拉湾的湿暖季风和热带气旋对流域降水影响最大。每年夏秋的台风常给珠江下游带来狂风暴雨，形成灾害。降水季节以夏季最多，约占40%～55%；春秋次之，约占15%～20%；冬季最少，仅占5%～8%。降水年际变化最大可达1.8～2.5倍。

珠江流域水资源丰富，年均总量达3 360亿立方米，占全国水资源总量12%，仅次于长江，居全国各大水系的第二位，年径流模数73.5万立方米/平方千米，居全国首位。

珠江流域年均出海径流总量3 260亿立方米，主要来自西江。西江思贤滘以上年均径流总量2 300亿立方米，约占全流域径流总量的68.5%；北江思贤滘以上年均径流总量510亿立方米，占全流域径流总量的15.2%；东江年均径流总量257亿立方米，占全流域径流总量的7.6%；珠江三角洲诸河年均径流总量293亿立方米，占全流域径流总量的8.7%，径流年内季节变化基本上与降水相同。

珠江是我国七大江河中含沙量最小的河流。多年平均含沙量为0.27千克/立方米，多年平均输沙总量为8 872万吨（相当于长江的17%，黄河的5.6%）。含沙量的年内变化显著，汛期4—9月含沙量在0.14~0.53千克/立方米，一般涨水时的含沙量大于退水时的含沙量。输沙量的年际变化与径流的年际变化相应，即丰水年多沙，枯水年少沙。

珠江水系各河段的含沙量不尽相同。西江水系上游南盘江、北盘江及红水河地面坡度大，植被程度较差，是全流域含沙量最大的河段，其中最大为北盘江大渡口站，年均含沙量为2.61千克/立方米，年均输沙量达1 040万吨；其次为南盘江的江边街站、红水河的迁江站，年均含沙量分别为1.04千克/立方米和0.67千克/立方米，年均输沙量分别为687万吨和463万吨。西江水系中游段地处广西盆地岩溶发育地区，一级支流年均含沙量在0.067~0.34千克/立方米，并有北岸支流比南岸支流含沙量少的趋势。西江干流红水河天峨站的年均含沙量为0.91千克/立方米，含沙量自上游向下游递减，至下游高要站的年均含沙量则只有0.32千克/立方米。北江和东江的含沙量均比西江小，北江的石角站与东江的博罗站年均含沙量均为0.13千克/立方米。全流域含沙量最小的是广西清水河的邹圩站与漓江的桂林站，年均含沙量分别为0.067千克/立方米和0.092千克/立方米。

二、西江水系

西江是珠江水系的主流，发源于云南省曲靖市乌蒙山脉的马雄山东麓，自西向东蜿蜒，流经云南、贵州、广西、广东四省（自治区），至广东省珠海市企人石汇入南海，全长2 214千米，集水面积353 120平方千米，占珠江流域总面积77.8%。

马雄山属乌蒙山系的余脉，年均气温13℃，年降水量约1 000毫米；属泥盆系砂页岩地层；地表植被茂密，草木葱茏，景观优美。自西南向东北排列四座山峰，海拔高程为2 328~2 444米，一峰与四峰之间的山脊长约3.5千米，为南盘江和北盘江的分水岭。

（一）西江干流

西江干流沿途随着主要支流的汇入而划分为五个河段：南盘江、红水河、黔江、浔江、西江等。

南盘江为西江源流段，自马雄山南流经沾益、曲靖、陆良、宜良等县市，至开远折向东北流；经弥勒、泸西、罗平县境，至黄泥河口后，成为黔桂界河。其右岸为广西壮族自治区的西林、隆林、田林；左岸为贵州省的兴义、安龙、册亨、望谟等县，至蔗香双江口北盘江汇入为止，全长914千米，区间集水面积56 880平方千米，河道平均坡降为1.74‰。

南盘江与北盘江于双江口汇合后（以下称为红水河），流经贵州罗甸、望谟，广西天峨、南丹、东兰、巴马、马山、都安、大化、忻城、合山、来宾，至象州石龙柳江汇入三江口，全长659千米，区间集水面积54 870平方千米，河段平均坡降0.366‰。

红水河流经武宣石龙三江口，柳江自左岸汇入，自柳江入口至桂平郁江口河段，全长

122千米，称为黔江。区间集水面积2 210平方千米。河道平均坡降0.0625‰。

黔江和支流郁江在桂平汇合后，称为浔江，至梧州市桂江口全长172千米，区间集水面积20 570平方千米，河道平均坡降0.097‰。

浔江与支流桂江在梧州市区汇合后称西江，至广东三水思贤滘河长208千米，区间集水面积43 860平方千米，河道平均坡降0.086‰。西江自梧州市东流13千米至界首大源涌口即进入广东省境内，河宽水深，浩浩荡荡，气势雄浑；自梧州至肇庆羚羊峡出口，沿岸几乎全部为山丘台地，冈峦起伏，连绵不绝，一般河宽700～2 000米，比降平缓，无急流险滩。肇庆附近有三榕峡、大鼎峡、羚羊峡，被称为西江三峡，沿岸多突出的石咀（鼎）、山角，以及沿江二十余处江心洲，故西江有"三峡、九鼎、十角、二十四沙"之说。其中羚羊峡为西江下游最大的峡谷，长7.5千米，最窄处宽约200米，峡内最大水深83米，为西江最深处。

西江出羚羊峡后，两岸一片平畴沃野，河道宽放，水势消减，陆续出现较大的江心洲，如墨砚洲、琴沙等。流至三水思贤滘，左岸有一条长仅1.5千米的思贤滘水道，将西江与北江自然联通，既可互相调节流量，又成为西江通往佛山、广州的航运捷径。西江、北江自思贤滘开始进入珠江三角洲河网体系。南海潮汐在枯水期可影响至梧州，航道自然条件十分优越。

（二）西江水系主要支流

1. 北盘江

发源于云南省曲靖市马雄山的西北麓，流经云南宣威榕峰，贵州六盘水、普安、晴隆、关岭、兴仁、贞丰、镇宁、册亨等县市，至望谟县蔗香双江口汇入红水河，全长442千米，集水面积26 590平方千米，河道平均坡降2.8‰。北盘江主要支流有清水河、可渡河、打帮河等。中国第一大瀑布——黄果树瀑布即在打帮河上。

2. 柳江

发源于贵州省独山县南部里纳九十九滩，由西向东流经三都、榕江、从江，至八洛入广西境，至三江老堡口，长366千米，称都柳江，有支流古宜河于老堡口汇入。向南流经融安、融水至柳城，长164千米，称融江；柳城以下经柳州市、象州至石龙三江口汇入黔江，长225千米，称为柳江。自发源地至河口长755千米，区间集水面积58 270平方千米，河道平均坡降1.7‰，为西江水系第二大支流。柳江上游为高山峡谷区，两岸多崇山峻岭，河道滩多水急。中下游属低山丘陵平原区，岩溶广布，山水幽奇，风景秀丽。

3. 郁江

发源于云南省广南县九龙山，上游称驮娘江，由西北流向东南，至广西田林县百嘎村与西洋江汇合，继而在云南富源剥隘镇与剥隘河汇合，转向东流至广西百色，其下称为右江，经田阳、田东、平果、隆安至宋村与左江汇合后始称郁江。经南宁、邕宁、横县、贵港至桂平汇入浔江，全长1 145千米，区间集水面积89 870平方千米，我国境内78 280平方千米，越南境内11 590平方千米，为西江水系第一大支流。河道平均坡降0.33‰。

郁江最大支流为左江，发源于越南枯隆山，上游为平而江，流经凭祥至龙州，与源出越南的水口江相汇，流经宁明、崇左、扶绥至邕宁宋村汇入郁江。左江河道曲折，山重水复，峰回路转，蜿蜒于岩溶峰林谷地和孤峰平原之间，其支流明江，山奇水秀，风光优美。古代骆越族人在左江沿岸山崖上留下了50多幅壁画，以明江花山壁画最为壮观。

4. 桂江

发源于广西兴安县猫儿山老山界南侧，上游称大溶江，流至溶江镇与古灵渠汇合后称为漓江，流经灵川、桂林、阳朔至平乐与支流恭城河汇合后称为桂江，再经昭平至梧州市区汇入西江，全长438千米，集水面积18 790平方千米，河道平均坡降0.43‰。桂江迂回穿流于桂东北山区，平乐以下流经山谷之间。漓江自桂林至阳朔长83千米，山清水秀，奇峰百态，素有"百里画廊"之称，漓江山水为闻名中外的旅游胜地。

5. 贺江

发源于广西富川瑶族自治县蛮子岭，流经富川、钟山、贺州市，至广东封开汇入西江，全长338千米，集水面积11 590平方千米，河道平均坡降0.58‰。贺江沿岸主要为山地，丘陵与盆地相间。下游广东段蜿蜒曲折，河道逐渐开阔。

三、北江水系

北江发源于江西省信丰县石碣大茅山，流经广东南雄、始兴、曲江、韶关、英德、清远等县市，至三水思贤滘与西江沟通，进入珠江三角洲河网区。自发源地至思贤滘全长468千米，集水面积46 710平方千米，占珠江流域总面积10.3%，河道平均坡降0.26‰。上游段称为浈水，流至韶关与支流武水汇流后始称北江。沿河两岸主要为山地丘陵，峡谷与盆地相间，韶关以下有王母峡、香炉峡、大庙峡、盲仔峡、飞来峡等，最大为飞来峡，长9千米，水深37米，风光优美，坐落有名刹古寺，历代享有盛名。出飞来峡后进入下游平原地区，地势开阔平坦，与珠江三角洲连成整体。

北江下游河道宽阔，江心洲连绵不绝，沿岸建有大堤，为广州市的防洪屏障。

其主要支流有武水、翁江、连江、绥江等。连江古称湟水，自连州以下至沧洗段长133千米；中华人民共和国成立后已修建11座以航运为主，兼顾发电、灌溉综合利用的水利枢纽，可通航百吨级船舶，为全国第一条山区渠化河流。

四、东江水系

东江发源于江西省寻乌县的桠髻钵，从源头流至广东省龙川县合河坝河段称寻乌水，长138千米。沿河两岸为崇山峻岭，河谷狭窄，坡陡流急，河道平均坡降2.21‰。在合河坝纳贝岭水后始称东江。流经龙川、河源、紫金、惠州、博罗等县市，至东莞石龙分为两支，进入珠江三角洲。北支为干流，至东江口汇入狮子洋；南支又称东莞水道，穿过东莞市区，至堤尾亦汇入狮子洋。东江干流石龙以上全长520千米，集水面积27 040平方千米，占全流域总面积5.96%，河道平均坡降0.39‰。

东江河系主要支流有贝岭水、浰江、新丰江、秋香江、公庄水、西枝江、增江等，原来均为通航河流，后由于水利水电闸坝碍航，现支流航运已基本不存。

五、珠江三角洲河网

珠江三角洲由西江、北江三角洲与自成体系的东江三角洲联合而成。珠江三角洲河网则包括西江、北江思贤滘以下和东江石龙以下河网水道及入注珠江三角洲的大小支流，总集水面积26 820平方千米（其中河网区占9 750平方千米），占全流域总面积5.91%，河网区水道总长约1 600千米，河网密度平均为0.81～0.88千米/平方千米。

珠江三角洲水道纵横交错，密如蛛网，水流相互沟通，但其主流下泄通道又自成体系。一般纵向水道河宽约400～1 800米，弯曲系数1.03～1.23；横向水道河宽约10～300米，弯曲系数1.26～1.44，呈现纵强横弱趋势。

西江干流自思贤滘折向南流，经过马口、甘竹，右岸有高明河、沙坪河汇入，左岸分支甘竹溪与北江下游顺德水道相通；西江流至南华，分为东、西两大支，东支为东海水道，又称容桂水道；西支为主流，又称西海水道，先后在蓬源、潮莲分为古镇水道、荷塘水道至外海复又合二为一，南流至百顷头，再次分汊，主汊为磨刀门水道，经珠海企人石由磨刀门汇入南海；支汊为荷麻溪、石板沙水道，分别经鸡啼门与虎跳门出海。在江门附近西侧还有两支岔流，一为江门水道，一为睦州水道，均先后汇入银洲湖，与潭江合流后经崖门出海。

东海水道自南华向东流，经容奇镇至板沙尾与北江下游顺德水道汇合后，分别从蕉门、洪奇门出海。东海水道沿程还有分汊凫洲水道、小榄水道、鸡鸦水道等，于中山港附近与石歧水道汇流，经横门出海。

北江自思贤滘以下至西南镇，右岸分流为罗行涌，左岸分流为西南涌，至紫洞分为左右两支，左支为潭洲水道，右支为主流顺德水道，纳入沙湾水道至八塘尾汇入狮子洋走虎门出海。潭洲水道至登州头又分为两支，左支为平洲水道，经过平洲镇，先后与橹尾溶、三尾冲、二尾冲、陈村水道、三枝香水道等沟通，至大尾角往北由南河道进入广州内港区。往南由沥溶水道至黄埔港区。自思贤滘开始，经北江下游、潭洲、平洲水道至广州，统称为东平水道。

北江下游的两条分支芦苞涌与西南涌汇于官窑，流入白坭水，至鸦岗汇入流溪河，南流至广州市区。珠江大桥以下至洲头咀称为西河道，洲头咀以下分为东河道与南河道，穿越广州市区，至黄埔港附近汇合，进入狮子洋出虎门；珠江大桥以下至黄埔港，原称珠江，现统称为广州水道。

东江三角洲自成体系，自石龙开始分为南、北两支，两支之间又有中堂水道联通，并一再分流成网，分别由波罗溶、东江口、麻涌、倒运海、洪屋涡、坭尾等六条水道汇入狮子洋，经虎门出海。

注入珠江三角洲的主要支流有高明河、潭江、流溪河、增江、深圳河等；以潭江最大，流经恩平、开平、台山、新会四市，汇入银洲湖，走崖门出海，全长248千米，集水面积5 068平方千米；次为流溪河，流经从化至广州，全长174千米，集水面积3 917平方千米。

历史上的珠江三角洲有一个漫长的形成与发育演变的过程。古三角洲基本形成是在距今约6 000年前，此时珠江口古海湾的最北界限在道滘—黄埔—市桥—陈村—顺德—江门—沙富一线。到了10世纪，珠江三角洲的海岸线大致发展到泷水、江门、桂洲、沙湾、中堂至道滘一带。17世纪，西北江三角洲已与五桂山、黄杨山、牛牯岭一带连成陆地，东江三角洲的边缘在麻涌、大步、道滘一线，至20世纪发展至今形成八大出海口门的基本形势。

六、出海口门

关于珠江河口范围的界定，1999年9月24日水利部发布的《珠江河口管理办法》规定：珠江河口由虎门、蕉门、洪奇门、横门、磨刀门、鸡啼门、虎跳门和崖门八个出海口门组成。珠江河口区河网密布，上承三江径流，下纳八口潮汐，地理地貌和水沙条件独特，是世界上最复杂的河口之一。

珠江水系各河径流汇集于珠江三角洲后，通过八条水道注入南海，各水道的入海口称之为门，故有"珠江八大门"之说。自东向西顺序为虎门、蕉门、洪奇门、横门，称为东四门，注入东海湾伶仃洋；磨刀门、鸡啼门、虎跳门、崖门则称为西四门，其中虎跳门与崖门又同注入西海湾黄茅海。八门的海岸线东起香港九龙半岛的九龙城，西至台山赤溪半岛鹅头颈，大陆岸线长450千米。东海湾伶仃洋湾头位于虎门口，宽4千米，湾口东起九龙，西至澳门，宽65千米，海湾北南纵深长60千米，海域面积2 100平方千米。西海湾黄茅海湾头为虎跳门与崖门，宽约3.2千米，湾口东起南水岛，西至台山赤溪，宽约17千米，海湾北南纵深长30千米。

虎门位于东莞市沙角，径流来自东江及西江、北江的一部分，年均径流量603亿立方米，占八门总径流量18.5%；虎门为以潮流为主的口门，最大涨潮差2.59米，最大落潮差3.12米，潮差与潮汐吞吐量均居各门之首；年输沙量658万吨，占八门总输沙量9.3%。虎门水道现为广州港出海的国际海运航道，最大通航能力现为10万吨级。清代中英鸦片战争的导火索虎门销烟即发生在虎门地区。

蕉门位于广州市南沙区广兴围，出口处为南沙，年均径流量565亿立方米，占八门总径流量17.3%；年输沙量1 289万吨，占八门总输沙量18.1%；最大涨落潮差为2.72～2.81米。口外有两条深槽，一条沿万顷沙向南延伸，原为入海主槽，另一条沿南沙尾向东延伸，称为凫洲水道，流向与虎门水道约成正交，对伶仃洋国际航道的泥沙淤积造成较大影响，而且由于横向水道的发展，蕉门、洪奇门出海口日益萎缩。

洪奇门位于广州市番禺区沥口。洪奇门水道径流主要来自北江，下段左岸分出上、下横沥两条汊道注入蕉门水道。洪奇门年均径流量209亿立方米，占总量6.4%；年输沙量517万吨，占总量7.3%，最大涨落潮差为2.79～2.57米。拦门沙淤积严重，现已失去出海航道的作用。

横门位于广东省中山市横门山，年均径流量365亿立方米，占总量11.2%；年输沙量925万吨，占总量13%；最大涨落潮差为2.27～2.48米，为中山港的出海口门。横门当前最大通航能力为3 000吨级。

磨刀门位于珠海市洪湾企人石外，为西江径流的主要出海口门，年均径流量923亿立方米，占总量28.3%；年输沙量2 341万吨，占总量33%，径流与输沙均为八门之冠；最大涨落潮差为1.9～2.29米，居八门之末；口门区诸岛环抱，拦门沙淤积严重，现具有通航1 000吨级船舶能力。

鸡啼门位于珠海市斗门区大霖，年均径流量197亿立方米，占总量6.1%；年输沙量496万吨，占总量7%；最大涨落潮差为2.44～2.71米。1958年泥湾门堵塞后，鸡啼门取而代之，成为八门之一。

虎跳门位于珠海市斗门区雷蛛仔，年均径流量202亿立方米，占总量6.2%；年输沙量509万吨，占总量7.2%；最大涨落潮差2.51～2.66米。虎跳门为西江干流重要的出海航道，现可通航3 000吨级海轮。

崖门位于江门市新会区崖南，与虎跳门毗邻，同注入黄茅海。口门以内称为银洲湖，为潭江下游、江门水道、虎坑水道汇集而成。年均径流量196亿立方米，占总量6%；年输沙量363万吨，占总量5.1%；最大涨落潮差为2.73～2.95米，在八门中潮差仅次于虎门，输沙量最小，与虎门同为以潮流为主的两门之一。崖门出海水道自然条件优越，银洲湖河宽水深，航槽稳定，现可通航5 000吨级船舶。在历史上崖门曾是南宋亡国最后一仗的古战场。

第二节　珠江流域社会经济

珠江流域国内部分总面积44.2万平方千米，约占全国陆地总面积4.7%，珠江流域是我国多民族聚居地区，除汉族外，流域内聚居着壮族、瑶族、苗族、彝族、侗族、布依族、毛南族、仡佬族、水族、哈尼族、蒙古族、回族、满族、白族、土家族、纳西族、黎族、京族、傈僳族、拉祜族、景颇族、佤族、布朗族、阿昌族、怒族、普米族、德昂族、独龙族、基诺族、朝鲜族、锡伯族等少数民族。以壮族最多，人口为1 692.64万，是全国人数最多的少数民族，其次为回族、满族，人口均达1 000万。流域内两广地区又是我国主要的侨乡，旅居海外的华侨和外籍华人共有3 700多万人（其中广东省3 000多万人，广西壮族自治区700多万人），约占全国总数的1/2。2020年，珠江流域四省区常住人口为15 767.9万人，占全国总人口18.6%，人口密度为338.5人/平方千米，是全国人口总平均密度的2.3倍，其中珠江三角洲人口密度最大，高达1 388人/平方千米，是全国人口最稠密的地区之一。

一、经济资源

珠江流域土地资源丰富，多为山地和丘陵，平原面积小而分散。2021年，流域四省区共有耕地面积2.1亿亩[①]（其中广东省2 853万亩，广西壮族自治区4 961万亩，贵州省5 208万亩，云南省8 093万亩），森林面积7.53亿亩（其中广东省1.42亿亩，广西壮族自治区2.14亿亩，贵州省2.23亿亩，云南省1.64亿亩）。

流域矿藏资源丰富，品类达58种之多，矿石储量亿吨以上的有25种。其中煤储量292.6亿吨，贵州占71%；锰矿1.56亿吨，铁矿8.6亿吨，硫铁矿2.08亿吨，钨1.84亿吨，铝土1.66亿吨，磷5.68亿吨，锡14.73亿吨，还有金、铀、钛等珍稀矿藏。现已进行

---

① 1亩≈666.66平方千米。

大规模开采的主要有云南昆阳与贵州开阳的磷矿、贵州六盘水的煤矿、广西平果铝土矿及广东云浮、英德的硫铁矿等。此外，珠江口南海大陆架的石油资源相当丰富，已有多国企业竞相投资勘探、采油，发展前景光明。

2020年，流域四省区水电发电量4691.04亿度（其中广东省285.42亿度，广西壮族自治区614.47亿度，贵州省831.16亿度，云南省2959.99亿度），其中云南省占比为63.4%。珠江上中游河道峡谷多，坡降陡，流量大而稳定，落差大而集中，结合航运综合开发水能的条件十分优越。

二、经济产值

珠江流域地处亚热带，气候温和，雨量充沛，河道纵横，土地肥沃，流域跨度大，各地资源禀赋差异化程度高。流域上游为下游的发展带来了自然资源和人才资源的极大支撑，下游为上游的经济发展起着牵引和带动作用，珠江流域经济以江河为纽带，通过对沿江城市资源、信息等要素的整合和优化，实现整个流域紧密协同、互补发展，第一产业比重下降，第二、第三产业比重上升。2020年，珠江流域四省区实现国内生产总值122639.4亿元，占全国国内生产总值的12.1%，人均GDP为77777.9元，为全国平均水平的1.08倍。流域上游与中下游、山区与平原、内陆与沿海经济发展尚不平衡，珠江三角洲地处沿海，毗邻港、澳、东南亚，交通便利，在产业结构方面具有领先优势，其产业已调整升级，现以先进制造业、战略新兴产业、现代服务业为主体，三产发展相对均衡，产业结构升级水平较为显著。2020年，珠江三角洲实现国内生产总值8.9万亿元，占珠江流域四省区的72.9%，占全国国内生产总值的8.8%。随着《粤港澳大湾区发展规划纲要》的深入实施，粤港澳大湾区将建成充满活力的世界级城市群、具有全国影响力的国际科技创新中心，将建成国际一流湾区，进一步辐射和带动珠江流域经济发展。

2022年年底，珠江水系拥有内河运输船舶13529艘，货运船舶平均载重达2067吨。西江及三角洲对港、澳地区的客运航线已普遍行驶豪华双体快速客轮。2022年，珠江水系四省区完成水路货运量13.9亿吨、货物周转量27573亿吨千米；水路客运量1574万人次，旅客周转量40269万人千米。

珠江流域主要通航河流89条，已初步形成了以"一横一网三线"（西江航运干线、珠江三角洲、北盘江—红水河、右江、柳江—黔江）国家高等级航道网和南宁、贵港、梧州、肇庆、佛山、来宾、柳州、清远八个主要港口，以及北江、东江等区域重要航道、一般航道和其他港口组成的航运体系。2022年末，珠江水系内河航道通航里程15764.3千米，占全国内河航道总里程的12.4%，其中，等级以上航道里程10335.7千米，占总里程的65.6%。

港口朝着大型化、专业化、现代化方向发展，相继建成了一批专业化的煤炭、水泥、集装箱泊位。2022年末，珠江水系拥有内河生产用泊位1791个，港口年综合通过能力为6.51亿吨，其中集装箱年通过能力1747万TEU。珠江水系港口全港完成货物吞吐量18.16亿吨、外贸货物吞吐量4.95亿吨、集装箱吞吐量6828万TEU；其中，珠江水系内河港口完成货物吞吐量7.39亿吨、外贸货物吞吐量7486万吨、集装箱吞吐量1267万TEU。

第三节　发展珠江航运的优越条件

珠江流域气候温和，雨量丰富，水源充足，终年不冻，河床稳定，含沙量少，经济资源丰富，下游直出南海，面向东南亚，地理位置优越，河海沟通，发展珠江航运具有得天独厚的自然条件。

一、河流自然条件优越

（一）河系分布，天然成网

珠江水系以西江为主干，上游南盘江、北盘江同源异流，一经云南东部，一走贵州西南，相汇于黔桂交合部，自红水河以下，横贯两广中心腹地，直出南海，自然形成连通柳江、郁江、桂江、贺江及北江、东江航运的主动脉，干支流分布匀称；上游滇东黔西包罗在内，中游广西的邕、桂、柳、梧四大城市均为西江干支流穿城而过，自治区 8 地 5 市 76 县都有河道可通；下游以广州市为中心的珠江三角洲天然河网，纵横交错，四通八达，拥有星罗棋布的大小港口 100 多个，很多已成为国家一、二类对外开放口岸，海运通往港澳及世界五大洲的港口超过 130 个，为全国著名的水运发达地区。

（二）气候温和，水源充沛

北回归线穿过珠江流域中部，大部分流域年平均气温在 20℃ 以上，河流终年不冻，四季通航。流域年均降雨量 1 300～1 600 毫米，河川年均径流总量达 3 260 亿立方米，仅次于长江，每平方千米的产水量约 74 万立方米，为全国七大水系之冠。水量丰富，为航运发展提供了优越条件。

（三）山清水秀，含沙量少

珠江流域四季常青，植被条件和水土保持堪称优良，河流的含沙量在全国七大水系中最少，多年平均含沙量仅 0.27 千克/立方米，年输沙量 8 872 万吨，约为长江的 1/5，黄河的 1/16。我国治理黄河已有数千年历史，其中泥沙太多是最大的难题，而珠江在这方面得天独厚，水多沙少，为珠江航道整治和维护提供了极为有利的自然条件。

（四）河床稳定，比降平缓

珠江上中游地形主要为山区、丘陵、台地、平原，两岸地势较高，河流绝大部分为天然石岸，河槽稳定，千百年来，下游珠江三角洲平原地区大小干支流两岸已建成稳固的堤岸，河床极少变迁，对保持航槽的深泓线稳定殊为有利。此外，主要干流比降平缓，如西江红水河以下至磨刀门出海，全长约 1 300 千米，平均比降约 1/4 000，是较合理的航道比降。上游梯级渠化，结合航运，如布局合理，综合利用水资源将会取得事半功倍的效果。

（五）八门出海，海河相通

珠江出海口门八个，除虎门为国际深水航道外，崖门、虎跳门、横门均有较好的利用条件，磨刀门结合围垦修建东西两条导堤，塞支强干，主槽拦门沙逐年外移，结合航道整治工程亦将成为优良的出海口门。开辟西江肇庆以下出虎跳门3000吨级海轮航道，可为海河联运、江海直达运输提供更为有利的条件。

二、经济资源丰富且互补性强

珠江流域矿藏资源非常丰富。云南的磷矿储量居全国首位，主要分布于南盘江流域边缘昆阳带，矿质优良，含磷量高达30%，矿体埋藏浅，大部分可以露天开采。贵州煤炭资源丰富，已探明煤炭储量达450亿吨，仅次于山西、内蒙古，居全国第三位。其中位于珠江上游南盘江、北盘江腹地内的煤炭储量即有192亿吨，可以充分利用水运供应珠江下游及沿海地区。广西右江沿岸平果、隆安一带为我国已发现的最大铝矿资源基地，具有矿体大、质量高、覆盖薄、可露采的特点，含三氧化二铝50%以上。珠江下游地区最重要的矿藏为西江之滨的云浮硫铁矿，总储量达2亿吨以上，为我国已发现的最大的单一富硫矿体，居世界第二位，矿质优良，平均含硫量达33%。另外，珠江口南海大陆架的石油资源也很丰富。这些资源被大规模开采后，均可通过西江水运在流域范围各省进行交流。例如下游两广为贫煤地区，每年煤炭的需求量很大，当前主要依靠北煤南运，如能利用西江水系航运，大量黔煤东运，运距将比晋煤海运南下缩短2/3。而广东的硫矿又是云、贵磷肥加工急需的制酸原料，可以互为补充。珠江口的石油大规模投产后，可供应西南各地。流域内经济资源互补性强，充分开发珠江水系航运，有利于整个流域经济的全面发展。

三、地域条件优越

珠江流域地跨西南、华南广大地区，面临南海，紧靠港澳、江海相连，直出东南亚，具有优越的地域条件。改革开放以来，珠江下游及三角洲充分利用地处沿海的有利条件，与港澳经济的发展已形成了引人注目的以穗、港、澳"金三角"为核心的"珠江大都会带"，包括广州、香港、澳门、深圳、珠海、佛山、东莞、中山、江门等城市和117个城镇，形成了内外结合，外向型经济为主，全方位开放发展格局，融合大量内外投资，活跃社会主义市场经济，建立起了国际化的整体工贸体系，并正在向内陆推进的更高层次发展。

随着西江航道的整治，通航标准的提高，沿岸对外开放的港口城市日益增多，经济发展速度明显加快，"西江经济走廊"已经形成，上连大西南，下通"金三角"，西江成为促进流域经济全面发展的重要纽带。当前"粤港澳大湾区"建设方兴未艾，正面临国际资本、技术与产业转移的大好机遇，以及世界经济发展的热点转移亚太地区这一优势，西江经济走廊扩大对外全方位开放，将有力地促进珠江流域经济的全面发展再上一个新台阶，珠江水系河海相通的地域条件，对进一步发展珠江航运事业将显示其无比的优越性。

第四节　珠江航运发展历程及其特征

珠江流域自然环境优越，夏无酷暑，冬无严寒，面向热带海洋，形成亚热带季风气候，暖热多雨而湿润。自有人类以来，先民依山傍水而居，河川与近海为之提供了取之不尽的食物，始则采集贝类，继而以舟楫捕捞渔猎，自然而然形成越人"涉游刺舟"的特长，遗风源远流长。珠江流域的人们在远古原始社会时期即已从事耕植和水上航运活动。

珠江航运的发展经历，大体可分为四个阶段：春秋战国及其以前，航运尚处于原始的水上活动阶段；秦汉至南北朝时期航运有了开拓性的进展；隋唐宋元时期航运则取得了空前的发展；明清至当代由兴盛、中落而走向繁荣全盛。

春秋战国以前，珠江流域的先民尚处于分散的部落群体形态，互不统属，交流甚寡，没有统一的君长，上下游水上活动的条件也不尽相同。

由于各个历史时期政治、经济、社会不同的特点，珠江航运在不同的历史时期也具有其独特的发展规律。

秦汉以前珠江流域上游地区称为西南夷，属于羌、濮族群聚居刀耕火种的蛮荒之区，下游则为百越部落散处沿江海滨各地，经济尚未开发，缺乏商品交换，岭南先民借助一叶扁舟所从事的渔业活动，也仅是生产工具、产品和劳动者本身所构成的航运活动而已。当时的船只原始、简单，水上航运处于萌芽初期。

秦汉帝国相继建立之后，出于军事征伐的需要，珠江航运得以向前发展。秦始皇统一岭南之战，派遣五路大军齐向珠江水系进发，开凿灵渠转运军需，取得统一战争的胜利，成就了中国航运史上的一大创举。汉武帝于元鼎五年（前112）平定南越之战，并下令从夜郎国调军十万下牂牁江（西江），咸会番禺。[①]说明当时珠江流域已具备相当的航运条件。在经济开发中，秦王朝在岭南设置郡县，将被其灭亡的六国反抗者、遗民作为罪犯，强迫远戍岭南各地，以巩固其政权对边疆的统治，这些遗民将中原地区先进的文化和生产技术带进珠江流域各地。秦亡后自立为南越王的赵佗，原是赵人（今河北正定），其祖孙四代对岭南地区的统治长达93年，坚持与汉王朝互通关市，以从中原输入大量的铁制农械和其他生产工具，加速岭南地区生产发展，同时还与上游夜郎各地进行广泛的经济联系和贸易往来。其与汉朝的关市贸易，主要依靠北江及灵渠的航运，与夜郎各地的物资交流则全部从西江水运直达广州。珠江水系的航运在秦汉时代已成为军事统治和经济发展两大支柱的命脉是无可置疑的。但在自给自足为主的社会经济结构下，商品交换还是很有限的。

两晋南北朝时期，统治集团内部腐朽倾轧，五代十六国大分裂、大混乱，战祸不息，生灵涂炭，经济被严重破坏，南北对峙长达300年。珠江流域的航运也受其影响，动乱与天灾致使珠江上游南中地区人烟稀少，经济萧条，据《宋书·地理志》[②]记载：四郡二十一个县的总人户才2770户，平均每县仅有132户，原来就比较薄弱的上游航运至此已名存实亡。珠江中下游地区因政局不稳，经济衰退，航运亦处于停滞不前的状态。所幸由于北方居民大举南迁，并引入中原较先进的造船技术，促使海外贸易有所发展。

---

① 高宗华编著《永修历代诗词选》，百花洲文艺出版社，2017，第245页。
② 沈约撰《宋书》，卷三十八《州郡四》，中华书局，1974，第1195页。

隋唐时期结束了长期的分裂状态，建立了全国统一的集权王朝。经过唐代"贞观之治""开元之治"，封建统治进入全盛时期。其时社会稳定，国力强盛，粮食和手工业有了较大的发展，商贩运输亦相当活跃，大力发展交通便成为盛唐时期的重要任务。这一时期，统治者为加速对西南边疆地区的开发，开辟了沟通湘、桂、黔航运捷径的相思埭运河；为促进南北商货交流，开通了对水陆联运具有重要作用的大庾岭山道；灵渠也两度大修，以提高通航能力。随着"海上丝绸之路"的形成与发展以及市舶司的设置，地处珠江下游、实现江海联运的广州港一跃成为全国第一大港。珠江航运发展出现了前所未有的繁荣景象。这是在和平条件下，经济发展促进航运兴旺发达最具有代表性的一个历史时期。

宋代基本承袭唐制，但由于外族频频入侵，北方战事频繁，全国政治、经济中心逐渐南移，大批士民举族南下，珠江流域社会经济受到中原的影响更为明显。首先在农业方面，由于北方移民大增，迫使其必须大力发展粮食生产。移民和土著人民结合，在珠江下游及珠江三角洲各地开荒造地，围垦沙田，修筑围堤，充分利用中原的先进生产技术，种植粮食和经济作物，经宋元两代的长期努力，在珠江三角洲地区创造出"桑基鱼塘"这一高经济效益、循环生产、多种经营的独特生产方式，使原来一片浅海和洪流漫溢的荒芜之地，成为富庶的鱼米之乡。于堤围修建，河涌固定成型，纵横交错的水网航道亦随之形成，水运四通八达，进入市场的商货大幅度增长。

明清时期已是西方资本主义兴起阶段。珠江流域特别是珠江三角洲较早地接受西方的影响，出现了农业、手工业商品化的趋势，分工专业化，通过流通交换的物资日益增多，进一步促进了水运的发展。但广东人稠地窄，粮食入不敷出，需要从外地调粮，仅每年从广西贵县、梧州下运的米谷即达300万担之多，其中尚未包括通过灵渠、桂江来粤的湘米。还有来自上游黔、桂的桐茶油及竹木特产，沿西江而下，每年亦有数十万担。由广东返销的物资主要为食盐和广货。清代粤盐行销七省，年运量约两亿斤。屈大均在《广东新语》中称："佛山之冶遍天下。"[1]经广东加工外销的铅、铜，最高年达165万公斤，其原料主要来自云南，从右江上游剥隘顺流而下，直达佛山。滇铜与粤盐采取互易方式进行交易。

清代西江上游南盘江境内，自沾益城下至曲靖、陆良，航运比较发达。清乾隆《陆凉（良）州志》记载，"放舟南下，河无碛砾，直达郡城，舟楫枋比，颇堪乘载。"[2]清道光《澄江府志》在记述江川河阳（澄江）之间，由星云、抚仙两湖连接的水道，商货自临安出发，船运由江川、海门桥直抵南门时称"由是集商旅，聚货财，民多称便"[3]。贵州境内的都柳江历来为黔东南通往两广的要津，据《三合县志略》记载，"三合（三都）县城适在柳江边，船运顺河而下，直达广西长安、柳州。在黔、桂公路未通过时，黔东南货物出入均赖此江，交通颇便"。"水路合江下可通两粤，上只能达县境烂土，向用小船载运货

---

[1] 屈大均撰《广东新语》卷十六，《器语》之《锡铁器》，中华书局，1997，第238页。
[2] 刘润畴修，俞赓唐纂，《陆良县志稿》，卷一，文汇石印局，1915，第41页。
[3] 陈善著《新建澄江府城记》，收录于陈梦雷纂集，《（钦定）古今图书集成·方舆汇编·职方典》，第一千四百八十九卷《澄江府部艺文一》，中华书局，1934，第45页。

物水畜，每船载量能装一两千斤，盛水时可载三千斤，一日可达榕江；水竭溯江而上，自榕江到三合，则非七日不可"[1]。足见珠江上游云贵境内航运在当时占有相当重要的地位。

灵渠航运在清代更为昌盛，清代金铁所著《广西通志》称之为"三楚两广之咽唤，行师馈粮，以及商贾百货之流通，唯此一水是赖"[2]。徐霞客描述灵渠航运"巨舫鳞次""连檣而下"[3]，一天之内有多达200余艘满载粮食、铜、铅矿石和其他商货的船舶，"浮苍梧直下羊城"，盛况空前。

清代鸦片战争后，清廷被迫签订了一系列不平等条约，割香港，租九龙，珠江流域的广州、三水、江门、梧州、南宁、龙州、蒙自等地相继开放为对外通商口岸，同时开放西江及珠江三角洲内河航运。英、法、德、美等外国列强的商船涌进珠江水域，控制了珠江及沿海航运。国人航运界在极端困难的条件下奋起抗争，从此便出现了列强竞争、华洋混杂、控制与反控制的珠江航运特征，持续百年之久。

辛亥革命推翻封建帝制，建立中华民国，在一定程度上为中国的资本主义发展拓宽了道路。而第一次世界大战爆发，列强自顾不暇，珠江航运业的民族资本趁机蓬勃发展，运量和运力迅速增长。但随着世界大战结束，列强航运势力卷土重来，珠江民营轮运业又逐渐陷入困境。特别是抗日战争期间，日寇侵入华南，对珠江航运实行严密的封锁和疯狂的掠夺，航运业受到更为严重的打击而被迫西迁，但仍为后方抗日基地的物资供应做出了较大的贡献。

1945年8月，抗日战争胜利后，珠江流域特别是两广地区的人民结束了颠沛流离的生活，纷纷返回家园，重操旧业，航运一度迅速恢复繁荣。但是好景不长，国民党反动派发动内战造成社会动荡，生产破坏，通货膨胀，物价飞腾，百业萧条，航运业再次面临危机，奄奄一息。

中华人民共和国成立后，在中国共产党的领导下，人民政府对珠江航运的体制与经营采取了一系列改革措施，实施扶植发展的政策，珠江水系的航运面貌大为改观，虽经"大跃进"时期与"文化大革命"时期的挫折，但在拨乱反正以后，珠江航运迅速得到恢复。特别是党的十一届三中全会以后，我国实行改革开放政策，珠江流域经济迅速发展，取得了巨大的成就，在社会主义市场经济的大潮中，珠江航运的地位日益重要。各地出现了"要开放，先建港；要致富，先修路"的形势，航运设施逐步向现代化过渡，经营管理方式为适应市场经济规律进行了全面改革，珠江航运出现了前所未有的兴旺发达的局面。

21世纪以来，随着我国加入WTO，我国经济快速融入全球化体系，珠江水上运输深度融入全球化，珠江水系港航事业蒸蒸日上，港航法治建设大力推进，航道和港口基础设施建设日新月异，水运生产节节攀升，为区域经济发展起到重要的支撑作用。

---

[1]《三合县志略》成文出版社，1940年铅印本。
[2] 陈元龙《重修灵渠石堤陡门碑记》，收录于金鉷《钦定四库全书·吏部·广西通志》. 影印版，卷116《艺文》，第26—27页。
[3] 乾隆《修复灵渠陡河碑》，转引自《湖南农业地理》，湖南科学技术出版社，1981年，第38页。

党的十八大以来，我国社会主义建设迈入新时代，国家发展由快速发展转入高质量发展阶段，珠江水系航运事业向提质增效转型。新时代的非凡十年，珠江水运实现了由快速发展转向高质量发展的历史性跨越，发展指标实现了"五个倍增"：珠江水系二级及以上航道里程增长了3.4倍，从2012年的290.5千米增长到2022年的1 271.4千米；货船平均吨位增长了1.4倍，从2012年的848吨提升至2022年的2 067吨；干线船闸数量增长了1倍，西江航运干线、北江干流等梯级枢纽基本实现复线船闸全覆盖，船闸通过能力从2012年的1.3亿吨提升至2022年的4.2亿吨；长洲水利枢纽船闸货物通过量增长了1.9倍，从2012年的5 377万吨提升至2022年的1.55亿吨；珠江水系内河亿吨级港口数量增长了1倍，港口年综合通过能力超过6.3亿吨，实现了从无到有、从有到增的跃升。

第二章
先秦至南北朝时期珠江航运

人类在珠江流域的活动历史可以追溯到远古时期。

20世纪50年代中期，在珠江上游云南省开远小龙潭，考古学家发现了被认定为距今约1400万—800万年前的拉玛猿化石，而后我国最早的猿人化石又在云南元谋发现，元谋猿人生活在约170万年前，远比北京猿人和蓝田猿人早。1958年在广东北江之滨发现的"马坝人"和广西的"柳江人"遗址，这些都证明远在5万—13万年前中华民族祖先的一部分已经在珠江流域繁衍生息。

考古学家所发现的先民遗址均有一个共同的特点，都位于江河之滨，先民背山面水而居，以渔猎为生，已经学会使用工具和火。1958年广东省文物调研队在珠江三角洲发掘出的古文物，考证出4 000多年前就有人类在珠江口琪澳岛上从事航海捕鱼活动。

越（粤）族是古代我国南方最大的一个族群。百越族有断发文身的习俗，主要是为了在水上活动时，防止鳄、鲨的伤害。《说苑·奉使》中说越人"剪发文身，烂然成章，以象龙子，避水神也"[1]，充分说明越人长期在江河湖海中从事生产活动，已具备了丰富的与自然做斗争的经验，从而成为这一民族"熟习水性"和"善于用舟"的特长。

珠江航运源远流长，历史悠久，经历过漫长的发展与演变。其可以追溯到远古的新石器时代，天然河流及河口沿海地区的越族先民，从编制竹木排筏进而制作独木舟，作为捕捞渔猎的生产工具，那时就已开始了原始的航运活动。世代滨水而居的自然环境，促使越民从小练就了擅于"涉游刺舟"的本领。远在战国时期的著作《山海经》中就有"淫梁生番禺，是始为舟"[2]的记载。

西汉初年刘安等人所著的《淮南子·原道训》中说："九嶷之南，陆事寡而水事众。于是民人被发文身，以象鳞虫；短绻不绔，以便涉游；短袂襄卷，以便刺舟。"[3]生动地描绘了越民披头散发，周身画有鳞虫，目的是防御水中鲨鳄之类的侵害；不穿裤子便于涉水，卷起袖管便于划船，一切都是为了开展水上活动。所以自古以来"越人善用舟"的说法是有根据的。

珠江上游古称百濮之地，《滇南杂志》称，早在上古时代就有"夷人刳木为舟，如鱼

---

[1] 刘向撰《说苑全译》卷十二《奉使》，贵州人民出版社，1992，第525页。
[2] 方韬译注《山海经》卷十八《海内经》，中华书局，2011，第351页。
[3] 刘安撰《淮南子》卷一《原道训》，中华书局，2011，第18页。

腹然，狭而长"①。可见珠江流域上下游，无论越民或夷人，很早以前便已开始航运活动。

春秋时期，《左传》鲁昭公十九年（前523），"楚子为舟师以伐濮"，既称"舟师"，②当然不会是独木舟所能承担。据《史记》③《汉书》④《华阳国志》⑤等史书记载，到战国时期楚将庄蹻西征夜郎、远至滇池的大规模进军时，主要依靠沅水及牂牁江的航运，说明当时珠江上游地区的航运已具备相当的能力和规模。

珠江中游广西地区先后出土的铜鼓共500多面，大部分为秦汉时期遗物。其中1972年在右江上游西林县出土的铜鼓，在鼓腰的中部明显地刻画着对称的船线，船上有艄公、水手和载歌载舞庆丰收的人群。左江沿岸的壁画较为完整地记载了古代珠江航运活动的史迹。据论证，这是战国至东汉时期骆越人巫文化的遗迹。画廊规模宏伟壮观，画面一般距河面10~20米，最高者达40米。已发现的50幅壁画就有6处壁画有船的图像。左江支流明江沿岸的花山壁画，画幅最大而集中，最具代表性。花山壁画中的船画在船尾立有两根木棒，以避免航行碰撞花山。船画与越南绍阳、越池发现的铜钺上的船画之表现方法及造型十分相似。在这些船画中又以岩怀山壁画最为完整生动，画面中有三条船，前面一船的船头画有饰物，舷边挂一铜鼓，船上有人。中间一船有四人，后面一船仅存半截，尚见三人；三船的乘者皆侧身前伸，腿稍屈，前后一排，动作一致，有奋棹击水之状，船的前后两边各有一群歌舞者，场面隆重而热烈。考古学者认为这是一幅"铜鼓赛江神"的"祀河图"，生动地反映了骆越人崇拜江河的意识，也给后代留下了具有较高历史价值的航运史料。

第一节　先秦珠江流域航运肇起

《周易·系辞传》在记载尧、舜、禹时代时提到，黄帝、尧、舜"刳木为舟，剡木为楫，舟楫之利，以济不通，致远以利天下"⑥，这是水上交通发展的标志，说明当时独木舟已成为岭南地区的水上重要交通工具。

一、岭南古越人的早期内河水上活动

早在旧石器时代，马坝人已在北江河谷的狮子岩洞居住。马坝人是迄今为止发现的最古老的越人先祖。在广东境内，考古学家已经发现了400多处新石器时代的遗址，这些遗址周围一二里内都有河流或湖泊，因在挖井技术未曾发明之前，石器时代的人类必须择水滨而居，以便汲取淡水。

---

① 曹春林撰《滇南杂志》卷四，中华书局，1969，第146页。
② 左丘明撰，郭丹，程小青，李彬源译注《左传·昭公十九年》，中华书局，2012，第1871页。
③ 司马迁撰，韩兆琦译注《史记》列传第五十六《西南夷列传》，中华书局，2010，第6858页。
④ 班固撰，许嘉璐译注《汉书》卷九五《西南夷两粤朝鲜传》，汉语大词典出版社，2004，第1917页。
⑤ 常璩著，彭华译注《华阳国志》卷四《南中志》，中华书局，2023，第215页。
⑥ 杨天才译注《周易·系辞下》，中华书局，2011年，第610页。

远在新石器时代，今中山市的五桂山、凤凰山，珠海斗门区的黄杨山，还是孤悬海外的岛屿。当风平浪静之时，生活在那里的越族先民便靠着竹木筏和独木舟在浅海湾里航行，彼此来往。珠江三角洲地区出土的霏细岩石器，主要来自西樵山石器制作场。新石器时代的西樵山处于河涌密布的水网地带，对外联系只靠水路，石器制品自当通过河涌运往各地。

越族先民沿着北江等河流，越过五岭与岭北各地乃至中原地区发生了联系。早在新石器时代，越族先民与岭北地区已经进行文化经济交往。曲江马坝出土的陶器与江西清江出土的子口罐、三足盘、盘形鼎、陶豆、袋口鬹等陶器的形制十分相似，这反映出粤北与江西等地有着文化上的联系。揭阳埔田出土的瓦形鼎足、楔形足、子口折腹鼎、镂孔高圈足盘又与石峡地区的器形相似。而正面呈瓦形、断面为丁字形的吨字形足鼎却是江西新石器时代晚期最流行的鼎足。这些清楚地反映了韩江流域的越部落与粤北、江西古代居民有着文化来往。这一切都在说明，岭南越族先民并非与外界隔绝的孤立群体，他们与外界有着千丝万缕的联系，水路是他们往来最便利的通道。

"越人善用舟"[①]是自古以来人们所公认的事实。水运是文化交流的媒介。商周时期，北方先进的青铜文化沿着水路南下，与岭南越族文化相结合，产生具有岭南地区特点的青铜文化。从广东出土的青铜器形和冶炼技术看，广东地区的青铜文化更多是在中原文化影响下发展起来的，特别在器形、纹饰上与长江流域的楚、西江上游的滇、夜郎和东南沿海的越族有着密切的关系。如角钟、盉、缶、鉴、盘、壶、剑、矛、削等器物与楚器风格相近，斧、钺、戚与滇、夜郎相似，圆球形器又与浙江绍兴出土的相一致，他们之间有一条无形的纽带联系着，这就是越族先民利用东、北、西三江河道越过五岭而与北方进行交往的水运航道。

战国时期，自从吴起（前381）在楚国进行政治改革以后，楚国国力日强，平定了百越，把楚国的疆土一直扩展到江西南部，以及湖南、广西之间的苍梧。楚在南方以长沙为中心，沿着湘江进入苍梧，再进入漓江而到达西江，也可以从湘江进入潇水，潇水之源与贺江相近，沿贺江可达封开，或越过骑田岭到达连江。广西的全州、兴安、桂林、荔浦、恭城、平乐、钟山、贺州、梧州、横县、宾阳、南宁等地均发现春秋战国时期带有楚文化特色的青铜器。广东地区目前发现的战国时期青铜器墓葬也主要集中在西江流域，清楚地勾勒出楚文化沿着湘江、漓江、贺江进入广东的轨迹。越族先民在西江上可以通行无阻是无疑的。

二、先秦时期楚国对流域航运的影响

春秋时期楚国崛起，曾先后向西南地区扩张。至楚成王之时，国力更为强大，势力范围远达今佛山南海。现存于广州越秀山的"古之楚庭"牌坊，一说为楚成王曾在此修筑宫室，另一说则为周夷王八年（前862）楚国曾在此修建城郭。两说均与楚国有关。楚共王

---

① 屈大均撰《广东新语》卷十八《舟语》，中华书局，1985，第476页。

曾经"扶有蛮夷，奄征南海以属诸夏"①。楚平王时还曾"为舟师以伐濮"②，出动水师侵入珠江上游地区。楚国对珠江上下游的控制已达到"赫赫楚国，而君临之，抚有蛮夷，奄征南海"①的程度。至"吴起相悼王，南并蛮夷，遂有洞庭、苍梧"②，则几乎整个流域已在楚国势力范围。但上游地区真正由楚人统治则始于战国时期的庄蹻西征，其对珠江上游云贵地区的开拓和产生的影响最显著。

据《史记·西南夷列传》记载："西南夷君长以什数，夜郎最大；其西靡莫之属以什数，滇最大……始楚威王时，使将军庄蹻将兵循江上，略巴、（蜀）、黔中以西。庄蹻者，故楚庄王苗裔也。蹻至滇池，方三百里，旁平地，肥饶数千里，以兵威定属楚。"③关于这段记载庄蹻西征的历史文献资料的争议甚多，首先是西征的年代比其他史籍提前了约50年，其次行军路线是循乌江而上，先取巴蜀，后入夜郎，与《华阳国志》及《后汉书》所记有较大的差别。据《后汉书·西南夷列传》所载："初，楚顷襄王（威王之孙）时，遣将庄豪（古豪、蹻同音）从沅水伐夜郎，军至且兰，椓船于岸而步战，既灭夜郎，因留王滇池，以且兰椓船牂牁处，乃改其名为牂牁。"④指明庄蹻是从楚地湘西出发，走沅水及清水江水路进入夜郎境内，经过且兰（今贵州黄平、贵定、都匀一带），并利用南盘江、北盘江，西征到达滇中地区，并在滇池（今昆明）称王。从此珠江上游云贵两省大部分地区便以庄蹻为部落首领，并"分侯支党，传数百年"⑤"自夜郎以西，皆曰庄蹻余种"⑥。庄蹻及其后裔对滇黔地区的统治持续到汉武帝元封二年（前109）滇王降汉，长达200年。楚人庄蹻是珠江上游地区的第一位开拓者，主要功绩可归纳为以下三个方面。

第一，将散居各处互不统属的大小部落统一起来，仿照楚国的政治制度采取了一些适应当地的行政管理措施，不仅巩固了统治，而且为以后秦汉时期实行郡县制奠定了基础。

第二，输入楚国及中原的先进生产技术和文化，改变了原来的"皆编发，随畜迁徙，毋长处，毋君长，地方可数千里"③的游牧生活方式，对珠江上游地区的经济、文化发展产生了巨大的影响。

第三，庄蹻是古代最善水战的名将，西征前在楚国率领农民起义，把楚国打得四分五裂，曾一举攻克楚都郢城（今湖北江陵）。进军云贵高原崇山峻岭，陆上行军十分困难，庄蹻充分利用了沅江水系和珠江水系的干支流进军，因而所向无敌。珠江上游称为牂牁江，即为庄蹻曾系船于且兰而命名⑤。由于庄蹻对水道的重视和运用，大量楚国的船舶和航运技术被引进，对南盘江、北盘江航运的发展产生了重要的影响。

---

① 左丘明撰，郭丹，程小青，李彬源译注《左传·襄公十三年》，中华书局，2012，第1181页。
② 左丘明撰，郭丹，程小青，李彬源译注《左传·昭公十九年》，中华书局，2012，第1871页。
③ 司马迁撰，韩兆琦译注《史记》列传第五十六《西南夷列传》，中华书局，2010，第6858页。
④ 范晔撰，许嘉璐点校《后汉书》，列传第七十六《南蛮西南夷传》，汉语大词典出版社，2004，第1720页。
⑤ 常璩著，彭华译注《华阳国志》卷四《南中志》，中华书局，2023，第215页。
⑥ 乐史撰，王文楚等点校《太平寰宇记》，中华书局，2008，第3433页。

三、先秦岭南古越人造船

据《广东通史》记载"大致上，商代末年及西周时期广东已有奴隶主和奴隶出现。春秋、战国时代，奴隶制在广东部分发达地区获得一定的发展，到战国后期，这部分地区已进入阶级社会"①。这个时期，历史开始记载广东的造船。《吕氏春秋·慎大览》已载有"适越者，有舟也"②。由于当时的经济、文化还相当不发达，建造的船应是独木舟和独木舟用竹钉钉上几块木板组合成的最早期的"木板船"，而且是民间自造，不是部落性的群造，数量也不会太多。

《竹书纪年》记载战国时期魏襄王七年（前312）"越王使公师隅来献舟三百……"③。《珠海考古发现与研究·高栏岛宝镜湾石刻岩画与古遗址的发现与研究》④一书为广东造船记载提供了极其重要的资料。1989年在珠海市高栏岛宝镜湾发现了春秋时期或更早时期的内容丰富的岩刻画。经考古学者和船史学者的研究，该岩画所刻之船为秦时岭南本地制造的船舶。

《广东航运史·古代部分》提及"滨水越人以渔猎为生活之源。长年累月地与大自然斗争的实践，使他们学会了编竹为筏，作为浮水的工具。后来又发明了用一根树干除了要挖掉的地方外，其余表面都涂上一层厚厚的泥巴，然后用火烧烤要挖掉的部分。这样有泥巴的木料被保留，没有泥巴的地方烧成炭。再用石器挖空焦炭的办法制造独木舟（注：1976年化州长岐石宁村出土六艘东汉独木舟就是用火烧、刳挖等方法去完成的，这应该是原始制造方法在汉代的延续——原注）"⑤。

据《徐闻史志·隋前徐闻县治再考》记载，"秦之前，这里开辟有通往东南沿海各国的商港——徐闻港。这个港口以当时的造船、航海技术和当地的潮汛特点来说，是中国与东南沿海各国进行经济文化交流最理想的口岸。"可见徐闻在秦之前就有可以航行于东南沿海各地的船舶。

第二节　秦代灵渠开凿与珠江航运

战国后期，随着秦国的日益强盛，逐渐向西南夷地区扩张，秦惠文王更元后九年（前316）派兵灭了巴、蜀两国，先后设置了巴、蜀、汉中三郡。到秦昭王二十二年（前285）蜀郡守张若又"取笮及江南地"⑥，秦的势力延伸到云南宁蒗、丽江一带。秦始皇即位前，李冰任蜀郡守期间（前256—前251），在今川滇交界的僰道（今宜宾）开山凿崖，修筑通往滇东北的道路。秦始皇二十六年（前221）在秦统一六国的时候又派常頞继

---

① 方志钦、蒋祖缘撰《广东通史·古代上册》，广东高等教育出版社，1996，第103页。
② 吕不韦撰，陆玖译注《吕氏春秋》之《慎大览第三》，中华书局，2011，第507页。
③ 方诗铭、王修龄撰《古本竹书纪年辑证》（修订本），上海古籍出版社，2005，第158页。
④ 徐恒彬、梁振兴撰《高栏岛宝镜湾石刻岩画与古遗址的发现与研究》，广东人民出版社，1999。
⑤ 叶显恩主编《广东航运史·古代部分》，人民交通出版社，1989，第21页。
⑥ 常璩著，彭华译注《华阳国志》，中华书局，2023，第141页。

续修筑道路，向前延伸到今曲靖，与南盘江水道相连接。由于道宽仅五尺[1]，故称"五尺道"。道路开通后，珠江上游地区的诸多部落从此便开始逐步纳入秦王朝的郡县制直接统治。《史记·西南夷列传》称："秦时常頞略通五尺道，诸此国颇置吏焉"[2]。

由于五尺道与珠江水道连通，西南夷各部落和内地的经济文化交流更加密切。秦汉之际，关中与四川、云贵之间"栈道千里，无所不通"[3]。商旅往来，络绎不绝，云贵地区的牛马大量输出，换回四川的铁器和用具。并同时迁入了大批赵、鲁各地的俘虏和移民，对促进珠江上游的经济发展起到了重大作用。

同一时期秦始皇对珠江中下游岭南地区也开始发动了大规模的军事行动。秦始皇二十六年（前221），秦攻灭六国后，立鼎长安，虎踞湘楚，兵临五岭，适时用兵，"南征百越之君"[4]，派屠睢率领50万大军，兵分五路向闽越及岭南进军，经过长达八年的苦战，在史禄开通灵渠，粮道畅通的有力支援下，由任嚣、赵佗率领的秦军，终于攻克番禺，取得了全国统一的伟大胜利。

秦始皇统一全国后，即于公元前214年在珠江中下游设置桂林、象郡、南海三郡。桂林郡治设在布山（今广西贵港与桂平境），辖广西大部分地区；象郡郡治设在临尘（今广西崇左市境），一说郡治设在象林（今越南广南岘港境），辖今两广西南部及越南北部；南海郡治设在番禺（今广州），辖今广东大部，下设番禺、四会、龙川、博罗四县，并委派任嚣为南海郡尉，赵佗为龙川县令。

从此珠江流域均置于以郡县制为基础的秦王朝中央集权统治之下，结束了珠江流域内散漫无序的部落社会组织结构，在历史上首次形成了与中原大地相统属的政治制度，出现了社会相对稳定，经济上升的发展时期。秦代统治时间虽短，但对珠江流域的社会发展影响相当深远。

灵渠通航在征服南越、实现南北统一的过程中发挥了重要的作用。使珠江水系的航运与长江流域各大江河沟通，成为中原与岭南经济文化交流的大动脉，这不仅促进了珠江流域的经济发展，而且对珠江航运进一步开发具有划时代的历史意义。灵渠是古代珠江航运的骄傲，是世界航运史上的奇迹。

灵渠位于广西兴安县境内，故又称为兴安运河。古称秦凿渠、陡河；近代又称为湘桂运河。灵渠之名的由来有两种说法。一是以其工程灵活妙用，故名灵渠。南宋广南西道安抚使兼静江（桂林）知府范成大在《桂海虞衡志》中称："治水巧妙，莫如灵渠者。"[5]二是由于运河工程系利用桂江支流灵河与人工运渠结合而成，故合称为灵渠。郦道元在《水经注》中称其为灵河[6]。灵渠位置示意如图1。

---

[1] 编者注：中国古代各时期1尺的量值经常处于变化之中，根据邱隆《中国历代度量衡单位量值表及说明》，各主要朝代中，秦汉时1尺约23.1厘米，隋时29.5厘米，唐时30.6厘米，宋时31.4厘米，元时35厘米，明清32厘米，民国之后33.3厘米。文章收录于《中国计量》2006年第10期，46-48+76页，供参考。

[2] 司马迁撰，韩兆琦译注《史记》列传第五十六《西南夷列传》，中华书局，2010，第6862页。

[3] 司马迁撰，韩兆琦译注《史记》列传第六十九《货殖列传》，中华书局，2010，第7582页。

[4] 司马迁撰，韩兆琦译注《史记》列传第十三《白起王翦》，中华书局，2010，第4953页。

[5] 徐复撰《秦会要订补》引范成大《桂海虞衡志》，中华书局，1959，第278-279页。

[6] 郦道元撰，陈桥驿校正《水经注校正》卷五《河水》，中华书局，2013，第122页。

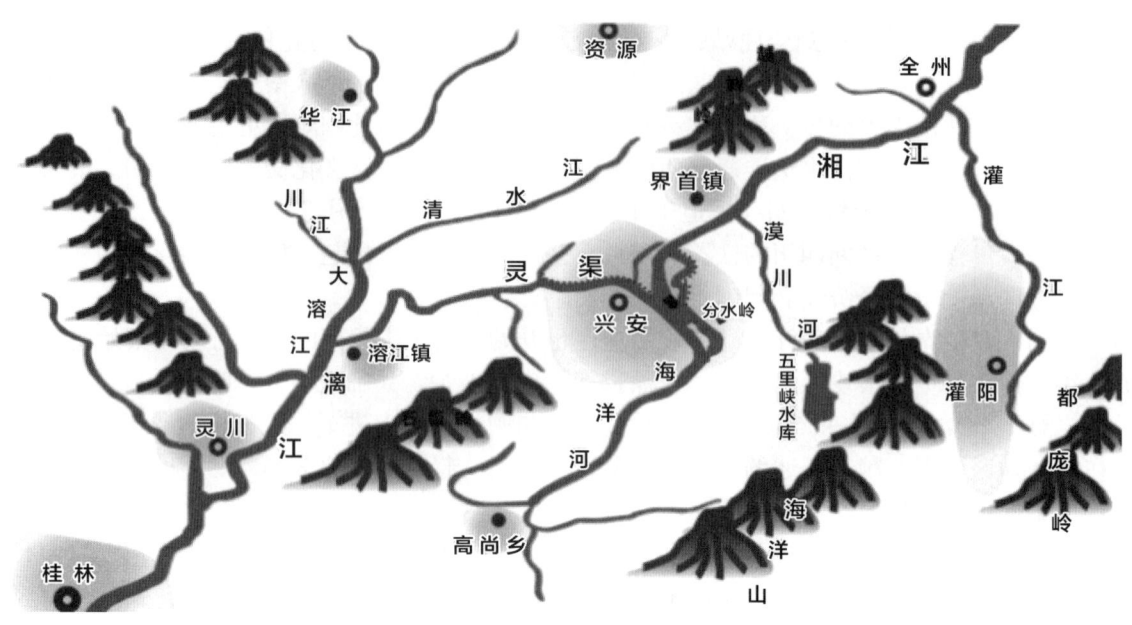

图 1　灵渠位置示意图

灵渠是我国历史上最古老的跨流域越脊运河，总长虽仅 36.5 千米，却沟通了珠江与长江两大水系通航，维持南北航运直通长达两千年之久，成为中原与岭南经济交流的重要通道。灵渠工程至今仍基本保持完好，现已成为对外开放的旅游胜地，是我国水利工程中的一大奇迹。

开通灵渠的目的源于秦始皇统一岭南战争的需要。开凿年代是在秦将屠睢第一次进军岭南（前 221）失败后，根据"三年不解甲弛弩，使监禄无以转饷，又以卒凿渠而通粮道"[1]推算，动工当在公元前 219 年之后，完工则在公元前 214 年之前，历时约四年。

秦始皇三十三年（前 214）灵渠建成，由任嚣、赵佗统率的秦军利用灵渠运粮的有利条件，向岭南各越族部落发动第二次大规模的进军，一举攻克番禺，终于取得了统一岭南战争的伟大胜利。灵渠为这场战争的胜利立下了千古不朽的功勋。

在军情紧迫的情况下，以当时的科技水平，能从透迤的五岭崇山之中，找到两大流域分水岭最低、沟通距离最短的湘桂走廊作为开挖运河的最佳选线，实属不易；再加上工程规划的合理布局，设计施工的科学妙用，在短短几年内建成了我国第一条跨分水岭的越脊运河，充分体现了以史禄为首的我国古代劳动人民的高度智慧和创造力。

第三节　两汉时期珠江航运的兴起

秦汉时期，岭南及西南诸夷与中原王朝的关系基本上处于羁縻状态。帝国为了加强对西南和岭南地区的控制，以及打通海上贸易的通道，不断通过军事打击和绥靖政策使政治经济逐步渗透到珠江上游，对珠江上游的水运发展起到了积极作用。

---

[1] 刘安撰，陈广忠译注《淮南子》第十八卷《人间训》，中华书局，2012，第 1090 页。

一、两汉安抚西南诸夷与西江上游水运

(一) 两汉加大对西南诸夷的经略

秦王朝灭亡前后,珠江流域上游地区原地方割据势力死灰复燃,以滇为首的劳浸、靡莫等部落以及夜郎等乘势崛起,脱离中央,割据称雄,再度成为大小不等的独立王国。

西汉初年封建王朝忙于削平内地割据势力,与异姓或同姓诸王侯做斗争,无暇顾及边疆,长期放任自流,以致西南地区的滇国与夜郎妄自尊大,目无中央,竟发展到滇王尝羌对汉使提出"汉孰与我大"①这样狂妄而又无知的问题。想必夜郎王也是如此,故才有"夜郎自大"的典故流传下来。司马迁不无感叹地说:"以道不通故,各自以为一州主,不知汉广大"①。以致汉王朝派遣使者前往身毒(印度)通好,途经滇国,竟受到阻挠而未能成行。

西汉王朝经过"文景之治"前后100多年的休养生息,国力强盛起来,汉武帝刘彻便着手对不服王化的西南夷地区经略。汉武帝建元六年(前135),派唐蒙为郎中将,率兵前往夜郎进行招抚工作,给夜郎侯多同赠予了大量财物,并"喻以威德,约为置吏,使其子为令"②。在恩威并施的情况下,夜郎及周围部落小国都表示愿意臣服。汉王朝遂在夜郎所属今四川南部和云南东北部建立了犍为郡。并在秦"五尺道"的基础上修筑从宜宾至曲靖的驰道,与南盘江水道更好地连接起来,大大改善了通往西南夷的交通条件。

汉武帝对西南夷地区采取的羁縻安抚政策只求得暂时的妥协,并未达到真正的归附。后来到了元鼎五年(前112)秋,武帝征调巴蜀罪人,发夜郎兵下牂牁江进攻南越时,夜郎地区的诸多小国如且兰等便乘机反汉,杀汉使及犍为郡太守,挡住道路,阻止巴蜀罪人及夜郎兵南下。直待南越吕嘉之乱平定后,次年汉即回兵消灭了且兰与头兰这两位主要反叛的国君,夜郎侯慑于汉的威势才入朝称臣,被封为夜郎王,但管领的范围被大大削减,成为新设的牂牁郡中的小王国。与此同时,武帝又在西面征服了邛、筰等部落,设立了越巂郡。

元封二年(前109),汉武帝再次征调巴蜀兵将,一举征灭滇境的劳浸、靡莫诸部落,兵临滇池,滇国投降,汉乃于滇池设立益州郡,滇王仍继续作为世袭土著领袖而存在,与夜郎王同时接受了武帝颁赐的王印。为了照顾少数民族地区的特殊情况,汉在西南夷地区实行郡国并存的政策,政权属益州郡守,民事属滇王,夜郎王与牂牁郡守的关系亦是如此。当时所设之益州郡,大部分地区属于南盘江流域,是比较富饶的农产区。

汉武帝对珠江上游地区采取郡国并行制度,羁縻笼络与郡县统治相结合,社会出现较长时期的稳定,经济开发亦有所进展,为牂牁江航运的兴起创造了有利条件。

东汉王朝建立,光武帝刘秀登基后继承和发展了西汉在西南夷地区的郡县设置。除继续维持犍为、牂牁、越巂、益州四郡外,又把犍为郡中的朱提(今云南昭通)和汉阳(今贵州威宁)划分出来,设立犍为属国;另把益州郡中的六个县(不韦、嶲唐、比苏、楪榆、邪龙、云南)划分出来加上新设的哀牢、博南两县,设置永昌郡。同时下令将西南各

---

① 司马迁撰,韩兆琦译注《史记》列传第五十六《西南夷列传》,中华书局,2010,第6873页。
② 司马迁撰,韩兆琦译注《史记》列传第五十六《西南夷列传》,中华书局,2010,第6865页。

郡邑中西汉时期郡国并行制中的各国王号——予以恢复，结束了新莽时代所造成的混乱局面，珠江上游地区的反抗斗争趋向缓和，社会秩序获得短暂的稳定。

东汉末年三国时期诸葛亮对珠江上游南中地区开发的功绩是显著的。蜀汉政权统治南中期间，"赋出叟、濮，耕牛、战马、金银、犀革充存军资，于时费用不乏"①。南中"军资所出，国以富饶"②。诸葛亮六出祁山伐魏的军需，多靠南中赋税支持。而且在伐魏的军队中，包括南中大姓孟琰、爨习所领的部曲、诸葛亮部下的"窦、叟、青、羌精锐之众"③，以及王平所统领的"五部军"都来自南中，成为伐魏的主力军。许多南中大姓的代表人物如李恢、吕凯、孟获、孟琰、爨习等都被委以重任而加以信用，更进一步巩固了汉夷民族团结，社会稳定和经济发展的新局面。建宁、牂牁地区输出的大量物资多经由南盘江、北盘江水运至曲靖、沾益，然后再通过秦汉"驰道"水陆联运至蜀汉各地，因此，这一时期南中的水路交通亦随之有较大的发展。两汉多次用兵平定南中的结果，促进了社会稳定和经济开发，为珠江上游牂牁江航运的发展创造了有利的条件。

（二）牂牁江航运的兴起

根据史籍，牂牁江的概念归纳为两种说法：一是作为整条西江的总称，二是作为西江上游南盘江、北盘江及红水河的泛称。更有将其作为都柳江的一种说法。

《史记·西南夷列传》在叙述西汉番阳令唐蒙出使南越时有一段记载："南越食蒙蜀枸酱，蒙问所从来？曰：道西北牂牁，牂牁江广数里，出番禺城下。蒙归至长安，问蜀贾人，贾人曰：独蜀出枸酱，多持窃出市夜郎。夜郎者，临牂牁江，江广百余步，足以行船。"④《汉书·武帝纪》中提到元鼎五年（前112），发五路大军进攻南越时，派"越驰义侯遗，别将巴蜀罪人，发夜郎兵，下牂牁江，威会番禺"⑤。都是以上起夜郎，下至番禺，整条西江作为牂牁江的说法根据。还说明上游夜郎段河宽百余步，下游到了番禺，河宽增大至数里，全线可以通航。这也是牂牁江从夜郎至番禺全线通航最早的历史记载。

至于作为西江上游南盘江、北盘江及红水河泛称的说法根据就更多了，明清以来考证学者达30余家，有的认为牂牁江即今之南盘江，有的考证为北盘江，有的认为是红水河，更有的认为是指都柳江，各种说法莫衷一是。

早在战国以前就有古牂牁国的存在，以后逐渐衰亡分裂。但牂牁江一名的由来则始于战国后期，楚将庄蹻西征夜郎时，据《后汉书·西南夷列传》记载，楚顷襄王时，遣庄蹻伐夜郎，军至且兰，标船于岸而步战。既灭夜郎，以且兰有标船处，乃改其名为"牂牁"。⑥"牂牁"（或作柯）二字，据唐代颜师古的解释："牂牁，系船木戈（桩）

---

① 陈寿撰，裴松之注《三国志》卷四十三《蜀书十三》，中华书局，2016，第1046页。
② 陈寿撰，裴松之注《三国志》卷三十五《蜀书五·诸葛亮》，中华书局，2016，第919页。
③ 司马光编著，胡三省音注《资治通鉴》卷第七十一《魏纪三》，中华书局，2013，第1883页。
④ 司马迁，韩兆琦译注《史记》列传第五十六《西南夷列传》，中华书局，2010，第6865页。
⑤ 班固撰，颜师古译注《汉书》卷六《武帝纪第六》，中华书局，2013，第187页。
⑥ 范晔撰，许嘉璐编译《后汉书》（第三册）列传第七十六《南蛮西南夷列传》，汉语大词典出版社，2004，第1720页。

也。"①因为庄蹻曾在且兰系船上岸，故将流经且兰的这条河改名为牂牁江。说明牂牁江得名于庄蹻系船是有根据的。牂牁郡是后来秦汉推行郡县制时设置的，先有牂牁江，后有牂牁郡，这是毫无疑义的。

牂牁江航运对珠江流域上游开发和政权统一曾发挥过重要作用。如楚将庄蹻的西征，秦汉时期的多次用兵，蜀汉诸葛亮的平定南中，都曾利用牂牁江干支流的航运条件。但由于过去云贵地区长期被视为"蛮夷"之地，史家记述甚少，兴衰大事尚且语焉不详，航运更是甚少提及，考证学者只能从一些重大事件记载的片言只语、字里行间中略寻梗概。

早在秦汉时期，牂牁江已经成为西南夷与南越的通航商道，而且与秦开"五尺道"相连接，成为沟通大西南，北起四川、中经云贵、南达两广的一条水陆联运的西南通道。

秦末天下大乱，郡县官制松弛，珠江上下游地区的商贸活跃，大量产自巴蜀的冶铁、枸酱以及夜郎各地的筰马、牦牛、僰童（奴隶），以及雄黄、丹砂、蜜茶等土特产品，通过牂牁江水运，源源不断地运往南越地区。据《史记·货殖列传》记载，"程郑，山东迁虏也，亦冶铸，贾椎髻之民，富埒卓氏，俱居临邛。"②越人习尚椎髻，说明南越部分铁器来自四川临邛。而南越为了睦邻友好的政治需要，经常"以财物役属夜郎"③。南越的财物自然包括产自沿海地带的食盐、珍珠、玛瑙等物，成为沟通巴蜀，结好夜郎的交换商货，牂牁江航运因此而发展起来。

汉武帝即位初年就决心要征服南越。建元六年（前135）武帝平定东越之后，采纳了番阳令唐蒙从牂牁江顺流而下进军南越的建议。先命唐蒙为郎中将，率兵千人及大批粮食辎重车辆，从巴蜀来到夜郎，喻以威德，赠以金帛，疏通与夜郎的关系后，设置了犍为郡。然后发动蜀兵修筑僰道与牂牁江上游航道连接起来，为进军南越做好充分准备。唐蒙的计划虽因受到宰相公孙弘等人的从中作梗而未能完全实现，但这条水陆联运通道已引起汉朝廷的重视，在僰道与平夷之间设置了邮亭，传递信息，成为元鼎五年（前112）发动向南越进军战略部署中重要的一环。后来只是由于战争很快取得胜利，再加上且兰国的从中捣乱，"使驰义侯遗因巴蜀罪人，发夜郎兵，下牂牁江，咸会番禺"④的原计划没有实现。但这说明牂牁江的航道条件和船舶能量，足以担负大规模长途军事调遣的任务，自夜郎至番禺之间的民间航运已具备了相当的基础。

西汉末年，王莽篡汉后更改官制，取消西南夷诸王称号，民族矛盾激化。巴蜀为王莽同党公孙述所据，夜郎通往巴蜀的北线通道受阻。南线走牂牁江水道路线便成为夜郎对外的唯一通道，牂牁江的航运地位便显得更为重要。东汉建武元年（25），刘秀在河北即帝位，牂牁郡功曹谢暹派遣使臣入贡朝贺，就是取道南线牂牁江下番禺，然后绕道北上。牂牁江航运在两汉时期的作用是十分显著的。

---

① 班固撰，颜师古注《汉书》卷二十八《地理志下》，中华书局，2013，第1602页。
② 司马迁撰，韩兆琦译注《史记》列传第六十九《货殖列传》，中华书局，2010，第7615页。
③ 司马迁撰，韩兆琦译注《史记》列传第五十六《西南夷列传》，中华书局，2010，第6865页。
④ 司马迁撰，韩兆琦译注《史记》列传第五十三《南越列传》，中华书局，2010，第6812页。

二、岭南开拓与珠江中下游航运

（一）南越国赵佗开发岭南

秦末天下纷争时期，珠江下游南海郡尉任嚣当时病重，急召龙川令赵佗前来嘱托后事。任嚣再三告诫赵佗，秦王无道，天下苦之，切记不要出兵助秦，而应"兴兵绝新路，自备，待诸侯变"[①]，采取闭关自守，保境安民，反秦自立的策略。并对赵佗说："番禺负山险，阻南海东西数千里，颇有中国人相辅……可以立国"[②]。赵佗完全接受了任嚣临终的意见，利用秦亡混乱时机，袭杀秦吏，统率南海兵力，一举攻克毗邻的桂林郡和象郡，建立南越国，定都番禺（今广州），自立为王。直到汉高祖刘邦称帝十三年，始表示臣服于汉。刘邦派陆贾为使，正式册封赵佗为南越王，并保持较密切的"互通关市"[③]经济联系。刘邦死后七年，吕后（雉）临朝专政，采取了长沙王"请禁南越关市铁器"[④]的错误主张，断绝了与南越国的边境贸易，出令"毋予蛮夷外粤金铁田器；马牛羊即予，予牡，毋予牝"[⑤]，使其无法繁殖。吕后的主张引起赵佗的极大愤怒，其立即发兵占领长沙王领地的边邑，并自称南越武帝与汉帝抗衡。吕雉死后，汉文帝刘恒即位，再次派遣陆贾携带《赐南越王赵佗书》出使南越，恢复关市贸易，赵佗亦不再称帝，恢复原来南越王封号，并向汉进献贡物，有"白璧一双，翠鸟千，犀角十，紫贝五百……生翠四十双，孔雀二双"[⑥]等珍品，汉越关系重归于好。

赵佗活了百岁以上，亲自执政70年之久。第四代王位传至赵兴时，由于丞相吕嘉叛乱，汉武帝元鼎六年（前111），派出以伏波将军路博德为首的五路平叛大军攻入南越，在吕嘉集团被消灭的同时，立国93年的南越王国亦不复存在，"自尉佗初王后，五世九十三岁而亡"[⑦]。

南越王赵佗是一位精明强悍的统治者，对珠江流域中下游地区的开发做出过重大的贡献，其主要政绩有以下几个方面。

（1）坚持民族团结政策，促进汉越民族融合

赵佗虽来自中原河北真定（今正定县）的汉人，但他坚持"和集百越""与越杂交"的民族政策，尊重越人的风俗习惯和民族文化，带头"弃冠带""着越装"，仿效越人"椎髻箕踞"，自称"蛮夷大长"[⑦]，在攻破象郡安阳王时，"令二使典主交趾、九真二郡人"[⑧]，尊重骆越人的习俗，灵活治理，消除民族隔阂。启用越人首领，上至丞相，下至一般官吏，都有越人参与国家治理。同时实行汉越通婚，不搞民族歧视，大大增强了汉越民族的融合。

---

① 司马迁撰，韩兆琦译注《史记》列传第五十六《西南夷列传》，中华书局，2010，第6858页。
② 司马迁撰，韩兆琦译注《史记》列传第五十三《南越列传》，中华书局，2010，第6786页。
③ 班固撰，许嘉璐译注《汉书》卷九十四《匈奴》，汉语大词典出版社，2004，第1913页。
④ 司马迁撰，韩兆琦译注《史记》列传第五十三《南越列传》，中华书局，2010，第6792页。
⑤ 班固撰，许嘉璐译注《汉书》卷九五《西南夷两粤朝鲜传》，汉语大词典出版社，2004，第1925页。
⑥ 班固撰，许嘉璐译注《汉书》卷九五《西南夷两粤朝鲜传》，汉语大词典出版社，2004，第1926页。
⑦ 司马迁撰，韩兆琦译注《史记》列传第五十三《南越列传》，中华书局，2010，第6817页。
⑧ 司马迁撰，韩兆琦译注《史记》列传第五十三《南越列传》，中华书局，2010，第6793页。

（2）保境安民，维持南越社会稳定

秦末之际中原大乱，天下纷争，民不聊生。赵佗拒不出兵参加角逐，采取"急绝路聚兵自守"[①]，保境安民的对策，避免了战火蔓延南越的灾难。西汉初年七国叛乱，吴王刘濞、淮南王刘安都曾企图拉拢南越参乱，均被赵佗拒绝。赵佗的一心事汉，使南越地区的人民获得较长时期的安定，对岭南经济发展产生了重要作用。

（3）坚持关市贸易，发展南越经济

赵佗对南越的经济发展十分重视，深知通过关市贸易，大量引进中原先进的铁制器物、农具机械以及马牛羊牲畜的重要。为改变南越地区长期生产落后的面貌，他三次上书吕后请求继续开放关市，遭到拒绝后，不惜派兵向长沙王进攻，通过武力也要达到关市开放的目的。

赵佗是一个很有眼光的人，他不仅坚持维护汉朝一统的大局，而且也很重视与珠江上游的夜郎和滇国保持良好的睦邻友好关系。依靠南越的经济优势，"以财物役属夜郎，西至桐师（今曲靖、沾益），然亦不能臣使也"[②]。政治上他并不要求这些较落后的小国归属，但在经济上得到的好处甚大，由于结好夜郎等国，使得产于巴蜀地区的铁器、枸酱，云贵地区的筰马、牦牛、僰僮（奴隶）得以通过牂牁江的水运，源源不断地输送南越。对促进珠江流域上下游地区的经济发展产生了重大影响。

（4）大量吸收北方移民，积极开发南越

秦汉以前，由于地理位置相当封闭，南越经济文化与中原存在较大差异，因此早在赵佗任龙川县令时就已经大量吸收北方移民，开发和巩固南越。他以稳定北方驻军为名，向秦始皇提出"求女无夫家者三万人，以为士卒衣补，秦皇帝可其万五千人"[③]。这一万五千名未婚女子与"遣戍"军人组成家庭，对稳定南越局势，巩固边疆有一定的积极意义。为了进一步开发地广人稀的南越，在任嚣、赵佗的极力倡导下，秦始皇三十三年（前214），"发诸尝逋亡人、赘婿、贾人略取陆梁地，为桂林、象郡、南海，以谪遣戍"[④]，前后共徙民55万人戍其地，与越人杂处。所谓"逋亡人"大多是被灭六国的贵族、官吏和抗秦逃亡的平民，还有上门女婿和商人也作为罪犯移民，这些移民对南越的经济发展和文化传播以及社会进步作用巨大。

赵佗对南越开发治理的功绩，汉高祖刘邦曾给予充分肯定："会天下诛秦，南海尉佗居南方长治之，甚有文理，中县人以故不耗减，粤人相攻击之俗益止，俱赖其力。"[⑤]

（二）汉武帝平定南越

西汉初期，由于北方匈奴经常侵扰，汉王朝对远离中原的百越诸国一直采取优容安抚政策，不敢进行军事活动。直到汉武帝刘彻即位，国力日渐强盛，对百越的表面服从实际是地方割据的现状已不再容忍，准备以武力解决。建元六年（前135）八月，以闽越侵犯

[①] 司马迁撰，韩兆琦译注《史记》列传第五十三《南越列传》，中华书局，2010，第6790页。
[②] 司马迁撰，韩兆琦译注《史记》列传第五十六《西南夷列传》，中华书局，2010，第6865页。
[③] 司马迁撰，韩兆琦译注《史记》列传第五十八《淮南衡山列传》，中华书局，2010，第7039页。
[④] 司马迁撰，韩兆琦译注《史记》本纪第二十六《秦始皇本纪》，中华书局，2010，第550页。
[⑤] 班固撰，许嘉璐译注《汉书》卷一下《高帝刘邦（下）》，汉语大词典出版社，2004，第28页。

南越，引起纷争为由，派大行将军王恢率兵前往征讨，闽越王之弟馀善乘机将其兄王郢杀死，自立为王，向汉朝请罪罢兵。于是王恢派番阳令唐蒙出使南越，一方面向南越炫耀朝廷征服闽越的武功，一方面对南越国情做些实际调查。南越王不敢怠慢这位汉使，优礼相加，拿出从四川进口的名贵食品枸酱招待。当唐蒙询问枸酱的由来，知道从夜郎到番禺有一条通航条件很好的牂牁江后，回到京城便立即向汉武帝上书称："南越王黄屋左纛，地东西万余里，名为外臣，实一州主也。今以长沙、豫章往，水道多绝，难行。窃闻夜郎所有精兵，可得十余万，浮牂牁江，出其不意，此制越一奇也。诚以汉之强，巴蜀之饶，通夜郎道，为置吏，易甚。"①唐蒙主张由夜郎发兵，走牂牁江攻打南越的建议获得武帝的同意，于是派唐蒙为郎中将前往夜郎积极进行筹备工作。到了武帝元鼎五年（前112），南越丞相吕嘉造反，杀南越王赵兴、王太后和汉使，立术阳侯赵建德为王，越内乱给汉王朝提供了名正言顺讨伐的机会。当年秋，即"令粤人（南越降将）及江淮以南楼船十万师往讨之……卫尉路博德为伏波将军，出桂阳，下横浦；故归义粤侯二人为戈船、下濑将军，出零陵，或下漓水，或抵苍梧；使驰义侯因巴蜀罪人，发夜郎兵，下牂牁江，咸会番禺"②。汉武帝这次讨伐南越与秦始皇统一岭南的进军路线略有改变，除湟水、横浦、漓水三路与秦军相同外，增加从夜郎发兵走西江的一路，这是唐蒙在23年前建议的路线。仍然是西江与北江各有两路，采取双管齐下、两面夹攻的战略。走北江的伏波将军路博德与楼船将军杨仆二路为先遣的主攻部队。"六年（前111）冬，楼船将军杨仆精兵先陷寻峡（北江大庙峡），破石门，因推而前挫粤锋，以粤数万人待伏波将军。伏波将军将罪人，道远后期，与楼船会，乃有千余人。"③由于杨仆大军由江西走大庾岭山道下浈水、北江、顺流直下，最先到达番禺。而路博德因要集中一批罪犯当兵，而且桂阳骑田岭山道路远，湟水航道条件又略次于浈水，所以路博德的军队比杨仆晚到，而且七零八落，只有千多人。但终究比西江来得快，结果是"戈船、下濑将军兵及驰义侯所发夜郎兵未下，南粤已平。"④远在夜郎的驰义侯下牂牁江的一路，由于夜郎王属下的且兰国君在途中捣乱，而且道路又最远，终归未能参战。在路博德与杨仆的联军进攻之下，吕嘉集团与南越王赵建德只得连夜弃城而走，逃亡海上，最后仍被汉王朝的楼船水师所歼灭。

珠江中下游地区在汉武帝平定南越之后，按照中央建制将南越分为儋耳、珠崖、南海、苍梧、郁林、合浦、交趾、九真、日南等九郡，所辖范围包括今两广、海南及越南北部地区，统归中央直接管辖之后，便着手岭南经济开发，建立了铁和盐的专卖机构。铁器的普及使岭南在工业方面诸如制陶、铸铜和造船等有较快的发展。农业生产由于广泛使用铁制农具和耕牛，注意排灌，重视施肥，水稻生产已达到年可两熟。还有其他经济作物甘蔗、水果等都已开始生产，岭南经济的落后状况已大为改观。

（三）孙权大力经营岭南

东汉末年天下大乱，各路诸侯据地称雄，岭南地区一度为荆州牧刘表所控制，派零陵

---

① 司马迁撰，韩兆琦译注《史记》列传第五十六《西南夷列传》，中华书局，2010，第6865页。
② 司马迁撰，韩兆琦译注《史记》列传第五十三《南越列传》，中华书局，2010，第6812页。
③ 班固撰，许嘉璐译注《汉书》卷一下《高帝刘邦（下）》，汉语大词典出版社，2004，第1929页。
④ 班固撰，许嘉璐译注《汉书》卷九五《西南夷两粤朝鲜传》，汉语大词典出版社，2004，第1930页。

人赖恭为交趾刺史，派长沙人吴巨为苍梧太守。东汉朝廷也不甘示弱，利用岭南豪族士燮的势力对抗刘表。建安八年（203），"朝廷赐燮玺书，以燮为绥南中郎将，董督七郡，领交趾太守如故"①。但自东吴孙权兼并荆州刘表领地后，东吴的势力大举向岭南扩张。建安十五年（210）孙权派鄱阳太守步骘为交州刺史，率兵南下，以吴巨"阴怀异心，外附内违"②为由，予以诱杀。士燮也被迫投降孙权。"权加燮左将军，燮遣子入质，由是岭南始服属于权"③。孙权对士燮也倍加信任，兄弟二人封侯，分别管理交趾、合浦二郡，每年向孙权进贡大量的杂香、细葛、大贝、琉璃、翡翠及贡马等。步骘为肃清苍梧太守吴巨余部的反抗，以船兵二万，与吴巨旧部衡毅、钱博等在西江肇庆羚羊峡激战三日，取得胜利，并乘势挥戈夺取番禺，完成了孙权全面控制岭南的使命。步骘在番禺登高远眺，"睹巨海之浩茫，观原薮之殷阜，乃曰斯城海岛膏腴之地，宜为都邑也"④，对番禺的地理条件倍加赞赏。于建安二十二年（217）把交州的州治从广信（梧州，一说封开）迁至番禺，并修复了原南越王都城的旧址，岭南的政治中心又逐渐回到了番禺。吴黄武五年（226），孙权考虑到交州地区过于辽阔，不易管辖，乃将苍梧、南海、郁林、合浦四郡并为广州，任吕岱为刺史，治所设在番禺。而原来治所设在番禺的交州，则只辖交趾、九真、日南三郡，治所则迁至龙编（越南北部），任戴良为刺史。岭南自此分为交、广两州。广州自此而得名。由于交州、龙编过于边远，实际上广州已成为整个岭南地区的政治经济中心。在孙权统辖岭南期间，不仅促进了江东与岭南之间的经济联系，而且与东南沿海贸易也有了较大的发展。

（四）两汉珠江航运快速发展

两汉时期珠江中下游航运已进入全面发展阶段，表现特点是船舶结构有了较大的改进，具备了一定的长航能力，载重量也有所提高，能担负较远的商贩和军运活动。一条以牂牁江为主轴，上至夜郎，下通番禺的水上通道已初步形成。

西汉南越王赵佗时期"以财物役属夜郎"，除了政治上交好邻国巩固后防的因素外，主要是通过与夜郎等上游地区开展贸易，取得巴蜀、滇、黔各地的铁器、牛马牲畜、僰僮（奴隶）及茶、蜜、丹砂、雄黄、枸酱之类的土特产品，以利于岭南经济的发展。由于这一时期西南与岭南相对稳定，社会经济发展较快，上下游通过牂牁江航运交流的物资也较多，岭南沿海的食盐除当地自销外，并由牂牁江水运供应上游滇、黔地区。

柳江上游称为都江和融江，两汉时期也是一条重要的水运通道。沿岸有丰富的山货及土特产品，下运至柳、梧各地，或经灵渠转运中原各省，运回当地所需的布帛、食盐等物资。

两汉时期通过西江水运的物资交流，不仅限于流域内的上下游之间，而且通过水运，岭南与中原之间的商贸活动也很活跃。据《汉书·地理志》记载："粤地……处近海，多犀、象、玳瑁、珠玑、银、铜、果、布之凑，中国往商贾者多取富焉"⑤。当时珠江中下

---

① 司马光编著，胡三省音注《资治通鉴》卷第六十六，中华书局，2013，第1761-1762页。
② 陈寿撰，裴松之注《三国志》卷五十三《吴书气》，中华书局，2011，第1033页。
③ 司马光编著，胡三省音注《资治通鉴》卷第六十六，中华书局，2013，第1762页。
④ 郦道元撰，陈桥驿校正《水经注校正》卷三十七《浪水》，中华书局，2013，第834页。
⑤ 班固撰，颜师古点校《汉书》卷二十八下《地理志第八下》，中华书局，2013，第1669-1670页。

游地区已形成两条重要的水运商路，一条是从长江经灵渠越桂江、北流江到合浦；另一条是从牂牁江、柳江下至苍梧，直抵番禺。

自秦代开始，灵渠沟通了珠江与长江两大水系通航，地处西江与桂江交汇枢纽的广信（今梧州，一说封开），西汉时期被定为岭南政治中心交州刺史的治所，显然是为了加强对岭南的政治控制及与中原经济、文化交流。汉武帝平定南越后，特于广信下游设置高要县，派驻盐官，负责将岭南沿海所产食盐转运至灵渠，运销长江流域湘、楚各地，无疑促进了珠江水系航运的发展。

北江也是两汉时期岭南对外水运中占据重要地位的一条水道。北江航道条件远不如西江，但进入湘赣距离较近是其优点。在大庾岭山道未开通之前，除军事行动外，入粤路线多取骑田岭山道，从桂阳下湟水（连江）入北江顺流而下至番禺；另外，还有由湖南郴州下武水至韶关，走北江南下番禺。在湟、武两条水道中，尤以湟水一路最为重要。"湟溪、阳山、洭口（连江口）皆设有秦关，名曰三关"[①]。当年赵佗分兵绝秦新道，指的就是这条交通要道。武水一路虽有六泷之险，但为桂阳郡治所郴州至韶关的捷径。所以，自东汉开始，对武水滩险便屡加疏凿。纪念桂阳太守周憬的碑文中就有"郡又与南海接比，商旅所臻……利抱布贸丝，交易而至"[②]的记载，从中也可看出北江水系干支流航运在两汉时期的重要性。

汉代不仅珠江水系上下游航运开始进入全面发展阶段，而且以合浦港为转运枢纽的河海联运西南线亦已形成。海外贸易从而得到较快的发展。

西汉武帝时期，张骞曾多次出使西域诸国，在大夏国（今阿富汗北部）看到中国蜀郡出产的蜀布和筇竹杖，即由四川下长江，进湘江走灵渠入西江，转合浦海运至身毒（印度），再辗转流入大夏。西汉时期中国丝绸已有一部分经由合浦、徐闻、日南等处运往印度洋，售予大夏、安息、天竺商人，然后转销大秦（罗马）帝国。合浦由于地理位置优越，面向北部湾背靠珠江水系，是当时通往东南亚距离最近的港口。由于汉武帝重视海贸，特设合浦郡，辖地包括整个雷州半岛，郡治设在徐闻（今海康），以加强对海贸的统一管理。徐闻位于雷州半岛东部，地扼琼州海峡，是通往珠崖、儋耳（今海南）的必经之地，与合浦同为南海交通的重镇。

三、汉代珠江航道整治

古代受科学技术水平所限，航道整治特别是水下工程尚存在许多难以克服的困难，古籍对航道整治的记载几如凤毛麟角。

（一）灵渠整治

史载灵渠自"秦命史禄吞越峤而首凿之，汉命马援征征侧而继疏之"[③]，第一个维修

[①] 屈大均著，李育中注《广东新语注》，卷二《地语》，广东省人民出版社，1991，第31页。
[②] 郭苍著《桂阳太守周府君碑》，收录于郝玉麟修，鲁曾煜纂《钦定四库全书·广东通志·卷五十九》，雍正九年（1731）刻本，第3页。
[③] 董诰《全唐文》卷八百四《桂州重修灵渠记》，中华书局，1983，第8453页。

整治灵渠航道的应是马援。东汉光武帝建武十六年（40），交趾女子征侧反汉自立为王，东汉王朝为维护封建集权国家的统一，诏令"长沙、合浦、交趾具车船，修道桥，通障蹊，储粮谷。十八年，遣伏波将军马援、楼船将军段志，发长沙、桂阳、零陵、苍梧兵万余人讨之"①。这次军事行动，马援疏通水道，对灵渠"复治以通馈"②。马援整治灵渠的措施是"开川浚济，水急曲回斥，用遏其节，节斗门以驻其势"③，即疏浚航道，结合斗门蓄水，取得了较好的效果。传说马援还曾对郁江上的乌蛮滩（伏波滩）进行过整治，纪念马援的伏波庙至今仍在。

（二）北江凿疏与山道开凿

北江由于连接骑田岭郴州路与大庾岭虔州路，交通地位特别重要。早在东汉建武十五年（39）至二十五年（49），桂阳郡（治今湖南郴州）太守卫飒在任期间，颇施善政，对武水、北江航道曾进行疏治。据《后汉书·卫飒传》记载："先是含洭（英德浛洸）、浈阳（英德城东）、曲江三县，越之故地，武帝平之，内属桂阳。民居深山，滨溪谷，习其风土，不出田租。去郡远者，或且千里。吏事往来，辄发民乘船，名曰'传役'。每吏出，徭及数家，百姓苦之。飒乃凿山通道五百余里，列亭传，置邮驿，于是役省劳息，奸吏杜绝，流徙稍还，渐成聚邑。"④说明原来武水、北江航道条件很差，为了一个官吏出行，就要征用数家民夫拉船。经过卫飒整治后，航道畅通，百姓不再受徭役之苦，很多外逃人员也逐渐重返家园，得以安居乐业。卫飒自郴州开始凿山修路至宜章后，即沿武水航道而下，经乐昌至韶州、英德，开辟水陆联运通道，称之为五百里亦大致相符。"而自宜章以下，三泷水最急，舟可两日至韶，……自韶至英德水路一日。"⑤说明郴州路自宜章以下即可坐船，三天到达英德，速度还是比较快的。

继卫飒整治骑田岭山道和武水航道的，还有东汉章帝建初八年（83），代理大司农郑弘。他看到旧交趾七郡（交趾、九真、日南、南海、苍梧、郁林、合浦）运送到京城的贡物，都是用船装载先经会稽郡东冶县（今福州）"泛海而至，风波艰阻，……奏开零陵、桂阳峤道，于是夷通，至今遂为常路"⑥。郑弘请求开凿零陵（今广西兴安县东北）与桂阳（今湖南郴州）之间的山道。这次开山通道自然也与整治北江水道相联系，使旧交趾七郡的贡物能沿北江水道上溯武水，转运至桂阳、零陵，送往京城。这条由零、桂入粤的水陆联运通道，从此便成为转运贡物、商货的重要"常路"。

---

① 班固撰，许嘉璐译注《二十四史全译后汉书》列传第七十六《南蛮西南夷列传》，汉语大词典出版社，2004，第1714页。
② 欧阳修，宋祁撰，《新唐书》列传四十二《李渤》，中华书局，1975，第4286页。
③ 莫休符撰《桂林风土记》，中华书局，1985，第7页。
④ 范晔撰，许嘉璐编译《后汉书》列传第六十六《循吏传》，中华书局，2004，第1498页。
⑤ 屈大均著，李育中注《广东新语注》，卷二《地语》，广东省人民出版社，1991，第31页。
⑥ 班固撰，许嘉璐译注《二十四史全译后汉书》列传第二十三《朱冯虞郑周列传》，汉语大词典出版社，2004，第818页。

第四节　两晋南北朝时期混乱对流域航运的影响

一、上游牂牁江航运的衰落

三国鼎立争雄六十余年，司马氏篡魏并蜀吞吴，归于一统，建国号晋，定都洛阳，史称西晋。

两晋南北朝期间，牂牁境内大姓争夺，混战迭起，生产严重破坏，南中人民"频岁饥疫，死者十万计"①。晋王朝已失去对南中的控制，政局混乱，经济衰退，交通运输不可能有较大的发展。刘宋时代（420—479）比较重视牂牁江水系的航运，在南盘江、北盘江流域内的夜郎郡、兴古郡、西平郡和牂牁郡与京都建业（今南京）之间的交通都依水路里程计算。不过，经历东晋时期近百年的动乱和灾歉，四郡人口已很稀少。据《宋书·地理志》记载：四郡21个县的总人户才2770户，平均每县仅约132户，郡县设置徒具虚名②。牂牁江水运自然十分有限。宋孝武大明八年（464）侍中萧惠开任益宁二州刺史，声称要"收牂牁、越巂为内地，绥讨蛮濮，辟地征租"。便是想开辟田地，发展生产，以征调赋税，但在人力物力同感贫乏的条件下不可能取得进展，只落得个"才疏意广，迄无成功"③的结局。与社会经济发展息息相关的牂牁江航运日趋衰落。

二、下游航运继续发展

两晋南北朝时期，中原地区兵燹连绵，在战乱中"人相食，死者大半"④，"人多饥乏，更相鬻卖，奔进流徙，不可胜数"⑤。为逃避战祸，中原人民纷纷逃往江南及岭南定居。

珠江中下游岭南地区在当时未受战祸影响，社会安定，可称一方乐土。据广州和韶关出土的晋代砖刻有类似这样一些镌文："永嘉世，九州荒，如广州，平且康"⑥，大批流向岭南的移民中，除了平民百姓外，还有不少世家望族："闽越遐阻，僻在一隅，永嘉之后，帝室东迁，衣冠避难，多所萃止。"⑦中原士民南迁，主要路线有三条：一为走湘江经灵渠下至苍梧各地；二为经赣江，过梅关，入北江转往珠江下游；三为走海路进入珠江转往各地的。东晋末卢循起义军数千人即是从海路到达岭南的。

两晋南北朝时期的中原移民，使汉越文化进一步融合，推动了岭南经济和社会生活的

---

① 房玄龄撰《晋书》卷一百二十一《李雄》，中华书局，1974，第3037页。
② 沈约撰《宋书》卷三十八《州郡四》，中华书局，1974，第1195页。
③ 班固撰，许嘉璐译注《二十四史全译后汉书》列传第六十《郑孔荀传》，汉语大词典出版社，2004，第1397页。
④ 司马光编著，胡三省音注《资治通鉴》卷第一百七，中华书局，2013，第2829页。
⑤ 房玄龄撰《晋书》卷二十六《食货志》，中华书局，1974，第791页。
⑥ 郑梦玉等道光十五年修《南海县志》卷十一《金石略一》，成文出版社，1967，第185页。
⑦ 杜佑撰《通典》卷一百八十二《州郡十二》，中华书局，2016，第4840页。

重大变化。广州刺史邓岳借助外来移民的生产技能,"大开鼓铸"①。广州从此有了冶金业,并广泛发展至岭南其他地区,结束了岭南过去主要依赖中原供应铁制农具的状况,建立了本地的冶炼铸造业。中原文化以孝悌忠信节烈为基本内容的封建伦理道德也通过移民逐渐影响岭南,"其流风遗韵,衣冠习气,熏陶渐染,故习渐变,而俗庶几中州"②,影响之大可想而知。

自晋代以后,南海贸易的江海联运中心枢纽已逐渐由徐闻、合浦转向广州。两晋南北朝时期,广州港与各国的海贸迅速得到发展,当时的扶南国(柬埔寨)商人便已常到广州博易。据记载:"扶南王姓侨陈如,名阇耶跋摩,遣商货至广州。"③其他南洋诸国商货也多运至广州交易。这一时期,从印度乃至非洲,地中海岸迄从海上直达广州者日益增多。西晋康泰二年(281)大秦(东罗马帝国)王遣使浮海前来中国时,就先经过广州,再转往京都洛阳。据记载,高僧法显在晋义熙八年(412)从狮子国(斯里兰卡)乘船回国,航程分为两段:一段为斯里兰卡至爪哇;另一段为爪哇至广州。前一段航程需时约3个月,后一段航程需时约50天。他虽因遇飓风而漂至青州(今山东半岛),没有按照原计划在广州上岸,但从这一记载可知广州与斯里兰卡之间的通航情况。④继法显之后,取道南海前来广州的高僧还有很多,如南朝宋文帝初的昙无竭远游天竺(印度)后,随船浮海来广州;随后,印度僧人求那跋摩从爪哇乘印度商船直达广州等。至于商船往来,据记载:"广州边海,旧饶,外国舶至,多为刺史所侵,岁不过三数次。励至,纤毫无所取,岁十余至。"⑤肖励革除了贪官污吏对外舶的敲诈勒索,来港商船数量立即增多。当时前来广州通商的国家和地区已有大秦、天竺、狮子国、厕宾(克什米尔)、占婆(越南南部)、扶南、金邻(泰国逻罗湾岸)、顿逊(泰国西南部)、狼牙修(泰国南部)、盘皇(马来半岛的彭亨)、丹丹(马来半岛南部)、盘盘(加里曼丹北部)、河罗单(爪哇)、干陀利(苏门答腊巨港)、婆利(印度尼西亚巴厘岛)等。中国商舶则以广州为起运港,穿过马六甲海峡,横渡孟加拉湾、波斯湾,进入红海,经转运而与地中海各国相交通。

当时由海外输入的商品主要有象牙、犀角、珠玑、玳瑁、琉璃器、螺杯、吉贝(棉布)、郁金、苏合、沈檀、兜鍪等。南朝梁武帝得到广州贡献的蕃货时高兴地说:"朝廷便是更有广州。"⑥输出的商品则是以丝绸、陶瓷、漆器为大宗。当时"舟舶继路,商使交属"⑦,极一时之盛。《南齐书·东南夷传》云:"四方珍怪,莫此为先,藏山隐水,环宝溢目,商舶远届,委输南州。故交、广富实,物积王府。"⑧《晋书·吴隐之传》又

---

① 房玄龄撰《晋书》卷七十三《庾翼》,中华书局,1974,第1932页。
② 李光廷,史澄,苏佩训,《中国地方志集成·光绪广州府志(一)》卷十五《舆地略七》,江苏古籍出版社,2003,第263页。
③ 萧子显撰《南齐书》卷五八《蛮》,中华书局,2017,第1123页。
④ 法显著,田川译注《佛国记》,重庆出版社,2008,第197-200页。
⑤ 李延寿撰《南史》列传第四十一《梁宗室上》,中华书局,1975,第1262页。
⑥ 李延寿撰《南史》列传第四十一《梁宗室上》,中华书局,1975,第1263页。
⑦ 沈括撰《宋书》,列传第五十七《夷蛮》,中华书局,2018,第2631页。
⑧ 萧子显撰《南齐书》卷五八《东南夷》,中华书局,2017,第1126页。

云:"广州包山带海,珍异所出,一筐之物,可资数世。"[1]当时有谚曰:"广州刺史但经城门过,便得三千万钱。"[2]反映了当时广州海外贸易及经济繁荣的盛况。

第五节　秦汉时期岭南造船技术发展

从文献记载与考古发掘的文物看,秦汉时期造船事业出现一个蓬勃发展的局面。《广州府志》引《南越志》云:"南越王造大舟,溺人三千。"这说明,早在汉初已经制造大舟,而且在造船事故中"溺人三千",可见其造船业规模之大。从汉代出土的木刻、陶制船模,以及城砖刻绘的船形纹饰,都可以清楚地看到广东地区当时已能制造多种类型的舟船,以适应不同用途的需要。

秦汉时期用于水战的主要是楼船。汉武帝元鼎五(前112)、六年(前111)平定南越国的叛乱时,用"楼船十万师"[3]。东汉建武十八年(42),光武帝遣伏波将军马援率领楼船南击交趾、九真,有"楼船二千余艘,士二万人"[4]。秦汉时期的楼船如图2。

图2　秦汉时期的楼船

---

[1] 房玄龄撰,许嘉璐译注《晋书》(第三册)卷九十,中华书局,2004,第2002页。
[2] 李延寿撰《南史》卷二十三《王诞王华王惠王彧》,中华书局,1975,第627页。
[3] 班固撰,颜师古点校《汉书》列传第六十五《西南夷两粤朝鲜传》,中华书局,2013,第3857页。
[4] 范晔撰,许嘉璐编译《后汉书》列传第四十《马援》,汉语大词典出版社,2004,第657页。

1979年，广州汉墓4013号出土一大型木船模型，长1.3米、中宽约0.16米，船上建有重楼，有十桨一橹。楼船上甲板设楼三、四层，每层四周都设有女（矮）墙，女墙上开有箭孔和矛穴。此外，还用硬木制成战格，作为士兵防护掩体和进行攻击的战位（南朝以后，每层楼的四壁还蒙上皮革以加强防护）。上甲板以下的舱室为划桨手操作的场所。楼上的最上层竖有幡帜，以壮军威。[①]楼船上设多层甲板室，以扩大使用空间。楼船是中国造船技术的一大进步。

汉代造船地点分布全国，在内地的有长安、洛阳、巴蜀（今四川）、湘州（今长沙郡和洞庭湖附近一带）、庐江郡（今安徽庐江县一带）、豫章（今江西南昌附近）。沿海地区有渤海郡（故治在今河北沧县）、琅琊郡（今山东诸城市东南一带）、东莱郡（今山东省莱州市至福山一带）、会稽县（秦、西汉时郡治在今江苏苏州，东汉移治今浙江绍兴）、永嘉郡（今浙江温州）、南海郡（郡治番禺，今广州市）、合浦郡（郡治徐闻，后移治合浦）、交趾、日南郡。

1983年秋，在广州市区北面的象岗山顶发现一座西汉初年大型的石室墓，是南越国第二代王的墓，出土的九件带纹饰的提筒中其中一件为船纹饰，这艘船应是由南越国在广州建造的内海战船，也就是南越时期广州有造船工场的例证。

南海郡的番禺县自春秋战国始一直都是造船重镇，合浦的徐闻也是岭南修造楼船之处。

---

① 曾公亮等撰《武经总要前集》卷十一《制度十一》，湖南科学技术出版社，2017，第590页。

第三章
隋唐时期珠江航运走向兴盛

第一节　珠江内河及沿海航运繁荣

一、发展珠江水路交通，加强对岭南的控制

　　隋唐时期对发展当地农业生产，开化民风，改革落后习俗等方面比较重视。隋开皇年间，桂州总督令狐熙，在各州县建造城邑，开设学校。唐代武则天执政时期的长寿元年（692），开凿临桂相思埭运河，大大改善了湘、桂、黔通航条件。唐显龙四年（710），王晙任桂州都督时大兴屯田，修河筑坝，开屯田数千顷，募民耕种，使广西粮食自给有余，不必再从衡、永两州调运粮食，据记载："桂管戍兵一千人，邕管戍兵一千七百人，容管戍兵一千一百人，衣粮税各皆本营区内自给。"①唐宝历元年（825），给事中李渤任桂州总管，及唐咸通九年（868）鱼孟威任桂州刺史时，先后两次对灵渠进行了大规模的修复和维护，保持湘桂水道航运畅通，对广西的经济文化开发起到了积极的作用。

　　珠江下游地区在隋唐时期开垦农田，兴修水利，发展农业生产，成绩显著。由于唐代以岭南作为罪臣贬逐之地，这些来自帝都的文武官员对传播中原文化，改善落后习俗，促进岭南经济发展起到了一定作用。特别是唐玄宗时期，唐相张九龄征集民夫，开凿和兴修的大庾岭路成为中原直达岭南的通衢大道，南北商货贸易迅速发展，广州市井繁荣，商贾云集。珠江下游丰富的粮食和经济作物，大量通过市场流通销往内地。与此同时，广州的海外贸易比秦汉时期又有了更大的发展。"海上丝绸之路"已经形成，大批中国商船从广州出发，航经南中国海、印度洋、波斯湾，远达非洲。出口货物主要为丝绸、瓷器、金银铜钱等，外国商船也纷纷来到广州，运来珠贝、宝石、象牙、香料、胡椒，互市贸易，繁盛一时。

　　隋唐时期发展交通水陆并重，为加强对珠江上游地区的控制，除沿江设置尽量利用水运外，还着重于道路的建设修整。隋开皇五年（585），益州法曹黄荣率兵2 000余人，修整石门道通宁州（今晋宁），自戎州（今宜宾）经鲁望（今威宁）通往云南。唐贞观十三年（639），渝州人侯弘仁等整修由牂牁（今福泉）经西赵（今贞丰）出邕州（今南宁）的道路。扩延经母敛（今独山）出南丹至柳州一线，再加上其他通往各地的支线道路也相继修通，至唐元和年间（806—820），珠江上游水陆联运网络已见雏形，牂牁江水系的航

---

① 刘昫撰，许嘉璐编译《旧唐书》卷四十一《地理四》，汉语大词典出版社，2004，第1366页。

运又重现生机。通过牂牁江运输粤盐供应西南各地的数量逐渐增多。

唐德宗贞元三年（787），南诏王异牟寻遣使分三路入朝，其中一路出牂牁，从黔府路北上。后唐天成二年（927），由牂牁清州八郡刺史宋朝化率领的朝贡使节共153人，携带大量土特产贡品，有豆蔻2万两、丹砂500两、蜡200斤，先越过崎岖山路，然后坐船转水路运去京都长安，唐代向朝廷的献贡活动就达30余次之多。[1]

唐代全国南北交通已形成以长江为中心的水运网络。北线经大运河进入黄、淮水系；南线有两条主要通道进入珠江水系：一条是由湖南湘江经灵渠入桂江，进入西江到达广州，时称"越城岭桂州路"；另一条则是由长江入鄱阳湖，溯赣江而上至虔州（今赣州），越大庾岭走北江而下广州，时称"大庾岭虔州路"。

唐代对内河航运重视，为珠江流域航道建设方面做出过两项重大的贡献：一是开凿相思埭运河，沟通桂、柳通航，为黔、桂、湘航运开辟了一条新的运输捷径；二是先后派出李渤与鱼孟威两次对灵渠工程维修整治，以保持南北航运的畅通，其功至巨。

二、海外贸易与海上丝绸之路

自古以来，珠江水系内河航运与南粤的出海航运成为岭南水运整体中的两大支柱，河海联运，互为利用。内河为海运提供充足的出口货源，又为海运及时疏运大量的进口货物；海运的繁荣进一步促进内河航运发展，相互依存，关系至为密切。下游地区江海直达，江船出海，海船进江，直接便捷，充分发挥了珠江与沿海的水运整体优势，为岭南经济发展、海内外人文交流做出过重大贡献，其影响所及远达中原内地。

古代珠江水系江海联运的主要路线有两条。一条是走合浦港出海的西南线。以苍梧为集运枢纽，走北流江（今绣江）转南流江至合浦出海。上联西江水系中上游，北通桂江、灵渠进入长江水系，是珠江江海联运历史最早的一条出海路线。另一条是走广州港出海的东南线。除珠江下游西、北、东三江地区进出口物资外，还通过骑田岭郴州路与大庾岭虔州路输送中原各地的进出口物资，均以广州港为转运枢纽。广州海运线的兴起，虽晚于合浦线，但由于腹地辽阔，水运条件优越，隋唐以后逐渐取代合浦地位，后来居上，成为珠江河海联运的主要枢纽。

隋文帝杨坚统一中国后，中原大地社会动乱解除，经济亦渐恢复。西方和东南亚的扶南、赤土、真腊、婆利等国纷纷遣使到中国贡献方物，进行贸易。当时南海外贸中心枢纽虽已移至广州，但由于合浦"扼塞海北，远镇交南"，仍不失为海贸重镇。合浦不仅是中原地区通过灵渠转运南海的中转港口，同时又以盛产名贵的"南珠"而闻名于世。隋大业元年（605），林邑（又名占城，位于越南中南部）侵占"汉口南郡象林县"，隋炀帝派遣"骥州道行军总管刘方，及钦州刺史宁长真，伐林邑入其国而还……言林邑多奇宝等，帝乃授方州道行军总管……林邑大败，俘获万计，方引兵追之过马援铜柱……至其国都"[2]。林邑王被迫降隋，遣使谢罪，于是朝贡不绝，保持海外贸易。

---

[1] 欧阳修撰，徐无党注《新五代史（点校本二十四史修订本）》，中华书局，2015，第1043页。
[2] 司马光编著，胡三省音注《资治通鉴》卷第一百八十《隋纪四》，中华书局，2013，第4707-4708页。

大业三年（607）在征服林邑之后，随即"遣使通赤土、吉打、婆罗刹、他若、投和边斗之属，贡于隋者颇多，大抵皆南海中小国家，其贡金宝、檀香等物，亦有献佛牙舍利者"[①]。因而南海各中小国家抵达合浦进行贸易或转输的船舶日益增多。这些来自海路的商人使者多以朝贡为名进行贸易，到达中国的第一站多为合浦，对促进合浦港埠繁荣起了很大作用。

唐代社会经济迅速发展，国力强盛，重视海外贸易。传统的通往中亚的陆上丝绸之路，由于突厥、吐蕃的梗阻受到严重影响，不能畅通，故重点转向南方海运。当时主要的海运航线为自广州起航、经南海通往波斯湾的航线，称为"广州通海夷道"。为加强对海外贸易的管理，唐玄宗开元初年即已在广州设立市舶使，专司管理外舶事宜。据李肇称："市舶使藉其名物，纳舶脚，禁珍异，蕃商有以欺诈入牢狱者"[②]，其具体职责包括：商货、商舶的进出口检查；征收进口税；处理对外贸易中各项事务等。对外商采取"矜恤绥怀"的政策，"任其来往通航，自为交易"[③]。广州成为唐代海外贸易中心枢纽，对珠江航运的发展无疑起到了更大的促进作用。

此外，在唐代还曾利用珠江水系内河之便，集结军队，调运粮食，远征交趾，驱除南诏的侵略。唐咸通三年（862）五月，南诏攻陷交趾，逼近邕州，形势紧张。唐王朝征调各路大军，通过水运集结于苍梧、容州、邕州等地，并由福州海运大批军粮至广州，转珠江航运至苍梧，再经浔江、郁江及时运往邕州。兵精粮足，一战力克南诏，取得了解救交趾的军事胜利。珠江河海联运再次显示了巨大优势。

第二节　运河开辟、山道凿疏与航道整治

一、开辟桂柳运河相思埭

珠江流域有两条古运河，一为灵渠，一为相思埭，均位于广西桂林地区，相距很近，而且都与漓江相通，被称为桂林府东西二陡河。

相思埭所在地为临桂县境，称为临桂陡河；又因其沟通桂、柳两江通航，故又有桂柳运河之称。

相思埭建于唐代武则天执政时期的长寿元年（692）。当时国力强盛，四海升平。正是发展经济，开发边疆最有利的时期。

唐王朝建立后，为加强对岭南、西南地区的统治，唐太宗贞观元年（627）就专设岭南道，下辖桂、广、邕、容、安南五管，其中桂管（治今桂林）是朝廷极为重视、竭力经营的地区之一，同时在西南云、贵少数民族地区也普遍设置州县，政治上采取经制州与羁

[①] 郝玉麟修，鲁曾煜纂《钦定四库全书·广东通志》卷五十八《外番志》，雍正九年（1731）刻本，第4页。

[②] 唐李肇撰《唐国史》卷下，上海古籍出版社，1957，第63页。

[③] 宋敏求编，洪丕谟点校《唐大诏令集》卷一十《帝王·大和八年疾愈德音》，学林出版社，2005，第59页。

縻州并存的方针，实行逐步融合、归化的民族政策。开发边区经济，首要任务是发展交通，以促进南北经济交流，改变边区贫穷落后面貌。开辟相思埭运河，沟通湘、桂、黔航运，在当时是一项颇具远见的重要战略措施。

相思埭运河全线处在桂林市郊临桂县境内，东起良丰（今雁山），西至大湾，全长16千米，是沟通漓江支流良丰江与柳江支流洛清江的支流相思江的一条人工运河。运河处在桂、柳二水系之间狭长地带的中腰部位，也是两江相邻距离最近的地区。相思埭运河示意如图3。

运河东连漓江支流良丰江，西通柳江支流洛清江支流相思江。良丰江与相思江分属桂、柳不同水系，两江流向相反，一向北行，一往南流，河道大致平行，距离较近，而集水面积、河流长度、年径流量、水位高程等亦相差不大。为在两江之间的平原地带开辟联通运河提供了极为有利的地形条件。

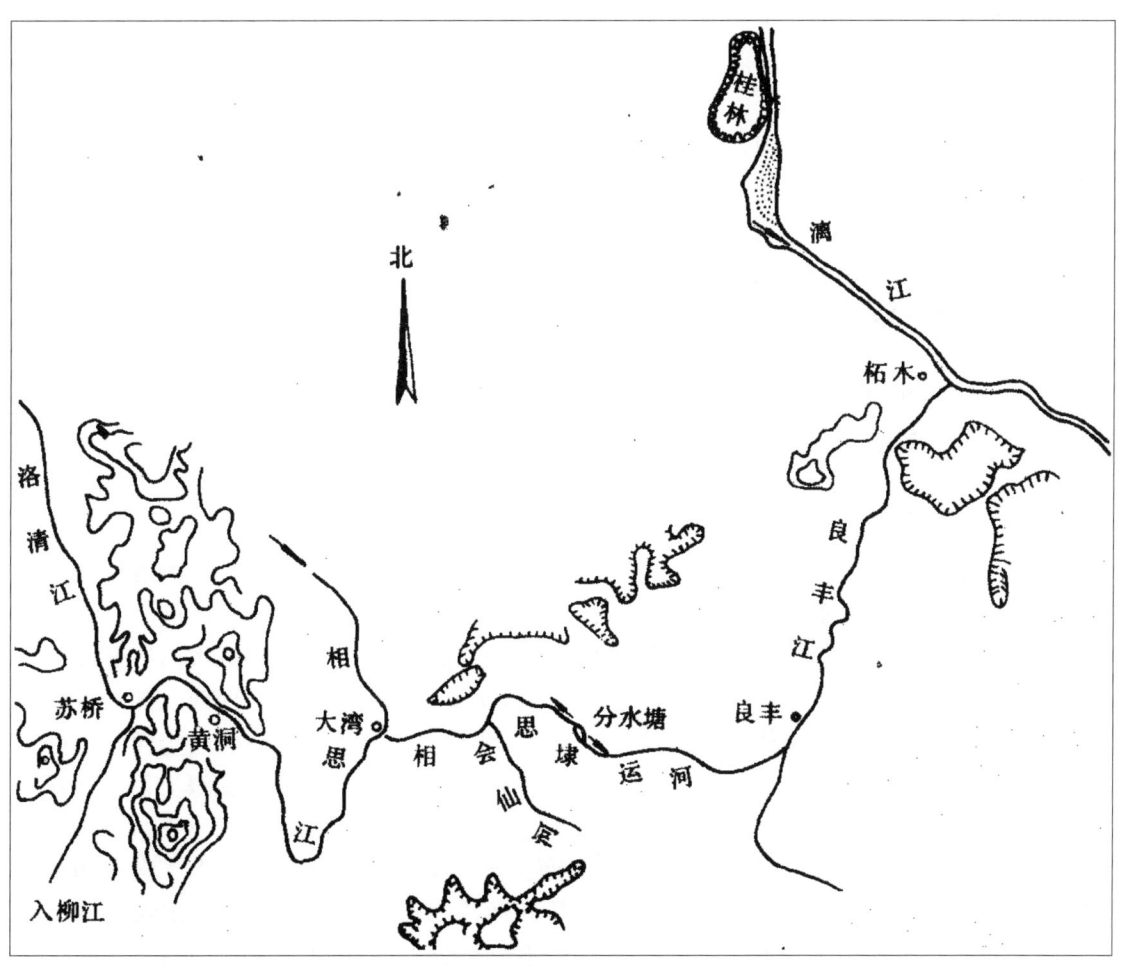

图3 相思埭运河示意图

（一）运河工程

相思埭运河知名度远不如灵渠之高，主要原因：一是地理位置较偏僻，作用与影响不及灵渠显著；二是由于与灵渠同在桂林地区，又都与漓江相通，故往往被人误认为二者为一，包含在灵渠之内。故史籍上特别是明清以前，很少有相思埭运河的单独记载。实际上，唐代李渤、鱼孟威对灵渠的两次大修中，对与灵渠的一线相连的相思埭不可能不加维修。宋元两朝有记载的灵渠维修即达十次之多，作为沟通湘、桂、黔三省航运中心的相思埭如不加整修，就失去了灵渠通往西南的作用，事实上是不可能的。正如前面所说，主要是把相思埭作为灵渠的一部分而未单独提出而已。

相思埭运河工程总体规划布局科学合理。

一是因地制宜。充分利用良丰江与相思江之间平坦低洼的地形条件，选择最短距离，以平交方式，结合原有沟洫、池沼、开挖长仅16千米的人工渠道，即将桂、柳两条水系直接连通，工程简省易行。

二是渠堰结合。巧妙地利用天然的分水塘作为运河的蓄水池，两侧加筑东、西二陡，将来自狮子岩一带沼泽区的地表水、地下水积蓄于塘，以保证枯水期运河水源。

三是利用东、西二陡人工调节，合理使用水量。开东陡则水向东渠流入良丰江；开西陡则水向西渠流入相思江。船航行时，则东、西两陡关闭蓄水。既可保证往来船舶通航，又可避免水资源流失浪费。

四是调节供水、灌溉农田，综合利用。汛期如良丰江水涨，则通过运河向西分洪入相思江；反之相思江水涨，则通过运河分洪于良丰江，人工调节，减轻洪涝灾害；运河两岸广阔农田得到排灌之利，一河多能，综合利用。

相思埭运河至今仍保持较完整的河形，一般河宽10~25米，最宽处可达30~40米。枯水期水深0.5~1.0米。因年久失修，局部河段淤浅严重，狭窄弯曲，对排洪有一定的影响。

中华人民共和国成立后，桂、柳两地之间的交通运输主要由铁路、公路所承担，运河已无船舶运输，局部河段仍通航农艇，为数寥寥，古运河辉煌的航运盛况已不复存在。

（二）运河的历史作用

相思埭运河工程自唐代兴建，保持通航至民国时期，长达1200余年，为珠江流域上下游的经济开发做出过重要的历史贡献，是继灵渠之后珠江古代航运工程中的又一奇迹。

相思埭运河在历史上的巨大作用主要表现在，它为中原地区进入祖国大西南开辟了一条重要的水运捷径，将广西地区历史上的政治与经济文化中心城市与广西西北部及贵州东南地区紧密相连。由桂林至柳州走相思埭运河，比由漓江下行至梧州，然后走西江上行，经柳江至柳州，缩短航程达509千米，距离缩短了近2/3。而且在农田灌溉方面的作用也很重要，"下达柳庆，溉田运铅，亦关紧要"[1]。"近渠之田，资灌溉者不下数百顷。前此芜塍，悉登膏沃。若乃舟楫之利，惠贾通商，则自灵渠而北，曲赴湖南，自鲢鱼陡而西，直际黔省之古州（榕江）。"[2] 即说自从开通相思埭运河之后，长江水系湖南的船舶，走湘江经过灵渠，再经漓江，走相思埭运河，转入柳江，可上达柳州及贵州的榕江地区，成为湘、桂、黔三省通航的重要通道。

---

[1] 庆桂、董诰修纂《清实录·高宗皇帝实录》卷之四百七十七，中华书局影印，第1169页。
[2] 鄂尔泰《重修桂林府东西二陡河记》，收录于金鉷，《钦定四库全书·吏部·广西通志》.影印版，卷116《艺文》，第31页。

二、山道开辟与航道整治

隋唐全国重新出现南北统一中央集权的时候，北方地区社会经济由于遭受长期战乱的严重破坏，全国的经济重心已从黄河流域逐渐南移到达长江、太湖、珠江流域地区。由于隋唐定都长安（今西安），政权中心仍在北方，而国家的粮赋、军需、财物供应主要仰仗经济富饶的南方地区。传统的外贸通道"陆上丝绸之路"也由于匈奴、突厥族的梗阻被迫转向南方的"海上丝绸之路"。于是出现了全国南北物资大量交流、运量激增的局面，隋唐时期大力开辟南北通道势在必行。

（一）开凿大庾岭山道

唐代自京都长安至岭南，除湘桂灵渠线外，还有通过南岭两条山道的路线：一条自长安出发，过蓝关至邓州，经襄樊、江陵，过长江至岳州，再经潭州、衡州至郴州，过骑田岭山道入岭南韶州，称为骑田岭郴州路。另一条则自长安出潼关至洛阳，走大运河至汴州，直下扬州，过长江至润州，溯长江至江州，入鄱阳湖，走赣江至虔州，通过大庾岭山道至南雄、韶州，称为大庾岭虔州路。这两条进入岭南的路线都首先到达韶州，然后走北江顺流而下直达广州，韶州成为当时进入岭南的第一重镇。

隋代以前大运河尚未开通，中原至岭南多经骑田岭郴州路。但自隋炀帝开通大运河以后，由于水路较陆路为便，大庾岭虔州路便成为中原进入岭南的主要路线。自洛阳开始，除过大庾岭一段山道外，其余路程可全部利用水运。只要将大庾岭山道加以整治扩大，南北交通即可畅行无阻。

世居大庾岭南的韶州曲江人张九龄，唐玄宗开元四年（716）官居右拾遗，奏请开凿大庾岭山道，所持的理由是："海外诸国，日以通商。"[①]玄宗批准并委派他担任开路总管。张九龄回到故乡，经过实地调研，"相其山谷之宜，革其坂险之故"[①]于冬季农闲时间，征集大批民工开凿出一条大梅关"新道"，全长30多里，路宽5丈，车马畅行无阻，并在路旁植松，还建了客栈驿馆，南北商旅往来，货物运输情况大为改观。这对促进岭南的经济开发，以及海外贸易的发展发挥了巨大的作用，对中原与岭南的文化交流也产生了积极的影响。从此历代南来的谪臣贬官、文人墨客如唐宋之间的苏东坡、戴复古，以及明代的戚继光、清代的杭世骏等，在途经大庾岭梅关时目睹岭头云表，写下了许多物我相融、风情浓郁、流光溢彩的赞颂诗章。

大庾岭虔州路的开通使南北货流激增，需通过北江水系干流来转运，对珠江航运的发展无疑产生了巨大的支持和促进作用。

（二）航道整治

隋唐时代，史籍缺乏对珠江航道的整治记载，但唐代大文学家韩愈两次贬谪岭南留下的诗文中，对湟水（今连江）及武水航道当时险恶状况都有较为生动的描述，特别是湟水。韩愈两度谪贬岭南都走的骑田岭郴州路，一次是从湟水（今连江）坐船至贬所阳山，一次是从武水坐船至韶州，然后转去贬所潮州。

---

① 董诰《全唐文》卷二百九十一《张九龄开凿大庾岭路记》，中华书局，1983，第2950页。

韩愈首次遭贬是在唐德宗贞元十九年（803）任监察御史时，关中天旱人饥，韩愈上书请宽民徭，免田租，被人进谗，遭贬连州阳山令。当时的阳山极为落后荒凉，他在诗文中写道："阳山天下之穷处也。陆有丘陵之险，虎豹之虞；水有江流悍急，横波之石廉利，舟上下失势，破碎沉溺者，往往有之。""县廓无居民，官无丞尉，夹江荒茅篁竹之间，小吏十余家，皆鸟语夷面……"①"山静江空水见沙，哀猿啼处两三家（《答张十一功曹》）。"②

韩愈对湟水"六潭""十峡"行舟险恶情况有着十分生动的描绘，在《贞女峡》③一诗中写道：

> 江盘峡东春湍豪，雷风战斗鱼龙逃。
> 悬流轰轰射水府，一泻千里翻云涛。
> 漂船摆石万瓦裂，咫尺性命轻鸿毛。

韩愈第二次遭贬入岭南是在唐元和十四年（819），时任刑部侍郎，因谏阻宪宗迎佛骨，被贬任潮州刺史，南下的路线改由武水坐船至韶州，对武水航道，他在《泷吏》诗中写道："南行逾六旬，始下昌乐泷；险恶不可状，船石相舂撞。"④武水航道条件当时与湟水同样行船险恶，很不安全。

韩愈在阳山任县令三年，史称他体察民情，廉洁公正，甚有政绩。他目睹湟水航道如此险恶，经常沉船死人的惨状，三年是否采取过一些整治措施，史无记载。联系他第二次贬到潮州任期仅八个月，曾亲自撰文和组织当地群众驱赶鳄鱼，为民除害的事迹，有理由相信韩愈在阳山三年"甚有政绩"中，包括航道整治的功绩。

（三）灵渠的维修与管理

灵渠为人工开凿，加以建筑物控制的通航运河，能保持两千余年运转不衰实非易事，全赖历代的科学管理与经常维护。

自秦汉至隋唐，由于军事活动的需要，灵渠常由主持军务的将领直接管理维护。如秦代史禄、西汉的戈船、下濑将军、东汉的伏波将军马援等。隋唐以后，重点转为经济开发和民间运输，地方行政管理亦已逐步强化，灵渠的维护管理自然转由地方官府承担。

根据史籍记载，唐代曾先后对灵渠进行过两次大规模的维修：

第一次是在唐敬宗宝历元年（825），官拜给事中的李渤出任桂州（今桂林）总管府

---

① 韩愈《送区册序》，收录于孙昌武选注《中国古典文学名家选集·韩愈选集》，上海古籍出版社，2021，第3068页。
② 韩愈《答张十一功曹》，收录于孙昌武选注《中国古典文学名家选集·韩愈选集》，上海古籍出版社，2021，第2782页。
③ 韩愈《贞女峡》，收录于孙昌武选注《中国古典文学名家选集·韩愈选集》，上海古籍出版社，2021，第2784页。
④ 韩愈《泷吏》，收录于孙昌武选注《中国古典文学名家选集·韩愈选集》，上海古籍出版社，2021，第2926页。

观察使时。李渤亲赴灵渠调研,看到了灵渠"为江水溃毁,渠遂废浅"[①],以致造成"每转饷,役数十户济一艘"[①]的劳役艰辛情况。在李渤的主持下,"重为疏引,仍增旧迹,以利行舟。遂铧其堤,以阞旁流,斗其门以级其直注"[②]。这次大规模的维修工程主要是疏通淤浅的河段,恢复原有的通航设施,如修筑铧嘴及加固秦堤、堵塞缺口分汊以及重建斗门蓄水通航等。李渤对灵渠的大修在规划设计上是极具科学根据的,因而使灵渠很快恢复通航,达到了预期的效果。但是由于"当时主役吏不能协公心,尚或杂束筱为堰,间散木为门,不历多年,又闻埋圮,于今三纪余焉"[②]。由于使用材料不当,施工质量太差,未过几年又重复回到"役夫牵制之劳,行者稽留之困,又积倍于李公前"[②]。灵渠航道严重恶化的程度甚至超过李渤大修之前的状况。

第二次是在唐懿宗咸通九年(868),即李渤大修灵渠43年之后,鱼孟威出任桂州防御史时,灵渠航道毁损失修严重影响通航,以致出现官军到处抓夫,民不聊生,纷纷抛弃家园外逃的状况。鱼孟威上任之后,在面临"蛮寇犹梗,王师未罢,或宣谕旁午,晦暝不辍;或屯戍交还,星火为期"[②]军情紧迫的局面下,再一次对灵渠进行了大规模的维修。

鱼孟威在大修灵渠时充分吸取了李渤的经验教训,特别注意材料的选用和施工质量。"其铧堤悉用巨石堆积,延至四十里,切禁其杂束筱也。其陡门悉用坚木排竖至十八重,切禁其间散材也。浚决碛砾,控引汪洋"[②]。这次维修:一是采用大型石料重建铧堤,以加强其稳固性;二是全线整修秦堤,对堤土中原来混杂的残枝束筱一律清除干净,以防渗漏溃决;三是采用坚实的木料重新加固了18座陡门;四是疏浚了渠中淤积的砂石,使水流通畅。鱼孟威主持的灵渠大修工程取得显著的成效,灵渠航运面貌迅速改观,出现了"防阞既定,渠遂汹涌,虽百斛大舸,一夫可涉。由是科徭顿息,来往无滞,不使复有胥怨者"[②]的可喜现象。

第三节 丝路明珠——广州港

一、沿江港市初步形成

河流与人类生活与生产的关系至为密切,河流两岸是人类生息繁衍最为理想的地方。河流为人类提供天然供水、作物种植、水生食物和最为方便的交通运输条件。因此凡是经济发达、人烟稠密、生活富庶之区多具江河之利,我国及世界许多著名城市和政治、经济、文化中心都处于河海之滨。珠江流域河流纵横,绝大多数城市的形成与发展均有赖于滨江临海的优越条件。

珠江上游南盘江沿岸的沾益、曲靖、陆良、宜良、开远等城市,过去都曾为州府郡治所在。中游广西地区沿河的城镇更多,桂(林)、柳(州)、邕(南宁)、梧(州)四大城市都为西江干支流穿城而过;珠江下游广东境内县级以上的主要城市全部分布在珠江水系河流之滨。珠江三角洲河网地区城镇林立,经济繁荣,充分体现了河流水运与城市的形

---

① 欧阳修,宋祁撰,《新唐书》卷一百十六《李渤》,中华书局,1975,第4286页。
② 董诰《全唐文》卷八百四《桂州重修灵渠记》,中华书局,1983,第8454页。

成和发展所具有的密切关系。

二、广州港市的兴起

唐初设岭南道，为全国贞观十道、开元十五道之一。武则天长安三年（703）恢复番禺为岭南道南海郡的属县，道治设在广州，称为广州都督府。开元二十一年（733）置岭南五府经略讨击使，为玄宗时边防十节度经略使之一。至德元年（756）升为岭南节度使，统辖广管诸州。

唐末清海军节度使刘氏乘乱割据岭南，于后梁贞明三年（917）建国号大越，次年改国号汉，史称南汉，定都于广州，传国四代共历54年，于宋开宝四年（971）为宋太祖所灭。

随着"海上丝绸之路"的开通与拓展，海外贸易繁盛，唐开元初年广州市舶司正式成立，为我国最早的外贸船舶运输管理机构。南北商货与海外贸易物资交流急剧增长，使京城所在的中原和物产富饶的江南与经济繁荣的岭南连成一体，货畅其流，商旅络绎不绝。从海外输入的齿革、羽毛、珍珠、玛瑙、香料等奇珍异物，通过水运大量运往中原京都及大江南北。同时又将全国各地的丝绸、漆器、陶瓷等商品，通过广州港市转销国外，远达波斯湾、红海、地中海沿岸各国。珠江水系航运承担了内外联运的重任而得到空前的发展。广州港一跃成为全国最大、最繁盛的河海转运枢纽大港。

（一）南方大港的形成与发展

广州成为我国自古以来南方最大的港市，与优越的地理条件具有密切关系。广州地处珠江下游，周围河网密布，内河水运四通八达。濒临南海，为珠江出海的重要河口，河海相通，对外开放，自然条件得天独厚。我国古代对外贸易国家以东南亚、阿拉伯和印度等为主，广州距这些地区最近，风帆航海时代，距离远近至关重要。广州地处沿海，空气湿润，气候温和，土壤肥沃，在长期以农立国的历史条件下，岭南历来都是经济富饶，尽享渔盐之利的南方乐土。历代中原内外征伐，战火连绵，甚少波及岭南，人民得到长期休养生息，安居乐业，自然形成独有的岭南经济文化。远在秦汉时期的番禺已成为珠江流域岭南地区最大的都会，我国南方河海航运第一大港。

（二）内外港区总体布局及功能

广州港既是珠江水系内河航运的总枢纽，又是海外贸易的南方大港，兼有河、海航运的双重任务，故在港区划分方面也有内港与外港之设。

外港主要设于屯门和波罗庙两地。屯门在今香港新界青山湾。扼珠江口交通要冲，港区坐北朝南，九迳山与青山为其东西两翼，大屿山为其屏障，是一个天然避风良港。古代凡外国船舶来广州贸易，必先集屯门，然后驶进广州，在回航返国时，亦必经屯门扬帆出海。贾耽在《皇华四达记》一书中把屯门列入"广州通海夷道"的航线之中。[1]当时屯门

---

[1] 贾耽《皇华四达记》，收录于欧阳修、宋祁撰《新唐书》卷三十三《地理七下》，中华书局，1975，第1153页。

有军队驻防,保护交通,称为"屯门镇"。唐玄宗时,节度使刘巨麟曾以屯门镇水兵泛海北上,讨平骚扰永嘉(今浙江温州附近)的海盗,可见屯门还兼有沿海的军港职能。

波罗庙在今黄埔南岗庙头村,古称扶胥镇,即韩愈所称的"扶胥之口,黄木之湾"①。李吉甫在《元和郡县志》中称:"自州东八十里有村,号曰古斗,自此出海,浩淼无际。"②古斗村也就是扶胥镇。庙头村之西有一座小山,隋代即在此建有南海神庙,古代船舶出海航行风险较大,船员出海或回航,都要在这里参拜海神,祈求保佑。唐代海外交通有了很大的发展,船舶在此停泊的数量增多,因此逐渐形成一个货贸港区。从地形条件来看,镇前江面是广州漏斗湾的转折点,东江在此处与广州水道汇合入海,不仅是海舶进出广州必经之地,也是河海联运的理想港区。直至宋元两代,此处仍是广州外港的重要组成部分,今之黄埔作为广州外港有其一定的历史渊源。

内港是珠江水系内河船舶与部分进入市区的海舶作业的港区。唐代内港主要设在光塔与兰湖一带。

光塔港区在今市内光塔路一带,是唐代对外贸易中心,也是珠江水系内河船舶聚集较多之处。因外人居住的"蕃坊"就在港区附近,所以热闹非凡,且建有光塔专为船舶引航,可算是珠江最早的导航灯塔。

兰湖港区在今流花湖公园一带。宋以前流花水是一条重要的内河航道,来自西江、北江及珠江三角洲的客、货船舶大多数在此处作业。又因离城区较近,故成为广州西城的一个重要的内河港区。另外这里又近象岗,具有船舶避风的优越条件。

(三)隋唐市舶制度

为加强对外贸易的管理,促进海外交通和海外贸易的发展,唐朝政府最先在广州设立市舶使,负责市舶的管理和关税征收等工作。"市舶使"(或称舶使、市舶中使、监舶使、结好使、押蕃舶使)直隶朝廷,专门管理对外贸易事宜。市舶使的设立标志着对外贸易以市舶为主的时期开始了。唐代广州有内港和外港以及蕃坊的出现,说明海外贸易的繁荣。特别是蕃坊的建立,证明了大批外国商人前来广州经商这一事实。

市舶使是管理海外交通和海外贸易的专门机构。早在隋朝便有互市监的设立。按《大唐六典》记载,这些互市监都设在中外贸易比较繁盛的地方。互市监设监一人,丞一人,"掌诸蕃交易之事"③。考证家认为此种互市监仅设于西北边缘的地方,大致是属于管辖马匹、骆驼贸易的事务。在滨海城市设市舶使则始于唐代。

考市舶使之成立,史书没有明确的记载。《新唐书》④和《册府元龟》有市舶使名称之初见,尤其是《册府元龟》记载得尤为具体,文曰"柳泽开元二年(714)为殿中侍御

---

① 韩愈《南海神庙碑》,收录于孙昌武选注《中国古典文学名家选集·韩愈选集》,上海古籍出版社,2021,第3248页。
② 李吉甫撰《元和郡县志》卷三十四,中华书局,1983,第887页。
③ 广池千九郎校注,内田智雄补订《大唐六典》,三秦出版社,1991,第74页。
④ 欧阳修、宋祁撰,《新唐书》卷三十七《柳泽》,中华书局,1975,第4176页。

史、岭南监选使。会市舶使右卫威中郎将周庆立与波斯僧及烈等广造奇器异巧，以进"。[①]说明了开元二年以前广州已有市舶使之设。唐代文学家李肇也有记载市舶使之事，"市舶使藉其名，纳舶脚，禁珍异，蕃商有以欺诈入牢狱者。"[②]说明当时的广州有市舶管理机构之设。

终唐一代，市舶使之设立仅在广州一地，故广州是我国最早设立市舶管理机构的城市。市舶使的职责，史书没有明文记载，根据一些零星史料分析大概可以归纳为：第一，加强海外交通的管理；第二，征收关税；第三，处理对外贸易事务。

船舶进口时要履行"纳舶脚""收市""进奉"等手续。"纳舶脚"即征收船舶的进口税，据苏莱曼所说，"外国商船之抵埠（广州），官吏取其货而藏之，一季之船既全入口，官吏征百分之三十关税后，乃将货交还原主发卖。"[③]

市舶给政府带来大笔的财政收入，"上足以备府库之用，下足以赡江淮之求。"[④]因此，唐朝皇帝非常重视市舶的收入，唐代重使轻官，市舶设使亦显示朝廷对此机构之重视。皇帝往往派出心腹太监充当广州市舶使，以便直接控制这笔巨款。这些太监的权力，有一个时期还超出了地方行政长官——节度使，他们拥有军权可以调动军队，如《资治通鉴》记载：代宗广德元年（763），"宦官广州市舶使吕太一发兵作乱，节度使张休弃城奔端州"[⑤]。

第四节　广州通海夷道

隋朝统治时间虽然很短暂，却是一个历史上承前启后的阶段，为唐朝崛起做了军事上、政治上、经济上的准备。唐朝的文治武功，在历代封建王朝中都是颇具盛名的。"贞观之治"和"开元盛世"促进了封建经济向前发展和对外交往的空前高涨。

隋唐时期，中国经济重心南移，中国与西方的交通由以陆路为主转向以海路为主，"海上丝绸之路"进入大发展时期。广州成为唐朝最大的海外贸易中心，朝廷设立市舶使，专门管理海外贸易。

公元581年，隋文帝统一全国，结束了数百年的分裂割据局面。大业三年（607）至六年（610），隋炀帝派遣屯田主事常骏、虞部主事王君政等出使赤土国（马来半岛北部）。据《隋书》[⑥]记载，他们是从广州出发的。当时东南亚最重要的林邑（越南南部）、赤土（马来半岛吉打）、真腊（柬埔寨）和婆利（北婆罗洲）等十多个国家和地区

---

① 王钦若等编纂，周勋初等校订《册府元龟》卷五百四十六《直谏第十三》，凤凰出版社，2006，第6243页。
② 李肇撰《唐国史补》卷下，上海古籍出版社，1957，第63页。
③ 张星烺编《中西交通史料汇编》（第2册），中华书局，2003，第759页。
④ 董诰《全唐文》卷二百九十一《张九龄开凿大庾岭路记》，中华书局，1983，第2950页。
⑤ 司马光编著，胡三省音注《资治通鉴》卷第二百二十三《唐纪三十九》，中华书局，2013，第5987页。
⑥ 魏徵等撰《隋书》卷八十三《赤土》，中华书局，1973，第1833–1835页。

都与隋朝有来往，并直接到广州进行贸易。

唐王朝建立之后，社会经济得到迅速的发展，特别是丝绸、陶瓷等传统手工业工艺更精、品种增多，为进一步发展对外贸易奠定了雄厚的物质基础。

唐朝对外贸易分海、陆两条渠道。公元7世纪唐征讨东西突厥；阿拉伯攻占波斯，灭萨珊王朝；8世纪中叶，陇右、河西相继沦陷于吐蕃之手，加之爆发安史之乱（755—763），这些都使唐王朝对西域的控制力大为削弱。传统通往中亚的丝绸之路经常受阻，对外贸易越发依赖于海运。唐代的造船业又较前有了进步，所造船舶的船体更为坚固，更适合远洋航行。因此，海上对外贸易更加发展。从广州起航经南海到波斯湾的航线更加畅通，航行的记载愈益具体，唐人称之为"广州通海夷道"。因输出的商货以丝绸为主，后世又称之为"海上丝绸之路"。

"海上丝绸之路"的记载见于唐人贾耽的《皇华四达记》[①]，贾耽把从广州至巴士拉港的航路作为东路航道。东路航道地点大致包括今越南、马来西亚、印度尼西亚、斯里兰卡、印度、巴基斯坦、伊拉克等国境内的沿海据点。把阿拉伯半岛沿岸乃至亚丁湾、红海航道称为西路航道。把乌剌（奥波拉）作为东西路商道的交会点。奥波拉是波斯湾中早期的贸易中心，有运河和大食重镇末罗（巴士拉）相通。西路航道地点大致包括今天沙特阿拉伯、阿拉伯联合酋长国境内的沿海据点。广州通夷海道作为当时最长的远洋航线，作为古代中国人民航海活动辉煌成就的标志彪炳史册。

在南海，东南亚诸国基本上进入以广州为中心的南海海洋贸易圈内。从广州港起航也有通往日本、朝鲜的航线。日本的高岳亲王真如，于唐咸通七年（866）前来中国通好访问，就是由广州循此航道返国。[②]

第五节　造船与航行技术逐渐成熟

世居珠江中下游地区的越族人民，早在上古时期就已学会"涉游刺舟"。在《山海经》中就有"淫梁生番禺是始为舟"[③]的记载，番禺为广州的古称，说明广州地区造船已具有悠久的历史。

汉代造船水平的最高表现是"楼船"的建造，船有重楼，十桨一橹，操作起来速度很快。西汉武帝以楼船10万之师讨平交趾，以及东汉伏波将军马援率领楼船2 000余艘，平定交趾"二征"之乱，充分反映了汉代水师规模之大，而广州当时已成为楼船的重要建造基地。

三国时期孙吴黄龙元年（230），孙权派去台湾使者乘大船，《太平御览》引《南洲异物志》记载："长二十余丈，高出水面二至三丈，望之如阁道，载六、七百人，物出万斛，随舟大小式作四帆。"[①]换算为国际单位，船长已达60米，船高5～7米，载货约

[①] 贾耽《皇华四达记》，收录于欧阳修，宋祁撰，《新唐书》卷三十三《地理七下》，中华书局，1975，第1146页。

[②] 张一平.古代海上丝绸之路对南海区域的影响[J].新东方，2010(3):6.

[③] 方韬译注《山海经》卷十八《海内经》，中华书局，2011，第351页。

100吨左右，规模已经相当大。而东晋时期卢循率领义军占领广州后所建造的八槽舰，船楼四层，高12丈，规模又超过了孙吴征台的大船。

以上事实说明，随着历史的发展，珠江流域的造船水平由原始的独木舟、木板舫，至秦汉、三国两晋时代，发展到已能建造大型的木帆船、多层次的楼船及出海远航的巨舶。船体结构益趋坚强稳定，帆、舵、橹、桨、锚等设备齐全。造船规模与技术水平在历史上已有了较大的突破。

这一时期在航海技术方面也达到较高水平。海舶仰赖信风，借用牵星过洋已有较成熟的经验。能在茫茫大海无边无际的航行中无须依靠陆上地物标志导航，"唯望日月星宿而进"[②]，基本具备海洋远航能力。

唐代河海航运发达，广州、泉州、明州成为全国三大造船基地，尤以广州、泉州二处更为重要。《伊本·白图泰游记》中曾指出，来往南海、印度洋、波斯湾间的中国船舶，"皆制造于广州、泉州两处"[③]。据史籍记载，唐张九皋在广州任职期间，曾"招募乡勇，缮治楼船"[④]，主持过船舶的维修和建造。而杜佑在唐德宗兴元元年（784）出任岭南节度使时，对船舶制造尤为重视，在他的主持下，在广州建造了六种战船。黄佐临在《广东通志》[⑤]卷三一中对六种战船的设备和功能，有较详细的记述如下。

楼船：船体楼高三重，外侧设有城堞式的女墙，两边开有弩牌矛穴，备有炮车礌石和铁汁。船顶树立战幡，俨然如同一座城堡，是六种战船中规模最大的主舰。

艨艟：船背覆以牛皮，两厢开擎棹孔，设有弩腮、矛穴，棹手与战卒不外露，"务于速进，乘人之不及"，极具攻击力。

斗舰：船上建有女墙，墙下开擎棹孔，棹手在下边，四周建有栅栏围护，前后左右都树幡帜，并备有金鼓，快速灵活，战斗时呐喊助威，金鼓齐鸣，先声夺人。

走舸：船舷设女墙，金鼓旗帜列于其上。棹手多，战卒少，选勇力精锐者充任，乘敌不备，快速偷袭。

快艇：设备简便，仅有女墙及左右舷的桨床，能迂回旋转，绕开敌军和障碍，轻巧灵活，疾进疾退，专用于侦察敌情。

海鹘：船体头低尾翘，前大后小，如鹘之状。船下左右置浮板，形如鹘翅，虽在风涛骇浪之中，亦不致倾侧。复有牛皮，以防矢石攻击。

杜佑监造的这六种战船，相配成套，功能各异，充分体现了唐代军用船舰已进入系列化水平，同时也反映了广州造船工艺技术的先进。

---

① 万震《南州异物志》，收录于李昉、李穆、徐铉等编纂《太平御览》卷七七一《舟部四》，中华书局影印，2002，第3419页。

② 法显著，田川译注《佛国记》重庆出版社，2008，第195页。

③ 方豪著《中西交通史》，岳麓书社，1987，第246页。

④ 萧昕撰《唐银青光禄大夫岭南五府节度经略采访处置等使摄御史中丞赐紫金鱼袋殿中监南康县开国伯赠扬州大都督长史张公神道碑》，收录于董诰等编《全唐文》卷三百五十五，中华书局，1983，第3599页。

⑤ 黄佐撰《广东通志》（嘉靖版）卷三一《政事志四》，广东省立中山图书馆馆藏版，明嘉靖四十年刻本，第34页。

第四章
宋元时期珠江航运臻于繁荣

唐末天下纷争，自唐天祐四年（907）开始了五代十国的混乱局面。

珠江上游白族人段思平，以"减尔税粮半，宽尔徭役三载"为号召，先后联络滇东三十七部种族奴隶和农奴举行起义，建立大理国政权，其辖区"东至普安路之横山（今贵州普安），西至缅地江头城（缅甸杰沙），南至临安路之鹿沧江（越南莱州省黑河），北至罗罗斯之大渡河[①]"。并在前南诏区划的基础上设立了八府四郡三十七部。统治时间自后晋天福二年（937）起至元宪宗四年（1254），蒙古攻克押赤城（今昆明），俘获段兴智，灭亡大理国止，共传22世，历时318年，大体上相当于整个宋朝的起讫时间。

赵宋王朝建立后，吸收了唐代对南诏用兵两败俱伤的教训，对大理国及贵州蛮夷部落未进行军事干预，仅保持名义上的封官赐爵的臣属关系。因此珠江上游地区得以长期处于隔离而又相对稳定的状况。

第一节 宋元海丝与市舶制度

宋元两朝海外私商贸易得到极大发展，中国海商只要在官府挂上号就可以自由出海，商品交易种类也因此发生变化，在中外贸易史上是一个重要转折。

一、宋代海丝空前活跃

宋代海上丝绸之路持续发展，大大增加了朝廷和港市的财政收入，促进了经济发展和城市化，为中外文化交流提供了便利条件。而宋朝在经济上采用重商主义政策，鼓励海外贸易，同中国贸易的国家和地区已扩大到亚、非、欧、美各大洲，并制定了堪称中国历史上第一部系统性较强的外贸管理法则，海上丝绸之路发展进入鼎盛阶段。

宋元时期，由于海上丝绸之路进口货物当中香料和药物占较大份额，所以有学者又把该时期海上丝绸之路称为"香药之路"。

两宋（特别是南宋）的远洋航行空前活跃。以广州（或泉州）为始发港，两宋海舶频繁地驶向广大的亚非海区。

[①] 宋濂撰《元史》卷六十一《地理四》，中华书局，1976，第1457页。

（一）广州（或泉州）—三佛齐

三佛齐是宋代舶商在南洋进行直航贸易的主要口岸。由于三佛齐地处新加坡海峡东南海口，更成为宋朝与印度洋沿岸航行交往的要冲，东西方的远洋船舶大多在此"修船转易货物"。

（二）广州（或泉州）—阇婆

宋时的阇婆富盛甚于三佛齐，也是与宋朝在南洋通商的重要口岸。由广州出发通常可顺风直航。由阇婆来航则一般经由渤泥、三佛齐中转。宋朝时期朝廷与阇婆民间的航运贸易是非常发达的。

（三）广州（或泉州）—兰里—故临

兰里位于苏门答腊岛西北端班达亚齐，扼孟加拉湾与马六甲水道之交口，地当太平洋与印度洋之航行要冲，是东西方船必经的咽喉区域。至于故临国在宋朝时期则更是中外海船云帆汇集、商使交属之处。该国不但物产丰富，有椰子、苏木等博易商品，而且位于印度半岛西南部著名的马拉巴贸易海岸，故东西方船主都选择在此歇泊补给，换乘适航海舶继续航行。

（四）广州（或泉州）—兰里—故临—大食

大食是中古时代阿拉伯诸国之总名。宋廷规定，大食必须"自广州路入贡，更不得于西蕃出入"[1]，海上航路成了宋朝与大食诸国交往的唯一纽带。当时，北宋与阿拉伯世界的海上交通一般经由兰里与故临中转，这一方面是由于上述两地航运地位显要，另一方面也是当时东西航行工具的远洋适航性不同所致。

宋朝的大中型海船，载重量大、吃水深，在西太平洋与孟加拉湾的开阔洋面上航行颇宜，但在抵达故临后，如欲在阿拉伯海与波斯湾作沿岸逐港航行则不够灵便，因此"必自故临易小舟而往"[2]。这里的"小舟"主要指阿拉伯海区惯用的三角帆小船。它们的操纵性能较好、吃水浅，适于深入港湾河流。

（五）广州（或泉州）—兰里—麻离拔

麻离拔又称大食麻罗拔，是宋朝时期阿拉伯诸国中的魁首。周去非曾说，大食"有国千余所，知名者特数耳"[3]，首当其冲者即为"麻离拔国"。该国地处阿拉伯半岛南部的卡马尔湾头，是中世纪亚丁兴起以前印度洋上"巨舶富商皆聚"的最大港口之一。

（六）广州（或泉州）—兰里—东非

东非海岸盛产的象牙与香药对宋代舶商具有极大的吸引力。据伊德里西的《旅游见

---

[1] 徐松撰，刘琳等校点《宋会要辑要》第一百九十九册《蕃夷六至七》，中华书局，1957，第7850页。
[2] 周去非撰，杨武泉校注《岭外代答》卷二《外国门上·故临国》，中华书局，1999，第91页。
[3] 周去非撰，杨武泉校注《岭外代答》卷三《外国门下·大食诸国》，中华书局，1999，第99页。

闻》介绍，在12世纪时，"中国人遇国内骚乱，或者由于印度局势动荡，战乱不止，影响商业来往，便转到桑奈建及其所属岛屿进行贸易"。伊德里西所提到的"桑奈建"泛指"黑人群岛"，其范围很广，几乎包括从今瓜达富伊角至莫桑比克一带漫长的东非海岸及其附近岛屿。从考古资料看，东非海岸也留下了丰富的宋代文物。

此外，非洲东岸也发现了大量宋钱。如摩加迪沙和布拉瓦出土了自北宋咸平（998—1003）至南宋年间的铜币。鉴于13世纪以前，阿拉伯商人在东非贸易时大都以姆潘的贝壳作为支付手段，因此在东非海岸所发现的众多宋代铜钱无疑是当时宋代帆船在那里进行直接交易的遗存。

宋人所经营的阿拉伯与东非航路，在远洋航行历史上具有重大的开拓意义，它是宋代航运事业臻至鼎盛的主要标志之一。宋代横渡印度洋航路，充分反映了宋人对沿途天文、地文、水文和气象的熟悉与掌握的程度。此外，在各种天候下的导航与船艺技术等比前代有了革命性的重大进步。这不但在中国古代航运史上具有划时代的意义，而且在世界古代航运史上也是彪炳千古的一页。

二、元承宋制，海丝繁荣

在元代，政府对海外贸易实行开放、鼓励政策。元世祖至元十六年（1279）刚平定江南，就于当年派广东招讨使达鲁花赤杨庭璧从广州起程出使俱蓝国（今印尼南岸奎隆）招徕贸易。至元二十三年（1286）在广州设市舶提举司，以通诸蕃贸易。

元代频繁通过"海上丝绸之路"进行东西文化交流。在元代，西方基督教士纷纷从"海上丝绸之路"来到中国。

在宋元时期，支撑海上丝绸之路的主要大宗商品已由原来的丝绸变为瓷器。沿线国家也开始以陶瓷代称中国。自Seres（丝）到China（陶瓷）的称谓变化，从另一个方面佐证了陶瓷在海上丝路中的主导地位。那时，海上航行的大都是中国的商船，船中大都是瓷器商品。

元世祖在至元十四年（1277）首先准许重建泉州市舶司，有元一代不变。又命唆都、蒲寿庚"诏谕诸蕃"，委蒲寿庚长子蒲师文为正奉大夫宣慰使左副都元帅兼福建路市舶提举，旋又命为海外诸藩宣慰使。泉州海外交通贸易进入黄金时期。海上贸易东至日本，西达东南亚、波斯、阿拉伯、非洲。海舶蚁集，备受称赞，"刺桐（指泉州，编者注）是世界上最大港口之一。"[①]出口陶瓷、绸缎、茶叶、金银等，进口香料、胡椒、药材、金银珠贝等。

元世祖忽必烈在位时由于连年对外征战失败，因而先后进行了四次海禁。

第一次海禁从至元二十九年（1292）到至元三十一年（1294）止。第二次海禁从大德七年（1303）到至大元年（1308）止。第三次海禁从至大四年（1311）到皇庆三年（1314）止。第四次海禁从延祐七年（1320）到至治二年（1322）止。

至治二年（1322），复置泉州、庆元（今宁波）、广州市舶提举司，之后不再禁海。元朝除了官方直接出面招诱海外诸国外，还从至元二十二年（1285）起采取"官本

---

① （意大利）马可波罗著，梁生智等译，《马可波罗游记》，中国文史出版社，1998年，第217页。

船"政策来推动航运贸易。所谓"官本船",即由政府"具船、给本,选人入蕃,贸易诸货。其所获之息,以十分为率,官取其七,所易人得其三"①。这种由封建国家投资而由民间海商或船主经营的做法,虽然想要垄断海外贸易,但实际上并未行得通。"官本船"政策一直维持到元末顺帝时,还曾专门发"两艘船下番,为皇后营利"②。元朝统治者为维护中央特权、掌管市舶实惠,采取了控制中开放与开放中控制相结合的政策。元朝严禁市舶官员"拘占舶船,捎带钱物,下番货卖"③,而对"诸王、附马、权豪、势要、僧道、也里可温、答失蛮诸色人等下蕃博易"④,只要他们"依例抽解",不借特权隐匿物货,便也在准许之列。由此,一些官僚贵族竞相去海外经营,以"巨艘大舶帆交番夷中"⑤。然而,由于权贵参与航运贸易以及市舶官员巧取豪夺,"长吏巡徼,上下求索,孔窦百出"⑥,使朝廷利益受到冲击。为此,元朝政府曾严令"凡权势之家,皆不得用已钱入蕃为贾,犯者罪之,仍籍其家产之半。"⑦元代著名的航海巨子如朱清、张瑄、蒲寿庚等即由此以悲剧告终。

对于民间私商与国外来舶的航运贸易,历届政府虽因某些政治需要而曾于至元二十二年(1285)至延祐七年(1320)四度罢禁,但均为时短暂,禁后即行复开。自至治二年(1322),元英宗"复置市舶提举司",至元末就再也没有变化。

三、宋元市舶制度日臻完善

宋朝为了加强对航运贸易的管理,在继承前代的基础上大力建置市舶机构,颁布市舶条例,发展贸易海港,这对后世航运事业产生了深远影响。

元代上层统治阶级历来重视海外贸易。至元十四年(1277),元军在攻取浙、闽等地后,即在泉州、庆元、上海、澉浦四处设置市舶机构。后来又陆续增设了广州、温州与杭州三处市舶司。大德二年(1298)将澉浦、上海两处市舶司并入庆元市舶司。至元三十年(1293)九月,元军又于海北、海南设立博易提举司,但次年即罢。此后,虽然市舶司屡有兴废,但总体而言是以兴为主。而在所兴的市舶司中亦以泉州、广州与庆元"三司"为主,这种情况与宋代基本相同。

(一)宋代设置市舶司

北宋初期,在消灭南汉与吴越割据政权后即沿袭前制,先后在广州与杭州设市舶司,掌管岭南与两浙路各港的对外航运贸易事务。淳化年间(990—994),杭州市舶司曾一

---

① 宋濂撰《元史》卷九四《食货二·市舶》,中华书局,1976,第1402页。
② 宋濂撰《元史》卷三八《顺帝三》,中华书局,1976,第824页。
③ 方龄贵校注《通制条格》卷十八《关市·市舶》,中华书局,2001,第534页。
④ 方龄贵校注《通制条格》卷十八《关市·市舶》,中华书局,2001,第535页。
⑤ 陶宗仪撰,李梦生校点《辍耕录》卷五《朱张》,上海古籍出版社,2012,第59页。
⑥ 姚桐寿著,李梦生校点《历代笔记小说大观·归潜志乐郊私语》之《澉浦市舶》,上海古籍出版社,2012,第130-131页。
⑦ 脱脱等撰《宋史》卷九四《食货二·市舶》,中华书局,1976,第1402页。

度迁往明州定海县，但不久又迁回原址。咸平二年（999），宋廷"又于杭、明州各置司"，与广州市舶司并称"三司"①。至元祐二年（1087）与元祐三年，又增设泉州和密州板桥镇两市舶司。

南宋时期，淮河以北被金国占领，密州市舶司不复存在。宋高宗建炎元年（1127）时，曾以"市舶司多以无用之物，枉费国用，取悦权近"为名，一度诏"两浙、福建路提举市舶司并归转运司"。在建炎二年（1128）又诏"依旧复置两浙、福建路提举市舶司"②，与广南东路市舶司并存。此后，广州、泉州两市舶司一直较稳定，而两浙路市舶司却变迁甚大。

广州市舶司设在如今的北京南路附近，下有两个附属机构：一是市舶库，储存征收舶货的仓库；二是怀远驿，招待外国贡使的住所。

元朝于至元二十三年（1286）设广州市舶司，沿袭前代的做法，管理海外贸易和船舶事宜。后来又陆续增设温州、杭州市舶司，进一步扩大海外交通和海外贸易。

为了维护封建王朝的政治与经济利益，使市舶机构在管理航运贸易时有法可依，宋元两朝政府还多次制定与修改市舶条例。

在北宋前期，"提举市舶司"在"掌蕃货、海舶、征榷、贸易之事"③时并无统一的法规，只是遇到具体问题时采取一些临时性的措施，随意性较大。直到宋神宗熙宁九年（1076），政府下令"详议广州、明州市舶利害，先次删定立抽解条约"④。经过四年的修订，到元丰三年（1080）才推出《广州市舶条法》。"委官推行"，并诏令全国诸路市舶照此办理。④

《广州市舶条法》是中国历史上第一个航运贸易法规。该条法虽不尽完善，但影响深远，后也常称其为"元丰法"。其主要内容有以下三方面。

其一，审批与审核进出港的海船与货物。舶商出海必须先向本地官府提出申请，呈报船上所载货物、船员与经商地点，并由富户三人作保，经州官核实后转送出发港所在州府复审，并由市舶司签发出海贸易许可证——"公据""公凭"或"公验"。⑤

其二，对进口货物"抽解""禁榷"与"博买"。

抽解（或"抽分"）即指从全部货物中抽取若干份并解赴京城。对这一国家征收的实物关税，朝廷控制极严，规定凡"未经抽解，敢私取物货者，虽一毫皆没其余货，科罪有差"⑥。

禁榷，即对某些货物专买专卖。北宋太平兴国初期，京师设榷易署，几乎所有舶来品均由政府统购，后因民间缺乏香药，才于太平兴国七年（982）将禁榷物初定为珠贝、玳瑁、犀牙、镔铁、龟皮、珊瑚、玛瑙、乳香等八种，后又加紫矿、输石至十种。①

---

① 徐松撰，刘琳等校点《宋会要辑稿》职官四四《市舶司》，上海古籍出版社，2014，第4203页。
② 徐松撰，刘琳等校点《宋会要辑稿》职官四四《市舶司》，上海古籍出版社，2014，第4207页。
③ 徐松撰，刘琳等校点《宋会要辑稿》职官四四《市舶司》，上海古籍出版社，2014，第4216页。
④ 徐松撰，刘琳等校点《宋会要辑稿》职官四四《市舶司》，上海古籍出版社，2014，第4206页。
⑤ 方龄贵校注《通制条格》卷十八《关市·市舶》，中华书局，2001，第535页。
⑥ 陈道师、朱彧撰《后山谈丛 萍洲可谈（繁体中文）》之《萍洲可谈》卷二《广州市舶司旧制》，中华书局，2007，第132页。

博买，又称官市，即对某些利厚的进口商品以低价强行收购。这种一方面压低收购价，另一方面又将库存滞销货折价抵算的博买，实际上是变相的抽解。[①]

进口货物历经抽解、禁榷与博买，所剩"粗恶者"，商人才"得为己物"[②]，方可在市舶司所在地或申请赴外地出售。

其三，禁止权贵官吏参与航运贸易和奖励发展市舶的有功人员。航运贸易获利丰厚，故权贵官吏时常凭借权势，或"发舶舟，招蕃贾，贸易宝货"[③]，或"以货付海贾，往来贸市"[④]。为确保航运贸易正常开展并独占市舶收益，宋廷三令五申，严禁权贵官吏参与此事。

宋朝政府在严禁权贵经营海外贸易的同时，对那些能积极招外商、发展市舶有功的官吏与纲首等授予或提升官职以示奖励。

（二）元代市舶制度

1. 市舶司演变

元代市舶司的官吏配置与宋代有所不同。初期常由达官显贵充任或监督。与此同时，元初还曾设斡脱总管府，管理替帝王贵族经商的斡脱商人。这些专职市舶官吏统辖于地方最高行政当局——行省。

2. 元代市舶条例

元初改制后基本上沿袭南宋市舶条例。管理制度不严，导致徇私舞弊、贪赃枉法之事屡见不鲜。

为扭转混乱的局面，元廷在至元二十八年（1291）即着手咨访集议新的市舶法令，并于至元三十年（1293）八月颁布了以"亡宋市舶则例"为基调的《整治市舶司勾当》二十二条[⑤]。之后，又在延祐元年（1314）重开市舶时，颁布经过修改的新市舶法则二十二条[⑤]。

（1）海船与货物的进出港制度

海船起航前，舶商必先"经所在舶司陈告，请领总司衙门（泉府司）元发下公据、公凭"，并由"物力户"与"保舶牙人"作保，船员也要五人具结作保。元代的出海贸易许可证统称公据，分公验、公凭两种，"大船请公验，柴水小船请公凭"。还须填明"所往是何国土经纪，不得诡写管下洲岛别名，亦不许越过他国"[⑥]。元代对货物进出港控制很严。同时海船在外航行经商，必须严格按照公验中的许可活动范围。船舶返航途中不许以避泊、被劫、补给等借口中途卸货"渗泄"，否则"尽没入所有而罪其人如律"。

[①] 徐松撰，刘琳等校点《宋会要辑要》职官四四《市舶司》，上海古籍出版社，2014，第4202页。
[②] 陈道师、朱彧撰《后山谈丛 萍洲可谈（繁体中文）》之《萍洲可谈》卷二《广州市舶司旧制》，中华书局，2007，第132页。
[③] 脱脱等撰《宋史》列传第一百四十七《陈良佑》，中华书局，1977，第11902页。
[④] 脱脱等撰《宋史》列传第三十六《张鉴》，中华书局，1977，第9417页。
[⑤] 于光远著《经济大辞典 上、下册》，上海辞书出版社，1992，第552页。
[⑥] 方龄贵校注《通制条格》卷十八《关市·市舶》，中华书局，2001，第534页。

（2）抽分与舶税

元代对进口货物收取的实物关税与宋代相比有所差异，它取消了禁榷与博买，但增加了舶税。[①]

（3）严禁权贵营私舞弊

至元二十一年（1284）曾推行"官自具船、给本，选人入蕃贸易诸货"的"官本船"政策，规定"凡权势之家，皆不得用己钱入蕃为贾，犯者罪之，仍籍其家产之半"[②]。但后来在至元三十年（1293）市舶法则中做了变动，改为严禁权贵在航运贸易中营私舞弊，并立款四条。

（4）保护与奖励舶商、船户积极经营航运贸易

条例规定，凡出海经商的船户，官府不得随意支差，妨碍航行贩运经纪。舶商、船员及其家属可在所属州县免除差役，以示优待。至元三十年（1293）市舶法则规定，"舶商、梢水人等，皆是赶办课程之人，落后家小，合示优恤，所在州县，并与免除杂役"[③]。海舶返商，市舶官员必须在回帆时月前往办理有关事务，不得违期，滞留舶商，影响航行周期。

第二节　宋元内河航运业的繁荣

一、宋元珠江上游的航运业

大理国初期曾进行过一系列有利于国计民生的改革措施，改变旧制，惩处腐恶，减粮税，宽徭役，实行土地分封世袭，发展个体农奴经济，收到了稳定社会、巩固政权和发展生产的效果。在与宋王朝的关系方面保持称臣纳贡，接受封赠，互不侵犯的关系。宋太平兴国初还封大理王为"八国都王"，后又封为"云南大理国主、统辖大渡河南姚嶲州界山前山后百蛮三十六鬼主、兼怀化大将军、忠顺王"[④]。大理王段和誉于宋政和六年（1116）向宋王朝送去贡马380匹及麝香、牛黄、细毡、碧玉等贡物。次年，宋徽宗又进一步册封段和誉为"云南节度使、金紫光碌大夫、检校习空、上柱国、大理王"[⑤]。当时北宋正受北方金国的不断侵扰，对大理王的慷慨封赐只为求得西南一隅的安定。宋末，云南曾是南宋王朝抗御蒙古进攻的一支重要力量，整个宋代中原战祸特多，但珠江上游由于远离战场，人民得以休养生息。

直到宋宝祐三年（1253）秋，元宪宗蒙哥派其弟忽必烈率领十万大军经四川兵分三路进攻大理，并派使者到大理招降，大理相高祥坚决抵抗，杀了使者，农历十二月，大理城

[①] 方龄贵校注《通制条格》卷十八《关市·市舶》，中华书局，2001，第533页。
[②] 宋濂撰《元史》卷九四《食货二·市舶》，中华书局，1976，第1402页。
[③] 方龄贵校注《通制条格》卷十八《关市·市舶》，中华书局，2001，第535页。
[④] 李焘撰《续资治通鉴长编》卷十《起太祖开宝二年正月尽是年十二月》，中华书局，1995，第228-229页。
[⑤] 宋濂撰《元史》列传第二百四十七《外国四·大理》，中华书局，1976，第14072页。

破，高祥被杀，大理王段兴智逃到押赤城（今昆明），蒙将兀良合台一路追杀，攻破押赤，俘获段兴智，大理国亡。段兴智降元献地图，为元平定大理各部出谋划策，被封为大理总管，世袭至元亡。元王朝于至元十一年（1274）建立云南行省，将原来的建制改为路、府、州、县，并把行政中心由大理迁至中庆（今昆明），任赛典赤为行省平章政事（省长），从此云南正式成为省一级建制。

赛典赤在任期间实行民族和解政策，建孔庙，兴儒学，确定赋税，大力发展军民屯田、疏浚湖口、整修松华坝水利工程，农业生产获得较大的发展，政局也得以初步稳定。赛典赤死后由其子纳速刺丁继任平章政事，开辟了南驿路，解除道路禁令，实施发展交通、开放商旅贸易等一系列措施，并规定地方货币贝巴（贝）与全国通用货币金、银的比值，对加强云南与内地经济文化交流发挥了积极作用。

宋代沅、靖两州边寨的食盐主要为淮盐与粤盐。粤盐由牂牁江上运，经柳江至融江口，转陆运至靖州分销各地。宋元战争不断，马匹的需要量很大。南宋乾道九年（1173），南丹刺史莫廷甚亦曾请求宋廷在宜山开辟马市，以承销罗甸诸蕃马匹，说明当时黔桂之间经济贸易交往十分活跃。粤盐不仅供人食用，养马亦必不可缺。元至顺元年（1330），云南行省报称："盐不到，马多病死"①。因此食盐与马匹互市交换，成为牂牁江主要的固定货源，一旦中断便要上报朝廷解决。宋元时期牂牁江航运比前代有所发展，成为珠江上中游地区对外联系的一条重要通道。

珠江水系都柳江上游支流四寨河，北宋时称为王江。王江下游为融州，属广南西路。四寨河上游到达诚州，后改称靖州，属荆湖北路，与清水江支流亮江及洪州小河上源仅隔苗岭。宋朝拓土过程中，王江新附，交通有所发展。宋元丰七年（1084），荆湖北路相度公事叙述王江"东由王口三甲，西连三都乐土，南接宜州安化，北与诚州新招檀溪地密相邻比"②。讲明了都柳江上游水路分布的大致轮廓，以王江为中心，向四周辐射通航的范围。与王江密相邻比的檀溪，在今黎平县南，处于四寨河与亮江两河上源分水岭地带，诚州招纳后在此设团堡，发展交通，利用四寨河水道，水陆相济，沟通诚、融诸州。因此，王江流域的内附对都柳江航运的发展有着较大的作用。

盐是当时都柳江上运的大宗物资。"广西诸州，土瘠民贫，两税收入甚微，全借搬运盐货"，"邕宜钦融等四州系是极边……屯养将兵……所支衣粮，视他郡不啻数倍，自改官般官卖，一切取办于盐"③。食盐自广州溯西江上运，官办官销，每岁分拨融州2 000余箩转输各地。④但实际上远不止此数，除官盐外尚有大量的私盐运输。都柳江航运已成为当时黔桂两地交通的主要干线。

二、宋元珠江中下游的航运业

在唐亡于梁后，盘踞珠江中下游地区的清海军节度使刘䶮（音掩），于后梁贞明三年

---

① 宋濂撰《元史》卷三十五《文宗四》，中华书局，1976，第794页。
② 徐松撰，刘琳等校点《宋会要辑要》方域二《市舶司》，上海古籍出版社，2014，第4206页。
③ 徐松撰，刘琳等校点《宋会要辑要》食货二八《盐法》，上海古籍出版社，2014，第4202页。
④ 徐松撰，刘琳等校点《宋会要辑要》，上海古籍出版社，2014，第6511-6535页。

（917）建都于广州，国号大越，次年改国号汉，史称南汉，据有现在的两广之地。至宋太祖赵匡胤开宝四年（971），宋太祖派兵攻克广州，南汉主刘铱投降国亡为止，共传四世历54年。宋王朝接收南汉所属60州240县170 263户。至此珠江中下游两广地区被纳入宋王朝统治之下，设岭南转运使亦称广南路，进行管理，并于同年六月设置市舶司于广州。宋端拱二年（989）又将广南路分为东西两路。宋至道三年（997）划分15路，定称为广南东路和广南西路。广南东路治广州，辖境相当于除雷州半岛外今广东省地区，简称广东；广南西路治桂林，辖境相当于今广西壮族自治区全境及雷州半岛和海南岛等地，简称广西；是为广东、广西得名之始。元初广东、广西曾分别并入江西、湖南两行省。

宋元时期，珠江流域受中原战乱影响较小，较长时期处于和平稳定的社会环境，流域经济得到进一步的全面开发。

自中唐以来，我国的经济中心已开始南移，进入宋代，北方经常受到西夏、辽、金、蒙的侵扰。宋靖康二年（1127）北宋首都汴京（今开封）沦于金人之手，徽、钦二帝被掳往关外。康王赵构逃往江南，即帝位于南京，改元建炎，是为宋高宗。宋建炎三年（1129）正式定都临安（今杭州），史称南宋。两宋之交及宋末元初，大批北方居民为避战乱南逃至珠江流域，给珠江中下游地区增加了大量劳动力，同时也把北方及江淮地区的先进生产技术和科学文化传播至流域各地，流域经济文化获得进一步的开发和发展。

由于两宋、元初北方大量移民进入珠江流域，于是出现了耕地不足、劳力过剩的情况。耕地面积必须扩大才足以维持人民的生计。移民与土著居民结合，大量开山造田（梯田），围垦滩涂（沙田），修筑堤围，防止洪涝灾害，提高粮食耕种面积和产量。

在宋元时期，两广地区海盐生产约占全国总产量的10%。据记载，北宋朝廷额定广东路年产海盐33万担，除当地食用外，很大部分供应邻近各省。[①]

宋代时食盐实行专卖，谓之"榷卖"或"官鬻"。北宋熙宁年间曾设梧州商务管理盐运销售，但兴废无常。到了崇宁年间，权臣蔡京变更盐法，允许商人用钱购买盐票，到产地直接提取食盐，运至指定地区贩卖，自此两广漕盐互市。南宋绍兴八年（1138）又"诏二广盐通过客钞，专置提举一员于广州，尽领两路盐事。以西路阔，又令广西提刑，兼领西路盐事"[②]。各州官盐绝大部分通过西江的干支流水运。

食盐的运输在宋代珠江下游航运中亦占很大的比重。宋代两广的盐场生产有很大的发展，北宋额定广南东路（今广东）产盐331 060担，广南西路（今广西）产盐231 689担。这些沿海地区所产食盐，绝大部分通过珠江中下游地区的干支流航道运往各大小城镇圩集销售。广西沿海盐场所产之盐先用海船装运至广州，再换内河船，走西江运入广西各地。除上述朝廷规定的官盐外，西江又是私盐贩运的重要水道。北江是仅次于西江的盐运水道，除了韶州、连州、南雄等州县所需食盐溯江运达外，江西虔州（今赣州）所需食盐在宋元丰四年（1081）后也由北江运输。据记载，江西虔州原食淮盐六百余万斤，但淮盐供不应求，经常缺盐。因此，三司度支副使周辅制定"江西广东路盐法"及其"总条目"，遂"兼通广盐于虔州，以七百万斤为年额"，可见北江担负的盐运数量亦甚巨大。[③]

---

① 徐松撰，刘琳等校点《宋会要辑稿》食货二十二，上海古籍出版社，2014，第6463页。
② 周去非著，杨武泉校注《岭外代答》卷五《财记门·广西盐法》，中华书局，第183页。
③ 徐松撰，刘琳译注《宋会要辑稿·食货二十四》，上海古籍出版社，2014，第6522页。

珠江中下游航运主要货物除食盐外，铜和铅的运量亦占较大比重。宋代坑冶，"铜课最盛之处：曰韶州岭水场、曰谭州永兴场、曰信州铅山场，号三大场"[1]。据史料记载，韶兴岭水场以胆水浸铜法取铜，生产力颇大，宋元丰年间韶州年产黄铜三百六十万斤，胆铜八十万斤。原料主要来自广东、广西各地的铜矿石，有翁沅、南雄、始兴、增城、番禺、清远、怀集、博罗及广西郁林、北流、宾州、迁江等县。全部矿石通过瀚江、浈水、东江、绥江及红水河、郁江、西江、北江等运至韶州加工冶炼。而其产品黄铜和胆铜除运到韶州永通监制钱外，部分由浈水上运至南雄，过大庾岭到江西饶州（今波阳），从原料到成品运输，全部依靠珠江水运。[1]

广东铅的生产在北宋时期也有很大发展，据元丰年间广东12个铅场产铅统计，年产铅达300万斤之多。[2]铅是制器皿和制钱的重要原料，各场出产之铅全部集运到广州与韶州两地进行再加工，都成为水运的重要货源。此外，铁、锡、粮食、布匹和其他日用工业品无不以水运为主。因此，珠江水运在宋代得到了更大的发展，远远超过隋唐时期的规模。

宋元时期工业、农业生产的发展促进了海内外商贸市场的兴旺，承担商货流通主要任务的珠江航运也同时出现了前所未有的繁荣景象。

宋代珠江下游与中原联系的主要通道仍然是北江大庾岭虔州路。宋王朝对广州进口的商货，尤其是对香药极为重视。宋淳化三年（992），特命广南西路转运使凌策规划运输路线和运输方式。凌策一改过去专从陆路、依靠人力肩挑运往京师的笨拙方式而改为水陆联运，通过大庾岭道，即"陆运至南安（大余），泛舟而北"[3]。宋朝廷所需香药，即从北江"韵江溯流至南雄；由大庾山步运至南安军凡三铺，铺给卒三十人，复由水路运送[4]"。亦即沿着唐代以来的北江——大庾岭道——赣江——长江——大运河这一传统的南北内河通道运送。香料又称香药，包括木香、乳香、安息香、肉豆蔻、没药、苏合油香等，主要通过海运由东南亚、南亚和东非等地进口。宋代广州对外贸易的进口货中，以香药为最大宗。此外，广州香药也有自韶关取道武水，过骑田岭山道入湘江、长江、大运河路线运往汴京的。到了南宋迁都临安（今杭州），广州运京的香药则主要改由海运输送了。

元代的京城是大都（今北京），远离南方农业产区，因此，南粮北运成为元王朝最为关切的重要问题。其除了充分利用长江、珠江、大运河各水系的水运条件外，还从海上运粮至天津，年运量曾达360万石。以前大运河主要是以洛阳为终点的一条南北运输线，运输路线迂回曲折，中转环节甚多，极为不便。故在元至元十七年（1280）到至元二十八年（1291），花了11年时间，先后凿通济州河、会通河、通惠河三条运河，使之北接大都，从大都通州顺白河至天津而南至杭州，即为今之京杭大运河，全长1 700多千米，成为纵贯南北的水运干线。从两广征调的粮食通过灵渠进入长江，即可直运大都，称为漕粮，珠江水运由南至北，这样长距离的运输始于元代，堪称创举。

元代由于社会生产和军事水陆运输的需要，对漕粮和驿传管理相当重视。元代赋税大致以唐为法，漕法亦依唐制。

---

[1] 徐松撰，刘琳译注《宋会要辑稿·食货三十四》，上海古籍出版社，2014，第6744页。
[2] 徐松撰，刘琳译注《宋会要辑稿·食货三十四》，上海古籍出版社，2014，第6733-6752页。
[3] 脱脱等撰《宋史》列传第六十六《凌策》，中华书局，1977，第10128页。
[4] 脱脱等撰《宋史》列传第二十二《蒙正》，中华书局，1977，第9101页。

元代为了保证珠江水运交通的安全，凡是水道津要之冲，均有驻军防守[①]。以广州为中心向四周大小城镇辐射，远至西江肇庆、东江惠州，构成了一个完整的水运体系。足见当时珠江航运发展已经达到了一个相当的水平，成为社会经济发展的一个重要组成部分。

第三节 宋元时期广州港

宋代改道为路，广东称为广南东路，路治设于广州。

元代将路降格与州府同级，在路之上设省一级行政机构，广东成为江西行省管辖下的广东道，广州则为道下的广州路。道与路治均设于广州。

广州是珠江流域最大的河海航运枢纽，地处珠江下游三角洲河网区的北部。西江、北江和东江支汊纷繁，分别从西、北、东三面向广州地区辐射。市区横跨广州水道（原称珠江）南北两岸，北枕白云山，东临狮子洋，直出南海。其优越的地理位置，富饶的南国经济，四通八达的水运网络条件，千百年来，造就了广州河海航运枢纽长盛不衰的重要地位，成为广东省政治、经济和文化中心，也是我国对外开放的南大门，华南第一航运枢纽大港。

一、广州港岸的形成与变迁

（一）港区河道与陆域变迁

古代流入广州市区较大的河道主要有北江分支白坭水、芦苞涌、佛山涌及流溪河与市区内的文溪、流花水等。

由于历代长期人类经济活动和自然演变，广州市区水道变迁较大。秦汉时期称牂牁江的下游，"道西北牂牁江，江广数里，出番禺城下"[②]，当时河面宽约2千米以上。东汉到晋代，河面已缩至1500米左右，北岸附近已出现淤积而成的沼泽地，湖泊较多，今流花湖即为其中之一。南北朝时北岸继续南移100～200米，仍多湖沼地。唐代江岸已南移至今上下九路、大德路、文明路一线以南，距今江岸700余米。南汉国时期再向南扩展，距今江岸600余米。到宋末时已南移至今一德路、万福路一带，距今江岸只有350～500米，西关江岸南移到西关涌一带。从宋初到宋末北岸共向南移约400米，在文溪入江处形成五片沙洲，称为"五沙"，即今之太平沙等。元代江岸继续向南发展，西关涌以南开出了蓬莱基、黎基、陈基等围田，围田之南的北岸距今江岸还有300余米，尚未完全形成陆域。随着河道不断淤积成陆，古代珠江河道中的三座巨石，即城东的海印石、城西的浮邱石、城南的海珠石，后均已湮没于陆地之中。

广州地势大致是东北高而西南低，整个市区形成东北向西南倾斜的状态。地形可分低山、阶地和平原三类。山地多在东北，平原多在西南，而阶地则处于山地与平原之间。平

[①] 陈大震编纂《大德南海志残本》卷十《兵防》，广州市地方志研究所，1986，第57页。
[②] 司马迁撰，韩兆琦译注《史记》列传第五十六《西南夷列传》，中华书局，2010，第6865页。

原多由流溪河和西江、北江汊道泥沙冲积而成。

古代黄埔一带称为"大海",市区江面称为"小海"。故至今渡江仍称过海。对照今天的广州市区,水陆域均已发生巨大的沧桑演变。

(二)内外港区总体布局及功能

广州港既是珠江水系内河航运的总枢纽,又是海外贸易的南方大港,兼有河、海航运的双重任务,故在港区划分方面也有内港与外港之设。

宋代广州港区又有所扩大,增加了大通、琶洲、西澳、东澳等处船舶作业区。

大通:在今广州芳村花地附近,与广州城区隔江相望,为当时西江、北江船舶航抵广州的必经之地,然后经此入澳至兰湖码头。李调元在《南越笔记》中记录大通港东可通惠州、虎门,出海可达潮州、福建;西可抵雷州、廉州、琼州;北可达韶州、南雄等地,既是西、北、东三江航运的重要河港,同时还肩负通往沿海各地的海船作业的重任。

琶洲:在广州城东南30余里,位于广州水道南岸。过去是个形似琵琶的江心洲,故名琶洲,后与南岸陆域相连。

西澳:又名南濠,在今广州市内南濠街一带,也是宋时重要的海舶码头。为北宋景德(1106)广州经略高绅所开辟。西澳水道历代都有疏浚,以维持船舶进港作业或避风。西澳为当时广州闹市区之一,天下商贾云集,外商亦聚居于附近。

东澳:又名东濠,在今广州市内清水濠街一带。古文溪曾从这里出口。宋代的盐仓设在今旧仓巷、仓边路一带,文溪未淤塞前,盐船由东濠溯溪而上运至盐仓,故东濠口成为广州东部的内港码头,以转运食盐为主。

二、宋代广州港

宋代国力不如唐朝,但由于科学技术进步,生产力有了较大提高。珠江三角洲广筑堤围,兴修水利,扩大耕地面积,使粮食产量大幅度增长。广州成了全国著名的大米市,广西的余粮也源源不断通过西江水运投入广州市场。

两广生产的粮食通过珠江水系中下游干支流的航运集中到广州后,再由广州转海船,运销福州、兴化、漳州、泉州,以及浙江的杭州、明州、温州各地。杭州是南宋的首都,人烟稠密,"城内外不下数十万户,百十万口。每日街市食米……所赖苏、湖、常、秀、淮、广等处客米到来"①。

除粮食运输外,食盐也是珠江水运的主要货源。两广沿海是宋代食盐生产的主要基地之一,年产海盐约占全国总产量十分之一。食盐大部分集中于广州,然后通过珠江水运走北江运往英、韶、南雄各州及江西虔州、南安等地;走西江运往云南、贵州、湖南;走东江上运至江西边境地区。

广州港在宋代成为珠江水运的枢纽,有了更进一步的加强,河海转运的规模也较前扩大,在海运方面仍然是全国最大的对外贸易港,前来贸易的国家和地区也超过了唐代。据宋人赵汝适记载,有大食诸国,即阿拉伯半岛以东的波斯湾和以西的红海沿岸国家;有西

---

① 吴自牧撰,王云五主编《梦粱录》卷十二《古杭杂记》,商务印刷馆,1939,第146页。

天诸国,即今印度半岛及巴基斯坦;有印度尼西亚诸岛国;有印度支那半岛及马来西亚半岛诸国。大小共计50余国。贸易范围扩大到东至菲律宾群岛,西至非洲桑给巴尔岛和欧洲的西班牙等地。[1]

从广州港进口的货物种类,据记载,北宋时期有七八十种之多;南宋时期有三百三十余种。主要为宝货（象牙、犀角、珍珠之类）、香料香药、金属制品、纺织品、食品、器用品、工业原料等,还有奴隶买卖,即昆仑奴进口。出口商品仍为中国传统的丝织品、陶瓷、金属制品、生活日用品、农产品和副食品等。[2]

通过进出口贸易,广州市舶的收入在整个宋朝的财政收入中占有重要位置,成为国家主要的财源之一。从北宋初年占全国财政总收入的2%左右,到南宋时达到20%[3]。南宋政权能维持一百多年,与市舶经济收入有很大关系。宋高宗绍兴七年（1137）在诏令中指出:"市舶之利最厚,若措置合宜,所得动以百万计,岂不胜取之于民。"[4]

宋承唐制,继续在广州设置专门管理机构市舶司,而且在管理、职责、奖惩、税收等方面制定了一套更为完整的条例和细则,内容更趋合理,在鼓励外商来华、扩大海贸方面取得了积极的效果。

商贸的繁荣促使广州城市建设的规模逐渐扩大,在两宋三百年间,广州城垣的扩建和修缮达十余次之多。广州不仅成为岭南的政治、经济中心,而且还是世界最大的港口之一。

南宋时期,由于泉州更接近京都临安,转运舶货在时间和运费等方面均比广州节省。再加上由于宋金战争,大批士民和皇室贵族纷纷迁居福州与泉州二地,舶货畅销,吸引了大批阿拉伯商人自广州迁往泉州经商,导致外贸重心的东移。广东地区在宋元最后决战[5]中,船舶损失巨大,社会经济受到极大破坏;人口逃亡甚多,据统计,西江、北江、东江及广州各路的人口减少25%～50%,元气大伤。反之,泉州则未受到战火的破坏,阿拉伯巨商蒲寿庚投降元军,受到重用,迅速组织以泉州为中心的海外贸易,发展很快,遂取代广州成为全国外贸第一大港。

元代广州的外贸地位虽然落后于泉州,但仍保持全国第二大港的地位。据元人周致中记载,广州仍拥有三条主要外贸航线:一是广州至占城（南越）航线,"顺风八日可到"[6];二是广州至三佛齐（印尼苏门答腊东部占碑一带）航线;"自广州发舶,取正南半月到";三是广州至蒲象龙（爪哇北岸）航线,"顺风一月可到"。由于元代对外贸的重视,至元十六年（1279）,其派遣广东招讨使杨廷璧两次出使俱兰,招谕印度半岛和东南亚国家前来通商朝贡。至元二十三年（1286）在广州恢复设立市舶司。至元三十年（1293）在海南岛设海北海南博易提举司,以加强南海地区的海外贸易。

---

[1] 赵汝适撰《诸蕃志》卷上,上海古籍出版社,1993,第18-19页。
[2] 徐松撰,刘琳等校点《宋会要辑稿·食货二十二》,上海古籍出版社,2014,第9907-9972页。
[3] 数据来源：交通运输部珠江航运管理局,网址：https://zjhy.mot.gov.cn/zhuantizl/renwenzhujiang/lnssguangdong/202012/t20201214_3502963.html
[4] 徐松撰,刘琳译等校点《宋会要辑稿·职官四十四》,上海古籍出版社,2014,第4203页。
[5] 指发生在公元1279年广东新会崖门的"崖门海战",此战过后南宋正式灭亡。
[6] 周致中撰《异域志》卷上,中华书局,1985,第27-28页。

由于市舶继续保持繁荣，广州大米进入国际市场，粮食销路扩大，促使西江、北江、东江下游及珠江三角洲等地更大规模地兴修水利，修筑堤围，围垦滩地，扩大耕地面积，积极发展农业生产。与工农业生产息息相关的珠江水运在元代又有了更进一步的发展，无疑对继续保持广州港河海水运枢纽的重要地位有着极为深远的影响。

（一）进口货物

据《宋会要辑稿》记载，北宋时期宋朝进口商品种类有七八十种之多，南宋时期总数有三百三十多种。另外还有奴隶买卖，即昆仑奴的进口。

在这些输入的商品中，尤以香料为大宗，占进口商品总量的三分之一以上，而这些香药在北宋年间又几乎都是通过广州这一口岸进口的。

张铁生在《中非交通史初探》[①]一书中指出，宋时输入广州的香药和象牙主要产自东非。有相当数量的进口商品是从东非通过阿拉伯人转运而来的。

宋代进口商品的用途十分广泛。象牙、犀角用来制作大臣们上朝时的朝笏和朝服中的飞带。紫矿、苏木为当时的重要染料。硫黄和牛皮筋用来制作火药和军器。沥青和黄蜡是涂敷火器外层所必需的原料。没药可以活血、散瘀、消肿、定痛；莳萝能健脾开胃；苏合油可以开郁、辟秽；荜澄茄主治脘腹胀痛、呕吐反胃等症；阿魏用作杀虫、解毒；安息香开窍行血；荜茇治疗胃寒、腹疾、泄泻；等等，都是当时中医所需用的药。至于进口最多的香料除了有些品种可入药外，有一部分作为饮食方面的重要调料，有一部分供宗教活动的应用。大部分却为满足封建统治阶级穷奢极欲的需要。

（二）出口货物

宋朝是当时社会生产和科学技术最发达的国家之一，因此，出口的货物也以工业品为主。

（1）纺织品：中国的纺织品最受外国欢迎，丝织品中有锦织、绸、绢、帛等品种。

（2）瓷器、陶器类：主要品种有青白花碗、水坛、大瓮、水罐、盆钵、水埕等。

（3）金属和金属制品：主要品种有铁锅、铁条、铁块、铁鼎、铁碗和金银器皿、铜器、锡器等。

（4）各种日常生活用品类：主要是漆器、雨伞、草席、针、帘子、木梳、绢扇等。

（5）农产品和副食品：主要是粮食、茶叶、糖、酒等。当时的商船把这些物品运销至三佛齐、单马令（今马来亚境内）、真腊等国出售。

在出口物品中，曾经宋代铜钱的外泄曾经造成严重的经济问题。铜钱是宋朝的主要货币，当时宋朝政府是禁止使用银钱作为对外贸易支付手段的。历代都严禁铜钱出口。宋朝钱荒十分严重，出现"商业凋敝、百货不通、市井萧条"[②]的现象，影响了国家的经济发展。到了南宋，统治阶级通过滥发纸币来缓和钱荒，纸币滥发势必引起通货膨胀。

事实上当时铜钱外流的途径不仅仅是海道，在北方的陆道方面也有大批的铜钱外泄。

---

① 张铁生著《中非交通史初探》，生活·读书·新知三联书店，1965，第14页。
② 李焘撰《续资治通鉴长编》卷二十二《太宗太平兴国六年正月尽是年十二月》，中华书局，1995，第508页。

如北方的辽、夏等国行使的通货就完全是宋朝的铜钱，他们不断用特产，甚至仿铸铁钱从易铜钱出塞。当然，广州是全国最大的贸易港，通过广州港这条渠道而外泄的铜钱自然就最多了。

三、广州港的短暂衰落

宋亡元兴，元世祖忽必烈统一了全中国，元代的广州港已经不再是全国的第一大港了，代替它而后兴起的是福建泉州港。

泉州港的兴起和广州港的衰落并不是突然的，而是宋室南渡之后，中国政治经济形势发展变化的结果。分析当时的情况，泉州港之所以能超过广州港，主要有如下几个因素。

第一，宋室南渡，杭州成了当时南宋的首都。

京城是政治和经济的中心，又是全国最大的消费中心，尤其是具有奢侈品性质的香药、犀象、珠宝之类的消费品，京师的消费能力最强。随着舶货消费中心的转移，形势发展对泉州起了有利的变化，因为从地理距离来说，泉州离都城要比广州为近。缩短运输路程，节约运输时间就是减少货物损耗，降低运输成本的最好办法。从经济效益来说，广州自然竞争不过泉州，所以，在南宋期间泉州港的发展速度要比广州快，进而导致对外贸易重心的逐步转移。

第二，由于宋金战争，大批士大夫和宋廷宗室贵族逃往福建避难，引起了舶货市场的变化。

当时连管理宗室贵族的机关西外宗正司和南外宗正司也都分别迁到福州和泉州两地，舶货在这批上层人物中享有广泛的市场。因此，当时的泉州要比广州拥有更多的舶货消费者，促进了泉州市场的繁荣。大批阿拉伯商人从广州迁往泉州经商，因为泉州市场比广州市场更具有吸引力。

第三，广州是宋元最后决战之地。

广州是南宋政权灭亡前最后的一个据点。在宋元交替之际，宋军与元军在这一带经过了多次拉锯战，反复争夺，崖山之役，浮水之尸十万，损失船舰无数。在残酷的战乱之中，社会经济遭到很大的破坏，不少汉民因不愿受蒙古贵族的统治纷纷逃亡海外。有些地方的人口也明显地减少，因而海外贸易受到很大的影响，而泉州则未罹锋镝。由于蒲寿庚的投降，元军在占领了南宋都城杭州后，即兵不血刃地平定了泉州，所以泉州没有受到什么战火的破坏。而且蒲寿庚投降后也受到重用，他迅速地恢复了泉州的市舶，同时还以泉州为中心组织了海外贸易。所以泉州的海外贸易不但未因宋元交替而停顿，反而得到了更进一步的发展。

第四，全国经济重心向江南转移。

元初，政治中心虽然北移，但食粮、财用还要仰仗东南，南北交通仍以海道为主。以海道而论，泉州距元大都亦较广州为近。元大都与大食南洋诸国通过泉州港联系，其条件也比广州更优。元朝政府也有意识地对泉州加以扶植，使泉州市舶一直处于重要的位置。公元1292年马可·波罗护送元公主嫁波斯伊儿汗国，也是从泉州乘大海舶出洋的。总之，泉州在当时具有特殊的重要位置，广州是无法与之抗衡的。

第四节　宋元珠江航道整治

一、航道整治

宋朝时代有史可查的是对北江浈阳峡（盲仔峡）的纤道及湟水楞伽峡的崩崖曾进行过治理。原来浈阳峡两岸悬崖峭壁，荆棘丛生，纤道不通，行人绝迹。

湟水（连江）航道最险要之处为楞伽峡（羊跳峡）一段，位于连州城下游十余千米处。峡内水天一线，河谷狭窄，两岸悬崖峭壁，流急浪大，行船至此，稍微不慎即有覆舟之虞。只有过了此峡才算安全。据宋人叶适记述宋嘉泰二年（1202），楞伽峡发生一次大崩崖，巨石横亘江中，造成"倒注横溢，航楫不通，估货不行"。每遇大雨，洪水难以宣泄，倒灌该峡上游的连州城，危及当地人民的生命财产安全，这一状况竟维持了近20年之久。到了嘉定十三年（1220），新任连州太守杨榕刚到任，适逢一场大雨，倒灌的江水将连州城"漫为湖海"[①]。杨榕遂下决心疏凿楞伽峡，并令连州司法李华主持疏凿工程。当年冬天动工，经过一冬的艰苦施工，疏凿工程获得成功。终于使石之为水害者尽平，舟自番禺来集城下，群川众壑，各得所归。老稚聚观，喜极感泣曰："连始复为郡矣"[②]。杨榕、李华疏通楞伽峡，不仅恢复了连州至广州之间的航运，而且也保全了连州郡城，其功至巨。

宋元时期，西江、东江下游及珠江三角洲地区修筑了大量的堤围，使原来许多低洼地区的农田得到保护，不受洪水之害，而且由于堤围将河槽两岸边界固定，集中水流，形成深泓，有利于航槽的稳定。这些河堤以后逐步连接，封闭成围，围与围之间的水道交织成网，为珠江下游及三角洲地区水运网络的形成奠定了基础。西江、北江、东江主流在堤防的控制之下逐步向海延伸，形成固定的出海口门，为江海航运的发展创造了有利条件。

二、灵渠的维修与管理

宋代对灵渠的维修管理极为重视，明文规定："两县（灵川、兴安）知县系衔兼管灵渠，遇堙塞，以时疏导"[③]。这种由地方官直接管理和日常维护的制度，职责分明，对保证灵渠畅通更是有利。

北宋时期对灵渠曾进行过四次较重要的维修，不仅为了改善通航条件，而且明确提出要兼顾农田灌溉。第一次维修灵渠是在宋太宗兴国二年（977），由广南西路转运使边翊主持。第二次是宋仁宗庆历五年（1045），由衙前司秦晟主持。第三次是皇祐元年（1049），由桂林司户参军李忠辅主持全面维修，不仅保持航运畅通，而且扩大了农田灌溉。以上三次维修的具体内容史籍均无较详细的记载。第四次是嘉祐五年（1060），由广

---

① 纪昀、陆锡熊等撰，陆费墀校《钦定四库全书》集部四《水心集》卷第十一《连州开楞伽峡记》，乾隆四十六年四月本，第21页。

② 纪昀、陆锡熊等撰，陆费墀校《钦定四库全书》集部四《水心集》卷第十一《连州开楞伽峡记》，乾隆四十六年四月本，第22页。

③ 脱脱等撰《宋史》志第五十《河道渠七·广西水》，中华书局，1977，第2418页。

南西路总狱兼领河渠事李师中主持，这次维修的规模较前三次为大。由于宋代通航船舶载重提高，船舶吃水增大，原有灵渠航道条件已不适应要求。李师中采取"燎石以攻，既导既辟。作三十四日乃成废陡门三十六，舟楫以通"①。为了扩大航道尺度，对"石底浅狭"的渠段使用"燎石以攻"的办法，先将渠底的礁石部位筑起围堰，将水库放干，然后堆上木柴加以焚烧，再泼以冷水，使礁石受到急热急冷而发生爆裂，再加以人工清除。

李师中在疏浚渠道的同时还新建陡门18座，改建唐代遗留下来的废旧陡门18座，使灵渠陡门数量增加到36座，使得通航条件日趋完善。

南宋时期对灵渠共整修过三次。第一次是绍兴二十九年（1159）由广南西路转运使主持，目的是"俾通漕运"②。第二次是乾道六年（1170）至八年（1172），由静江（今桂林）知府李浩主持，"旧有灵渠，通漕运河灌溉，岁久不治，命疏而通之，民赖其利"③。第三次是绍熙五年（1194），经略史朱熙颜，提刑张釜等，主持了一次大规模的整修工程，"起于十二月之庚申，迄于是月之甲申，凡用缗钱三百万，工五万有奇"④。宋代前后对灵渠进行了七次大修，足见其对灵渠航运的重视程度。

元代对灵渠曾进行三次维修。第一次是至元十年（1276）至十八年（1281），为阿里海牙进军桂林时期。据《国朝名臣事略·丞相楚国武定公传》记载："移师靖（静）江，破严关，败马都统临（灵）川，陈、张两总管小溶江……乃闸全之湘水三十六所，以通递舟。"⑤这里所指的是三十六所，即为灵渠的36座陡门。整修的目的看来主要为军运和通信方面的需要。第二次是元至正六年（1364）。第三次是耗资较多、规模较大的一次，在至正十五年（1355），由广南西道肃政廉访副使也兜吉尼主持。原因是两年前的夏天，"山水暴至，一旦而堤者圮，陡者溃，渠以大涸，壅漕绝溉"⑥。这次山洪使灵渠的堤和陡都遭到了严重的破坏，造成渠水干涸、漕船堵塞、农田无水灌溉的局面。虽经再三修补，但屡修屡毁，未能恢复。后来指令静江府判官王惟让等继续进行整修工程，历时一年修整，灵渠才得以恢复通航与灌溉。

第五节　造船与航行技术的演进

宋代广州仍为全国重要的造船基地。由于岭南多山，气温高，湿度大，广州附近各地出产大量的优质木材，当时不仅广州的造船业十分兴旺，西江的肇庆、北江的韶关、韩江的潮州等处也都设有造船工场。

---

① 汪森编辑，黄盛陆等校点《粤西文载校点》卷十九《山川记·重修灵渠记》，广西人民出版社，1990，第77页。
② 脱脱等撰《宋史》志第五十《河道渠七·广西水》，中华书局，1977，第2418页。
③ 脱脱等撰《宋史》列传第一百四十七《陈良佑》，中华书局，1977，第11905页。
④ 陈梦雷编纂，蒋廷锡校订《古今图书集成·方舆汇编·职方典》第一千四百卷《桂林府部汇考二》，中华书局、巴蜀书社，1985，第20485页。
⑤ 苏天爵撰《元朝名臣事略》卷二之三，中华书局，1996，第35页。
⑥ 黄裳作《灵济庙记》碑文，现存于广西兴安县灵渠景区四贤祠。

宋代广州的"蕃舶"与泉州的海舶、明州的"舶船"齐名。当时广州建造的海舶已有水密舱的设置,一方面增加侧面强度,另一方面增加浮力,提高安全保障。万一在海上局部壳板破损进水,船的整体仍可继续航行。水密舱理论是中国古代的杰出创造,西洋几乎晚了一千年才从中国引进此项技术。

广州制造的蕃舶设有瞭望、操舵、掌帆及旅客船员休息之所。大船多至十帆少至三帆,每一大船载员可达千人。船桨大如桅杆,一桨之旁聚集10人至15人,站着划船。船上四层甲板,内有房舱、官舱和商人舱,上层建筑优越,附属设施齐全。这种船舶投资甚巨,多由官府出资建造,招募人员出海经商。元代统治时间虽短,但由于元世祖重视海外交通和贸易,由官府出资造船更是促进了造船业的发展。元代广州与泉州所造的海舶,以船体巨大、性能良好、稳定安全而著称于世,当时来往于南海,印度洋的外国商旅,主要乘坐泉、广二州制造的海舶。

一、宋代造船技术新的突破

宋代造船技术比之前代有了突破性的发展,已创造了一套完整的"船壳法"。造船先定龙骨后定底板,再定隔舱板,在隔舱板与外板相接处设肋骨加固隔舱板和船壳板。

蕃舶的建造更重视纵向强度,底部从头至尾的龙骨为主干,靠近夹板处的舷部设置一根或多根由艏部到艉部的大攊,架好肋骨和横梁后再铺上木板构成船壳。

船体的连接采用钉接榫合法,在当时是世界上最先进的造船工艺。船壳与木板的连接则采用平接与搭接相结合,壳板的上下左右之间大都采用榫合,板与板之间则用铁钉钉接,将构件坚实地连接起来,然后精工细作用桐油、石灰、竹麻筋捻缝,确保船舶结构强度、船舱的水密性能和耐久性。

蕃舶已有升降舵或平衡舵,广东船特有的开孔舵也已用于海船。舵、帆、披水板(或中插板)的联合运用提高了船舶的可操纵性,舵杆、舵板均采用广西钦州的乌婪木或铁力木等木质缜理坚密的上等木料,"长几五丈",有极强的抗风浪能力。当时的蕃舶具有世界公认的结构优秀及最先进的建造法。

宋代的海船普遍使用指南针航行。《萍洲可谈》卷二就记录了远航阿拉伯诸国的广州海船:"舟师识地理,夜则观星,昼则观日,阴晦观指南针"[①],说明我国古代发明的指南针至迟在11世纪已在航海中应用,比阿拉伯文献记载针盘之使用要早一百年以上。南宋指南针已由浮针演进到罗盘导航。在当时尚无机械动力的情况下,航行主要依靠风力。船上设有风羽,以辨别风向,除了当头风外,通过风帆的灵活操作,其他风向均可借助。

至于大陆港口与海上航行船舶的通信联络,据《唐国史》记载:"船发海路,必养白鸽为信,船没则鸽归。"[②]可见从唐代起已使用白鸽作为海舶传递信息的工具。

[①] 陈道师,朱彧撰《后山谈丛 萍洲可谈(繁体中文)》之《萍洲可谈》卷二《广州市舶司旧制》,中华书局,2007,第133页。

[②] 唐李肇撰《唐国史补》卷下,上海古籍出版社,1957,第63页。

二、元代造船——第三个造船高峰

元代是继唐宋后的第三个造船高峰。元代的造船业有两大特点：其一是造船的数量多，速度快；其二是船舶体型大，尺度大，创新多，各种新船层出不穷，名目繁多。

元代的造船基地主要有扬州、泉州、广州、湖州、赣州、汴梁、襄阳等，造船数量极为可观，动辄数千艘。

元代广东海船更趋大型化。意大利旅行家马可·波罗于至元二十九年（1292）乘中国船回国后在他的著作中记述："当时海船之往来波斯湾、中国海间者，华船最大，多为广州、泉州所造。"

据《伊本·白图泰游记》记载，中国船只在当时"共分三类：大的称作艚克，中者为艚，小者为舸舸姆。大船有十帆至少是三帆，帆系用藤篾编织，其状如席，常挂不落顺风调帆，下锚时也不落帆。每一大船役使千人：其中海员六百，战士四百，包括弓箭射手和持盾战士以及发射石油弹战士，随从每一大船有小船三艘，半大者，三分之一大者，四分之一大者。此种巨船只在中国刺桐城建造，隋尼凯兰即隋尼隋尼（即广州别名也译茶克兰）。船的桨大如桅杆（很明显是指橹），常以十至十五人站着划船。船上有甲板四层，设有普通舱、官舱、商人舱。船上还设有种植蔬菜鲜姜的木槽可供长期生活用"[①]。

三、宋元崖门海战

宋元时期船舶用于水战的规模已远远超过前代。根据《经世大典》《宋史》《元史》《崖山志》等史书的记载，南宋亡国的最后一战发生在珠江出口之一的崖门水道，是宋元规模空前的一次大海战。

当时宋军有战船千艘，而且大船甚多。这千余艘巨舰，船头朝内，船尾朝外，用大索连接起来，护卫着居中的少帝御舟，形成一座庞大的水上城堡。

宋祥兴二年（1279）农历二月初六，元军主帅张宏范、副帅李恒分别率领南北两路水上大军，将崖门水道上的宋军水寨紧紧包围。张部有大战船500艘，李部有大战船120艘。当天上午李恒的水师趁着退潮从银洲湖上游顺潮而下，直攻宋军水寨北侧，各有伤亡，不分胜负。下午潮水回涨，张宏范部水师趁潮从崖门口攻入银洲湖，宋军水寨处于南、北两面夹击的困境之中，双方经过激烈的炮战以及短兵相接的奋力搏杀，宋军船舰被打得七零八落，大部分被击沉海底，伤亡惨重。傍晚时海风大作，元军向宋寨栅棚纵火，在混战中张世杰与御舟上的少帝失去联系，四处寻找不获。忠勇不屈的张世杰乘乱杀出重围，带领残余舰只逃出黄茅海，以图再举。不幸强劲的东北风在阳江海陵岛附近张世杰的座船被刮沉海底而致其丧生。数天后，崖门水道及黄茅海浮尸十万，惨不忍睹，南宋朝经此一役，便宣告灭亡。

崖门水道大海战的惨烈情况，还可从《文天祥诗文集》中得到佐证。当时身处敌营的文天祥是这场海战全过程的目击者，所以在他的诗文中有一段详细的惨痛记录。诗序曰："二月六日海上大战，国事不济，孤臣天祥坐北舟中，向南恸哭，为之诗"。诗中的一段

[①] 伊本·白图泰著，马金鹏译《伊本·白图泰游记》，宁夏人民出版社，2000，第486页。

写道：

> 楼船千艘下天角，两雄相遭争夺搏。
> 古来何代无战争？未有锋镝交沧溟。
> 游兵日来复日往，相持一月为鹬蚌。
> 南人志欲扶昆仑，北人气欲吞黄河。
> 一朝天昏风雨恶，炮火雷飞箭星落。
> 谁雌谁雄顷刻分，流尸漂血海水浑。
> 昨宵南船满崖海，今朝只有北船在。

　　崖门大海战，双方出动的大战船达 1 600 多艘，还有不计其数的民间小船参战，说明宋末元初时期珠江下游航运已经相当发达。近年来新会市为揭开崖门古战场沉船的历史之谜，进行了大量的勘探工作，从海滩上出土的古船中，不仅有木船，还有铜壳船，既可航行于内河，又能扬帆出海，船体结构坚实稳定，造船技术达到了相当高的水平。

第五章
明代珠江航运体系初步形成

明朝建立之初，由于连年兵燹，农田荒芜，生产低下，造成社会动荡，民不聊生。明初实行开荒垦殖、兴修水利等休养生息的政策。这些变革都在一定程度上促进了社会经济的发展，孕育了资本主义萌芽。珠江流域的工商业和港埠城镇也随之发展起来，尤其是珠江下游和三角洲一带的商品性农业和手工业经济更为兴旺发达，水陆交通日趋繁忙。珠江水系的滇、黔、桂、粤四省的内河航运都有明显的发展，尤其是广西的灵渠、相思埭和广东的珠江三角洲的航运最为繁忙，珠江水系航运达到了空前繁荣的地步。

明王朝为巩固封建统治，镇压反抗势力，后期实行严厉的"海禁"政策，使珠江和沿海航运的格局发生了重大的变化，内河航运繁荣、海上运输衰退的态势，是这一时期的突出特点。

第一节 社会商品经济兴起下的珠江航运

明朝建立，为安定社会，扩大生产，巩固统治，对农工商采取"各安其生"的政策，致使珠江流域人口增长，经济发展，物产丰富，流通增加，商贸活跃，为珠江水系航运业的发展繁荣提供了有利的条件。自明代起，珠江中下游尤其是珠江三角洲进入全面深入的开发期，社会生产得到迅速的发展，商品性农业和手工业日益兴起。

珠江流域云南、贵州两省的粮食产量增加较大，黔东南地区苗族的织锦技术此时也达到了相当水平，纺织业亦有了显著的进步。冶铁业具有相当规模，黔东铜仁、锦屏等地金银铝的开采都有一定产量。云南省冶炼的铜和锡产量也日益增多。贵州东南和南部木材、桐油、茶、白蜡、药材及其他土特产产量也逐年增多。由于生产的发展，物资增多，通过珠江水系各河道向外运输的数量较前代增加。

广西省沿江城镇的社会商品经济发展很快。自唐宋以来，桂林已成为广西的政治、经济、军事重心，加之位于灵渠之南，更确立了其作为物资交换集散地的地位。中南各省的货物不断沿湘江经灵渠运到桂林转销；广东的食盐、工业品主要由桂林中转至桂、湘等内地。"西米东盐"是梧州在明代航运的一大特点，米从贵县、桂平等地输入，盐从广东运进，木材从柳州顺流而下，毛皮兽骨等山货，大多从南宁、百色、云南、贵州等地运来。柳州位居柳江中上游，是湘、滇、黔、川等省的商品交流点，有"桂中商埠"之称。

广东，尤其是珠江三角洲一带，社会生产迅速发展，商品性农业和手工业日益兴起，出现了甘蔗、蒲葵等经济作物；出现了植桑养鱼、栽花种果等专业性的农业区域。例如顺德的龙山乡，于明万历年间（1573—1620），基塘面积已约占农田面积的1/3[①]，并且桑基鱼塘逐渐连成一片，形成以养鱼蚕桑为业的专业区。其次，农业商业化引起的农产品加工手工业以及其他商品性手工业也都蓬勃发展起来，如制糖、葵扇、缫丝、棉麻纺织、制茶等。其他工业如冶铁、陶瓷业等也同时兴起。由于经济作物种植面积的扩大，粮食种植面积便缩小，需要从广西、湖南等地运进粮食补充；而农业专业区域生产的产品及手工加工品已超过自身消费的能力，也必须远销其他地区。因此出现了地区间的商品交换，造就墟市的繁荣，促进本地区内部以及本地区与外地水运的发展。

广东沿海盛产食盐，粤盐远销七省，其行销范围包括粤、桂全省，闽、赣、湘、黔、滇部分地区共188埠。当时，广东省两大运盐中心，一为省城（广州）东汇关，二为潮州广济桥。

一、水运网络与航运体系初具规模

（一）水运网络初步成型

此时的广西省水运网络已初步成型，其比较重要的航路主要有以下几条。

一是西江航路。它的始发港梧州，扼广西航运咽喉，有"水控三江"之说；它是一条辐射力极强的航运路线。沿浔江、溯绣江、经南流江可抵合浦出海；走郁江经桂平等县可抵南宁；经左江可至龙州与越南湄江沟通；经右江可至百色，溯剥隘河可抵云南省；沿黔江、经柳州、逆江上至都柳江进入贵州省；溯桂林、越灵渠接湘江，过洞庭湖进入长江。当时，从西江运往下游的商品主要是米谷、糖、木材、山货和手工艺产品以及矿产等，其中最大宗的货物是米谷。每年从广西各地经梧州沿西江向广东方向销运的米谷高达300万石以上。这条航路南来北往十分繁忙，这对促进珠江流域的经济、文化的发展和社会进步具有积极的意义。

二是桂江航路。这条航线主线是桂林至梧州。桂江的北面是古灵渠，可接湘江转洞庭湖而入长江，沟通京杭大运河。当时，桂江担负着湘、桂、黔、粤等省的粮食、食盐、矿产、木材、山货和其他商品百货的运输任务。清代在桂林设炉铸钱币，其原料要从产地运到桂林，这就促使桂江水运的发展。从广西运往贵州的食盐等货物到都柳江后，再用人背马驮而分发到各地。从贵州运出的木材、桐油等则沿都柳江而下，经柳江、黔江、浔江直汇西江。明清两代，从广西、湖南调进广东的粮食等，或从两广北运的大宗食盐等，多依赖桂江航道运输。

三是郁江航路。自右江与左江于邕宁之宋村汇合处至桂平段称为郁江，是西江的主要支流。左江与越南一水相通，右江与云南相通，为出海通商的主要孔道。明清时期，郁江除了军事运输外，商货运输主要是食盐、粮食、矿产等。此外，粤、闽、黔、湘等地的商人也常到郁江流域进行商贸活动，丝帛、木材、山货、马匹等运输量也不少，可见郁江水运繁忙。

[①] 叶显恩. 略论珠江三角洲的农业商业化[J]. 中国社会经济史研究，1986(2):14。

四是柳江航路。柳江自古以来为贵州南下两广的通道。明清时期，柳江腹地资源丰富，农作物有水稻、玉米、薯类、四时水果和烤烟等。都柳江、相思埭、桂江等航道成为黔桂之间的航运大动脉。

此外，还有中小支流绣江、蒙江和龙江等，构成了当时珠江水系中上游已初步成型的水运网络。

（二）珠江下游的水运体系

明代以来，珠江下游地区水运已初步形成体系，其中尤以珠江三角洲最为密集。作为水运商货聚散中心的广州港，兼有海港和河港的功能，是两广的交通枢纽。各地区也日渐形成集散一方商货的港口，还有一批小港口和津渡作为小区域产品调剂，或与大中港口间运输商货往来而相互沟通，形成港埠与墟市一体化，标志着初具规模水运体系的出现。

优越的自然条件，商品经济的繁荣，造就珠江三角洲墟镇蓬勃发展的时代。明中叶以后，珠江三角洲勃兴的墟镇必须有水运的设施支持其所具有的功能。因而港口或渡口、码头或埠头应运而生，以适应舟楫的停泊、货物的装卸、行客的转运之需要，使市镇与港口水埠合二为一，市镇成为水运网络中枢。一些较大的贸易墟市，例如佛山、肇庆等，不仅具有集散一方的商品能量，还具有商货转口的功能。广州更是珠江水系和海内外商品交流的重要枢纽。国内的丝绸、陶瓷、漆器等传统产品由广州港出口；海外的奇珍异宝则由广州港输入。

二、水陆联运与跨流域商品流通日益兴旺

明代，珠江流域各地水陆联结运输更加频繁与密切，跨流域商品流通日益兴旺。

珠江流域地处五岭以南，与五岭以北的湘、赣和岭东的闽、浙相邻。岭北属长江水系，岭南属珠江水系。这种地理特点使珠江水系能从上游至出海口最充分地发展水上运输，又使南北分流的两大水系的接驳联运成为可能，使当时的水陆转驳运输逐渐发展起来。

据《永乐大典》记载："若游旅之往来，负贩之转输，穹官显人之南辕，则自凌江下涘水者，由韶州，为北路；自始安（今广西桂林）下漓水者，由封川，为西路；自循阳下龙川，自潮阳历海丰者，皆由惠州，为东路；其自连州下湟水（今广东连江），则为西北路。舟行陆走，咸至州（今广州）而辐辏焉。"[①]这里所说的是珠江上下游明代水运往来的盛况。

自从明初全部开通大运河后，南北长距离的贸易运输，主要靠大运河和由赣江过大庾岭通两广的南北交通大道，俗称北路航线。历代统治者对此通道极为重视，屡加修治。另一路是从广州溯北江到连江口，转溯湟水西北行，经阳山达连州或溯北江到韶州后，溯武水经乐昌北行，两路均可越骑田岭往湖南。珠江三角洲将果品、葵扇、草席、陶瓷、铁锅、鱼花、丝绸、蔗糖等产品，食盐以及经广州聚集的各地商货，由北路航线运往岭外江南等地。从岭外江南等地运回的物资多是土特产、棉花和布匹等。

沿西江，经肇庆、德庆，入封川县，抵贺江口埠之后，沿贺江北上，越萌渚岭，可入

---

① 解缙、姚广孝、郑赐撰《永乐大典》卷一万一千九百六，中华书局影印，1960，第14页。

湘江别源潇水而到湖南；从贺江口沿西江稍前行即抵广西的苍梧（今广西梧州），在此分两路通往西北各地；沿漓江而北行，通过灵渠可达湘江水系，从而与长江相通；沿浔江继续西行，可通云贵，乃至巴蜀。这条通道俗称西路航线，是珠江水系的干道，也是沟通两广的孔道。梧州是这一孔道上扼两广的重镇，自明成化六年（1470）起便是两广总督的驻地。肇庆也是控制两广通道的要地，明中叶以后，又是"商贾辐辏，百货灌输"①之地，明嘉靖四十三年（1564），两广总督驻于此至清乾隆十一年（1746）。通过这条通道从珠江三角洲运出的主要是商品性农产品和手工业品，如铁器、蔗糖、布匹和食盐等；运回的物资主要有矿产品、木材、山货和米谷。可见，自古以来，西江是珠江流域内外经济联系的大动脉。

沿东江往东，可抵粤东水陆要冲惠州城；沿江继续北上，经河源可抵龙川县城老隆。"老隆其地为水陆舟车之会，闽粤商贾辐辏于此。"②从老隆取陆路翻越大帽山之蓝关，可同源自长乐（今广东五华）的梅溪相接；沿梅溪进入程乡（今广东梅县），到三河坝，转溯神泉河和鄞江（今汀江），可通闽西，此路途俗称东路航线。通过此线路，运去陶瓷、蔗糖、鱼干、铁器等产品到程乡一带；经神泉河、鄞江运盐、米、布匹等往闽西；运回程乡一带的矿产品和山货，以及闽西的竹纸等货物。

此外，还有东、西海上航路。从广州通过珠江口，往东航行，经陆丰、惠来、潮阳等县海岸，抵南澳岛，继而沿海岸往北航行，可抵闽浙。向西海岸航行，可达阳江、高州、雷州、廉州和琼崖等地。

明代以来，珠江水系航运已与岭北各省的水陆相连接，并逐渐拓展为水陆转驳运输，促使流域内外经济商品广为流通，随之而来是墟市、港埠的兴起，墟市与港埠互相促进，发挥集散及转运的功能，从而更大地促进珠江流域的经济社会的发展。

第二节　航道维护与治理

明代的阶级矛盾和民族矛盾十分尖锐，珠江流域人民的起义斗争连绵不断。面对这些如火如荼的人民反抗斗争，统治者认识到充分利用水运运输粮饷戈甲的重要性。

明代对灵渠、相思埭的地位和作用都十分重视。朝廷派出重兵驻守，加强物资调运，保证南北航运通畅，以满足军事和经济发展需要。明清两代曾多次对灵渠进行维修整治，据记载，明朝进行了6次，其中规模较大的有3次。③

定期维修对维护灵渠畅通有着重要意义。自秦开渠以来，相当长的时间内没有持续通航。隋唐以来，出于国家统一需要，朝廷重视维修，通航就较顺畅，水运日趋繁忙。明代确定正常的维修制度，说明灵渠在国家的政治经济生活中已上升到更重要的地位。

相思埭运河在明清两代也进行过多次维修。明代对相思埭的大规模整治维修，史载资料不多。

---

① 周元暐撰《泾林续记》，中华书局，1985，第34页。
② 顾祖禹撰，施和金，贺次君点校《读史方舆纪要》卷一百三《广东四》，2005，第4705页。
③ 范玉春. 灵渠的开凿与修缮[J]. 广西地方志，2009(06):49-51.

珠江三角洲地处珠江下游，河道纵横交错，西、北、东三江每年从上游挟带着8 000多万吨的泥沙，冲到三角洲下游，使这里沙坦浮露，淤塞严重。珠江三角洲航道淤浅日趋严重，极不适应客货运输量不断增长的需要。为此，明代在前代整治的基础上，把干流两岸堤围的修筑伸展到甘竹滩附近一带的河网区。一些支流也修筑起堤围，并且把小围合成大围，堵塞围内汊道，形成"联围筑闸"。这样通过"塞支强干"，收到"束水攻沙"提高水深的效果。在明代统治的276年中，共筑堤181条，长220 399.75丈[1]，取得了较好的成效。珠江三角洲边缘地区一些流量小的河涌，也作疏浚，以利水运。

第三节　海禁下的对外贸易和航运管理

明朝政府在永乐、宣德时曾经派遣大批使臣出使亚、非各地。从永乐三年（1405）到宣德八年（1433），中国杰出的航海家郑和曾率领船队七次下西洋，前后访问了亚、非30多个国家。明初郑和七下西洋是中国古代航海史上空前绝后的盛事，也是中国古代造船技术和航海技术空前发达的集中体现。

一、海禁促成两种对外贸易

明代在初期就一改前朝的对外开放政策，实施严厉的海禁措施，其目的是抑制敌对势力的颠覆和反抗。在法律上明确规定："擅造二桅以上违式大船，将带违禁货物下海，前往番国买卖，潜通海贼，同谋结聚，及为向导劫掠良民者，正犯比照谋叛已行律处斩，仍枭首示众，全家发边卫充军。"[2]明洪武二十七年（1394）通过禁番货在市场流通的办法，扼杀民间与海外贸易，进而达到镇压民众巩固政权的政治目的。

明代朝贡贸易和"私人"贸易的兴盛，推动珠江水系尤其是珠江三角洲及两广沿海造船业的发展，官舶和商舶随着市场的兴旺而日益增多，市舶司机构也随之完善并加强对官、商船舶的管理。明代的海外交通和贸易兴起，给珠江流域的社会经济带来的影响是巨大和深远的。

（一）朝贡贸易

所谓"贡舶"，贡即朝贡，舶即市舶。明以前的朝代虽然也有朝贡，但因推行对外开放政策，所以并不突出，明太祖海禁后才把它作为一种主要的对外贸易形式。据载，明初，与中国有朝贡关系的国家有朝鲜、日本、琉球、安南（今越南）、真腊（今柬埔寨）、暹罗（今泰国）、苏门答腊、爪哇、锡兰山（今斯里兰卡）、满剌加（今马六甲）等近20个国家。对朝贡国规定有限贡年限，不同的国家有不同的年限，短的二年一贡，如琉球；长的十年一贡，如日本；一般的国家都是三年一贡，如安南、朝鲜等。允许入贡

---

[1] 佛山地区革命委员会《珠江三角洲》编写组，《珠江三角洲农业志初稿》第二册《珠江三角洲堤围和围垦发展史》，1967，第22页。
[2] 怀效锋点校《大明律·兵律》，北京：法律出版社，1999，第400页。

国有一定的船舶随贡使同来,并"许附载方物,与中国贸易"[①]。这些船舶称为贡舶,实际上贡舶是以贡为名而行市之实,也是市舶的一种形式。同时还规定贡使进贡的入境口岸和进京路线不得随便选择。当时,广东、福建、浙江都设有入境口岸。嘉靖元年后,浙、闽两地的市舶司撤销,只剩广州一个口岸。当时,贡船抵达广州后必先转舟至南雄;然后舍舟登陆,越过梅岭经南昌等地而抵南京或北京。朝贡完毕后,准许贡使将携来的货物在会同馆开市3天至5天,但不许民众用官方规定的违禁品与贡使交易,贡使所受的赐品也能在开市时出售。朝贡贸易最盛的时期是永乐至宣德年间,当时正值郑和船队七下西洋。除了船队直接与海外诸国贸易外,前来朝贡的国家也大大增加。这种鼎盛时期只维持了30多年。到了正统年间,随着闭关锁国政策的再次执行,朝贡贸易便衰落下来。

(二)私人贸易

这种官方统治下限量的市舶严重地禁锢了商品交换的发展,从而催发了"私人贸易"的产生。

因海禁不允许私人经营对外贸易,沿海居民中有势力的团伙便通过"走私"的方法搞"私人贸易"。这在明代是一种非常重要的对外贸易方式,对促进明代资本主义经济的萌芽具有重要的作用。明代朝廷虽然长期坚持海禁政策,但私人贸易从未间断。到了明代后期,私人海外贸易更趋高潮,珠江三角洲和沿海一带成了冒险家的乐园。

这种私人贸易,当其演变至15世纪末16世纪初期,实质上已经是对外贸易的主要形式,由私人经营产生的贸易额大大超过了朝贡贸易额。当时,位居珠江下游珠江三角洲核心区的广州府,国内外贸易一直处于非常繁荣的状态,在全国对外贸易中长期处于垄断地位。国内外贸易的发展促进了珠江流域农业和手工业的更大发展,改变了珠江三角洲一带农业生产结构,由过去的生产粮食为主,转变为多种作物同时经营。手工业也有很大发展,特别是冶铁业、纺织业、陶瓷业、造船业和食品工业的繁荣,使珠江三角洲成为全国主要手工业基地。

(三)海禁限制下商船走私泛滥

明初实行海禁,明太祖朱元璋改市舶为贡舶,只许海外诸国装载贡物的船舶进入广州,禁止商船贸易。实际上禁而不止造成了海上走私船舶猖獗一时。

当时,在社会商品经济处于萌芽的情况下,海禁政策与海上贸易两者之间的矛盾尚未激化。但是,从正统年间起,随着商品经济的日益发展,私通番国之商船日益增多,两广沿海各地也出现与朝贡无关的商船,即所谓"私舶"。

明朝实行有限制的开海贸易,虽对海上贸易起到一定的作用,但开禁之门仍太狭小。每年所规定的引票数远不能满足海商者的需要。所以,海上走私仍然不绝。

二、市舶司的恢复

为适应当时政治、经济形势的需要,明代市舶司应运而生,最初设在太仓黄渡,后改

---

① 张廷玉等撰《明史》志第五十七《食货五》,中华书局,1974,第1980页。

在宁波、泉州、广州三地设司。洪武三年（1370）由于进一步严令海禁，三司同时废止。直到永乐元年（1403）才重新恢复三市舶司的设置，隶属布政司直接管辖。嘉靖元年（1522）因倭寇猖獗，再加上葡萄牙人在沿海的骚扰，为了严申海禁，罢浙、闽两市舶司，只留广州市舶司。据《明史·职官志》记载：市舶司掌管"海外诸番朝贡，市易之事""禁通番，征私货，平交易"[①]。其职权大致是：负责海外诸国来华的朝贡事务；掌管贡舶互市和抽分；执行海禁政策；禁止军民人等通番；负责市舶的管理。可见，明代市舶司的建立是为朝贡贸易服务的，因朝贡贸易手续十分烦琐，非设专门机构处理不可。隆庆以后，海禁开放，市舶随之兴起，市舶司的主要任务从过去的专管朝贡贸易事务转而负责市舶的管理事宜。

明代的海外交通和贸易兴起给珠江流域的社会经济带来的影响是巨大和深远的。

第四节　西方殖民主义东侵与澳门港的兴起

明朝时期，欧洲社会资本主义的生产关系逐步成熟和发展，为此必须扩大商品的交换市场。当时代表资本主义利益的葡萄牙和西班牙等国便接二连三前来中国"叩关索市"了。

16世纪，葡萄牙、荷兰、英国等殖民主义者开始对中国进行海上冒险活动。其冒险活动一开始就带有征服和掠夺的性质，所到之处，兵戎相见，强行通商。内地"莠民"与殖民主义者互相勾结，参与掳掠抢杀，严重妨碍了航运的发展。明正德六年（1511），葡萄牙占据满剌加之后，便积极发展它们的侵略势力，对中国进行通航试探。首先，中断当地与中国传统的贡舶贸易关系，接着于正德九年（1514），葡萄牙殖民主义者率先航行到中国南海，至广东屯门，建立石碑，以兹纪念。正德十一年（1516），葡萄牙派裴特罗来中国进行边境贸易，"售出货物，获大利而归"[②]。正德十二年（1517），以佛朗机国进贡为名，派皮来资为使节，偕安德拉等人率军舰8艘抵达屯门，要求通商。经贿赂港口守军和官员，于当年九月驶进广州。时任总督陈金曾接见了皮来资，经请示朝廷后，仍不准通商。于是他们退回屯门，妄图盘踞于此，随后发生屯门之战，将之驱逐。不久又发生了新会的西草湾之战，也遭到失败下场，只得窜往福建沿海骚扰，又被朱纨所驱赶。其一而再碰壁，仍不死心，辗转于东南沿海一带活动。[③]处于珠江口西部的澳门，便是葡萄牙殖民主义者欲将侵占的首选目标。[③]

明初被允许朝贡的国家，要按照期限、朝贡路线及指定的居留地前来进行贡舶贸易。当时指定广州为唯一的贡舶进出口岸，每年约有30艘贡舶抵达广州港。当这些贡舶进入珠江口之前，必须停泊在各澳（泊口）接受澳官的检查。澳门也是当时南海诸国朝贡贸易船只的临时停泊所。澳门原是一个泊口，经过40年的发展，至万历二十五年（1597）已具有万户城市的规模。

从嘉靖后期起，原来分布在珠江口一带的贸易地点都冷落了下来，澳门一枝独秀，成

---

① 张廷玉撰《明史》卷七十五《食货一》，中华书局，1974，第1848页。
② 张星烺编著《中西交通史料汇编》（第二册），中华书局，2003，第385页。
③ 历史家记载言之凿凿 葡萄牙人早在十六世纪已踏足大屿山.工商晚报.1980-12-01:第10页。

了商船主要停泊之所。由于它是"海舶出入咽喉",很快便繁荣起来。澳门实际上成为西方各国贸易的集散中心,不仅对广州港口的海外贸易产生了十分重大的影响,而且对促进珠江水系内陆与外界的贸易往来也相当重要。

中国由于长期闭关锁国,社会经济发展和国力已经远远落在西欧之后。而殖民主义者的侵略和强权政策彻底冲破了明代的朝贡贸易,迫使放松海禁,同西方进行不平等的贸易,这是历史发展的必然结果。

第五节　明代造船技术臻于巅峰

随着明代社会生产力的发展,明代的造船技艺日趋完善。作为岭南造船技术集大成者的"广船"也最终定型下来,并最后命名为"广船"。广船形制颇多,仅战船就有二十多种。所谓"广船"是对广东地区所造海船的总称,不同地区所造的海船名称各不相同,船种多、名称繁复,较著名的战船有大战船、新会的尖尾船、东莞的大头船。

一、广船定型

"广船两旁搭架,摇橹、风篷札,制俱与福船不同。"[①]"广船今总名乌艚,又有横江船各数号。其称白艚者皆福建船式也。"[②]"广船,视福船尤大,其坚致亦远过之。盖广船乃铁力木所造,福船不过松杉之类而已。二船在海若相冲击,福船即碎,不能挡铁力之坚也。倭夷造船亦用松杉之类,不敢与广船相冲。广船若坏须用铁力木修理,难乎其继。且其制下上宽,状若两翼,在里海则稳,在外海则动,此广船之利弊也。广东大战船,用火器于浪漕中,起伏荡,未必能中贼。即使中矣,亦无几何,但可假此以吓敌人之心胆耳。所恃者有二:发、佛郎机。是惟不中,中则无船不粉,一也。以火球之类于船头相遇之时,从高掷下,火发而贼船即焚,二也。大福船亦然。广船用铁力木,造船之费加倍福船,而其耐久亦过之。盖福船俱松杉木,虫易食,常要烧洗,过八九汛后难堪风涛矣。广船木质坚,蠹虫纵食之,亦难坏也。"[③]

明代广船比福船巨大且坚实,船艏尖体长,"其制下窄上宽,状若两翼,在里海则稳,在外海则摇"[④],吃水较深,梁拱小,甲板脊弧不高,有较好的耐波性。在结构上,横向密距肋骨于隔舱板构成,纵向强度依靠龙骨和大㯭维持,船体材料多为荔枝木、樟木和铁力木。船上配橹6~16支,树2桅,桅杆上设望斗,网以藤,蒙以皮革棉被,以防敌人弓箭。望斗中可容3~4人,以监视敌人动静,亦可向敌人射箭投掷犁头镖等兵器。船

---

① 郭棐《广东通志》卷六九。
② 王临亨《粤剑编》卷三,中华书局,1987,第91-92页。
③ 陈梦雷编纂,蒋廷锡校点《古今图书集成·经济汇编·戎政典》卷九十七《武备志一》,清雍正时期内府铜活字刊本.灰度胶片版,民国中华书局影印,1934,第4467页。
④ 陈梦雷编纂,蒋廷锡校点《古今图书集成·经济汇编·戎政典》卷九十七《武备志一》,清雍正时期内府铜活字刊本.灰度胶片版,民国中华书局影印,1934,第4469页。

舷两侧装佛朗机炮、霹子炮、神炮，以及火砖、灰罐、烟球等武器。[①]

二、明代造船场所

明代广东建造海船的工场分布于广州、南海、东莞、新会、香山澳（今澳门）、高州、吴川、琼州、潮州、南澳等地，建造的出海帆船在形制上大同小异，统称为"广船"或"广东船"。

明代广东造船的数量、品种之多可谓前所未有，造船业的布局也非常广，但具体阐述造船地点的资料却并不多。据史载有潮州船、广州船、高州船、海南船等，也就是指比较发达的地区主要集中于广州、潮州、高州、海南这四个地区。

明代，广东战船除承袭前代七、八种船型外，还出现了多种新船型，其中福船、广船是全国有名的战船。明初，广东战船以福船为主，有一号福船、二号福船、哨船、冬船、鸟船和快艇六种船型。这些战船虽有定式，但采用木制造，做工粗糙，不堪使用，后改用广船。

广船原系民船，由于明代东南沿海抗倭战争的需要，在东莞的"乌艚"、新会的"横江"两种大船上增加战斗设施，改成良好的战船，统称"广船"。

[①] 茅元仪：《武备志》卷一百十六"战船"，《续修四库全书》影印明天启刻本，上海：上海古籍出版社，1995，第964册489页。

第六章
清中前期（鸦片战争前）珠江航运

清朝建立之初，由于连年兵燹，农田荒芜，生产低下，造成社会动荡，民不聊生。为此，统治者采取了一些明智的措施。清初试行屯田，鼓励采掘；推行比较彻底的"改土归流"政策。这些变革都在一定程度上促进了社会经济发展，孕育了资本主义萌芽。珠江流域的工商业和港埠城镇也随之发展起来，尤其是珠江下游和珠江三角洲一带的商品性农业和手工业经济更为兴旺发达，水陆交通日趋繁忙。珠江水系的滇、黔、桂、粤四省的内河航运都有明显的发展，尤其是广西的灵渠、相思埭和广东的珠江三角洲的航运最为繁忙，珠江水系航运达到了空前繁荣的地步。

清朝为巩固封建统治、镇压反抗势力，实行严厉的"海禁"政策，使珠江和沿海航运的格局发生了重大的变化，内河航运繁荣，海上运输衰退，是这一时期的突出特点。这种状况一直持续到清道光二十年（1840）的鸦片战争。

第一节　清初海禁下的珠江航运业

清前中期，为安定社会，扩大生产，巩固统治，对农工商采取"各安其生"的政策，珠江流域人口增长，经济发展，物产丰富，流通增加，商贸活跃，为珠江水系航运业的发展繁荣提供了有利的条件。

一、商品经济的发展促进水上运输繁荣

这一时期，珠江流域的云南、贵州两省的粮食产量增加较大。西江中上游的广西省，沿江城镇的社会商品经济发展迅速。到了清代，食盐和大米仍是桂林大宗的转运物资，陶瓷、铜皿、钞币等在港口中转运输上也占一定数量。处于八桂门户的梧州，商业发达，市场繁荣，商旅糜集，水筏、仓库相继出现，中转业兴旺，为桂东南一大重镇。"西米东盐"是梧州在明清时期航运的一大特点，米从贵县、桂平等地输入，盐从广东运进，木材从柳州顺流而下，毛皮兽骨等山货大多从南宁、百色、云南、贵州等地运来。柳州位居柳江中上游，是湘、滇、黔、川等省的商品交流点，有"桂中商埠"之称。雍正年间（1723—1735）至光绪三十年（1904），广东、福建、江西等地大批移民流入柳江流域，产增丁添，专业矿产开采如雨后春笋。柳州港腹地资源主要有煤、锡、锰、黏土矿、

铁矿、木材等。商品集散主要是黏土、盐、日用百货。明、清时期船只过往频繁，成为西南港埠大枢纽。南宁港地处南疆，地理位置十分重要。从南宁溯左江上行可通交趾，右江可达云南；沿郁江、浔江可至梧州、广州；经浔江溯黔江、桂江可分抵柳州、桂林。明清时期，南宁港的生产一片繁忙，云南、贵州的食盐、粮食、硝药、矿石、山货等多在南宁集散。随着城市的扩大和商品经济的发展，自明末至清鸦片战争前，南宁港的码头、水筏不断增建，都具有一定规模。

珠江下游的广东，尤其是珠江三角洲，社会生产迅速发展，商品性农业和手工业日益兴起，出现了甘蔗、蒲葵等经济作物；出现了植桑养鱼、栽花种果等专业性的农业区域。到了清代前期，广东的农副产品，尤其是大宗的米谷的贸易活动支撑着水上运输。广东粮食作物减少，缺粮严重，大批商人溯江而上，深入广西腹地贩运大米。乾隆嘉庆年间是西米（指广西大米）东运的最盛时期，估计每年"西米东运"数量达300万石。以当时每船1 000石计，300万石米谷每年大约需要3 000船次。可见，西米是清代前期珠江货运的最大宗物资。此外，湖南的部分米谷也取道灵渠，从桂江而下，经梧州入西江东来。封川县（今广东封开）江口埠位于西江和贺江汇流处，它既汇集了浔桂两江和贺江之米谷，本身也有米谷输出。因此，江口埠成为当时广东境内西江第一个大米商埠。

清代前期，北江、东江也是米谷的重要通道。大批的洞庭湖区米谷溯江南来，在衡阳溯未水达郴州，又转沿武水而下，历坪石、乐昌，在韶关入北江南来。史称："粤东人稠地窄，米谷不敷，仰赖广西，兼资湖楚。"[1]广西大米从西江转东江而来的为数不少，从东江上中游各县运往下游惠州、东莞、石龙和广州的大米也很可观。东江沿岸的河源县是上游一带的大米埠，不仅汇集了本县各乡之谷米，而且永安（今广东紫金）沿水乡村，"亦就近赴河源粜谷"[2]。西江、北江、东江米粮运输的繁盛，催育了广州、佛山两个特大米埠的形成。

广州、佛山地处珠江三角洲最富庶的地区，人口众多，商贾活跃，水路便捷，西、北、东三江相互沟通交叉汇集于广佛之间，这一地理优势造就了广佛之欣欣向荣。农副产品以及土特产品的生产日渐增多，商贸活动日趋频繁，商品流通活跃，这样就直接推动了内河运输的发展。珠江水系各山区盛产柴炭竹木，尤其是广西的藤、容、北流、岑溪、苍梧等县柴炭取之不尽，源源不断运送到梧州。当时，梧州成为西江沿岸一座颇具盛名的柴炭集散地。据载，"梧州每年有大量柴炭东运。其中柴有一千几百万斤"[3]，均远销广州、江门等埠。道光以前，封川的"大洲、东安等处柴船、竹筏，浮江而下，售于广州，岁不下数十万，亦利薮也"[4]。明清两代各县有大量的蔗糖生产，蔗糖是广东的大宗商品。除运向东西二洋及国内各省外，本省境内糖的运输也颇为活跃。清初，广东的棉纺业开始兴起，需要大量棉花。广东商贾到江南松江购棉花者不少。松江的棉花通过北江或东南沿海航线运来。当时，广州、佛山是棉花的中心市场，各府县商贾无论远近皆到此采购

---

[1] 陈张翼修，尹报逯纂《河源县志》卷十一《物产》，乾隆十一年（1746）刻本，第31页。
[2] 何安琼主编《河源政协杂志》2019年第2期第39页。
[3] 广西壮族自治区通志馆编《太平天国革命在广西调查资料汇编》，广西壮族自治区人民出版社，1962，第31页。
[4] 吴兰修纂《封川县志》卷一《舆地》，成文出版社，1974，第17页。

棉花。珠江三角洲四通八达的水道便是广佛棉花销散聚集之运输网络。

广东沿海盛产食盐，粤盐远销七省，其行销范围包括粤、桂全省，闽、赣、湘、黔、滇部分地区共188埠。配盐8 145 103引，209 514 847斤①。当时，广东省两大运盐中心一为省城（今广州）东汇关，一为潮州广济桥。盐运发展的历史事实证实当时珠江水运业的兴旺景象。清代，广东铁矿采炼业有很大发展，全省铁矿产地有31县102处之多②。佛山则是岭南的冶铸中心，工匠技术精良，产品种类繁多，据测算，当时每年均有3万多吨生铁通过珠江水运进入佛山。铅铜也是水运重要货源之一。当时白铅的运道有三条，一是从云南出产地至与广西交界之剥隘入右江，历郁江，由西江运至佛山；二是从汉口起运，西南溯长江、过洞庭、历湘江、经来水、过韶关，从北江而至佛山；三是由海路而来，进入珠江口，经黄埔、广州而至佛山。佛山冶铸业的产品皆是循西、北、东三江水运接驳陆运销往省内各地和桂、湘、鄂、闽、赣、浙诸省。清代前期，佛山的冶铸产品产值达一百万两以上③。陶瓷业方面，当时石湾共有缸瓦窑40余处，所制产品逾千种，产量巨大，"可供给通省瓦器之用"④。以珠江三角洲地区为主要生产基地的丝织业和棉织业发展迅速，流通市场扩大，其产品近销本省及邻省各地，远销京师地区和海外。

除了货物运输之外，随着商贸的发达，商人来往频繁，珠江水系客运量日渐增多。仅以西江为例，西江沿岸的梧州、肇庆，以及珠江三角洲的佛山、江门、石歧、广州等城镇，商人络绎，船只云集。西江是商贾来往频繁的主干道之一，沿江墟镇行商坐贾比比皆是，广东商贾乘船沿西江到广西经商者颇多。北江、东江也是商贾往返的重要河道。

二、水陆联运与跨流域商品流通日益兴旺

清代，珠江流域各地水陆联结运输更加频繁与密切，反映跨流域商品流通日益兴旺。

沿西江，经肇庆、德庆，入封川县，抵贺江口埠之后，沿贺江北上，越萌渚岭，可入湘江别源潇水而到湖南；从贺江口沿西江前行即抵广西的苍梧（今广西梧州），在此分两路通往西北各地；沿漓江而北行，通过灵渠可达湘江水系，从而与长江相通；沿浔江继续西行，可通云贵，乃至巴蜀。这条通道俗称西路航线，是珠江水系的干道，也是沟通两广的孔道。梧州是这一孔道上扼两广的重镇，肇庆也是控制两广通道的要地。通过这条通道从珠江三角洲运出的主要是商品性农产品和手工业品，如铁器、蔗糖、布匹和食盐等；运回的物资主要有矿产品、木材、山货和米谷。西江是珠江流域内外经济联系的大动脉。

沿东江往东可抵粤东水陆要冲惠州城；沿江继续北上，经河源可抵龙川县城老隆。从老隆取陆路翻越大帽山之蓝关，可与源自长乐（今广东五华）的梅溪相接；沿梅溪进入程

---

① 段雪玉《南海盐道：16至19世纪两广盐区生产空间变迁与流通机制》，生活·读书·新知三联书店出版社，2024，第4页。
② 邓开颂《明至清前期广东铁矿产地和冶炉分布的统计》，收入《学术论文选 1979—1982 历史学上》，广东省社会科学院，1983，第177页。
③ 引自2023-02-22年广州日报《自古广佛本是一家 当今两地共融共荣》。
④ 佛山市博物馆编《佛山市文物志》第四章第四节十八《藩宪严控沙印砖碑示》，广东科技出版社，1991，第91页。

乡（今广东梅县），到三河坝，转溯神泉河和鄞江（今汀江），可通闽西，此路途俗称东路航线。通过此线路，运去陶瓷、蔗糖、鱼干、铁器等产品到程乡一带；经神泉河、鄞江运盐、米、布匹等往闽西；运回程乡一带的矿产品和山货，以及闽西的竹纸等货物。

此外，还有东、西海上航路。从广州通过珠江口，往东航行，经陆丰、惠来、潮阳等县海岸，抵南澳岛，继而沿海岸往北航行，可抵闽浙。运去货物主要是粮食，运回较大宗的是盐、铁，还有棉花、布匹等。向西海岸航行可达阳江、高州、雷州、廉州和琼崖等地。运去的是珠江三角洲农业和手工业品，运回的是铁矿、木材等天然产物和花生、耕牛、粮食等农产品。

明清两代以来，珠江水系航运已与岭北各省的水陆相连接，逐渐拓展为水陆转驳运输，促进流域内外经济商品广为流通，随之而来是墟市、港埠的兴起，墟市与港埠互相促进，进一步发挥集散转运的功能，从而更大地促进珠江流域的经济发展。

第二节　粤海关、十三行与珠江航运

康熙二十年（1683），清朝统一了台湾，三藩之乱业已平息。这就为废除海禁创造了条件。在闽、粤、浙、苏各省地方官吏一片开海的呼声之下，康熙皇帝顺乎时势，于康熙二十三年（1684）正式停止海禁，开海贸易。康熙二十四年（1685），即开海贸易的第二年，清廷宣布广东的广州、江苏的松江、浙江的宁波、福建的泉州为对外贸易港口。同时设立粤海关、江海关、浙海关及闽海关等四个海关，负责管理海外贸易事宜。

一、"一口通商"与广州

"一口通商"多指中国1757年至1842年签订《南京条约》之前，清朝规定西洋商人只可以在广州通商的政策。

乾隆二十二年（1757），英国商人多次违反清政府禁例，引起了清政府的警觉，认为对其统治不利。因此，乾隆皇帝首先下令增加浙海关税收，使其无利可图而返回广东。虽然增税，但仍然没有效果。于是，清政府宣布封闭闽、浙、江三海关，仅保留粤海关对外通商。经过查阅上谕档和《清高宗实录》认定："下令关闭江、浙、闽三个海关，只留下粤海关负责对外贸易，是乾隆二十二年十一月初十日（1757年12月20日）的一则上谕。[①]"这一上谕只是让"外洋红毛等国番船""番商"只在广东通商，不得再赴浙江等地，而不是关闭江、浙、闽三海关，更不是"广州一口通商"。谕令针对的只是西洋各国，特别是英国人与荷兰人，中国商人不在前述限制之列，由四海关出海赴东洋日本、朝鲜、琉球以及前往南洋各国贸易都是允许的。清代江、浙、闽、粤四大海关如现代省级海关一样，总领全省所有海关关口，通常下辖十几至几十个"口"。

在历史上广州有过三次"一口通商"。第一次是在明嘉靖年间（1523—1566），共43年；第二次是在清初康熙年间（1655—1684），共29年；第三次是清乾隆二十二年至

---

① 王宏斌. 乾隆皇帝从未下令关闭江、浙、闽三海关[J]. 史学月刊，2011(06):40-45.

道光二十二年（1757—1842），至签订《南京条约》止，共85年。

清初为防范台湾郑氏反清势力，在东南沿海"围海迁界"①，实行海禁，广州又成为唯一的外贸口岸，时断时续直至1842年。

广州港是中国对外贸易的第一大港。直到1842年签订《南京条约》为止的320年间，除个别地区和特殊情况外，基本上是广州"一口通商"，垄断了全国的对外贸易。

乾隆年间（1757），由于一个英国商人的捣乱，乾隆宣布撤销宁波、泉州、松江三个海关的对外贸易，只留下广州海关允许西方人贸易，并对丝绸、茶叶等传统商品的出口量严加限制，对中国商船的出洋贸易也规定了许多禁令，这就是人们通常所说的"闭关政策"。废弃了明末以来形成的传统主动海防观念。抑制了中国的海洋贸易，抑制了国内工商业的发展。

二、粤海关

粤海关设在广州次固镇，这是中国历史上正式建立海关的开始。粤、闽、浙、江四海关设置之时，唯粤海关的关务专设监督一职进行管理。《粤海关志》记载"我朝厘定关权，官制有兼管、有简充。天下海关，在福建省，辖以将军；在浙江、江苏省，辖以巡抚；惟广东粤海专设监督，诚重其任也"②。监督的全称是"钦命督理广东沿海等处贸易税务户部分司"，充任监督的多是满人。例如第一任粤海关监督就是内务府郎中宜尔格图。所以监督也就是"皇帝的直接代表"，它由清帝任命，权力甚大，"地位与行省的督抚大员相等"。粤海关掌管的职能范围也很广泛，大凡近海、远洋的中外商船均在其管辖之内。

（一）征收关税

征收关税是粤海关最重要的职能。粤海关征收的关税大致有船钞、货税、规银三种。前两种是清廷规定的正税，后一种本属陋规，但雍正四年（1726）以后也归公，刊入例册。③

"船钞"，亦称船料或船税。这是按照货船体积分等征收的税金。一般而言，所有东、西洋进口船只都必须交纳船钞银，但也有例外，"仅载运米粮进口的船只免交船料"④。

"货税"即商税，根据货物的价值和数量征收，基本上是一种从量税。税率较低。如康熙末年至雍正年间，生丝、丝织品、甘草、大黄、铜、糖、茶叶、生锌等货物每担的货税率，最高的是生锌，为7.7%，最低的是茶叶，为0.4%，平均为4%。⑤

规银包括放关入口银、放关出口银、签押人员规银、各项规礼银、解京补平银、普济堂公用等。进口规银不分等次，一律完纳。每船额收一千一百二十五两九钱六分，九折库平扣算，随同正税解部。

应该指出，粤海关除了征收上述则例规定的巨额税银之外，其官吏上自海关监督，下

---

① 陈贞寿著《图说中国海军史》，福建教育出版社，2002，第74页。
② 梁廷枏总纂，袁钟仁校注《粤海关志》卷七，设官，广东人民出版社，2002，第114页。
③ 故宫博物院编《清代外交史料》（道光朝）卷三，成文出版社，1968，第22-23页。
④ 聂宝璋编《中国近代航运史资料》上册，上海人民出版社，1983，第29页。
⑤ H. B. Morse. *The Chronicles of the East India Company, Trading to China* 1635–1834.Vol.I. P78—86.

至书吏巡役，还常常对外国船只进行种种额外的勒索。乾隆四年（1739），就有人在奏折中指出海关的陋规达90余条之多。[①]外国船只饱受粤海关的苛求勒索之苦，这是清代前期经常引起外商不满的原因之一。

（二）引水挂号

各国船只一到万山群岛附近海面，粤海关就派出引水人员至外船看验。一看是否确有货物，二问来自何国，三验有否所在国的批照。如确系货船而又带有批照，就允许该船到澳门同知处挂号，发给印照，注明船户姓名。然后由引水人员引入虎门口报验，守口员弁验照放行，并将印照移回缴销。如无印照不准进口。虎门口放行后引入黄埔湾泊。等待粤海关官员丈量征税，开舱贸易。当外国船只回程出口时，亦将批照赴沿海营汛挂号，守口员弁将船号人数、姓名逐一验明，申报督抚存案，方始放行。引水人员均属海防衙门管理。承充引水必须有保甲亲邻的担保，取具结状后，由县丞详加甄别，确实是良民，则加结申送海防衙门。海防衙门验无异后，给发腰牌执照，批准充当，并列册通报查考。引水定期出口等候，若有外国船来，每船派引水两名。一个上船引入，一个"星驰禀报县丞申报海防门"[②]。

（三）监督修船

外国船只需要修理，多在澳门进行。但外船修理所需的船料如铁钉、木石等又必须在广州购买。铁钉、木料是清代严禁出海的物品，因此外船修理前必须禀报粤海关，由粤海关衙门发给照票放行。外国船只的修理是在粤海关的严格监督下进行的。与此同时，粤海关还征收一定数量的修船费。"夷船大修例收归公银二十四两，小修收归公银一十二两"[③]。如此掌握和限制外船的修理数量。

（四）协助稽查

清代各国货船所带护货兵船（当时以英国国王货船所带护兵船为最多），是不准擅入十字门及虎门各海口的。如敢擅入，守口员弁报明驱逐，粤海关立即停止其货船的贸易。货船入口，兵船只准停在虎门以外，待交易后即随同货船回国，不准少有逗留[④]。即便是货船商人，在广州交易后也必须尽快回国。乾隆年间，外国商人"多有藉称货物未销，潜留省会"者，粤海关因此负起"夷船到粤销售后令其依限回国"[⑤]的责任。如有债务未清，亦令其在澳门居住，将货物交洋行代售，并于次年顺搭回国。此外粤海关还拨出一些专款支助营员弹压稽查。粤海关所具有的对外国船只的管理职能，使粤海关在清代前期广东航运史上占据着举足轻重的地位。

[①] 档案：军机处录付奏折，关税，乾隆四年都玉麟、隆升："为恭折奏明以恤运夷事"。
[②] 梁廷枏总纂，袁钟仁校注《粤海关志》卷二十八，夷商三，广东人民出版社，2002，第541页。
[③] 梁廷枏总纂，袁钟仁校注《粤海关志》卷二十九，夷商四，广东人民出版社，2002，第557页。
[④] 梁廷枏总纂，袁钟仁校注《粤海关志》卷十七，禁令一，广东人民出版社，2002，第342页。
[⑤] 梁廷枏总纂，袁钟仁校注《粤海关志》卷二十三，贡舶三，广东人民出版社，2002，第467页。

三、清"十三行"

乾隆二十二年（1757），随着乾隆皇帝仅留粤海关一口对外通商上谕的颁布，清朝的对外贸易便锁定在位于珠江边上的中外交易场所——广州十三行。十三行口岸洋船聚集，几乎所有亚洲、欧洲、美洲的主要国家和地区都与十三行发生过直接的贸易关系。这里拥有通往欧洲、拉美、南亚、东洋和大洋洲的环球贸易航线，是清政府闭关政策下唯一幸存的对外海岸。当时的十三行口岸如图4。

图4　广州十三行油画
图片来源：《清宫广州十三行档案精选》第36页（档号：055/G1-10/050/007）

（一）皇帝的财源

对清宫廷来说，在中国大陆南端出现了一个富饶的"天子南库"。洋船到港数目直接影响到粤海关的税收，而海关贸易税收一向是清廷的可观财源。为此，清帝每年都要过问洋船数目，从而了解进出口货物品种及贸易税收情况。从广东大吏历年进呈的奏折、清单中我们可以看到，十三行年上缴税银超过百万两，其中有一部分作为皇室的经费开支，通过粤海关输送宫中，而皇室每年开销白银约在六十万两左右。

（二）历史沿革

十三行商馆集中在广州城郊西南角，紧靠珠江，那里是一个繁忙的水运码头。清康熙二十三年（1684），广东政府招募了13家较有实力的行商，指定他们与洋船上的外商做生意并代海关征缴关税，后来行商家数变动不定，少则四家，多时二十多家，其真正名号是"外洋行"，但"十三行"始终是这个商人团队约定俗成的称谓。到乾隆二十二年（1757），乾隆下令"一口通商"，四大海关仅留广东一处。此后的100年间，十三行向清朝政府提供了40%的关税收入。

乾隆二十五年（1760）洋商潘振成等九家向粤海关请求成立公行，该行具有亦官亦商的职能。初时，公行没有法定的共同领袖，也没有取得完全统一的部署，组织相当松散，时散时复。乾隆三十五年（1770）公行裁撤，众商皆分行各办。一直到乾隆四十五年（1780），广东巡抚李湖等奏请明立科条，建议"自本年为始，洋船开载来时，仍听夷人各投熟悉之行居住，惟带来各物，令其各行商公同照时价销售，所置回国货物，亦令各行商公同照时定价代买"[①]，即说要复设公行。两年后，经清政府批准，公行正式恢复，从此一直延续到1842年《南京条约》签订前，再也没有解散过。

公行对官府负有承保和缴纳外洋船货税饷、规礼、传达官府政令、代递外商公文、管理外洋商船人员等义务，在清政府与外商交涉中起中间人作用。另外，它享有对外贸易特权，所有进出口商货都要经它买卖。初为牙行性质，后也自营买卖。

（三）对外贸易

作为对外贸易的物流中心，十三行为皇家生活提供了大量的珍奇洋货。广州十三行被认为是华南商贸繁荣的源头，它给皇家生活带来无尽的享乐，成为帝后倚赖的"天子南库"。这也是清帝在全国实行闭关锁国政策而唯有广州一口例外的原因之一。

（四）文化交流

十三行曾是在华外国人的集散地，通商贸易使最初的贸易货栈发展成为中外文化交流的窗口，洋行商人成为吸纳西方科学文化的先行者。

许多行商都能以流利的英语与外商打交道，洋行还设有从事外语翻译的专业人员。

在18世纪至19世纪初期，广州海珠区、西关一带曾涌现出由十三行商人兴建的规模宏大、雍容华丽的私家园林，包括潘家花园、伍家花园、海山仙馆在内的众多名园，被称为"行商庭园"。它们不仅是岭南园林的巅峰之作，还引发了清代时期欧洲各国模仿"中国式"园林的盛况。外商们经常到行商庭院聚首，中外画家对园林精心描绘，并向全世界发行风景"外销画"，让广东园林漂洋出海，声名远播。

十三行也曾创造出中西合璧的商贸文化。为了便于外商开展商务，洋行商人在行栈区另辟了一片供洋人经营、居住的商馆，被称为"十三行夷馆"。各国夷馆在外观建筑、室内装饰及生活方式上都带有各民族风格。这里俨然是一个世界商务机构的博览会，与十三行中国商馆遥相对映，构成了一幅中西合璧的人文景观。

---

① 梁廷枏总纂，袁钟仁校注《粤海关志》卷五，广东人民出版社，2002，第3-6页。

第三节　内河航线增辟与河道整治

明清两代的阶级矛盾和民族矛盾十分尖锐，珠江流域人民的起义斗争连绵不断。面对如火如荼的人民反抗斗争，为维护其统治，统治者意识到充分利用水运运输粮饷戈甲的重要性。"沿水而不通军则糯足何益，通军而不灌田，则末耜何功？"[①]因而，对珠江水系干支流的航道整治与维护较为重视。

一、都柳江航道整修

珠江上游流经贵州境内的都柳江，在明代至清雍正以前都可通航，只是因河床多礁石滩碛，江岸多竹木荆棘，航槽及纤道都有不少险阻，虽通而不畅。当时的地方官鄂尔泰与张广泗是整修贵州境内水道的主要倡议者，对发展贵州水运颇著业绩，曾责成所属开展清水江与都柳江的整治工程。都柳江工程与当时的军事行动相配合，主要由参战的官兵负责疏浚。雍正七年（1729），官军占领古州后，为加强对柳江上游的控制，鄂尔泰责成所属开辟上游纤路。雍正八年（1730）官军占据沿江要隘，拔除浪宗、车寨等据点后对下江进行清扫；责成黔、桂两省官员会勘疆界，划分地段，加强控制，通勘水道上下游，上段自三脚屯（今广西三都）至三洞，下段自诸葛营（今贵州榕江）至榕洞，对其间碍航礁石浅滩加以开凿疏通，岸上有碍拉纤的竹木荆棘一并芟除。经过整治的河段，航行条件有所改善。据《贵州通志·前事志》的记述："舟楫上下，邮递往来，无有阻碍。[②]"与此同时，从上到下沿江要隘，或置协或设营或立汛，星罗棋布，上下呼应，有利于上下营汛的联系。当时，鄂尔泰还倡议开凿沟通都柳江和清水江的运河，由于技术难题和资金缺乏，未能实现。

乾隆元年（1736）平定苗叛战事结束，都柳江流域一片荒芜，营汛军饷不能自给。次年贵阳以西遭受灾害，收成甚差，军粮民食均感匮乏。为了稳定形势，避免饥馑，张广泗急请从湖南、广西继续调运食米入黔。由于湘、桂军粮与救灾粮频繁调运，清水江和都柳江通航条件不能适应。乾隆三年（1738）九月，张广泗奏请整治改善两江航道，分别以上游的都匀和三脚屯为起点，直往中下游，包括疏通浅滩，开凿纤路，"以资挽运，而济商民"[③]。禀报了当时贵州的交通形势，谓"黔省产米无多，重山复岭，外来挽运尤难"[④]。清水江与都柳江"实天地自然之利，前议疏凿，以军兴中止，险滩犹未尽平。臣调研其宜修之处，并凿纤道，募夫开浚，以资挽运"[⑤]。高宗批准了张广泗的计划。乾隆四年（1738），两江以疏浚及开辟纤道为主进行大范围的施工，取得了初步效果。

贵州省古州（今榕江），地处都江、平允、寨蒿三河汇口，易受洪水灾害。雍正七年（1729），清廷开始重视洪水的威胁，在古州设治筑城。到了乾隆五年（1740）在城北筑

---

① 《广西航运史》，人民交通出版社，1991，第68页。
② 何仁仲著《贵州通史》，当代中国出版社，2003，第218页。
③ 廖国平编《贵州航运史（古、近代部分）》，人民交通出版社，1993，第107页。
④ 《清宝录》第一〇册《高宗实录》（二）卷77，中华书局，1985，影印版，第222页。
⑤ 《清宝录》第一〇册《高宗实录》（二）卷77，中华书局，1985，影印版，第185页。

石堤 107 丈；乾隆十九年（1754）又接筑城东石堤 100 丈。寨蒿河在此汇入，因盘埃、千列等滩阻碍，通航困难，自古州运往寨蒿的米谷尚需陆运，山径难行。乾隆八年（1743）春，张广泗报请开凿水道，发展航运，近百里河道自此疏通。

二、灵渠、相思埭的修治

明清两代对灵渠、相思埭的地位和作用都十分重视。朝廷派出重兵驻守，加强物资调运，保证南北航运通畅，以满足军事和经济发展需要。明清两代曾多次对灵渠进行维修整治。据《灵渠大事记》[①]记载，明朝进行了 6 次；清朝进行了 16 次。其中规模较大的，明朝有 3 次。

清代对灵渠的修筑更加频繁。这是因为珠江流域的经济地位越来越重要，人口越来越多，灵渠已到了不可不通的地步。因此，清朝廷先后对灵渠进行了 16 次整治维修，其中规模较大的有 4 次。

第一次在康熙五十三年（1714），由广西巡抚陈元龙率通省官员捐俸一年修灵渠，集工匠数千人。这次修整从康熙五十三年（1714）动工，至次年十一月完工，其规模和工程是清代最大的一次。在管理灵渠方面也吸取了历代的经验教训，对管理经费、人工及管理制度都作了具体规定。这些规定是为保证灵渠的运输安全，使之通畅无阻。

第二次在雍正八年（1730）五月，两广总督鄂尔泰与广西巡抚金供奉旨修灵渠。此次维修于次年秋竣工。经过修整，灵渠的社会经济效益尤为显著，"于是近渠之田，资灌溉者不下数百顷，水旱无虞，前以荒塍，悉登膏沃。若乃舟楫之便利，惠贾通商，则自灵渠而北，曲赴湖南；自临桂陡河鲢鱼陡而西，直际黔省之古州。粤土虽瘠薄，得二渠以储民福泽，可俯视秦关郑白矣"[②]。

第三次在乾隆十一年（1746），广西巡抚鄂昌重修灵渠。这次维修了大小天平、泄水天平、铧嘴、明堤、海阳堤、漓江堤等，疏通了上水门以下渠道 447 丈，将灵渠 36 陡改建为 24 陡，废除了南渠 12 个陡。另外于湘江作蓄水 28 处，漓江作堰 25 处，提高水位，以利通航。

第四次在乾隆十九年（1754），两广总督杨应琚奉旨修灵渠。这次对灵渠整修，"石既坚良，法亦综密"，效益也是明显的："河流宣扬，旱潦无忧，桔槔声闻，沃野千顷；舳舻衔尾，商族欢呼。楚粤之血脉之通"[③]。在长达 100 多年的时间里，灵渠虽然进行了 9 次修整，但都是局部的、小规模的，论其影响均无此次深远。

相思埭运河在明清两代也进行过多次维修。明代对相思埭的大规模整治维修，史载资料不多。清代，相思埭运河运输繁忙，官船民船往来甚多，为保证运输安全畅顺曾进行多次整治维修。康熙五十三年（1714），广西巡抚陈元龙在修灵渠的同时修浚相思埭。雍正九年（1731），两广总督鄂尔泰自滇入粤，道百色、渡柳江、过永福、抵桂林、溯漓江而

---

① 李铎玉. 灵渠大事记[J]. 广西水利水电科技，1986(03):95-108。
② 鄂尔泰著《重修桂林府东西二陡河记》，载于金鉷修雍正《广西通志》卷六《艺文》，文渊阁《四库全书》本，第 568 册，第 454-455 页。
③《清会典事例工部·水利》卷九三〇。

出全湘，涉历道途，眼看到旧时所建鲢鱼陡，"激流上下，咫尺悬殊，石梁石哽，比栉触碍"①，奔流激湍，垒石多已颓圮，于是奏请修复。雍正十三年（1735），军旅赴黔征"苗"，自桂林往柳州，若经"雷塘驿"陆运，费时而劳，自相思埭水运则捷而逸。当时人们已认识到"沃水要通军；通军兼灌用"②的整治方针。在乾隆十九年（1755）和乾隆二十九年（1765）又先后小修了两次。

三、珠江三角洲水运网航道疏浚

珠江三角洲地区，人口密度为流域之冠。嘉庆二十五年（1820），据官方统计，广州人口每平方千米达30 684人③，居民占据河道的现象十分突出。广州城本是濠水纵横、舟楫便利的城市，较大的濠有东濠、西濠、南濠等。自明以来，这些内濠逐渐淤塞，"侵于濠畔之民，始为木栏，断甓以石，日积月累，濠愈狭窄，比之初额不及其半"④，影响了正在发展的商业和贸易。康熙二十二年（1683）曾进行疏浚一次，南濠"复通舟楫，民称便焉"⑤。西濠广十丈有奇，"自西达江，舟楫进入，虽海风大发，不能为患"⑥。到了嘉庆年间（1796—1820）广州民众强烈要求进一步疏浚清障。嘉庆十五年（1810），广东布政使曾燠亲自出马，"躬相地势，博采舆论"，决定开工疏浚，"东南起濠口，西南尽柳波涌，塞者，通之；断者，续之；涸者，浚之；狭者，廓之；室之居其中者，移之；桥之卑而舟航难达者，高之；濠之广以丈六尺为率，桥之高以水平为准。"为了保持濠涌长期通畅，接受诸洋商的请求，"以西关外公产房宇一区，输为公所，资其僦息以供岁疏决之费"⑦。石门水道是广州的上游门户，"双崖雄峙，一水中流"，为自古兵家必争之地。乾隆末年，"沙流渐改，水多阻隔。估航市舶改从道至省，石门遂成僻境。"道光十八年（1838），两广总督祁𫄨加以疏浚，复通舟航⑧。

佛山镇地扼西、北江之冲，唐宋以前，广州与岭北交通取北江航线时，主要通过北江支流官窑涌。自宋以来，官窑涌、石门水道先后淤涸，佛山涌取而代之。此涌为广州通西江的最短航线。凡循北江南下之船，必先到佛山再达广州。佛山涌是否通畅成为关系佛山经济兴衰的一大关键。不幸的是，由于长年累月不重视河涌的清理疏浚，导致佛山涌河道日益淤浅，"船只往来，难容狭窄"⑨。嘉庆二十一年（1816），佛山人李荣邦"就其所居观音堂一带，清浚四百余丈"，后"以费绌而止"⑨。道光元年（1821），佛山都司苏兆熊与佛山同知徐维清倡率合镇绅士商民捐输助工，"得洋银九千九百两有奇"⑨。于

---

① 《广西通志：水利志》，广西人民出版社，1998，第357页。
② 《广西航运史》，人民交通出版社，1991，第73页。
③ 梁方仲编《中国历代户口·田地·田赋统计》，中华书局，2008，第382页。
④ 仇巨川撰《羊城古钞》卷一，广东人民出版社，1993，第72页。
⑤ 仇巨川撰《羊城古钞》卷一，广东人民出版社，1993，第67页。
⑥ 钟文编《广州城坊志》，暨南大学出版社，1994，第279页。
⑦ 叶显恩编《广东航运史（古代部分）》，人民交通出版社，1989，第162页。
⑧ 樊封撰《南海百咏续篇》卷一，广东人民出版社，2010，第20页。
⑨ 叶显恩编《广东航运史（古代部分）》，人民交通出版社，1989，第163页。

是，清界址，选值事，开工疏浚。经十个月，清浚了佛山涌大段河道，但"尚余十一段与在文塔前坦之四段"又因费绌停工。道光四年（1824），佛山义仓出资2 300两，把余下河道全部疏浚完毕①。仅过十年，道光十五年（1835），佛山镇又进行了一次更大规模的清浚。全镇商绅捐资共27 000余金②。

南海县小金山，"为省垣来往经由大河"，因历年积淤成坦，有碍水道。道光年间（1821—1850），广东巡抚祁贡倡捐疏浚。南海县商绅随同捐输，"自行经理开挖，并将小金山上游之獭矢布河道一律疏通。"③

新宁县（今广东台山）潭江河淤塞已数百年，清康熙年间两广总督吴兴祚巡海至此，认为"浚之经海，可以去患而就安，趋便而夺险。一旦制胜，十世之利也"④。于是下令浚河。不久完工，"逶迤之十里，下通上川、下川，以至广州；上通广海大洋，以出角背。……自潭滘开为坦途，兵民络绎"⑤。

香山县（今广东中山）蚬涌通海，日久淤塞。清乾隆十一年（1746）香山知县张汝霖倡捐疏浚，并在涌边筑长堤一道，高2丈4尺，长227丈，中设一闸，以备宣泄。"其水仍绕学宫达城濠入于海，民船往来便之"⑥。

清代前期，珠江三角洲各地对河道的积极疏浚，维持航运畅通，为珠江三角洲经济发展创造了条件。

第四节　港口码头设施建设

贵州省境内都柳江的古州（今榕江）、三脚屯（今三都），在明代已具港埠雏形。到了清代"改土归流"后，疏浚河道，航运贯通，航运得到恢复和发展，特别是重新运销粤盐，促进了港埠的繁荣。雍正七年（1729）古州置厅，"成水陆通衢"⑦，粤、桂、湘、赣诸省商人往来经商，"贸迁成市，各省俱建会馆，衣冠文物，日渐饶庶，今则上下河街，俨然货布流通不减内地"⑦。随着商贸的发展，运输的频繁，古州港口设施建设也得到拓展。三脚屯成为向独山、都匀转运食盐和货物的码头。新兴的商镇还有八洛、丙妹、都江等。八洛，原名浪泡，为两粤物资向黔东南沅水流域转运的水陆联运码头。丙妹（今从江），当四塞河口，为附近物资集散地，溯四寨河接陆运可至永从、黎平，亦可进入黔东南沅水流域。都江，为上游军事重镇，驻有重兵把守，建仓贮粮。

清代前期，珠江中下游地区舟楫往来一片繁忙，沿河两岸出现了许多大小港口。如处于广西境内的桂林、梧州、柳州和南宁等地的港埠，运输贸易日益兴旺，码头设施加速发

---

① 史澄编《广州金石志》卷二十一，新文体出版社，1986，第216页。
② 梁念棠纂修兼编校《佛山忠义乡志》，1923，第40页。
③ 黄恩彤纂《粤东省例新纂》，道光丙午刻本，1846，第25页。
④ 陈正祥编《中国的地名》，商务印书馆，1978，第18页。
⑤ 屈大均撰《广东新语》卷四，中华书局，1985，第177页。
⑥ 张仲弼撰《香山县志》卷三，成文出版社，1967。
⑦ 周春元撰《贵州古代史》，贵州人民出版社，1982，第362页。

展和完善。南宁港地理位置十分重要，溯左江上行可通交趾，右江可达云南；沿郁江、浔江可至梧州、广州；经浔江溯黔江、桂江可分别抵柳州、桂林。南宁的政治、军事、经济地位均甚重要。当时，滇、黔两省的食盐、粮食、硝药、矿石、山货等，从各地运集南宁然后再运销出去。

广州是珠江三角洲地区的中心港口，兼有海河港口的功能。据《粤海关志》记述，清代停泊在广州港的船只来往于省内外的15个地区，各式各样的船舶达15种以上[1]。清代前中期，广州城南沿河一带都是码头和店铺，果栏、菜栏、柴栏、米铺鳞次栉比，船只蚁聚。其货物装卸、船只进出十分兴旺。

新会的江门港是珠江三角洲较大港口之一，兼有海河的港口功能。它位居西江下游与潭江及崖门出口交汇地区。明末开始兴起，清代前期趋向繁荣。

佛山也是珠江三角洲中心港口之一，纯粹是个内河港。清代前中期，佛山与沿海港口联系密切。广州、江门、澳门、东莞等港船只，把"洋南各货""红单各货""土鱼胶"等货物运来佛山[2]。下游"陈村、顺德、新会各路舟楫"也往来如织。外省商人所雇船只则在佛山把各式各样的土洋杂货运回各省。当时佛山港以汾水正埠码头最为重要。在正埠码头对岸，则有关帝庙码头，组成了佛山港最重要的船舶停泊处所。佛山镇内各处大小码头林立。这些大小码头承担了佛山港大量货物吞吐，成为岭南与岭北、西南各省货物交流的重要集散地。佛山港的兴衰与广东内河航运业的关系极大，对省外商货贸易影响亦大。佛山毗邻的石湾镇在清代也有很大发展，成为专门装运陶瓷的港口。

清代前期，珠江三角洲下游的陈村发展很快，人称"陈村商埠"。当时从陈村商埠到大良（今顺德区）之间，千樯会集。可见陈村也是重要的内河港口，码头设施已有一定的水平。

珠江水系西江下游的重要港口有肇庆、德庆、都城、连滩、贺江口埠。德庆"为商民往来水陆要区"[3]。德庆港大致在朱紫巷码头一带，德庆成为西江下游的重要湾泊地。都城在西宁县（今郁南）境内，当时虽不是县城，因地处西江下游，湾泊条件好，也成为颇具规模的港市。都城港卸运最多的是西米。还有从贺江、浔江的水路来货；从广西苍梧、岑溪、容县和广东罗定、信宜的陆路来货。水陆之货物均在都城转运下游各地。连滩亦属西宁县管辖，位于泷江（今南江）中游。从罗定或广西来的货物均在此装卸转运，顺江下广、佛。因此，连滩成为罗定、东安（今云浮）、西宁三县交界地区的重要港市。贺江口埠（今广东封开），在封开县西十里坊场乡，位于贺江与西江汇合处，接近粤桂交界点。乾隆嘉庆道光年间，西米东运络绎不绝，贺江口埠成为广东境内的大米埠。三水县西南镇，地扼西、北两江汇流处。嘉庆年间，这里"商贾辐辏、帆樯云集"，史称"雄镇"[4]。从绥江下来的船必须到此卸货，换大船转运省、佛、北江；从西江下来的米船也多泊于此。高明县三洲位于珠江三角洲下游纵横交错的河网区。"每月三、六、九日集高要、南海、

---

[1] 梁金成编《广东省史》，广东人民出版社，2002，第120页。
[2] 梁廷枏总纂，袁钟仁校注《粤海关志》，广东人民出版社，2002，第223页。
[3] 张溶著《西宁县志》卷七，清康熙二十六年刻本，第29页。
[4] 《三水县志》卷一，三水县地方志编纂委员会，1987，第69页。

新会、顺德、东莞数县人民水陆并至，百物咸备，出谷众多。"①此外，如顺德县的大良、容奇，香山县的石岐、小榄，南海县的九江等港市，其码头设施也在此时得到发展。

珠江水系北江上游的重要港口有韶关、南雄和坪石。韶关扼浈、武二水交汇处，自古为粤北重镇。清代前期，韶关港大致在郡城东关外七街一带。从广州、佛山北往的船只均泊于此。大批货物在此分运湖南和江西。南雄为南北孔道，"雄州当五岭之冲，三江之会。往来商贾，四方宾客所毕至，为全粤之门户也"②。清代，南雄港在城南太平桥前，著名的太平关就设在横跨浈水的太平桥上。乾隆年间，每年征收税银13万余两，道光年间达到21万余两。可见南雄港船只来往停泊之盛况。乐昌县的坪石（今老坪石）位于武水上游粤湘交界之处。清代前中期，这里"舟车毕至，来往官商所共游"。坪石的房屋均倚江而建，房后有埠头起卸货物，房前临街设店。街市熙攘，往来商贾不断。

珠江水系东江中上游的港口，较大的有惠州和老隆。惠州地处东江与西江汇流处。从龙川、河源、博罗和从紫金、惠东下水之船；从东莞、石龙上水之船均在此停泊。惠州港是重要的米谷集散地。老隆是东江上游货物的一大集散地。清代前中期，江西货物由和平县东水、龙川县贝岭顺水而下，到老隆换大船下行；上运的盐、日用品及杂货也在老隆换小船上行。同时，潮州、嘉应（今广东梅县）的土特产品从岐岭陆运到老隆下水，广、惠之货也在老隆卸岸肩挑过岭东运。老隆港在东江航运中占有重要的地位。

第五节　珠江航运管理与征榷

在漫长的封建社会期间，直到明清两代，珠江水系航运都没有统一的航政管理，无论是开辟运河、疏浚河道，还是船只管理，均由朝廷指派或临时由地方官府要员负责组织实施。

一、水运管理机构与职能

清代以来，珠江中下游的水运管理分别由粤海关、盐运使司和水师三个部门兼管。首先是粤海关，共有大小关50余口，分布两广沿海各地，负责管理本国商船、外国贡船和商船，其最高长官是监督，地位甚高。粤海关对水运管理的主要职能就是征收沿海贸易的商税。两广都转盐运使司，简称"运司"，设在广州府，"盐运使"是其最高长官。下设东汇关批验大使，驻城西关厂，"验放稽查，以专责成"③。两广盐司负责两广的盐斤运输及铁矿、铅铜运输，是内河、沿海运输船只管理的重要机构。它对水运的管理职能包括：到户部领取盐引引纸；向盐商发放旗帜；向外商发放牌照；监督粤、桂两省盐、铁运输；并规定和管制全省生铁必须运往佛山一埠发售等。水师衙门，设在广东省东莞县太平墟。水师提督为其最高长官。沿海各处均有水师营汛驻防。其管理职权是确保海道畅通和商船的安全，派出水师船保护运输，并防止私运多载。水师巡船的"洋面巡缉"，对清代

---

① 高明县地方志编纂委员会编《高明县志》，广东人民出版社，1995，第25页。
② 余保纯纂《道光直隶南雄州志》，上海书店出版社，2003，第7页。
③ 何兆瀛等纂修《两广盐法志》，光绪十年刻本，卷二，第20页。

图 5　粤海关旧址

前期两广沿海船只来往的监督起了重要作用。同时，水师对遇难船只也负有救助的责任。此外，各州县衙门也兼管水运的职责。其管理职能包括：从运司处领回引纸发给贩运盐商，向沿海商船发放执照，并对船只编号烙印等。以佛山和澳门两个同知衙门兼管水运的职能最为突出。各地河泊所和捕巡也是管理渡船的机构。由此可见，清代有多种水运管理机构，是一种对船户、船只交叉管理的体制。粤海关旧址如图 5。

二、水运管理制度

清王朝和地方官府对航运和船只的管理十分严密，所规定的管理制度也比历代完备。一是设立澳甲、船行。凡大、中、小三项出海商、渔船只，各州县必须照陆上保甲制度编排，十船为一甲，互相保结，后变为五船互保，如无人保结则另造一册，编入岸地保甲管束。至于内河大小船只则在各州县设立船行，由身家殷实者三人承充。此三人直接向官府负责、担保，并具体办理各船户交具保结的事宜。即使是各府州县官设渡船，也要取具保结。二是备案发照。清代各地所有船只必须在官府备案，领取船照，方能开行，船照一般由州县发给。三是烙印书号。各地所有船只，无论内河外海、大小新旧船，包括舟师、营哨、游巡、商、盐艘、渔舟、疍艇、摆渡、禾舫、脚船等，悉由各州县督令船户于船头两旁书刻某营、某府、某州县、某号、某人、某船字样，每字直径一尺大小。四是航期限制。清代官府规定所有贸易船只必须有航期的限制，违限则治罪。尤其是对运送盐铁的船只管制更为严密。五是护船缉捕。清代珠江内河和沿海盗贼猖獗。因此，官府对商船的护船成为重要的职责。六是实行引票制度。即盐引旗票，是官府控制盐铁二物的载运数量的制度。盐引是清代官府给予盐商凭以运销食盐的专利权凭证。七是海事救助制度。各地官府还负有拯救遇难船只，打捞沉船的职责。凡在本管区内发生海事，当地官府都要前往救助，安抚难民，并资助遣送难民回籍。八是督造船只制度。清代对民间船只的营造，有严格的规定。所有船只的制造都必须在官府的严密监督下进行。船只造好以后，还须粤海关依式丈量。对于船只的转卖、拆卖、租赁，清王朝及各地官府也作了严格规定。

综上所述，清代前中期，对航运、船只的管理机构更趋完善，水运管理制度也更趋严密，说明当时航运业的地位和作用日益重要，反映商品经济、贸易活动的发展和活跃。

三、关榷机构的建制与征税

清代的关榷机构有"常关""洋关"之分。常关源于明代的钞关。洋关即海关，是清代新设的关榷机构。两者均以征课商民通关税为主，并都由清廷"专差户部司员督征"。内河常关与粤海关分别设立在内河要道和沿海口岸。常关征收的税目十分繁杂。据记载，太平关就有16款之多，但主要是正额、羡余、解费三大项。各关均以此项为关税大宗。太平关是广东最重要的内河关榷，也是清代广东唯一由户部官员监管的内河关榷。太平关包括三个关口。一为太平桥，设在南雄府城浈水边，地扼粤、赣两省的咽喉大庾岭道，商船往来均在关前停泊。二为遇仙桥，设在韶州府城西武水边，系湖广通粤要津。三为浛洸厂，设在英德县洸口司（今英德浛洸）连江边，为连州、阳山、湖广诸路交会处[①]。由于地处冲要，太平关所收税银居广东各内河常关之首。黄江厂在肇庆府城外西江边，地扼两广咽喉，也是清代内河的一个重要关榷。广州、佛山两关榷因地处都会，所征商税也很可观。

至于粤海关，它是清廷开海贸易后设立的四海关之一，在全国关榷中首屈一指。清代粤海关对沿海贸易的商船，规定征税的税目有正税、船钞两项。所谓正税即进出口货物税，各类货物均有不同的课税率。船钞则依照梁头的长短而征收。

第六节 蛋户——独特的船户经营方式

明清时期，珠江两岸人民从事水上客货运输为生的为数甚多。据测，明代珠江下游蛋民人数约在50万以上。为了加强对水上渔民的管理和征收鱼课，明代初年设置河泊所。它是专业渔户的管理机构。《明史·食货志》云："河泊，取鱼课。"[②]洪武十五年（1382），全国共设252个河泊所。在珠江水系各府皆设有河泊所，专门负责管理登户并征渔课。清代规定：凡以船运为业者必须向官府领取船照，烙印编号后，即称为"船户"，无照承运是非法的。明清两代，珠江下游船户可根据其经营规模的大小递次分为三类：以沿海营运为主的海运船户；以水客为主的河运船户；以经营小规模短途运输为主的蛋家艇。这里仅对河运船户和蛋家艇作一简述。

以水客为主的河运船户。所谓"水客"原是明清两代专指负责盐斤的水上运输者。他们承担了盐斤从盐场运到各盐埠的全部水上运输工作，是场商和埠商之间的"桥梁"。后

[①] 高崇基纂《东粤藩储考》，光绪十三年刻本，卷七，第28页。
[②] 张延玉撰《明史》卷八十一《食货五》，中华书局，1974，第1975页。

来水客载运的货物逐渐增多，凡日用百货无不承运。于是"水客"一词在民间就逐渐超出盐运专业户的范围，泛指所有的内河水运船户。从事内河水运的船户以地处珠江三角洲的广、肇两府最多。南海县是广州府首邑，处于珠江三角洲的河网区，为船户集中地。

分布在珠江内河津渡的船户（渡户），亦是清代前期珠江内河水运的重要力量。清代津渡有官渡、私渡之分。官渡船户每年要交纳一定数量的饷银；私渡船户无须交纳，但每年必须"赴县给换牌票"[①]。两种船户均以收取过渡费为生。清道光初年，广东全省有津渡1 209个，实际上船户和渡船大大超过此数。船户以独资经营者居多，因船小成本低，不需要很多的资本就可经营。内河船户的运输业务方式有以下四种。一是受雇承运。船户接受商品货物运至指定地点，收取水脚（运费），这是最主要的经营方式。二是自运自销。内河船户用自己的船装运货物并兼贩销。三是代运代销。"东、西两江谷主皆系雇船装运，听船户代枭出价。"[①]四是包运。承包者包下大宗运输业务后，分散发给个体船户装载，承包者付给船户运费。总之，以水客为主的河运船户，为沟通珠江内河以及岭北、粤西的商品流通，为珠江流域的经济发展做出了贡献。

明清两代，珠江河上的疍民数量颇多。经营小规模短途运输的疍家艇，随着商品经济的发展和城镇的兴起，也逐渐从各小河支流聚集到都会大埠，如广州、佛山、韶关、梧州、南宁等地。据载，鸦片战争前广州有疍船84 000只，每只船平均3人，则总计252 000人[②]。疍家艇的运输业务主要是运载货物，搭乘人客。乾隆年间，佛山镇内各铺店货物均由疍家艇运送。疍家艇也有自营买卖的，但从不上岸设铺。例如，广州疍家艇有以伐木卖柴为生者，"但仍限于船上的批发，陆上无铺户也"[③]。疍家艇运输规模虽小，但由于其数量很多，灵活机动，随处可泊，因此，在水上运输业中是一支不可忽视的力量。

自古以来行船者，海有风涛之虞，江有滩峡之险。在当时的技术条件下，船户天天与风涛滩峡打交道，可谓时时处于艰险危难之中。清代前期，珠江河上的船户所受的苦难主要有以下有种。一是拉纤上滩。这是每个船户都不可避免的，内河行船凡上水必须拉纤而行，正是逆水行舟，不拉则退。每逢险峡，流急石区，船只还要等待集合数船人力，才能逐船拉过峡口。二是风飘沉溺。帆船遇到飓风是船毁人亡的大灾难。有时即使船只完好，但被风困于一地，人们也得忍饥挨饿。三是遇盗抢劫。清代前期，无论是珠江内河还是两广沿海的船户皆不能免。在内河，盗贼"在水则扮贸易客船，或作差船、引艇，或假巡海桨哨，游移窥伺，借名盘诘，逼近渡船商船，蜂拥行劫"。在沿海，盗贼"遇商船则截流以劫之，稍近则大呼落帆。商自度无炮火军械，不能御敌，又船重货，难以自脱。闻声落帆惟恐稍缓，相顾屏息，候贼登舟捆扎。或收其财物，空船放回，或胁之驶船他劫"[④]。更有甚者，盗贼行劫后还杀人凿船毁灭证据。四是受贪官污吏、豪绅恶霸的压迫剥削十分深重。鱼课是疍民们的正赋，每年"计户验征"。除正课以外，疍民还要交纳翎毛、鱼油、鱼鳔等附加税。总之，种种滥征妄取，不一而足。还有，疍民的身份地位又比一般人低下，如犯法量刑要比一般人为重；不准参加科举考试；不准与一般人通婚；上岸不准穿

[①] 叶显恩编《广东航运史（古代部分）》，人民交通出版社，1989，第217页。
[②] 姚贤镐编《中国近代对外贸易史资料》第1册，中华书局，1962，第304页。
[③] 叶显恩编《广东航运史（古代部分）》，人民交通出版社，1989，第218页。
[④] 周硕勋纂《潮州府志》卷四十，成文出版社，1967，1025页。

鞋；等等。正因为如此，他们的反抗亦最猛烈。

第七节　造船业与航海技术

一、珠江上游的船型与驾技

珠江上游多为山区河流，坡陡流急，滩险累累，自然条件较差，适航的船型与中下游不尽相同。据贵州省《三合县志》①记述，都柳江有"三大滩及数小潭"，其"滩上多乱石横江"，在石滩上，落差集中，坡降流速甚大，岩角岩堆、石梁石盘，"有巨石耸江心"，河床卵石，往往相峙成窄槽，交错造成曲折水流，给船舶航行带来种种阻碍。为克服航行中的阻碍，一方面要改进船舶性能，制造适航的船只；另一方面应采取各种力所能及的措施，逐步摸索出一套独特的航行技术。船民们在长年累月航行经验的基础上总结出如下几点。一是水流比较平稳的河段，吨位不大的船舶可撑篙上行，或撑篙与在局部陡急河段拉纤相结合。贵州多数河流石滩陡急，并多上水货物，故拉纤不仅是上水航行的主要方式，也是发展航运的重要措施。乾隆初年，张广泗奏请发展清水江、都柳江航运时，就主张"修治河道，凿开纤路，以资挽运"。把修纤路与修河道摆在同等地位。二是贵州河流一些滩险十分陡急，独船上行拉纤人员不够，需结队互助，称为"夥帮"。"夥帮"是航行中相互需要而自然形成的相对稳定的集体，不仅上滩拉纤互助，在揽货、处理海事、防盗防劫以及生活照应等方面也都互相依靠，相互支持。三是下水航行用划桨推进，靠前梢和后梢控制方向，也有用撑篙前进并控制方向的，但仅限于支流小河。前后梢都较长，搬动时可产生较大的力矩，能有效地拨动船艏和船艉。前后梢协同动作，左右桨互相配合，可使船身灵活转动，曲折穿行于礁石林立的惊涛骇浪中。四是有的险滩航槽弯曲窄狭，或急流中耸立礁石，船只放行无法控制，则采取吊放的办法。即用绳缆把船拉住，徐徐躲过急湾或礁石处后松手放船下行。五是对那种极险或极浅的河段还采用"起滩"的办法，即把贵重货物或大部分货物用人力搬运过滩，待船上下滩后，再装船起运，以策安全或避免搁浅。完全不能通航的险滩就分段通航。六是在浅滩上搁浅时涉水淘拣，进而利用淘拣的石块堆筑简易堤坝束水，以增加水深和改善流态，这也是一种常用的航行措施。

二、珠江中下游地区的船型类别

清代，广船制造工艺的创新不多，基本上保留古代造船的传统技术，但江苏、浙江、福建等地造船技术对广船的影响依然存在。白槽、唬船、乌船等制造技术都原出于福建、浙江和江苏，结合珠江河流特点作了某些改进。鸦片战争前，珠江水系的船舶大体有以下几类：艏船、拖风船、米艇、快蟹艇，以及内河运输数量众多的艨艟船舶等等。大艨艟是广西江河最常见的商船，这种有帆有橹的船只，风力、人力同时兼而使用，有橹数条，两三人同一橹。艨艟一般是每船置两帆，顺风时挂人字帆。常见的艨艟按其用途又分为谷

---

① 廖国平编《贵州航运史：古、近代部分》，人民交通出版社，1993，第116页。

船、柴炭船、盐船等。清承明制，战船一律由官方制造与维修。由于水域因缘关系，广西与广东的水运联系相当密切，造船和驾船技术，以及发展情况大致相仿，很难截然分开。

三、珠江下游造船工艺与驾船技术的发展

清承明制，战船依旧由官府制造和维修。早在"两藩"踞粤时期，因军事需要，广东就开始了大批制造"厚板长钉双桅出海战船"[①]。雍正三年（1725），广东官府设立"河南、庵埠、海口、芷芎四厂"[②]，它们与运司厂合为清代广东五大官营船厂。除此之外，各府州县都有规模略小的造船厂，以修造内河巡船。全省所有巡、快、桨、艋四种河船共206只，广州府就承修了122只，占59.2%。据此得知，广州府厂不仅在修造海船上，而且在修造内河船上，都占据首屈一指的地位。清代广东的私人造船业也有发展。据《清刑部抄档》[③]记载，嘉庆六年（1801），连州有"开船厂生理者"，因向其雇工追债，被雇工砍死。可知连县已有民间开办的造船厂。道光年间，在封川县黄岗山中有"船筋厂"，是当时生产内河船零部件的厂家。

清代珠江下游船舶的种类、制造工艺及其性能都得到进一步的发展和提高。船舶的种类很多。珠江水系河流上的朦艟数量最大，行驶水域最广。从梧州而下的西江河道，从韶关而下的北江河道，从惠州而下的东江河道，江面宽阔，河道较深，行驶的船舶较大，而大朦幢是这些河道上最常见的商船，其船有帆有橹，人力风力兼而用之，载运货物颇多，是珠江水系内河运输的主力。

泷船，又称双船，行驶于武水。怀集船，行驶在北江支流的绥江，极少驶出西江。九江艇是行驶南海县九江涌一带的货艇。鱼花艇是南海九江人用以载运鱼苗的专船。绸艇，是行驶南海、顺德水乡专以装运生丝的船只，亦可载客，经常成群结队来往于城乡之间。西瓜船是行驶广州河面来回装运货物的轻便小艇，构造很特别，其船沿和舱板作圆形、扁平，恰似半个西瓜，故又称"西瓜扁"。"追死雀"是行驶九江河面的一种舢板，载重约10担，客货两用，来往于鹤山县沙江和南海县九江之间。

珠江水系的东江行驶的船种也颇多。燕尾船是较大的一种船只，其船艉两板伸出，形如燕尾，载重约10吨，三四人撑进。龙川艇行驶于老隆至河源之间，载重一吨半，为客货两用船。梭子船行驶于永安县（今广东紫金）秋香江，两头尖，形似织布的梭子，载重一二吨，两人驾驶。其船亦可放入东江大河行驶。此外，珠江三角洲下游河网区还有一种禾艇，是水乡家家必备的运输工具。其船形制狭长，出入小涌，一人一桨，载重500～2 000斤不等，载货搭人，甚为轻便。

清代观赏性的船有大洲龙船、紫洞艇等。大洲龙船（又称人良龙凤船）在顺德水乡属于龙舟类船。紫洞艇（又称画舫）多在广州、佛山河面，为岭南水乡最豪华之游船。

清代前期，广东帆船的航行技术较之明代有所发展。主要表现在掌握季候风规律，熟悉海河岸貌，使用罗经和掌握航行速度几个方面。掌握季候风规律是古代航海最重要的知

---

① 尹源进编《平南王元功垂范》卷上（1957年广东省中山图书馆油印本）。
② 《十八世纪的中国与世界：军事卷》，辽海出版社，1999，第181页。
③ 《岭南科学技术史》，广东人民出版社，2002，第534页。

识，凭着看风的经验，驶船者利用风力来往于河海沿岸各港口。熟悉河海岸貌是河船、海船舵公（引水）的重要技能。在珠江水系河流行船必须观察沿岸地形地物，才能顺着航路安全抵达目的港埠。清代各地都有"行水歌"（滩路歌）。行水歌就是船家根据所在江河的沿岸岩石、滩峡的特征和所经村墟地名编成的歌谣。下水每30里一句，上水每10里一句，易于背诵，是内河行船的重要参考资料。航行速度是判断航行技术的一个重要标志。它可以反映出船只的性能和夜航能力。内河航行分下水和上水行程。下水顺流，行驶迅速。如遇江河涨水，则行船如飞。

综上所述，清代前期珠江水系帆船的航行技术仍相当落后，凭经验靠人力操作。在造船技术方面，同西方的差距，不是缩小而是拉大了。这是明清两代闭关锁国所造成的后果。

第二编
近代珠江航运

第七章
晚清珠江民族航运业夹缝求生存

清王朝道光二十年（1840）鸦片战争爆发后，外国资本主义蜂拥侵入，封建制度开始解体，中国逐步沦为半殖民地半封建的国家。清政府被迫签订了一系列不平等条约，香港被英帝国主义所侵占，九龙被租借，新界被蚕食。随着中国门户的洞开，珠江流域的广州、三水、江门、梧州、龙州、南宁等地相继被迫开放为对外通商口岸；被迫开放西江及珠江三角洲内河航运。继葡萄牙、西班牙之后，英、德、法、美等欧美资本主义国家的商船相继涌入珠江水域，控制珠江航运，争夺珠江流域市场。

珠江水系的民族航运业，正是在这样的历史背景下曲折地斗争，艰难地发展。至咸丰四年（1854），抵达广州的外国商船有18个国家的300艘船舶共15万多吨，其中英国船舶约占一半，独占进出口总额约67%。广州至香港航线的运输，几乎为洋商洋船所控制。由此，香港的航运业得到迅速发展，成为海洋与珠江航运的主要转运港，而广州港在海上运输中的地位却日益下降。

第一节　半殖民地半封建社会经济制度下的珠江航运

鸦片战争以后，珠江流域特别是中下游地区成为列强掠夺瓜分的重灾区。由于内河航行权的丧失，列强外轮可以长驱直入西江内地及珠江三角洲各地，原来脆弱的民族航运业遭受沉重的打击，被迫奋起抗争，在艰难曲折中力求生存和发展。

一、珠江上游航运的利用

珠江上游云、贵地区因交通不便，商品输入较少，资本主义萌芽和殖民地化的进程较珠江下游其他省份迟缓。至甲午战争，形成英、法、日三国瓜分大西南市场的局面。自此，自然经济才逐渐解体，资本主义工商业产生，半殖民地半封建化程度逐渐加深。清咸丰、同治年间（1851—1874），贵州官府为支付巨额兵费和赔款，导致民间爆发了大规模的农民战争，史称"咸同风暴"，历时20余年。在这场战争中，双方对水道的争夺利用甚为激烈，这在贵州历史上是罕见的。

早在道光三十年（1850），贵州各族农民起义即已见锋芒。清廷为防止起义军顺清水江、都柳江进入楚粤，匆忙阻断水运，办法是在水域内设置"水卡"或抛石于中流，使其成为浅礁。水卡设置后,清、都两江舟楫不通,航运中断。后来,随着各族农民起义全面爆发,沿江要邑陆续被义军攻占时,水卡已失去了作用。此时,各河船舶多转用于战争。有水道的地区,起义军与清廷双方都组建水师,水战也较激烈。如咸丰十年(1860)六月,太平军石达开部由红水江(河)入黔,分股攻陷永宁、广顺,进逼定番(今惠水)。光绪初年,都柳江下游广西省境"设水师五军,嗣因饷项支绌并为三营"①。连年战火纷飞,致使双方船舶都有损失,运力受到严重破坏,商贾裹足,税课无征,民众遭殃。

　　清雍正后期,都柳江流域开始贩运试销粤盐。乾隆四年(1739)清廷议准在古州设总埠,三脚屯、丙妹、永从设分埠销售,百余年间比较平稳。道光年间已有商贩把粤盐经都柳江,由三脚屯私运独山、都匀。光绪年间又出现粤盐经南盘江、北盘江私运,向黔西南各县"搀越"的事情。南盘江、北盘江、红水河自古以来通航,咸丰以前,社会安定,广西商人曾载食盐百货上溯红水河至北盘江的百层、董菁和南盘江的八渡、坡脚等地转运附近地区出售,换取土特产返销。光绪年间,商贸恢复发展,水运粤盐成本低,至黔西南州各县场镇陆运距离又较近,而且地处两省边界,政府稽查鞭长莫及,故贩运私盐日益泛滥。

　　除军运、粮运和盐运外,竹木及农副土特产也是水运的大宗货源。贵州各河流域森林资源丰富,早有竹木及农副土特产通过水运往下游输出。都柳江、红水河是鸦片贩运的主要通道。此外,利用水路运输的还有茶叶、艾粉、皮革、猪鬃、茶油、清漆、蓝靛、药材等山货特产。

二、西江水系航运的发展

　　鸦片战争爆发后,广西地区也成为殖民主义者争夺和瓜分的目标。随着主权丧失、五口通商、香港被侵占和香港转口贸易的兴起,舶来品涌入华南地区,内地原料源源外流,广西内河航运发生很大变化,梧州和南宁形成了两大航运中心。道光中叶后,广西内河运输四通八达,可通行轮驳航道为5 800千米。道光中叶至同治年间(1840—1874),内河水路运输以民船为主。光绪年间(1875—1909),汽船、电船逐年增加投入,但民船仍占很大比重。据史载,西江通航轮船由广州至梧州,最早始于咸丰九年(1859)一月,有英俄各国火轮船只多艘,共载兵1 000余名,由广东省城驶至肇庆,并分出船只,于一月二十二日驶至梧州城外。光绪年间轮船和拖渡已不定期航行于梧州至广州、香港,梧州至南宁、柳州和南宁至龙州。至晚清,广西电船的总载重量为2 500吨。汽船总载重量为2 500吨,民船总载重量为62 900吨。可见,清末广西航运业历代相比有了一定的发展。

　　广西官府、航商善于利用境内分布较为均匀、纵横交错的河流优势,发展水上运输业。最为重要的是以西江为主干,以梧州为枢纽,向四面八方辐射。即从梧州溯桂江而上,可达湖南;由梧州走浔江而上,溯黔江、柳江、红水河可抵贵州;溯郁江,经右江可至云南,经左江可到越南;由梧州东下西江,可通广州及被英帝国主义侵占的香港。

　　南宁位于左江、右江交汇处,水上交通十分便利。由南宁溯左江而上,经崇左等县,可达中越边界重镇龙州;溯右江而上,经隆安等县,可达西部军事重镇百色;顺郁江而下,东可经桂平、梧州直达广州、香港;沿郁江至桂平,转溯黔江、柳江而至柳州。南宁

---

① 梁廷枏总纂,袁钟仁校注《粤海关志》卷五,广东人民出版社,2002,第3-6页。

是一个重要的转运港。光绪年间（1875—1909），梧州与南宁航行的轮船，"普通均在一百匹马力左右"。而南宁至龙州和百色之间航行的轮船，"马力普通为六十至八十"。因此，郁江上下游的轮船不能直达，"诸凡乘客货物，往来于各地者，务须在南宁换船"①。另外，由北海进口的洋货，大都由拖渡运抵钦州的小董（或沙井），然后改由陆路运往南宁，再运销云南、贵州。光绪年间每年由北海运抵南宁转口销往内地的货物，估值约二三百万银圆。因而，南宁无形中成为广西中部的一个主要商品集散地。清末，南宁被辟为对外通商口岸。

三、珠江下游航运的演变

珠江下游的广东是外国资本主义侵略最早的地区，也是外国侵略者掠夺中国航权的重点。道光二十二年（1842）七月，清王朝因鸦片战争失败，被迫与英帝国签订了第一个不平等的《南京条约》。这个条约规定，中国向英国赔款2 100万银圆，开沿海的广州、福州、厦门、宁波、上海五处为通商口岸。与此同时，英帝国以武力强行侵占香港，作为它在东方的殖民地。广州于道光二十三年（1843）七月率先开埠。广州和其他四口岸的对外通商已不限于英国。美、法等许多资本主义国家也纷纷援引英国通商之例入侵中国，分享五口通商之利。广州在开埠之初的几年内，航运和对外贸易颇为畅旺。英国、美国、法国、荷兰、比利时、丹麦、瑞典、德国等的商船都涌入广州港。据统计，第一次鸦片战争前进入广州的外国商船，从道光十二年（1832）起，每年不超过100艘，最多的两年为213艘和199艘②，而道光二十六年（1846）已达293艘，船只数量大大超过以前。外国商人把大量的棉纺织品和其他各种工业产品运到中国倾销。以英国为例，道光十六年（1836）、十八年（1838），英国输华货物总值分别为140余万英镑及120余万英镑，道光二十五年（1845）迅速增加到360.5万英镑，其中输入广州232.2万英镑，占输华货物总值的64%③。随着香港被侵占，英国首先开辟了省港澳航线。道光二十三年（1843）签订的《虎门条约》最后一款附加的"小船定例"中已经提到英国的2支桅、1支桅及三板、划艇等小船"由香港赴省、由省赴澳"和到省城报关纳税④。这是外国小型木船航行省港、省澳之始。但这种英国木船载重量仅60吨上下，不久就被较先进的轮船所淘汰。道光二十五年（1845），美国制造的螺旋桨推进器的"朱达斯"号船行驶于省港航线之间。同年，"英国与中国之间开辟了直接的汽船运输，省港间有两条汽船担任运输，迅速准时，颇称便利"⑤。道光二十八年（1848）英国的大英轮船公司曾派一艘"广州"号航行于省港澳之间。同年，香港英商创办了第一家往来省港间的"省港小轮公司"，拥有两艘新造的轮船，开辟了定期航班。第二次鸦片战争后，行驶省港航线的外国航商不顾一切章程，"高兴行驶他们的轮船多少次，就多少次，无论是在日落之后，或日出之前。他们

---

① 《广西航运史》，人民交通出版社，1991，第88页。
② 梁廷枏总纂，袁钟仁校注《粤海关志》卷二十四，广东人民出版社，2002，第508-519页。
③ 姚贤镐编《中国近代对外贸易史资料（1840—1895）》，中华书局，1962，第647页。
④ 《筹办夷务始末》卷七十，中华书局，1979，第2757页。
⑤ 聂宝璋编《中国近代航运史资料》第一辑，上海人民出版社，1983，第237页。

为中外人士装卸货物，并且载运大量的旅客。有时一艘驶来的轮船竟会载有一万件包裹"[1]。此后，省港澳线上英、美的江轮运输获得很大发展。同治三年（1864），广州港进出口总船次为1 702艘次、总吨数为706 941吨，其中江轮占了1 268艘、518 612吨[2]。江轮的船次和吨数占总船次和总吨数的3/4。外国航商牢牢地控制着珠江航运。

随着省港间江轮运输的发展，省港澳轮船公司于同治四年（1865）秋应运而生。该公司由英美洋商合资，以英资为主，资金75万美元。次年，从广东地方当局获准在黄埔下游川鼻地方靠岸装载客货的权利，收购了美制轮船"金山""白云"和"火鸽"号，行驶于省港澳航线，并用收买手段使其他竞争对手放弃在这条航线上的经营。同治六年（1867）该公司又在省河建立了自己的专用码头和仓库，并发展至5艘轮船，有了固定的航期，建立了牢固的基础。广州开埠后，外国商船依据不平等条约，不仅获得在珠江水域自由航行的权利，而且按照新订的关税税则，将应纳的船钞银从"每登记吨五两银子以上"[3]，减少到五钱或五钱以下；而进出口货物的税率也比以前更低，仅此一项就获得巨额利润。但是，壑口难填，以英商为首的外商们还进行了一系列的非法活动，如偷税漏税、大规模的鸦片走私，以及人口贩运等，以牟取暴利。受两次鸦片战争的影响，广州港对外贸易运输的日趋衰落。外国到中国来贸易的轮船都不再直接进出广州港，而是先到香港卸货，再由香港转运广州、上海等沿海通商口岸，而中国沿海各通商口岸的土货也直接进出香港。鸦片战争后，香港的航运地位逐步凌驾于广州港之上；上海港对外贸易也逐渐超过了广州港。尽管广州港发生了航运地位的变化，但它依然是珠江水系最大和最重要的对外、对内的港口。如道光二十四年（1844），广州的进出口货值是9 729 592英镑，占全国进出口总值的89.99%。道光二十五年（1845），广州的进出口货值是9 669 668英镑，占全国进出口总值的79.13%[4]。

鸦片战争后，香港被侵占，引起珠江三角洲航运的变化。珠江口及珠江三角洲一带的港口很多，凡是能航行深水河流的船只大都可以往来香港进行贸易。自从香港澳门航线开辟后，广州及其邻近一带的木帆船运输虽然受到一定的影响，但这些地方的木船与香港的贸易也就随着香港经济的上升而同步发展。珠江三角洲的木船运往香港的主要货物是牲畜、水果、蔬菜、塘鱼、木柴等。据统计，同治六年（1867）进入香港的木船为20 787艘次、1 350 700吨[5]；而同年进出广州港的夹板、海轮、江轮的总吨数仅有693 464吨[6]，远远落后于香港。

澳门在鸦片战争前原是粤海关管辖下的一个口岸，粤商贩货前往有数量的限制。道光二十四年（1844），因五口通商后，贸易形势的变化，才议定"不必限以担数"[7]。咸丰年

---

[1]（英）莱特（S.F.Wright）著，姚曾廙译《中国关税沿革史》，生活·读书·新知三联书店，1958，第140页。
[2] 梁金成编《广东省志：海关志》，广东人民出版社，2002，第89页。
[3]（英）莱特（S.F.Wright）著，姚曾廙译《中国关税沿革史》，第37页。
[4] 姚贤镐编《中国近代对外贸易史资料（1840—1895）》，中华书局，1962，第549页。
[5] 聂宝璋编《中国近代航运史资料》第一辑，上海人民出版社，1983，第1355页。
[6] 邓开颂、陆晓敏主编《粤港澳近代关系史》，广东人民出版社，1996，第102页。
[7]《筹办夷务始末》卷七十一，中华书局，1979，第2793页。

间，因红巾军起义，云南、贵州与广州间的货运不能走西江航线，改道北海从海上运到澳门，再从澳门与广州来往贸易，从而促进了广州一带与澳门间木船贸易的发展。

第二节 列强侵入后通商口岸纷纷被迫开放

一、珠江民族航运业在困境中自求发展

随着门户洞开，列强入侵，珠江水系民族航运业发展面临的困难日益艰巨。早在咸丰九年（1859），英、法等国的兵轮曾驶至梧州对西江航运进行探测。英国使者曾向其上司报告："只要新的商务部或海军部着手进行西江的勘测工作，并应当采用适用的那些海图，那就有可能发现，小型轮船就可以沿着西江而上，直达离云南边境不远的百色。"[1]中日甲午战争后，英、法、德、日等帝国主义国家加紧瓜分中国，争夺势力范围。在《马关条约》谈判中，日本曾向清政府要求中国添设梧州等七处为通商口岸，并提出日本轮船溯西江至梧州。当时的清政府强调梧州"既不能开口通商，外国轮船亦未便行驶"作为理由搪塞过去[2]。当年夏天，法国也向清政府提出割取云南省普洱府的猛乌、乌得两地；英国则威胁清政府割让野人山作为补偿。英、法两国拼命在珠江流域争夺势力范围。同年九月，英国为了与法国抗衡，向清政府提出，假若同意西江设埠通商，"野人山为界事，即可通融"，否则"若不答允，即自行办理"。在英国的威胁下，清政府权衡得失，认为"西江通商，虽于厘金有损，尚有洋税抵补""野人山地则系云南屏蔽"，若割给英国，形势全失。"两害相形，则取其轻，且恐迁延不决，又将别起波澜。"[3]为此，只好答应英国的无理要求，光绪二十三年正月（1897年2月）签订《中英续议缅甸条约·商务专条》。清政府同意"广西梧州府、广东三水县城江根圩开为通商口岸，作为领事馆驻扎处所"，并允许外国"轮船由香港至三水、梧州，由广州至三水、梧州往来"[4]。即外轮可以一路由香港，经江门、三水至梧州；一路经广州、三水至梧州。后来，江门又辟为通商口岸，由港澳前往西江的轮船"须先由磨刀门或横门或由省城方能转入西江"，经三水上至梧州。这样，外轮抵梧州的航线，由原来的两条增辟为三条。光绪二十五年夏（1897年5月），清政府宣布梧州正式对外通商。于是，外国商人蜂拥而来。英商怡和洋行、省港澳轮船公司、太古洋行联合组成一家公司，在梧州专理船务，每一星期来往梧州，亦有直往香港轮船，当年便垄断了梧州至三水、广州、香港的运输业务，从5月至7月来往船只达826艘次，载重52 816吨。不久，英商在梧州又兴办了天和洋行等轮船公司，几乎把华商的货物全都揽了过去，严重打击了内河木帆船运输业，致使木帆船运输逐渐衰落。同年，香港怡和洋行代理人湿钵由梧州乘船抵南宁、百色等处进行航道调研，认为轮船可由梧州直驶百色，并向航运界宣称："谁云不能由梧州直行驶百色，如用小轮船

---

[1] 聂宝璋编《中国近代航运史资料》第一辑，上海人民出版社，1983，第381页。
[2] 王芸生著《六十年来中国与日本》卷二，上海三联书店，2015，第314页。
[3] 王彦威，王亮编《清季外交史料》卷一二六，湖南师范大学出版社，2015，第2360页。
[4] 《广西航运史》，人民交通出版社，1991，第105页。

则六七天可至，若用民船非六七十日不可"。随之，西江轮船公司制造尾车轮船2艘，并派小轮船来往藤县、桂平、贵县、柳州、南宁、百色等处。与此同时，香港怡和轮船公司造船2艘，分别取名"梧州""三水"，定期来往于梧州与香港之间。

梧州开埠对西江中上游的社会经济和航运业造成了重要的影响。其一是，梧州成为西江中上游内河运输的枢纽，促进了当地航运业的发展。然而，外国航运势力借此渗透广西全境，造成广西航运业的畸形发展。光绪二十五年（1899），梧州进出口贸易总值比上年增加了45%，其中土货出口为193万两，洋货进口409万两，土货进口9万两，共611万两。当年，出口船只增为3 014艘次，吨位186 730吨。其中，英国轮船占73%，中国轮船占24%，美国轮船占2%，葡国轮船占1%。船舶吨位也比上年增加，其原因是英商派4艘大趸船，"常川行来往梧州、香港一带。此等趸船每只约载重五六千担"[①]。其二是，外国的"洋货"直接运抵梧州，销往广西各地以及云南、贵州。同样，滇、黔、桂三省的土货亦经梧州直运至香港。从光绪二十四年至宣统三年（1898—1911）的13年间，梧州洋货进口总值为7 672万两关平银，土货进口总值为500万两关平银；出口土货总值为4 242万两关平银，贸易出超达4 000万两关平银。这意味着广西要流出白银4 000万两关平银，造成广西越来越深的经济依赖，半殖民地性质更加深化。其三是，在外国轮船运输的竞争和排斥下，中国木帆船运输逐渐衰落，加上在关税自主权外丧，不合理的税收制度下，由梧州出口港澳的货物，中外商人多弃木船而改装轮船，使经营港澳贸易的木帆船受到打击而逐渐衰落。

总之，梧州之所以成为广西内河运输的枢纽，除了其具有优越的地理优势和经济腹地辽阔外，还因梧州的对外开放完全打破了广西自给自足的自然经济，客观上促进了生产力的发展，激起了梧州的民族资产阶级奋起抗争，纷纷成立轮船公司与外国轮船公司竞争，从而推动了航运业的发展。

在列强的武力威胁下，随着北海、龙州、梧州先后被迫对外开放，南宁便成为外国资本主义势力在广西扩充的又一个目标。在这种形势逼迫下，清政府采纳巡抚黄槐森的建议，主动宣布南宁对外开放。南宁开埠后，对外贸易和航运业不断发展，由于它的地理位置适中，水路交通方便，在当时已逐渐成为仅次于梧州的经济、贸易、航运的中心。光绪三十二年（1906）11月7日，清政府正式宣布南宁对外开埠通商，并于翌年设立海关。英国通过把持海关大权，进而操纵了南宁的港口、航运和商务大权。随后不久，外国商人便以南宁为基地，把势力扩充到珠江流域的广西、云南、贵州的内陆地区。

南宁开埠伊始的几个月里，清廷便在南宁修筑三条马路和一条长堤，供船只靠泊和上下客货之用。交通条件改善，自然促进商埠发展。南宁开埠仅五年时间，对外贸易迅速增长。据载，宣统三年（1911），进出口贸易总值比光绪三十三年（1907）增加了2倍；宣统元年（1909）进出口总值仅次于梧州，居全省第二位。

此外，中法战争结束后，中法先后签订了《滇粤边界通商条约》和《中法续议商务专条》，龙州被迫开辟为对外通商口岸，左江成为广西西南部对外贸易的通道，一度促进了左江航运的发展。光绪十六年（1890）前，龙州的进出口贸易总值每年约27.5万银圆。然而，由于各种原因，开埠后的龙州航运和外贸发展仍较为缓慢。

[①]《广西航运史》，人民交通出版社，1991，第107页。

二、珠江下游航运为英商垄断

19世纪80年代，英、德等国屡次提出西江通商的要求。中日甲午战争后，英国迫使清政府于光绪二十三年（1897）订立《中英续议缅甸条约·商务专条》，把光绪二十一年（1895）底清政府已同意了的"西江通商"记载于此《中英续议缅甸条约·商务专条》之中，开广东三水和广西梧州为通商口岸；光绪二十八年（1902）将江门升为正式通商口岸。至此，沿西江航线，中国被迫先后开放十多处上下客货口和上下搭客的停泊口。所谓上下客货口、上下搭客的停泊口，即通商口岸海关下属分关分卡。自西江被迫"开放"之后，对珠江中下游尤其是珠江三角洲的社会经济和航运产生了三个重要的影响。其一是，西江在珠江水系各大河流中航程最长，又与广西的内河相连，有利于广东本省的货运，也有利于广东与广西乃至云南、贵州的货运往来。西江通商后，外国轮船与中国轮船航行西江，使"洋货"以及广东土货大量地、迅速地运至广东西部的西江沿岸各地，以及广西梧州，然后通过木船或小轮分运到粤、桂、黔的部分地区，客观上促进了这些地区工农业生产和商品经济的发展，并相应地增加回程的水运量，从而使西江的水运量或西江的水运地位大大提高。其二是，广州是西江航线上的一个重要口岸。西江通商后，就有了广州、江门、三水和梧州四个内河通商口岸。以英轮为主的各国外轮能从香港直达梧州，将它们的航运势力经西江贯穿珠江流域诸省份；而且广州、三水、江门三口岸正形成珠江三角洲上一个三角形的网，使以香港为基地的外国船只得以尽情地享有珠江三角洲及其附近这一富庶地带的航运之利，造成广东对帝国主义越来越深的经济依赖。其三是，外国商船可以将进口"洋货"、转口土货直接从香港运至三水、梧州，便于从梧州经各河流将货物再运入广西腹地和云南、贵州，并将三省的土货经西江经运香港或广州。这样不仅减少了西江民营水运业的货运量，而且在省际贸易中更便于帝国主义者廉价掠夺土货和倾销商品。

西江刚开始通商这一年，怡和洋行、省港澳轮船公司和太古洋行便实行合作，在梧州设一商行专理业务，"每一礼拜来往梧州、粤省城三次，亦有直往香港轮船"[①]。随后，美、德、法和来自澳门的葡萄牙等国的船只也驶向西江，意大利商船也偶有来往。光绪三十年（1904），太古、怡和、省港澳三家又合资开办西江最大的西江轮船公司。由于英轮有着香港这一强大的基地和在广州经营了数十年的基础，航行西江的又是太古等三大公司的轮船，这时任何国家的船只都不能同英轮匹敌，从而这几处口岸几乎成为英轮的"禁脔"，离香港甚近的江门更是如此。

第三节 内河航行权的丧失与华洋的激烈竞争

一、面对困境发展地方航运

光绪二十六年（1900），中国北方爆发了义和团反帝运动，全国掀起了抵制洋货的浪潮。梧州华商利用这个机会大力发展民族航运事业。据载："斯时，各华商因利乘便置办

---

① 《广西航运志》，广西人民出版社，1994，第132页。

轮船来往，实有恐后争先。载费由此增加，生意也由此起色。"①光绪二十六年（1900）抵梧州的中国轮船由上年的92艘增至163艘。英商见此状况不愿放弃垄断地位，便增置载重200吨的"南宁"号客货轮，定期来往梧州和广州之间。与此同时，为了与法国争夺在广西的航运业和商务，英政府和怡和商行分别在梧州建领事馆和洋行，美国人亦在梧州建教堂和"中西学堂"。他们企图以梧州为"桥头堡"，在珠江中上游的广西、云南和贵州扩充势力范围。光绪二十八年（1902），广西爱国华商在外国商人步步压迫下，为求生存，奋起发展地方航运业。他们根据广西河道曲折、浅滩众多利于木船航行的特点，制造了大批优良木质船，在广西内河运输，与外轮争生意。木船的种类主要分为盐船、土药船、货船、客船、驳船等。广西帆船运输发展迅速，至光绪二十八年（1902）已能够和外国轮船竞争。光绪二十九年（1903），梧州进出口贸易总值关平银1744万两，其中"洋船货物价值关平银8 267 124两，民船货物价值关平银9 174 668两"②，民船运输货运量超过了洋船运输。

贸易的不平衡发展，客观上刺激了外商航运业的兴旺，民族航运业则发展缓慢。光绪三十年（1904），梧州成立一家英资合股的西江轮船公司。该公司为了与法国的轮船在西江竞争，降低运费。法国船只也减价抗衡。在竞争中，中外船舶均有实力，弱者退出营运，法国"利临"轮船便退出了西江航线，由"东江"号轮船取而代之。美国"和贵"号轮船也拍卖给华商，改为挂中国旗号。华商的"先威"号拍卖，由西江轮船公司购买，改挂英国旗号。英商西江轮船公司虽然在梧州称霸，但仍和其他轮船公司结成同盟，合伙操纵运价，以赚取丰厚的利润。因有利可图，德国商人亦用小轮拖带夹板船侵入广西的内河运输。尽管大轮船运载客货占优势，但由于广西内河航道复杂，浅滩众多，许多商家仍将货物交付小轮船、拖船、夹板船和木帆船运输。这一年，在梧州搭乘西江轮船的本国游客，由上年的11万人次升为13万人次；搭乘广西内河小轮和民船的旅客由上年的6.8万人次升为7万余人次。由于民船具有吃水浅、靠岸甚易、运输较灵活方便的特点，广西出口至广东、港澳的大米等大宗货物亦主要靠民船运输。

随着航运业的发展，抵梧州的旅客络绎不绝。光绪三十四年（1908），乘船抵梧州的外国旅客374名，本国旅客117 582名；由梧州乘船往广东、香港等地的外国旅客392名，本国旅客109 942名。其中，由香港至梧州进出口的外国旅客281名，本国旅客14 747名，由广州、三水至梧州来往的外国旅客408名，本国旅客50 524名。其余则为梧州至南宁等来往的旅客。

二、奋起抗争兴办轮拖饷渡

光绪二年（1876）起，英国太古洋行将其航运势力扩展到珠江之滨广州，光绪七年（1881）在广州沙面开办太古分行。此后，太古洋行通过与省港澳轮船公司合作，用省港澳航线上的江轮将进出外洋的货物与蓝烟囱公司的远洋轮船相连接，承接着广州与北方各通商口岸之间的货运。至19世纪末，无论是在北方沿海、长江，还是在珠江，太古的轮运

---

① 《广西航运史》，人民交通出版社，1991，第109页。
② 《广西航运史》，人民交通出版社，1991，第110页。

业都居于同行的首位。从光绪三十年（1904）起的几年内，太古洋行又在广州兴建码头和货仓。除停泊黑烟囱公司轮船，货仓除洋行存货外，码头还利用出租仓库来吸引货运。太古洋行的这些企业，把许多相关的经济关系联结在一起，便利了它的航运业的扩张。

当时，爱国华商见外国资本主义者在两广沿海和珠江的航运势力日益扩张，因此就提出"师夷长技以制夷"的主张。早在19世纪50年代，广东已经有一些商人向洋商租用、购买轮船，甘冒违犯朝廷的禁令的风险进行不合法的经营，即所谓"诡寄经营"。同治十一年十二月（1873年1月），在上海成立了中国第一个航行于各通商口岸及国际的官督商办的轮船公司——轮船招商局。招商局成立之前即派出轮船试航广东。从此，广东开始有了合法经营的中国近代航运。

随着珠江三角洲对港澳贸易的发展，三角洲内外的水上运输更为繁忙。各地的船主、航商们便纷纷向官府提出申请，要求准许用轮船拖带木船，并愿缴纳更多的税饷。光绪十五年（1889）六月，张之洞认识到拖轮"确实可行，不妨变通办理"。这种"变通办理"的办法既不会背离朝廷的旨意，又可以获得很多的渡饷。因此，当时地方官府同意有条件地经营内河轮运。凡获准使用轮拖的渡船，每年须向广东海防善后局缴纳数量颇大的税银，此银叫作"轮拖渡饷"。这便是"轮拖饷渡"名称的由来。轮拖饷渡开办后，渡船申请改用轮拖者甚多。广州到顺德、南海、番禺、新会、香山、东莞各县和三角洲外缘的开平都有轮拖行驶。对港澳贸易的木船亦多采用轮拖。澳门到香山、新会、陈村等处的航线也都通航轮拖。当时的轮拖渡饷，即执照费，因航路不同而异，少则1 500元，多至3 300元，税收负担相当沉重。所以，一般渡船主买不起轮船，而是以合租的方式用一艘轮拖带几艘渡船。直至二十四年（1898）内港行轮以前，轮拖饷渡被限制在严格的内河范围，航行的线路和范围及于珠江三角洲内各较大的河流、边缘外的潭江和西江。广州和三角洲内各县、佛山、江门等地也都有轮拖往来。肇庆至省城间，光绪二十年（1894）"始有平安早渡"，同年又有"大益""飞南"两艘并行小轮行驶于肇庆至梧州航线[①]。

广东地方当局允许华商开办轮拖饷渡的同时，虽然仍有诸多限制，但毕竟使民营的轮船拖渡能够在珠江水上行驶，从而使珠江下游的水运业进入轮运时期。

第四节　西江中下游航运在控制与反控制中曲折发展

一、在反控制中华资航运业的崛起

尽管民族航运业遭到外国航商的排斥打击，但爱国航商仍在梧州、南宁、北海等地奋起求生，在困境中与外轮竞争，终于打破了外轮一统的局面。光绪三十四年（1908），由梁颂唐等人发起集资筹建"梧州航业股份公司"，招股章程规定"不收洋股"，具有明显的反帝爱国倾向；将工业资本和银行资本相结合，说明梧州的资本主义经济已有较厚实的基础；用人理财，实行公举产生，初步体现了某些民主管理的机制；分配待遇，则体现了

[①] 何元纂《高要县志》卷十一，成文出版社，1967，第143页。

股东共担风险，利益均沾的原则。这标志着广西航运业民族资产阶级的崛起。梧州航业公司的成立，大大地鼓舞了中国商人，他们纷纷投资航运业，先后出现了西江、广兴等十几家航运公司。梧州民族航运业的兴起，使广西内河运输的形势为之一变，打破了外商垄断的地位。

二、民族航运业在斗争中曲折发展

西江自光绪二十三年（1897）五月，被迫对外开放通商后，西江航运业经历了曲折发展。西江通商之初，以英商为主的外轮占据着明显的优势。如光绪二十四年（1898），往来广州、梧州间的英商"龙江""龙山"等轮，最大的载重176吨，而华轮最小的只有3吨[1]。华轮运量小，速度慢，是很难与外轮竞争的。不过在初期，尖底深水的外轮不适应在有浅滩阻碍的西江航道上航行，以致不能发挥其船大的优势；而华商西江轮船，反以船小有其见长的一面，再加上乡土关系，能以小而多的船只与几个国家的外轮周旋。

为了增强竞争力，西江外商经过几年的研制改进，制造出一种浅水江轮，即把轮船由尖底改为平底，把螺旋桨轮船改为尾明轮。光绪二十六年（1900）和二十七年（1901），两艘英商的平底尾明轮"南宁""西南"相继投入西江航线。两轮皆载重200余吨，吃水浅，平稳迅速。由于各国轮船竞相改进性能，提高质量，增大吨位，不少华商小轮被迫淘汰或退出西江航线。然而，经营西江轮运业的华商也在积聚资本，更新轮船，以抗衡外轮势力。光绪三十三年（1907），华商进出西江各口的轮船，平均每只已达100余吨，不亚于当时的法、葡等国的轮船。光绪三十四年（1908），两广商人基于爱国热忱，合资创立西江航业公司，总部设在梧州，以扩大航运力量，与外国航商抗争。该公司成立当年就有两艘轮船"广泰"号（281吨）和"广威"号（195吨）投入营运，一行广州，一行香港，使西江航运的形势发生了较大的变化。华商西江轮运成为一支新兴的民营轮运力量。

光绪二十四年（1898），在列强掀起瓜分中国的浪潮下，清廷被迫颁布《内港行轮章程》，将全国内港向有约国家"开放"，帝国主义国家的轮船都可以行驶于珠江内港和沿海非通商的港口，这就是内港名称的由来。但是，这个章程同时也解除了中国轮船在内港不能自由行驶的封建束缚，客观上成了便于民营轮运业发展的一个必要条件。由于沿海外国轮运势力十分强大，两广民营轮运业无能力与之竞争。但在内港则大不相同，特别是在珠江水系各河流，轮船一般都行驶在小河、浅水里，船不能过大，外商无法发挥大船的优势，而华商熟悉当地情况，便于组织大宗货源，且用不多的资金置备小轮即可经营，较外商的经营更为优越。因此，《内港行轮章程》一颁布，河网密布、大小河流多能行驶小轮的珠江三角洲地区的轮运业立即出现了新气象。广州打破了过去轮拖饷渡在只数和航行路线上的限制，"专路之利全行废除，凡属民船，由省城至东西两江暨三江口各城镇，均各雇轮拖带，常川往来"[2]。另外，内港行轮开禁后，华商轮船每月缴纳轮拖渡饷50元，每年共600元，比过去减少了许多，故华商踊跃置轮开业。至光绪二十六年（1900），华洋小轮已达200余艘，其中洋商小轮仅占极小的份额。光绪二十五年（1899），广州还成

---

[1]《广西航运志》，广西人民出版社，1994，第133页。
[2] 聂宝璋编《中国近代航运史资料》第二辑，上海人民出版社，1983，第1001页。

立了轮业公所。此后,"轮船行"和代轮船报关纳税的"报税行"便都成为广州著名的"七十二行"之一。到了清末,珠江三角洲和西江流域开辟的基本航线有:广州—佛山、广州—江门、广州—开平、广州—肇庆等9条主要航线。其中有些较长的航线,中间沿途湾泊,要经过许多繁荣市镇的港口,人们顺搭上落日十百人,甚为利便。由于珠江三角洲,特别是其中的南海、顺德、番禺、香山诸县的水网处处相通,均可互通小轮,随着轮运业的发展,一些较小的乡镇与县内外的邻近乡镇之间也有小轮往来,人们称便。西江轮船只能行驶于西江的指定航线上,内港轮船不受此限制,航线自选。因此,肇庆—广州的轮拖甚多,且又有肇庆—江门、肇庆—河口的轮船航线。潭江的开平、新宁亦都有本地的轮拖往来省城、佛山和江门。"凡在略有市廛交易之乡墟,每日间小轮经过开行,纵或无二次亦必常有一次。"①

内港轮运业的发展并不是一帆风顺的,也遇到英、法、美、德等国航商的竞争。但由于华商小轮在内港经营比外商小轮有更为有利的条件,即使有一段时间外商内港轮运发展较快,华商小轮仍始终领先于外商,最后基本上独占了内港航运。宣统三年(1911),西江下游,仅广东的华商内港轮运就有轮船310艘,占全国华商内港小轮1/3以上,仅少于包括上海在内的江苏,居全国的第二位;在运量方面,内港轮运共约170余万吨。所以,广东民营内港轮运业已是全国民营轮业中一支不小的力量,在广东则成为全省民营轮运业中的主力。广东民营内港轮船虽然数量上较多,但每艘轮船的吨位却相当小。据统计,宣统三年(1911)华商内港小轮进出广州口54 413只、788 021吨,平均每船载重才14.3吨。绝大多数的载重量在1~20吨,只能航行浅水小河而且航程较短。小而多正是珠江水系内港民营轮船的特点。

第五节　北江、东江的南北通道地位日趋衰落

清代自"五口通商"以后,湖南、湖北、江西、福建、江苏、浙江等省的物资流向发生了较大的变化。以后又由于粤汉铁路的兴建,历来通过大庾岭、骑田岭转运北江的物资大大减少。北江作为南北通道的地位显著下降。与北江类似,东江航运地位也日趋衰落。

一、北江水运的衰落

道光二十三年(1843),"五口通商"后,运输线路有很大改变。江浙一带的生丝固然经上海出口,皖赣的茶叶也部分经上海外销;福建的茶叶除部分运往上海外,到了咸丰三年(1853),由于闽江航行条件改善和福州有外商大买主,福建武夷山的茶叶便开始就近"取道闽江,运至福州"出口。"于是群起仿效"②。同样,从海外进口的货物,大部分从上海等四口岸输入,经北江越大庾岭转运江、浙、闽、赣等省的水运量就日益减少直至衰败。

---

① 黄晓东编《珠海简史》,社会科学文献出版社,2011,第74页。
② 姚贤镐编《中国近代对外贸易史资料(1840—1895)》,中华书局,1962,第609页。

《天津条约》后，长江水系的汉口、九江等地开埠通商，加之香港转口贸易的兴起，对北江水运的影响和打击更大。长江中下游一带运往广东的货物，不再走北江、大庾岭的路线，而多经汉口、九江、镇江等口岸转海运至广东，或运至香港再转广州。海外西方国家运华的货物也多直接运抵长江口岸，而不再经北江越大庾岭。至于旅客出行，除非不得已的仍取旧路线外，较富有的商贾、上任或卸任的官员，南下或北上的，也都逐渐改乘轮船由海上往来，不再"逾滩涉江越岭而经过北江"。

自宣统初年，粤汉铁路从广州通火车到达清远以北后，南、韶、连、英等地的各种货物，"自火车通后，上江之货迳运广州"。清远以下的北江水运量便大受影响。虽然如此，北江作为珠江水系在广东境内的一条大河，仍然发挥着它应有的作用，将粤北山区的土特产、山货等物资运到广州，从广州将各种货物运至粤北。甚至邻近湖南、江西的部分商品有时仍由北江运输。

二、东江水运的衰落

"五口通商"前，东江流域各地对西方国家的进出口物资必须通过东江水运，广东东部的潮州、嘉应州和福建西部的货物也是经东江运至广州。"五口通商"后，香港转口贸易的兴起以及汕头的开埠，使东江流域的水运起了变化，加之珠江三角洲与香港之间的木船运输的发展，使东江中上游各地的货物用平底船装载，在石龙一带还需要转驳于航行深水的尖底船出珠江口至香港，增加了驳运费用；而惠州及惠州以南一带地方的货物，则需循东江支流西枝江及淡水河南行，经过短程陆运，至大亚湾再装木船从海路至香港。另外，闽西、潮州北部、嘉应州及惠州西北部等地向西方国家进行贸易的货物，也不再循东江而至广州，改道韩江至汕头出口。这就导致东江水运日趋衰退。

第六节　珠江三角洲木船运输的演变及其特点

清末时期，珠江三角洲木船运输贸易的繁荣和衰落，与外国航商势力的入侵和轮船的兴起有着密切的关系。广东与香港、澳门因木船走私鸦片，而导致三方关系紧张，使珠江三角洲对港澳的正常木船运输贸易不仅没有较大的发展，反而为外轮势力所侵占。这种状况从清同治后期起，共持续20年左右。后经英、葡、清三方的一再磋商，于光绪十二年（1886）和光绪十三年（1887）先后签订中英《香港鸦片贸易协定》和中葡《会议草约》。中英、中葡条约签订后，港澳木船鸦片走私基本断绝。

由于广东与港澳关系的缓和，珠江三角洲以及两广沿海与港澳的木船运输贸易状况得到改善。从光绪十三年（1887）开始，此项贸易进入了历时10年的繁荣时期。当时与香港贸易的珠江三角洲各港口有：东莞、太平、石龙、新塘、深圳、南头、新安、沙湾、番禺、广州、佛山、南海、九江、石湾、陈村、顺德、新会、江门、香山、下栅、南萌、石歧、新昌、获海、长沙、恩平等，其中以广州、陈村前往的木船最多，东莞、香山各港次之①。与澳门贸易的各港为：广州、佛山、顺德、陈村、东莞、太平、香山、石歧、前山、斗门、新会、江门、新宁、赤溪、长沙、鹤山、肇庆。其中的香山各港前往的木船为最多，次为江门、新会、陈村，广州较少，东面的东莞更少①。

自光绪二十三年（1897）西江通商后，对港澳的木船贸易便转向衰落。其重要原因有三。一是西江通商后，华洋西江轮船从香港、澳门往来广州、江门、三水、梧州，只需缴纳5%的海关税，而同一航线上的木船在港省或江门航程上所缴纳的税厘虽少于海关税，但如果再航行到三水、梧州，就要再缴纳不少的税厘。因此，广州、江门以北与港澳贸易的木船纳税量多于轮船，使这些地方往来港澳的货运多弃木船而改装轮船。二是西江通商后，普遍实行子口半税制。按规定，"洋货"用"洋式船只"（即轮船）运至通商口岸后，再用木船运往内地，可享受子口半税特权。而木船从香港运货到广州后，再运往内地，却要逢关纳税，遇卡抽厘。因此，实行子口半税制后，货主都竞相用轮船装运，使经营港澳贸易的木船运输受到重大打击。三是从光绪三十年（1944）起不再禁止内港小轮驶往港澳，于是华商内港小轮对港澳的贸易便开始排斥木船。

总之，在西江外轮、华轮和华商内港小轮的竞争和排斥下，以珠江三角洲一带为主的对港澳木船贸易每况愈下。

在西江通商前，外轮只能从香港、澳门经珠江口来到省河，而从四面八方运载客货来往各地与广州的长行渡，大多与省港澳不同航线，不发生直接利害关系。西江通商后则形势大变，外轮不断涌入西江，以致珠江三角洲及西江的木船，在许多条大河的航行路线与西江轮船的航线相同。而光绪二十四年（1898）内港行轮之后，华商内港小轮也开始在珠江三角洲、西江等处发展。此后，珠江三角洲、西江及三角洲外缘的内港小轮获得较大发展，木船遭受排斥、淘汰。

当然，不能一概而论，行驶在珠江三角洲和西江上的木船并不都受到轮船的威胁和排斥，如航行于不通轮船的河流的木船、城乡间载客货往来的小艇和横水渡；特别是驳艇，仍是轮船不能直接泊岸之处必要的辅助船。

第七节　航道整治与港口建设

晚清时期，两广总督张之洞下令整治广州府属珠江河道。不但禁止私占河面，还于光绪十五年（1889）决定修筑珠江河道北岸石堤，开辟马路，美化市容，另允许绅商承领缴费，在新筑堤面盖造房屋，修建码头。后因张之洞去任，工程暂时停顿。至光绪二十九年（1903）岑春煊任两广总督时，继续填筑。宣统元年（1909）筑堤竣工，东起大沙头，西达黄沙，使河道航行得到初步改善。

第一次鸦片战争和中法战争期间，为防止敌舰入侵省河，进占广州，广东的军政长官常在水上要隘和浅窄处的水底或水面设置障碍物，主要是沉船下石，立桩堆石或建闸，极大地影响船只往来。直至光绪十五年（1889），张之洞才决定在沙路河道改树铁桩以建铁闸，中间开口门，"无事时仍可引航，有事时立即封堵"。此闸建于已塞的木桥处，于光

---

① 叶显恩编《广东航运史（近代部分）》，人民交通出版社，1989，第30页。

绪十七年（1891）建成，并于已塞的木桥开出与铁闸同样的"口门"。为了进一步清除省河航道的障碍物，从光绪三十年（1904）八月开始，由粤海关经办清除障碍物的工程，至次年八月工程结束。这次工程共计清除沙路铁闸、福市桥闸、大口闸、琶洲闸、猎德闸等五处的土石淤泥，使航道扩宽、挖深，利于较大船只航行，航商称便。

珠江下游广东境内的支流小河的疏浚通导，得到当时官府和绅民的重视。除个别工程由官府办理外，大多为地方绅民集资兴办，或官倡民办，其目的是便利旧式木船的通航谋生。

随着近代航运业的发展，与之相适应的近代水运设施也逐渐修造和扩建起来，从而进一步推动航运业的发展。

广东官方兴建的近代码头、仓库，见于记载的有：粤海关于光绪三十二（1906）、三十三年（1907），在广州府城的河南白蚬壳附近筑堤300余尺，并建造新"验货厂"，是一较大的码头。光绪十五年（1889）在广州永清门外建成一个开平煤局，作为"购运开平煤斤起岸屯煤之所"[①]。光绪七年（1884）轮船招商局在广州设立仁和保险公司，建有仓库，"担保商货，堆积货物"，收取租金[②]。这是广东最早的中国近代仓库。光绪十六年（1890），招商局建码头于广州芳村的大涌口，长420英尺[③]，是广东华、洋轮船码头中最大的一座。光绪三十二年（1906），华商华庆公司在广州芳村购有土地126亩，筑成堤岸2480尺，欲将此处开作商场。至宣统三年（1911），经过数年经营，已"建造货仓码头，楼房铺屋""布置井然，规模宏远"，成为一个包容码头、仓库、商店的综合性的濒河商场。随着广东几条铁路线的通车，粤汉铁路公司在广州黄沙建有铁路轮驳码头，广三铁路公司在石围塘也建有铁路轮驳码头。两码头约建于光绪二十九年（1903）至三十一年（1905）间。虽然众多的华商小轮尚没有自己的码头，但在洲头嘴河道中有为它们设置的浮桩，供它们系泊。至宣统初年，省城珠江北岸筑堤竣工后，将沿岸分成一处处的码头招租，有10座年租金2 000元、横宽各2丈的码头租给了轮船拖渡[④]，也就是番禺各乡轮拖到省城所泊的码头。

总之，到清末为止，广州港的布局以及与港口相适应的码头和仓库等设施，已构成为一个与都市相结合的近代港口。

清末，当局曾对珠江三角洲较繁盛的港口进行建设。一是三水港。该港位于西、北江汇合处，水运繁忙。河口即三水关的所在地。西江通商后，河口主要成为西江、北江货物的转运点。光绪三十年（1904），广三铁路通车，直抵河口。此后，"三水口岸所有省、港、梧的航商所属的西、北两江各路拖带轮渡，咸可与逐日火车递次转拨，互相应接"[⑤]。宣统元年（1909），为适应港口发展由海关在河边筑有石堤30余丈，供船舶装卸货物。二是江门港。该港位于西江下游左侧，江门北面的北街。四面河道纵横，多是深水航道，能行大船，往来货船辐辏，是珠江三角洲西部和西江下游各地的货物集散地。光绪三十年

[①] 番禺市地方志编纂委员会办公室主持整理《民国版番禺县续志点注本》，广东人民出版社，2000，第179页。
[②] 聂宝璋编《中国近代航运史资料》第一辑，上海人民出版社，1983，第1091页。
[③] 1英尺≈30.48厘米。
[④] 叶显恩《广东航运史（近代部分）》，人民交通出版社，1989，第139页。
[⑤] 叶显恩编《广东航运史（近代部分）》，人民交通出版社，1989，第141页。

（1904）设关，次年填平海关地界，砌成堤岸，建立码头。宣统元年（1909）亚细亚煤油公司在江门内河"建一大铁货仓，用以囤积煤油"[①]。宣统三年（1911）美孚公司"在江门对面河水深处的岸边一块很好的地段上，兴建了贮油和有关装置"。

此外，在西江干线沿岸和支流的交汇点上有许多小港口和停泊口。如佛山、陈村、小榄；北江的清远、英德；东江的石龙等，都是轮、木船往来辐辏之所。有的港口已建成一些较好的码头设施，其中较好的专用码头当推香山小榄镇的成美码头和麦氏学校码头，它们"建筑之费不贷，规模宏敞，上盖木屋，下驾波涛，为一邑码头之钜观"。1906—1910年珠江两岸的繁忙景象如图6。

图6　1906—1910年珠江两岸的繁忙景象

第八节　华商修造船工业的崛起

一、民族造船业的兴起

珠江中游的梧州是造船业发展较早和较有规模的地区。由于航运业的发展，必然促进民族造船业的兴起。早在宣统年间（1909—1911），天和洋行在梧州有8艘内燃机船航行于梧州至南宁、柳州之间。船舶自然需要保养维修，于是天和洋行兴办天和机器厂，修造天和洋行的船舶，并装配180马力柴油机。宣统二年（1910）以后，梧州先后办起"广成兴""广泰隆""安兴""艺兴昌"等17家机器厂，而能够修造船舶柴油机的主要有"天

---

① 湖北省志贸易编辑室编《湖北近代经济贸易史料选辑》第三辑，1985，第105页。

和""广成兴""安兴"三家。其他船舶修造厂,由于资金、设备和技术力量的限制,只能对船舶进行保养,尚不能自行造船,他们只能生产一些小零件和船锚等。

二、华商修造船业的形成与发展

珠江下游的广东造船业较有规模和影响,始于同治十二年(1873)。当时,两广总督瑞麟决定在广州开办一个军装机器局,用来生产枪炮弹药,修造轮船,第二年又在城西增步地方另设一军火厂,也生产军火和修造轮船。光绪四年(1878),两者合称为机器局。该局的兴建颇为迅速,成立的次年,各轮船遇有损坏,已由"该局修葺"并且"工作精良,卓有成效"。光绪五年(1879),该局已"先后制成内河小轮一十六号,派拨东、西、北江分段巡缉"。至光绪九年(1883),又陆续造成内河小轮6艘。光绪十一年(1885)二月,官办黄埔船局动工兴建。翌年春制造出"广元""广亨""广利""广贞"4艘浅水轮。光绪十三年至十四年(1887—1888)又造成"广己""广戊"2艘浅水小客轮。为广东培训了第一代造船技术工人。

在广东近代民营造船业出现以前,先有了民营轮船修理业,它是从修理外国轮船开始的,也只是做些简单的修理。当有了华商的内河轮拖渡之后,修理的业务随之增多,这些作坊开始添置一些设备,逐渐形成机器修理厂的雏形。

据海关资料,光绪二十五年(1899),"本省忽兴船厂七家,建造小火轮"[1]。这些应运而生的船厂有着共同的特点,大都由兼营轮船修理业务的铁工场扩展而来,资本有限,技术设备和业务水平都不够先进,且又都在广州沿省河一带,地方比较狭窄,只能建造内河小轮。它们除了制造小轮外,仍然兼营修理业务。但是,这批船厂毕竟是使用机器制造蒸汽机和修造轮船的近代工厂,而且生意"甚为兴旺"。光绪二十五年(1899),广州一带除原有的轮拖渡外,新投入行驶的华商小轮约达百艘以上,"大半皆由彼处造成,并配机器"。光绪二十六年(1900),华商小轮又新增七八十艘,亦多是"省城装造之船"[2],省城船厂产品质量也被粤海关评价为"极合时宜"[2]。在当时,华商小轮业蓬勃发展,使轮船的修理业务更是旺盛。在各家新兴船厂待修的轮船多达15艘。一些从事轮船修理的铁工铺,也生意兴隆。在光绪二十五年(1899),单是为适应修理蒸汽锅炉的需要,还新开办"机器店四间,专为修理水镬"。

---

[1]《近代中国资产阶级研究》卷二,复旦大学出版社,1984,第133页。
[2] 叶显恩编《广东航运史(近代部分)》,人民交通出版社,1989,第109页。

第八章
民国时期珠江航运业艰难发展

清末民初，西方帝国主义者仍控制着中国海关，中国的航运权也操纵在外国航商手中。他们利用种种特权和技术上的优势操纵珠江航权，控制珠江中下游的水运，排挤和打击珠江民族航运业。

处于西江中下游的梧州港是广西东部的第一商埠，也是两广和云南、贵州物资交流的转运口岸。清末民初，广西内地交通运输仍以水路为主。因此，外国航商仍继续在梧州投资轮船运输，以控制这个广西内河水运的枢纽。从1913年至1924年的12年间，除了1921年因西江发生粤桂战争外轮受到影响外，其余年份，每年外轮都在1 000艘次以上。1913年抵梧州的外轮为1 512艘次，载重38万吨。1924年增长为2 882艘次，载重71万吨。与此相反，1913年抵梧州的中国轮船为2 655艘次，载重37吨。1924年艘次却下降40%，吨位下降14%。可见，这12年间，抵梧州的外轮与中国轮船相比，无论是载重吨位或是航次都占有明显的优势。从1927年至1931年，抵梧州的外轮激增，达13 047艘次、4 243 079吨；而中国轮船只有8 667艘次、1 725 481吨。1931年，广西内河运输在梧州、南宁、龙州三处，共有船舶吨位为1 378 449吨。其中，外轮为886 578吨，占64%。这说明外轮不但控制了梧州水运，而且在广西内河运输中亦占有明显的优势。

第一节 民国时期珠江民营轮运业的兴起与抗争

辛亥革命推翻了清王朝，中华民国的建立在一定程度上为中国资本主义的发展开拓了道路。但是，帝国主义同清政府签订的不平等条约在民国以后并没有废除，中国半殖民地半封建的社会性质并没有改变。因此，第一次世界大战结束后，列强的航运势力又马上卷土重来，这就使得在中华民国初期刚发展起来的珠江民营轮运业，在同国外航商的抗争中，其处境由兴旺逐渐陷入困难与衰退。

一、珠江中下游民营轮运业的蓬勃发展

1911年爆发了辛亥革命，1912年建立了中华民国，在一定程度上缓解了封建生产方式的束缚，为发展民族资本主义创造了条件，珠江民营轮运业获得了蓬勃发展。其主要特点如下。一是轮船数量大增。1912年广东全省注册的民营轮船有897艘、27 628吨，比

1911年的353艘、15 496吨，分别增长了154%和78.3%。到了1921年，广东注册的民营轮船艘数略有减少，但吨位增加，已有船640艘、36 422吨，比1911年还分别增长81.3%和135%。二是广东吨位数较大的轮船迅速增加，成为民营轮运业的骨干力量。据统计，1912年以前，广东很少有500吨级以上的大船，1921年，500吨级以上至千余吨的民营轮船已由1911年的4艘增至9艘，100吨至500吨的轮船更由1911年的9艘增至40多艘。总计100吨以上的轮船共50多艘。这在轮船总数中所占的比重虽不算大，但却占轮船总吨数的1/3左右。三是民营轮运企业大批涌现，规模较大的轮船公司已占重要地位。1921年，在粤注册的民营轮运公司或行号已达580多家，比1911年增长276%。当年，拥有300～500吨轮船的大企业，已由1911年的3家增至14家；拥有500吨级轮船以上的企业也由2家增至11家。这25家较大的轮船企业拥有资本2 252 000元，占广东全省民营轮船总资本的14.2%。这对促进珠江民营轮运业资本相对集中，在与外国航运垄断势力的抗争中逐步改善民族轮运业地位，都有着重要意义。四是新辟众多航线，全省轮运网络基本沟通。1912年，新辟内河轮运航线就有5条。由于新航线的开辟，使原来只在下游通轮的北江、东江已全线通行轮船。此外，原来未通航的贺江、小北江也都有轮船行走。

从20世纪20年代初起，珠江各河流普遍应用内燃机船，遂使珠江河流行轮范围大为扩展，使自然条件可能行轮的河道，绝大多数有轮船行走。至于沿海方面，以广州和江门为中心，新开辟的轮船航线也有6条以上，将旧有分段的短途航线延伸为连贯的长途航线。再加上香港华商经营的和中国北方各口岸来往的华商轮船；以广州、江门、梧州为中心的内河航线，以广州、江门、北海为中心的沿海航线，以及省外通往两广的航线交叉联结，组成沟通华南内地和沿海颇为庞大的民营轮船航运网络。

珠江民营轮运业的蓬勃发展得力于三大民营轮运公司的崛起。1913年，以陈少白为首的广东商人联合华侨和香港华商，集资60万元在广州设立粤航公司，并于同年以54万元将法商省港梧邮船公司合计3 904吨的3艘邮船全数买下，改挂华旗行驶，成为当时珠江水系最大的民营轮运企业。1918年，原三水县西南镇航商梁墨缘与广州协同和机器厂于广州合组粤海航运公司，大胆装造和使用柴油内燃机推动的机动船①。粤海航运公司率先在珠江下游经营内燃机船航运业。由于当时柴油价低，使用内燃机船航运成本低，运费便宜。更为重要的是内燃机船吃水浅，非汽船所能比拟。因此，粤海航运公司的生意兴隆，利润丰厚，在短短的一年时间内就装造了10艘共1 200吨内燃机船，行走广州至江门、三埠、石歧、清远、肇庆、梧州等多条航线②。到1921年前后，该公司内燃机船增至20艘，成为珠江下游轮运界一支生力军。1913年，继粤海公司开辟广州至梧州航线之后，桂商西江航业公司又将原航行梧州至香港的"广威"轮改行梧州至广州线，及至1918年，梧州航商梁树泉将长期称霸广州至梧州航线的英商"西南""南宁"两艘600吨级的轮船买下③，从而宣告了广梧线上外轮定期航线的终结。自1913年之后，不仅法商一直没有恢复省港线的定期轮运，而且，由于第一次世界大战爆发，英商也无力加强省港线

---

① 梁墨缘《粤海公司四十年》，载于《广州文史资料》第3辑，政协广东省广州市委员会文史资料研究委员会，1961年，第46页。
② 广州市地方志编纂委员会编《广州市志》卷四，广州出版社，2000，第228页。
③ 叶显恩编《广东航运史（近代部分）》，人民交通出版社，1989，第182页。

定期航运。在英商保持守势而法商轮船又已退出的情势下，两广商人不失时机地投资省港间航运。1914年安澜公司以一艘165吨的"桂平"轮行驶省港线，不少原行内河的轮船也尾随加入。这一年注册航行该线的民营轮船就有38艘，共计1420吨，大多数吨位在百吨左右。此后，又有一批粤商经营的较大的轮船投入省港线行驶，其中有"遂溪"轮（1231吨）、"薄利"轮（553吨）、"桂华"轮（698吨）、"升昌"轮（887吨）、"南和"轮（874吨）。粤商以较多的中小型轮船挤入省港航线，不仅从根本上扭转过去该航线只有外国轮船行驶的局面，而且还使该线华洋轮运实力的对比发生深刻的变化。据统计，到1921年，挂华旗行驶省港线的轮船近百艘，约计8 000吨，再加上悬挂英国国旗实为华商资本的兆安、源安、志和等公司的几艘轮船，华商经营的轮船，实际吨位已超过英商太古和港澳轮船公司，而逐渐成为一支重要的航运力量。西江下游的航线也有类似的情况。由于四邑轮船公司的业务逐渐占压倒优势，省港澳公司3艘轮船在1914年结束江门至香港线的定期航行，从而削弱了西江下游外轮的实力。在此前后，加入梧州—香港线航行的华商轮船，主要有西江航业公司的"广雄"（683吨）、"广英"（671吨）两轮，还有广祥公司的两艘四五百吨级轮船，以及"中安"（907吨）、"国宁"（507吨）两艘轮船。此外，香港注册的华商资本志安轮船公司也新派出"永安""永固"两艘500吨级的轮船航行。到1921年，在梧州—香港线上，华商轮船企业已有8家，共有13艘轮船、6 266吨。而外商（实际是英商）仅有4艘轮船，计2 000余吨，华商轮船在吨位上亦占明显优势。在这一时期，以珠江口为中心的沿海轮运业也有所扩充，其主要特点是，内港轮船已逐步打破昔日只能在通商口岸至附近小埠间行驶，不能在通商口岸间往来的限制，获得既能行走"内港"，又能在通商口岸间自由航行，即可从事跨区域的长途运输。这就大大激发商人从事沿海长线航运的积极性。民国时期广州珠江船景如图7。

图7　民国时期广州珠江船景

二、外国航运势力的扩张与民营轮运业的衰退

第一次世界大战结束后，外国航商尤其是英商怡和轮船公司在两广的航运势力迅速地恢复和扩张，几年间仅怡和轮船公司便新建5艘大海轮，西江英国轮船公司、天和洋行在香港—梧州线的航运实力也有所增强。据载，从1913年至1924年的12年间，除了1913年因西江发生桂粤战争，外轮受到影响外，其余年份每年外轮都在1000艘次以上。至于日本、美国、法国、荷兰、葡萄牙、意大利、丹麦、挪威、瑞典诸国，在第一次世界大战结束后对两广航运的争夺进一步加强，也基本恢复到战前水平或略有发展。1926年，省港澳轮船公司新造"泰山"轮（1904吨）和"龙山"轮（1898吨）与"佛山""金山"两轮号称"四山"，每日由广州、香港两地对开两班。新造两轮的投入，大大增加英商航运业在省港线上的竞争力。从20世纪20年代初起，省港间的客货运输量迅速增长。为排挤华商轮船获取更大利润，太古公司和省港澳公司达成协议，"四山"载运出洋或转运中国沿海口岸的货物到达香港后，可直接交由太古洋行代理的蓝烟囱公司、黑烟囱公司的轮船转运，无须另行办理托运，较华商轮船优越得多。此外，"四山"依仗其雄厚的资本和先进的技术设备，采取种种手段争揽客货。杀价竞争是英轮压倒华轮的重要手段；其次是利用其船大舱大的优势，在船上设置许多大木桶，用来专揽鱼商托运的鲜活塘鱼。而华商特别是在广州注册的粤商轮船，因船小舱窄，都不能装置这种设备，只好任由外轮将广州出口香港的大宗货物及鲜活塘鱼全数夺去。华商经营的省港客货轮船，船小设备差，一些轮船又没有码头，只能停泊在河面；有的虽有专用码头，但离海关很远，极不方便。而省港澳轮船在粤海关附近商业最繁盛的西濠口有自建码头，又在广州港内白蚬壳拥有巨大的仓库。因此，业务上华商轮船一直处于劣势。曾于第一次世界大战期间发展起来的省港、港梧线华商轮运业又重新陷入困境。梧州—香港航线的情况也与省港线差不多。20世纪20年代初，外轮已加紧对梧州—香港航线的争夺；再加上军队封船、盗匪劫掠，华商轮运业已今非昔比。1923年西江航业公司已将"广威""广雄"等四艘轮船转售给港商，宣告废业；"西南""南宁"两轮也改挂葡萄牙国旗[①]。1926年，英商为加紧争夺该线的客货运输，以吨位较大的两艘新船代替原有的四艘较小的轮船。其中"同兴"轮总吨位1096吨，成为该线最大的客货轮，并装置无线电台，航速很快；另一艘轮船也有789吨。此两轮投入营运后，华轮生意更为清淡，"华商各行业公司均感困难"[②]。1929年，由于生意淡薄和河道不靖，华商轮船竟停航两个月。

1912年，由于外国洋行欲在两广开辟柴油市场，并进而垄断供油权，曾一度低价供应柴油，以致两广内燃机船业得以兴起并取得初步的发展。第一次世界大战结束后，外国洋行为增大超额利润，加紧垄断供油权并操纵油价，它们互相勾结，把柴油价格从每吨30元猛增至80元。与此同时，它们还通过外国人控制的中国海关独揽供油大权。由于柴油昂贵，一些航商只好将船上的柴油机拆下，重新装上蒸汽机，将内燃机船改为汽船。由于外国洋行猛抬柴油价格，致使两广内燃机船航运业不得不收缩。这样就刺激了汽船航运

---

① 张富强等译编《粤海关十年报告（1882—1941年）译编》，广州出版社，1993，第114页。
② 叶显恩编《广东航运史（近代部分）》，人民交通出版社，1989，第196页。

业的兴旺。第一次世界大战后，随着帝国主义国家逐步加剧对珠江流域的经济侵略，洋货大批涌进广东、广西甚至西南内地的贵州、云南等省。珠江流域腹地的土货大量出口，对内对外贸易也继续增进。这为珠江航运业提供较为充足的客货源。客货源的充沛也促使汽船航运业的发展。据海关报表统计，1927年，广州悬挂华旗之小轮贸易，大有蒸蒸日上之势[1]。1928年，广州内河行驶的华商小轮船亦有蒸蒸日上之势。是年，进出广州港的华商小轮船"为十年以来最巨之数"。1929年进出广州港的内河民营小轮达7 210艘、1 335 735吨，较上年又"大有增多"。此时期两广民营汽船航运业的兴旺，不仅表现为数量的增多和航运的活跃，更表现为一些较大的汽船拖带客货驳船开辟长途航线，把轮拖驳运业推向新的阶段。

虽然如此，到了20世纪30年代初，珠江民营轮运业还是呈现全面衰退。主要表现在以下几方面。其一是世界资本主义经济危机与珠江客货源的短缺。1929年爆发的世界性经济危机使主要资本主义国家经济空前衰退，以致其对广州输出贸易大幅度减少；再加上它们纷纷高筑关税壁垒，也严重地影响两广出口贸易。在这一时期，两广对外贸易呈下降之势，客货源日趋枯竭。其二是外轮加强竞争及海关对华商航运业的刁难。为争夺两广有限的客货运输，外轮千方百计加强竞争，以沿海航运的竞争最为激烈。此外，外国人控制的粤海关对外商的船舶出入，明帮暗助，黑幕重重；对华商的船舶，则故为挑剔，令其困难。[2]比如，同时载客，于华商轮船，则往往限制载量，于外轮则"不加限制，无论装客若干，从未闻有处罚等事"。与此同时，还用种种手段限制造船材料、设备以及航运业燃料的进口。其三是苛捐杂税和兵匪骚扰。民国以后，两广军阀政府对航运业除沿袭清代征收年季饷外，还陆续开征船舶契税、步头税、船捐税、水警捐、护航费等苛捐杂税。这样的税卡遍布沿河上下，航运业备受摧残。与此同时，还受到兵匪的严重骚扰。军队"借名运输，滥封民船，留而不返，假以自利"。为避免封船，许多船艇纷纷躲避或干脆停航，以致"四乡交通，近乎断绝"[3]。军运未了匪患又日益猖獗。当时，珠江下游特别是珠江三角洲一带的县镇各地，土匪与官军、豪绅互相勾结，对来往商船任意拦截，勒收行水，"甚至开枪开炮射击，毁船伤命之事层出不穷，华商闻匪色变，民船裹足不前"[4]。其四是铁路、公路网初步形成。这在某种程度上必然与水运展开竞争，特别是以广州为中心的主干公路、铁路，多与水道大体平行，这样就不可避免地要与船舶争夺客货源，使客货源在原已短缺的水运基础上，更是雪上加霜。

总之，珠江民营轮船业从清末民初的逐渐兴旺，到20世纪30年代初则陷入全面衰退。据史料记载，1935年，广东省内河轮运业已呈全面衰退之势；西江中下游的轮运业已陷入艰难的境地。广州香港和梧州香港两条航线的民营轮运也走向衰落。

---

[1] 叶显恩编《广东航运史（近代部分）》，人民交通出版社，1989，第199页。
[2] 郭寿生著《各国航业政策实况与收回航权问题》，上海华通书局，1930，第183页。
[3] 邵雍编《中国近代绿林史》，福建人民出版社，2004，第281页。
[4] 《中華民國六年海關華洋貿易總冊·下卷》，1917，第1011页。

第二节 航道整治与港口建设

一、都柳江的航道维护

珠江上游贵州境内的都柳江，河床多卵石浅滩，航槽容易变化，经常要淘拣维护。1912年，上游三合县境（今三都县）有滑石滩、半边滩等10余处碍航严重。1913年设三合县时，面临河道失修、交通不便的局面，土特产输出，食盐及日用工业品输入均甚困难。1916年年初，县公署认识到"交通不便，进化斯迟，非筹款无以整顿地方，非修河无以振兴商务"，批准县经费局关于征收船捐以维修航道的建议。从主要货种生猪、洋纱运输中，按一定税率征收捐款，并规定船只缴纳挂号费（即船捐）。以上三项年收入千余元，供作航道维修和保卫团警备队开支。下游榕江、下江等县亦征收船货捐税，永从县（后与下江县合并改称上江县）对辖境内河段连年组织疏浚，使"商船畅行无阻"。贵州其他河流也有船捐，有的只是为某次工程筹集或偿还资金，有的用于政府其他开支。都柳江则明确规定只用于航道维修，并取得成效，故认为是贵州开征航道养护费之始。

都柳江的三合港位于都柳江上游，驿路与周围各县相通。清初即成为黔南与广西水陆中转港之一。1912年，该港进口物资有粤盐及百货，出口有木材、粮食、生猪及其他土特产。1927年，自广州购进的贵州第一辆汽车就是经都柳江上运至该港起岸，由陆路辗转至贵阳。次年商行又购货车12辆，也从水路经榕江到三合港。1928年，将上下码头改造连成一体，码头岸线约200米。黔桂公路未通前，三合港为西南交通的主要口岸。

都柳江的榕江港位于都江、寨蒿、平允三江之汇合处，清初已辟为粤盐输入的主要口岸。1912年除粤盐外，日本等国商品上运至该港转输黎平、都江三合等地。出口以木材及林产品为大宗，是流域木材集散中心。1931年木材贸易总额近百万元，仅次于锦屏，居黔全省第二位。粮食也是该港进出口的大宗，由都江、平允、太极镇等地集运至此，再运往广西。过境船舶达千艘左右，年吞吐量五六千吨。

抗战期间，贵州的航道建设有了长足的进步。抗日战争爆发后，后方支援抗战的运输任务日益繁重，尤其是内地交通建设被提到重要地位上来。与水运任务相适应，又得全国水工技术力量云集大后方之利，贵州不失时机地先后对舞阳河、都柳江、红水河进行过较系统的勘察。当时，得力于国民政府水利机关、珠江水利局和华北水利委员会的支持和筹划。红水河就是由粤迁桂的珠江水利局兼办勘察设计；都柳江的勘察和施工筹备都是由华北水利委员会派出人员进行的。这些部门技术力量雄厚，掌握近代治河理论和测设施工手段，有较严密的工程管理体制和程序，因而有力地推动贵州航道工程技术的进步。例如，勘察方面使用近代测绘仪器测量导线、水准和地形，绘制滩险或河段平面和纵横断面图，并开展水文测绘工作；工程方面运用丁坝、顺坝、潜坝等导治建筑物治滩，广泛采用胶质炸药对暗礁施行水下爆破；管理方面推行招标办法等。这些对贵州的治河技术来说是前所未有的，当时在国内也是先进的。

1938—1945年间勘察水道10条，计1 700余千米；整治水道4条，约5 000千米；主要险滩百余处；建成码头3处，规模空前。但是，因抗日战争时期资金紧缺、官吏腐败、时局动荡，使一些工程未能按计划完成。最为突出的是都柳江和红水河的整治虎头鼠尾。

二、珠江中上游主要航道的勘测与整治

清末民初，孙中山先生在广西从事革命活动期间，在他的《建国方略》①中就提出了开发治理西江的宏图大略。他首先提出关于综合治理西江航道，开发水力资源的方针。这一方针对后来西江的开发建设具有重要的指导意义。1915年1月，广东治河督办官员陪同上海浚浦局派来的总工程师海德生等人，由广州乘船抵梧州，沿途调研西江后，根据孙中山先生开发治理西江的宏图，提出了整治西江的具体意见。同年5月，广东省治河处和广西省有关当局派出12名工程师，会同英国工程师葛登，一起对梧州至南宁、梧州至广州、梧州至桂林的河道进行测量。梧州至桂林航道，滩险石多，航行不便。1915年广西省政府建设厅便派工程队在桂江炸礁，历时年余，疏浚险滩35处，使船舶通行较畅。兴安运河（灵渠）是沟通桂江和湘江的枢纽，原有水闸32处，已毁坏4处。同年11月，省政府又派工程队调研灵渠，并将已毁坏的水闸修复，使舟楫可通。

为了做好航道的整治工作，必须掌握水文资料和设置专职部门。因此，1934—1935年，广西省政府采纳有关部门的建议，先后在主要河流沿岸的县镇设立水文观测站（点）共计46处之多，昼夜观测水位、流量、含沙量等水文变化。1935年广西省政府为施工疏浚各航道便利起见，于冬季枯水期直接派工程技术人员分往各地组织疏河工程处，办理航道疏浚工作。次年便在梧州设立疏河第一工程处，"办理桂河及桂平至梧州一段疏浚工作"。在南宁设立疏河第二工程处，"办理黑水河、右江及邕宁至桂平一段河道疏浚工作"，同时设立疏河第三工程处，"办理红水河疏浚工作"。"至龙江及柳江疏浚工作，亦经由省政府分拨经费由庆远、柳州疏河委员会负责办理"②。自1936年11月至1937年4月，广西政府对抚河、邕梧线、邕色线、黑水河、红水河、龙江、柳江、邕龙线均进行了小规模整治。工程主要是炸除航道中的礁石，对险滩进行挖掘，其中以疏浚红水河险滩工程成绩最为显著。第三工程处对红水河自大湾至迁江100余千米航段中的险滩全部进行了疏炸。经疏浚后之航道，交通畅便，对桂中的经济发展十分有利。

1937年7月，抗日战争全面爆发后，客货运频繁，军运紧急。航道不畅严重阻滞了战时运输的进行，各江航道的整治又一次被提到议事日程上来。上至中央国民政府，下至省、县政府及各水利专门机构都纷纷行动起来。国民政府拨款疏浚梧桂水道，委托珠江水利局负责疏浚邕梧、邕色、邕龙等航线。其他支流航道，如融江、红水河、绣江等，则分别由广西省政府设处，或华北水利委员会、珠江水利局负责测量疏浚。据资料记载，抗战时期主要整治了以下一些河流航道。一是桂江的梧桂航线。该航线是珠江水系经灵渠与长江水系相通的主要航道。抗战爆发后，因军运需要，国民政府经济部拨款15万元疏浚灵渠，由省政府设工程处办理第一期工程，于1938年12月完成。第二期工程由湘桂水道工程处接办，亦于1939年年底完成。1940年继续对湘桂水道桂林至平乐一段加以局部的整理，进行炸礁、疏浚、建引水堤坝等工作。工程竣工后，民船航行已较前顺利。1941年洪水期间，浅水轮船从平乐即可上驶桂林。二是自柳江至桂平的区段。1939年3月，华北水利委员会与广西省政府分别在石龙设立柳江工程处和事务所，开展对柳州至石龙段的疏浚工

---

① 孙中山编《建国方略》，华夏出版社，2002，第193页。
② 《广西航运史》，人民交通出版社，1991，第137页。

作。完成一部分工程之后，因越南被日军侵占，出口物资改道上游融江，通过黔、滇衔接滇缅公路，融江成了水运要道，急需疏浚航道。柳江工程处和事务处即迁往融县。1940年冬开始对融江航道进行测量、设计，翌年春动工。至同年10月已耗资40余万元，完成工程量的1/3。是年12月8日，太平洋战争爆发，国际通道被堵，融江的疏浚工作也因此停顿。三是梧州至南宁河段的水道。这条水道历来是广西境内的运输干线。1938年西南运输处曾一度拨款疏浚，并于1939年由珠江水利局负责办理。梧邕航道经疏浚后"航行较前顺利，夏间水涨时拖轮可直接上驶邕宁"。四是邕龙水道。广州沦陷后，出入口物资改走此水道直抵越南，是一条对外的安全、便捷通道，"商旅多绕于此"。1938年珠江水利局负责疏浚，第一期工程于1939年春完成。同年11月南宁沦陷后，航路中断，第二期工程被迫停止。不久，太平洋战争爆发，左江水道失去其战略地位，整治计划亦被废弃。五是绣江即北流江。南宁沦陷后，经绣江航道转运广州湾的出入口物资日益增多。1940年5月，广西省政府拨款并委托珠江水利局组织扒沙队施工疏浚，同年7月结束。

总之，从民初至抗日战争期间，广西当局为了经济发展支援抗战，对珠江中、上游的主要航道进行整治，水运一度繁荣，使航道治理转向采用新技术方向发展。

三、珠江下游航道整治

中华民国建立后，国民政府曾计划对珠江水系各河道进行测量整治。1919年以前进行测量阶段，1920年以后开始作出局部计划和部分施工。广东治河委员会成立后，在两广设有雨量站29处，流量站30处，水位站84处，含沙量站4处。该委员会计划用15年的时间对西江进行建闸筑堤和疏淤，并改良广州进口水道，改善珠江前航道，疏浚陈村水道，修建黄埔港，还计划用4年时间分别对北江、东江进行建闸筑堤[1]。广东水利局成立之后，又制订多项整理河道计划和开展实施勘查，且有部分工程付诸实施，主要是进行河道的疏浚。一是石歧港口河道的整治。1936年成立疏河委员会并负责筹措经费。主要是对过往船只，不论客货和船主都需征收一定金额的治河费，共筹得毫银44 000余元。该河道的重点整治工程于1936年9月开始施工，共计挖出土方16 000余立方米。二是整治江门河。1937年挖去土方20 000余立方米。河水的深度由原来的2米浚至4米。三是陈村水道的疏浚。1931年由广东治河委员会组织陈村浚河委员会施工疏浚。经过几个月的施工取得一定的成效，"航行者已渐见便利"[2]。四是甘竹滩炸礁工程。1937年由黄埔开埠督办公署组织施工，后因广州沦陷未能完成。五是芦苞涌的建闸工程。1921年至1923年先后多次施工，建成芦苞闸。该闸采用"土通离"式横排齐列六度闸孔，每孔宽10米，当中有一个宽约25米的溢流孔。但此项工程的质量存在一些问题，即每个汛期过后，都在滩水面末端出现深潭。因此，只好每年投放大量的石块予以填补。1934年至1935年又继续整治[3]。

---

① 叶显恩编《广东航运史（近代部分）》，人民交通出版社，1989，第251页。
② 叶显恩编《广东航运史（近代部分）》，人民交通出版社，1989，第253页。
③ 《中国水利史稿》卷三，水利电力出版社，1979，第412页。

抗战胜利后，广东有关当局拟疏浚陈村水道和重开沥滘航道。陈村水道在抗日战争前曾略有疏浚，但收效不大。1948年7月，以广州轮船业公会及工商航运业公司为首，再次组织疏河委员会，发起疏浚陈村水道。为了筹集经费，提出各轮渡客货运价附加一成作为疏河经费，但遭到商人强烈反对，联合向省政府控告。当时省主席宋子文慑于各方面的压力，下令撤销疏河附加费，疏浚陈村水道遂告流产[①]。沥滘航道原为主航道，不但航路较短，水深也较三枝香航道深。第一次鸦片战争时，清军为了御敌曾用排桩大石筑坝封锁航道，以后一直未能排除。因此长期以来，来往轮船只能航行三枝香，甚为不便。1948年年初，国民政府以水利部名义指令珠江水利总局疏浚虎门至广州水道。由于经费不足，珠江水利局只能疏理广州至黄埔的沥滘航道。重开沥滘航道的工程于1948年9月开始，首先清除沥滘石坝，共挖石4 326立方米；接着浚深沥滘航槽，共挖泥267 025立方米，于1948年年底完成。疏浚后的水道航槽宽70米，水深至最低水位下4.57米，边坡1∶4，全部工程费用为35 000美元[②]。1949年1月正式开放沥滘水道。从此大大便利轮船的航行。2 000吨级轮船可不须候潮随时进入广州内港，航运效益也大为提高。

珠江水系的河道经过治理，对航运、航商都有利，取得了一定的社会效益和经济成效。但由于历史条件的限制，加之经费不足，各地河流的治理都不十分完善，更没有做到"熔灌溉、防洪、水道、水力于一炉，全盘计划，逐步实施"，存在着"支离偏枯之弊"。

四、主要港口建设

到清末为止，广州港的布局以及与港口相适应的码头和仓库等设施，已构成一个与都市相结合的近代港口。

民国建立后，国民政府曾对黄埔港和广州内港进行过重点建设，但工程进度一波三折，效果不佳。黄埔港位于广州市东南侧，珠江口内。孙中山先生在《建国方略之二·实施计划》[③]的第三计划中，曾提出要将黄埔港建设成中国南方的世界大港，作为中国三个头等大港之一。1925年以来先后组织了几个机构负责制订黄埔港口计划和筹集建设资金等具体工作，后因北伐战争，这项工程暂时搁置起来。1930年9月开始，广东治河委员会又一次组织测量队，调查测量黄埔港。经过两年时间完成测量并确定了黄埔港区范围，但此项工程尚未开工便告中辍。1936年10月，广州市政府组设"黄埔开埠督办公署"，继续进行港口工程计划和筹措资金，并重新制定《黄埔开埠计划大纲》。1937年4月，广州市府决定发行200万美元公债，作为建设黄埔港资金，而"黄埔督办公署"亦旋与荷兰治港公司签订合约。从这一年4月至翌年8月止，先后完成了第一步、第二步的疏浚工程，建成了钢质货栈两座，三层钢筋货仓两座，钢板桩堤岸式码头400米。此外，黄埔铁路支线和黄埔大道的工程也分段修筑了路基、桥梁、涵洞，并且从西村至石牌的铁路已经通车。抗日战争爆发，未完成的港口工程被迫停顿。

---

① 叶显恩编《广东航运史（近代部分）》，人民交通出版社，1989，第340页。
② 叶显恩编《广东航运史（近代部分）》，人民交通出版社，1989，第341页。
③ 孙中山编《建国方略》，华夏出版社，2002，第187页。

广州内港是中国对外贸易的重要港口，但港口建设很差，以致货物起卸延搁时日，较大的海轮又不能直接入港，从而影响对外贸易的发展。1930年5月，选定广州河南洲头咀一带为建筑内港地段，计划分为筑堤、填地、辟路、筑码头、建货仓五项。筑堤填泥工程于1930年8月开工，计划三年完成，但直至1934年才接近完成。1936年广州市政府又成立"开辟内港设计委员会"，继续完成原计划未竟部分。

架设海珠桥、疏浚后航道和修筑省河南北堤岸，是改善广州港交通条件的重要组成部分。海珠桥于1929年开始筹划和建设，1933年2月建成通车。后航道于1932年开始炸礁；1936年4月开工疏浚挖泥；1937年将未完成的工程移交"黄埔开埠督办公署"办理[①]。后因广州沦陷而停工。

第三节　航政管理机构的设置和演变

明清两代，珠江航政没有专职的管理机构，至中华民国初期，两广才有专司航政的机构。但航政主权自鸦片战争之后至20世纪30年代为外国人掌握的海关理船厅控制。

广西的航政管理在1927年以前未设立专门机构，来往梧州、南宁、龙州的轮渡概由海关兼管，民船则由各地县政府随处设点征收船捐。广西省政府建设厅于1927年2月在梧州正式成立广西航政局，翌年4月在南宁、柳州、桂平、龙州、百色等地设置航政分局。同年8月，省建设厅以航政总局设在梧州"离本厅遥远指挥不便"[②]为由，将总局迁往南宁，另设分局于梧州，原各分局均改称航政办事处。1928年5月航政总局被裁撤，"将整理航务事项归并各税关办理"，另"设治河工程处专理治河工程事宜"[②]。1933年成立广西省航务局，办理船舶的检验丈量、船员登记、牌照税的征收等事项。1934年7月，因省财政拮据又遭裁撤。该局业务归省饷捐局设科办理，并在南宁、柳州、桂平、桂林、贺州、长安、百色、龙州设民船牌照征收处或代办处。

抗日战争爆发后，1937年9月，于梧州又重建广西省航务管理局。主要掌握："1.关于管制训练全省轮船拖渡民船事项；2.关于办理全省航政事项；3.关于统一全省轮船拖渡营业事项；4.关于指导管理修理厂事项。"同年10月该局根据业务情况的需要，在南宁、柳州、桂平、桂林分别设立办事处。1938年7月广州沦陷前夕，广州航政局移设梧州。1943年1月，广州航政局改称珠江区航政局，是年4月，广西省航务管理局改称广西省船舶管理处。

抗战胜利以后，广西省船舶管理处的名称仍然沿用了一段时间。1947年3月，广西省政府以"政费不敷"为由，将船舶管理处予以撤销，其业务移交"三区专员公署"办理；桂林、南宁、柳州、桂平各分处，则移交各县政府办理。广州航政局梧州办事处，作为西江中、上游航政方面的管理机构，其活动一直维持到梧州解放。

广东省自1912年在省交通司内设立航政课，翌年交通司改为全省地方交通管理处，

---

① 叶显恩编《广东航运史（近代部分）》，人民交通出版社，1989，第247页。
② 《广西航运史》，人民交通出版社，1991，第155页。

负责管理航、路、邮、电四个方面的工作,并在全省设立16个航政分局,其中属珠江水系的有10个。1912年10月,又改由内务司附设交通局,委任路政、航政两总管,分掌路、航事务,并撤销各地的航政分局。1914年再改组成立航政总局,专管航政事宜,由财政厅直辖,并在1916年次第恢复9个航政分局,其中属珠江水系的4个。1925年12月,裁撤广东航政总局,同时,在省建设厅内增设第五科主理航政,并在全省设立12个航政局,其中属珠江水系的有7个。

两广港航事权由海关理船厅代管,肇源于清朝光绪十年(1884),实现于光绪二十四年(1898)。理船厅"所掌职务,为指定建筑码头、驳岸,稽查出入船只,考验船员证书,勘定轮船吨位,检查浮标,指示航路,选用领港,管理火药暨爆烈物储藏所、防疫所、守望台、水巡等项事务"[1]。中国的航政主权操纵在外国人手里,曾激起了两广人民特别是航商们的多次抗争。1930年广东省建设厅正式向省政府呈报了《本厅收回海关理船厅提议书》,经过广东省政府第五届委员会第六十六次全体会议通过之后,由省主席林云陔亲自与海关总税务司交涉,正式接收了粤海关船厅航政事权,结束了由外国人管理航政的历史。这是两广人民斗争的胜利,也是广东地方政府自行行使港口船舶行政管理主权的第一步。斗争仍在继续,因原理船厅的职权并未全部收回,特别是关于航道管理和船舶指泊权仍未能收回。

1936年9月,国民政府交通部广州航政局正式成立,负责广东、广西、福建三省航政管理。接管了原广东省港务管理局的工作。"将海商法规定的船舶,收归管辖,其余仍由厅(指建设厅)辖之各船务局、所管理。"[2]由于当时广西尚未听命国民政府,仍由广西航政局自行管理。广州航政局实际仅管辖广东、福建两省航政。

抗日战争直至广州解放前夕,珠江水系及广东航政机构再次经历了多次变更。1938年10月广州沦陷前夕,国民政府交通部广州航政局迁至广西梧州后,明令撤销广西航务管理局,实行两广航政统一管理,并设桂平办事处,负责管理广西境内西江干支流;设立肇庆办事处,负责管理西江下游及广东南路沿海水系;设立河源办事处,负责东江和韩江;设立曲江办事处,负责管理北江水系。1943年1月,广州航政局奉国民政府交通部之命,改组为珠江区航政局,管辖范围不再包括福建,仅限于两广。1944年10月,日军进犯梧州,该局被迫迁至百色,已无航政可管,下属各办事处亦因日军占领而解体。同期,日军占领区也设立了日伪航政管理机构。1940年,由日伪"广州维持会"控制设立"广州民船总会",管理广州及附近珠江三角洲各地民船。1941年7月,汪伪南京政府交通部在广州设立"广州航政局",并在番禺、中山、南海、新会等地设立分支机构管理船舶事务。1945年8月日本投降,9月珠江区航政局由百色迁回广州。1946年3月,国民政府交通部又将珠江区航政局撤销,恢复成立广州航政局,仍然统管广东、广西、福建三省航政事宜,下设桂平、梧州、江门等办事处,直至全国大陆解放。

---

[1] 陈柏坚、黄启臣编著《广州外贸史》卷二,广州出版社,1995,第189页。
[2] 《本厅收回海关理船厅提议书》,载于《航政特刊》,1931年9月。

第四节 海员大罢工与抵制英国航运

清道光二十年（1840）鸦片战争后，外国资本家为了倾销商品，掠夺原料，利用强加给中国的不平等条约，开始在沿海甚至在内河通商口岸举办航运业，设立船厂，建立轮船公司，开辟外洋、中国沿海及内河航线。中国民族航运业在外资航运业的刺激下也得到发展，伴随外国航运势力的入侵和民族航运业的兴起，产生了香港和广东的海员工人，队伍得到逐步壮大。他们从诞生之日起就受到外国资本家的残酷剥削和压迫。在外国轮船上工作的中国海员，一般只能从事低级的劳累工作，如水手、生火、加油、厨工等，每日工作在12小时以上，有时甚至长达18小时，而每月所得工资一般只有13元至15元。其中，香港海员的工资最低，生活费用昂贵，物价不断上涨，致使不少香港海员"丝毫无能力积蓄，所以家庭供给时不能济，因而卖妻鬻子者往往有之"①。

1919年12月，来往香港至珠江内河航线的海员工人罢工，提出增加工资的要求。这次罢工使15艘轮船不能开航，从而迫使资本家接受海员的要求。第二年，一艘在英国轮船上工作的香港海员在苏兆征带领下，开展了反对包工头无理殴打海员的斗争，取得了胜利。在残酷的现实生活和斗争实践中，海员工人的阶级觉悟和民族意识又有了提高，感到有必要组织起来，谋求海员工人的切身利益。于是，海员中的活动分子林伟民、陈炳生、翟汉奇、邝达生等于1920年12月初商讨组建海员工会，中华海员工业联合总会（以下简称"海总"）1921年4月6日在香港正式成立②，在上海、广州、汕头、香山皆有分会；孙中山广州军政府派议员王斧为代表前去祝贺。中华海员工业联合总会是中国海员工人第一个工会组织，也是中国最早的产业工会组织之一。

1921年8月，"海总"正式向轮船公司提出三项要求：1.增加工资；2.工会有权介绍海员就业；3.签订雇工合同时，工会有权派代表参加。声明以60天为答复期限。然而，各轮船公司对于"海总"提出的这些合理要求均置之不理。同年11月再发出第二次要求加薪信，信中措辞比较强硬，要求各轮船公司一个月内答复，如无答复，即举行罢工。第二次要求答复期限已过，仍然没有反应。1922年1月3日、6日、9日，在华民政务司内先后举行三次谈判，但都无结果。1922年1月12日爆发了香港海员大罢工。当日下午开往广州、江门、澳门、梧州等地的轮船和停泊在港口的英、法、德、日、荷、美等各国远洋轮船的中国海员与外籍船员握手告别，举行罢工。香港海员工人乘火车回广州，得到广东省政府和各工会的热情支持。一周后，罢工轮船增至123艘，人数增至6 500人。同年2月9日，中国共产党广东支部发出《敬告罢工海员》的重要文告，号召工人坚持到底，团结一致，严守纪律，注意自治。同时，在广州成立"香港罢工后援会"，领导广州工人和援助香港海员的罢工斗争。在中国北方，京汉、京绥、陇海、津浦等各路铁路工人热烈响应，成立了"北方后援会"，从物质上、精神上支援罢工斗争。二月中旬，罢工的船只共达166艘182 404吨，其中英国船82艘58 368吨，中国船36艘30 166吨，日

---

① 卢权编《耕耘集》，广东人民出版社，1994，第11页。
② 邓中夏著《中国职工运动史》，人民出版社，1949，第46页。

本船 15 艘 36 474 吨，荷兰船 11 艘 14 529 吨，挪威船 7 艘 8 798 吨，法国船 4 艘 3 053[①]。海员罢工前，"海总"已与香港 12 个工会团体签订了协议（即所谓"十三太保联盟"）"若延迟过久仍不解决，则联络各行各业一致罢工，以为后盾。"同年 3 月 2 日全港工人举行总同盟罢工。面对日益发展的罢工斗争，港英政府不得不坐下来谈判。3 月 5 日双方在香港签字，3 月 8 日"海总"发出复工通知。历时 56 天的香港海员罢工，以取得重大胜利而宣告结束。这次罢工，在中国工人运动史上，或者在中华民族解放运动史上，都有着极其深远的历史意义。

1925 年 5 月 30 日，上海"五卅"惨案后，为支援上海人民反帝斗争，香港工人在中国共产党人的组织发动下，于 6 月 19 日爆发了罢工，香港罢工第三天，广州沙面的工人也爆发了罢工，统称省港大罢工。到 7 月 23 日，香港回广州罢工的工人达 33 700 多人，其中海员工人 6 000 名。"由于海员离开，航运中断，很多英国沿海贸易船及海洋轮船被迫湾在九龙湾，而'亚细亚皇后'号，抛锚在海洋中，不能按时间表到达。"[②]

省港罢工是为了"反对帝国主义，求得民族解放"的政治斗争。为保证罢工斗争的顺利开展和坚持下去，设立了罢工工人代表大会和罢工委员会。海员工人苏兆征被选为罢工委员会委员长。海员工会和内河工会的领导人都成为省港大罢工的骨干力量。

随着罢工斗争的深入发展，中国共产党广东区委员会和省港罢工委员会以及省港罢工委员会顾问廖仲恺等共同商讨后，于 1925 年 7 月提出一种"特别证"制度，确定了"单独对英"的原则，"凡不是英国货英国船及经过香港者可来广州。"[③]

"单独对英"原则公布后，各国轮船公司纷纷请求与广州通航。广东与上海、南洋、欧洲、北美等地的航线迅速恢复，据外国人写的报道："广州从未听闻航运业有这样繁荣。我到达广州那一天，黄埔与广州之间，有 27 艘海洋定期轮船。平均每日有船 30 艘在港口。这些船是中国、日本、挪威、丹麦、法国的"[④]。广州港口实际上增加贸易，粤海关的税收也一度剧增。

英国本土和香港的航运业都受到沉重的打击。当时香港总商会报告称："未罢工以前，中国所有海岸商埠及广州、汕头多处之运输业，皆操诸英人之手中，但现在则完全非我所有矣"。由于罢工坚持抵制英国货和英国航运，以致经香港出入口的货物大量减少。英国众议院也不得不承认：自省港大罢工之后"英国商业现遭着空前的损失"。

省港大罢工于 1926 年 10 月 4 日胜利结束。同月 13 日，广州与港澳间的交通完全恢复。在历时一年零四个月的省港罢工中的海员组织做出了卓越的贡献，涌现出一批工人运动领袖和积极分子。

---

① 邓中夏著《中国职工运动史》，人民出版社，1949，第 47-48 页。
② 叶显恩编《广东航运史（近代部分）》，人民交通出版社，1989，第 263 页。
③《中国工人运动的先驱》卷二，工人出版社，1983，第 94 页。
④ 广东哲学科学研究历史研究室编《省港大罢工资料》，广东人民出版社，1980，第 803 页。

第五节 日本侵略军占领下珠江航运的苦难

一、日军封锁下珠江航运陷入困境

1937年7月7日，抗日战争全面爆发。是年8月26日，日本海军强行封锁中国沿海及珠江。1938年10月11日，日本侵略军集结部队4 000余人，舰艇数十艘，飞机500余架，在南海大亚湾强行登陆，经淡水镇、惠阳、博罗、增城、石龙等地猛扑广州，10月21日广州沦陷。到1939年春，以广州为中心的日军占领区已扩展到东起深圳，西达三水，北至增城，南抵江门、中山的整个珠江三角洲地区。同年2月4日，日军宣布封锁珠江及沿海，禁止各国船舶进出。自此，珠江从梧州至广州、香港、澳门的航运中断。封锁珠江给西江航运带来直接影响。首先是对外贸易运输线路不得不改由越南、广州湾转道出入。其时，日军尚未侵入广西境内，梧州以上各江运输甚为繁忙，运力已感不足。这时，广东过剩的船舶开入梧州，便分租给广西航运业联营社，以加强珠江中上游的运力，抢运从越南及香港经湛江转入的重要物资。其次是从西江中、上游到广州、香港的水路运输受阻中断。虽然如此，梧州等地的船只尚可抵肇庆，而且珠江西岸一带的城镇和乡村并未陷落日寇手中，尤其是珠江三角洲的三埠、沙坪等地位居交通要冲，一时间，水运呈现繁忙景象，竟还得到了一定的发展。再是由于武汉、长沙失陷，长江水路梗塞，湘桂铁路尚未正式通车，梧州遂成为洋货进口及川、滇、黔各省土特产外销的主要集散地。为利吸引，各地行商驱使船工冒着敌机轰炸和敌舰封锁的危险，由梧州把土特产载船分批运往肇庆、三水、广海，偷渡日伪封锁线输往港澳；或经肇庆至沙坪，偷渡九江封锁线输往广州出售，并入港澳或广州采办内地紧缺的商品返回梧州内地经销。这种分散走帮、往返经营的方式，一直延续到1944年。

1939年11月下旬，南宁失守，广西东西两面受敌，西江下游遭封锁，上游被拦腰截断，梧邕航线已不能通航，而绣江、桂江又因滩多水浅，轮渡难以涉足。因此，梧贵、梧浔、梧柳三条航线遂成为联结前线与后方客货军运物资的重要通道。从1939年12月起，中国军队与日寇展开桂南会战，翌年10月收复南宁，未几，日寇全部退出广西，梧邕线恢复通航。日寇第一次占据桂南期间，珠江中上游的出入口物资多经玉林、广州湾一线转运，藤县之北的绣江遂成水运要道。桂南会战后，随着梧邕线这一西江运输主要通道的恢复，轮驳货物运输又繁忙起来。当时的大宗货物运输主要是盐。广州沦陷、西江被封锁后，江门、广州来盐骤然断绝。1939年春夏间，各地盐商纷纷寻找新运盐路线。首先是选择从珠江口以西的双恩盐场、电白盐场、乌石盐场经阳江、阳春陆运到肇庆，再沿江而上运抵都城、梧州的运输线，该线运量颇大。其次是选择从乌石盐场运至合浦党屋、玉林船埠再沿绣江运至藤县，东下梧州，西上桂平的运输线，该线"成为整个抗日战争时期梧州盐业最主要的来源"[①]。

1941年12月，太平洋战争爆发，沿海复遭日军封锁，西江货运更趋稀少，军运频繁，盐运更成困难；客运因公路多遭破坏，水运成了来往旅客的唯一快捷通道。1944

---

① 丁长青编《民国盐务史稿》，人民出版社，1990，第369页。

年，日寇在太平洋战场上节节失利，不得不从东南亚战场上求得脱身，以作保卫本土的打算。是年夏，日寇共分三路从衡阳、广东及北海口岸进犯广西，西江沿岸城镇纷纷失守沦陷。9月30日，日寇占领梧州，10月11日又占领桂平，11月南宁、柳州、桂林相继陷落日寇手中。梧州沦陷前夕，沿江的中国轮渡一面负责军运，一面向上游撤退。撤退的船舶大部分驶入黔江、红水河，少部分迳向右江，分别疏散于隆安、田东、田阳一带河面。至此，西江全线航运业深陷困境。

二、珠江三角洲航运遭受严密控制

日寇侵占广州及珠江三角洲部分地区后，掠夺大批民船，但民船无人驾驶，遍江狼藉。再加上日寇的严厉封锁，使昔日繁盛的珠江下游停航达四个月之久。随着战争形势的变化，日寇除依靠汉奸走狗维持秩序之外，还开始转向恢复社会经济，以便加紧对华南人力、物力资源的掠夺。1939年春，日军总部下令恢复广州和珠江三角洲水上交通，以达到"安定民心""以战养战"的目的。日寇打出将船舶归还给华商或船户的幌子，暗中却指使卖身投靠日军的航商出面在广州筹组"广东民船总公所"，企图监督和操纵民间的水上运输。为使航商、船户就范，"广东民船总公所"在筹建过程中，日伪派出爪牙分赴沦陷各地，强迫流亡的航商、船户到"广东民船总公所"登记，领取牌照复航，如不按时登记领牌复航，船舶予以没收。与此同时，日军派出舰艇，深入珠江三角洲水网巡察。在顺德、中山水网最密集之区，更委托当地大天二（即土匪头子）为"救国军"大头目，协助日寇检查来往船只，对无牌行驶的船只予以扣留或科以重罚。广州沦陷区大部分航商、船户迫于生计，不得不加入"广东民船总公所"领牌开航。该所辖下的民船，随时为日军征用，运送兵员和军用物资，也从事一般客货运输，主要行走广州至珠江三角洲水网一带航线。

广州沦陷初期，日寇出于军事目的严密封锁珠江，不独华商轮船，外国轮船也不准航行省港、省澳航线。1939年2月起，出于外交关系缘由，日军当局始准英国、法国几只小兵舰来往广州、香港，"载运食品等物，以供沙面洋人之用"[①]。在日寇当局种种阻挠下，英、葡两艘轮船业务不振，日商轮船在省港、省澳运输中居于垄断地位。1941年年底，日寇占领香港后，英、葡两艘轮船被没收或接管，至此，日寇独占省港、省澳航运。香港沦陷后，日寇在华南的军事运输不断增大，于是1942年秋起，只能以木质机帆船投入省港线行驶。到1943年夏，航行省港线的日本木质机帆船共有132艘，其中50吨级的33艘，100吨级的81艘，200吨级的13艘，不知吨位的5艘[②]。

第六节 西江和北江航运在抗日战争中的重要作用

抗日战争全面爆发后的次年深秋，广州及珠江三角洲各地相继沦陷；与此同时，华南

---

① 关其学编《中国对外经济关系》，广东高等教育出版社，1988，第42页。
② 叶显恩编《广东航运史（近代部分）》，人民交通出版社，1989，第280页。

抗日军民分别建立了西江、北江、东江抗日游击根据地，坚持抗日战争。西江肇庆以上成为西南大后方的交通运输线，尤其是北江为广东省战时省会韶关的主要供应线，在极端艰难的条件下，仍然保持与珠江三角洲的水运联系，有力地支援了抗日战争。

一、西江和北江成为大后方交通动脉

1938年10月21日广州沦陷后，广东省政府于次年2月北迁韶关。西江和北江成为大后方交通大动脉。日寇进攻广州前夕，广州航政局西撤梧州，并指令广州及珠江三角洲地区各类船舶向各江中上游撤退，当时向西江撤退的大小轮船200余艘[①]。三水失守后，这些轮船集中于肇庆、梧州间的河面上。由于航线缩短，航运难于正常开展，大量船员失业，生计无着。广州航政局为"救济失业船工"和调剂各船营业，更为维持肇庆、梧州间的军事运输，于1939年1月组建西江航业战时服务社，总社设在梧州，分社设在肇庆，并规定凡原定期行驶三水以上的轮船、轮船拖渡和驳船一律参加服务社。西江航业战时服务社的业务以军运为主，兼及普通客货运输。按照军事当局的指令，该社抽出大部分船舶，组成军运船十组，专门负责肇庆、梧州间的军公物资运输。有些较小的船舶也常载运军队或军用物资行驶梧州以上河道。西江航业战时服务社自从成立之日起至梧州沦陷止，军运"从未一日停顿"。该社所属船舶，不仅在维持后方军运方面起了重要作用，而且还担负着西南地区需要的大量食盐、进口商品以及出口的大批土特产的运输。

抗战期间，广西省为加强对水运的管制，以适应战时需要，先后成立了广西省船舶总队、驿运管理处水运总段和广西省航业联营社等。这些机构生存时间各有长短，贡献各有大小，但对团结抗日、支援前方都起过不同程度的重要作用。

战时，贵州省所需的军事物资和民生食盐，主要由都柳江输入；出口的土特产和矿产也主要由都柳江输出。1939—1945年，都柳江承担军需品和军粮任务相当频繁，是军政部与交通部组织运输的重点河流之一，为柳州至贵阳间水陆联运的必经之道。

抗战期间，西江、北江、东江三江退入后方的各式船舶，多因吃水较深，只能在深水河段行驶，上游船只十分缺乏。在军商运输不断增大的情况下，增造浅水轮船和木船是维持大后方交通的关键环节。为此，贵州、广西、广东三地民办木船厂纷纷设立。例如，1939年国民政府交通部指令在柳州设立西江造船厂。广东军政当局在鼓励民间造船厂的同时，也根据国民政府的指令，于1940年初设立曲江造船所。该所以制造木船为主，兼造浅水小轮船。在木船装造上，曲江造船所与川江（重庆）造船所，同时成为当时全国两大战时造船所。1943年以上两造船所又改组为交通部造船处，承造中央和省属各机关所需木船。6年间，两所共造出木船2671艘、42 914吨[②]。

二、大后方的水陆联运

抗战头年，军政部即着手调查由梧州经贵阳至重庆的运输线，以及贵州全境的水陆交

---

① 叶显恩编《广东航运史（近代部分）》，人民交通出版社，1989，第289页。
② 龚学遂著《中国战时交通史》，商务印书馆，1947，第261页。

通。1938年7月,行政院第372次会议作出整理湘、桂、黔水道的决定,责成经济部办理航道开发,交通部统一组织水道与公路联运,并要求三省配合。这是国民政府倡办西南地区联运之始。1938年10月,国民参政会第二次会议及行政院召开的全国水陆交通会议,都强调充分利用民间运输工具,增进货运,弥补汽车运输之不足,并归口由交通部专设机构统一筹办。为此,先后开办的水陆联运线有贵阳—三合—柳州线等五条路线。虽也存在不少问题,但比起早期的水陆联运,无论在质或量的方面,都有新的发展,不同程度地发挥了作用。例如黔桂水陆联运线。1939年,大量外援物资经南宁进口运往重庆,选定取道柳州水运至三合(今三都),再由三合陆运经贵阳抵重庆。当时的水陆交通条件均不适合,国民政府交通部采取两项紧急措施,一方面在柳州设立西江造船处,增加柳江、都柳江水路运力;另一方面赶修由三合往贵阳的公路。西江造船处自1940年初至次年5月共建造木船742只,总载重量3 907吨,平均吨位5.26吨,能行驶中上游河段者占大多数。柳州至三合航线的运输,有赖这批新造木船。这条联运线除运输军需品外,尚有资源委员会经营的锑、镍、锡、汞、桐油等货种。1940年下半年开办联运之初,运量合计5 000余吨、300余万吨千米;次年增至17 000余吨、950余万吨千米。三合成为黔东南的主要中转港,引起了日寇注意,1940年9月10日,敌机数架首次飞临三合上空侵袭滥炸。1942年铁路修通至独山,黔桂水陆联运被铁路与公路联运所代替。此后,黔桂边境水运逐年减少,转向低潮。

广东省政府北迁韶关之后,为了维护粤东、粤北社会经济生活和大后方的物资供应,开展以韶关为中心的水陆联运。主要的水陆联运交通线有三条:一是韶关、岐岭、汕头线,二是韶关、惠州、沙鱼涌、九龙线,三是韶关、沙坪、三埠线。

第七节　抗日战争胜利后珠江航运的荣枯瞬变

一、战后珠江水系航运迅速恢复

抗战胜利后百废待举,铁路和公路还来不及修复,水路运输就成为唯一快捷的交通渠道,珠江水系各航线船舶迅速恢复营运。西江下游和珠江三角洲的民营轮运业恢复最早也最快。最先复业的是利源航业公司。1945年底至1946年初,陆续有不少轮船公司恢复航运。其中主要有珠江、粤桂、两广、荣利、粤海、中兴等航业公司。至1946年4月,以广州为中心的20多条航线已恢复轮运业,投入各类轮船达134艘,其中汽轮船65艘,内燃机船13艘,拖驳船56艘,机帆船15艘,航线遍及西江、北江、东江和珠江三角洲干支流,甚至远达中上游的南宁、贵县、柳州等埠。

1946年,广西定期航行梧州至上下游各港埠的客货内燃机船达88艘,其中梧州至香港12艘,梧州至广州9艘,梧州至江门1艘,梧州至肇庆1艘,梧州至都城2艘,梧州至百色4艘,梧州至长安1艘,梧州至南宁18艘,梧州至柳州7艘,梧州至贵县12艘,梧州至石龙3艘[①]。广西全省的机动船舶,据统计,1947年3月,共有96艘、5 802.68载

---

① 《广西航运史》,人民交通出版社,1991,第172页。

重吨。1946年,全年机动船舶客运量达499 597人次,客运周转量16 238 586人千米;货运量263 431吨,货运周转量100 074 072 吨千米。1946年末,全省各江木帆船共有8 662艘,总载重量102 343吨,分别为1941年的62%和66%。

北江和东江的民营轮运业也恢复较快。抗战胜利后,粤汉铁路一时尚未修复,于是北江在1945年冬至1946年春两季之间,"航运一时勃兴"。当时新建的航业公司有8家,最主要的是亚东航业公司,拥有小轮船19只。据统计,1946年北江轮船货运总量达5万多吨,载客126 407人①,实已超过战前水平。抗日战争后期,东江的机动船几乎全部被日机炸毁,但战后恢复却很快。1946年初,行驶广州、石龙、惠州、河源、老隆的小轮船已达50余艘,其中"皇后"号和"海强"号等6艘轮船最大,载重100多吨①。战后初期,东江小轮船大部分为东江航业联合办事处经营。1946年东江轮运载货总量为73 268吨,载客总量为141 526人①。

珠江三角洲的潭江,战后民营轮运业也不亚于战前。潭江轮运业以三埠至广州线最为繁盛。1946年初,已有"新联和""新合和"等8艘轮船拖渡行驶。三埠至江门线则有"新联安""利发"等4艘拖渡往来。三埠至水口、赤坎、苍城、楼关、恩城、台城也经常有柴油机船10余艘行驶。此外,广州至香港线有8艘小汽船;广州至澳门线有21艘汽船和机帆船行驶②。

从抗战胜利至1946年底,短短的一年多时间,仅西江下游、珠江三角洲和北江、东江、潭江等的民营轮船数量,已恢复到战前的77.9%;总吨数已达到战前的85.1%,其中20吨以上的轮船艘数已接近战前水平,吨位已超过战前的18.5%。

黄埔港和广州内港,几乎成为所有北调的军队和物资的起运港。1947年经黄埔港和广州内港北运的国民党官兵69 242人,武器装备17 937吨;1948年运送军队达到111 865人,装备16 867吨。至中华人民共和国成立前夕,国民党军队把黄埔港和广州内港完全变成军港,对港口和码头实行军事管制,商运逐步遭到排挤。到1949年1月,军运已占黄埔港运输量的3/4,同年6月以后,黄埔港全部被占为军运,商船已无法进入港区作业。

所谓"储运",除运输国民党军队所需战备物资外,还要运输联合国善后救济总署的"救济"物资。1946年,联合国善后救济总署在中国沿海的广东、广西设立储运站,调拨"济华"物资。这些物资主要是大米、面粉、营养食品、白糖以及衣被之类。储运物资的运输主要依靠船舶,大部分物资都由广州起运,沿珠江水系各河道运至广东、广西各地以及大西南内地。梧州储运站运出的物资主要通过柳江、郁江和桂江。1946年2月以后,物资逐渐到达,运输日趋繁忙,珠江的船只多被军运拉去,航商叫苦不迭,收入大受影响。

二、水运的混乱与民营航运业的衰落

抗战胜利后,因华南地区人民重建家园及军政机构复员,一时间客货流通量增大。而

---

① 叶显恩编《广东航运史(近代部分)》,人民交通出版社,1989,第301页。
② 广州市地方志编纂委员会编《广州市志》卷四,广州出版社,2000,第255页。

当时公路、铁路尚未恢复，水运是最主要的运输手段，运价高，利润厚，水运也就成为官僚、豪绅争夺的对象。

抗日战争胜利后，广西军政当局也插手航运业，一是设置广西银行运输水筏，二是筹组广西航业公司。抗战期间，梧州原有的十余座水筏，绝大部分被日本侵略者炸毁。光复初期，仅剩一座中型的水筏营业，航商们深感不便，但又无力重新建造。桂系官僚资本的广西银行抓住这一时机，集资装造了一座大型的运输水筏。该水筏于1946年春建成营业，湾泊各航线客货轮船、花尾渡，用作上下旅客，装卸货物，并兼作货栈、堆放、检验来往物资，以收取泊筏租、仓租等，获利颇为可观。

总之，抗战结束后，官僚、豪绅投资航运业，对航运的健康发展不利，正如时人指出："官僚资本是一种非法的过分得利，绝不是为服务社会而投资的正常企业，反而却是贼害正常企业的毒素，侵蚀民族资本的恶魔。"[1]

日本投降后，英美航运势力卷土重来并积极扩张。英国首先在香港恢复其殖民统治，并把香港变成对华航运的基地。珠江水道重开后，港英"远东联航局"除以海轮行驶黄埔港外，于1946年2月21日派出"佛山"轮作战后香港、广州间第一次航行。稍后，挂英国旗的"广东""西安"轮相继行驶省港线，挂英国旗的"广西"轮则在香港、澳门间来往[2]。后来，"远东联航局"解散，所有轮船归英商轮船公司独立经营。自此，英商各轮船公司进一步扩大对华南沿海和珠江的航运力量。1946年3月国民政府正式宣布"自三十五年度（1946）起，凡订有互惠条约之国家，其商船准予进出我国设有海关之各通商口岸"[3]。随之，英国增加近10艘加入上述航线行驶。与此同时，美国接踵而至，疯狂地扩张其在华的航运势力。第二次世界大战结束后，美国把战时大批退役残旧的登陆艇和各种战舰，利用联合国善后救济总署的名义，转租给国民政府行政院善后救济总署，设立"水运大队"，名义上是以专运"联总"拨给中国的救济物资为目的，实际上却是美国在中国的别动商船队。"水运大队"的船舶挂中国旗，可自由航行中国沿海和内河各口岸，不但变相地侵犯我国航权，且严重损害我民族航运业的利益。"水运大队"拥有200多艘，共有20多万吨的轮船，而每月只运载六七千吨的救济物资[4]。"把剩余的吨位装商货，抢中国船的生意，……少数的救济，多数的占夺"。1946年11月《中美商约》签订后，美国一改战后初期依赖"水运大队"变相经营的状态，公开派遣轮船航行两广沿海。1946年底起，美国在华南的航运势力猛增，成为航运业的新霸主。据关册统计，1947年进出广东的美国轮船占广东外轮进出口总吨数的18.5%，已超过了英国，居第一位。1948年进出广东口岸的美国轮船仍占广东外轮进出口总吨的14.8%，继续居于首位[5]。

抗日战争胜利后，由于国民党反动派推行卖国、内战、独裁的反动政策，把珠江流域社会经济推向破产边缘。滇、黔、桂、粤四省各地秩序混乱，人心惶惶，货币贬值，物价飞涨，加上连年天灾和沿江土匪活动猖獗，燃油物料等运输成本的不断上涨，给珠江水系

---

[1] 叶显恩编《广东航运史（近代部分）》，人民交通出版社，1989，第310页。
[2] 叶显恩编《广东航运史（近代部分）》，人民交通出版社，1989，第311页。
[3] 王荣武编《广东海洋经济》，广东人民出版社，1998，第175页。
[4] 叶显恩编《广东航运史（近代部分）》，人民交通出版社，1989，第313页。
[5] 陈柏坚、黄启臣编著《广州外贸史》卷二，广州出版社，1995，第212页。

航运带来极大的危害。社会经济急剧恶化，以广东为例，工商业方面，据1948年5月调查，广东70%以上的工厂被迫倒闭。1949年初，工厂继续倒闭，商业也随之萧条，单广州市就有20多家商店停业。

抗战胜利后，随着国民政府迁返南京，西南交通形势发生了变化，适应抗战需要而有所发展的贵州水运，转向低潮。

国民政府为了应付浩大的军费支出，只得滥发纸币。在通货膨胀狂潮中，民营航运业产生巨大亏损首先表现在成本猛增。据统计，船舶要缴交各种费用和捐税上涨三四十倍；燃物料价格上涨二三十倍，而且还在大幅度增长，造成航运业亏损严重。其次是运费收入币值损失十分厉害。航运所得既多为国币，而国币币值一日数跌，航运收入待回归结算时往往已损失大半[①]。在此种情况下，航运的萎缩是必然的。据载，广西航运业由于"燃料煤柴油、食米缺乏，轮船纷纷停航，情形极为严重"[②]。至1948年11月13日，梧穗线已有8艘花尾渡停航。

第八节　珠江特有的花尾渡客货运输

一、花尾渡出现背景

19世纪中后期，广州行商为厚利所诱，把原供自己享用的画舫投入商业性客运，兼载少量货物。此举获得很好的经济效益和社会效益，深受达官贵人和商贾的欢迎，乘搭者众，收入甚丰。这就引起精明航商，特别是拖渡航商的关注，纷纷将简陋的拖渡改装成像画舫一样舒适雅致、平稳安全、层楼结构、客货兼载的渡船。于是，综合中西船舶结构的花尾渡，便在清末民初诞生，并在珠江中下游逐步推广。

花尾渡是一种特殊结构的轮拖客船。当时，出于商业竞争的需要，各航业公司将轮渡改进，拆去其脚踏明轮装置，扩大舱面建筑，并将船尾加高，扩建楼厅。船厅内设置厢房、卧铺、餐室、浴室、卫生间，并有膳食、点心、茶水供应。船楼三层半，底层称底舱，专载货物，又起压舱作用；二层称大舱，有客载客，无客载货；三层称公舱，全部载旅客；最顶半层为船员宿舍，其后部为梢公掌舵处。经过扩建改装后的拖渡，看上去外形很像凤凰，于是按凤凰的形状和色彩，涂上绚丽的油漆，画上艳丽夺目的奇花异卉，故称"花尾渡"。花尾渡一般船长22~39米，宽6~9米，型深1.3~2.4米，可载客90~400人。花尾渡的特点是航行平稳，远离拖轮，没有噪音和振动，旅客起居方便，供应齐全，设施完善，旅客办事和旅游两不误。因此，花尾渡一出现就大受旅客欢迎，是较为理想的轮拖渡船。花尾渡如图8。

---

① 叶显恩编《广东航运史（近代部分）》，人民交通出版社，1989，第319页。
② 《广西航运史》，人民交通出版社，1991，第184页。

图 8　花尾渡

二、花尾渡快速发展

抗战胜利初期,珠江下游客货运输量大,船舶短缺。但大多数航运业公司在战争中元气大伤,还未恢复,无力购买或制造较大的轮船。因此,成本较低、经济效益较好的轮拖渡船,尤其是花尾渡便乘隙发展,进入鼎盛时期。此时的花尾渡运输形成以广州为中心的五大航线。到1947年,珠江下游约有花尾渡40多艘,其中行驶广州、梧州线约15艘,广州、三埠线8艘,广州、江门线4艘,广州、石歧线,广州、肇庆线各两三艘。此外,广州至都城、石龙,江门至梧州、澳门、石歧也有花尾渡投入营运。至此,花尾渡已成为珠江中下游主要的客运船舶。这种客渡船为其他水系所无,珠江独有。

第九节　民族船舶修造业的艰难发展

一、民国官办船业

1914年第一次世界大战爆发,至中华民国7年结束。在此期间,西方列强忙于战争,无暇东顾,放松对华航运的控制,并抽走部分轮船。

广东民间造船工业乘隙发展,广南船坞、静波船厂、协同和机器厂等都得到发展。战后,外国洋行又重新控制华南沿海航运,造船工业又受到抑制,军用的黄埔船厂和鱼雷局处境困难,时开时歇。

抗日战争期间，广州、潮州沦陷后，有一批船厂、船铺迁往珠江和韩江上游。日本侵略军在广州、海南岛等地设立小船厂和船舶修理所。

抗战胜利后，国民政府海军接收日伪军用的船所，民间船厂同时恢复，并新开一些坞厂，如广州的裕国船坞、华南船坞和新中国机器厂、同生机器厂等。汕头、江门等地也开办许多小船厂。期间，国民党发动内战，军事上不断失败，政治、经济上陷入严重危机，到建国前夕，许多船厂破产倒闭，剩下的也奄奄一息。

（一）黄埔船坞局

1911年辛亥革命，广东黄埔船坞局总办魏瀚因故离粤，船坞、厂房及机器设备由刘义宽等留守人员设法保全移交广东政府。1914年，广东都督龙济光委派刘义宽任黄埔船坞局局长，该局以修理广东江海防（含水上警察厅）的舰船为主，也建造舰艇，1915—1916年，为粤海军建造"东江""北江"两号浅水炮舰，排水量各200余吨。该船坞局占地面积6.6万多平方米，有石坞2座、泥坞1座，有发动机、车床、刨床、蒸汽锤机、钻孔机等大小机械设备160台，职工近千人。

1916年秋，黄埔船坞局为广东省实业厅接管，改名黄埔船厂，仍为海军修理舰船。由于粤桂军阀争夺，战争不断，业务时有时无，经费来源拮据，难以维持正常生产。1921年以后，两座石坞长期失修，漏水严重，先后停用，泥坞也崩塌废弃。1925年，厂务工作停辍。1931年，部分设备拆迁至海军广南造船所。

广州沦陷期间，该厂为日本侵略军占据。

1945年抗战胜利，新一军进驻黄埔船厂。同年11月，海军粤越区特派员办公署派员接收，设立黄埔海军造船所，隶属海军总司令部。1947年进行小规模基建和培训学徒，职工人数最多时约300人。1949年2月，从厦门接收8 500吨水泥浮船坞附工作船1艘，编为三号船坞，可单独修理4 000吨级舰船。该所除承修海军舰船外，还修理招商局及港务局的船只，为地方修理过4 000吨级吸扬式挖泥船的主机。由于海军不拨常年经费，为海军修船先报价，待中央批下款项物价已上涨，所以承接地方工程的盈利不足以弥补为海军修船的亏损，惨淡经营，处境艰难。1949年6月，三号船坞及工作船被运往台湾，其他主要机器设备则于广州解放前夕被运往海南岛。

（二）海军广南造船所

海军广南造船所的前身是航商谭毓秀、谭礼庭于1914年创设的广南船坞。该船坞于1923年为海军建造过1艘运输舰和4艘舰壳。1924年秋为广州军政府收购后，改名为海军广南造船所，先后隶属建国军粤军总司令部舰务处。该所以修理海军舰艇为主，也建造一些小型舰艇。1925年建造1艘木壳鱼雷艇，命名"中正"号。1930年，该所由南京国民政府海军部接收，改名为国民革命军广南造船所。1931年，该所隶属陈济棠的第一集团军舰队，并改称第一集团军广南造船厂。

1932年，广南造船厂建成浅水炮舰1艘，命名"海维"号。该舰采用钢板柳钉船壳，排水量200余吨，主机是蒸汽机，完工后拨给两广盐运司作缉私舰，后拨到广东江防司令部。

1933年，第一集团军舰队呈报第一集团军总司令部核准，将广南造船厂交由海运公司经营，半年多毫无起色，遂取消合约，将该厂移交广东省建设厅，1934年7月20日，由省建设厅接收。后来，该厂经营不善，江海防舰队的船多到香港修理，厂务废弛，遂于1936年7月停工。1937年将船坞租给商家修船。1940年日本侵略军利用该厂留存设备，修补厂房，增添机器，制造浅水轮船。两座船坞由于长期失修而崩塌。1945年抗战胜利时只剩一座废弃的泥坞，原址由当地人搭棚作修造小木船用。

二、民营船厂及船用机器厂

（一）广南船坞

1914年，航商谭毓秀与其子谭礼庭，投资白银80万两，在广州西南面的东塱（土名大黄滘）购地250余亩，租地120亩，购置机器设备，创建广南船坞。开工建两座泥船坞，聘请广州金源机器厂负责人兼工程师李威义负责工程设计及洽购机械器具等项。在建坞的同时，开工建造木壳轮船，建坞期间雇工人千余人。

1915年冬，两座船坞竣工。大坞长250英尺，宽60英尺，深15英尺；小坞长180英尺，宽40英尺，深14英尺。同时建有机器房、材料房、铸料车间、锯木车间、铁料车间以及办公房等建筑，这是近代广东民间最大的造船厂。是年冬，广南船坞装造的第一艘1 000吨级木壳轮船"南和"号完工出坞，马力200匹，航速每小时7海里。谭氏原拟建造钢壳轮船，但是香港的英商拒绝出售钢板和机器，所以采用木料和搜购旧机器造船。

第二艘"北合"号为1 800吨级，主机采用日本大阪生产的新油渣发动机，马力320匹，航速每小时8海里，这是近代广东民间建造的最大的轮船。第三、四艘"东成""西就"两号均为1 200吨级。这4艘轮船航行于天津、青岛、上海、河内、西贡等地。不久，又建造一批内河轮船，30~40吨级4艘，50~60吨级5艘，100~250吨级3艘，分别用于小北江、西江、东江、西邑和北海等地运营。

广南船坞自1914—1917年共建造大小轮船16艘。此后以修船为主。

1922—1923年，广南船坞被广州军政府征调30~100吨的轮船20多艘，支援北伐。后来，谭礼庭干脆把这批应征轮船全数送给孙中山以充军用。1923年该船坞为海军建造运输舰1艘和船壳4艘。

1924年秋，广州军政府需要一座略具规模的船坞，以供海军修理舰艇使用。孙中山和苏联顾问鲍罗廷亲自到广南船坞巡视，认为其规模和设备都符合海军船坞的要求，孙中山提出由政府收购广南船坞。该坞由政府接收后，改名"海军广南造船所"。

（二）协同和机器厂

协同和机器厂前身是1911年由何渭文、陈沛霖、陈拔廷、薛广森和陈德浩5人合股，在广州芳村大涌口创办的协同和米机厂。1912年改营机器业，改厂名为同和机器厂，资本为白银3万元。1914年开始制柴油机，于1915年仿制英式30马力船用二冲程柴油机成功，这是华制的第一台柴油机。该机安装在"海马"号客轮上，性能良好，引起广东航商的瞩目。

1917年，航商梁墨缘等20多家航运公司和米机厂的老板加入协同和股份，股东增至100多人。该厂获得雄厚资本，生产规模迅速扩充，添置新式镗床、车床、试验台等设备，兴建木样间、铸造间等工场。同年，试制1马力汽油机成功，安装在"海日"号浅水客轮上，运转良好。

1918年，该厂试制160马力船用油机成功，正倒车灵活，安装在"柏林"号客轮上，质量可与外国同类型柴油机媲美。是年，生产船用柴油机10台，共875马力，还生产榨糖机、榨油机、水泵、采矿机械等设备。1930年在香港瓜湾设立分厂。

1933年引进国外各种机床设备85台，包括当时华南地区仅有的糟铣、偏心铣、斜齿铣床、炮筒车床等先进机床及200马力的动力设备3台，生产效率提高300倍，工人多达400名，产品远销南洋、美洲各地，成为华南最大的机器厂。1936年产机28台，共1 891马力。

1938年10月，广州沦陷，该厂被日军饭岛部队抢占。批量生产10马力及7.5马力单缸柴油机，供日式木艇使用，工厂大部分设备被劫运海南，到抗战胜利时仅剩简易设备20多台，并被当时政府当作"敌产"接收，几经周折上诉，1939年6月，才收回产权。1948年因国民党统治下通货膨胀，民不聊生，该厂业务又趋衰落，至中华人民共和国成立前夕，仅有工人学徒50多名、破旧机器20多台，已濒临破产。

第三编
从新中国走来

第九章
新中国初期的珠江航运（1949—1952）

1949年10月，中华人民共和国成立，华南、西南地区相继解放，珠江航运迎来了新生。

新中国成立前，由于国民党的反动统治和帝国主义、封建主义、官僚资本主义的压迫、剥削，政治腐败，经济萧条，民不聊生。珠江航运奄奄一息，元气丧尽。新生的人民政权面临着百废待兴的局面。

新中国成立，人民政权面临的紧迫任务是：尽快肃清残存的反动势力，剿清各地匪患，维护社会治安，保障正常社会秩序，安定民心；尽快建立各条战线的管理机构；组织恢复生产，稳定和发展经济，积极开展城乡物资交流，保障供给，保证人民生活需要。

第一节　珠江航运的恢复和发展

解放之初，国民党残余敌对势力伙同溃军、惯匪裹挟部分落后群众，在珠江上游南盘江、都柳江一带发动武装叛乱，袭扰城镇和交通要道，抢掠财物，劫持民船，破坏运输生产，珠江上游航运遭受严重摧残。地处黔西南的南盘江原有40艘区间运输的木船，除巴结渡口尚存4艘外，其余全被烧毁。

都柳江更是匪徒麇集之地，非武装护送不能航行的河流。1950年5月，30余艘木船自广西长安上运物资至良口后，护航部队乘两艘木船返回营地，途中遭受匪兵伏击，驾长中弹身亡，水手负伤，敌众我寡，牺牲27人，幸存1人，船只被劫，损失惨重。

1951年春，人民解放军某部在进军和剿匪中充分利用水运，兵分两路：一路由榕江上溯三都，组织木船7艘，随军运载物资，沿江进剿；另一路组织木船40余艘顺流而下，在广西富禄与土匪发生激战，匪股瓦解，追至洋溪，全歼匪众，匪首就擒。都柳江航运在协同肃清土匪，巩固新生的人民政权方面做出了重要贡献。

珠江上游土匪被肃清后，社会趋于稳定，经济情况开始好转，各江航运基本恢复正常。但由于原有船舶腐朽残破，船民生活困难，无力从事运输生产，迫切要求政府给予扶持。当时，由银行借款，资助修船造船，救济困难船户，运输生产得以恢复和发展。至1952年末，都柳江上游已有木船435艘，载重927吨；年运量达到7 900吨，周转量达142万吨千米。主要运输粮食、食盐、煤炭、植物油、土特产品等。与此同时，南盘江、北盘江、红水河航运也基本恢复。

一、建立珠江航运管理体系和组织复航

（一）新中国成立初的珠江航运管理机构

新中国成立后，中国人民解放军军管会交通航运处立即接管了珠江中下游航运管理机构。1950年1月，广东省人民政府交通厅成立，航运处改为交通厅属下的广东省航政局，同年3月改为粤桂内河航运管理局。1950年5月成立广州区航务局，隶属中央交通部航务总局，这是新中国成立后第一个综合性港航管理机构。同年9月改称为中央交通部广州港务局，兼管广东及广西梧州以下西江下游内河航政和港口业务。1951年年初，交通部实行海河分管，2月1日，广东省交通厅成立内河管理局。接管了原广州区港务局分管的珠江内河运输业务，内河管理局一直延续到1954年交通部珠江航运管理局成立。

1950年1月1日，中共中央华南分局交通处批准在地处珠江中游的广西梧州成立广西省航务管理局，同年8月迁往南宁，归广西交通厅领导。广西省航务管理局下辖南宁和梧州办事处，其中梧州办事处由两广共管，称粤桂内河航务管理局梧州联合办事处。1951年8月22日，广西航务局撤销，成立广西内河航运管理局，全面管理广西内河航运业务。

（二）组织复航与支前运输

解放军进城后，军管会即发布各项命令、通告，安定人心，维护社会治安，稳定社会秩序，积极采取措施，组织恢复生产。解放初，珠江水运支援前线，沟通城乡，恢复生产的军民物资运输任务繁重。各级人民政府对恢复水运生产非常重视，珠江各级航运管理机构积极会同华南区海员工会、民船联合运输社等组织，组织广大船员、船工、船民迅速恢复内河运输生产。

最早恢复通航的是西江航线。1949年10月19日，"新利航""均益""粤利"三艘轮渡先后恢复开航，三艘轮渡由广西梧州顺流而下，至肇庆黄江滩，负责运送解放军兵员和军用物资到肇庆、沙头地区，后又至下游的高明、三水、江门等地，历时一个多月。随后，西江各轮渡便陆续投入定期客货运输。1949年10月31日由广州开出了第一艘轮渡，于当天下午到达三埠。之后其他轮渡也陆续复航。

据统计，从1949年10月广州解放至1950年2月，从广州开往东江、西江、北江、珠江三角洲等地的定期航线船舶有：

东江航线：广州至老隆、惠州等地有机船、机帆船44艘。

西江航线：广州至梧州、都城、肇庆等地的有轮渡26艘，机船1艘。

北江航线：广州至韶关、清远等地的有机船18艘，拖驳2艘。

珠江三角洲航线：广州至三埠、中山、澳门等地的有轮渡、机船共32艘。广州至东莞、市桥、容奇、太平、佛山等地的有机船、轮渡共70艘。

据《南方日报》报道，从1949年11月8日至20日的13天中，由广州开往各地的机船达211艘，民船120艘；进入广州的机船达188艘，民船212艘。而到11月21日至12月15日的25天中，进出广州的轮渡、机船已达3 000艘次，其中出境的1 466艘次，入境的1 448艘次，比解放前同期出入境船舶增加40%。说明这一时期组织恢复航运生产

工作取得很大进展。

解放初，船舶运输进入广州的物资主要有粮食、油、菜、副食品等，运出的有纸、烟、糖等土产和轻工产品。

从1950年开始，两广经济恢复很快，财经开始好转，城乡物资交流活跃，珠江客货运量增加，航运业逐步走向正常。据统计，1950年，以广州为中心，出境船舶达32 151艘次，出境旅客906 067人次，出口货物347 797.09吨。入境船舶达31 713艘次，入境旅客960 925人次，入境货物24781.12吨。广西解放比广东稍迟。解放初，广西经济比较落后，铁路、公路运输不发达，内河运输是广西最重要的运输方式。根据广西省人民委员会的指示，从1950年4月上旬开始，先后恢复了梧州、柳州至广州、珠江三角洲等地，以及南宁至省内航线。1952年，广西农村完成土改后，经济迅速发展，大量农副产品和土特产急需外运。西江干线和支流都增开了不少区间和短途运输航线，以保证物资交流和客货运输需要。据统计，广西从1950年至1952年三年经济恢复期间，内河共完成客运量87.3万人次，11 620.5万人千米，完成货运量162.7万吨，45 218万吨千米。

解放后，珠江航运之所以能得到迅速恢复和发展，主要是因为各省各级人民政府的重视和支持，解放军帮助肃清河匪路霸，宣传党的方针政策，在军运中模范执行军纪，维护船民利益，得到广大船工、船民的拥护和爱戴，调动了广大船工、船民的生产积极性。而两广内河广大船工、船民在帮助解放军肃清大西南残留的反革命势力和匪患，支援解放海南岛和万山群岛的战斗中，在运送解放军兵员和军用物资中也做出了重要贡献。

二、建立国营航运企业与加强对个体私营船舶管理

（一）国营航运企业建立

新中国成立初期，广东、广西先后建立了国营航运企业。国营航运企业是在接管国民党政府官僚资产和社会上遗留的老旧船舶后开始建立的，船舶运力、运量占社会运力运量比例都很低。由于人民政府的重视和支持，国营企业发展较快，不久就成为珠江航运业的一支主导力量。

1951年7月广东省内河局接管30多艘各类破旧船舶，组成国营内河运输企业。1952年9月，内河局以政府拨款和部分自有资金收购、修复了一批旧船，建造了一批新船。至1953年，广东珠江国营运力已发展到161艘，载重吨位占全省轮驳船的19.90%。

广西从1950年1月25日组建国营梧州运输公司开始才正式有了国营航运企业。1950年10月，梧州运输公司改名为广西省国营轮船运输公司，并迁往南宁，隶属广西省交通厅领导，在南宁设立了分公司，开展左右江运输业务，另增设了柳州轮船运输分支机构。据统计，1950年广西全省共完成水运货运量35.40万吨，其中国营水运企业完成2.30万吨，占总运量的6.5%。

（二）加强对私营和个体船舶的组织管理

新中国成立初期，珠江流域铁路、公路运输都不发达，为数众多的私营和个体船舶为发展经济、开展城乡物资交流发挥着重要作用。例如，广西解放初全省共有私营、个体和

民间木帆船 13 004 艘，载重 20 多万吨，1950 年完成货运量 33.1 万吨，占全省水运货运量的 93.5%。

广西人民政府对私营船、个体船非常重视。为了加强对这些船舶的组织领导，一方面帮助建立组织，加强宣传教育，颁布各种规章，如建立帆船运输社等生产组织和工会等群众组织，把这些分散的船舶组织起来，实行联营联运和集体合作、集体经营；另一方面，整顿运输市场，终止了班期、运价等方面存在的混乱局面，加强经营管理，提高经营效益。至 1952 年，广西全省已建立水上运输社 139 个，入社船只达 9799 艘，载重 123 274 吨。

流域其他省在组织私营和个体船舶的运输和管理方面也取得了较大的成绩。

三、整顿运输市场，完善航运规章制度

解放初，珠江航运以私营轮船和个体民船为主，由于经营分散，无计划、无组织，加之解放初期规章制度不完善，致使运输市场秩序混乱。1951 年，内河局经过调查，对珠江航运开始整顿，主要进行了以下几项工作：一是调整船舶经营航线；二是整顿运输市场；三是核定船舶定员，取消不合理收费。经过这次整顿，珠江航运面貌发生了较大改观。至 1952 年，货源逐渐增多，船舶统一调配经营，提高了运输效率和经济效益，各航线船舶普遍达到收支平衡或有盈余状态。

四、新中国成立初期航运修造船业的恢复

随着两广经济和航运业的恢复，航运修造船业也逐步恢复起来。政府有关部门首先以组合或公私合营方式将一些旧社会遗留下来的私人小修船厂（所）和机器厂（所）合并起来，进行修造船作业。

1949 年 10 月至 1952 年，广东各地军管会陆续接管原国民党海军的修造船所和官僚资本的船厂，划归江防部队作修理厂所和航运等部门当作船舶维修厂。各地区为数较多的私营小船厂则大部分是场地简陋、设备陈旧的手工业作坊式工厂，只能修造小木船，船用机器厂寥寥无几。这些私营厂在各地人民政府成立以后分别归属省或当地工业、交通、水产等厅（局）管理。海军的修船厂、所，早期由原广东军区江防司令部直接管辖，后由中南军区海军舰艇修造部领导，一些小型修理厂（所）直属基地（水警区、巡防区）管理，并接受军区舰船修造部的领导。

这段时期，解放军动员接管的原海军船所职工修复机器设施，恢复生产，并动员一些私营船厂修造舰船，为支援解放军解放海南岛和沿海岛屿做出了贡献。各地区也迫切需要恢复航运和渔业生产，在各级人民政府的领导下，各地船厂在抢修、抢造货驳、拖轮、渔船和机帆船的过程中逐步恢复了生机。此阶段，主要的船厂有海军黄埔修造船厂、省交通厅内河船舶修造厂等。

第二节　私营及个体航业的社会主义改造

新中国成立初期,珠江国营和集体运输企业力量比较薄弱,客货运输任务90%以上靠为数众多的私营轮船业和木帆船完成。国家根据当时形势,对这些私营航业采取了限制、利用和改造的政策,对它们进行社会主义改造,逐步把它们改造成具有社会主义性质的公有和集体所有制航运企业。

私营航业社会主义改造包括两方面:一是私营轮船业公私合营,二是木帆船民主改革和合作化。

1950年,珠江水系共有木帆船44 962艘,载重505 796吨,载重吨位占珠江水上总运力的60%多。内河木帆船分布广,量大,船工构成复杂,生产管理混乱。

1951年广东在内河局领导下,成立了广东民船联合运输总社,各地区建立了分社、支社。各级组织对船民进行宣传教育,破除了以往的一些陈规陋习,建立了新的规章制度,但由于船工组织带有比较浓厚的封建色彩,不少船工仍受欺压,生产积极性未能调动起来。1952年,遵照中共中央中南局关于整顿水上运输组织,进行民主改革的决定,在木帆船航运业中开展民主改革。1953年1月15日,中南局成立了华南内河民船工作委员会,下设办公室,领导广东全省内河木帆船的民主改革。从省、地党政机关、水上公安部门、海员工会和各港航单位抽调了680多名干部组成"华南内河民船民主改革工作队"(工作高潮时,工作队曾扩展到2 530人)。从1953年2月至10月,对分布在珠江干支流上的大小405个港口中的木帆船采取以点带面、点面结合的办法,不断总结经验,有计划、有步骤地分成三批,完成了内河民船的民主改革。贵州省在1952年开展了水上民主改革,都柳江流域系少数民族地区,主要是进行阶级教育,清理不纯分子,改组原有公会,建立船民协会,戒烟禁毒,组织发展运输生产等工作。通过水上民主改革后,改变了生产关系,解放了生产力,建立了新的水上秩序。

木帆船民主改革是生产关系上的一次重大变革。广东有4.8万多艘木帆船,15.7万名船工船民参加了这次历时9个月的民主改革运动,取得了很大成效。这次木帆船的民主改革,肃清了残留在船民队伍中的反动势力,纯洁了船工船民队伍,组织学习、宣传了党的各项方针政策,提高了船工船民的思想觉悟,培养锻炼了大批干部。民主改革后,建立健全了木帆船组织中的各级党团基层组织和水上办事处、水上派出所、治保会等基层政权组织,并成立了128个船民协会,入会船民达80 280人,占全部船民总数的68%。另外还成立了119个基层工会组织,把广大船民团结在各级群众组织周围,对广大船民进行教育,加强管理,提高认识,调动船民船工的生产积极性。在这次民主改革运动中,涌现出7 000多名积极分子,提拔了167名干部,加强了民船的领导和管理。

在生产管理上,第一是结合民主改革,在搞活运输生产的同时,整顿了木帆船生产管理组织,简化运输手续,改革不合理收费,减轻船民负担,帮助船民贷款修整船只,解决生活困难。第二是将木帆船进行集中管理,编组编队,定航线,统一调配船只,实行有计划、有组织的运输,提高运输效率。第三是改革分配制度。通过民主改革,取消了不合理的分配形式,实行按劳分配的办法,维护了船民的财产所有权和经营自主权,体现了船民财产和劳动的价值,调动了船民的生产积极性。第四是贯彻党的劳动政策,调解船民船工关系。民主改革运动中，工作队积极做好团结教育工作，贯彻党的劳动政策，加强思想教育，端正态度，化解矛盾，加强船工船民的团结合作，调动了双方的生产积极性，促进了运输生产的发展。广州公交集团客轮公司成立后建造和使用的第一批客船如图9。

图9　广州公交集团客轮公司成立后建造和使用的第一批客船，始建于1952年

第三节　重点航道整治

新中国成立初期，珠江水系的航道大部分仍处于自然状态，限于当时国家的财力，只能按照轻重缓急，解决关键航道，进行重点整治。广东省在1951年和1953年由珠江水利工程局组织，分别进行了陈村水道疏浚工程及甘竹滩炸礁工程、都城新滩整治工程等。

一、陈村水道全线疏浚工程

陈村水道北起东平水道三山口，南达顺德濠滘口，全长24千米，是广州通往西江及珠江三角洲主要港口的咽喉要道。但该水道狭窄弯曲，年久失修，淤积严重，航道水深不足1米。疏通陈村水道成为广东人民多年的愿望。1950年，广东省各级人民代表大会决定拨款疏浚陈村水道，要求航道标准为低潮水深1.5米，底宽26米，弯曲半径为90～120米。疏浚工程于1951年2月开工，9月完工，完成疏浚泥沙35万立方米。完工后航道条件得到了较大改善，大量船舶由于节省了航程而获得了较好的经济效益。为进一步发挥该水道的作用又进行了第二期疏浚工程，水深提高到低潮水位2.0米，航道宽仍保持26米，除疏浚外，为防止陈村涌泥沙侵入而增大了陈村水道流量，还在陈村涌金字沙建块石潜坝一座，并堵塞葫芦江，炸除海心石等。

二、炸除甘竹滩险恶碍航礁石

甘竹溪是广州、南海、番禺、顺德进出西江干流的一条重要航道，甘竹滩位于甘竹溪的西口，是珠江三角洲水网中的一处礁石险滩。出甘竹滩即进入西江干流，可溯江西上至肇庆及梧州，下行可达江门、新会、三埠及珠海等地。此航线在枯水时期亦能通航，历来过往船舶较多，对珠江三角洲西南各县和粤桂航运交通有很大的经济价值。但甘竹滩河底礁石密布，在入口处左滩天后宫有香炉石，右滩主帅庙前有龟背石，下滩真君庙前又有一香炉石，另外有不少零散暗礁潜伏江底，水流过滩，波涛起伏，旋涡急转，流态紊乱，对往来船舶造成极大威胁。驾船只要稍微把舵不稳、操作不当，便会碰撞礁石发生海损事故，长期以来，船民视为畏途。自古流传有"甘竹滩，鬼门关，了哥（即八哥）飞过要兜湾"的民谣，其险可见。群众只好求神保佑，以至建在该滩的神庙逐年增多，供奉鬼神以保平安。但根本问题是滩中礁石不除，平安难保。广东省人民政府决心根治这个险滩，于1951年拨款近16亿元（旧币），由珠江水利工程局承办，炸除了该滩的部分碍航礁石。甘竹滩治理工程竣工后，碍航险象明显改观。

三、整治都城新滩，保证西江畅通

西江自梧州以下至三水思贤滘河段长224千米，航道条件优良，除梧州至都城之间有鸡笼洲、界首、蟠龙、都城新滩、都乐等五处浅滩外，其余航道水深均在3米以下。在五处浅滩中，经常严重影响船舶航行的为都城新滩。一滩受阻，危及全线，珠江三角洲各地至梧州的所有航线均受其影响。1952年10月至1953年4月，由珠江水利工程局首次对都城新滩进行了航道整治。要求航道水深为2.4米，航槽宽度30米，采用整治线宽度为800～850米，整治水位高于最低通航设计水位1.2米。工程措施是于左岸共修建大型块石丁坝4座，耗用石方总量4.7万立方米，疏浚航道长2.6千米，共挖泥7万立方米，工程费用总计为44.5亿元（旧币），当时属国内一个较大的航道工程项目，亦为珠江水系采用堆石坝整治航道工程之始，坝体至今犹存。但由于缺乏经验，航槽偏离深泓线，且所定坝距过大，坝田淤积不理想，致使部分航道枯水期仍有淤浅，水深只有2.0米左右，每年仍需进行疏浚维护。

第十章
第一个五年计划期间的珠江航运（1953—1957）

经过新中国成立初三年经济恢复期，国家经济进入第一个五年计划时间，珠江航运主要完成了以下几项工作：

一是建立各级人民航运管理机构。国营航运企业诞生，成为以后珠江航运的主导力量。珠江航运管理局的成立，统一和加强了对珠江航运建设和生产的领导和管理。

二是组织恢复航运生产，珠江客货运量逐步增加，在支援军运，开展城乡物资交流，发展经济，保障供给方面发挥了重要作用。

三是对私营航业、修造船业、个体民船进行了社会主义改造。

四是建立各项规章制度，整顿航运市场，加强航行安全的管理。

五是开始进行航道整治和港口建设，为航运发展打下基础。制定和颁布航道、港口管理法规，航运基础设施建设和管理逐步走上正轨。

第一节 建立航运管理体系与机构设置

一、统管全水系航运的珠江航运管理局

1954年6月，为进一步发挥珠江航运优势，适应水系各省和国家经济建设需要，中共中央华南分局决定在两广内河局的基础上组建珠江航运管理局，直属中央交通部领导，统一管理珠江水系和两广内河运输。

珠江航运管理局是具有行政、事业和企业经营管理职能，包括航运、港口、航道、水运工业等方面的管理机构。其成立之初，既管珠江水系，又管两广非珠江水系，既管内河，又管沿海运输业务和地方港口。机构设置方面，按水系下设分局、办事处和港务管理部门。船舶方面，国营船舶由珠江航运管理局和各分局、办事处直接领导。公私合营船舶由珠江航务管理局通过公私合营领导机构管理，私营船和木帆船则由下属分局、办事处和各级港务部门管理。港务方面，除管理港口生产外，还管港口建设和港务监督。

从1955年1月起，两广珠江航运的财政、运输计划、生产、人事、航道、基础设施建设、水运工业、教育、科研、安全等全部纳入珠江航务管理局及交通部河运管理总局直接管理，党的工作和思想政治工作则实行交通部和地方双重领导、以交通部为主的管理体制。

在中共中央华南分局、交通部的领导下，两广航运机构进行了全面改组。根据港航分工和集中统一管理的方针，珠江航务管理局下设南宁、柳州、梧州等5个分局，东江、北江等4个航管处和广州、梧州、江门3个港务局，1个佛山办事处，珠江水系与非珠江水系28个港务所，109个港务站和分站，并建立了航道管理机构，初步形成了集中统一的珠江内河航运管理体制。

1955年7月，为了更加集中力量管好珠江水系内河航运，珠江航务管理局又进行了一次调整，将沿海和非珠江水系管理划归广东省交通厅航运局。12月，珠江三角洲和西江管理机构也做了调整，进一步明确了港航分工职责，内河港口实行大港管小港的体制，以更好地发挥港口作用。

在广西，珠江航运管理局成立之后，分设了南宁、梧州、柳州3个分局，1956年8月，撤销了上述3个分局，改为3个港务局，并在南宁成立珠江航运管理局广西分局，领导3个港务局，加强和健全了珠江航运管理局在广西的航运管理。

成立珠江航运管理局，针对内河运输流动和分散的特点实行集中统一管理，在当时的历史条件下有它的积极意义。因为这一时期是珠江航运建设发展的起步阶段，实行集中统一管理、统一调度指挥港航生产，集中有限的资金进行重点建设，能够更有力地促进珠江水系水运事业的发展，更好地发挥珠江水运在国民经济中的积极作用，同时也为以后的发展打下一个较好的基础。

二、再次实行两广分管的珠江航运

珠江流域幅地宽广，水系各省间经济发展差异较大，珠江航运管理局管理跨越两省，涉及支援农业和地方经济的问题难以解决。加之机构庞大、重叠，不利于指挥生产和办事效率。为此，1957年2月，国务院决定撤销珠江航运管理局，业务划回两广交通管理部门。

珠江航运管理局撤销后，广东成立了航运厅，接管了原珠江航运管理局在广东的管理业务。航运厅是一个代表政府统管航运企业、事业和行政的综合职能机构。在企业管理方面，执行国家生产财务计划，掌握国有运输工具，组织运输生产；事业方面，负责航道养护、整治、管理；行政方面，代表政府管理水上安全监督，负责船舶检验、船员考试，贯彻执行国家和交通部有关水运方面的政策法规，监督检查执行情况，制定地方航运法规规章，制订航运发展计划。

航运厅成立后，对港航机构也做了调整，实行"统一领导，分级管理"。行政管理方面，各水系航运局和港务局受航运厅和地方双重领导，以航运厅为主，地方负责监督。

机构方面，组成了14个下属单位，有广州、肇庆等4个港务局，3个航运管理局，3个航运管理处，还有打捞公司、广州船舶修造厂和直属船舶管理处。1957年12月广东省人民委员会决定将航运厅和交通厅合并，并成立广东省航运管理局，归交通厅领导。

广西在珠江航运管理局撤销后也成立了广西省航运厅，统管广西水上运输业务和航道工程，并设南宁、梧州、柳州3个港务局和南宁、梧州船厂。航运厅的管理业务除对3个港务局的业务作些小范围调整外，基本上承袭了珠江航运管理局广西分局原来管理的职能。1957年12月，广西省人民委员会将航运厅和交通厅合并成广西省交通厅，厅下设广西航运管理局。

至此，珠江航运管理经过几年的整顿、调整，逐步形成了"统一领导、分级管理"体制，并且稳定了相当一段时期。

三、航政管理

港航监督是水上船舶的安全监督保障部门。新中国成立初期，两广航政分属广州港务局和广西南宁、梧州航务办事处管理。1954年6月珠江航务管理局成立，在南宁、柳州、梧州分局内设航监科，把港航监督和船舶检验工作合并。按交通部规定，珠江航务管理局港航监督部门直属交通部河运总局领导，成为独立建制。各省航运局港航监督部门由各省交通厅直接领导。它的职能有两项，一是行使国家赋予的权力，监督企业全面贯彻执行国家交通安全法规；二是对企业开展安全工作的宣传教育，贯彻安全守则，为企业提供安全和技术保障。

无论是三年恢复时期还是第一个五年计划期间，珠江航政部门都做了大量工作，如船舶登记、检丈，核定船舶吨位，船舶签证和安全监督、安全教育、事故处理，进行船员培训考试，核发船员等级证件等，为珠江航运的恢复和发展提供了安全和技术保障。

四、建立航道管理机构

珠江水系在新中国成立前和新中国成立初期没有专职的航道维护机构，而仅在水利部门的兼顾之下做过一些局部有限的疏浚和整治，或者是靠船民自带沙耙等简易工具，遇浅下水扒沙以维持通航。随着国民经济的恢复，各项工作逐步走上正轨，必须建立专门的航道管理机构，专门负责航道的维护与建设。1953年广西、广东两省内河航运局设立了航道科，专门负责航道的维护和基建工程。1954年6月珠江航运管理局成立了航道管理处，统一了两广的航道管理工作，至1955年普遍建立了分管机构航道工程区，各区下设航标段（段下分设航标站）、工程队、挖泥船队、测量队等基层队伍，并逐步配备专用机械设备进行航道维护和开发，航道工作走上正轨。

第二节 完成私营及个体航业社会主义改造

私营航业社会主义改造包括两方面：一是私营轮船业公私合营，二是木帆船的民主改革和合作化。

一、私营轮船业公私合营

1956年，在全国社会主义改造高潮中，私营轮船业进行了公私合营。公私合营是一项比较复杂、政策性很强的工作，各地人民政府对此都很重视。为了顺利开展这项工作，各地都成立了领导小组，并邀请了海员、船民、船工工会的代表和船民代表组成工作委员会。采取"积极领导、稳步前进"的方针,按先试点,后巩固到全面铺开完成三个步骤来进行。经过清估资产、核定股权、安排人事、组成董事会、签订合营合同到建立合营公司机构等步骤。由于各级政府的重视和支持,组织工作进展比较顺利。至1957年,广东珠江内河近500家私营航运企业已有365家参加了合营,合营企业占总数的73%。参加合营的各类船只达1307艘,有21776客位,载重91126吨,21504马力[①]。对广州、江门、清远参加合营的船只分别组建成建华、江华、光华等几家较大的合营公司。

广西公私合营工作先从梧州开始,他们学习了广东经验,采取一步到位的办法,将私营企业珠江航业梧州分公司、国华电船公司与国营梧州港务局合营,成立公私合营梧州航运公司和国华电船公司。两家公司由国家投资入股,并派干部按国营企业模式进行管理,实行经济独立核算。1955年5月,两公司又合并组成公私合营梧州航运公司。合营后,由于壮大了规模,经济效益增加,公司要求纳入国家统一经营。1955年10月1日,经批准,梧州航运公司并入梧州港务局,完成了梧州私营航业的公私合营工作。继梧州之后,南宁、柳州也采取了同样方式完成了私营航业的公私合营工作。

公私合营工作完成后,大大增强了公有制运输业的力量。在国营企业的领导下,加强对合营企业的管理,与国营企业统一经营,提高和发展了生产力,使运输生产量迅速增长。1956年,广东珠江水系运输与1953年相比,客运量、旅客周转量、货运量、货物周转量分别增长了124.58%、115.33%、297.74%、294.30%。合营前,广州港私营船舶亏损6万多元,东江、江门等地私营企业亏损更多。1955年合营后,合营公司共盈余80万元。1956年,虽然降低了运价,增加了运输成本,但仍盈余16万元。同年,国家对这些合营企业投入大笔资金,对原有老旧船舶进行了大规模的技术改造。1955年、1956年两年,交通部珠江航务管理局投入资金431万元,修复、改造珠江公司、江华公司、东江公司的破旧船只200多艘,使珠江内河船舶技术状况大大改善,提高了营运效率。

二、木帆船的民主改革与合作化

1953年,广东全省民船完成货运量、货物周转量分别比1951年增长了203.46%和160.14%。

木帆船民主改革是从思想上和组织上进行整顿,而木帆船的合作化则是从个体向集体所有制的重大变革,从而完成了向社会主义公有制过渡。

木帆船合作化运动分三个阶段进行:建立互助组,试办合作社(或称初级社),最后实现合作化。

1954年,交通部珠江航运局颁布了《木帆船管理暂行办法》,规定参加专业运输的木帆船都要定港籍,执行三统一,根据自愿互利原则按航线和船舶情况进行编组编队,在干支流上分段运输,或与国营船进行轮木结合组成拖驳船队,这是一种互助组的形式。到1955年春,参加互助组的木帆船已占总数的2/3以上。建立合作社的试点是从1954年年底开始,珠江航务管理局先在各地区进行试点,到1956年春,在全国农业合作化高潮推动下,木帆船合作化运动迅速展开,到同年6月形成高潮。木帆船合作化完成后,广东省

[①] 马力,计量功率的常用单位,1公制马力≈735W。

的木帆船除已加入国营和组成公私合营船队外，绝大多数木帆船都已加入合作社。入社船只占应入社船只的98.37%，入社后的木帆船共组建成697个合作社，入社船只和工具共折价2 203万元，社员入股资金248万元。

1957年，广东民船货运量和货物周转量与1955年相比分别增长了21.54%和5.3%，多数木帆船运输收益有所增加。北江水系71个合作社1957年营运收入比1955年增长了24.59%，增加的营运收入除用于船舶维修等生产开支外，其余用于社员福利，如增加工资收入、改善劳动条件和劳保、医疗卫生等支出，使社员福利有了较大改善，充分显示了合作化的优越性。

广西木帆船的社会主义改造工作从1955年春开始。首先在平乐开始试点，之后各港也积极行动，经过广泛宣传发动，将个体的船只组织起来，编组编队，走互助合作道路。

1956年，随着合作化高潮的到来，船民在自觉自愿的基础上纷纷提出申请加入合作社。最初成立的是初级社，初级社属半社会主义性质的经济组织，其生产资料为私人所有，公用公修，经营所得分为劳动报酬、工具分红、公积金、公益金、船舶修理费、社务管理费、劳动奖金等七个方面，其分配比例为：劳动报酬占76%、公益金占3%、公积金占4.5%、维修费占10%、社务管理费占2%、船舶工具分红占4%、劳务奖金占0.5%。以后又逐步向高级社发展。高级社是属社会主义公有制性质的集体经济组织，其生产资料为集体所有，经营所得除没有工具分红以外，其余的分配比例为：劳动报酬占80%、公益金占3%、公积金占3.5%、维修费占11%、社员劳动管理费占2%、劳动奖金占0.5%。到1957年8月，广西全省已基本完成私营木帆船的社会主义改造。通过改造，把落后分散的木帆船组织起来，共组建木帆船运输合作社112个，其中高级社66个，初级社46个，入社的木帆船9 346艘，载重101 366吨位。

通过建立运输合作社，激发了广大社员的劳动热情，生产有了很大发展，社员收入普遍提高，充分体现了集体的优越性。南宁港4个木帆船合作社1957年下半年收入为362 826元，比上半年收入288 470元增加了25.79%。社员月平均收入比上年同期增长19.43%，比建社前月平均收入12元提高了1.2倍。柳州港木帆船合作社和所属鹿寨、永福、融水木帆船合作社，1956年建社后，社员平均月收入为40~50元，比建社前提高50%。事实说明，木帆船运输合作社作为社会主义国营航运的补充，对壮大和发展社会主义经济有着积极意义。

1953年3月，贵州省召开了全省交通会议，拟定了《贵州省民营木船编组编队试行办法（草案）》，由各河航管站组织个体木船开展编组编队工作，编队后效率普遍提高，如都柳江三都至榕江段104千米每航次从原来的11天缩减为6天。1954年下半年开始筹建运输分社。1956年都柳江榕江港建立前进、红星高级社，在三都建立光明社，计木船220艘，载重571吨，有社员509人，生产效率又有提高，显示了合作社的优越性。

第三节 珠江内河航运生产恢复与快速发展

一、改进和加强港航生产管理

1955年，为适应生产发展需要，珠江航运局重点以经营国营运输企业为主，并提出"改进经营管理、提高管理水平、改变落后面貌"的方针，使管理工作逐步走上正轨。改进管理措施主要有以下两个方面：

推行计划管理。从1955年开始，对内河港航生产推行作业计划，把水运生产全过程纳入各阶段作业计划中，把众多分散的生产环节组成一个统一的有机整体，对港航生产实行统一调度，推行船舶运行图，使船舶按运行图运行，协调港航生产。同时还开展经济调查和货源组织工作。由于推行了计划管理，提高了船舶效率和运输质量，降低了运输成本。

改善客运工作。1955年，为改变过去"重货轻客"的经营思想，加强客运工作，对客运经营管理进行了调整。先是强化客运业务工作，建立客运服务组织，配备专业人员，制定和完善客运规章制度，改善客运设施和服务工作，提高服务质量，使水上客运很快发展起来。据统计，1956年，珠江水系客运在减少破旧客运船只39.41%的情况下，客运量比1950年增长了2.4倍。

二、第一个五年计划期间珠江航运迅速发展

从1953年至1957年，是我国发展国民经济的第一个五年计划时期。在各级人民政府的关心支持下，"一五"期间，珠江航运由于实行了集中领导、分级管理，管理工作得到加强；在私营航业和个体船舶社会主义改造顺利完成后，生产组织进一步健全；港口航道条件逐步改善，提高了航道和港口通过能力；由于生产发展，广大船员、船工生活开始有所改善，调动了广大船民的生产积极性，珠江航运生产得到迅速发展。

1956年，上游南盘江云南境内自沾益至陆良西桥103.5千米河段，航行船舶已有84艘，均为平底两头尖的梭形船，一般船长12.6米，最大宽度1.8米，吃水0.4米，载重量为2.5~3.0吨。主要货运为自曲靖潦浒镇装煤上运至南河口，转曲靖火车运往昆明等地；还有粮食、陶瓷、砖瓦、水果等山杂货，仅煤运量即年达4万吨。通航期为每年6—11月。当时自潦浒至曲靖每吨煤的运费为：水运10元，汽车11元，牛马大车13元，以水运最便宜。下段自开远小龙潭至江边街及葫芦孔之间，航道全长73千米，常年通航3~5吨木船，航行船舶近百艘，专为江边街林区运输木材至开远转火车北上。

南盘江下段广西与贵州境内，自坡脚至蔗香，以及北盘江自百层以下直至红水河的广西天峨，航行船舶有45艘，载重3~5吨居多，有船工300多人。贵州省交通厅1956年10月在南盘江、北盘江汇流处设有蔗香航管站负责管理。主要货运为下行的粮食、桐籽、兽皮和其他山杂货，并与八渡进行汽车水陆联运。来自广州、南宁、百色等地的日用百货、工业品、食盐等多在八渡转船，水运至黔南各地。

据统计，广东"一五"期末1957年完成的客运量、旅客周转量、货运量、货物周转量与1952年相比，分别增长了245.53%、235.16%、403.27%、385.13%，年均增长率为

18.65%、19.68%、32.17%、30.95%。木帆船完成的货运量、货物周转量5年增长了567.14%和185.65%，年均增长率为41.49%和11.50%。

1957年，广西内河共完成货运304.5万吨，66 730.3万吨千米，比1952年增长了327.66%和226.63%；完成客运92万人次，9 043.8万人千米，分别为1952年的221.15%和162.48%；（1953—1957年五年间，广西内河客货运输年平均增长分别为33.7%和17.20%）。珠江航运完成的货运量在各运输方式中所占比例也有所提高，从1952年的63.47%提高到1957年的65.14%。货运中主要以煤炭、木材、粮食、食盐、甘蔗、矿建材料等为主。这时期珠江客货运输业总产值的增长幅度都超过了同期工农业总产值的增长幅度。

"一五"期间，内河船舶的改造技术取得了很大进步。新中国成立初期，珠江营运船舶多是广州解放前遗留的破旧小船。"一五"期间，广东共报废各类船舶257艘、7 129载重吨、7 245马力、4 488客位。这一时期，政府和企业投入很大一笔资金修复、新建各类船舶，发展壮大国营企业，使国营航运企业的船舶保有量从1954年的202艘、7 319载重吨增加到1957年的1 314艘、58 983载重吨。客轮的载客量也逐年增加。木帆船合作化后报废了一批老旧木船，新建各类船舶1 588艘、55 560载重吨。广西内河航运完成所有制的社会主义改造后，船舶也迅速增长。1957年，全省拥有内河轮驳船753艘、68 158载重吨、2 875客位、7 989马力；木帆船9 590艘，98 026载重吨。与1952年相比，轮驳船的艘数、吨位、客位和马力分别增长了4.8倍、8.48倍、66.79%和94.16%。木帆船的艘数增加了94.47%。

伴随运力增长，船舶技术等级和船舶效率也有较大提高，成本下降。据统计，珠江水系1957年内河运输千吨千米成本比1952年降低了15.07%。国营航运企业也得到迅速发展壮大，1957年，广西国营航运企业完成的客货运量在内河航运中所占比例上升到93.47%和41.54%，成为广西内河航运中的主导力量。

内河航运发展，航运职工队伍也不断壮大，船员、船民生活不断改善。1957年，广东内河航运职工达到16万多人，其中国营职工3.1万多人。

"一五"期间，珠江航运业中各级党政工团和群众组织也逐步建立和健全，把广大航运职工紧紧团结在各级党组织的周围。广大船员、船民在各级党组织的领导和关怀下，学习党的方针政策，学习文化和技术业务，提高思想觉悟和工作能力，调动了职工的生产积极性和创造性，发扬了主人翁精神，涌现了不少积极分子加入党团组织。

第四节　航道规划与航道整治

新中国成立初期，清匪反霸、巩固政权、沟通城乡、恢复生产、物资运输，任务极其繁重。当时陆路交通相当落后，铁路、公路少，水上交通运输就显得尤为重要。全水系的航道由于长期得不到改善，通航条件差与社会需求大的矛盾在当时十分突出，迅速恢复通航并改善航行条件，是当时保证交通畅通及发展航运的首要工作。全水系各省人民政府极为重视，在三年恢复时期和国民经济的"一五"建设计划中，根据当时的国家财力，积极开展航运基础设施的建设工作。

陈村水道在经过1950年和1951年的整治后，为了维持疏浚后的航道水深，疏导来沙，1953—1955年，先后在四方磨至老鼠岗，龙头滘至北洋村，三桂沙至葫芦江，古坝、石冲口及三山口对岸大王滘等宽浅河段，修建木桩编篱透水丁坝共52条，建坝后有的坝田区淤积沙土成为滩地，有的为疏浚抛泥所掩盖，起到了束窄河床减少回淤的作用。全部工程于1955年年底完工，航道水深达2.0米，宽度增加到30米。陈村水道的通航条件获得较大改善后，船舶航行密度为全水系各河道之冠。

整治都城新滩，保证西江畅通。西江自梧州以下至三水思贤滘河段长224千米，航道条件优良，除梧州至都城之间有鸡笼洲、界首、蟠龙、都城新滩、都乐等五处浅滩外，其余航道水深均在3米以上。在五处浅滩中经常严重影响船舶航行的为都城新滩。一滩受阻，危及全线，珠江三角洲各地至梧州的所有航线均受其影响。1952年10月至1953年4月，由珠江水利工程局首次对都城新滩进行了航道整治。要求航道水深为2.4米，航槽宽度30米，整治线宽度为800~850米，整治水位高于最低通航设计水位1.2米；工程措施是于左岸共修建大型块石丁坝4座，耗用石方总量4.7万立方米，疏浚航道长2.6千米，共挖泥7万立方米，工程费用总计为44.5亿元（旧币），当时属国内一个较大的航道工程项目，亦为珠江水系采用堆石坝整治航道工程之始，坝体至今犹存。

一、第一次珠江流域航运规划

新中国成立初期，全国各大水系先后开展流域规划工作。1956年年初，根据国务院指示，在广州成立珠江流域规划办公室，由水利、水电、交通部门派员共同组成。7月，国务院批准了《珠江流域规划任务书》，明确规划方针为"综合利用，对灌溉、防洪、发电、航运综合考虑，上中下游统筹兼顾，以达到合理、最大限度开发水利资源的目的"。

珠江流域航运规划工作由交通部水运规划设计院、珠江航运管理局及流域四省航运部门派员共同组成航运规划组，在珠江流域规划办公室统一领导下，从1956年4月开始了各主要江河航道的全面勘查及技术、经济资料的调查收集、分析整理工作，至1958年7月提出了《珠江流域航运规划报告》。

规划范围包括西江、北江、东江三大水系及珠江三角洲河网区，共规划航道8 333千米，规划新建、扩建港口66个。对非珠江水系的粤西、海南的主要河流也同时进行了航运规划。

北江水系规划主要干支航道900多千米，重点规划连江，修建界滩等7座低水头航运梯级，使连县至阳山河段及阳山以下结合连江口水利枢纽的兴建形成全线渠化，通航2×500吨级船队以解决煤炭运输问题；并规划开辟粤赣运河，北江干流与滇江全线渠化，沟通江西赣江与长江通航，通航标准为2×1 000吨级轮驳船队。

东江水系规划干支流航道549千米，其中东江干流结合开辟东韩运河，规划通航标准为500吨级船舶。

珠江三角洲河网区的规划分出海水道和内河航道两部分，共规划航道14条，总长1 343千米，其中东平水道规划通航2×1 000吨级船队；陈村、容桂、东莞、潭江、横门、磨刀门等水道规划通航500吨级船舶，银洲湖出崖门水道规划通航3 000吨级海轮。

在港口规划方面，西江水系规划建设一等港的有梧州、贵县等7个，二等港的有苍梧等23个，三等港有11个。北江水系规划建设一等港的有曲江、英德2个，二等港有清远、连江口等7个。东江水系规划建设一等港的有惠阳、东莞、河源3个，二等港有石龙、博罗、增城3个。三角洲规划建设一等港10个，其中年吞吐量1亿吨以上的有黄埔、广州2个，500万吨以上的有市桥、容奇、江门3个，400万吨的有新会、三埠2个，300万吨的有东莞、石歧2个，300万吨以下的有佛山1个。

珠江流域规划初稿于1958年夏季全面完成，还来不及审查刊印上报，就已经面临全国"大跃进"的巨大冲击，珠江流域规划办公室被宣布撤销，交通部珠江流域航运规划组被迫解散，部派人员全部就地下放，由两广安置。历时近三年的流域规划成果，虽未经国家正式审批，但却为后来的航运建设及80年代的第二次珠江流域规划留下了十分可贵的资料。实践证明，该次航运规划除连江渠化标准偏高外，其余各主干水道的规划标准均切合实际，如西江航运干线南宁至广州通航 2×1000 吨级船队，现已实现。

西江水系规划的主要干支流31条，航道里程5157千米，其通航标准为：右江结合水电梯级建设，规划全线渠化，通航 2×500 吨级轮驳船队；郁江自南宁以下至桂平，及西江干流自桂平以下，经梧州至广州规划为千吨级航道，通航 2×1000 吨级顶推船队。

二、航道维护管理

珠江水系在新中国成立前和新中国成立初期没有专职的航道维护机构，仅在水利部门兼顾之下做过一些局部的有限的疏浚和整治，这与水运急需发展以适应国家经济建设的形势很不协调。随着国民经济的恢复，必须建立专门的航道管理机构，专门负责航道的维护与建设。1953年广西、广东两省内河航运局设立了航道科，专门负责航道的维护和基建工程。1954年6月珠江航运管理局成立了航道管理处，统一了两广的航道管理工作，至1955年普遍建立了分管机构航道工程区，各区下设航标段（段下分设航标站）、工程队、挖泥船队、测量队等基层队伍，并逐步配备专用机械设备进行航道维护和开发，航道工作走上正轨。

（一）组织人力扒沙，维护航道水深

新中国成立初期，在资金困难、没有机械设备的条件下，采用简易的人力扒沙，是最有效地开展航道维护的积极措施。人力扒沙是船民创造的作为临时排除航道沙堆的简易方法。该法是利用船头甲板上普遍都装有的绞盘，通过缆索及滑轮带动置于小艇一侧的形似梳状的铁制沙耙，在出浅处来回往返将不足航深的淤沙或沙堆扒至航道边外，以解决航道水深不足的问题。

（二）开展技术培训，提高职工素质

珠江航务管理局航道管理处于1956年5月在贵州碧江举办了规模较大的航道技术培训班，集中两广航道系统的技术干部、技术工人450多人进行技术培训。经过专业理论的学习及野外实习，航道工作人员的专业知识和技术水平有了提高，使航道维护和建设从组织上得到保证。珠江航务管理局航道处为航道普查和航标改革举办过两期专业培训班，以

适应工作的需要。

（三）航道普查及滩险测量

1953年，广西、广东两内河局组织力量对两省的主要河道及重点滩险进行了调查和勘测。

1956年珠江航务管理局航道处组织了珠江水系有史以来的第一次航道普查，航道处派出较强的技术力量协助两广进行，参加广东珠江水系及非珠江水系普查的人员就有65人。上至南盘江、北盘江、红水河、驮娘江、右江、融江、柳江，下至珠江三角洲河网区，都留下了普查人员的足迹。通过此次普查初步搜集了较为全面的资料，经整理装订成册，成为新中国成立后第一本比较完整的航道普查资料。

（四）简易的助航标志

珠江水系的航标设施，新中国成立前除珠江口门沿海设有少量灯桩引导船舶航行外，内河驾驶主要凭借船长的经验，依靠地形地物作为标记，掌握航向，故极易发生搁浅、触礁、沉船事故。广西河段滩多水浅，礁石密布，省内河航运局为保证船舶航行安全，于1951年依靠船员群众成立了灯标委员会，有组织地先在梧州至广东悦城航段的28处礁石险滩中设立灯标30座，助航标志34座，组织25人负责维护管理，后又自梧州上延到贵县段，在32处礁石险滩中设立灯标32座，助航标志23座，维护人员33人。1955年南宁、柳州航道工程区成立后，设标工作又陆续在邕贵（南宁至贵县）、邕色（南宁至百色）、柳梧（柳州至梧州）等航线铺开。20世纪50年代开始由航道部门组织设立和维护的航标，其结构是在危险礁石旁（或碍航出浅处）抛掷沉块系上浮棒或三角浮标，标志设于岸边的则为木架或木柱岸标，依靠工人划艇挂置煤油风灯，比较简陋，如遇洪水暴涨、狂风骤雨时，标志和标灯极易被冲走或熄灭，恢复需要一段时间。

三、航标规范化建设

为改善航道条件，解决船舶安全航行问题，1953年4月，交通部颁发了《内河航标规范（草案）》，标志着航标建设开始步上规范化、现代化的道路。

（一）珠江三角洲及西江主干流率先试设

1954年首先在珠江三角洲陈容水道（由广州港大尾角经陈村水道、容桂水道至莺哥咀，全长63千米）进行内河二等航标建设的试点，二等航标又称锁链式内河航标，即白天一标接一标，夜间一灯接一灯。该段总共新设岸标94座、浮标88座、鸣笛标13座，12月25日全部完成，25日至31日夜间发光试航，1955年1月1日正式启用。全线设1个航标段、12个航标站，配备航标人员71人进行维护管理。

西江水运干线，船舶密度大，客货运输繁忙，但航标设置落后，不能适应船舶安全航行。为保障航行安全，珠江航运局航道处决定进行自容桂水道的莺哥咀至梧州全长292.6千米的西江二等标建设，使二等航标自梧州至广州全线连接起来。至1955年10月，全线安装岸标129座，浮标150座。10月31日下午7时正式发光使用。并设都城、肇庆、南海太平三个航标段，下设20个航标站，21个灯守站，负责航标的维护管理。从此连接梧州与广州两个内河大港的航线可以日夜航行，提高了航速，缩短了航时，加速了船舶周转。紧接着又于1957年进行天河至三埠97.5千米的二等航标建设，同年8月1日发光交付使用。至此，按航标规范共建成锁链式二等航标453千米。此外，珠江三角洲其他的一些重点航道及东江、北江，都按照规范要求及根据运输需要设了三等标或重点标。到1957年统计，广东全省设标里程为1 948千米（包括非珠江水系），其中等级标796千米。

（二）珠江中游航标改革

1955年，南宁、梧州、柳州航道工程区开始为贯彻全国《内河航标规范》做准备，如调整或增设航标段、站；办理临时航标员的转正；在沿江各地招收青年船民、渔民150名充实航标队伍；在梧州开办广西第一期为时3个月的航标技术训练班，培训第一代正式航标工人；深入各河段进行滩险勘查，制订投标方案；对航标站房进行选址和筹建等。

1956年，在水运最繁忙的干线即梧州至贵县275千米河道进行航标改革，改临时标为二等航标。按规范共需建内河岸标300座，水上浮标1 500座；全线实设标950座，其中发光标灯890座；建造240马力段用轮2艘，站用维护机动艇6艘，总投资35万元。培训航标员、航标站长及管理干部150人。除贵梧段设二等标外，其他主要通航河道分别设置三等标或重点标：在南宁航道工程区管辖的百色至贵县航段（长641千米），设置三等航标，共有各类标志1 100座。在柳州航道工程区管辖的融江、柳江、黔江（全长847千米），设有长安、大苗山、大埔、柳州、武宣、石龙等6个航标段，下设22个航标站，配有航标员及管理人员128人。柳州以上河段设临时标志，柳州至桂平间的主要滩险设置80多座棒形浮标，并有部分发光标志。在梧州航道工程区管辖的桂江，自梧州到昭平段长160千米，设置临时标志472座，多为棒形浮标，设有航标段一个，下设11个航标站，配有航标员及管理人员39人。

通过贯彻航标规范，珠江中游的航标面貌大有改观，并建立了一支素质较好的航标队伍，为迈向航标"三化"创造了良好的条件。

（三）航标建设的技术革新

航标专业技术人员钻研新技术，学习长江的经验，进行了标灯能源及自动开闭的革新，改煤油灯为干电池电气灯，并在标灯内安装了自动化开闭器，使电气标灯自行日闭夜亮，不仅克服了标灯熄灭的问题，也节约了能源，降低了成本。淘汰自划小艇，采用小型机动艇维护，小航标站合并成大站，扩大站的管辖里程，实现维护机械化或大站管理化。1957年，航道部门正式提出了航标逐步实现"电气化、自动化、机械化"的三化管理目标，并选择了条件比较成熟的运输主干道先行试点。选择西江南江口至莺哥咀共207千米进行试点，为大站管理创造了条件，试点取得成功，接着进行梧州至贵县全长275千米及梧州以下至南江口段的改革，并在全水系中下游全面推行改革，使干线电气化程度达到80%左右，相应实行机艇维护的大站管理。

航标"三化"是航标现代化管理的发展方向，它提高了标灯发光正常率，降低了标志的失常率，保证了航标具有相当高的维护质量，减轻了航标员的劳动强度。唯其维护成本直线上升，标灯昂贵，电池、灯器被盗严重，这些问题尚未得到妥善解决。

四、右江全线疏浚

右江运输较为繁忙，新中国成立初期运输船舶属民间私营，吨位多为10~20吨，货运船舶绝大部分是下水人划、上水拉纤的非机动木船。1950年南宁航务处成立，国营运输船舶开始进入右江。1951年全线货运总量为5.56万吨，到1954年激增至35万吨，三年增长6.3倍，当年客货运量仅次于西江贵梧航运干线，居广西第二位。

当时右江的航道条件很差，百色至南宁全长358千米，共有滩险167处，平均2.1千米便有滩险一处，有"右江滩、左江弯"之谚。右江航道条件差的另一个原因是流量小、枯水期长，百色水文站实测最小流量只有11.7立方米/秒（1958年6月3日）。由于滩险多、水浅、砂卵石粒径粗，浅滩淤积严重，上段百色至田阳70千米通常每年要断航2~3个月，急需物资只好改用小木船转运。枯水期船舶不能满载，素有"咽喉""滩王"之称的独石滩、金陵大滩、挂舵滩等有名的滩险，上、下航过滩都需要卸货、卸客、挂绞、撑篙甚至船员下水扒沙和抬扛船舶，船队则必须分拖，过一个滩常需几小时之久。金陵大滩每到枯水季节，航运部门要派出工作组驻滩，夜以继日地指挥调度，协助船舶过滩。全线无法夜航，船舶往返一航次需时17~25天。

1954年成立右江疏浚工程大队，下设1个测量队，6个人力扒沙队，1个炸礁队，一个挖泥船队，投入劳动力共1 500人，进行了右江有史以来的第一次全线大规模疏浚工程。经过一个枯水期的紧张施工，炸除水上碍航礁石44.1立方米，水下礁石4 612.4立方米，河底岩盘礁石6 007立方米，清挖卵石62 269立方米，人力扒沙48 214立方米，抛筑块石锁坝1 550立方米，清除碍航散石10处。总投资为49.41万元。

疏浚工程完工后，百色至南宁枯水期全线通航，航道水深增至0.7~0.8米，航宽8~10米，弯曲半径150米，基本上适应当时船舶航行的需要。航行周期大大缩短，往返一航次只需9~10天，与疏炸前比较，缩短航时50%以上，经济效益明显上升。

1955年冬至1958年夏，又投资17万元继续对该航线进行改善维护，航道条件进一步好转，1958年总货运量跃升到55.76万吨，为1951年的10倍，大疏炸后的4年，货运量年均增长率为12.4%。

五、郁江、浔江、柳江、红水河等航道重点治理

交通部珠江航运管理局成立后十分重视水运基础设施建设，在"一五"期间先后对各主要通航河流进行了初期治理，着重于改善碍航滩险的通航条件，使枯水期各航线能通行畅顺，加快船舶周转，提高航运效益。

南宁至梧州航线为郁江、浔江河段，长554千米，共有滩险99处。其中又分为上劣下优差别较大的三个不同河段：上段为南宁—贵县段，长279千米，有滩险48处，该河段石质河床居多，滩险多为石滩且险恶，航道狭窄，蜿蜒曲折，水流湍急，枯、中、洪水位各有险段影响航行。中段为贵县—桂平段，长106千米，有滩险21处，主要有大壬、饥困、浪滩、马骝滩等，航行条件比上段稍好，枯水期可通航100~120吨级轮驳船，客

轮可由贵县下航到梧州。下段为桂平—梧州段，即为浔江，长169千米，有滩险24处，由于郁、黔二江汇合，枯水流量大增，达990立方米/秒，虽然流量增大，但河面宽阔，河中出现一系列江心洲，碍航滩险绝大部分都出自江心洲，造成左右两汊或三汊，使水流分散，枯水期只能通航120吨轮驳船，长年可通航200～300客位的客货渡船或客轮。

南宁至梧州航线不仅横贯广西中部，而且是通往下游及珠江三角洲各地的重要航线。"一五"时期，工农业生产蓬勃发展，对水运要求日高，改善天然滩险刻不容缓。南宁、梧州两航道工程区经过1955—1957年的艰苦施工，对上、中、下三段的三十里长滩、地伏、大壬、浪滩等33处主要碍航滩险进行了疏浚，累计完成人工水下炸礁66 532立方米，机挖卵石35 509立方米，人工扒沙139 429立方米，抛筑石坝835立方米，总投资为199.6万元。初期治理取得了较好的效果，该航线各河段与治理前相比，枯水期航道水深增加20%，航宽增加50%，弯曲半径增加一倍，航行周期缩短50%。

柳州至桂平航线为柳江、黔江两河段，全长274.5千米，共有滩险63处。柳江河谷比较开阔，边滩、江心洲较多，河床虽比较稳定，但航道浅窄是其特点，枯水时期蓑衣、古才、大麻子滩船舶上下航需部分卸货、卸客、挂绞、撑篙甚至船员下水扛抬才能过滩。黔江为西江干流河段自石龙至桂平，全长122千米，黔江大部分是石质滩险，河床地形复杂，航道弯曲狭窄，滩中礁石嶙峋，石槛斜峙，旋涡泡水变化无常，各种不同水位都有流态紊乱湍急的险段，船舶航行比较困难和危险。柳州航道工程区自1956年成立至1960年的5年间，对柳江、黔江40多处主要碍航滩险进行了以炸除零散礁石为主的疏炸治理，共计完成水上水下炸礁42 371立方米，人力扒沙579立方米，机挖卵石22 688立方米，滩险的浅阻程度有了改善。疏浚整治后，柳江河段枯水期80～100吨级拖驳船队可全线通航，黔江河段枯水期可通航200吨级拖驳船队，150～200客位的客货渡船及客轮自梧州至柳州可常年通航。

红水河航线自南、北盘江汇合处的蔗香双江口开始，至石龙三江口止，全长659千米，全线共有急滩273处。红水河的滩险形似跌水，红水河含沙量大，每年雨季，江水浑浊，故而得名。主要滩险有都六滩、岩滩、恶滩、十五滩、赌滩命等数十处，其特点是航道狭窄弯曲，滩中礁石林立，流态湍急紊乱。1956年在来宾县成立了红水河工程大队，专司红水河航道的治理工程。1956年至1957年的枯水季节组成了6个分队（炸礁队），在恶滩以下至大湾圩河段的21处滩险施工，主要任务是炸除危险礁石和碍航零散孤石，改善流态，扩大弯曲半径，共完成炸礁16 660立方米。自1958年起扩充到10个分队，战线延伸到上段，重点整治滩险有黄牛滩、都六滩、波交滩、岩滩、饭滩、恶滩、十五滩等，设计航道尺度为：蔗香至都安红渡水深1.5米，航宽20米，曲度半径180米，红渡至石龙三江口航道水深1.7米，航宽与曲度半径与上段相同。自1956年至1959年夏的三个枯水施工期，累计工程投资362万元。部分滩险的通航条件有所改善，但坡陡流急的问题得不到解决，未能达到贯通全线使之纳入营运的预期目的。

桂林至梧州的桂江航线，全长340千米。在公路未发展前，桂江航线为桂东北山区的一条重要交通干线，至梧州往下可通往肇庆、广州及珠江三角洲各地，上溯可往桂平、贵县、南宁。桂江航线的上段桂林至阳朔86千米为世界有名的漓江，两岸山清水秀，洞奇石美，深潭滩险，风光绮丽，有百里画廊之美称。桂江航线最大的不足是枯水期流量小，历史上出现过最小流量只有3.8立方米/秒的记录（设计流量为13.8立方米/秒），其特点是滩多水浅。1956年梧州航道工程区和桂林港务站组织沿江各港船民对桂江航线主要浅滩进行过一次疏浚整治，主要工程有横山滩的改道，炸除虞山、油麻滩、棺材滩等22处滩险的碍航零散礁石，最小通航水深由0.4米增加到0.5米，航宽为6米，弯曲半径30米，枯水期可全线通航20吨的木帆船及60马力机动船。

第五节　修造船业发展起步

鉴于广东地处祖国南疆，濒临南海，发展船舶工业是国家保卫海疆、发展航运和渔业的迫切需要，党和国家非常重视华南船舶工业的建设和发展。

"一五"期间，水运修造船业务不断扩大。政府一方面对中小船厂增加投资，进行扩建和改造，另一方面，加强管理，使这些厂的修造船能力有所提高。在广东建成了广州船舶修造厂、粤中船厂、江门船厂等，在广西建成了梧州船厂和南宁船厂。根据当时分工，地方船厂主要是为地方航运服务，以修造内河木船为主。

在两省航运修造船业逐步发展的同时，其他部门，如海军、交通部、水产、航务、港务也都纷纷建起了各自的修造船厂。

20世纪50年代初期，中南军区海军（1955年10月更名为海军南海舰队）急需一定数量的舰艇执行巡逻、剿匪、护航、护渔和训练任务，而华南地区造船力量十分薄弱，只能组织维修力量将起义、俘获、打捞的旧舰艇和从香港等地购回的旧船抢修改为舰队的主要舰艇；同时，在广州、汕头、海南、西营等地建造一批木质25吨交通船和50吨机帆船，供沿海和岛屿间运输使用。

20世纪50年代，海军在华南的主要修造船厂有黄埔、榆林、汕头3家。海口原有的修理所改为码头修理所。此外，还在太平、清澜、龙门、东营、黄埔、新湾、上川等地设立码头修理所，规模都很小，只能从事简单的修理工作。

广东省造船工业依据中央与地方造船分工的精神，将珠江水系所需的一部分中型船舶交由交通部所属船厂修建；水产部门所需的木质渔船，由水产部所属船厂自行修造，新建钢质渔船则由船舶工业局承建。至于船舶修理，除各用船部门自行承担一部分修理任务外，船舶工业管理局则承担舰艇及大、中型船舶的检修任务。

1955年年初，交通部将设在广州东塱的珠江航运管理局船舶修造厂（广南船坞旧址）和广州港务局修船所合并，设立广州海运局广州船舶修造厂。

1955年6月，珠江航运管理局船舶保养场并入18家私营厂，组成公私合营广州船舶修理厂。

第十一章
"大跃进"与调整时期的珠江航运（1958—1965）

国家第一个五年计划完成后，国家社会经济发展快速，形势一片大好。1958年至1960年，珠江航运和各行业一样，在"鼓足干劲，力争上游，多快好省地建设社会主义"总路线指引下，经历了"大跃进"等群众运动。

由于受"左"的思想指导，运动最终发展到与当初愿望相反的方面，给整个社会的政治、经济、文化等各个领域带来很大影响，社会生产力遭到极大破坏，生产倒退，面临经济崩溃的边缘。"大跃进"期间，受公社化影响，许多私营船舶先是加入公社和转入国营，然后又退回集体。由于政策的失误，极大地挫伤了船员的积极性，致使运输生产秩序混乱，运输安全工作松懈。

第一节 航运管理体制的反复变动

一、港航管理机构变革

在广东，1958年航运管理体制就经历了两次较大的变动。先是2—6月的水陆合并管理，撤销了刚刚成立的广东省航运厅，改为广东省航运局，隶属广东省交通厅领导。二是1958年7月，由于交通部广州海运局下放，与省交通厅航运局合并，再度成立广东省航运厅，并接管了交通部第一航务工程局第一工程处和省打捞公司。水路方面实行海河合并管理，成立海河运输局，水陆又重新分管。

新成立的航运厅属行政管理机构，下设海河运输局和航务工程局，并直接管理广州船舶修理厂和湛江港湾机械厂。海河运输局是企业单位，管理全省海河港航生产。珠江内河航运分设三个船队：一船队负责西江、珠江三角洲干线跨省区货运；二船队负责西江、珠江三角洲定期班轮客运；三船队负责港澳线运输。原西、北江木帆船管理站并入一船队。航务工程局负责港口码头建设、航道疏浚、整治、导航、引航设备及水下碍航物的清理打捞。与此同时，各地区港航管理机构也下放到地区，实行省与地区双重领导，以地区为主的管理体制。

1960年，为精简管理机构，撤销了海河运输局，将航务工程局的航道处改为省厅的职能处，成立了广东省航运规划设计院和广东省水运科学研究所，并开办了广东省航运学校。

1958—1961年，水运管理机构的反复变化和层层下放，给珠江水运生产和管理带来很大困难，许多规章制度遭到破坏，技术业务骨干大量流失，生产调度失灵，秩序混乱，船舶设备的技术状况恶化，运输效率大幅度下降，企业运输效益全面下滑，造成不少企业亏损，教训深刻。

1961年，交通部决定收回原直接管理的主要港航企业。1961年6月，重建广州海运局，于1961年和1963年先后分两批收回原来下放广东的沿海港口和海运船舶。从而结束了三年海河合并管理的局面，重新恢复到1958年6月前那种管理模式。1962—1964年，广东省航运厅也将原省管的港口、船舶、航道、船厂等逐步收回，对珠江水系船舶实行集中管理、统一调度、统一核算，并以原内河运输局船舶总队为基础，成立了珠江轮船公司，在清远、江门等地设分公司，按水系建立了生产指挥系统。1963年2月，广州市航运管理局成立，主管广州地区的木帆船运输。

港口管理方面，主要港口和为外贸服务港口由省航运厅直接管理，其他港口由地区航运局管理。山区支流小港由木帆船管理局领导，并按大港管小港的原则逐步建立了比较完善的港口管理体系。

1962年9月，根据广东省交通会议的精神，由于连江渠化工程下马，航运厅航务工程管理局撤销，航道处和打捞疏浚公司合并成立了广东省航运厅航道管理局，下设航道分局、航道所、打捞疏浚公司和测量队，形成了全省统一领导、分级管理的航道管理机构。

1958年5月，广西根据党中央关于"全民办交通"和"统一领导、分级管理"的指示精神，中共广西壮族自治区委工交会议决定下放航运管理机构，撤销了区航运局，在交通厅设航运处。航运处主要负责全区航道规划、统一运价、港口收费及年、季港航生产计划，制定规章制度和技术业务指导方案，减少许多具体业务。原来各航区分管的人、财、物和南宁港、柳州港、梧州港、梧州船队等全部下放到港务局，归所在市领导，各港务所、站仍由各港务局领导。

航运管理机构下放，基层管理机构和隶属关系的不断改变，给经营管理带来许多困难。如跨地区运输问题，各地市难以自行解决，报市委、地委协调，延误了许多时间。由于条块管理交叉，关系没有理顺，许多工作形成多头领导，地方对航运业务又不熟悉，力不从心，顾此失彼，难以做好工作。"大跃进"期间，船舶管理放松，运输秩序非常混乱。1961年，区交通厅开始调整交通管理体制，恢复成立区航运局，下设梧州、柳州分局，收回了下放的梧州、南宁、柳州三个航运局。恢复了全区航运生产的集中指挥权，将全区内河船舶组成了6个船队。从加强港口管理出发，成立了南宁、柳州、梧州港务所，从而使广西壮族自治区的航运管理体制又恢复到了"大跃进"前的那种模式。

航运管理体制的不断变动，给广西壮族自治区航运带来很大影响。广西壮族自治区经济发展比较落后，在珠江航务管理局集中统一领导时期，广西壮族自治区航运得到了较快发展，培育了大批业务骨干。"大跃进"期间，管理机构经常下放、上收、撤并，几乎使管理职能、管理力量和管理手段全部丧失，生产失控，运输秩序混乱。"大跃进"期间，许多航运企业不务正业，改去炼钢铁、炼焦炭、搞化工厂等，由于不懂生产技术，违背科学，加之管理不善，之后又纷纷转产或倒闭，把好端端的航运企业搞得七零八落。"大跃进"期间，为了完成各项指标，船舶设备超负荷运行，失养失修严重，技术状况恶化，以致后期造成大批船舶报废。经验教训深刻。

贵州全省主要通航河流自1958年下放地方管理后，加强了地（州）县工作责任感，发挥了积极性。1963年后，由于各主要河流拖驳运输发展快，管理工作增大难度，再因跨地（州）县河流又有省外河流源头，航运、航政及省与省之间事宜须由省、厅统筹，因此1965年8月省决定将都柳江等6大河系收回省管，并制定分级管理方案，实行以条为主，条块结合的管理体制。

二、开征航道养护费

国务院于1964年3月颁布了《关于加强航道管理和养护工作的指示》，文件指出："发展水运事业是综合利用水利资源的一个重要方面，各地区、各部门在开发和利用水利资源时必须对发展水运、防洪、排涝、灌溉、发电、给水、水产、木材流放等方面的需要，统筹兼顾，全面规划，以收到综合利用的效益。"并在航道的使用、建设、维护等有关重大问题上作了明确的规定。其中第七点明确了"航道养护经费应有固定来源，以适应实际需要……省（自治区、直辖市）交通部门直接管理的内河航道养护费，原来由事业费开支的仍由事业费拨款；已征收航道养护费的可以继续征收；尚未固定经费来源的可暂时采取征收航道养护费的办法解决"。航道养护费是航道事业不断自我完善、提高服务质量、使之稳步发展的基础。广东省在1963年以前、广西壮族自治区在1964年以前全由国家事业费拨款，经费数量不足，增拨十分困难。为加强航道维护，广东省率先实行向营运船舶开征养河费，以解决经费之不足的问题。省人民委员会于1963年6月批复了省航运厅关于《广东省航道、航标养护费征收暂行办法》（以下简称《暂行办法》）。《暂行办法》规定，国营专业系统的船舶从1963年1月1日起按其营运总收入的4%征收；社营船舶从1963年7月1日起按运输总收入的2%征收。广西壮族自治区人民委员会根据国务院《关于加强航道管理和养护工作的指示》的精神，同意从1964年1月1日起按营运收入的2%征收；机关、企业船舶及竹木排从3月1日起征收；木帆船在一定时间内免征或减征；未征地区，暂不征收，已征地区费率不能超过营运收入的1%。

两广实施征收养河费后，经费每年随着运输量的增长而保持了同比例的增长幅度，养护费来源比较稳定，增加了对航道建设的投入。以广东省为例，自1963年1月按规定征收航道、航标养护费后，1963年至1966年全省国营及社营共收费2 019万元，超过了同期国家对航道事业费拨款的25.7%。航道航标养护费的增加，使航道与航标的建设与养护出现了前所未有的好形势。

三、第二次航道普查

"二五"计划开始执行的几年中，在"大跃进"号召下，大搞水利建设，一大批中小型水利工程在江河上兴建，由于"群众运动"及资金筹措困难等原因，忽视了水资源的综合利用，陆续出现了部分江河断航碍航的状况，情况日趋严重，对水运生产造成了威胁。基于上述原因，两广航道部门先后于1962—1964年期间进行了全省（区）第二次航道普查工作。广东省全省共有通航河流1 381条，通航里程18 377千米，其中通航轮驳船航道6 715千米，通航木帆船航道10 177千米，通航竹木筏航道1 485千米。普查结果表明，两

广主要通航河流的航道尺度均有所提高，主要险滩特别是恶劣险滩的通航条件有了较大的改善，几年来的航道重点治理收到了良好的效果。在普查中还着重对内河航道上所建船闸状况、闸坝断航情况、电站放水不均衡造成航道恶化情况，库区、运河、灌渠通航情况，及跨河电线、桥梁的数量及净空尺度等进行了调查。

第二节　航道整治与渠化

一、大力进行航道整治

自1958年至1965年的八年间，两广航道以综合整治为目标，重点治理恶性险滩，进一步全面改善通航条件，并开创了连江航道渠化工程的新尝试。但由于在"大跃进"的盲目冒进的指导思想影响下，珠江水系的航道工作也出现过不少失误。

（一）右江综合整治大会战

广西航道部门在"二五"期间继续对右江航道进行整治。首先选择了对有"咽喉"之称的独石滩开展炸礁开槽工程。独石滩有座石山屹立江中，高达30余米，将水流分为左右两支。左支顺直，但河床为岩质，枯水期水浅，无法通航。右支枯水期水深1米，航宽10米，但航道成S形两个反弯，弯曲半径仅有60米，礁石林立，水流湍急，流态紊乱，上航船舶需要挂锚绞滩，拖驳船队要分拖，逐驳施绞上滩；下航更是惊险，必须在滩头慢水段调转船头，抛锚定位，左右撑篙，缓缓放缆觅路倒退而下。按航道尺度为1.2米×15米×200米的要求，开辟左支新航道。需炸航道长150米，水下礁石（盘礁）1 320立方米。南宁航道工程区第一工程队充分利用开炸新航道没有通航矛盾，以及左侧是河岸，右侧是石洲的有利地形，在开挖的新航道上下拦河筑堰，将施炸河段包围起来，抽干堰内河水，变水下作业为旱地作业，开创了航道围堰炸礁的先河。

郁江、浔江、柳江、黔江、融江等主要通航河流都大量推广围堰炸礁施工法来开辟新航道，对广泛提高石质滩险的航道尺度，加快广西各通航河流的面貌改观起到了极为重要的作用。

1965年由于援越抗美的需要，右江被列为中央的战备工程项目，又得到一次全面综合整治、提高航道等级的良机。广西壮族自治区人民政府十分重视此项战备工程，成立了"二〇一工程指挥部"，指挥部设于右江平果县，并抽调全区航道部门最精干的施工队伍参加大会战，区航道工程大队编为第一工程大队，南宁、梧州、柳州航道工程区抽调全部施工骨干及机具设备，编为第二、第三、第四工程大队。参加右江全线整治施工的总人数达6 000人。根据右江枯水流量小的实际情况，综合整治设计标准为国家Ⅵ级航道，通航120吨级拖驳船队。通过治理航道基本达到了设计要求。

（二）连江渠化工程

连江又名小北江，为北江水系最大支流，发源于湘粤边境南岭山脉，流域范围包括广东的连县、连山、连南、阳山、英德五县部分地区，连县以下始称连江，全长181千米。

连江具有十分明显的山区河流特征：河道坡降陡峻，水流湍急。连江沿岸煤矿蕴藏量丰富，是广东境内重要的产煤区之一。

1958年在全国"大跃进"形势的推动下，加速发展连江流域内煤炭开采，以适应广东各地大炼钢铁的需要，当时在勘探资料不全的情况下，计划部门确定了连江沿线年产煤300万～500万吨的高指标。而解决煤炭运输问题是当务之急，交通部门提出了水陆两种运输方案进行比较，陆运方案自连县矿区修建铁路至英德，跨过北江与京广线连接，需投资5亿多元；水运方案为连江全线渠化方案，修建界滩、黄牛、黄燕、花鸡咀、青莲5座航运梯级，投资1 290万元；青莲以下由水电部门修建连江口水库，用于防洪、发电、航运等，水库死水位回水至青莲梯级，构成全线渠化。最终决定采用水运方案。1959年秋，广东省连江渠化工程指挥部在连阳县阳山镇成立，随之五座航运梯级先后开工，由水电部门负责兴建的连江口水库亦于1960年动工。界滩梯级于1960年10月首先建成；次年3月黄燕梯级完工；黄牛梯级建成船闸上闸首及上段闸墙和闸室底板；青莲梯级船闸完工，但拦河坝只建成左段一期工程，右段二期工程由于围堰堵口两次失败而未建成；花鸡咀梯级只进行了部分基坑开挖。受三年经济困难的影响，基建战线收缩，1961年6月渠化工程被迫下马，连江口水库工程刚动工不久亦停建。在已动工的梯级中，实际上已全部完工可投入运营生产的只有界滩与黄燕两座互不衔接的梯级。因此，连江暂时只有实施渠化与整治相结合的方针，除两座梯级库区外，全线再次进行较大规模的整治和疏浚，以图继续改善航行条件，提高航行效益。至1965年，共修建丁坝291座，总长29 942米，块石工程量11.12万立方米。至此20～30吨级的浅水拖驳船队可常年全线通航。

（三）东平水道的初期治理

东平水道是广州通往西江中上游肇庆、梧州、南宁、柳州的经济航线，比经由莲沙容水道缩短航程110千米，比经由陈容水道缩短航程56千米，也是北江、绥江通往广州的必经之路。该水道所处位置特殊，情况复杂，属河口区介于径流与潮流之间的过渡性河段，受西江、北江分水分沙支配和南海潮汐共同影响，水流情况以径流为主。水道上段河口至紫洞和中段紫洞至登洲江心洲特别多，有新沙、老沙、南沙、东沙、小塘等，水流分汊，极易出浅。受上游西江、北江交替来洪与下游各口门先后来潮的影响，中洪水期泥沙淤积严重，每年汛末，所有江心洲的首尾、各分流、汇流口及上下深槽之间的过渡段均有淤浅，而且沙位变化大，浅段多，航槽不稳定。1958年至1959年，广东省航运厅对此水道进行以疏浚为主的治理，疏浚挖沙98.28万立方米，炸礁2 902立方米。并采用单排、双排编篱坝整治经常出浅的河段，整治线宽度上段350米，中段150米，修筑编篱坝总长17 500米，总投资247万元。完工后，航道水深由原来的0.8米提高到1.2米，航宽由30米提高到40米。由于缺乏经验，所建各种编篱整治建筑物因结构单薄，经不起洪水的冲击，几乎全部被摧毁，未能发挥束窄河床冲刷航道的作用，汛末淤浅又复出现。航道未能达到设计标准，但北江船舶已能经东平水道顺利直达广州，通往西江的船舶也能候潮通过。

（四）整治右江金陵大滩

百色至南宁航线最恶劣、最险阻的险滩为金陵大滩。该滩位于右江下游、南宁以上

44千米处，素有右江"滩王"之称，是一个具有急、浅、弯、险四大碍航因素的岩盘石滩。

右江货运量大幅度增加，1958年达到55.76万吨，为1957年货运量的10倍，船舶密度大增，金陵大滩严重制约右江通航能力。

1958年独石滩首创围堰炸礁成功地开辟了左汊新航道的实践，给金陵大滩的根本治理提供了启示。南宁航道工程区提出了采用围堰炸礁法开辟左汊新航道的设计方案，并得到上级的批准。要求该滩达到Ⅵ级航道标准，通航120吨级拖驳船队，设计水深1.2米，设计航宽为30米，局部急流段扩宽至35米，弯曲半径500米。1959年冬至1960年春，经过精心施工，建筑围堰体积4 375立方米，完成炸礁18 465立方米，终于成功开辟了宽直顺畅的左汊新航道。经竣工验收测定，航道尺度符合设计要求。但表面流速仍达2.4米/秒，比设计流速大，一拖四驳的船队要分两次上滩。为进一步降低该滩流速，1962年冬在其下游1千米范围内之平水段，抛筑对口块石壅水丁坝两座，使滩尾水位抬高了0.2米，从而调整了滩中比降。并在滩头筑了一座堆石分流顺坝，将部分流量分流到右汊原航道，经此两项措施后，表面流速降至2米/秒，且急流段的长度缩短了1/3。从此，一艘拖船一次拖带4艘120吨的驳船，可顺利地上滩，结束了该滩航行极其困难的漫长历史。

二、航标改革

1957年航道部门提出了逐步实现"标灯电气化、开关自动化、大站管理机械化"的"三化"目标。1959年8月，交通部颁布了《内河航标规范》，确定了航标工作的基本技术依据，为航标改革的深入开展和管理工作迈向正规化奠定了基础。

广东省为实现"三化"目标，对航标技术、标志结构、航标管理进行了有计划有步骤的改革。首先是改革岸标，由原来的杉木结构改为钢结构和混凝土结构，增加了灯标高度和直径，扩大了视距；二是改造标灯，进行了多种类型电气灯具的试制，通过在实践中的使用比较，筛选出一种小功率的航标灯为全省统一灯器；在自动控制的开闭器方面，选定了以硅光片开闭器为主，作为控制系统的开关，从而实现了标灯电气化和开关自动化，提高了灯标质量，免除了航标员不论刮风下雨每天起早摸黑收灯、点灯的繁重劳动；三是改造航标工作船，以机动船取代自划工作艇，把原来2～3人管理3～6千米的小站，逐渐扩大为管理15～30千米的大站，实现大站管理机械化。

1963年至1965年的调整期间，广西全区航标工作继续贯彻执行1961年7月自治区航标专业会议提出的"维护为主，航标第一"的方针，着重于提高全区航标维护管理质量。根据各航区的不同情况，结合实际，逐步向"三化"推进。在标志结构方面，梧州航区改用有杆三角岸标，竹木标志逐步更换为铁质结构，岸标为角铁或铁管制作，混凝土柱作标杆，水上浮标向钢质灯艇过渡；航标灯器也由热力开关转换为半导体自动换泡开关，提高了灯光正常率；并逐步实行大站管理，对20个航标站配备了航标机动船25艘，各站都安装了农村有线电话，基本实现"三化"。

三、闸坝碍航造成恶果

1958年以来，在"大跃进"的声浪中，在片面理解"以粮为纲"的口号下，各地大搞农田水利和小水电建设，忽视了水资源的综合利用。在原通航河流上拦河堵坝不建通航设施，致使不少原来通航的中小河道水运中断，有的甚至完全瘫痪。

（一）闸坝断航情况严重

据调查统计，几年来广西境内原有通航河流212条，通航里程达9 615千米。在这些原通航河流上拦腰建坝共计968座（其中永久坝239座，半永久坝和临时坝729座），而相应配套建了船闸的仅有50座，其中可正常通航的只有16座。没有修建通航设施造成碍航断航的支流小河流有173条，占原通航河流的81.6%，碍航断航里程达5 708.5千米，占原通航里程的59.4%。例如，贺江为西江主要支流之一，水源充沛，跨越两广，历史上水运繁忙，原通航里程达351千米，是一条常年可通轮驳船的河道，船舶可从江口直达西湾，1957年共有大小运输船舶532艘，运力达7 900吨。但自1966年起，水电部门先后修建了龟石、城厢、蒋家、羊头、黄石、芳林、八步、夏岛、合面狮、云腾、龙江、白垢、民华等13座水电闸坝后，广西段基本断航，广东段半年通航、半年断航。未建坝断航前走水路运输量最高达30万吨，建坝断航后，80%的货源被迫改为陆运，每年仅增加运费一项就损失300万元以上。

珠江下游广东地区，"大跃进"和人民公社化期间兴建了新丰江、流溪河、沙河等22座大型水库及158座中型水库，以及数以千计的水坡水闸引水工程，由于忽视综合利用，绝大部分没有修建过船设施，或虽有过船设施，但技术状态差或不配套，形同虚设，不能过船。还有些闸坝建成后引走全部或大部分流量，造成下游干涸或流量严重不足，无法航行，造成碍航断航2 943千米。1964年省航运厅与水利厅共同组成联合调查组，对碍航断航闸坝进行了重点调查，全省造成碍航断航的闸坝达到170余座，比1962年河道普查时增加近一倍，断航碍航河流达144条。

碍航闸坝的问题是全国性的，带来的后果是严重的，全国内河通航里程由1961年的17.2万千米下降到10.8万千米，减少了37.2%，严重地影响了水运事业的发展。国务院早在1964年颁布的《关于加强航道管理和养护工作的指示》的第三条中作了明确规定："对于全国已经修建的闸坝，凡妨碍航行的，应分别轻重缓急，力争在10年左右的时间内，分期分批采取措施，恢复航行条件。属于中央掌握的基建项目由水利电力部和交通部根据实际需要协商解决；属于地方掌握的基建项目，由各级人民委员会统一安排。这些工程均纳入原建设单位的远景规划和年度投资计划内。由于修建闸坝造成航道淤积的，应设法清除，并研究出根本改善措施，其所需费用也由原建设单位负责解决。"

（二）电站调峰，恶化下游航道

枯水期大中型水电站因参与调峰而间断发电；大小水电站因来水不足需蓄水而时发时停，造成下游流量、水位的大幅度波动，严重影响了航道水深，给航运带来了新的困难。

西江水系自20世纪60年代以来，先后在干支流上建成了西津、合面狮、麻石、洛东、拉朗等水电站，由于这些电站属径流式电站，库容小，单机发电，流量比河流的天然枯水流量大，因此，每到枯水期，由于流量不足只能间断发电，闸门时关时开，破坏了枯水期的天然流量状态，航道水深显著下降，浅滩情况进一步恶化。位于麻石电站下游194千米的柳州，曾在11月、12月出现过低于航道最低设计水位竟达47天之多，占两个月总天数的77%。在此期间，融安至柳州164.5千米和柳州至石龙152.5千米的两段航线全部断航，不少船队卡在两滩之间，上下不得，柳州至梧州线的客货班轮上航只能到达石龙，旅客改由汽车转运柳州。

东江1960年在支流新丰江上建成新丰江水电站，总库容139.4亿立方米，总装机容量29.25万千瓦，设计最小下泄流量140立方米/秒。1973年在东江干流老隆镇上67千米处建成原以航运为主、兼顾发电的枫树坝水电站，总库容19.4亿立方米，电站装机15万千瓦，设计通航保证率为97.5%，下泄流量不少于100立方米/秒，以满足航运的需要。两个电站基本控制了东江干流的流量，航道条件随电站下泄流量的变化而变化。枫树坝电站建成后改变初衷，转而以发电为主，未按设计要求调节航运枯水所需要流量。两大电站担负电网调峰任务后，对东江航运造成了极其严重的影响。

第三节　客货运输的急剧变化

1958年全国各条战线掀起了"大跃进"高潮。首先是大炼钢铁的群众运动，作为一项政治任务，举国上下到处都在进行大炼钢铁。为保证钢铁元帅升帐，水运战线港航企业全力以赴，调集了所有运输船舶，保证炼钢急需的矿石、煤炭等物资的运输，致使这一时期运量急剧增长。

一、"大跃进"初期运输生产急剧增长

为了完成这项任务，珠江水系航运职工争分夺秒、不计时间进行抢运抢装抢卸，使这些物资运量节节上升。1958年广东珠江内河货运量比1957年增长了61.34%，1959年比1958年增长了28.23%，1960年比1959年增长了11.82%，三年均增长率达32.26%。在广西"大跃进"期间，与各项"大办"有关的工业原料运量急剧增长，运力不足就挤占港澳线运力。梧州航区当时就将港澳航线的7艘拖轮（734马力）和39艘驳船（8150吨位）调至区内航线运输。与此同时还开辟了三条短途航线，以保证区内工业原料运输任务的完成。从1958年起，贵州都柳江粮运量连年上升，最高时年运量达4.9万吨，但粮多船少，以货待船，屯留港口。1959年榕江港发运广西粮因转运不及时造成变质损失。至1960年运量倍增，积压更为严重。

内河货运量这种骤然大幅增长的形势，大大超过了原有运输能力能承担的限度，从船舶运输到港口装卸、到生产组织管理都难以适应，运输过程中严重压船压港现象时有发生，市场秩序混乱。为此，航运部门积极采取措施，依靠地方党委深入发动群众，想方设法增加运力投入，加强船舶调度，提高航速，开展夜航，加快船舶周转。另一方面增加装卸港点，组织港口突击抢装抢卸。在运输组织方面，通过联运和开展"一条龙"服务，加强各运输方式和各运输环节的协作，保证了这项"政治任务"的顺利完成。但是，在这场"大跃进"中，珠江航运也付出了很大的代价。运输中，那种违反规律，只顾抢时间、搞突击、拼设备的短期行为，打乱了正常的运输组织和作业计划，致使运输秩序混乱，船舶设备超负荷连续运行，常年失修失养，技术状况严重恶化，给以后的航运生产留下极大

隐患。

二、珠江航运生产的回落

"大跃进"给我国国民经济带来严重影响，在"大跃进"后期，工农业生产大幅度下降，各项经济比例失调，加上自然灾害和外国追债，使国家经济和人民生活遭受严重困难。

1961年1月，中国共产党的八届九中全会上决定，开始对我国国民经济实行"调整、巩固、充实、提高"的八字方针，国民经济进入一个调整时期。随着国家的经济调整和基本建设的缩减，内河货物运输开始逐渐回落，许多工业产品和原材料运量逐步减少。据统计，1961年广东内河货运量比1960年下降了32.6%，1962年比1961年下降了19.11%，1963年又比1962年下降了9.15%，1963年珠江内河的货运量只有2799万吨，是1960年的48.8%，到了这几年的最低点。

"大跃进"后期，珠江航运除了各货运量大幅度下滑外，"大跃进"留下的严重后果也逐步暴露出来，船舶技术状况恶化，营运效率下降，生产成本上升，经济效益衰退，企业严重亏损。1958—1961年，广东内河上缴利润1387万元，而1962年、1963年两年亏损了800.9万元。集体水运企业除了受"大跃进"影响外，加上"公社化"的失误，后果更为严重，以致多数社营企业都出现严重亏损。据统计，广东省91个独立核算的社营水运企业中，有76个企业亏损，亏损金额达500多万元。

广西这一时期管理机构频频变动，致使管理机制混乱，运输生产严重失控，运量大量增加，运距缩短。"大跃进"后期，水运企业资产流失严重，各单位都搞"大办"，一哄而上，由于决策失误，管理不善，结果又一哄而散，致水运企业积累的资产严重流失。

三、调整期间珠江航运的整顿

三年经济整顿期间，珠江航运面临的几项紧迫任务：一是企业扭亏为盈；二是积极恢复航运生产，发展外贸运输；三是整顿营运组织；四是加强对木帆船的管理；五是统一运价管理。

（一）企业扭亏为盈

企业扭亏为盈工作从1962年开始，国营航运企业把扭亏和整顿经营管理作为贯彻八字方针的重要内容，以贯彻《工业七十条》为中心，整顿健全各项规章制度，重建各项责任制，推行经济核算，开展以提高质量、降低成本为主要内容的增产节约运动，组织职工开展比学赶帮超的劳动竞赛。通过这些措施，调动了职工的积极性，提高了运输效率，加快了船舶周转，增加了产量，降低了运输成本，收到了很好的经济效果，多数企业扭转了经济效益滑坡的局面，实现了扭亏为盈的目标。1963年，广东全省内河国营水运企业扭亏为盈，实现盈利53.7万元。

集体企业扭亏工作比国营企业要困难得多，广大社员克服了天旱水浅、货源短缺和"大跃进""公社化"带来的消极影响，在各地党委领导下和地方政府、航运部门的扶持帮助下，千方百计克服困难，组织货源，广泛开展增产节约运动，增加生产，同时想方设法增加社员收入，稳定社员队伍，调动社员的生产积极性，使扭亏工作取得了一些成效。1963年，在货运量比1962年减少的情况下，广东省289个社营企业有110个盈利，31个保本，亏损的还有148个。广州、南海、韶关、湛江等地的社营企业亏损金额也由1962年的284万元下降到1963年的140万元。

（二）恢复航运生产，发展外贸运输

1963年后，经过几年整顿和调整，我国国民经济形势逐步好转。珠江航运广泛开展深入持久的增产节约运动，不断掀起生产新高潮，努力实现扭亏为盈，总体形势逐步好转。

三年调整期间，广西内河货运量平均年增加17.4%，周转量平均每年增加19.5%，国营航运企业三年中共完成客运487.02万人次，每27982万人千米，完成货运量1413.29万吨，每272735.41万吨千米，三年上缴利润比"二五"五年期间上缴利润多72.54%。

"大跃进"期间，由于全民办钢铁，外贸物资生产运输受冲击，外贸运力被挤占或分散，停航报废，外贸运量大幅减少（主要是到港澳物资）。1963—1965年三年中，两广内河重新充实外贸运力，大力发展外贸运输。广西的措施包括以下几个方面：一是调整航线，补充外贸运力；二是由国家投资为港澳船队建造了12艘500吨钢质驳船和6艘600马力拖轮，另外还投资70万港元购买快船，投入港澳线营运；三是努力改进外贸运输方式，由梧州航运分局与区外贸局签订责任合同，实行定班、定期，专门负责梧州至香港物资运输，做到定期集中货物，定期装卸，定期开航，定期到港的四定运输，保证外贸运输迅速、准确、安全，保证质量，促进了外贸运输的恢复和发展。

（三）整顿营运组织

1963—1965年，随着国家经济调整，我国的经济形势逐步好转，内河运输中农产品、工业品、日用品的货运量逐步增加，外贸出口物资也逐步增加。但珠江又出现了运力布局与运输需求的矛盾，山区支流农副产品货源多，但运力不足，许多货物积压运不出来，严重影响农业和山区经济的恢复和发展，而内河干线和沿海则货源不足，运力过剩，因此，水上运力的调整就成为保证完成运输任务的关键。

航运部门对水上运力作了较大调整。首先牢固树立为农业服务的思想。认真贯彻"面向山区，面向支流，优先安排支农物资和农副产品运输"的方针，航运部门根据现有运力情况，按船舶大小进行合理分工，调整运力布局，组织协作，加强支农力量。其次是优化船舶运行调度、组织直达运输。1964年，广东航运厅为克服干支流运输中转环节多的问题，在珠江水系干支流结合处指定20个水运中转点，保证了干支流合理分工，解决了干支流航道条件相差较大，影响船舶运行的问题。通过港航密切协作，减少了货物中转环节，提高了船舶运行效率，大大方便了货主。

1964年4月，广东以内河船舶总队为基础，成立了珠江轮船公司，统一管理珠江内河船舶，并实行统一调度、统一核算，为企业改善经营管理和船舶运行组织创造了条件。

国营航运企业开展以强化调度工作为中心的船舶运行组织改革，轮驳船实行"组队运行"，取得了良好效果。各航线根据航道、货源、船舶和港口情况，采取三种运行方式：

一是拖轮与驳船固定搭配，组成固定船队，实行定期定点运行。这种方式适用于货源比较集中和稳定、航道水深季节性变化不大、港口装卸有保证的航线。

二是拖轮与驳船组成固定船队，按航区实行不定期航行。这种方式适用于货源集中，但不够稳定的航线。

三是对货源零星分散，流向点多而面广的航线，则采取按组调度的方式运行，拖轮与驳船固定搭配。

通过船舶运行组织的改进，提高了船舶运行效率。经过总结，船舶组队运行还有以下几方面优点：（1）有利于对船舶的调度指挥。（2）有利于对船舶的集中管理。（3）有利于对船舶实行集中维修和集中装卸。（4）有利于加强船队与港航之间的团结协作。（5）有利于集中货源，方便货主。（6）有利于加强对船队基层组织的建设，在船队中建立党政工团组织，有利于加强船队的政治思想工作和生产组织、基层管理。

（四）加强对木帆船的管理

1964年5月，水系各省区都成立了木帆船管理机构，各地区相应建立了民间运输管理局，加强对民用船舶的管理和宣传贯彻党的各项方针政策，提高经营管理水平。1964—1965年，社营企业全面开展了以增产节约为中心，以扭亏为盈为目标的整顿工作，并逐步建立和完善了经营管理制度，实行定、包、奖责任制，将生产、船舶维修、工属具消耗与集体、个人收入分配结合起来，调动了广大社员的生产积极性和责任感，降低了燃料消耗量，节约了开支，降低了运输成本，取得了明显效果。到1966年，社营船舶货运量和货物周转量都高于1958年"大跃进"中的水平，分别增长了7.69%和39.16%，船舶技术状况也有了较大提高，船舶完好率由1960年的50%上升到1965年的70%。

（五）统一运价管理

珠江内河航运运价虽然经过1965年改革，但仍没有完全统一，1958年管理体制下放后，运价基本上由地方自定，水系各地运价管理比较混乱。

1963年，广东在"加强管理，统一制度，统一里程，统一运价率，总水平不动"的前提下，开展了运价调整工作。历时一年时间，完成了新运价规则的制定，于1964年11月15日起试行。至此，珠江内河运价得以实行统一管理。

1965年，航运部门组织人员对各水系运输里程进行核查，编制《珠江水系运输里程表》等一套4册，这对以后加强运价统一管理、统一计算运价里程提供了较为完备和准确的依据。

四、整顿生产秩序和安全工作

"大跃进"期间，航运企业和船舶、港口都超负荷工作，忽视了生产安全和设备的保养维修，使船舶设备技术状况急剧恶化，规章制度遭到破坏，事故频繁。

1963年5月，交通部为贯彻国务院关于结合"跃进"号沉船事件，提出保证水上安全航行"十不开航、五不拖带、十四项注意"的紧急指示，决定开展安全大检查。珠江内河从5月底开始，历时5个月，通过发动群众对内河船舶、港口、船厂、航道等部门以及农副业船、渡口等进行了深入全面的检查，对生产中存在的安全隐患、漏洞进行了揭露，并提出了相应的整顿措施。通过检查，从领导到群众提高了对安全生产重要性的认识，进一步贯彻了安全第一的方针。安全管理机构得到加强，重新建立健全了安全生产规章制度，船舶设备技术状况得到改观，操作人员的技术水平也有较大提高，生产事故大大减少。

第四节　水上运输技术革命

1958年，全国开展了群众性的"技术革命"运动。珠江水系广大航运职工积极开展以"多拉、快跑、安全航行和改进工具设备，改进操作方法"为主要内容的技术革新运动。这次技术革新运动，广大职工共提出改进生产、改进技术的合理建议20多万条，实现革新项目3万多项，提高了运输生产的机械化程度和效率，取得了较好的效果。

一、船舶技术革新

（一）改进驳船驾驶操作技术

内河驳船一直是以摇舵杆来操纵驳船航行方向，这种方式劳动量大、效率低、占用舱室空间大。在技术革新高潮中，两广内河广大驳船船员改进了这种方式，以圆盘舵机代替摇舵杆，取得了很好的效果，受到珠江三角洲和西江广大船员的欢迎。以前驳船摇大橹要4个人，改用圆盘舵机后，1个人即可操作自如，不仅节约了劳动力，而且减轻了劳动强度，节约了舱室空间，为以后改进机驾合一创造了条件。

（二）推广煤气化

1959年，内河船舶燃油供应紧张，广大内河机船船员克服各种困难，攻克技术难关，积极推广改烧煤气。据统计，当年广东有688艘内燃机船改为烧煤气，占全省内燃机船的70%，节约燃油上万吨，在很大程度上缓解了当时燃油供应不足的困难，保证了运输生产，取得了很好的效果。

（三）进行顶推试验

1959年，珠江水系运输船舶开始试验推广顶推法。当年广东海河运输局第一船队率先进行试验，取得成功后即进行推广，共组成252个船队，顶推驳船4 032艘次。顶推法与拖带法比较，优点明显，在条件相同的情况下，航速可提高20%，效率增加30%～40%，且操作灵活，航行安全。顶推法的试验成功和推广，是珠江内河船舶运行方式的一次重大革命，具有重要意义。在广西，这一时期也进行过顶推试验，并一致认为效果是好的，但由于条件限制，如船舶结构、操作技术、航道条件等方面不适应，因此只在梧州航区以下试航了一段时间，而没有得到推广。

二、港口装卸技术进步

装卸作业多靠人工扛抬，劳动强度大、效率低、不安全。广大港口职工为了摆脱繁重的体力劳动,在技术革新的高潮中大搞技术革新和技术革命。以土法上马,搞土机械、半机械,效果都比较好。如1958年11月,西江南江口港职工针对港口岸坡陡长、装卸劳动强度大、效率低的问题,自己设计制造了一台土缆车,这种土缆车有结构简单、制造方便、效率高、操作容易、能适应水位变化等优点,受到众多装卸工人的欢迎,很快在西江沿岸港口得到推广。到12月,西江沿岸港口即新安装这种缆车14对。与此同时,还革新其他装卸工具数百件,使港口装卸工作的机械化、半机械化程度提高了30%以上。广州港工人革新了不少皮带机、链板机、手推机、土吊车等,使装卸工作效率和机械化程度大大提高。1956年以前,港口只有机械7台,到1965年已达到270台。据统计,广东港口职工在这场技术革新和技术革命中共革新各种运输机465台,土吊车750台,各种溜槽765件,手推车5 941辆,修建土码头413座、26 650米,铺设铁木轨道764条、13 980米。使港口装卸工作提高了效率,减轻了劳动强度,改善了劳动条件,受到广大港口职工的欢迎,广大装卸工人称这是他们的第二次解放。

在三年调整时期,广西内河航运群众性技术革新活动继续广泛深入开展,尤其在船舶运输组织方面成效显著。南宁—百色和南宁—西津航线采用了快、慢船队运行后,改变了停点多、停时长的缺点。另外实现客轮拖带货驳后,每年拖带量增加近2万吨。柳州—梧州航线和梧州—广州、梧州—贵港等航线实行"一列式拖带法"后,拖带量增加了10%～12%,有的成倍增加。

第五节 "大跃进"期间的船舶工业

1958—1962年,在"大跃进"高潮的推动下,珠江水系各省、地、县、社纷纷兴建造船厂。其中仅广东就兴建、扩建省、地、县、社大中小型船舶修造厂(保养场)142间,属省及地区航运局管理的船厂10间、保养场12间;属港务所、站管理的保养场12间;属各地区(县)管理的地方国营船厂49间;属各县水运公社所有的船厂59间。修造船队伍共有2万余人,形成一支颇具规模的地方水运工业力量。这一时期广西交通厅投资扩建了梧州船厂和南宁船厂,并在梧州、柳州、桂平新建了三个船舶修理厂,使广西的水运工业有了一定的基础。

一、广州造船厂和文冲船厂的兴建

广州造船厂位于广州港南河道出口处,由东、西两部分组成。西部原是广州海运局管理的广州船舶修造厂,东部原是属第一机械工业部领导的广安工地。

1958年中央发出直属企业下放的通知后,广州船舶修造厂与广安工地合并成为广州造船厂,由广州市机电局领导。1961年广州造船厂划归国家第三机械工业部九局领导。此后进行过4次扩建,1958年和1966年分别建有5 000吨级和1万吨级船台,还有放样大楼、管子车间等,成为华南最大的造船基地。1964年由国家第六机械工业部接管作为军用厂。

文冲船厂是在原广东省航运厅广州船舶修造厂的基础上迁址新建的。广州船舶修理厂在新中国成立初期由61家私营小厂合营而成，1959年3月，广东省决定将其迁往广州东郊黄埔文冲，10月正式迁厂，11月与湛江港湾机械厂合并，更名为广东省航运厅黄埔船舶修理厂。当年，在文冲平整地面2万余平方米，修建厂区道路800多米，兴建轮机、铆焊、木工等车间，至1960年，该厂有职工1 900余人，船排14个，各种机床89台，锻压设备15台，承修1 000吨以下轮驳和各种拖轮。

1963年，黄埔船舶修理厂由交通部接管，更名为文冲船舶修造厂。1965年10月建成华南地区第一个1.5万吨级修船干坞和一座码头，以及船体、轮机、铸造等车间，形成年修96艘远洋船舶的生产能力。

二、广东船舶工业的发展

1955年6月，将珠江航运管理局船舶保养场并入18家私营厂，组成公私合营广州船舶修理厂，1958年9月改为广东省航运厅广州船舶修理厂。该厂于1959年迁至黄埔文冲。1962年12月，交通部将该厂收归部直接管理，更名为交通部黄埔船舶修造厂（后改称文冲船舶修造厂）。1963年3月，该厂经国务院批准建造1.5万吨级和2.5万吨级船坞各1座，成为华南地区最大的修船基地，并且逐步发展造船。

1958年年初，广州第一造船厂下放归广州市领导，4月与交通部下放的广州船舶修造厂合并为广州造船厂。1961年7月，该厂划归第三机械工业部九局领导，并进行扩建和改造，至1970年，该厂已具备造千吨级军舰和万吨级轮船的能力，成为华南地区最大的造船厂。

广东省航运厅新中国船厂，1963年由新中国机械厂和广东省航运厅船舶保养场合并组建而成。交通部文冲船厂收归部属后，于1964年给广东省投资2 278.8万元，在广州造港建设新厂。1976年，第六机械工业部又规划该厂为千吨级军辅船定点生产厂，对该厂进行投资扩建，成为省属最大的船厂。1959年，广东省航运厅先后接管了江门船厂、粤中船厂，并对两厂进行改造和扩建，成为省属骨干船厂。1965年，广东省航运厅又于肇庆创建西江船厂，是作为新中国船厂的战备后方厂兴建的。

三、广西船舶工业的发展

1956年以前，广西水运系统仅有5名大专院校的船舶工程技术人员。广西交通厅除了积极争取国家分配大专学生外，从1958年开始派员到武汉水运工程学院和上海船舶设计院学习培训，为广西船舶工业培养出第一批技术骨干。

各船厂在建厂初期，都根据自身的技术状况和条件，结合本航区实际，对原有船舶进行技术改造，而后再对船型进行改良。1958年，各船厂均集中改革旧船舵，将广西众多的人力推动单舵改为双舵和活动舵。梧州航区依靠船厂的力量，将80吨以上的135艘驳船进行了改装，这样既可增加载货量，减少操舵人员，又能减轻船舶编队航行中的阻力和振动，实用效果较好。1959年，各厂又从改良船型入手，改造了部分尖头、低舱、短双舵甲板驳，进而又对船机改良，修造船工艺技术取得较大进步。

1959年，广西组装第一艘钢质机动拖船。1960—1962年三年中，每年各建1艘钢质船。广西船舶专业设计队伍亦于1960年开始组建广西船舶设计组。为广西自行设计建造钢质船舶提供了技术保证和工艺保证。从1963年开始，广西造船也进入了以造钢质船和机动船全面代替木帆船的时期。1963年广西壮族自治区建造钢质船4艘，1964年为7艘，1965年达31艘，1966年骤增到88艘，是1963年的22倍。这时广西造船业已初具规模，为广西船舶工业的第二次飞跃。

1965年6月，交通部船舶设计院、广东省航运厅、广西航运管理局会同梧州、南宁、柳州三个航运分局，派出有关专家及工程技术人员，组成"珠江水系船舶型谱汇编广西地区调查工作组"，深入西江各航区对各干流船舶船型进行调查并多次组织当地驾驶轮机员工座谈，最后定下珠江水系的船舶型谱有：广东船型22个，机型4个；广西船型17个，机型3个；两省（区）相同的船型7个，机型1个；综合后的船型共32个，机型9个。从而为珠江水运向统一船机、统一船型系列化、标准化发展打下基础。

从"大跃进"到改革开放前，广东省船舶科技得到较快的发展。为了适应经济发展的需要，广东省航运厅在1960年设立广东省航运规划设计院船舶设计室和广东航运科研所，20世纪60年代初开发出小型绞吸式挖泥船、琼州海峡客货渡轮，60年代末开发了"一顶一"机动驳顶推船队及西江干流新型客轮。

梧州船舶修造厂的建设过程，经历了组合联营—公私合营—国营三个阶段。公私合营初期，修造厂受梧州市工业局领导。1957年交通部决定将梧州船舶修造厂划归珠江航运局直接领导。为了扩大生产，梧州船厂搬迁到塘源旺步新址进行扩建，转为国营。1958年，建造新中国成立后广西第一艘160马力木质机动船，向刚成立的广西壮族自治区献礼。1964年，经国家计委批准，按照千吨级造船能力规划，第一期基建投资500万元，建设500吨级的船台滑道及其配套工程，为建设广西第一家国营造船骨干企业奠定了基础。

珠江航运统一管理时期，主要造船力量在广东。当时广西许多船舶要拖往广东江门和粤中船厂修理，这样增加了修船时间又浪费了运力。两广水运分管，广东各船厂生产任务较多，不能再接纳广西船舶修造任务，致使广西船舶修造发生困难。为了扭转这种被动局面，除扩建梧州船厂外，广西壮族自治区在南宁邕江下游的母珠湾新建南宁船舶修造厂。该厂由国家第一机械工业部上海第九设计院设计，占地面积16 000平方米。

南宁船舶修造厂于1958年建设开工，实行边土建边生产的方针，1959年便开始组装广西第一艘300马力钢质蒸汽机拖船。1959年造船8艘，创产值84万元；1960年造船16艘，修船8艘，产值达204万元，建厂初见成效。

国家"二五"计划时期还投资新建了梧州、柳州、桂平船舶修理厂并扩建了南宁、北海船舶修理厂。

上述7家船舶修造厂经过两、三年的投资建设，发展较快，具备了一定的修造能力。在1958年至1966年的九年间，广西航运的直属船厂共新造船舶533艘，28 546载重吨，18 447马力。修造船产值达5 346万元，占广西壮族自治区水运工业产值的67%，成为广西建造钢质船舶的中坚力量，充分显示出国营水运工业的强劲生命力。

第十二章
曲折前行的珠江航运（1966—1978）

"大跃进"结束后，国家及时进行了三年调整，经济发展回到了正常轨道。但1966年至1976年历时十年浩劫的"文化大革命"又使我国经历了一场更大的灾难。

由于受"左"的思想指导，尤其"文化大革命"极"左"路路线的干扰和林彪、江青两个反革命集团的破坏，运动最终发展到与当初愿望相反的方面，给整个社会的政治、经济、文化等各个领域带来很大影响，社会生产力遭到极大破坏，生产倒退，经济面临崩溃的边缘。

"文化大革命"期间，珠江航运遭受破坏更为严重，运输船舶和生产设备被毁损，生产人员离岗参加武斗，干部被下放劳动，管理工作和生产指挥处于瘫痪状态，运输生产大幅度下降，生产秩序极为混乱。

第一节 "文化大革命"中的珠江航运

1966年开始的"文化大革命"给我国带来空前灾难，生产力遭受严重破坏，经济面临崩溃边缘。珠江航运受到继"大跃进"后的又一次冲击，指挥体系基本瘫痪，船舶停航，港口停产，职工离岗，生产直线下降。

一、"文化大革命"期间管理体制的变动

"文化大革命"期间，各级航运管理机构遭受冲击，领导被打倒、靠边站，干部下放劳动，职工参加派性武斗，只有少数干部坚持工作，生产管理和指挥系统基本瘫痪。"文化大革命"开始不久，曾有一段时间，主要单位实行军管，到1968年下半年后，各单位成立三结合的革委会，统管各单位的生产和各项工作。革委会的形式一直存在到1979年。1969年1月，交通部广州远洋运输公司和广州海运局下放到地方，广东成立了华南水运公司，将远洋运输、沿海运输、内河运输、航道、港口、基本建设等全部纳入公司管辖，公司共设四个组，即办事组、政工组、生产组、后勤组。由于坚持工作人员少，生产秩序混乱，规章制度被废除，根本无法进行有效管理。1970年1月，华南水运公司解体，远洋和沿海运输各自恢复建制，管理内河航运的原航运厅改为广东省航运管理局，基本上恢复了原来的管理职能。一度合并的海、河航道机构，则分解为交通部广州航道局、

广州救捞局及广东省航道局。

广东省航运局成立后对地区航运管理部门进行了整顿。1971年，部分省属运输企业下放到地区管理，部分直属船队也下放到地方。

1973年，广东省再次调整了交通管理体制，强调建立集中统一、指挥灵活的生产指挥系统，以保证生产指挥直接深入一线，提高运输效率。调整后，广东航运管理局改称广东航运局，地区一级航运下放后，有的实行水陆共管，有的实行港航合一，有的港务所合并，有的撤销，使基层管理机构大为削减。

广州地区非广州市属航运企事业单位的生产和党政工作，包括广州港均由省航运局直接领导，各地区所属港、站，根据水系和经济腹地划分港口管理范围，船舶运输则实行省局和地区两级调度。

"文化大革命"期间，广西航运管理体制也在不断变动。1970年，广西壮族自治区交通厅二级单位全部撤销，交通邮电合并，成立交通邮电管理站，下设几个业务组，分管全区的公路、水运和邮电业务。水运管理方面，分管全区航政、航道、港口、运输和水运工业等。到1970年年底，撤销了交通邮电站，邮电业务划出，恢复了区交通局。1971年3月，广西壮族自治区航运公司成立，接管全区的水运管理业务。公司是一个政企合一的二级单位，归区交通局领导。公司下设梧州、南宁、柳州、北海4个航运分局和几个办事处、船厂、航道工区。1973年，区交通局内设监理处，统一指导全区和各航区内的交通监理和航政业务。梧州、南宁、柳州、北海航运分局设航监科。全区木帆船管理，基本上维持"文化大革命"前的管理体制，至1973年，在区交通局内设民运组，专门管理全区民间运输业务。

二、港航生产能力大幅度下降

从1966年开始，广东全省内河航运生产连年大幅度下降。至1968年，全省内河货运量仅完成2 982万吨、196 764万吨千米，相当于"文化大革命"前最低一年1963年的水平，比1966年减少了931万吨、72 384万吨千米，下降幅度分别为23.9%和26.9%，其中国营航运企业完成的货运量和周转量分别下降了41.7%和46%。与此同时，企业经济效益也大幅度下降。1966年，全省国营航运企业盈利1 888.5万元，到1968年则亏损160.2万元，港口利润也从1966年盈利964.8万元下降到1968年盈利552.6万元。

集体水运企业生产能力也大幅度下降，1968年货运量已下降到相当于1962年的水平。

广西内河水运货运量从1966年的187.5万吨下降到1967年的133.7万吨，1968年的95.74万吨。由于"文化大革命"冲击，生产人员大量离岗，致使船舶在港时间不断延长。入梧州港驳船在港停泊时间在1966年平均为5.76天，至1967年延长至8.94天，仅此一项即给梧州航运分局造成经济损失600多万元。

梧州航运分局企业经济效益1966年盈利175.28万元，到1967年已变成亏损233.92万元，到1968年亏损更高达677.47万元。1969年虽经大力整顿，仍亏损300万元。三年连续大幅度亏损，使梧州分局元气大伤。

南宁航运分局是"文化大革命"的重灾户，从1967年1月起，几派武斗愈演愈烈，生产瘫痪，全部停航。到1969年9月革委会成立，航运生产才逐步恢复。两年多的停产，使南宁分局亏损了281万元。"文化大革命"中，运输船舶和生产设备遭到严重破坏。南宁分局在1967年6月至1968年8月，因群众武斗共烧毁船舶166艘，1 030客位，12 715载重吨，5 438马力。南宁港北大作业区的码头、仓库、机械设备也遭到严重破坏，加上停工停产，造成企业经济损失达2 791万元。

柳州航运办事处新修出厂的桂青客轮（150客位、135马力、价值20多万元）在武斗中被烧毁，办事处、驾东仓库、小南仓库等均在武斗中被炮火击毁，经济损失巨大。

"文化大革命"中，与货物运输不同的是水上客运不断增加。"文化大革命"期间，人员流动量大，先是红卫兵的大串联，接着是清理阶级队伍内查外调，机关干部到"五七"干校，知青上山下乡等，使水上客运急剧增加。广东内河客运1966年为1 431万人次，到1976年增加到2 427万人次，十年增长69.6%。其中国营运输部门从1966年完成1 265万人次，到1976年为2 076万人次，十年增长了64.11%。

三、通过整顿恢复生产

"文化大革命"一直到1972年才开始采取措施进行整改。珠江航运企业根据全国计划工作会议提出的管理七项制度和七项考核指标，首先恢复了生产管理机构和生产调度指挥系统，加强企业核算，建立了专业与群众相结合，以专业为主的企业经济活动，建立经济核算制度和岗位责任制，另外，重点抓好职工和船员考勤和岗位责任制，使航运生产形势开始好转。

1972年6月，广东省航运局召开计划工作会议，围绕如何扭转国营企业自1966年以来运输能力一直下降问题，进行了广泛的讨论，提出1973年广东国营内河货运量突破800万吨的奋斗目标。企业开展了比学赶帮超和找差距、揭矛盾、挖潜力、促转化的群众运动，大家献计献策。从提高船舶使用效率等方面入手，调动广大船员积极性，开展夜航，走经济航线等，使船舶使用效率有较大提高。

经过全省航运职工的共同努力，1973年国营内河货运量终于突破800万吨大关，实际完成了813万吨，完成货物周转量137 730万吨千米，取得了多年以来的最好成绩。

1975年，邓小平同志主持中央工作后，开始纠正"文化大革命"以来的一系列失误，着力恢复生产发展经济。

1975年广东全省水运战线广大职工共同努力，千方百计开展支农和保重点物资运输，运输生产取得较好成绩。当年内河共完成货运量5 508万吨，货物周转量381 556万吨千米，分别比1966年增长40.5%和41.7%，其中社营水运企业完成4 542万吨，223 702万吨千米，分别比1966年增长了41.7%和56%。许多物资运输都超过了1966年的最高水平。

进入70年代中期，广西经济形势开始好转，内河航运也逐步恢复正常。1971—1975年的"四五"期间，广西工农业总产值平均每年以10.4%的速度增长，而全区内河货运量平均年增长9.4%，基本上保证了全区生产建设和人民生活的需要。

"文化大革命"后期，国家陆续投资新建和修复船舶和港口设备。到1976年，广西全区国营航运企业共拥有各类船舶689艘，5 566客位，99 135载重吨，50 393马力，与"文化大革命"前的1965年相比，分别增长了30.98%、76.08%、39.75%和145%。

1971—1975年整个"四五"期间，全区累计完成客运量2 448万人次，158 155万人千米，货运量7 516万吨，1 454 732万吨千米，上缴利润达3 981万元。

第二节　十年间的航道整治工程

一、陈村水道四方磨切嘴裁弯

陈村水道经50年代初期的全线疏浚后，经济效益十分明显，船舶密度不断增大，随着运输发展的需要，对该水道提出了更高的要求。为此，1965年研究并制定了陈村水道技术改造工程计划，通过疏浚、炸礁及整治等措施进一步改善航行条件。其中四方磨炸礁切嘴是关键性工程。四方磨石嘴从右岸伸入航道，形成急弯，上下行船不能通视，被迫在四方磨右岸设置通行信号台，指挥船舶单向航行。汛期洪水从陈村涌冲出，四方磨石嘴逼使冲向韦涌及三桂的急流产生旋涡，同时左岸又有文笔沙突出，形成此急弯段水流混乱，历来是该水道海事多发地段。此项炸礁切嘴工程是一次基建性质的根本治理，确定了比该水道高一级的航道标准，其尺度为水深2.0米，航宽30米，弯曲半径120米。工程于1966年冬开始，采用草土围堰方法施工，将堰内河水抽干，再施以陆上爆破作业，进度快、质量好，达到了原设计的水深和航宽，弯曲半径由120米提高到240米。1967年1月便拆除围堰，4月洪水前完成全部工程，共计炸除礁石10 133立方米，总投资23.23万元。四方磨切嘴裁弯后，航道宽阔顺直，通视良好，上下船舶航行安全，按计划撤销了通航信号台，实现了双线航行，大大改善了通航条件，进一步提高了这条重要航线的地位和作用。

二、右江综合整治大会战

经过1965—1967年两个枯水施工期的艰苦努力，对右江全线100多处滩险进行了全面整治，工程质量较好，达到原设计的航道尺度。有近30个滩险采用围堰炸礁施工，原航道或是过于弯曲，或是维护困难，或是航道所在的一侧严重侧蚀崩岸，或是流态不良，此次整治施工都另行选线，开辟了新航道，整治后航道顺畅、稳定，方便航行。此次综合整治共完成围堰炸礁128 606立方米，水下炸礁14 267立方米，围堰清挖卵石79 739立方米，机挖卵石471 281立方米，抛筑整治坝85 786立方米，总投资550万元。竣工后，航道条件得到了根本改善，全线设立三等助航标志，常年日夜通航一拖四艘120吨的轮驳船队及200客位的客船。年货运量跃升到120万吨。

三、连江渠化工程

1966年广东省航运厅向中共中央中南局及广东省委提出续建连江渠化工程的方案，第一步先行修建龙船厂梯级，形成5.2千米的库区航道，回水至连州镇，下游与界滩衔接。经广东省投资300余万元，工程进展顺利，1966年10月动工，1967年4月完成主体工程，船闸通航，改善了上游航行条件。但由于在设计方面的经验不足，拦河坝的下部采用混凝土重力坝，上部采用高度为3米的充水尼龙袋活动坝，连遭失败。初期为单锚固尼龙袋，经不住溢流的振动摩擦，使用不到一个月即破损。后改变为双锚固尼龙袋，挡水后较单锚固尼龙袋的振动有所减轻，但坝袋溢流时坝下产生气蚀作用，经常将砂卵石吸入袋底，昼夜不停地摩擦，很快又将尼龙袋磨穿，又需更换新袋。至1969年冬，遂决定放弃尼龙活动坝挡水，改建为钢筋混凝土旋转倒式闸门，这样龙船厂梯级的正常运转才得到保障。同期连江下游英德县大湾两公社的农民群众以民办公助、自筹资金的形式，以提水灌溉为主要目标，在黄茅峡修建水轮泵站，首先兴建拦河坝及左右两岸的水轮泵站，中间留一缺口修建船闸，平面布置极不合理，加上地方财力、物力困难，船闸迟迟未能建成，船舶无法通航，造成断航两年。上游4个县的木材、煤炭、芒秆、矿石等物资堆积如山，不能下运，船舶与木排汇集在大坝上游，长10余千米，造成数千船民和筏工的生活困难，引起4县的财政紧张，干部群众意见纷纷。至1967年夏，英德县出面协调，由航道部门将拦河坝炸除1/2，暂时恢复通航。1968年夏，船闸在因陋就简的条件下建成通航，再将拦河坝修复，水轮泵恢复运转，历时近两年的航运、水利纠纷才告一段落。至此连江已先后建成4座航运梯级，分段渠化里程达47千米。这是连江渠化艰难进程中的第二个回合。

1970年春，水电、航道部门双方派员组成的广东省河道整治规划办公室，直属省革命委员会生产组领导。连江航道治理被列为重点工程项目，省、地、县三级的航运、水利部门组成联合规划组，总结了十多年来连江渠化与整治的经验教训，实地勘查，多方案比较，结合已建成的4座梯级，提出了以航运为主、综合利用的建设指导思想，确定自连县至连江口181千米重新规划布置14座梯级的新方案，以实现全线渠化。各梯级兼有灌溉、发电功能，有的还结合兴建公路桥梁，综合利用。广东省同意设计任务书所提出的建设方案，并指示迅速组织施工。

渠化工程第三个回合的施工以地方为主，阳山、英德两县分别成立工程部，负责组织民工及施工管理，省航道局为主要协办单位，负责技术设计及派出技术干部负责施工技术指导。1970年绞剪坡、青霜及英德县的架桥石三座梯级开工，黄茅峡船闸动工重建；1971年阳山县的黄牛、花鸡咀、青莲三座梯级相继动工。每个梯级仅用一至二个枯水期即基本完成闸坝工程，船闸通航。至1975年10月，由省航道局负责修建的蓑衣滩梯级完工，经过5年奋战，8座梯级全部建成，实现了自连县以下至洽洸段全长133千米的渠化通航，可全年航行2×100吨级机动驳顶推船队，通航保证率为95%，连江航行条件终于获得了改观。渠化工程前后历时16年，累计总投资5 000多万元，平均每梯级投资约450万元，渠化航道平均每千米投资37万元。

由水电部门兴建的北江飞来峡水电站于1994年冬破土动工，其位置在连江口以下31千米处，建成后电站上游正常挡水位为24.0米（珠基），回水至连江西牛镇附近淹没连江河口段航道34千米，连江原规划建设的犁头咀、连江口两梯级已无须兴建。

连江为珠江水系第一条渠化通航河流，被誉为全国山区河流渠化典范。由于贯彻了水资源综合利用的原则，符合国民经济发展的需要，所发挥的综合经济效益非常显著。首先是大大提高了通航能力，促进了水运发展：连江中上游渠化以后，大小滩险97处全部被淹没，改变了原来滩多水急，航行条件恶劣的自然状态，通航标准由原来通航20~30吨船舶，提高到常年通航 2×100 吨机动驳顶推船队，通航能力提高 10 倍以上。渠化前连县至连江口往返一个航次需时 20 天，渠化后仅需 6 天，船舶周转率提高了 3 倍。通航条件改善，促进了连江水运的发展，连县、阳山两县总运力达到 11 207 吨，为渠化前的 3 倍。1985 年运量已超百万吨，相当于 50 年代的 10 倍。由于船舶载量增加，周转加快，成本降低，船民收入显著提高，生活有了较大的改善。其次是运输条件改善，促进了当地工农业生产的发展：连江沿岸煤矿结束了"以运定产"的历史，煤炭开采量逐年增加，阳山县 1960 年采煤 6.6 万吨，1972 年基本实现全线渠化通航后，采煤量上升到 22 万吨（其中水运占 13 万吨），到 1978 年，采煤量达 53 万吨（水运占 34 万吨），年收入增加 1 000 多万元。20 世纪 90 年代以来，湖南大量煤炭通过连江转运至珠江下游各地。再有是发电、灌溉也有很大收益：在已建成的 11 座渠化梯级中，有 9 座结合兴建了水电站，至 1985 年共装机 52 台，总装机容量 11 500 千瓦，电站年收入 360 多万元，利润 250 多万元，成为当地县财政的一项重要收入。沿江两岸农村的生产、生活用电普遍得到解决。11 座梯级全部附设有水轮泵抽水站，安装各种型号的水轮泵 62 台，增加灌溉面积 4.5 万亩，每年至少增产粮食 600 多万公斤。1983 年农民人均收入为连江渠化前的 3 倍，山区人民贫困落后的面貌有所改变。连江渠化充分体现了江河治理、水资源综合利用的巨大社会经济效益。

四、红水河恶滩航运梯级及下游航道整治

红水河是西江上游的主干，由南盘江、北盘江汇流而成。横贯广西中部，水量充沛，落差集中，水能资源丰富。"文化大革命"期间，为贯彻"战备"要求，大搞"三线"建设，准备将大批工厂迁入红水河山区，交通必须先行。于是，确定了治理红水河航道的计划，要求按通航 250 吨级船队的标准，先打通都安至石龙三江口 240 多千米的航道。治理方案是恶滩以上修建恶滩、龙湾、百龙三座航运梯级，实现渠化通航；恶滩以下 172 千米采用疏浚整治措施。

恶滩位于忻城县红渡上游 3 千米处，滩中有石洲两座，将水流分隔成三汊，滩情险恶。恶滩梯级于 1970 年冬季动工兴建，初期工程包括溢流坝、二级船闸一座。船闸位于左岸，闸门宽 11 米，上闸室长 130 米，下闸室长 138 米，上闸门宽 9.3 米，下闸门宽 11 米，门槛水深 1.7 米；上引航道长 480 米，宽 31 米，下引航道长 90 米，宽 18 米；上闸门最高通航水位 100.3 米，最低通航水位 93.4 米，下闸门最低通航水位 77 米。船闸可通过 3×120 吨或 2×250 吨级拖驳船队。为考虑综合利用需要，在溢流坝上预留有小型电站及水轮泵站位置。担负恶滩梯级工程施工任务的是梧州、南宁航道工程区，恶滩以下航道疏浚整治由广西壮族自治区航道工程大队负责。

船闸及溢流大坝于 1972 年冬基本建成，回水至糯米滩，渠化航道 55 千米。由交通部门投资，依靠航道部门自身的力量，在短短的两年时间里，建成了水头高 17 米的航运梯级，这在珠江航道工程建设史上还是头一次。

由于施工质量问题，坝底清基不彻底，水下灌浆固结质量很差，1973 年 3 月 14 日，溢流坝中段坝底冲毁成洞，库区无法蓄水。事故发生后，广西壮族自治区革委会十分重视修复工作，提出了"满足通航，搞好灌溉，照顾发电"的方针，迅速组织力量进行修复。在修复设计中，考虑到枯水期船闸通航、水轮泵站及规划中的电站用水等问题，将原溢流

坝堰顶高程由93米提高到部分为97米、部分为93.8米的高程。同时由于水轮泵站的兴建，多占了溢流坝的宽度，故溢流坝宽度由210米缩窄为147米，致使坝的壅水高度及库容均比原设计有所增大，渠化里程增至74千米。修复工程自1974年冬开始，至1976年完成。恶滩成为红水河梯级开发第一座枢纽工程而被载入史册。

列为第二期工程施工项目的百龙梯级，由区航道工程大队负责兴建，1972年7月施工队伍进场，开始了围堰、清基工作，后因故下马停建。恶滩以下航道则继续进行疏浚整治，1973年至1974年，由柳州航道工程区整治赌命滩，完成基建炸礁3166立方米，筑坝7598立方米；1978年至1979年，柳州航道工程区整治迁江至大湾河段，炸礁5 008立方米。至此，恶滩库区及恶滩以下航道尺度达1.7米×20米×180米，常年可通航120～250吨级拖驳船队。恶滩船闸及都安红渡以下航道，划归柳州航道工程区管理。

五、东江整治与枕头寨梯级工程

东江为粤东地区主要交通运输通道之一，是该地区综合交通运输网的重要组成部分。"文化大革命"期间，广东省革命委员会于1968年决定，由韩江流域兴梅地区每年调运煤炭100万吨，通过东江水运供应给广州及珠江三角洲各地。为此，广东省革命委员会采取了以下五项措施：修建兴宁至老隆煤运铁路专线；建设老隆煤炭转运港；建设东江枫树坝水库，调节航运流量100立方米/秒；建设老隆枕头寨航运梯级，回水至老隆港区；整治东江全线航道浅滩，解决煤炭下运问题。

五项措施迅速得到实施。根据东江沿线流量的分布，全线整治要求达到的航道标准为：枫树坝至老隆段0.6米×10米×90米；老隆至河源段0.6米×18米×90米；河源至惠州段0.8米×20米×120米；惠州至东江口1.0米×25米×120米。整治工程到1974年全部完成，共修筑块石丁坝1720座，总长度15.6万米。块石工程量130.5万立方米，总投资1 144.84万元。经全线大规模整治后，航道条件有了较大的改善和提高，可全年通航50～100吨级轮驳船队。

枕头寨航运梯级是专为老隆煤炭转运港而兴建的，由东江航运工程指挥部组织施工，广东省航道局负责技术设计及解决施工技术问题。1969年开工，于1971年建成。老隆港为水陆、水铁联运的中转港，兴宁县四望嶂的煤炭为其主要转口物资，其次为铁矿石，梅（梅县）隆（老隆）铁路（窄轨）直达港区，但港池水深不足。枕头寨梯级拦河坝正常挡水位64.5米，回水至港区。船闸在右岸，闸室长170米，闸室宽15米，人字门宽9米，门槛水深1.3米。设计年通过能力为200万吨。由于设计不当，该梯级没有设置冲沙孔，致使库区泥沙沉淤严重。同时坝下河床冲深下切，水位下降，当下游在最低通航水位时，门槛水深只有0.8米，船舶过闸困难，如遇枫树坝停机截流时，则只有断航。

枫树坝水库1974年建成后，违反原建设意图，转而以发电为主，未按设计要求调节航运所需枯水流量100立方米/秒，并经常按电站调峰需要，关闸断流，造成电站下游至河源段随之断航，如遇新丰江电站同时调峰关闸，则东江全线运输中断，对航运造成极为不利的影响。

六、浔江汊流滩险整治

浔江两岸属丘陵地区，岸坡较缓，河道漫滩多，常出现宽浅河段，河宽处多产生江心洲，将水流分成两汊甚至三汊，各汊水深不足，而造成碍航。有滩险 10 多处，有的是砂卵石河床，容易淤浅，有的是石质河床，水深不足，均对航行起了制约作用。此类滩险的整治比较复杂。

整治航道的首要问题是优选支汊，往往现行航道并不一定是可供开发的理想航道，大多数汊流险滩都有两支比选的问题。梧州航道工程区自 1969 年起对汊流险滩开始进行基建性重点整治，多是放弃原航道，选取另一汊流开辟新航道，取得了一定的效果，一般新开航道均能满足航道尺度要求，改善航行条件。

第三节　航道保障系统建设与闸坝碍航

一、建成大门滘升船机

大良镇位于珠江三角洲中部的顺德县，大良河穿城而过，北通顺德、陈村水道直达广州，南通容桂水道，可直出港澳，是一条重要的水运航道。20 世纪 50 年代珠江三角洲联围筑闸，大良河南北两端被水闸封闭，造成顺德出口香港的活鲜塘鱼及水果蔬菜等农产品在大门滘水闸处翻坝转驳，不仅增加运输费用，延误赶市时间，而且鲜活产品经搬运转驳损耗甚大。

1965 年秋，经广东省航道局报请省建委批准建设一座斜面式升船机，列为新产品试制项目，省投资 12 万元，恢复大门滘通航。

在一机部起重运输研究所及交通部水运规划设计院的技术指导下，完成了升船机的设计。升船机可通过载重为 25 吨的船舶，年通过能力为 50 万吨。工程于 1966 年年初开工，9 月基本建成，经过几个月运转试验校正，于 1967 年 1 月由广东省经济委员会、广东省建筑工程局等单位现场技术鉴定，认为效果良好，同意正式投产。

大门滘升船机不仅是广东省有史以来兴建的第一座升船机，在当时也是珠江三角洲流域正式投入生产运转的唯一升船机，投资省、操作简便，投产以后，其在运输上发挥了重要作用，直到 1982 年，由于机械老化磨损，已不适应运输要求，经批准报废、拆除，为新建的大门滘船闸所取代。

二、闸坝碍航，恶化水系通航

由于未能科学规划河流上水电站的建设，没有充分考虑船舶通航的问题，珠江水系上的闸坝碍航问题不仅没有得到解决，反而更加恶化。

（一）航道闸坝碍航情况加剧

北江支流瀚江，自翁源县城龙仙镇至瀚江口长 116 千米，原航道水深 0.4～0.8 米，通航10～30吨机帆船，20世纪60年代初有各种运输船舶480多艘，年货运量20余万吨。60年代起先后修建了9座水轮泵站，1969年又修建长湖电站，全无过船设施，致使全线断航。韶关市人大代表曾在提案中提到，瀚江断航水运改陆运，每年至少增加运费410万元。北江的另一支流绥江，自怀集至马房通航里程为158千米，1969年广宁县在牛歧修建引水式水电站一座，虽建有船闸，但因船闸的位置、布置、尺寸、结构等均存在诸多问题，船舶及排筏通航困难而且危险，水运受到很大影响。

在贵州都柳江，1970年和1972年先后修建高安、岑九、德鹅、龙邦等五处电站坝，碍航严重，后改建为永久式，加高加固，最终断航。榕江以上9千米处红岩电站兴建，历时12年建成，电站进口处建拦河坝引流，无过船设施，仅留6米的孔口用作船筏通道，纵波陡，流速达4～7米/秒，航槽水深不足，过船极为困难。

（二）电站调峰，恶化下游航道

在河道上建了水电站，配套过船设施，航道上游成为库区深水航道，对航运有利。但枯水期大中型水电站因参与调峰而间断发电；大小水电站因来水不足需蓄水而时发时停，造成下游流量、水位的大幅度波动，严重影响了航道水深，给航运带来了新的困难。

库容稍大的西津电站，一般死水位是59米，但在枯水期常因电网负荷需要做低水头发电运行，使库区水位降至57米以下，据1979年至1983年的资料分析，五年中低于死水位59米高程的天数达135天，平均每年为27天。其中持续时间最长的为1980年，共达62天，最低水位降至55.20米，低于死水位3.8米。电站超低水位运行，造成原已被回水淹没的部分浅滩又重新出现，致使航道突然恶化，运输被迫中断。在20世纪60—70年代，西津电站是广西最大的水电站，调峰任务较重，往往夜间0～3时需大量减发或是停发，为了节省水资源，停发时滴水不放，不但造成贵县以上110千米的航道不能航行，甚至波及贵县下游航道出浅。

当新丰江、枫树坝两电站全天连续发电时，下泄流量比较均匀稳定，干流航道枯水深较建电站前提高0.2～0.3米，航行条件得到较大的改善。由于两大电站多年来主要担负电网调峰任务，经常停机关闸，致使电站下泄流量不均衡，航道水深无法保证，船舶航行受到威胁。据相关资料统计，自1974年至1986年的13年间，未按原设计要求满足下泄流量的天数，枫树坝电站年平均有117天，占全年总天数的32.1%；新丰江电站年平均有97天，占全年总天数的26.6%。最突出的是1979年，枫树坝电站有202天、新丰江电站有251天日平均下泄流量少于设计要求，使老隆至河源航段的水深平均每年有三四个月小于0.6米。若两电站同时关机截流，造成航道近乎干枯，则惠州以上200多千米航段便全线停航。

当两大电站周期性地调峰运行发电时，下游水位呈波浪形变化，越接近电站变化越大，最大变值达1.0米以上。由于航道水深变化无常，来往船舶时航时停，经常出现搁浅、碰撞、海损及航道堵塞现象，严重影响航行安全和水上运输生产，每年约有14万吨运力无法正常营运，据1980年至1985年的不完全统计，每年集体水运企业损失300多万元，使企业陷入困境，影响了1.56万名航运船工的生活，触发了一些社会问题。

人为造成的下泄流量不稳定，还给航道维护带来极大困难。东江航道维护的主要措施是抛筑块石丁坝束窄河床，维护航道水深。在水流不均的情况下，采取航道整治措施，效果事倍功半。

三、建立航道河工模型试验室

在航道整治中,很多问题尚难从分析研究与理论计算中得到解决,往往需要通过河工模型试验,为制订整治方案提供参考,避免工程布置不当造成返工浪费或达不到预期的工程效果。

西江都城新滩由于出浅严重,1953年经过整治,航道虽有所改善,但工程效果不明显,首先是航道水深未达到2.5米的设计要求,每年维护挖泥量较大,后又引发出上下连接该滩的蟠龙滩和都乐滩相继出浅的问题。航道部门通过多年观测,认为蟠龙、新滩及都乐三滩在各种水流结构所引起的河床变形互为影响,实为一体,因此在整治设计中用一般的计算方法尚嫌不足,实践上也没有类似的成功设计经验可以借鉴,而通过河工定床模型试验,可以更有效地寻求比较理想的设计方案。为此,广东航道部门决定兴建河工模型试验室。河江模型试验室选址于广州市郊流溪河畔的江高镇,后定名为江村试验室。1965年动工筹建,1966年5月完成第一期工程,占地面积5 800平方米。一期工程建成一套供河工模型及水工试验用的循环式水流系统,包括一个直径10米、深3.2米、容量200立方米的蓄水池,一个容量为10立方米的低水头调压塔。塔上布置10条溢水槽,溢流总长度60米,溢流量为40升/秒,水塔底部装置3部电动水泵,总泵水流量为280升/秒。蓄水池是放射型,布置4条回水渠,渠道总长120米。已基本具备了河工定床试验的技术条件,于是都城新滩及都乐滩的定床河工模型的制模工作与试验场其他未竣工的工程项目同步进行。于1966年9月完成制模并开始试验观测,11月底各项试验观测工作结束,年底提出了整治方案,翌年初即按试验后的设计方案施工,整治效果比较理想,都城新滩的航道水深有了较大的提高,都乐滩不再出浅,且航道变得缓顺,有利于船舶航行。

广西航道河工模型试验室始建于1960年,地点建在广西交通学校大院内,该室的第一个河工定床模型试验是浔江的龙圩水道。以后还对鲫鱼滩等多个滩险进行过定床试验,并为交通学校航道班的教学提供服务。广西交通勘测设计院的水工模型试验室,建于1976年,当时曾计划由交通部门与玉林地区合作兴建贵县航运梯级,以通航为主,兼顾发电,结合利用。交通设计院的水工模型试验室担负了贵县梯级船闸在各种水位、流量下运行及电站发电泄流对船舶进出闸造成影响的有关测试。以后陆续完成了恶滩航运梯级等的试验项目。

两广建立了河工、水工模型试验室后,使航道建设增加了一个更科学的测试研究手段,通过试验,能比较正确地认识河水特性,优选设计方案及结构形式,有助于提高工程设计质量和航道建设的技术水平。

第四节　运输船舶技术改造

一、船舶更新换代，钢质船的发展

20世纪50—60年代，珠江运输船舶大多是木质船。由于木质船维修工作量大，大径木材和其他材料紧缺，影响了营运率。因此，从1966年开始，广东自行设计制造了一批新的钢质客货船。到1976年，全省国营企业共建造这类船舶48艘，成为珠江中下游和三角洲地区客运的主要船型。这种客船一般有200~400卧席客位，200~400马力，航速15千米/时。钢质船舶的投入使用，使珠江水运技术发展进入一个新的阶段。

新中国成立后至20世纪70年代初期，珠江基本上仍使用新中国成立前遗留下来的旧蒸汽机拖船及主机型号复杂的内燃机拖船，以木质结构居多。1966年，新中国船厂在成功试制第一艘钢质沿海货船的基础上，着力于建造135马力的钢质拖船。到20世纪70年代，粤中、江门等船厂先后根据各自具体情况，建造出120~600马力的沿海、内河、港口作业、渡口和浅水等各类用途不同的钢质拖船，提高了内河的运输能力。

广东内河的驳船大都是旧式木质民船，直至20世纪70年代初，20~50吨民船组成的拖驳船队仍是货物运输的主要工具。

随着20世纪60年代初期造机造船的兴旺，广东自行设计建造的机动驳船开始出现，20世纪60年代中期又专门研制出两种船型。一种适合东江、北江浅水河道的50吨水煽型机动甲板驳，另一种是适合西江干流及珠江三角洲河道的120吨水煽型机动甲板驳，这两种船型的最大优点是适合浅水河道行驶，机动灵活，成本低，经济效益明显，深受航运部门的欢迎。

第一艘120吨级钢质内河机动甲板驳"前进121"号，是1969年由航运规划设计院设计、江门船厂建造。该船载货量120吨，同年，粤中船厂试造出第一艘60吨钢质内河机动甲板驳（后定型为50吨）"团结069"号，载重量为60吨，这两类船投产后，发展迅速，至1976年，增至159艘，6787载重吨，12019马力，其中"前进"号有40艘，4260载重吨，4248马力。

20世纪70年代，省属各船厂还先后建造出各种用途的船舶，如油船、水船、码头停泊的港作趸船等辅助船。

机动驳的大量投产，促进了广东内河顶推运输的发展，当时交通部在全国内河推广使用"一列式顶推"运行方式。因此广东根据具体情况提出"一顶一"的顶推方式，即一艘机动货驳顶一艘甲板驳。"前进""粤江"顶推组便是在上述情况下产生并发展的。20世纪60年代末期开始，起初是机动驳侧推一艘驳船行驶，用钢缆捆牵，逐步改用顶推柱、顶推钳相互咬合，以直接顶推替代侧推。到20世纪70年代末期，自载110吨的"前进"号机动货驳与300（或400）吨"粤江"号货驳，自载50吨的"团结"号机动货驳与65吨"胜利"号货驳、80吨变吃水的大"团结"与100吨变吃水的小"粤江"等先后组成顶推船队投入营运，顶推运输已为广东内河普遍采用，从而改变过去单一的拖带形式，运输效率不断提高。

二、水泥船的建造与推广

新中国成立初期至 20 世纪 60 年代，珠江内河还有不少木质蒸汽机拖船，船型、机型都很复杂，效率低、维修难。由于受到"大跃进"影响，木材供应困难，严重影响木质船的修理。广东集体水运企业有木质船 40 多万吨，每年需要修船木材 7 万多立方米，但国家供应计划只有 3.5 万立方米，而实际能到位的只有供应计划的 1/2。在这种情况下，航运业推广水泥船代替木质船，借以稳定水上运输。

1964 年，省航运厅以顺德水运联社作试验，组织技术人员试制一艘 20 吨级的水泥船，经质量检验，以当时的技术水平衡量，算是试验成功，并试图向全省推广。但是由于受主客观条件的影响，从 1964 年开始至 1968 年的五年间，全省只建造了水泥船 3 575 吨，平均每年仅为 715 吨。

随着国民经济的发展，运量与运力矛盾突出，发展水泥船成为当务之急。在广东省航运局的具体指导帮助下，解决资金、材料和技术方面的种种困难，促进水泥船的发展。到 1970 年全省水上集体企业有 76 个社队建立起初具规模的水泥船生产网点 209 个，拥有 1 500 人的造船队伍，年造船能力达 4 万吨。使广东水泥造船从 20 世纪 60 年代起步，1970 年扩展到全省干流和山区支流，到 1974 年建成水泥船 3.25 万吨。初步扭转了运力继续下降的趋势。

1972 年年底交通部颁布《建造水泥船工艺暂行规定》和《水泥船质量检验标准》两个规定，之后省航运局于 1974 年 8 月召开了水泥船定型会议，原则上定为三种类型：一种是适用于干流行驶的载重 20 吨、装机 20 马力的机动半甲板驳，满载吃水不超过 0.8 米；一种是适用于干支流行驶的载重 20 吨、装机 20 马力的机动甲板驳，配以载重 25 吨的半甲板驳，满载吃水不超过 0.8 米；一种是适用于支流行驶的载重 20 吨、装机 20 马力的机动甲板驳，配以 25 吨载重甲板驳，满载吃水不超过 0.55 米。此后，东莞水运联社自行设计建造 50 吨级选型货驳，改进施工工艺，进行高强度水泥船试验，采用高频振荡灌浆。建成适航性较强，比重较轻，吃水不超过 1 米的水泥船，是珠江三角洲水泥船建造选用新船型、新工艺的创举。

广东水上集体企业水泥船建造从 1969 年开始推广全省，到 1976 年底共建造 11.477 万吨，占总船队的 23.53%，平均年造 1.422 万吨。

20 世纪 70 年代开始，国营内河运输运用水泥船也日渐增多，特别是 1970 年省水泥制品厂划归省航运局管理，对加快国营企业建造水泥船起到重要作用。

水泥船经过使用和验证，虽有维修保养费低、船体损坏易于修补等优点，但也有其弊端，如自身重量大、吃水深需要消耗较大的拖轮功率，营运经济效益欠佳，容易碰破进水，水泥客货船则直接影响旅客生命安全，对货源、装卸设备和航道有很大的选择性，等等。20 世纪 70 年代后期国营企业开始逐步淘汰水泥船，1985 年肇庆航运公司的"红星 321"水泥客货轮报废后，国营内河的水泥船便被全部淘汰。

三、船机更新换代

新中国成立初期至 20 世纪 60 年代，广东内河船舶动力装置采用的机型既复杂又老旧，蒸汽机曾一度成为船舶动力机组中的主力。内燃机多数为安装汽车原动机和陆用柴油机，型式复杂，各种牌号竟达50种以上，往往因备件供应不上而被迫停航，拖船功率日益减少。据1959年至1965年统计，全省内河国营运输船舶的拖船保有量由334艘下降至250艘。面对这种局面，航运部门意识到制造内燃机的必要性和迫切性。

1968年，航运部门拨款18万元作为试制两台6180船用中速柴油机的专项费用，指定由新中国船厂承担试制任务。试制的机型是仿东德6NVD26柴油机。

6180柴油机的试制工作从1968年3月开始，经过一年的奋战，终于在1969年的"七一"前夕试制成功。经过性能鉴定，同意在航运系统内小批量生产使用。又经过几年的技术改进和不断验证，6180柴油机的产品质量和技术性能已趋向稳定。1972年12月在广州召开6180型船用中速柴油机产品鉴定会议，经到会的交通部、船检局、省航运系统、科研设计、高等院校、工厂及使用部门共51个单位88位代表的鉴定，对该机技术性能给予肯定，同意批量生产。到1978年，该机型柴油机投放市场130台。

1979年2月交通部批准成立专门生产船用柴油机的广州船舶机械厂，与新中国船厂脱钩，为省属企业。以后又试产出6180C-1型200马力、6180CZ2-1型230马力、6180CZ2-2型400马力三种机型柴油机，并于1980年通过技术鉴定。同年，在"粤海154"轮试验使用20号重柴油成功，为日后推广使用6180柴油机燃用较低品位柴油奠定了基础。

1969年航运部门新造了一批船舶以适应东江、北江煤炭、矿石运输需要。为迅速解决这些船舶所需的动力系统，省航运厅在抓紧仿制东德6NVD26型柴油机的同时，还进行了移植135系列柴油机的试制工作。135系列柴油机是上海柴油机厂生产的，我国最早自行研制的多用途机型。该机最大的优点就是标准化、通用化、系列化。广东以该机的设计技术结合本省内河河道特点，进行了适当的修改，分别由江门、粤中船厂试制。江门船厂试制4135，粤中船厂试制6135。至1976年共生产467台，其中有6135（120马力/台）235台，4135（80马力/台）232台，尔后一并作为广东内河船舶使用的主要机型。

四、船舶与船机首次定型

船舶标准化的目的是要保证产品质量，降低成本，提高劳动生产效率，便利使用、维修和缩短造船周期。为贯彻1973年9月六机部、交通部、农林部、海军后勤部和第七研究院在北京召开的"船舶标准化"会议精神，省航运局成立了船舶标准化领导小组，下设办公室。由技术人员、工人及中山大学、广东工学院的专业人员组成4个"船舶选型定型标准会议调查组"，分别对地方沿海和内河的船型、机型、配套设备、运输组织、航道、港口、船厂以及有关的地方船用机械厂进行了初步调查，广泛征求对船舶定型标准化的意见，收集了大量基础资料进行分析比较。并结合航道、港口等方面的具体情况，提出了船舶定型的意见：广东内河轮（驳）船基本分三档，浅水和支流用的25吨顶推船组；东江、北江、韩江用的50吨顶推65吨船组；西江干线和珠江三角洲用的120吨顶推300吨船组；另加一个轻泡货专用船，共7种。内河客货船按航运要求和航区条件不同也定7种；内河拖船定2种；内河水泥船（驳船）定5种；沿海船舶货船和沿海区间客货船国家定型选取5种，拖船2种，广东自定驳船2种和沿海区间客货船1种，共10种。全部内河、地方沿海运输船舶定型共31种。

关于船舶主机机型系列，1973年全省航运船舶主机有20多种，种类虽多，但基本已开始走向定型化了。如惠阳、韶关两个航运局共有主机259台，其中135系列138台，占50%以上。在20多种机型中，300、180、160、135、110、105等6种系列已占主机总数的78%左右。因此，调查组对主机定型选用了350、300、180、160、135、105共6种系列，其中300系列是广东省广州柴油机厂产品，180、135、105系列是航运系统自产主机。

关于船型和主机的定型意见，经1974年7月29日召开的广东省航运系统运输船舶定型会议认可，为广东省内河及地方沿海运输船舶、主机走向标准化、系列化、通用化迈开了可喜的一步。

1965年至1966年，建造出第一批共11艘150吨级"粤海"船，其中新中国船厂建造6艘，文冲船厂建造5艘，用户普遍反映良好，是当时受欢迎的船型之一。

1969年开始，广东省航运厅与中山大学共同设计和建设华南地区第一座船模试验池，1974年建成。全长150米，宽6米，分深水和浅水两个试验段，深水段长60米、深3.3米，浅水段长66米，深1米，无级调速、光电测速、数字打印输出。水池投产后十多年，先后进行了18个系列250多个船模试验研究，取得一批重要成果。

第五节 水系船舶工业的发展

一、广东船舶工业的发展

1966年9月，六机部为加强与地方的联系和船舶业统筹管理，在广州成立华南造船指挥部，1968年8月改名为华南生产建设办公组，负责对华南（广东、广西、湖南）造船工业的调研、统筹、规划及统管上级交办的计划产品，反映船厂的需求。

1971年4月12日，中共中央批准中央军委国防工业领导小组提交的《关于国防工业管理体制的报告》，对国防工业实行中央和地方双重领导。8月，六机部撤销华南生产建设办事组，六机部在广东的直属厂即广州造船厂、黄埔造船厂、华南机械厂、长征机械厂、万里机械厂和新成立的华南物资供应站同时接受部和省的双重领导，以部为主。

1973年2月，国务院成立全国船舶工业统筹规划办公室，负责研究全国造船统筹方案。六机部和交通部在造船统筹办公室的领导下，各自模拟造船、水运发展规划和确定重点建设项目，并采纳地方政府的意见，从产品生产统筹着手，与地方政府协商，将其主要企业的船舶生产纳入国家统计计划，而企业原有隶属关系不变。

1973年11月，省军区将国防工办移交省革委会，在省革委会下设立军工局（第二机械工业局），统一管理全省军工企业及六机部署下的船厂和配套厂。

1974年4月，广东省成立造船统筹领导小组，负责修造船的统筹工作。1975年，对全省主要船厂包括中央各部门在广东的船厂和配套厂的技术改造、扩建、新建进行全面规划，建立军舰、海洋船舶、内河船舶、渔轮、工程船舶等5个修造网，制定造船配套规划和船舶标准化等工作。

1974年7月，六机部将广州、黄埔等造船厂下放，由地方和部门双重领导，以地方领导为主，由省军工局管理。1976年冬，广东省将中央和省属企业下放当地市、县管理，广州、黄埔、新中国等船厂被下放给广州市电工业局管理。1977年春，又交回广东省军工局和广东省航运厅管理。1978年7月，六机部将原来下放的企业收回。实行以部为主的领导，与广东省仍保持密切联系。

船舶配套网点的建立在20世纪50年代末已经开始。20世纪60年代初，船舶工业部门贯彻执行"自力更生，奋发图强"的方针，逐步走上立足国内、自行研制和建造现代化军用与民用船舶的发展道路。20世纪60年代，六机部投资数千万元，积极扶植一批船舶配套专业厂。到1969年，全省已有55个工厂承担造船配套产品，其中有10多家机电工厂归六机部管理，较具规模的有广州柴油机厂、永红阀门厂、广州航海仪器厂、广州建设机器厂、广州向东机械厂、佛山船机厂、德庆阀门厂、西江航仪厂、西江机械厂、顺德船舶机械厂、南海船用锅炉厂等。

海军为加强对军工产品的控制、监督、检查和验收等工作，从1955年起，先后在广州造船厂、黄埔造船厂、广州柴油机厂等生产军用舰艇及舰用设备的工厂派出驻厂军代表，设立军代表室。1967年成立海军装技部广州工作组，具体领导华南地区海军驻厂军代表工作。

据1975年9月广东省造船工业会议统计，全省共有大、中、小船厂497家，职工6.5万人，其中国营船厂81家，其余为集体所有制厂、社，另有配套厂73家。从造船能力看，能造500吨以上船舶的有10家，职工2.49万人；能造100~500吨船舶的有44家，职工1.3万人；能造100吨以下机动船的有122家，职工1.35万人。

二、广西船舶工业的发展

广西水运工业，在"文化大革命"中虽然遭受了严重的冲击，但由于国家形势和援外需要，水运工业总体上还是发展的。究其原因，是当时全国在经济上实施"以战备为纲"的指导方针以及援外的需要。

广西在这个时期创办了4个大中型船舶修造厂（1个大型，3个中型），并对原有的部分船舶修造厂增加了投资，进行了设备的更新改造。新建的船厂虽然大多直属于中央部门领导，生产按中央指令性计划执行，但在实际的生产中是与当地互相联系、互相促进的。这在客观上推动了广西水运工业的发展。

"文化大革命"期间，广西先后上马了5个水运工业企业，即区属企沙船厂、贵县港机厂和六机部所辖的西江造船厂、桂江造船厂、华南船舶机械厂。这些厂家大多是适应当时战备需要而创办的。其中，西江造船厂是华南地区屈指可数的几个大型造船厂家之一，也是广西最大的造船企业，该厂于1965年开始筹建，1973年建成。自1968年以来该厂先后建造了200艘250吨以下20个品种的船舶。

桂江船厂于1970年投产，机械设备及技术力量相当雄厚。

企沙船厂（又称卫东船厂）是为适应当时的援越任务而创建的。其机器设备比较先进，但援外任务结束后便无船可修，遂于1975年下马。

值得一提的是北海航运修理船厂，它也是借助于担负修理援外船只任务而迅速发展起来的。当时中央投资100多万元并调拨来一批设备对该厂进行扩建，从而使其一跃而成为北海港最大的修造船厂。

贵县港机厂是广西壮族自治区的一家生产港口机械设备的专业厂,对促进广西港口生产发挥了重要作用。

三、援外造船建厂

1965年至1973年,广东航运部门和协作单位一道,根据国家援外协议,在交通部及广东省的直接领导安排下,圆满地完成了两项援外任务,一是援助越南建造船舶及培训越南船员,二是援建刚果(布)小型木船厂。

(一)援助越南社会主义共和国建造船舶

该项工作从1965年开始,持续达8年之久。广东航运职工以为国争光的精神,严谨、认真的工作态度去履行这一国际主义任务。8年间先后为越南建造沿海、内河油船、油驳、货船及渡车船等共343艘,并负责将船分批运送至广西东兴、北海或直接送达越南海防港交船。援越船舶的建造分别由新中国船厂、珠江船厂、江门船厂、粤中船厂和西江船厂承担。

根据国务院《关于接受培训越南技术干部和工人任务的通知》,广东省人民委员会于1966年12月组成培训越南实习生办公室,广东省航运厅内河运输局在接受了培养200马力左右轮船驾驶员和柴油机管理员(相当轮机长水平)的任务后,成立越南实习生培训队。开办了轮机和驾驶两个专业班,于1966年1月上旬开课至1968年6月上旬结束,为期1年半。轮机班实习生100名,驾驶班实习生99名,以上199名实习生均达到交通部规定的培训大纲要求,全部按期毕业。

新中国船厂也根据交通部及广东省人委代越培训办公室的安排,以该厂为主,与广州造船厂、文冲造船厂、省水产厅渔轮厂联合组成代越培训队,于1966年1月至1968年9月分两批对越南学员进行造船铆工的技术培训。第一批198人,学习期限1年;第二批60人,学习期限1年半。经过学习期满考核,均可达到三级技术水平。

(二)援建刚果(布)小型木船厂

该项援外任务,由交通部指定广东省航运厅负责组织及管理。由广东省基建指挥部负责土建,交通部第二航务工程局负责水工,广东省航运厅负责安装工程。建厂援外人员55名均来自基层单位。他们远离祖国,前往刚果(布),分5批先后进入施工现场。在中刚双方工程技术人员的密切配合和共同努力下,从1970年7月下旬正式奠基开工至1971年9月下旬,历时14个月全部竣工。该厂建成后,随即试制成功了100客位,载重20吨机动木质客货船一艘。经过双方政府代表和工程技术人员共同鉴定,认为厂房及工程质量、设备性能和客货船试运转状况良好,符合双方签订该厂设计和设备材料供应合同的规定和要求,于1972年3月9日移交刚果人民共和国使用。该厂被命名为"国家造船厂"。

第十三章
迈向改革开放的珠江航运事业（1979—1985）

1976年10月，打倒"四人帮"，粉碎了林、江两个反革命集团，我国开始进入一个新的历史发展时期。

1978年12月，中共十一届三中全会的召开实现了伟大的历史性转变，将党和国家工作中心转移到经济建设上来。在确定工作中心转移的同时，做出了改革开放的伟大决策。强调必须坚持社会主义道路，坚持人民民主专政，坚持中国共产党的领导，坚持马克思列宁主义、毛泽东思想。党在新的历史时期以经济建设为中心，坚持改革，坚持四项基本原则，为新时期党的基本路线奠定了基础。这一战略性的转移，翻开了我国经济建设新的一页。

党的十一届三中全会以后，开展国家第六个五年计划，全国形势发展很快，珠江航运也进入了一个新的历史发展时期。

第一节　改革开放后珠江水运面临新形势

一、以港澳为对象的外贸客运发展

改革开放以来，水系省区外向经济发展迅速，各种形式的涉外企业增多，对外经济交流活跃，使外贸运输（主要对港澳）迅速增加。

客运方面：广东从1980年1月开始恢复穗港航线，先后投入"星湖""天湖"等几艘豪华客轮营运。以后几年，珠江三角洲江门、东莞、肇庆等地也陆续开辟了港澳客运航线。至1985年，广东省内至港澳航线已发展到11条，有各种现代化客轮20艘、5 919客位，1985年完成对港澳旅客运量124万人次，比1979年增长了12倍。到1990年港澳航线增至15条，客轮增至28艘，完成港澳客运272.4万人次，比1985年增加119.68%。与此同时，各地都增加投入，大力改善客运基础设施，提高服务质量，以适应对港澳旅客运输发展需要，同时也改善了各口岸外商投资环境，促进社会经济的增长。为发展广东省与港澳间水上客运，先后投入了气垫船、双体快速客船、水翼船等先进豪华客轮参加营运。

1985年1月5日经国务院批准恢复广西梧州至港澳的直达客运航线，1983年7月"漓江"号双体高速客船首航香港，至1986年，"漓江"号共营运了1 043航次，运送旅客4.3万人次，有力地促进了广西的改革开放和对外经济、文化交流。图10为港澳航线的高速客船。

图 10　珠江船务经营管理的航行于港澳航线的高速客船

二、珠三角的集装箱运输发展

香港是世界贸易和国际航运中心之一，每年进出香港的国际集装箱达 1 000 万 TEU（标准箱）以上。我国实行改革开放以来，随着珠江水系各省区经济建设和外向经济的发展，进出香港的集装箱物资大量增加，广东省港澳航运公司和香港有信运输有限公司合资成立粤丰货柜有限公司和粤成货柜运输有限公司，投入黄埔—香港航线的集装箱营运，这是广东最早成立的两家国际水上集装箱运输专业公司。两公司 1981 年即完成黄埔—香港航线集装箱运量 17 139 TEU，运送货物 40 743 吨。1982 年，广东省港澳航运公司建造了 3 艘可同时装运 192 TEU、3 590 吨货物的集装箱货船。

珠江三角洲许多国营航运企业从 20 世纪 80 年代起，也纷纷投入对港澳航线的集装箱运输，这些企业利用驳船少则装几个、多则几十个，最多可装 80~100 TEU，有的利用捎带，箱多时则专门装箱运输，机动灵活，取得了较好的经济效益。珠江三角洲已开辟到香港集装箱运输航线的有番禺、鹤山、三埠、肇庆、蛇口、青湾、江门、中山、太平、澜石、顺德、南海、三水、新会等港口。1985 年广东珠江水系集装箱运输完成 38 774 个 TEU，运送货物 36 万多吨，分别比 1980 年增长 634% 和 556%。1990 年完成 110 636 个 TEU，运送货物 864 705 吨，分别比 1985 年增长 1.85 倍和 1.4 倍。

三、滇黔水运发展步履维艰

云南、贵州两省是珠江上游南盘江、北盘江、红水河（以下简称"两江一河"）的腹地。"两江一河"共有通航里程1 573千米，流域面积13.84万平方千米。

"两江一河"腹地自然资源丰富，仅矿产资源就有100多种，其中磷、煤等储藏量在我国占有重要地位。

改革开放前，云、贵两省经济基础较薄弱，交通运输落后，两者互相制约，经济发展缓慢。

"两江一河"一直是通航河流，是贵州通往南粤的交通要道。据1960年统计，航行在南盘江、北盘江下游和红水河上游的运输船只有490艘、1 592载重吨，年货运量达到10.6万吨、265万吨千米。运量下行主要有煤炭、磷矿石、土产等，上行有杂货及日用品等，为当地经济发展和老、少、边、穷地区的经济文化交流起到了重要作用。客运方面主要是区间或过河乡渡，数量很少。

1975年后，大化、岩滩两大枢纽相继建成，但过船设施没有同步建设，致使两江一河断航，水运生产逐渐缩减。1984年贵州省交通厅组织有关单位就"两江一河"复航问题进行了研讨，并组织了航道实地调研，认为经过适当整治，可以在该航区恢复通航，建造了70吨级货轮和100吨级驳船，于9月试航成功，1985年组建了盘江轮船公司。

第二节　管理机制转型与改革

一、两广航运管理机构的变革

根据中央关于进行经济体制改革的要求，1983年7月广东省航运厅并入省交通厅，同时成立广东省航运总公司，主管全省航运业务，行政归省交通厅领导。

广东省航运总公司是省交通厅的直属企业，主管全省内河、沿海运输，地方港口业务及集体企业的生产、供应、技术改造等，是新中国成立以来广东规模最大、经营范围最广的地方国有航运企业。总公司下属企业有珠江航运公司（含港澳航运公司）、航运物资供应公司、航运规划设计院、航运科研所、航运开发公司、航运电讯服务公司、代管广东驳运公司和广东南海石油联合服务总公司船舶公司。驻港澳机构有香港珠江船务有限公司、澳门粤通船务有限公司。总公司成立后，将原各地省属航运局也改为航运公司，并增设了江门、中山、珠海航运公司，韶关港务所及联营的深粤航运公司，均隶属省航运总公司领导。

总公司属下共有各类运输船舶（国有）18.4万载重吨、3万多客位，经营省内的内河、沿海及各口岸至港澳地区的客货运输、航运物资供应、港口装卸仓储、航运规划、设计、科研、技术培训、劳务输出、技术咨询等业务。

1984年8月，广西壮族自治区人民政府做出了关于交通运输改革、开放、搞活的九条规定。11月自治区第六届人大常委会第十一次会议审议通过了区交通厅提出的改革方案。

1985年年底，为适应市场经济发展需要，加快航运体制改革，实行政企分开，撤销了自治区航运公司，成立自治区航运管理局，这是区交通厅下属的一级单位；并将原直属的梧州、柳州、南宁、北海航运分公司，北海港务局和南宁、梧州造船厂七个企业下放所在城市管理。航道、航政为事业单位，由区航运局直接领导。

二、航政监督机构得到加强

广东省航政机构，从新中国成立以来一直隶属于航运或港务主管部门。在内河和地方沿海各航运局设监督科（安全科、航监科），港务局、所、站设港务监督或监督站。广东省航运厅成立后设港航监督室，设指导船长、港航监督、海事、船员管理及船舶检验等部门。

改革开放后，内河社会船舶大量增加，纷纷进入运输市场，导致水上运输市场秩序混乱，违章船舶增加，航行事故频发。为加强全省港航部门的安全监督，1981年4月经省政府批准，在原省航运厅港航监督机构的基础上成立广东省航政管理局，与企业分开，为独立建制。新成立的航政局归省航运厅领导，代表政府负责全省水上航行安全管理监督工作。航政局成立后，属下组建9个航政分局，一个港航监督，一个港务监督和144个航政所、站，基本形成了全省安全监督网。1983年7月1日广东省航运厅并入广东省交通厅，省航政局划归省交通厅领导。1988年3月广东省港务监督局与省航运总公司合并成立广东省航务管理局（与港务监督局一套人马，两块牌子），1995年广东省航务管理局撤销时又重新组建广东省港务监督局（广东省船舶检验局），隶属广东省交通厅。从1985年1月1日起，在全省地方港口开征船舶港务费后，航政工作在人力、物力方面都得到进一步加强，增添了40多艘港监船艇，配备了60多部高频电话，航政人员从500多人增加到900多人，与此同时，人员的技术素质也大大提高，队伍中有技术职称的占56%。改革开放后，广东省航政局在交通部的统一领导下制定了各项安全法规和实施细则。航政工作重点也从过去以国营船舶为监督重点逐步转向社会上的水上安全监督，加强了对集体企业和社会船舶的安全管理，除设点监督外，还增加了流动监督，加强了船舶检验和船员管理，进行了安全大检查，成为水上交通安全的有力保障。

广西壮族自治区在1979年2月将航政部门从各航运分局划出，成为独立的交通安全管理机构，隶属区交通厅。1984年广西壮族自治区交通安全监督局成立，下辖南宁、梧州、柳州、北海、桂林五个航政所。

1979年，贵州省为加强港航监督和船舶检验工作，经贵州省人民政府批准，分别在都柳江、南盘江、北盘江、红水河等水系建立港航监督站（含船检）。1984年11月，为进一步加强水上交通安全工作，贵州省人民政府决定，全省港航监督、船舶检验机构按处、所、站三级设置，贵州省内河航运管理局设港航监督处和船舶检验处。在珠江水系的榕江、从江、岩架等分别设立港航监督站，并充实了人员，定期拨给经费。

第三节 国有航运企业在改革竞争中发展

国有航运企业是珠江航运业的主导力量，它集中了珠江航运业中的主要技术力量和固定资产。经过几十年的建设发展，成为珠江航运业的支柱。长期以来，在支援水系省区经济建设，支援重点物资运输、抢险救灾等方面都发挥着重要作用。

改革开放以来，在新的形势下，珠江国有企业面向市场，不断改革，在改革中求发展，并取得了明显效果。

一、国有航运企业在改革中求发展

面对水运市场竞争激烈的局面，国有企业首先转变思想观念和经营作风，在经营方面采取了"五个转变"，一是变等货上门为登门组货；二是变等客乘船为多方揽客；三是变一业经营为多业经营；四是变国家投资为多方集资；五是变独家经营为多家联营，使国有航运企业在激烈的市场竞争中求得发展。

与此同时，各级交通主管部门也采取各种措施，大力扶持，促进国有企业向市场方面转变，主要做了以下几项工作。

（一）进行企业整顿

从1982年2月至1985年4月的三年时间里，广东省航运总公司根据中央关于进行企业整顿的决定，对广东13个省属企业进行了全面整顿，重点是整顿各级领导班子，建立经济责任制，加强企业管理基础工作，改善劳动组织和严格财经纪律等五个方面。通过整顿，大批优秀的、德才兼备的中青年干部走上了企业领导岗位，各级领导班子的政治素质、文化和专业技术结构有了很大改观，实现了企业领导班子的"四化"要求；建立健全了企业内部的经济责任制；实行了内部全面计划管理、质量管理和经济核算；完善了各项基础管理工作；改革了企业内部管理机构，整顿了劳动组织，加强了企业职工队伍建设，使企业职工整体素质有了明显提高，企业的竞争能力明显增强。

（二）广泛推行经济责任制

从1982年开始，广东省航运厅对所属企业实行经济责任制，实行经营承包，企业对省航运厅实行上缴利润包干，把企业的经营管理与经济效益挂钩。企业将各项技术经济指标和责任层层落实到船、班组和个人。与此同时，各企业还大力改革分配和奖励制度，改革企业过去分配上普遍存在"吃大锅饭"的平均主义倾向，调动了广大职工的生产积极性。通过两年多的实践取得了较好的效果。企业在各项生产条件大致相同的情况下，经济效益有较大幅度的增长。全省航运企业利润从1980年的1 048.5万元增加到1982年的3 225.6万元，两年增长210%。

经济责任制的各种承包形式虽然不同，但有以下共同特点：一是将责任制层层落实到人，并与经济效益挂钩；二是以建立健全各级岗位经济责任制为基础；三是健全了基础管理，为管理和分配提供了可靠依据。

企业经济责任制的广泛推行，促进了企业内部改革，调动了广大干部职工的积极性，为企业现代化管理打下基础。

（三）联营合作与多种经营

面对激烈的市场竞争，许多航运企业积极采取措施、转变经营战略，着眼省内与港澳，面向沿海，开展跨行业、跨地区的客货联营运输。1980年至1985年广东各地除与驻港澳机构发展港澳线客货运输、集装箱运输、外代、轮渡、汽运等联营业务外，各航运企业还先后与省内外联营发展客货运输、旅游、水陆联运等多式联运航线几十条。如珠江航运公司先后开辟了12条旅游航线和6条水陆联运航线。1982年仅广州—中山温泉等5条旅游航线的乘客达34万人次，占公司全部客运量的5.66%。该公司还与广西合作，开辟广州至桂平西山、桂林的旅游航线，为公司开拓了客货源，扩大了运输经营范围，取得了较好的经济效益。

在货运联营方面则以西江肇庆地区石灰石产运销横向联营最为成功。西江沿岸不少地区石灰石资源丰富、品位高，是珠江三角洲众多水泥厂的理想原料。改革开放前，一方面运输困难，产量不稳定，许多石场只能以销定产。另一方面，珠江三角洲许多水泥厂由于原料不足，生产不能满足市场需要。肇庆航运公司及时抓住这一机会，积极主动为各石灰石场和水泥厂穿针引线，帮他们算经济账，策划购销运输路线，深入做好各项工作，促使各水泥厂转向西江沿岸的云浮、德庆、高要等地订购原料。到20世纪70年代后期，经产运销三方多次协商终于达成协议。肇庆航运公司分别与供方的云浮、高要等地石场，与需方的中山、新会、江门等地水泥厂签订协议，建立以石灰石"五定"运输为内容的产运销横向经济协作联系（"五定"是定航线、定船舶、定任务、定质量、定装卸时间）。肇庆航运公司积极帮助产销双方解决各种困难，协调解决执行协议中出现的各种矛盾，不断提高运输质量，做好各项服务工作，从而使这种协作关系不断得到巩固和发展，协作的范围也不断扩大。1979年参加协作的销方单位从开始的3个增加到10多个，公司的"五定"船队也由以前的2个增加到6个，运力由500吨增加到4 020吨，完成石灰石运量由6.5万吨增加到22万吨，占公司总货运量的18.91%。

改革开放后，由于经济发展，基本建设增加，对水泥的需求急剧增长，据广东东莞、中山、江门、新会等11家水泥厂统计，1970年水泥产量仅10.5万吨，到1980年增加到38.9万吨，仍供不应求。肇庆航运公司再次与有关水泥厂协商，提出以运费收入抵偿借款的方式，解决造船资金不足的问题。1981年11月，中山、江门、新会、东莞、顺德等8家水泥厂先后与公司签订协议，各水泥厂向公司提供无息贷款造船，公司承包厂方石灰石运输，以运输收入抵偿贷款。水泥厂共向公司提供贷款350.53万元，偿还期为3年，共建造钢质货船15艘，3 350载重吨位，机驳4艘，480吨位、353千瓦。这批船船型先进，性能好、油耗省、效率高。

肇庆公司在开展石灰石协作运输前曾多年亏损，之后随着经营范围不断扩大，经济效益不断增长，到1983年肇庆公司实现利润493万元，1985年实现利润590.4万元。

集体水运企业在努力开拓，加强自我发展，摆脱困境的同时，水系省区各交通主管部门和地方各级政府也采取多种措施，对集体企业给予积极扶持。1980年5月广东省政府即颁布《关于发展市、县集体所有制运输企业若干政策问题的规定》，提出对集体企业必须加强领导，积极扶持，采取"保护、整顿、改革、积极发展"的方针。广东省航运厅为贯彻这一规定，于同年8月在佛山召开了集体企业工作座谈会，发出了《扩大社营企业自主权的通知》，并制定了扶持集体运输企业的10条具体规定。1982年6月，为进一步扶持集体运输企业，广东省人民政府又印发了《关于巩固发展社营企业若干政策问题的补充规定》，对扩大集体企业生产自主权，加快集体船舶的更新改造，帮助解决燃料供应，减免税，组织家属上岸定居等问题都做出了明确规定。

政府规定，对发展集体水运企业给予积极扶持，放宽政策，扩大生产自主权，实行自主经营。在经营管理上，集体企业可以建立自己的生产调度指挥系统，实行经营责任制。在减免税方面，国家对集体企业的征税率从1980年开始，从以前的每万元利润征44%~55%减少到30%，实征28%。1980年至1982年，国家对集体企业减免所得税约263万元。在燃料供应上，广东省下达两个文件，重申集体企业生产、基建、维修、技术改造所需的材料、燃料应纳入国家计划，按调拨价供应。1981年集体企业生产用油按出厂价供应的占总量的93.5%，其余按商业价供应。1982年按出厂价供应的仍占72.46%，9.33%按商业价供应，议价供应的占18.21%，使集体企业生产燃料在国家油料供应紧张的情况下仍保证有80%能得到国家优惠。其他许多基建、维修用的原材料，如水泥、钢材、木材、桐油等，都由省按计划调拨。在船舶建造和技改方面，广东省政府的扶持政策规定：（1）适当提高船舶大修基金提取比例，按营业收入提取15%~25%，列入成本开支。（2）造船由银行给予低息贷款。（3）在互利原则下，由厂矿企业给予无息借款造船，以后从运费中分期偿还。1980年至1985年，广东全省集体水运企业共提取船舶维修基金12 875万元，银行贷款15 112.8万元，厂社挂钩无息借款440.3万元，合计共筹集资金28 428.1万元，保证了集体企业每年造船需要的资金，使1985年集体企业运力比1980年增长4.14%，同时集体企业船舶技术状况有很大提高，淘汰了一批老旧木质船，新造钢质船1321艘、95 178吨位，使钢质船占总运力的比例从20世纪70年代末的1.17%增长到20世纪80年代的17.44%。广州市属航运企业从1980年开始到1990年，向银行贷款近亿元建造钢质船，使钢质船的比例由原来的3.73%提高到51.3%，木质船逐渐被淘汰。

由于国家大力扶持，集体水运企业生产形势有所好转。1981年，集体企业上缴给国家财政和工商所得税比1980年增加17.5%，1982年又比1980年增加17.6%。

二、境外联营企业与联运组织

改革开放以来，珠江水运企业积极开拓生产经营领域，大力发展境外企业和与外商联营企业。主要有以下几家：

香港桂江船务公司是广西壮族自治区在香港成立的航运企业。1965年以前，广西进出香港的货运一直由香港同商船务公司代办，进出澳门则由澳门南光贸易公司代理。1966年至1972年，到港货物改由交通部驻港的招商局代理，1973年至1979年转由广东省航运厅设在香港的珠江船务公司代理，广西壮族自治区航务局派出两名干部，由珠江公司统一安排工作。随着广西外贸运输的发展，广西到港船只增加，为适应形势变化，加强广西到香港船只管理，提高办事效率，1979年10月，广西在香港设立了桂江船务公司。桂江公司的经营方针是充分利用西江航运，发展广西外运，为广西壮族自治区经济建设和改革开放服务，公司主要业务是承担广西至香港和经港转口物资的运输，加工装配和补偿贸易物资的进出口运输，组织船舶装卸，加强船舶管理。桂江船务公司成立以来，为广西壮族自治区至香港的外运工作和广西壮族自治区的经济发展做出了很大贡献。

1980年以来，南宁、柳州、梧州、桂林等市县相继建立了联运组织机构，四市联运公司与全国20多个省、自治区、直辖市建立了联运关系，与自治区内422家物资部门签订了联运合同。联运机构积极开展代办铁、公、水、航空托运业务，实行一次受托、全程负责的办法。1985年完成货运量53.75万吨，拓宽了水运市场。

第四节 航运规划与航道治理

一、珠江流域航运规划

国务院于1979年8月批准成立水利部珠江水利委员会，以加强全流域的"统一规划，综合开发"。1980年10月珠江水利委员会召开了珠江流域规划协作会议，成立了由各省区及水利、水电、交通等部门参加的规划协调领导小组，积极进行流域规划的各项准备工作。1982年1月，国家建委批复了《珠江流域规划任务书》，主要规划任务包括防洪、发电、航运、灌溉、供水等方面。任务书中提出要"充分发挥珠江水运的优势，全面规划，统筹安排，积极恢复碍航闸坝通航，发展航道建设工程，促进水运现代化。重点规划西江水系的航道，沟通上游丰富的资源矿区和下游发达的工农业区，研究远景沟通珠江与长江两大水系水运的可能性"。

交通部随即于1982年3月在北京召开了珠江水系六省区航运规划工作会议，根据规划任务书的要求，制定并通过了《珠江水系航运规划工作提纲》，明确了任务、分工、要求和进度。各省区立即成立航运规划办公室或规划工作组，开展各自辖区内的河流航运规划工作。其间又经过交通部水规院组织的多次协调会议，对通航标准、工程措施、远近结合、分期实施以及水资源综合利用等方面的有关问题达成共识，工作进展较为顺利，1984年年底各省区先后完成了航运规划报告。

二、南盘江、北盘江、红水河航道整治

南盘江、北盘江与红水河被统称为"两江一河"，是西江水系的上游。1982年5月，在交通部的统一布置下，滇、黔、桂三省区交通部门就"两江一河"的航运建设提出了规划。远期建设目标是结合水电梯级开发，南盘江开远以下，北盘江龙头寨以下至红水河来宾通航500吨级的顶推船队，来宾以下通航1000吨级顶推船队，使其成为云、贵、两广之间的水上运输大动脉。近期航运建设的任务是通过整治使南盘江、北盘江下游及红水河通航100吨机动驳船队，以适应当前沿河地区经济发展的需要，为远期航运发展打下基础。1984年，贵州省计委、科委下达了"南、北盘江及红水河复航试验和北盘江煤运船队运输的研究"项目，并拨专款58万元建造70吨货轮一艘，100吨驳船一艘，于1984年9月至1985年7月利用较高水位，在北盘江百层以下、南盘江坡脚以下至广西东兰试航，并取得成功。

第五节　运输安全措施与管理

改革开放以来，针对水系突发性灾害事故多、损失严重、影响较大的问题，认真狠抓和落实有关防抗雷雨大风和防台、防洪等工作，取得了一定的成绩。

一、雷雨大风导致的七大海事

珠江中下游地处亚热带地区，每年2—4月是雷雨大风多发季节，给船舶安全航行造成很大威胁，1977—1985年，两广内河就曾发生几起因遭雷雨大风袭击而翻船的重大海事事故，造成巨大经济损失和人员伤亡。

（一）1977年9月4日16时40分，梧州市公共汽车轮渡公司所属梧州轮渡4号交通船装载乘客131人，从梧州市郊区塘源乡的市油漆厂码头驶往梧州市下关码头途中，由于遭受雷雨大风袭击，全船沉没，死亡31人，失踪3人，受伤8人，造成直接经济损失10万元。

（二）1980年2月27日凌晨2时15分，珠江航运公司"曙光401"客船，航行至台山县潭江水道口庙冲口附近河面遭雷雨大风突然袭击致翻沉，死亡301人，直接经济损失110多万元。

（三）1980年11月26日，梧州航运公司所属"桂民302"客驳载客321人，由"桂拖216"拖带上航贵港，于20时40分行至平南县城厢公社河口大队附近河面遭受雷雨大风袭击致沉没，死亡100人，直接经济损失25万元。

（四）1983年2月28日22时30分，"桂拖216轮"拖带5艘驳船至桂平县附城乡施村对开河面时，因受暴风雨袭击，桂拖216轮当即倾斜入水沉没，有6名船员死亡，2名船员受伤，直接经济损失15万元。

（五）1983年3月1日凌晨2时05分，韶关航运局"红星312"客船在三水县西南镇翠坑红浮附近河面遭雷雨大风袭击致翻沉，死亡147人，直接经济损失100多万元。

（六）1985年3月27日上午10时03分，江门航运公司"红星283"客轮，在顺德县均安区江尾18号过河标附近遭雷雨大风袭击致翻沉，死亡83人，经济损失120万元。

（七）1985年7月18日14时，桂林漓江航运公司漓江14号旅游船在漓江鱼梁滩河面遭雷雨大风袭击翻沉，死亡旅客30人，船员2人，直接经济损失15万元。

这几起海难事故，经调查分析，是属人力不可抗拒的自然灾害，但人的操作亦有一定责任，主要是：

1. 对雷雨大风天气的严重危害性不够重视，对其发生规律认识不足，遇有这种情况发生，事前缺乏防患准备，事后又未能采取有效的措施避免或减轻灾害的损失。

2. 经验不足，措施不当，操作技术上存在问题。

二、海事发生后所采取的措施

两广内河七大海事发生后，各航运单位都很重视，一方面从中认真吸取教训，另一方面积极采取防范措施。

（一）淘汰不适航客船（主要是"花尾渡"和水泥客船）。

（二）全面复查客船稳定性。经1983年复查后，采取多项措施，提高客船稳定性，保证航行安全。

（三）对客船进行改造，提高稳定性，增强抗风能力。1985年，经采取措施后，多数客船稳定性已符合《长江水系船舶稳定性和载重线规范》要求，但根据广东具体情况，仍不能满足广东地区抗雷雨大风航行安全要求。因此，在交通部和广东省交通厅领导下成立工作小组，制定珠江水系客船执行《长江水系客船稳定性和载重线规定》的补充规定。航行珠江水系内河船舶稳定性补充规定，按补充规定对内河客船稳定性再进一步核查并对现有客船按要求进行改造。

（四）加强灾害性天气预报工作。1983年，"三一"海事发生后，根据国务院督查组提出的要求，把对地区性雷雨大风的天气预报作为重要防范措施之一。1984年，广东省航运总公司与省气象台签订了有偿气象服务协议。珠江三角洲部分地区也分别与当地气象部门签订了类似协议，以加强灾害性天气预报和预防工作。

（五）加强安全保障系统。建立和完善通信保障，配备高效通信设备和专业人员，做好信息传递和指挥联络工作。

广西在新中国成立初期，在西江重要港口和船舶都装备有电台，为加强港航间联系，方便调度指挥和保障航行安全起到重要作用。"文化大革命"十年中，除梧州岸台和船台保留外，其余被撤销。1980年经区无线电管委会批准，在南宁、贵县重新设置岸台，还在梧州、藤县、贵县、桂平等港站和部分船舶中装备了甚高频话台。

1982年5月起，广西又先后在南宁、平果、田东、百色等11个港口和主要船只上建立了无线电话台，使船、岸之间能直接通话，基本上实现了港站、船舶之间的无线电话通信联系。

1981年9月，广西壮族自治区交通厅在南宁建立了全区交通指挥中心，下设8个分中心，开始还是租用邮电部门一路载波话路进行联络，由于线路少、信息量大，不能满足需要。之后，区交通厅在西江干支流主要港口分期分批建立了短波电台、甚高频无线电台和地区有线通信枢纽，在梧州至百色1 033千米的干流铺设了对称电缆，设置专用有线电路，使通信网络基本能覆盖水运网点。

（六）防抗雷雨大风的组织保障。一是成立了防抗雷雨大风领导小组，加强对防抗雷雨大风工作的组织领导和指挥；二是加强安全监督检查；三是抓好船员培训，增强船员抗风防风意识和应变能力。

第六节　船舶工业的发展

1978年12月，中共中央十一届三中全会提出全国工作重点转移到社会主义建设上来，提出"调整、改革、整顿、提高"的方针。制定以经济建设为中心，坚持四项基本原则，坚持改革开放的基本路线。据此，船舶工业的建设进行了重大的调整，从过去的"军民结合，以军为主"和"修造并举，以修为主"，调整为"军民结合，军品优先"及"修造结合，以造为主"的方针，主要发展民用产品；在生产经营上提出"国内为主，积极出口，船舶为主，多种经营"的方针。

为适应改革开放的新形势，六机部于1979年年初决定以广东地区为试点进行改革。3月19日，中央领导指示六机部可建立上海、大连、广州三个造船专业公司。7月，省造船统筹领导小组办公室改称广东造船办公室，受省计委、省经委领导，负责全省修造船业的统筹工作。

1980年1月，广东造船公司成立，受部和省双层领导，以部为主，管理六机部在广东的2家直属厂，并归口管理广东省属的24家船厂。同年，广东造船公司与新加坡华昌国际有限公司以合股形式在香港成立华昌国际船舶有限公司，开拓业务。

广东省航运管理局于1980年2月1日成立广东省航运船舶工业公司，主管原省航运局所管理的新中国船厂、江门船厂、粤中船厂、西江船厂、广州船舶机械厂。该公司还归口管理汕头船厂、潮州造船厂、南海造船厂、惠州船厂、惠阳航运公司船舶保养厂、湛江造船厂、顺德造船厂、鹤山船厂、北江船厂、斗门船厂、道滘船厂、新塘船厂、松口船厂。

省国防工业办公室成立岭南工业进出口公司，主管17家船舶配套专业厂和新会、揭阳、东莞3家船厂。1981年12月，3家船厂划归省航运船舶工业公司管理，17家配套厂则另成立联合性质的广东省船舶配套工业公司。

1982年8月，广东地区的海军修造船厂也组成华南修造船公司（该公司于1989年撤销，海军各船厂归属各基地装备修理部管理）。

1982年5月4日，国务院撤销六机部，成立中国船舶工业总公司。5月14日，撤销广东造船公司，成立广州船舶工业公司，管理两广地区原六机部所辖的船厂、船机厂及原属交通部的文冲船厂和原属省国防工办的广东船舶设计研究院（后改称广州船舶及海洋工程设计研究院）。

1983年6月，广东省航运船舶工业公司扩大为广东省船舶工业联合公司。1988年2月8日，又成立广东省船舶工业联合（集团）公司，其成员有船厂22家，船舶配套厂7家，船舶教育科研设计单位3个，并有6个经营、生产、销售的公司和经理部，共38个单位。

据1985年全国工业普查统计，广东省船舶修造企业及船舶配套产品企业共154家。其中，船舶修造企业110家，包括船舶总公司属下船厂3家、交通部属下船厂1家（航道局船舶修造厂，其余各厂未列入），海军船厂4家，原广东军区后勤部船厂1家。原广东省直属船舶修造厂24家，还有其余分属市、镇管理的小厂；有船舶配套产品生产企业44家。职工总数3.3万人。

1985年，广东省船舶工业公司为开拓国外市场，在香港组建了大协发展有限公司，负责船舶产品的外销和代理出口业务。为了加快新产品的开发，提高产品竞争能力，省船舶工业公司以走出去，请进来的办法，先后派出十几批、共数十人到日本、挪威、美国、泰国、新加坡等地和港、澳地区，一方面调研市场，一方面学习先进技术和管理经验。另外，还邀请了日本、美国、英国的专家来广东讲学，培训生产技术工人。

广西1984年共有地方船厂44家，其中国营11家，大中型骨干企业5个。改革开放初，广西梧州、南宁等船厂主要是承担省内运输船舶的技术改造，为水运企业运输船舶的钢质化、通用化、标准化、系列化做出了贡献。

第七节 科技进步和文教建设

一、水运科技取得重要成果

在邓小平同志倡导的尊重知识、尊重人才的思想指导下，各部门对科技工作人员都比较重视，对他们真正做到政治上关心，工作上信任，生活上关怀，大大调动了科技工作人员的积极性和创造性。

珠江水运科技工作紧紧围绕水运生产和管理中的重大课题和高效、低耗、环保等主题，组织联合攻关，取得了很多重要成果，主要有以下几个方面：

（一）在航道整治方面，在理论上、在研究成果方面都取得重大进展，如东平水道的科研和整治成果都处于国内先进水平，获交通部科技进步一等奖和国家科技进步二等奖。

（二）在船舶的技术改造、优选船型、综合节能技术和船舶高速化、采用先进运输方式等方面都取得了较好的研究成果，在船型改进等方面获得省部级科技成果奖。

（三）在港口、水运工业、建设工程方面，加大技术改造力度，大力推广以"四新"为主要内容的技术进步，提高了科研成果的转化率。

（四）在运输生产、管理、工程设计、自动化操作方面，大力推广计算机应用，取得重要成效，扩大了计算机应用范围。计算机在水运的推广应用，扩大了信息范围，增加了信息量，提高了工作效率，提高了质量和准确程度，节省了人力，减轻了人的劳动强度。

（五）节能方面，主要在推广综合节能技术，船机桨匹配方面取得一些成果。1977—1990年，取得科研成果40多项，其中如关刀型螺旋桨技术及其系列图谱标准、浅水水煸型单隧道线型设计方法、废气热水嘴等项目获得省部级科技成果奖。

二、教育事业的发展

（一）职工教育

1978年11月，广东省航运厅制定了《广东省航运系统教育事业规划》，1980年2月，中共中央、国务院颁发了《关于加强职工教育工作的决定》（以下简称《决定》）。根据《决定》，各省区交通主管部门和企事业单位对职工加强教育，加强组织领导，建立健全职工教育专职机构，配备职教人员。面向职工，面向生产第一线，着眼于普及和提高职工的整体文化素质，提高职业技能，开展基础业务教育和在职培训教育。到1980年，广东省航运厅举办各种类型的技术培训班40多期，培训船员1 100多人。有24 150名职工接受各种形式的技术培训，培训率占水运职工总数的45.44%。到1985年，广东省航运系统累计完成初中文化补课人数9 112人，占应补课人数的86.7%。完成初级技术补课人数7 369人，占应补课人数的91.4%。与此同时，还举办了高级船员安全培训班，培训高级船员240人，举办沿海四小证培训班11期，培训船员608人，另还举办其他各类培训班

200多期，培训人员达8 000多人，举办防抗雷雨大风轮训，培训2 814人。对干部开展管理业务培训，如对调度、商务、港口业务、统计、财会人员的培训工作。通过培训，提高职工管理水平，改善了航运企事业单位职工队伍的知识结构。

另外，还组织干部参加各类成人大、中专学习。到1985年，广东省航运系统有863人参加了各类成人大、中专学习，有53人获得毕业证书。

（二）航运专业学校的壮大

广东省航运学校是广东省航运厅于1960年在一艘旧船上开设创办的。1962年迁至花县，开始设有轮机管理、无线电通信和水工三个专业，在校学生120人，以后增加船舶驾驶和河运管理专业，在校学生增至224人。1962—1966年，全校学生发扬自力更生、艰苦奋斗精神，边学习、边建校，学校教学条件有了较大改善，成为广东省水运系统培养水运中等技术人才的一个基地，培养了一批政治、业务素质较好的毕业生。

1966年后"文化大革命"期间，学校停办，学校的教学设备、图书、器材遭到严重损坏，老师被下放劳动。到1973年才复校。1976年，学校船舶驾驶、轮机、水运管理、电信、航道、财会、港机等7个专业恢复招生。

国家对广东航运学校非常重视，1980年11月被教育部定为全国重点中专学校。1994年8月又被国家教委批准为国家级重点中专学校。1981—1985年，国家拨入学校基建投资335万元，教学设备经费110万元，同时学校的教学经费每年都有较大幅度的增加，学校教学条件有较大改善。在广东的各港航企业、部属海运局、救捞局等单位也积极支持办校，为该校集资200多万元，捐赠100多万元的教学设备，香港珠江船务公司捐赠了90多万元港币的电化教学设备和电脑等。

到1985年，学校新建校舍面积达17 626平方米，有教学大楼、实验楼、学生和教工宿舍等。到1990年，学校又扩建校舍面积25 325平方米，学校总建筑面积42 951平方米。教学实验室达20多个。与此同时，学校教师队伍不断扩大，师资水平也不断提高，1983年教师中具有中高级职称的仅占教师总数的30%，到1990年提高到48%。

广东航运学校建校30多年来，为广东水运系统培养了中等专业人才3 420多名，培训其他专业人才数千名，毕业生遍布各地，许多人成为水运战线的骨干力量，为国家和地方航运事业做出了巨大贡献。

1977年，广西也恢复了航运中专学校，开设了轮机、港机、船电、航道与港口、水运管理和财会等专业。1978年秋，以上专业共招收学生239人，加上1977年原有在校学生共达400人。1981年在校生达720人，除本区学生外，还有湘、鄂、豫、黔等地学生。1982年9月，学校迁往南宁西乡塘新校，学校教学条件大为改善，学校占地面积达66 000平方米，校舍建筑面积达14 300平方米。学校除招收正式在校生外，还举办各种培训班，为广西和各地航运事业发展培养了大批人才。

三、精神文明建设

改革开放以来，邓小平同志和党中央一直非常重视精神文明建设，提出在建设高度物质文明的同时，也建设高度精神文明，提出两手都要抓，两手都要硬的理论和指导思想。

珠江水系广大航运企事业单位遵照党中央的指示,在市场经济条件下,努力搞好生产经营和建设的同时,努力提高广大职工的政治思想素质,激发人的生产积极性,取得丰硕成果。

珠江水运企事业单位都非常重视人才培养,重视做好人的思想政治工作,用共产主义的理想、道德、情操去陶冶人、教育人、培养人,产生巨大的精神力量和物质力量。

水系各企事业单位在市场经济条件下,根据各自具体情况,在精神文明建设方面主要做了以下几方面工作:

(一)开展国情教育,让广大职工尤其是青年职工认识自己国家的历史,知道祖国的过去、现在和将来,激发广大职工热爱祖国、热爱党和热爱社会主义的热情,树立爱国和为国献身的精神。

(二)开展树立正确的世界观、人生观、价值观的教育,教育广大职工在市场经济条件下,要树立正确"三观"。

(三)结合本行业特点开展"三学",学习青岛港、华铜海和包起帆的集体主义和奉献的精神。

(四)结合本行业情况,端正行业作风,提高服务质量,树立全心全意为人民服务的思想和良好的职业道德。

(五)开展科技文化教育,全面提高职工文化素质,培养新一代"四有"新人。

(六)开展普法教育,加强职工的法制和组织纪律观念,做到遵纪守法。

(七)在干部中开展廉政教育,培养广大干部以为人民服务为宗旨,廉洁奉公,清正为民。

广大企事业单位,把对广大职工的基础道德教育和崇高的理想教育结合起来,把文化设施建设和精神文明建设结合起来,把精神文明建设推向一个新的阶段。各地客运站、客船还开展了创优质运输、红旗竞赛、创"双优"(最佳客轮、客运站,最佳服务员)、创文明船、站等活动,使水上旅客运输服务工作朝着制度化、程序化和标准化方向发展,许多船、站受到旅客的赞扬,被交通部及航运系统授予各种荣誉称号。

第十四章
稳步发展的珠江航运事业（1986—1995）

"七五""八五"期间，珠江水上运输生产、港口吞吐量平稳增长；外贸运输和集装箱运输发展迅速；运输质量提高；新的运输方式迅速兴起；港航基础设施建设取得重要进展，生产能力有较大的提高；运输安全保障系统逐步完善，安全和防抗、水运科研和教育工作成绩突出；精神文明建设和文明服务工作均取得较好的成效。

第一节 珠江水运快速发展

一、货运稳步增长，客运逐年下降

改革开放以后，珠江客货运输总的发展形势是内贸客运逐年下降，货运平稳增长，而对港澳的客货运输迅速增加。

内贸客运方面，1995年专业部分完成客运量889.8万人次，比1980年完成的2470万人次减少了1580.2万人次，下降幅度为63.9%，15年平均每年减少3.3%。其中广东1995年完成客运量688.8万人次，比1980年完成的2048万人次减少了1359.2万人次，下降幅度为66.36%。

旅客周转量1995年专业部分共完成13.22亿人千米，与1980年完成的15.7亿人千米相比，下降幅度为14.5%。改革开放以来，非专业运输部门完成的客运量和旅客周转量占有很大比例，据不完全统计，这部分完成的客运量和旅客周转量约占专业部分完成的60%左右。

珠江内河旅客运输下降的主要原因是，改革开放后水系各省区铁路、公路运输发展迅速，大大方便了旅客的出行。经济发展和人民生活水平有较大的提高，旅客出行的运输方式选择观念有了较大改变，以往比较注重经济因素，现在以快捷、方便为主，而水上客运与其他运输方式竞争往往处于不利地位，致使不少旅客弃水走陆。

在货运方面，1995年珠江水系共完成10741万吨、154.8亿吨千米，其中交通部门完成7164.9万吨、104.6亿吨千米。交通部门完成的货运量和周转量比1980年分别增长了42.7%和135.4%。专业部分1995年完成货运量3576.1万吨、50.2亿吨千米，占总货运量和周转量的33.29%和48%，比1990年分别增长了7.5%和60%。

1995年与1979年相比，水上运输货类变化以广东为例主要有以下几方面：矿建材料由 1 773.4 万吨增加到 2 255.3 万吨，煤炭由 170 万吨增长到 507.4 万吨，金属矿石由 103 万吨减少到 24.1 万吨，木材由 135.8 万吨减少到 69.5 万吨，化肥农药由 191.1 万吨减少到 104.5 万吨，食盐由 63.1 万吨减少到 14.5 万吨，粮食由 312.3 万吨减少到 180.6 万吨。运输货类的变化，反映出来改革开放后，由于经济结构和产业调整，大宗工业原料和农产品调运量逐年下降；经济建设加快，基建投资增加，建材运输仍是水运货类中的大宗，每年都占总货运量的 40% 左右；轻工产品运量逐年增长，如机电产品、家电、医药、有色金属材料等运量逐年增加，1994 年上述产品运量达 350 万吨，占总运量 5% 以上。

二、外贸运输发展迅速

改革开放以来，外向经济发展迅速，涉外企业增多，对外经济交流活跃，使外贸运输（主要对港澳）迅速增加。

在客运方面，广东从 1980 年 1 月恢复穗港航线后，到 1990 年至港澳航线增至 15 条，客轮增至 28 艘，完成港澳客运 272.4 万人次，比 1985 年增加 119.68%。与此同时，各地都增加投入，大力改善客运基础设施，提高服务质量，以适应对港澳旅客运输发展的需要；同时改善了各口岸外商投资环境，促进社会经济的增长。为发展省港澳间水上客运，先后投入了气垫船、双体快速客船、水翼船等先进豪华客轮参加营运。

1995 年，珠江水系共完成外贸旅客运量 256.8 万人次、36 992.1 万人千米。

改革开放以来，对港澳的货物运输大量增加，各地对港澳运输投入的运力也逐年增多，除专业运输的国营、集体运力外，还有外贸、水产、航道等部门和许多农副业船舶，以及与港澳外商合作经营的船舶。据统计，1993 年，国内进出香港的内河船舶达 436 438 艘次，其中两广占 90% 以上。1980 年广东对港澳外贸运输投入运力 132 艘、45 000 吨位，到 1990 年增加到 361 艘、103 593 吨位。

从 1978 年开始，广西梧州、南宁、柳州等地也先后投入对港澳线货物运输，至 1988 年，经营港澳线的货运企业发展到 10 家，投入运力 133 艘、5 万多吨位。梧州 1981 年转口至香港的货物达 40 多万吨，1984 年增加到 71 万吨，1988 年 5 月又成立了一个港澳船队，专门运送到港澳的小批量货物，梧州到港澳运输船队已增加到 3 个，运输船舶达 91 艘，1986 年梧州外贸出口总值达 1.9 亿美元。1987 年南宁成立南宁港澳轮船公司，10 月 21 日正式投入营运，至 1988 年营运收入达 141 万元，实现利润 31 万元，其中外汇收入达 75 万港元。柳州从 1989 年港澳航线开始营运，至 1989 年 9 月共运输进出货物 3 667 吨，创汇 67 741 港元。

随着众多国营、联营水运企业从事港澳航线运输，许多集体企业和社会船舶亦纷纷参加港澳运输。据统计，改革开放前，广东从事港澳货运的集体企业只有广州、番禺、太平等几家水运公司的十几艘船舶，而到 1990 年，珠江三角洲的东莞、江门、顺德、台山、新会、增城、深圳、中山、恩平、惠阳和广州等地已有 49 个集体企业和公司，共投入 375 艘、62 722 吨位船舶进行港澳线营运，对港澳运输航线达 146 条，货运量从 1980 年的 36 967 吨增长到 1985 年的 301 695 吨、周转量 4 232.2 万吨千米，货运量比 1980 年增长了 8.2 倍。到 1990 年，集体企业对港澳货物运输完成货运量为 192.7 万吨、33 074 万吨千米，比 1985 年增长了 6.4 倍和 7.81 倍。集体企业运往港澳货物以建材为大宗，其中有

33艘专门运送散装水泥船。此外，广东许多沿海岛屿也纷纷投入运力开展对港澳线运输。到1990年，珠海、惠阳海岛共有155个单位、206艘船、7080吨位的农副业运力投入对港澳线运输，运送各种农副产品和生活用品到港澳地区，为港澳同胞的日常生活提供了方便。

珠江水系1995年共完成外贸货运量1233.3万吨、18.6亿吨千米。其中广东完成1194.7万吨、16.24亿吨千米，分别占总量的96.87%和87.31%。

三、港口生产与口岸贸易的增加

珠江水系共有港口220多个，其中广东有101个（东江、西江、北江各17个共51个，珠江三角洲45个，特区5个），广西有117个。200多个港口中年吞吐量超过10万吨的港口有76个，其中内河港口67个，海港9个。

1995年珠江水系港口共完成货物吞吐量5947.0万吨（不包括黄埔港和广州港），其中外贸货物吞吐量914.2万吨，完成旅客出口人数1571.1万人次。完成货物吞吐量较多的有以下几个港口：贵港港495万吨、五和港298.2万吨、市桥港271.5万吨、九洲港263万吨、江门港257.7万吨，吞吐货物以矿建材料、煤炭、水泥和非金属矿石为大宗，这些物资占吞吐量的80%以上。

珠江水系对外开放的一类口岸有20多个（1994年统计）。改革开放以来，由于外向经济迅速发展，进出港澳物资迅速增加，带动口岸贸易迅速增长。

四、国有航运企业在改革竞争中发展

据1992年统计，珠江水系有国有运输企业26家，其中广东有16家。

1985年以后，珠江水系国有航运企业普遍推行了厂长（经理）任期目标责任制和经济承包制，省财政厅按省属国有航运企业的年实现利润和上缴所得税的实际情况核定承包数。广东省航运总公司将承包数分解到各企业，由企业与省公司签订承包合同。

为了帮助国有航运企业克服困难，广东省政府还给予三年所得税返回的办法，帮助企业解决船舶更新和技术改造等基础设施的资金困难。

进入20世纪90年代以后，水运企业开展多种经营，更加显得蓬勃生机，为水系企业解困闯出了一条有效的新路。

五、集体水运企业艰难发展和政府的扶持

据1994年统计，珠江水系专业运输部门共有集体水运企业357家，其中广东232家，广西124家，共有船舶12788艘、16455客位、1204033载重吨、587241千瓦。

改革开放初期，珠江三角洲经济发展较快，加之毗邻港澳，货源比较充足，集体企业经营比较灵活，努力开拓市场，集体企业的生产和经济效益都比较好，发展也比较快。

到20世纪80年代后期，由于国家经济形势变化和各方面原因，多数集体企业出现生产下降，经济效益滑坡，经营困难的情况。

据 1993 年统计，广东集体水运企业经营状况和经济效益比较好的只占企业总数 20%，有 25% 企业只能微利保本，45% 的企业亏损，亏损额达 500 多万元，有 10% 的企业已经破产或解体。

集体水运企业出现这种状况，归纳起来有以下几个主要原因：从外部看，一是国家经济调整，压缩基本建设投资，货运量大幅度减少；二是由于各种交通运输方式发展很快，加快客货运量分流；三是运输成本增长过快，尤其是燃油价格上涨幅度太大。从内部看，一是个体和社会运力发展过快，市场竞争加剧，导致运价下跌，企业经营效益下降。广东 1988 年社会运力为 33 万吨，占全部运力的 27%，到 1990 年，广东社会运力已发展到 61 万吨，占全部运力的 38%。由于运力过剩，造成市场恶性竞争。二是集体企业船舶老旧、技术落后、效率低、能耗高。三是其他各方面原因，如观念未完全转变，企业经营不活，不能适应市场经济需要；管理不善，效益不高；企业社会负担太重；等等。

集体企业面对这些经营中出现的困难，多数企业职工都能面对现实，勇于改革，努力开拓，针对各种不同条件，发挥自身优势，努力挖掘潜力，改革经营机制，提高竞争能力。同时，努力拓展经营领域，发展多种经营，取得较好效果。

六、境外联营企业发展迅速

改革开放以来，珠江水运企业积极开拓生产经营领域，大力发展境外企业和与外商联营企业，主要的有以下几家。

（一）珠江船务有限公司

珠江船务有限公司是广东省在香港开设的航运企业，隶属广东航运集团公司，成立于新中国成立初期。1962 年 10 月在香港注册登记。1978 年前，香港珠江船务有限公司主要业务是船舶代理，主要服务对象是广东、广西、福建到港的沿海船舶。改革开放后，实行"立足香港，依靠国内，面向国外，以航运为中心，更好地为国内的经济建设和改革开放服务"[①] 的方针，积极发展业务，开展多种经营，积极引进外资和国外先进技术及管理经验，取得了很好的经济效益和社会效益。公司业务除保持原有的船舶代理外，还兼营内河、沿海和近洋船舶货物运输，开展粤港间客运和旅游服务，开展国际联运与中转、货物装卸与仓储、集装箱运输、船舶修理，及买卖船舶用品和石油、家电、商品供应、经销营销、小件货物的快运等项目。到 1990 年，香港珠江船务有限公司已发展成具有相当规模的企业集团，公司设有粤兴、惠博、新港等 10 家子公司；与外商及内地企业合营的有珠江货柜运输中心、江友运输有限公司、新悦泰有限公司三家；小轮驳装卸码头自营的有柴湾、湾仔、深水埗等 7 座，合营的有江西、江平等 5 座；挂钩码头有荔枝角、联发、屯门 3 座。代理船舶达 500 多艘，近 20 万载重吨。1990 年代理船舶进出达 18 884 艘次，比 1980 年增长了 35%。开辟粤港间客运航线有广州、虎门、莲花山、中山、顺德、肇庆、江门、珠海、新塘、平洲、高明等 19 条航线，客船客位达 10 000 个。代管经营近洋货轮 6 艘、31740 载重吨，航行于南洋群岛和韩国、日本及中国台湾地区等近洋和国内沿海港口。另有拖驳船队运力 26 艘 25 900 载重吨。1988—1990 年又集资在屯门兴建码头及附属设施，1990 年码头货物装卸量 931 964 吨，比 1980 年增长 10.62 倍。

珠江船务公司还积极支持内地经济建设和交通运输现代化的发展，充分利用驻港公司的窗口和桥梁纽带作用。在1980年至1990年10年间，珠江公司先后投资2.8亿港元与内地联营建立中港客运联营公司、顺港客运联营有限公司等19家合营公司。为广东省第一条高速公路广佛高速公路引进外资和技术设备，为发展地方交通做出了很大贡献。另外，珠江公司在积极为内地培养航运人才和社会公益事业方面也做出了很大贡献，向广东省航运学校添置电子仪器及教学设备资助达90万港元；帮助内地困难航运企业解决投资与借款达120万港元；为航运职工医疗设备和幼儿教育、科技出版、通信设备先后拨款达70多万港元。

（二）澳门粤通船务有限公司

澳门粤通船务有限公司是广东省航运集团公司在澳门设立的派驻机构。1959年6月27日，从借用香港招商局在澳门的一个码头开始，由香港珠江船务公司管理使用。1962年12月3日正式注册为粤通船务行。1971年改为粤通船务公司，1986年4月18日更名为粤通船务有限公司。1983年前，公司主要是代理广东省内航行粤澳间客班轮及货运业务。1983年后，发展成为一个具有一定规模，以航运为主业，兼营码头装卸、仓储、商业、楼宇租赁等多种业务的航运企业。

随着改革开放和经济发展，内地与澳门间人员、物资交流迅速增加，为适应发展需要，公司新建了一座千吨级小轮码头，填海造地面积3 392平方米，新建一座四层综合楼，提供旅客售票、候船、行李托运、货物存储等业务，大大方便了来往粤澳间旅客和货运。1985年粤通公司填海造地，投资兴建一座粤通商业大厦，开展了楼宇租赁业务。1990年后，船舶代理业务由以前只代理几家航运公司客货运输业务发展到十几家航运公司的航运业务，同时，由于澳门兴建深水港和填海造机场等工程，需要大批建筑材料，粤通公司货物进出口大量增长，比1986年增长了130.92%。此外，该公司于1984年11月与珠海交通局合作，开辟了珠海湾仔至澳门轮渡业务，这条航线的开通大大方便了珠海与澳门之间旅客交往，促进了两地经济的发展。

（三）深粤航运公司

随着深圳特区的成立和经济建设迅速发展，特区需要的建材和生活物资日益增加，通过深圳口岸进出港澳的物资也大幅度增长。1980年以后，深圳特区成立之初，每年需要建材210多万吨，但除深圳铁路完成繁重的出口运输任务外，到深圳的物资每年只能完成30万吨。为加快特区的建设，1984年3月，省航运总公司与深圳市政府各投资400万元，合资组建成立了深圳市深粤航运公司。公司党政关系由深圳市航运总公司领导和管理。这是深圳市和广东省航运总公司联合组建的全民所有制企业，主要经营深圳至省内内河各港口、广西梧州港的货运，深圳至港澳线的客货运输及深圳特区管辖范围的港口货物装卸、堆存、保管和港口船舶业务代理等。1987年后，在省属国有企业下放中，公司省属部分财产拨给深圳市航运总公司，由深圳市航运总公司全权管理。

（四）江门港澳客运联营公司

江门港澳客运公司是由江门港务局与江门振兴公司联合组建，是经营港澳水路客运的跨行业联营公司。公司于1982年5月12日正式开通江门至香港客运航线，同时投入"明珠湖"和"银洲湖"两艘高速客轮营运，营运当年即完成客运量55 560人，创汇300多万港元。以后客运量逐年增加，到1984年，除已还清联营双方购船贷款本息外还获利200多万元。自1988年10月起，该公司先后吸引香港珠江船务有限公司、香港五邑发展公司等外资企业注资，组成中外合资企业。几经更新，公司船舶已达到20世纪90年代国际先进水平，澳大利亚建造的"蓬江"等4艘，时速在30节以上的高速豪华客轮、1215客位，为发展江门、香港两地旅客运输提供了有力的保证。

此外，珠江三角洲各地纷纷发展联营企业，在境外建立各自的营业机构，发展对港澳客货运输。1984年4月由三埠客货联合运输公司经营的三埠至香港航线开通。5月，由肇港轮船公司经营的肇庆至香港客运航线开通。此后，有中山、顺德、番禺、南海、高明、鹤山、斗门、珠海、新塘、惠州、新会、台山等地都开通了至香港的客运航线，为珠江三角洲与香港发展旅客运输做出了很大贡献。

七、云贵水运发展依旧艰难

云南、贵州两省是珠江上游"两江一河"的腹地。"两江一河"共有通航里程1 573千米，流域面积13.84万平方千米。

改革开放前，云、贵两省经济基础较薄弱，交通运输落后，两者互相制约，经济发展缓慢。

1986年，国家曾投资2 591万元，对"两江一河"进行开发，整治航道，建设港口码头、修船所、通信导航设施等，使通航条件大为改善，可通航70～100吨船舶。

1984年贵州省交通厅组织有关单位就"两江一河"复航问题进行研讨，并组织专业人员对航道进行实地调研，认为经过适当整治，可以在该航区恢复通航，建造了70吨级货轮和100吨级驳船，于9月进行试航并成功，1985年组建了盘江轮船公司。1990年拥有运输船舶5艘、载重吨370吨、1 033.3千瓦，完成货运量1.548万吨，货物周转量398万吨千米，其中煤炭占80%，同时还带动了集体和个体运输，1990年达到了45艘、712载重吨，年货运量近5万吨，752.85万吨千米；客运量3.3万人次，52.8万人千米。1988年11月交通部"两江一河"航运开发调研团、国家计委、水利、能源两部、大专院校及滇、黔、桂、粤四省（自治区）的领导和专家54人参加调研，对"两江一河"航运开发的重要性和可行性取得一致意见，同时对红水河水电站过船建筑物、通航标准、规模等提出了具体意见。

1995年，云南省珠江水系抚仙湖共有运力67艘、3 995客位、28载重吨、2 825千瓦，完成客运量29万人次、477万人千米；其中交通部门有运力4艘、990客位、4载重吨、915千瓦，1995年完成客运量7万人次、166万人千米。

1995年贵州省珠江水系共有运力454艘、2 881载重吨、688客位、5 410千瓦，完成客运量20.6万人次、455.4万人千米，完成货运21.5万吨、4 411.9万吨千米；其中交通运输部门有运力7艘、450载重吨、1 121千瓦，完成货运量6万吨、2 469.6万吨千米。

贵州省境内都柳江的从江县到枝柳铁路广西境内三江侗族自治县塘库车站之间，水上客货运输业务发展很快。在从江到塘库之间近百千米的航道上，不少经过改装的快艇来回穿梭于两地之间，一天可以航行一两个来回，大大方便了两地间来往的客商。

第二节 企业经营与改革

一、珠江航运企业改革

（一）企业逐步走向市场

改革开放后，珠江水运企业的经营状况发生了很大变化，企业从过去附属于政府的地位中逐步解脱出来，成为自主经营、自负盈亏、自我约束、自我发展的独立法人和市场竞争主体。

（二）转换经营机制

珠江水运企业经历了扩大自主权，实行利润留成和利改税，贯彻《中华人民共和国全民所有制工作企业法》，实行厂长负责制和承包经营责任制等。随着改革的不断深入，企业在贯彻《国务院关于全民所有制转换经营机制条例》《中华人民共和国公司法》方面不断加大改革力度，在转机建制方面进行积极探索，取得了较好成果。通过经营方式改革，增加生产资金投入，进行技术改造和引进技术等，企业活力有所增强，对环境和市场变化的适应能力增强，企业的经济效益有所提高。

（三）调整经营战略

1.大力发展外贸运输。珠江濒临港澳，为珠江水运企业发展外贸运输提供了极为有利的条件。许多水运企业在改革开放后，积极发展对港澳的外贸运输，并取得了很好的成绩。1994年，珠江水系对港澳线客货运输共完成337.2万人、1 365.1万吨，分别占全水系客货运量的33%和17.3%。

2.大力开展多种经营。随着国家经济政策调整和压缩基本建设规模，水运市场逐步萎缩，市场竞争激烈。在这种情况下，广大水运企业逐步调整经营战略，积极发展多种经营，开拓新的经营渠道。一方面积极发展主业，另一方面积极发展多种经营。发展第三产业和其他产业，通过这种战略延伸和战略转移，使企业经济得到全面发展，不少企业多种经营产值已大大超过主业。

3.积极发展外向经济。珠江不少水运企业通过各种形式，积极发展对外合作，引进外资，这不仅解决了企业发展和改造的部分资金需要，而且通过引进先进技术和设备，提高了企业的整体技术水平，增强了企业的竞争能力。

（四）调整运力结构，发展高新技术

珠江航运企业面对市场竞争，一方面大力发展高新技术，另一方面调整现有运力结构。在客运方面，引进国外先进的高速客轮，发展高速客轮运输，取得了很好的经济效益。据1994年统计，广东内河先后成立了十几家高速客轮公司，开辟高速客轮航线32

条，投入高速客轮 132 艘，共 10 009 客位、功率 9 万千瓦。货运方面，积极发展集装箱运输。1993 年，珠江水系完成集装箱运输 354 803 万 TEU，完成货物运输量 2 835 209 吨。

二、加强企业管理工作

党的十一届三中全会以来，珠江航运企业为适应社会主义市场经济的需要，在改革推动下，在企业管理方面做了大量工作，并取得较好成效。主要有两个方面：

（一）各主管部门加强对水运企业管理的宏观指导。进入"七五"时期，围绕贯彻《中华人民共和国企业法》和国家颁布的有关条例，组织企业开展升级活动，建立了企业领导体制，制定了企业管理升级标准。在"全面提高企业素质"的要求下，一批水运企业达到了省级先进企业标准，被评为省级先进企业。

"八五"期间，珠江水运企业各级交通主管部门在搞好国有企业和促进企业转换经营机制方面下了不少功夫。党的十四届三中全会后，根据中央提出的"建立现代企业制度"的目标，引导水运企业加强和改善经营管理。1993 年，根据交通部提出开展"转机制、抓管理、练内功、增效益"活动安排，各级交通主管部门在转变政府职能的同时，加强了对水运企业落实经营自主权和水运企业改革、发展和管理的具体帮助和指导，总结推广先进经验和典型，推动企业内部管理升级。

1995 年 4 月，交通部珠江航务管理局在广东省中山市召开了珠江水系部分港航企业管理工作座谈会。根据交通部关于开展"三学"活动的部署（企业学青岛港、集体学华铜海轮、个人学包起帆），总结了珠江水系改革开放以来，在加强企业管理方面取得的成绩和经验，涌现出一批先进典型，为推动加强企业管理工作树立了榜样，与此同时，还找出了差距和不足，明确了努力方向，从而推动了珠江航运企业的管理工作大大向前跨进一步。

（二）水运企业转变观念，转换经营机制，加强企业内部管理，出现一批转机好、管理好、效益好的企业。这些企业在改革的推动下，转变观念，根据市场需要，找准自己的发展战略，努力调整企业经营结构和组织结构，优化生产要素配置，大力发展多种经营，建立新的经济效益增长点，加强服务，提高质量，扩大市场占有率，使企业规模和实力大大增强。

第三节　管理机构的变革

一、交通部珠江航务管理局成立

长期以来，珠江航务管理处于条块分割、各自为政状态，无法充分发挥珠江水运效益。1986 年 5 月，为适应珠江水系航运发展的需要，根据国务院的决定，交通部在广州成立了交通部珠江航务管理局。

交通部珠江航务管理局作为交通部派驻水系的行政管理机构，归交通部直接领导，属行政性事业单位，主要职能是对珠江航运部分行政管理、行业管理和水运市场进行宏观调控，不直接经营企业。

珠江航务管理局设置机关党委、办公室、航政处、工程管理处、计财处、人保处、科技处、运输管理处、水系规划办公室及驻广西南宁的西江办事处等处室，定员120人。

1989年交通部为了加强规划工作，确定在长江、珠江、黑龙江和松辽水系、黄河四大水系成立航运规划领导小组。珠江水系航运规划领导小组由珠江航务管理局牵头，云南、贵州、广西、广东四省（自治区）交通厅参加，日常工作由水系航运规划办公室负责。

二、航运管理机构深化改革

（一）两广航运管理机构变革

1987年10月，广东省政府决定将省属航运企业下放（地）市交通主管部门管理。总公司将各（地）市的航运公司和所属的企业直接下放给所在（地）市。1988年3月，企业下放后，省航运总公司与省航政局合并，成立省航务管理局，归省交通厅领导，管理全省水路运输和水上安全、监督工作。

1995年，广东省航务管理局撤销，行政部分并入省交通厅，分别成立水运管理处和省港务监督局，前者管理全省水路运输，后者与船舶检验局统管全省安全监督业务。另组建省航运总公司，作为省属企业归省人民政府直接管理。

1986年，广西壮族自治区交通监理移交公安，水上安全监督机构和业务并入航运局。1987年，广西壮族自治区航运局更名为广西壮族自治区航务管理局，1988年区航道局并入区航务局，成为全区水上运输、港口、航道、安全监督、船舶修造检验的行政和行业管理机构。

（二）航政监督机构有所加强

1987年广西将航运、航道两个管理局和水上安全监督合并，成立广西航务管理局（保留广西港航监督局和广西船舶检验处两个牌子），港航监督保留原来全区统一管理体系。

1987年随着广州港务局与黄埔港务局的合并及改变隶属关系后，广州港务监督与黄埔港务监督、广州航道局航测处合并成立广州海上安全监督局，隶属交通部直接领导，与广东省港航监督部门共同负责华南沿海及珠江水系的航政管理工作。

第四节 运输能力增长与技术进步

一、水上运力的发展

新中国成立40多年来，珠江水上运输业有很大发展。

（一）船舶载重能力有较大增长。1995年珠江水系共有运输船舶30 383艘，305.5万载重吨，68 171客位，1 863 331千瓦。改革开放以来，运力增长更快。1995年与1980年相比，船舶吨位增长了4.68倍，平均每年增长10.8%，其增长幅度远远高于改革开放前每年增长 1.58% 的水平。

（二）船舶种类比较齐全。除常规客货轮外，已发展了各种专业运输船，如高速客轮、集装箱船、滚装运输船、散装水泥船等，多样化的运输船舶，较好地满足了水系省区经济建设和人民生活的需要。

（三）船舶质量提高。一是船舶的平均吨位增加。新中国成立初期，珠江水系船舶平均吨位只有 10 吨左右，20 世纪八九十年代提高到近 100 吨（指专业部分）；二是机动船和钢质船已占总数的 70% 以上；三是船舶技术等级提高。改革开放后，船舶技术更新速度加快，船舶的技术等级也迅速提高，现在一、二类船舶已占了很大比例。

（四）船舶综合效率提高。由于船舶技术水平和营运管理水平提高，船舶营运效率有较大提高。如广东省内河货轮船吨年产由新中国成立初期的 16.8 千吨千米提高到现在的 23.3 千吨千米；广西内河货轮船吨年产由新中国成立初期的 6.9 千吨千米提高到 15.5 千吨千米，最高达到 43 千吨千米。

（五）新的运输方式迅速兴起。改革开放以来，珠江许多新的运输方式迅速兴起。如发展起来的高速客船中的气垫船、水翼船、双体快速客船等。据统计，1994 年珠江水系内河快速客轮航线已发展到 32 条，有各种快速客轮 132 艘、10 007 客位、9 000 千瓦动力。高速客船的客位数已占水系总客位数的 7% 左右。

二、高速客船的兴起

高速客船一般是指航速在 25 节（46 千米/时）以上的客船。乘高速客船从水路来往港澳地区具有安全、快捷、舒适、方便等优点。从 20 世纪 80 年代开始，珠江三角洲和西江干线来往港澳间的高速客船发展迅速，先后从国外引进气垫船、水翼船和双体快速客船。这些高速客船具有航速高、设施齐全、乘航舒适等特点，票价也不高，很受广大港澳旅客和境外华侨旅客的欢迎。

1995 年，广东全省航行在港澳间的高速双体客船已增加到 30 多艘，成为珠江三角洲对港澳水上客运的一支重要力量。

1995 年，珠江水系经营高速客运的企业共有 40 多家，经营高速客船航线 40 多条，有各种高速客船 150 多艘（不包括小型水上巴士）、17 561 客位，分别占水系客轮艘数和客位数的 14% 和 11.75%。其中经营港澳航线 18 条，高速船 40 艘、12 893 客位。图 11 为当时的一艘 80 客位高速客船。

图 11　20 世纪 80～90 年代航行在珠江三角洲的 80 客位高速客船

三、集装箱运输的快速发展

1980—1990 年，广东航运企业以合资、合营、合作等形式，先后成立了广东国际联运有限公司、珠江货柜运输中心、虎门货柜码头服务公司、港澳（利华）合作运输服务公司、番港客货运输联营有限公司、三埠港客货运输合营有限公司、中港货运联营有限公司等 11 家集装箱运输企业。

进入 20 世纪 90 年代，珠江水系集装箱运量每年都以 30% 以上速度增长。1994 年，仅广东就有集装箱运输企业 70 多家，拥有运力 5 000 TEU 箱位，水路集装箱运量达 54 万 TEU，400 多万吨货物，分别比 1993 年增长 58.8% 和 43.9%，占整个珠江水系集装箱运量的 98% 以上。1995 年珠江水系集装箱运量达 730 417 TEU，584 万吨货物，年均增长率分别为 38.86% 和 40.77%。

第五节　加快推进航道规划与治理

一、《珠江流域综合利用规划报告》

改革开放以来，流域内各省区的经济建设发展很快，为适应我国特色的社会主义现代化建设要求，迫切需要对全流域江河进行开发治理，统筹规划，作出远近期建设的战略布局。

1986年5月，交通部珠江航务管理局成立后，负责将各省区的航运规划汇编成《珠江流域航运规划综合报告》。交通部于1987年5月在广州召开了珠江流域航运规划审查会议，根据会议审查意见，珠江航务管理局与部水规院共同负责对规划报告进行修正和补充，同年7月正式刊印报部，并纳入由珠江委汇编的《珠江流域综合利用规划报告》，上报国务院及有关部委。1993年5月国务院正式批准了《珠江流域综合利用规划报告》，成为珠江流域有史以来第一个经国家正式批准的流域规划，成为流域各省（自治区）、各有关行业对江河治理、综合开发的主要依据。

珠江流域航运规划的总目标是用15年左右的时间，对流域内27条主要通航河流航道进行系统整治，提高通航标准，改善航行条件；对23个主要港口加以扩建配套，增大通过能力，初步实现航道、港口、船舶和通信系统现代化。为开发大西南经济资源服务，进一步发挥珠江航运在华南、西南地区综合交通运输网中的重要作用。

珠江流域航运规划成为水系各省区编制航运建设计划、安排前期工作的主要依据。经过"七五""八五"两个五年计划建设的实践，为促进流域经济的发展，特别是中下游地区的外向型经济发展，规划发挥了应有的指导作用。

进入20世纪90年代，为了进一步贯彻党的十四大基本路线和邓小平同志建设有中国特色的社会主义理论，加快改革开放和现代化经济建设的步伐，更好地适应珠江水系航运发展的需要，根据交通部指示，流域各省区开始进行流域水运经济调查，为修订规划着手准备。1992年5月交通部批复同意珠江航运规划修订计划。在各省区航运部门的共同努力下，由交通部珠江水系航运规划办公室负责汇编的《珠江流域航运规划综合报告》修订本于1993年11月完成，经交通部召开审查会议评审，再经进一步补充完善，于1994年5月正式刊印报部。

这次航运规划修订工作本着统筹规划，条块结合，分层负责，联合建网，充分发挥水资源综合利用的原则，总结改革开放以来珠江水系航运发展和航运建设的经验教训，规划修订的主要目的是加快珠江航运基础设施的建设，重点放在流域上下游沟通及出海口门航道治理方面，以适应经济建设迅速发展的需要。

二、西江航运干线一期工程顺利完成

西江航运干线横贯流域中部，由郁江、浔江、西江及东平水道连接组成，上接云贵，下连港澳，西起南宁，东达广州，连接两广首府，全长854千米。有大小支流、水网河道40余条航线相通，经济腹地辽阔，资源丰富，为两广最富庶的地带，是珠江流域最主要的水运干道。河道稳定，水源丰沛，自然条件优越。1978年广东、广西两省（自治区）计划委员会联合上报《西江航运建设工程计划任务书》，经国务院批准，确定为国家Ⅲ级航道，纳入国家建设计划。1981年6月5日国家计划委员会正式批复，由交通部负责组织两广安排设计和施工。工程以2000年为设计水平年，全线货运总量为4 300万吨，货物周转量为130亿吨千米。

西江Ⅲ级航道的标准尺度为水深2.3~2.5米，宽度50~80米，最小弯曲半径500米，通航保证率95%~98%。船闸规模达西津船闸闸室净长190~198米，宽15米，门槛水深4.5米，每次过闸通过$2 \times 1 000$吨船队，单向年通过能力500万吨。贵港船闸长

190米，宽15米，每次过闸通过2×1 000吨船队；桂平船闸长190米，宽23米，门槛水深3.5米，每次过闸通过4×1 000吨船队，单向通过能力1 000万吨。

工程实施分两期进行。第一期工程为贵港至广州段，航道长575千米，修建桂平航运梯级，回水至贵港蓑衣滩；整治西江干流桂平至都城段26处浅滩；整治东平水道思贤滘至三山口河段，包括疏浚、炸礁、筑坝导治、裁弯取直、护岸等工程；新建贵港猫儿山中转港，初期按年中转贵州煤炭300万吨、云南磷矿石50万吨、广东云浮硫铁矿45万吨设计。航道工程总投资32 789万元，贵港猫儿山港5 674万元；另外由广西壮族自治区贷款7 034万元修建桂平梯级电站，装机容量4.65万千瓦。

一期工程于1985年动工兴建，1987年被列为国家重点建设项目。广东段工程及桂平枢纽于1990年年底通过国家验收竣工投产。

三、珠江三角洲航道整治

（一）陈村水道整治改造

陈村水道是广州通往中山、珠海、江门、新会、开平、台山等地区的重要经济航道，比绕道莲沙容水道缩短航程66千米。但自20世纪60年代中期的改造之后，30多年来航道尺度维持不变。由于船舶吨位增大，过往船只增多，海损事故频发，影响了航速。由于水道两岸堤围防洪标准低，船舶波浪影响堤围安全，因而航道通航与水利堤围安全存在矛盾，部分河段不能进行正常的航道维修疏浚，使航行条件更为恶化。为了提高该水道的通航能力，改善航行条件，以适应国民经济发展的需要，广东省交通厅于1984年批复了《陈村水道整治工程初步设计》，总投资为1 029.77万元，按国家Ⅳ级航道标准整治陈村水道，使该水道能通航2×500吨级分节驳船队。近期采用200吨级前进轮顶500吨级粤江船，船队总长97～109米。航道水深为2.0米，底宽50米，弯曲半径280～330米。

工程于1986年冬开工，1991年夏完成，历时5年。共完成二个弯道的裁弯工程，五个弯道的切嘴工程，一个弯道的切滩护岸工程，三个水闸及排灌站迁建工程，改造一批水利排灌系统，新建土堤2 980米，退堤4 580米，征用土地264.8亩，堵河造田150亩，改良低产田50亩。共开挖土方116.7万立方米，疏浚航道13.15千米，疏挖土方30.5万立方米，抛筑丁坝3座、潜丁坝2座，总长330.7米，石方1.27万立方米，炸除礁石1 550立方米等。实际投资1 321.97万元。

陈村水道竣工后，航道里程缩短近1千米，航道底宽由30米增至50米，弯曲半径由120～200米增至280～330米。航道尺度增大，弯段改顺，不仅大大改善了航行条件，促进了水运事业的发展，而且在农田水利及防洪方面的社会效益也很显著。

（二）白坭水航道整治

白坭水位于珠江三角洲北部边缘，流经广州市花都区赤坭，进入广州水道，自赤坭至珠江东桥长43千米。白坭水沿岸矿产资源丰富，非金属矿石种类繁多，特别是石灰岩，不仅品位高，而且产量大，水道两岸有90多家石灰岩矿场，有大小水泥厂12家，年产120万吨水泥的珠江水泥厂就建在白坭水中游河畔，形成了一条矿建材料的工业走廊。白圳水是珠江三角洲地区百来家中小型水泥厂的原料供应渠道。据1980年到1990年统计，广东省水泥产量年平均增加17.5%，而白坭水石灰石产量年均增加17.5%，同期水道的货运量年均增加15.8%。在此期间，水运量在腹地多种运输方式中的比重由1980年的21%上升到1990年的34%，这在珠江水系所有航线中是绝无仅有的奇迹，充分证明了白坭水运量的增长快，而且大宗货源稳定。长仅40多千米的白坭水，1990年货运量达427.2万吨，预测2000年达730万吨。

白坭水航道水深条件较好，全线水深均可保持1.5米，主要问题是航道狭窄，航宽只有25米，弯曲半径最小只有90米。

白坭水航道整治标准：上段赤坭荷塘至巴江桥为Ⅴ级航道，通航300吨级船舶，航道尺度为2.0米×35米×275米；下段巴江桥至珠江东桥为Ⅳ级航道，通航500吨级船舶，航道尺度为2.5米×50米×330米；龙湖码头至文教口为Ⅳ级航道，通航500吨级船舶，航道尺度为2.0米×40米×330米。全线航标按一类标设置；工程建设项目包括炸礁6.71万立方米，疏浚19.55万立方米，裁弯石方1.25万立方米、土方19.3万立方米，护岸石方0.45万立方米、土方0.51万立方米。总投资2610万元。

（三）东莞水道整治

东江流至东莞市石龙镇，分南北两支汇入狮子洋。北支为主流，称北干流，流经新塘镇，于东江口汇入狮子洋，长度42千米；南支为支流，流经东莞市，称东莞水道，于泥尾汇入狮子洋，长度亦为42千米。东莞水道贯穿东莞市南北，石龙、莞城、太平三个大镇分布在水道的起点、中间和终点附近，全市29个区镇中有23个区镇可通水运。东莞水道是东莞市的水运大动脉。

东莞市北靠广州，南邻深圳、香港，处于广州—东莞—深圳经济走廊的中间，地理位置得天独厚，改革开放以来经济突飞猛进，是珠江三角洲"四小虎"之一，外贸出口发展很快，东莞市资源贫乏，大量工业生产的原材料、能源都依靠进口。东莞水道上的河沙为东莞市的天然资源，为省内最优建筑沙，大量的建筑沙出口香港，是东莞水道稳定的大宗货源。1987年东莞水道完成货运总量901.34万吨，其中建材占了587.26万吨，占总运量的65%；1988年东莞市完成出口香港河沙16.29万立方米，创汇94.46万美元。如提高东莞水道航道尺度，通航300吨级沿海船舶，河沙可以直达运输。

交通部将东莞水道航道整治纳入"八五"期间交通建设重点工程计划，由部、省、市共同投资2550万元，按Ⅳ级航道标准进行全线整治，根据该水道上下段的不同情况，其整治要求有所区别，莞城以上航道，要求水深2.0米，航宽50米，弯曲半径330米；莞城以下航道，要求水深2.5米，航宽40米，弯曲半径275米。满足300吨（乘潮500吨）出海货船水道上段装运河沙直运出口的要求，500吨级内河顶推货船可在全线贯通到珠江三角洲各地。

整治工程包括炸礁、丁坝整治、疏浚、航标等项目，以炸礁工程为主。炸礁8.747万立方米，疏浚44.526万立方米，筑坝10.232万立方米，移堤3000立方米。工程于1991年11月开工，1995年12月竣工，工程质量优良。

(四)江门水道整治

江门水道全长 25 千米，面临南海，毗邻港、澳，地理位置十分重要，不仅担负江门、五邑的大部分客、货运输任务，而且是沟通珠江三角洲、西江、北江与潭江水道之间的捷径。江门地区是全国著名侨乡，1985 年经国务院批准，被列为珠江三角洲经济开发区以后，国民经济发展迅速，工农业生产总值成倍增长，江门水道过往船舶的密度也随之不断增大，货运量由 1980 年的 270 万吨增长到 1988 年的 507 万吨。但江门水道上中段河窄弯多，严重碍航，仅能通过 100～200 吨级船舶，与日益发展的水上运输要求不相适应。经交通部和广东省批准，同意江门水道航道整治标准按国家Ⅳ级航道建设，即通航 2×500 吨级分节驳船队，船队尺度为长 109 米、宽 10.8 米、满载吃水 1.6 米。考虑到江门水道各航段河面宽度、水深、弯度差别较大，对困难航段采用了规范规定的下限尺度。上、中段约 17 千米采用限制性Ⅳ级航道标准，水深 2.5 米，底宽 40 米；下段约 7 千米，属宽浅型河段，采用天然Ⅳ级航道标准，水深 2.0 米，底宽 50 米，弯度半径为 220～330 米。

主要工程项目为六个弯道的裁弯切嘴和虎头山礁石滩的炸礁工程，六个裁弯切嘴共完成土方开挖 60.6 万立方米，石方开炸 6 万立方米；征地 208.13 亩；虎头山炸除礁石 6782 立方米。

该工程于 1992 年 2 月动工建设，1994 年 12 月底竣工，历时 3 年。工程质量优良。

四、西江上游航道整治

(一)南盘江、北盘江、红水河航道整治

1985 年 12 月，"两江一河"航道整治被正式列入"七五"建设计划，总投资 2591 万元，其中交通部补助 1700 万元，其余为地方自筹。

整治工程范围共 324 千米，即北盘江百层至两江口 85 千米，南盘江坡脚至两江口 132 千米，红水河两江口至曹渡河口 107 千米。航道设计标准为六级，航深 1.0～1.2 米，航宽 25 米，弯曲半径 150 米，年通航保证率北盘江为 80%，其余为 90%。

工程于 1986 年冬开工，1991 年 5 月全部完成，经历 5 年时间，共整治滩险 85 处，完成水下炸礁 23.15 万立方米，水上炸礁 10.65 万立方米，抛筑导治坝 10.27 万立方米，疏浚卵石 17.67 万立方米；新建码头及附属设施 5 处，码头岸线长 289 米，货场 2620 平方米，岩架船修及航运基地 1 处，车间仓库 440 平方米等。经验收，工程质量被评为优良的滩险 24 处，合格滩险 61 处。达到了设计要求。

航道整治后，载重 70～100 吨级的机动货船可航行于百层至广西东兰之间，主要为贵州煤运开辟了一条水运航道。自 1987 年以来，货运量平均每年增长 1.8 倍，周转量平均每年增长 4.3 倍，货运收入平均每年增加 2 倍。广西东兰、巴马等地一些用煤的厂矿，已把"两江一河"视为重要供应线。集体、个体船只有了很大发展，区间运输特别活跃。据统计，集体、个体船只已从 1984 年的 40 艘猛增到 1990 年的 635 艘，其中机动船舶从 3 艘增加到 207 艘。

"两江一河"整治第二期工程于 1994 年冬季正式动工，主要建设内容有：整治北盘

江百层以上至打帮河口 23 千米，航道整治标准为航深 0.8～1.0 米，航宽 20～25 米，弯曲半径 150 米，达到Ⅵ级航道标准，使 100 吨级船舶上航到打帮河口。大部分工程项目于 1995 年年底完成，红水河羊里码头延至 1996 年 9 月完工。二期工程历时近 2 年，共整治与改善重点险滩 11 处，重点清炸河段 29 千米，累计完成炸礁、筑坝、疏滩等航道石方工程量 8.71 万立方米，其中炸除明礁 5 336 立方米，炸除暗礁 19 548 立方米，导治筑坝 24 082 立方米，疏浚卵石 36 999 立方米；新建坝草码头，维修及配套羊里、百层等码头 7 处，新建成 100 吨级泊位 4 个，形成堆场 6 877 平方米，码头管理用房、仓库等配套设施 1 872 平方米，进港公路 571 米。总工程投资 1 173 万元。

"两江一河"二期工程的作用主要在于巩固和发展一期复航成果，对可能通航的河段作充分的利用，完善水路运输网络的建设。

（二）漓江旅游航道整治

漓江是国际著名的旅游航道。1987 年拥有游览船 108 艘，平均每天通过量为 57.5 艘次，年均游客达 144 万人次，为桂林市增加大量外汇收入。但漓江的航道从未进行过基建性整治，基本处于天然状态，很不适应旅游事业的发展。

漓江旅游航道自桂林新码头至阳朔全长 90 千米，枯水期总落差 41.3 米，平均坡降为 0.48‰，共有滩险 66 处，平均 1.36 千米便有滩险一处，滩险累计总长 37 千米，占全程的 41%。漓江枯水流量小，历史上测得最小流量仅 3.8 立方米/秒，当桂林水文站通航保证率为 95% 时，设计流量为 12.7 立方米/秒，航道维护尺度为 0.6 米×12 米×100 米，但枯水期航道水深实际上只有 0.5 米。因此，每到枯水期桂林至杨堤 48 千米的河段无法通航，游客被迫乘车到杨堤下船，只能游览下段 42 千米的风光，使旅游声誉大受影响。为满足现有型号游览船能全线正常航行，需具有的航道尺度为 0.75 米×12 米×150 米，而相应的最小流量需有 30 立方米/秒。

国家旅游局十分重视和支持漓江旅游航道建设，1986 年 10 月广西壮族自治区计委主持召开了《桂林漓江旅游通航近期整治工程可行性研究报告》评估会议，会议审查认为：漓江补水航道整治方案技术上是可行的，经济上是合理的，社会效益明显，是一个切实可行的方案。该工程由国家旅游局提供建设资金 3 000 万元，由自治区建设委员会组织实施，被列为广西重点工程之一。工程分为青狮潭水库补水和桂林至阳朔航道整治两部分。青狮潭水库位于桂林上游 32 千米，年来水量 8.29 亿立方米，有效库容 3.72 亿立方米，年灌溉用水量 6.33 亿立方米。漓江补水主要工程措施包括加固大坝，提高汛期蓄水位，渠道防渗加固，改变水库调度方式等，以实现在枯水期向漓江补水 1.2 亿立方米。该项补水工程投资 2 000 万元，由水利部门负责实施。漓江航道整治投资 1 000 万元，由交通部门负责实施。工程项目有：整治滩险 62 处，疏浚卵石 24.34 万立方米，水下炸礁 2.09 万立方米；修建丁坝 77 座，顺坝 7 座，锁坝 3 座，总延长 6 260 米，坝体工程量 3.92 万立方米；航标配布 90 千米，其中发光 38 千米；另外，还对黄牛夹滩的整治方案进行了河工模型试验，对漓江 84 客位游览船型在卵石河床航行对航道引起破坏的临界水深值进行了船模试验。全部项目实际投资共 999.73 万元。

工程施工自 1987 年 11 月下旬开始，至 1989 年 3 月完工。航道尺度完全达到设计要求：桂林至桂林水文站河段为 0.8 米×12 米×150 米；桂林水文站至阳朔为 0.8 米×15 米×

150米。经逐滩采用硬式扫具扫床验收和评审，工程质量评为优良的滩险占了82.7%，其余为合格。完全满足了国家旅游局对航道整治后水深达到0.75米以上的要求。自1989年2月15日起，枯水期游览船已可以从桂林发船，全程游览漓江。

（三）上游云南隔河复航工程

云南省抚仙湖与星云湖是珠江上游的高原湖泊，海拔1700多米。隔河是抚仙湖与星云湖之间的通道，全长只有2.125千米，星云湖湖面水位比抚仙湖高，最大高差为1.2米，湖水由星云湖经隔河注入抚仙湖，再由抚仙湖的海口河流入南盘江。两湖沿湖有江川、澄江、华宁三县。隔河始凿于明崇祯年间，清朝、民国两代都曾集资进行过疏浚，通行木船。至新中国成立初期，两湖三县通过隔河的物资交流仍很兴旺，水上交通颇为繁忙。但至1958年，因水电、工业、农业大量用水，导致两湖水位下降，加上对水运不够重视，星云湖出口被闸断，隔河也逐步淤积，终于被迫断航。

两湖沿岸，风景秀丽，青山绿水，名胜颇多，其中隔河鱼界石因有"星云日向抚仙流，独禁鱼虾不共游"之奇而最负盛名。风光绮丽，为天赋的旅游宝地。疏通隔河恢复通航，可使游客一日游两湖，并顺路游览隔河，对旅游事业起到促进作用。

隔河是连通两湖的唯一水上通道。疏通隔河航道，极大地方便两湖渔船相互来往捕鱼；特别是可以走水路将货物从澄江运往江川、华宁等县，比走公路缩短运输里程280多千米。

复航工程主要项目为船闸，闸室有效长为35米，宽7.4米，上引航道长71米，下引航道长81.4米，底宽17.2米，设计最大水头1.2米。船闸每秒可泄洪40立方米，具有一闸两用的功能。隔河航道底宽为8米，航深1.55米，弯曲半径90米，净空5.5米。

该工程主要完成工程量有：航道土石方5.5万立方米，浆砌挡墙2.9万立方米；船闸土石方3.3万立方米，浆砌石0.9万立方米，钢筋混凝土0.3万立方米；公路、人行桥各2座；高压线7.5千米，改善三级公路2.1千米等。工程总投资407万元，1987年12月进行了主体工程验收，质量总评合格。

五、北江渠化、整治工程

北江干流自韶关以下至三水河口，全长258千米，是粤北通往粤中的水运干道，往西通过西江，上溯肇庆、梧州，下至江门、澳门，往东进入东平水道，直达佛山、广州、黄埔、深圳、香港及珠江三角洲各大港口城市。1990年北江完成货运量771万吨，其中上水为198万吨，下水为573万吨。

北江可分为上下两段，上段韶关至连江口，长124千米，枯水期滩多水浅，航槽弯曲狭窄，主要浅滩31处，航道维护水深0.8米，航宽15米，常年通航载重50吨的机动驳顶推船队，中洪水期100～300吨级船舶可上航至韶关。下段连江口至三水河口，长134千米，飞来峡以上为峡谷河段，有大小峡谷5处，以飞来峡最大，长达9千米，河道宽窄深浅变化较大；飞来峡以下河槽宽阔，江心洲、汊道较多，沙滩连绵不绝，主要浅滩25处，河床主要为沙质，航道维护水深1.0米，航宽20米，常年通航80～100吨机动驳顶推船队，中洪水期通航300吨级顶推船队。

北江干流为广东省水电开发的重点河流，飞来峡以上河段共 173 千米已确定了四级开发布置，自上而下为孟洲坝、蒙里、白石窑、飞来峡四个梯级，各梯级正常蓄水位基本衔接。结合部分河段的疏浚整治，通航标准为 V 级航道，通航 300 吨级船舶组成的船队。孟洲坝、蒙里、白石窑三个梯级的船闸尺度为长 140 米，宽 14 米，门槛水深 2.0 米。飞来峡梯级也在 1994 年冬开工建设，船闸尺度为：闸室长 190 米，宽 16 米，门槛水深 3.0 米。飞来峡以下至三水河口航道，近期采用整治为主结合疏浚的策略，达到 V 级航道标准尺度。北江采用渠化与整治相结合的策略，全线可通航 300 吨级顶推船队。北江渠化、整治工程如图 12 所示。

图 12　北江下游，航道整治（丁坝、锁坝）

第六节　港口建设

一、西江水系港口

（一）贞丰港百层港区

百层港位于北盘江贵州贞丰县百层镇，下距两江口 85 千米，是珠江上游建设的第一个港口。其腹地主要为贞丰县一带的煤矿区，矿区至码头平均运距约 60 千米。根据"两江一河"近期通航标准为 VI 级航道，码头按停靠 100 吨级驳船设计，初期先建一个泊位，位于百层水文站与渡口之间，该处岸坡平缓，水域顺直开阔，低水位时河宽 80～90 米，水深 1.5～3.0 米。

码头由进场公路、堆场、溜槽、工作平台、斜坡道等组成，堆场面积为 30 米 × 36 米，容量 1 382 吨。码头结构简单，投资较省。该码头 1985 年 9 月动工，1986 年 4 月完成投产，总投资 117 万元。

（二）罗甸港羊里港区

羊里码头位于红水河贵州省罗甸县正南 76 千米的罗羊乡，隔江与广西乐业相望。上距南盘江、北盘江汇合处两江口 62 千米，下距曹渡河口 45 千米，羊里码头一期工程已于 1992 年 5 月完工，建成斜坡码头主体部分，设计年吞吐量 5 万吨，有岸线长 66 米，100 吨级泊位一个，堆场 2 500 平方米及上游进场公路。二期工程于 1994 年 4 月开工，完成仓库、管理站房、照明设备等附属设施及下游进场公路，与罗甸至广西乐业、天峨县公路在渡口码头相连，形成一环形通道，汽车可直接进入堆场装卸，集疏货物。

（三）百色港

百色港位于右江上游的剥隘河与澄碧河汇合处，为桂西地区水陆联运的重要港口。云南、贵州的煤、磷等矿产和其他物资很大部分经百色港转水运至南宁、梧州、广州或出口海外，随着盘百公路、南昆铁路的建成通车，百色港在大西南经济开发中的交通枢纽和进出口商品集散作用将越来越重要。

改革开放以来，随着经济发展和码头设施改善，港口吞吐量得到较大幅度的增长，1989 年达到 21.2 万吨，1991 年增至 25.8 万吨。现在百色港拥有码头长度 613 米，泊位 17 个，最大靠泊能力 300 吨级；码头结构形式有斜坡式、顺岸立式；装卸机械 9 台，其中固定式起重机 2 台，搬运车 7 台。

1995 年港口货物吞吐量创历史最高水平，达 28.6 万吨，其中出口 24.5 万吨，进口 4.1 万吨，为 1953 年的 23.8 倍。

（四）南宁港

南宁港地处郁江上游，为左江、右江物资汇集中转的主要港口。经济腹地包括整个桂西及滇、黔部分地区，有湘桂、南防、南昆三条铁路线在该处交会，公路干线连接广西各大城镇；水运上至百色、龙州，下至贵港、桂平、梧州、肇庆、广州及珠江三角洲各地。南宁至广州已开辟直达客、货运航线。1987 年 10 月，南宁港开辟了直通港澳的货运航线。

1991 年 9 月，北大集装箱码头建成。该码头设计靠泊千吨级船舶，码头前沿水深 2.74 米，年通过能力为 13 600 TEU。

1995 年，南宁港拥有生产用码头泊位 28 个，码头总长 1 499 米，码头前沿水深 2.74 米，最大靠泊能力 1 000 吨级；非生产用码头泊位 2 个，总长度 72 米，前沿水深 4 米；各类装卸机械 42 台，最大起重能力 36.5 吨；铁路专用线 1 条，总长 2 383 米，其中港内铁路长度为 245 米；港作拖船 2 艘，198 千瓦；各类仓库 7 座，面积 8 130 平方米；各类堆场 9 座，面积 4.1 万平方米。全港货物吞吐量达 81.5 万吨。

（五）贵港港

贵港港由旧港区和新港区两部分组成，旧港区位于贵港市罗泊湾的郁江北岸，新港区建于罗泊湾下游的猫儿山河段。黎湛铁路从港区通过，与湘桂铁路相连接，水运上至南宁，下至桂平、梧州，达广东及港、澳；公路直通南宁、柳州、梧州、肇庆、广州等区内外重要城市，为珠江水系重要的水陆联运枢纽港。

1987年全港吞吐量首次突破200万吨大关，达251.34万吨。1989年又突破300万吨大关，达303万吨。由于现有港区已趋饱和，无发展余地。1981年6月5日国家计划委员会在《关于西江航运建设工程计划任务的批复》中指出："贵县中转港吞吐能力按煤炭500万吨，磷矿100万吨，硫铁矿70万吨进行扩建。第一期工程建设煤炭中转码头一个泊位，吞吐能力300万吨，磷矿码头一个泊位，吞吐能力50万吨，硫铁矿码头一个泊位，吞吐能力45万吨。"按国家批准的计划要求，选定贵港市城区下游8千米的猫儿山河段作为新港区的港址，列入国家"七五""八五"期间重点建设项目，于1990年正式动工兴建，投资4 674万元。1993年3月28日竣工。同年4月15日通过验收移交贵港港务总公司试投产。猫儿山中转港设有煤、磷、硫3座栈桥式1 000吨级泊位专业码头；煤堆场面积48 473平方米，磷、硫专用堆场面积10 300平方米；煤、磷码头各设一组装船机，可随水位变化升降，不仅适用于1 000吨级船型，也适用于250吨级左右的小型船，作业灵活自如，每小时可装船1 500吨。该港区是目前广西规模最大，现代化程度最高的内河港口，现年吞吐能力达180万吨。

进入20世纪90年代，由于桂平航运枢纽的建成，下游航道条件已获根本改善，贵港港生产更是呈现一派兴旺的景象。1992年3月，国务院正式批准贵港港为国家一类对外开放口岸。当年吞吐量达364.7万吨，由位居广西内河港口第二位跃升到第一位，超过了被誉为广西门户的梧州港。1993年更是创历史最高水平，年吞吐量达415.3万吨。

（六）桂平港

桂平港位于郁江和黔江交汇处。溯郁江而上106千米至贵港，循黔江、柳江而上366千米至柳州港；顺浔江下航169千米至梧州港。

20世纪80年代开始，货物吞吐量有较大幅度的增长，至1989年吞吐量达35.2万吨。1990年，桂平港拥有码头岸线209米，泊位15个，仓库面积896平方米，堆场面积1 121平方米，港作拖轮1艘，176千瓦，装卸机械7台，客运站房面积479.5平方米。港区面积32.38万平方米，其中水域面积32.1万平方米，陆域面积0.28万平方米。1995年港口货物吞吐量为22.1万吨，其中出口为20万吨，进口为2.1万吨。

（七）柳州港

柳州市是我国西南五省区的交通枢纽和广西最大的工业城市，湘桂、黔桂、枝柳三条铁路干线交会于此。

1987年，柳州港吞吐量为43.31万吨。国务院于1988年批准柳州市为全国甲类开放城市。1989年1月，柳州港开通港澳的外贸运输业务。随着改革开放的扩大和深化，柳州港对外贸易迅速发展，港口货物吞吐量大幅增长。1988年4月，客运大楼在驾东作业区动工兴建，楼高12层，设计建筑面积9 488平方米，1993年建成投产。

到1991年，柳州港拥有码头岸线1 082米，泊位27个，码头前沿水深3.0米，最大靠泊能力380吨级；仓库面积3 477平方米，堆场面积15 000平方米；各类装卸机械26台，最大起重能力 10 吨，主要码头的装卸作业基本实现了机械化。全港货物吞吐量达 78.8 万吨，旅客吞吐量达 11.4 万人次。1992 年，柳州港吞吐量首次突破百万吨大关，达 127.20 万吨，创历史最高水平。

（八）桂林港

桂林港位于桂林市漓江南岸，水路至阳朔 86 千米，至梧州 350 千米，桂林市交通设施比较完善，公路连通区内各地；有湘桂线铁路通过；航空可直达北京、上海、广州、昆明、成都、重庆、深圳、香港等区内外大城市。

桂林市是驰名中外的旅游胜地，1990 年共接待外宾入境旅游者 48.49 万人次。其中外国人共 14.77 万人次，华侨 1.87 万人次，港澳台胞 31.85 万人次。

1973 年 5 月，桂林市正式对外开放，旅游业得到迅速发展，港口旅客吞吐量逐年上升，进入 20 世纪 80 年代后，桂林市每年游客人数以百万计，成为全国四大旅游城市之一，桂林港开始由原来以货运为主转为以旅游为主。1992 年，桂林港旅客发出量达 173.93 万人次，货物吞吐量降至 4.08 万吨。

（九）梧州港

梧州港有广西水上门户之称，历来为广西内河第一大港，自 1991 年起，其地位被贵港港所取代。该港位于桂东南的梧州市，地处浔江与桂江的汇合口。水运四通八达，为郁江、柳江、红水河及黔、浔、桂各江之总汇，下通广州、香港、澳门及珠江三角洲各重要城镇。

为改善梧州市的投资环境，大力引进外资和发展外贸经济，梧州港客轮公司开辟了梧州至香港直达客运航线，1983 年 7 月 18 日"漓江"号客船首航香港，中断 33 年的梧州至香港直达客运航线正式复航。1985 年 1 月 15 日，国务院批准梧州市为我国甲类开放城市，梧州口岸对外贸易迅速发展，港口生产和建设步伐亦进一步加快。至 1986 年 9 月，梧州港增设码头已达 52 个。各码头增设了各式起重机、输送机、提升机、装卸机、挂车、缆车等机械 128 台（套）。1988 年，由交通部、自治区交通厅和梧州市共同投资，开始在河西新建一座双级直立式和装卸斜道与缆车斜道相结合的综合码头，总投资 1 760 万元，设计平台 2 个，泊位长度 638 米，1 000 吨级泊位 2 个，500 吨级泊位 5 个（其中集装箱泊位 1 个），堆场 13 000 平方米，仓库 15 120 平方米，年吞吐能力 100 万吨。河西码头为目前梧州港规模最大、设备最先进的综合码头。1988 年梧州港大南码头改建为集装箱专用码头。

梧州港 1995 年全港货物吞吐量为 159.7 万吨，其中出口为 63.3 万吨（外贸占 20.1 万吨），进口为 96.4 万吨（外贸占 21 万吨）。旅客发出量为 88.2 万人次。

（十）封开港

封开港位于西江支流贺江汇合处。港区码头前沿水深均在 2 米以上。现有泊位 28 个，总长 887 米，最大靠泊能力 1 000 吨；全港共有仓库 6 座，总面积 2 598 平方米，容量 2 466 吨；堆场 10 处，总面积 9 528 平方米，容量 9 150 吨；装卸机械 7 台，最大起重能力 6 吨；客运站 1 座，候船室有效面积 120 平方米。

封开港 1995 年完成货物吞吐量 48 万吨，旅客吞吐量 52 万人次，其中发出量 25 万人次。

（十一）六都港

六都港位于西江下游，广东省云浮市六都镇西江南岸，上距梧州市 107 千米，下距肇庆 66 千米，走东平水道至广州航程 193 千米。港区河面宽阔顺直，码头前沿一般水深 10~15 米。20 世纪 60 年代末期，随着云浮硫铁矿的建设和开发，六都发展成为吞吐量超百万吨的新型港口。港区现有陆域面积 86 702 平方米，水域面积 19.5 万平方米，全港有码头泊位 33 个，码头线总长 1 163.5 米，最大靠泊能力 1 000 吨。有各类装卸机械 33 台；仓库 8 座，总面积 1 518 平方米，容量 2 340 吨。堆场 10 处，总面积 70 312 平方米，容量 17.2 万吨。

1995 年吞吐量 141.49 万吨，其中出口 130.04 万吨（外贸占 3.4 万吨），进口 11.45 万吨。

（十二）肇庆港

肇庆港位于风景秀丽的古城肇庆市，地处西江下游，港区有广茂铁路通过。水运溯西江而上，可通广西梧州，顺流而下，经江门、珠海，可达澳门，经东平水道可至佛山、广州、香港及珠江三角洲各港口，水陆交通便利。港区范围上至三榕峡，下至羚羊峡南北两岸，河宽水深，自然条件优越。

1984 年 6 月，经国务院批准为对外开放口岸，恢复了肇庆至香港的客货运定期班轮航线，每天对开一班。肇庆港现有陆域面积 35 250 平方米，水域面积 400 万平方米，全港分 6 个作业区，共有码头泊位 61 个，码头总长 2 061.5 米，最大靠泊能力 1 000 吨；有仓库 3 座，总面积 3 250 平方米，容量 5 535 吨；堆场 9 处，总面积 16 542 平方米，容量 30 094 吨；有各类装卸、运输机械 47 台，最大起重能力 18 吨；港作船 1 艘 88.2 千瓦；客运站 1 座，有效面积 565 平方米，日最高客容量 5 800 人次。

三榕港是由肇庆自筹资金建设的新港，地处离市区中心 7 千米的西郊，设计年通过能力 100 万吨，首期 50 万吨，总投资 4 800 万元。该港于 1985 年开始动工建设，1990 年 1 月 8 日投产，经广东省人民政府口岸办批准，三榕港为肇庆进出口货物装卸码头，并于 1991 年 6 月 27 日开通了三榕港集装箱码头港澳航线，开展了对外运输业务。三榕港建有千吨级杂物、集装箱码头泊位 2 个，可同时靠泊 2 艘千吨级或 3 艘 500 吨级船舶作业，设计年通过能力为 35 万吨；港口总面积 19 万平方米，其中集装箱堆场 7 000 多平方米，煤炭、木材堆场 25 000 平方米，仓库 3 000 平方米，各类型装卸机械共 62 台套。港口至火车站的铁路专用线长 2.8 千米。

肇庆港 1990 年本港完成货物吞吐量 62 万吨，1995 年完成 36 万吨，其中出口 19 万吨（外贸为 9 万吨），进口为 17 万吨（外贸为 7 万吨）。

二、北江水系港口

（一）韶关港

韶关港位于北江上游，支流浈水、武水在此汇合，是粤北地区的主要内河港口。

韶关地区是广东省煤炭、金属工业基地之一，森林资源也很丰富，韶关市已发展成为一个以重工业为主，有比较完整工业体系的新兴工业城市。韶关港货物吞吐量出口大于进口，比例约为4:1～8:1，出口物资主要为煤、木材、钢铁、水泥、农副产品等。

韶关港现有南水、红星2个作业区及客运码头1座。拥有码头岸线430米，100吨级泊位10个，堆场面积3万平方米，仓库2500平方米。韶关港1995年完成货物吞吐量97万吨，其中出口86万吨，进口11万吨。

（二）英德港

英德港地处北江中游英德市。京广铁路在港口对岸通过，水运发达，上达韶关，下通连江口、清远、三水、广州及珠江三角洲各港口。

英德水泥工业发达，品质优良，畅销国内外。英德港腹地资源丰富，水运货源充足，港口生产持续发展。主要货种为水泥和非金属矿石，且货物以出口为主，进口甚少，比例悬殊。该港装卸作业区较集中，现有大小泊位56个，码头岸线总长2272米，最大靠泊能力100吨。1995年完成货物吞吐量119万吨，其中出口116万吨，进口3万吨。

（三）清远港

清远港位于北江下游西岸的清远市，清远市是广东省中部的新兴城市，清远市水陆运输畅通，京广铁路从城郊20千米外的源潭镇穿过，公路与107国道相通，水路沿北江直上可达英德、韶关，进连江可达阳山、连县等港，沿北江下航通广州及珠江三角洲、港澳等地。

清远港现有在北岸的码头泊位44个，码头岸线总长1434米，最大靠泊能力300吨。为适应经济建设和发展外贸运输的需要，已在市区外的文塔寮河段建设新港区，一期工程已建300吨级泊位6个，其中集装箱泊位3个，新增吞吐能力60万吨。

清远港1995年完成货物吞吐量71万吨，其中出口为33万吨，进口为38万吨。

三、东江水系港口

（一）老隆港

老隆港位于东江上游龙川县。上距枫树坝水库67千米，下距东江口311千米。老隆港水路通往河源、惠州、石龙、东莞及广州、珠江三角洲各港口。梅隆窄轨铁路自老隆港始发，经兴宁、四望嶂煤矿，至梅县东山港止。广梅汕铁路亦在县境通过。

全港现有码头11座，总长1188米，泊位33个，各类装卸机械32台。属港务部门的码头9座，总长1099米，泊位28个，最大靠泊能力65吨，装卸机械28台，皮带装卸作业线5条，仓库4座，总面积2867平方米，堆场3处，总面积54980平方米，港区铁路专用线1 005米。

该港1990年完成货物吞吐量42万吨,由于煤运减少,港口吞吐量自此逐年下降,至1995年仅完成8万吨,全为出口货物。

(二)河源港

河源市地处广东省东北部,东江中游,1988年1月撤县建成省辖市。河源港码头沿东江两岸分布,7号码头正处于新丰江与东江汇合处。河源市水陆交通方便,水路沿东江而上可直达老隆,下航通往惠州、石龙、东莞、广州及珠江三角洲各港口,并有京九铁路、广梅汕铁路在龙川接轨并穿过市区。

河源港码头比较分散,新丰江河段自广梅桥以下至新丰江口,东江河段自木京至龙王角,水域总面积90万平方米,陆域面积6.5万平方米,共拥有泊位33个,岸线长995米,最大靠泊能力120吨;仓库14座,总面积7 769平方米,有效面积6 657平方米,容量9 400吨;堆场9处,有效面积2 237平方米,容量84 500吨;装卸机械8台,最大起重能力3吨,客运站1座,面积240平方米。

河源港1995年完成货物吞吐量10万吨,其中出口9万吨,进口1万吨。

(三)惠州港

惠州市是广东省一座历史文化名城,位于东江与西枝江汇合处,1988年1月改为省辖市。惠州市水陆交通顺畅,京九铁路广梅汕铁路通过市区;公路四通八达,主要有惠州至盐田、广州至汕头、广州至惠东、广州至河源高速公路,国道324线、205线,惠州至深圳公路通过境内;水路沿东江而上可通往河源、龙川、和平等县,下航可到博罗、东莞、广州及珠江三角洲各地,并有西枝江通往惠阳、惠东等县。

惠州港分为内河和沿海两港区,内河港区位处惠州市西枝江口之两侧及东江的东、西岸,码头分布零散。

惠州内河港区共有码头16座,泊位55个,最大靠泊能力300吨,岸线总长1 269米;仓库9座,总面积3 658平方米;堆场11处,总面积11 062平方米;共拥有装卸机械15台。

1995年完成货物吞吐量33万吨,其中出口32万吨,进口1万吨。旅客吞吐量5万人次,发出量3万人次。

四、珠江三角洲港口

(一)广州港

广州港港区位于广州市境内,是内河水网及近洋航线物资的集散地。黄埔、新港区是海上南北物资及远洋货物的主要集散地。优越的社会、交通、港口条件,使广州港成为沿海南北航线大宗物资,尤其是能源、材料的转运中心,是珠江中下游地区外贸物资的转运中心,江海联运和珠江水系内河物资的集散中心;是华南地区也是我国沿海的主要枢纽港之一。

广州港（图13）有可锚泊万吨级船的锚位33个，系泊浮筒11个，用于装卸作业及防御台风。

1995年广州港全港完成货物吞吐量7 299万吨，其中直属港区吞吐量5 369万吨。完成旅客吞吐量307.1万人次，其中发出量141万人次。

图13　广州港

1. 广州内港区

广州港内港区位于广州市区内，东起铁桩水道新洲嘴东端，与黄埔港相连接，西至黄竹歧河口的罗村涌；北自狮头围公路桥脚槎龙排灌站起，南达大石水道大石嘴和三山口下北嘴，共有水域面积1 479万平方米，港池面积63.4万平方米。内港中心距离珠江口（桂山）164千米，为西江、北江、东江及珠江三角洲的水运中心，河海相连，四通八达，是华南地区最大的河海枢纽港。港区周围水道密布，纵横交错，北部有流溪河、白坭河、官窑水汇集而下，西南与佛山水道、东平水道、陈村水道相通，东有前、后航道直达黄埔，经狮子洋、伶仃洋出海，与香港、澳门紧密相连，地理位置优越。

广州内港区经过30多年的建设，港区规模不断扩大，1985年末，全港共有生产用码头泊位605个，成为一个初步现代化的大型港口。由于港区河道的自然条件和历史客观因素，港区散布范围广阔，现有河南、芳村、新风、东风4个作业区及大沙头、洲头咀两处客运站。

广州内港区为对外开放港口，对一切船舶的物资供应（燃油、燃煤、淡水、食品及其他船舶用物品）均由专业机构供应负责。

新中国成立后广州内港区经过多年的不断扩建改造，港口吞吐能力显著提高，1985年末吞吐量1 609万吨（出口占41.3%），旅客发送量340.6万人次。外贸吞吐量占总吞吐量的11%。

2. 广州黄埔港区

黄埔港区位于广州市东郊，原称黄埔港，地处广州水道前、后航道与狮子洋的接合处北岸。水陆交通方便，公路距广州25千米，距深圳140千米。水路北至广州港31千米，南距香港126千米。铁路距广州23千米，距深圳125千米。有广深铁路支线进入港区，与京广铁路连接，可通全国各大城市，经济腹地广阔。港口以广州市为依托，海运可联系港澳和世界各地；东面有东江水系，西和西南为广阔的珠江三角洲水网，通过莲沙容水道，可通往西江、北江和三角洲各大城镇港口。黄埔港为我国对外贸易的重要口岸和华南地区最大的港埠。

黄埔港区由老港区、墩头基新港区、西基煤港区及东江集装箱码头四部分组成，是华南最大的水路、铁道联运对外开放港口，与世界64个国家和地区的335个港口有货物进出口业务。1985年末全港区共有生产用泊位112个，其中港务局码头泊位28个，物资部门泊位84个。万吨级以上深水泊位有21个，即1万吨级泊位9个（老港区），2万吨级泊位8个（东墩头基），2.5万吨级泊位2个（东江口），3.5万吨级泊位2个（西基煤码头）；全港区有装卸机械616台，其中起重机械179台，最大起重能力为250吨；生产用库场总面积49万平方米，容量50.2万吨；有粮食专用圆筒仓35 616立方米，容量27 068吨；铁路专用线32千米，其中装卸线14千米；港作船舶151艘，其中拖轮27艘，15 891千瓦，驳船72艘，载重量26 980吨。1985年黄埔港务局完成吞吐量1 772万吨（25.2%为出口，外贸占44.5%），比新中国成立初期1952年吞吐量增长37倍，平均每年增长11.6%，高于国民经济平均增长速度。港口疏运主要为铁路、水运和公路，其中铁路占疏运量的22.7%，水运占40.8%，公路占12.6%，管道占23.9%。

黄埔港是珠江最先开辟集装箱装卸业务的港口，现有集装箱深水泊位两个，主要设备有30.5吨的装卸桥吊4台，30.5吨轮胎式门吊6台，还有相应配套的拖挂车一批，年设计通过能力达20万箱。现已开辟西欧、美国、日本等航线每月9班，航班准确率达100%。港区设有冷冻集装箱及危险品箱业务。1995年完成集装箱吞吐量245 955个TEU。

客运发展也较快，有黄埔至新加坡定期客运班轮，黄埔至厦门、上海、青岛、大连定期客货班轮。1985年完成旅客吞吐量16.9万人次，为1980年（2.2万人次）的7.7倍，1995年为24.9万人次，为1980年的11.3倍。

1978年后，交通部对黄埔港的扩建工程进行了广泛的调查研究，国家批准扩建"新沙港区"。新沙港区位于东江口以南至倒运海口之间，与黄埔港墩头基新港区及广州市经济技术开发区相邻，距老港区15千米。

第一期工程于1987年动工，兴建10个3.5万吨级深水泊位。前期先建5个，投资10亿元，包括向世界银行贷款8 800万美元。前期工程还包括连接新港的铁路、公路，跨东江、麻涌的4座公路、铁路大桥，港池航道开挖，码头机械设备及配套，仓库堆场，供水供电，办公及生活设施等，已于1992年完成。现有码头场地面积78万平方米，新增吞吐能力910万吨，已建成的5个泊位为：煤炭、金属矿石、散装化肥，件杂货和通用泊位各1个，以及驳船，港作船码头850米。

（二）深圳港

深圳为我国最早对外开放的三个经济特区之一，位于珠江口东侧，面对九龙、香港，以深圳河分界。1980年经济特区设立以后，港口建设才正式起步，并迅速进入了蓬勃发展阶段。由于特殊的地理位置，深圳港被九龙半岛分割成东西两大部分，其中东部包括盐田港区、沙鱼涌港区。西部包括蛇口港区、赤湾港区、妈湾港区、东角头港区、黄田港区、内河港区。

深圳港开辟了到达全国沿海各港以及长江三角洲下游各港、珠江三角洲各港口之间的航线，是我国南方水上交通运输枢纽之一，与世界上100多个国家和地区通航，并在我国首次由国际航运集团公司开辟了集装箱直航定期班轮，为深圳港成为华南集装箱运输枢纽创造了条件。

深圳港的客货运输均以外贸为主。几个对外开放的港区如蛇口、赤湾、妈湾、盐田、东角头等港区，外贸吞吐量均在50%～60%，是我国外贸吞吐量较高的港口之一。

依托深圳特区经济的迅速发展，利用国家的优惠政策，借助先进的管理经验，深圳港的发展创造了我国的建港奇迹，除以货物装卸为主业外，还通过港口工业加工、包装及一条龙服务的经营方式，扩大了港口业务范围，健全了港口功能，为我国港口多功能综合发展提供了宝贵经验。深圳港现拥有蛇口、赤湾、妈湾、盐田、东角头、黄田、沙鱼涌及内河八个主要港区，共有港口企业30家。

1. 蛇口港区

蛇口港区位于深圳市西部南头半岛深圳湾北岸，是深圳市最早开发建设的港区。蛇口港区由招商局蛇口工业区开发建设，1981年1月开港，12月对外开放。港口生产发展很快，开港的第一年吞吐量为12.4万吨，至1985年增至130万吨，其中外贸69.7万吨，内贸60.3万吨，主要物资为钢材、水泥、粮食等。旅客进出口由1981年的0.46万人次增至1985年的82.9万人次。

蛇口港区所属的蛇口港务公司是我国第一家上市的股份制港口企业，蛇口集装箱码头有限公司是中外合资企业。

1994年，蛇口港区完成货物吞吐量1039.1万吨，其中集装箱11.87万TEU；旅客吞吐量306.5万人次。

2. 赤湾港区

赤湾港区位于深圳湾南头半岛西南端，东与蛇口工业区相连，距深圳市中心30千米。赤湾港为中外合资兴办的港口，由香港招商局、中国南海石油服务总公司、深圳特区发展公司、香港黄振辉投资有限公司等8家股东集资，于1982年6月由中国南山开发股份有限公司开发建设。1983年开港，1984年5月经国家批准为对外开放港口。港口以外贸运输和进口本地区所需建筑材料为主。1985年完成货物吞吐量65.3万吨，其中外贸运量43.8万吨，内贸运量21.5万吨，主要物资为化肥、农药、水泥、钢材、粮食等。

1994年完成货物吞吐量717.1万吨，其中化肥217万吨，集装箱3.16万TEU。

3. 妈湾港区

妈湾港区位于赤湾港区的西北方，北临大铲湾，南与赤湾港区相连。该港区由深圳南油集团公司开发，1987年11月开始建设，1988年11月建成5000吨级泊位1个及

1 000平方米的临时仓库1座。1990年7月建成第一个3.5万吨级多用途泊位，1990年10月对外国船舶开放，当年完成吞吐量22.6万吨，其中外贸13.9万吨。1994年，妈湾港区完成货物吞吐量355.9万吨。

4. 盐田港区

盐田港区是我国华南地区最现代化的集装箱中转港。由深圳盐田港集团有限公司统一开发建设。港区位于大鹏湾海域西北部，距大鹏湾口约26千米。

盐田港区于1991年11月开港，同年对外开放。1994年，盐田港区货物吞吐量为20.6万吨，其中集装箱1.3万TEU。

5. 东角头港区

东角头港区位于蛇口半岛东端，由深圳航运总公司和香港中华船厂合资兴建，圳华公司经营。1985年破土动工，采用大型爆破炸山填海造地的施工方式。同年8月轮渡码头竣工，8月28日开业。蛇口至中山、江门客运航线由此起航，1986年7月，3个千吨级泊位竣工投产。

6. 沙鱼涌港区

沙鱼涌港区位于深圳市大鹏湾龙岗境内，始建于1984年，1985年投产。现由深圳大鹏湾集装箱货运码头有限公司经营。现已建成泊位6个，最大靠泊能力5 000吨级。1994年完成吞吐量54.7万吨。

7. 黄田港区

黄田港区由深圳黄田机场的2个1 000吨级客运泊位和3个1 000吨级货运泊位组成，主要功能是集疏运机场旅客和供应机场燃料油。客、货及油码头于1991年9月建成，1992年对外开放。1994年完成旅客吞吐量55.83万人次，货物吞吐量96.5万吨。

8. 内河港区

内河港区包括深圳河的上步、皇岗码头，宝安区的西乡、松岗、沙井等码头。全部用来装卸该市砂、砖、水泥等建筑材料及日杂百货、活鲜等物资。除上步、皇岗码头有人工岸线及机械设备外，其他为简易码头。1990年开始边建设边生产，完成吞吐量19.31万吨。1994年，该港区吞吐量为445.5万吨，其中深圳河吞吐量为315.5万吨，宝安区内河为130万吨。

（三）珠海港

珠海市地处珠江口西岸，毗邻澳门，与香港隔海相望。海岸线长690千米，有大小海岛146个，故有"百岛之市"的美称。1979年8月经国务院批准成立省辖市，1980年8月全国人大常委会委员会批准其成为经济特区。

珠海市对外交通四通八达，陆路南端与澳门半岛相连，北距广州约140千米，东与香港、深圳水路相通，距离36海里；1995年经珠海口岸出入境人数达2 500万人次，接待国际游客37.1万人次。

除原与澳门相通的拱北口岸外，1981年和1984年先后开辟了九洲港、湾仔港作为对外开放口岸，并于1982年和1984年建成，开辟了与港、澳直通客货运航线。珠海港口包括九洲港、香洲港、前山港及高栏港等港区。

1. 九洲港区

珠海九洲港位于珠海市东南炮台山下，距香港66.7千米、澳门5.6千米、珠海市中心4千米。1982年9月批准对外国籍船舶开放。九洲港码头是珠海最大的客货运综合性码头，也是珠江口西岸最先建成的深水港口，是珠海经济特区建设的重点项目，也是南海石油后勤基地之一。

九洲港于1980年由珠海市投资兴建客运及小货运码头，1983年7月及1984年9月先后建成投产。为适应经济特区建设和发展的需要，1985年又在港池西侧新建万吨级深水港区，1987年投产使用。

1995年货物吞吐量达226万吨，其中出口76万吨（外贸占62万吨），进口150万吨（外贸占118万吨），旅客吞吐量350万人次，其中发出量171万人次。

2. 香洲港区

香洲原是珠海的一个小渔港，1958年扩建成为渔商两用港口。1980年珠海特区成立后，香洲港获得了进一步的发展，自九洲港建成投产后，货物吞吐量呈下降趋势，1990年为25万吨，旅客吞吐量65.5万人次。1992年货物吞吐量为25.9万吨，1995年只有9.5万吨。

3. 前山港区

前山水道是珠海重要的内河航道，西起西江联石湾，东经珠海市区至澳门，全长23千米，是西江干流及珠江三角洲河网水道沟通珠海内河航运的唯一通道。

1980年省航运厅在前山水道的东端北岸选定了前山港址，作为珠海市的主要内河港区。前山港距澳门水、陆路里程各为4千米，距中山港水运里程77千米，距江门港92千米，距广州港231千米。1995年货物吞吐量达到141万吨，其中进口106万吨，出口35万吨，旅客吞吐量为8万人次。

4. 高栏港（珠海港）

高栏港位于珠江三角洲西海湾、黄茅海湾口东侧，为西江下游重要的河口海港。面临南海，东邻澳门、香港，与东南亚和太平洋西岸经济繁荣区的各主要港口航线相连。

珠海市于1988年做出了开发西区的决定，把西区作为吸引外资建设能源、交通、石化、造纸、纺织、建材、冶炼、塑料等大型工业项目的主要基地。高栏港有经济发达的珠海市作为依托，珠海市又将通过高栏港这个"现代化交通站"，将珠江流域的各省区通过海上航运与东南亚经济区及世界各国港埠直接沟通。高栏港的兴建是实现开发西区的战略目标，是推动珠海市进一步向前发展的重要条件和步骤。

（四）佛山港

佛山市地处珠江三角洲腹地，为粤中重镇。水路通达珠江三角洲各港口，溯江而上可通广西，下航直达香港、澳门。

改革开放以来，商品经济发达，外向型经济占据主导地位，"八五"期间工农业总产值年均增长28.4%。已成为珠江下游重要的工商业城市。

佛山港1995年完成货物吞吐量135万吨，其中进口118万吨，出口17万吨。

（五）中山港

中山港由内港与外港两部分组成。内港原称石歧港，位于市区内石歧水道。外港即中山新港，位于横门水道张家边，为小榄水道与石歧水道汇流处，距横门口约9千米，距市区内港16千米。新港区始建于1981年8月，1984年投产使用，经国务院批准为广东省对外开放口岸之一。

中山港1995年完成货物吞吐量188万吨，其中出口66万吨（外贸占56万吨），进口122万吨（外贸占71万吨）。旅客吞吐量为101万人次，其中发出量为52万人次。

（六）三水港

三水港位于三水市的西南镇，水路有千吨级航运干线，上通广西梧州、南宁，下达广州、黄埔及珠江三角洲各地，并直通香港、澳门。

该港吞吐量历年最高水平为1991年，完成吞吐量52.5万吨，自此逐年缓慢下降。1995年完成货物吞吐量28万吨，其中进口21万吨（外贸占5万吨），出口7万吨（外贸占3万吨）。

（七）容奇港

容奇港位于珠江三角洲中部顺德区容桂镇，地处莲沙容水道与顺德支流汇合处。距蕉门出海口30千米，至广州55千米，至香港航程128千米。

容奇港1995年货物吞吐量为190万吨，其中进口为141万吨（外贸占29万吨），出口为49万吨（外贸占26万吨）；旅客吞吐量109万人次，其中发出量55万人次。

（八）江门港

江门港位于珠江三角洲西侧西江下游的江门市。港区由内港与外港两部分组成。内港位于市区内的江门水道；外港位于西江之滨，北起潮莲洲头，南至外海，全长17千米。

1995年完成货物吞吐量323万吨，其中出口77万吨（外贸占29万吨），进口246万吨（外贸占31万吨）。旅客吞吐量77万人次，其中发出量43万人次。

（九）新会港

新会港位于珠江三角洲西侧，潭江的下游。经江门水道进入西江干流，可通珠江三角洲一带和香港、澳门，还可以经崖道出海。沿潭江上行可达开平、台山、恩平等地。

新会港1995年完成吞吐量173万吨，其中进口132万吨（外贸占18万吨），出口41万吨（外贸占10万吨）。

（十）东莞港

东莞港位于东江三角洲南支流中部的东莞市区。北靠广州，南邻深圳、香港，西临狮子洋。

东莞港货物吞吐量10多年来一直在稳步上升，1995年已达120万吨，其中进口96万吨，出口24万吨。

（十一）石龙港

石龙港位于东江下游石龙镇，地处东莞、增城、博罗三地交界处。广深铁路经过此地，并有专用线进入新港区，水路溯江而上直通惠阳、博罗、河源、龙川，出东江口可达广州、肇庆、梧州，往西南可抵珠江三角洲各港，以至香港、澳门。石龙港为铁水、公水中转的枢纽港口。

1995年全港完成货物吞吐量80万吨，其中进口45万吨，出口35万吨。

（十二）太平港

太平港位于珠江口虎门、太平水道东侧的东莞市太平镇，水路出沙角向南连深圳、珠海、香港；北接黄埔、广州；东至惠阳、博罗；西及番禺、中山等地。

太平港1995年完成货物吞吐量118万吨，其中进口98万吨（外贸占9万吨），出口20万吨（外贸占14万吨），旅客吞吐量71万人次，其中发出量34万人次。

第七节 船舶工业发展

改革开放以来，地方航运工业在从计划经济转向市场经济的转换经营机制过程中，迅速调整产品结构，提高质量，不断拓宽市场，努力走向国外市场，为地方航运加快船舶技术改造，提高船舶技术水平做出了重要贡献。

进入市场经济后，为加强产品竞争能力，实现规模化经营，1988年2月，地方船舶工业实行横向联合，组建了广东省船舶工业联合集团公司，第一批成员单位有省船舶工业公司、华南理工大学船舶与海洋工程系、省航运科研所和珠江三角洲主要船厂共38个成员单位。集团公司是一个半紧密型联合体，各成员单位实行独立核算。集科研、设计、生产、销售于一体，发挥各自优势，扬长避短，互惠互利，对加强地方船舶产品竞争能力，促进和发展地方船舶工业的生产力，实现规模化经营具有重要意义。1990年，该集团公司船厂增至27家，包括省船舶工业联合公司所属船厂、香洲渔船厂、阳江渔船厂、顺风船厂、黄岐船厂和江门市郊区船厂。

随着经济体制改革不断深入，船舶工业的管理方式也出现了新的变化。其中，省属企业1987年后大部分都相继下放到所在地的公交系统管理，企业自主权增大。但仍坚持自愿、平等、互利的原则，实行联合经营，以适应市场经济和竞争的需要。船舶总公司系统中企事业单位的隶属关系不变，有一些企事业单位在系统内外展开了多种形式的横向联合，但主要船舶的生产计划、供销业务、出口贸易以及经营效益等均须上报船舶总公司。

20世纪80年代，广西水运工业能力不断扩大，产品产量增加，质量提高，不断开拓新的市场，据统计，1987年广西水运工业产品产量在全国同行业中排名第七位，不少产品获得交通部和广西壮族自治区优秀产品奖。与此同时，不少产品走向国内外市场。如梧州船厂先后为香港招商局和加陵有限公司建造800吨趸船2艘、1 400吨集装箱货驳2艘、1 000吨油轮2艘；另外还为国内大连、天津、海南等港口建造970千瓦沿海港口联检船17艘。南宁船厂为南京、沈阳军区建造了588千瓦、120立方米/时自航式挖泥船各

1艘。

进入20世纪90年代，广西国有船厂进行技术改造，加强管理，提高造船能力。各船厂除建造船舶外，并大力发展各类船舶产品和非船舶产品，提高了企业产值和效益。

1992年，广西水运工业已发展到153家，以集体企业发展最快，1985年前只有30家，到1992年已发展到120多家，包括个体16家、联营4家。主要分布于西江干流的横县、贵港、藤县一带。横县1983年只有4个水运社队、运力308艘、8591吨位，最大船舶60~100吨，到1992年，已发展到16个水运公司，运力已超过6万吨，最大船舶已发展到450吨。在各项政策扶持下，全县120多千米沿河两岸建有5个较大的修造船基地，其中横县、南乡两个造船点年造船能力达3万多吨。

广西水运工业在发展中，还造就了一支技术骨干队伍。桂江船厂先后有248名工人获国家验船局认可，有50人获美国ABS船级社颁发的合格证书，还先后10多次派工程技术人员到孟加拉、斯里兰卡、埃及等国执行出口船舶复装任务。

进入20世纪90年代以来，在水运发展政策和经济利益驱动下，广西造船工业发展很快，尤其集体和个体造船失控，造成运力大量过剩。如1994年与1992年相比，珠江水系社会运力增长39.4万吨，增幅达53.7%，其中绝大部分在广西。由于运力过剩，市场竞争激烈，互相压价竞争，造成市场混乱，企业亏本经营，出现恶性循环。

第十五章
加快发展的珠江航运事业（1996—2002）

在国家对外开放和对内搞活经济的政策推动下，珠江水上运输事业也进入开拓前进、蓬勃发展的新阶段，水运组织结构、运输结构、经营机制、基础设施建设都进入发展的快车道。珠江航运事业进入一个转型的关键时期。

"九五"期间，珠江水系航运事业成就巨大。水运基础设施建设以主通道和珠江三角洲航道网为重点，取得了显著的成绩，其中，内河航道建设投资规模达到33.57亿元，整治内河航道1 461.6千米。至"九五"期末，珠江水系五级以上航道达2 386.6千米（其中Ⅲ级航道1 282.7千米），占通航里程的18.3%，南宁至广州854千米航道初步建成通航1 000吨级船舶的Ⅲ级航道。西江干线肇庆以下3 000吨级海轮航道开工建设。先后整治了莲沙蓉水道、横门出海航道等一批航道，完成了我国第一条山区渠化通航河流——连江11座渠化梯级船闸的改建工程。西江航运建设贵港航运枢纽航电工程全面竣工投入运营，并取得了显著的经济效益。在港口建设方面，先后建成了梧州李家庄、贵港集装箱码头、贵港中转港进港铁路、花都港、新会港等一批港口码头设施，新增内河泊位118个，新增吞吐能力1 718万吨。

2002年水系共完成水路货运量2.05亿吨，货物周转量275.95亿吨千米，完成客运量1 728万人次，旅客周转量8.24亿人千米，是近年来客运量和旅客周转量的第一次上升。西江航运干线运输量增长较快，桂平船闸通过量达1 000万吨；2002年珠江水系内河集装箱运量已达到352万TEU，占全国内河集装箱运量的70%以上；完成港口吞吐量1.18亿吨，其中贵港本港吞吐量达752万吨，创历史最高水平，跃升为西部地区内河第一大港。

第一节　进一步深化港航体制机制改革

一、港航政策法规的逐步完善

"九五"以来，为了保护和开发珠江水系水运资源，珠江水系港航各级管理部门积极作为，不断制定和完善相关法律法规。随着相关法律法规的颁布和实施，标志着珠江水系的航道管理工作向法治化、规范化方向迈出坚实的一步。

2001年交通部先后出台了《国内船舶运输经营资质管理规定》《老旧运输船舶管理规定》《内河运输船舶标准化管理规定》和《国内船舶管理业规定》等规章，并下发贯彻实施规章的通知;同时还下发《关于在全国开展航运市场整顿工作的通知》《关于整顿和规范个体运输船舶经营管理的通知》《关于继续规范和整顿全国航运市场秩序的通知》。

2001年交通部印发了《西部地区内河航运发展规划纲要》,明确西部地区内河航运的发展思路和目标,要求各省(区、市)结合实际情况,研究制定省(区、市)内河航运发展规划。

2002年国务院出台了《危险化学品安全管理条例》,要求各水路运输企业达到资质条件,整顿和规范个体运输船舶经营管理,整顿和规范客运船舶运输、液货危险品船舶运输、散装化学品船舶运输。提高水运企业的经营管理水平,强化安全管理,完善相关管理制度,进一步营造统一、开放、竞争、有序的水路运输环境,促进水运业发展。

(一)《广东省航道管理条例》

1995年11月21日,广东省第一个地方性水上交通法规——《广东省航道管理条例》经广东省第八届人大常委会第十八次会议通过,并于1996年1月1日正式施行。《广东省航道管理条例》的实施,为进一步巩固广东省航道建设、养护成果,更好地发挥广东省的水运优势和潜力,促进广东省社会经济持续、快速、健康地发展起到了积极的促进作用。

《广东省航道管理条例》是广东省改革开放十多年来航道管理的经验总结,它涉及航道的规划、建设和保护等各个方面,明确了航道作为交通基础设施的重要作用,明确了各级政府和相关部门的有关职责,初步理顺了主管部门和有关部门的关系,确立了有关的办事程序,也规定了航道管理部门的责任和对违法行为的处罚措施。《广东省航道管理条例》对涉及航道各方面的问题作了比较全面的规范。它的颁布实施,既使在水上从事运输、施工的单位和个人有章可循,也使各级政府和部门的管理工作有法可依,从而使航道的管理逐步走上法治化的轨道。

(二)《广西壮族自治区航道管理条例》

1994年4月11日,广西壮族自治区人民政府颁布了《广西壮族自治区航道管理办法》,自发布之日起施行。本办法适用于本自治区内已经通航和规划通航的沿海和内河航道、航道设施以及与通航有关的设施。

2002年7月27日,广西壮族自治区第九届人民代表大会常务委员会第三十一次会议通过《广西壮族自治区航道管理条例》,并于2002年10月1日正式施行。1994年4月11日自治区人民政府发布的《广西壮族自治区航道管理办法》同时废止。该条例全面修订和完善了《广西壮族自治区航道管理办法》。

(三)《云南省航道管理规定》

1998年,云南省政府出台了航道方面的第一个行政规章——《云南省航道管理规定》。明确县级以上交通行政主管部门主管本行政区域内的航道事业,其所属的航道管理机构具体管理所辖航道及其设施。明确跨地(州、市)并可通50吨级以上船舶的航道、交通部委托管理的国家航道、省政府指定管理的重要航道以及设施由省航道管理机构负责管理;地(州、市)航道管理机构负责本行政区域内的支流航道、湖泊航道、不属于国家航道、省级航道的其他短途航道。

（四）《广西壮族自治区水路运输管理条例》

1999年7月30日，广西壮族自治区第九届人大常委会第十二次会议通过《广西壮族自治区水路运输管理条例》，同年10月1日起施行。此后，对2002年1月21日广西壮族自治区第九届人民代表大会常务委员会第二十八次会议通过的《关于修改〈广西壮族自治区水路运输管理条例〉的决定》进行第1次修正。结合条例的实施，加大对水路运输企业和运输船舶的检查力度，重点抓过往水路运输检查站船舶的检查，以及停靠港内船舶的检查。通过检查，可有力地保护守法经营者的正当权益，维护正常的水路运输秩序，促进水路运输业的健康发展。

（五）《贵州省水路交通管理条例》

1993年12月30日，贵州省人民政府令第5号发布《贵州省港口管理办法》，自1994年1月1日起施行。《贵州省港口管理办法》的公布施行，填补了贵州港口管理的法规空白，是结合贵州港口发展实际而制定的，可操作性强，能够大力促进港口建设与管理持续健康发展。1997年12月23日《贵州省人民政府关于修改、废止部分行政规章的决定》第一次修订为《贵州省港口管理办法》。

2001年11月9日，贵州省航务管理局上报省交通运输厅将《贵州省水路交通管理条例》列入调查研究项目报告，获准后即开展大量的调研，并在2002年完成《贵州省水路交通管理条例（草案）》的起草。最终于2007年9月24日由贵州省第十届人民代表大会常务委员会第二十九次会议通过。

二、机构改革为珠江航运发展保驾护航

为建立办事高效、运转协调、行为标准的政府行政管理体系，完善国家公务员制度，建设高素质的专业化行政管理队伍，逐步建立适应社会主义市场经济体制的有中国特色的政府行政管理体制，国务院于1998年启动新一轮的机构改革。交通部随即开展机构改革，包括将水运管理司和基建管理司合并，组建水运司；在平安监督局的基础上组建中华人民共和国海事局。这次改革在界定各司局职责时全部取消直接干涉企业管理的职能，突出了宏观调控和行业管理职能。

2000年以后，交通部对水上安全管理和航务管理提出了新的更高的要求，统一了全国海事系统名称。各级海事、航务、航道管理部门依据《中华人民共和国内河交通安全管理条例》（国务院令第355号，2002年6月28日发布）第四条、《中华人民共和国船舶和海上设施检验条例》（国务院令第109号，1993年2月14日发布）第三条和第六条、《中华人民共和国水路运输管理条例》（国务院令第237号，1997年12月3日发布）、《中华人民共和国内河道管理条例》（国发〔1987〕78号）等，负责对所辖水域实施水上安全监督管理与执法，调查处理水上交通事故，对各类持证船员组织考试、发证等；船舶检验部门依法对船舶进行审查检验和对船舶修造企业进行资质审批；航务管理部门对运输船舶审验营运证书；航道行政管理部门依法维护航道的合法权益，对桥梁通航标准和技术要求进行审批等。

2000年，中央机构编制委员会办公室（中央编办函〔2000〕184号）印发的《关于交通部海事机构和派出机构性质问题的复函》明确规定：海事机构是国家执法监督机构，海事机构履行行政执法监督职能，海事机构机关按行政机构对待。

（一）珠江水系各省（区）航务管理机构改革

1995年1月5日，广东省政府决定，省港务监督（船检）局为省属的水上安全监督管理和船舶检验的主管机构，各市港务（航）监督局实行省市双重领导，以省领导为主的管理体制。同年3月28日，广东省航运总公司成立，为经营实体。8月，省航务管理局撤销，重新组建广东省港务监督局和广东省航运总公司。省港务监督局与省船舶检验局一套人马、两块牌子，隶属省交通厅领导。省航运总公司为省政府直属企业。

1996年3月25日，云南省机构编制委员会批复，云南省交通运输厅航务处更名为云南省航务管理局，其机构规格、隶属关系和人员编制不变。

1997年7月29日，经广东省政府批准，全省航道管理实行干支合一，条块结合，省与地方双重领导、以省领导为主的管理体制。广东通过设立省航道局，对航道进行统一管理。

1997年8月11日，贵州省内河航运管理局更名为贵州省航务管理局，同时成立贵州省港航监督局、贵州省船舶检验局（三块牌子一套班子），其各自原有级别、人员编制、经费来源、隶属关系不变。1997年12月，随省内河航运管理局更名，各地（州、市）所更名为处，各县站更名为所。2001年8月，贵州省编办明确规定省航务管理局为省交通厅管理的县级事业单位及业务范围。

（二）珠江水运管理机构

1998年10月27日，中华人民共和国海事局（交通部海事局）在北京成立，11月18日正式挂牌。中华人民共和国海事局是按照1998年6月18日国务院批准的《交通部职能配置、内设机构和人员编制规定》中关于水上安全监督管理体制改革的要求，由中华人民共和国港务监督局（交通部安全监督局）与中华人民共和国船舶检验局（交通部船舶检验局）合并组建的交通部直属机构，对交通部直属海事系统实行垂直管理。

1999年11月4日，广西壮族自治区根据《国务院办公厅关于转发交通部水上安全监督管理体制改革实施方案的通知》（国办发〔1999〕54号），与交通部签订《交通部、广西壮族自治区政府实施水上安全监督管理体制改革协议》，明确由广西负责的广西壮族自治区港航监督局和全部9个港航监督处及北海航道管理处（不含船舶检验机构）划转交通部，实行垂直管理体制，由交通部统一领导。交通部在南宁设置中华人民共和国广西海事局，负责统一管理全自治区水域和港口的各项水上安全监督工作。广西壮族自治区地方船舶检验机构继续由广西壮族自治区交通厅设置机构负责管理。

2000年，国家实施水监体制改革，海事与船检分家。2000年1月28日，中华人民共和国广西海事局在广西南宁成立。2000年10月31日，自治区交通厅与广西海事局商定：自2000年11月1日起，原广西壮族自治区港航监督局水上安全监督管理职能划转广西海事局管理。2000年6月12日，经交通部批复，广东海事局成立，在辖区有关各市设分支机构，包括广州、珠海、佛山、江门、东莞、肇庆、云浮、惠州、清远、茂名、阳江、汕尾、潮州、揭阳、梅州、河源、韶关18个海事局（其中正处级15个，副处级3个）。

2000年2月23日，经广西壮族自治区机构编制委员会批准，原广西壮族自治区船舶检验处更名为广西壮族自治区船舶检验局，与广西壮族自治区航务管理局合署办公，挂两块牌子，广西壮族自治区船舶检验局对内称船检科。

2001年7月，根据国家水监体制改革要求，云南省交通运输厅港航监督局更名为云南省地方海事局，继续依据中华人民共和国内河交通安全管理条例，行使全省水上交通安全监督执法工作。

2001年8月，贵州省编办明确省航务管理局（港航监督局、船舶检验局）为省交通厅管理的县级事业单位及业务范围。同时根据局内工作情况，将原贵州省港航监督局港航监督处、贵州省船舶检验局船舶检验处，分别更名为贵州省地方海事局安全监督处、贵州省地方海事局船舶检验处。

2002年8月8日，贵州省地方海事局正式挂牌。贵州省港航监督局、贵州省船舶检验局合并更名为"贵州省地方海事局"。

第二节　珠江国有水运企业改革步履艰难

20世纪90年代中期以后，随着我国市场经济的快速发展，水运国有企业运行体制机制存在的问题日益显现。例如大宗货源（如煤炭、粮食、蔗、糖等）大幅度下降；随着路桥的迅猛发展，水路客运逐步被汽车代替；船舶老、旧、残现象严重，更新改造缺乏资金，导致客货运输规模萎缩，船舶数量锐减。同时，国有企业在计划经济时期的某些经营管理方式依然存在，应变能力较弱。这些都使得珠江水系国有水运企业在改革浪潮中处境被动和发展步履艰难。

另外，国家在1993年取消了航运企业计划优价柴油和钢材供应，由市场来调节。航运国有企业如何在市场经济的浪潮中保生存，实现华丽转身，并为国家航运事业的发展作出更大的贡献，是摆在每一家国有企业面前的重大课题。

一、广东省港航集团有限公司于困境中谋发展

广东省港航集团有限公司是广东省最大的国有航运企业。1996年5月，广东省航运总公司改制为航运企业集团公司。1997年1月，集团公司下属的省珠江航运公司一分为三：原省珠江航运公司港澳货运公司和海运公司分别成立省珠江港澳货运公司和省珠江油运公司，为独立企业法人，原省珠江航运公司牌子不变，继续经营港澳客运、内河客运以及其他原有的经营业务。1998年面对亚洲金融危机的影响，尤其是对公司驻港澳企业的直接影响，面对运输市场竞争更趋激烈的形势，省航运集团以省政府批准的国有资产授权经营试点为转折，以抓改革，抓管理，抓班子为重点，明确目标，理清思路，树立了信心，稳定了队伍，调动了积极性，为实现国有企业改革和脱困的目标打下了较好的基础。

（一）找准突破口重视资本运营

集团按照建立现代企业制度和国有资产授权经营的要求，以产权改革为突破口，对下属

14个全资子公司（单位）的产权重新进行界定和登记，调整了两个参股企业的产权关系，从而初步确立了母子公司的投资与被投资关系，建立了以资产为纽带的母子公司管理体制。

针对原珠江公司一分为四存在的遗留问题，重新对珠江航运、珠江油运、珠江货运、港澳货运信托等四个公司的债权债务和资产进行了划分，在省财政厅、国资局、劳动厅等上级部门的支持下进一步理顺了财务、人事、劳动工资、社会保障等关系，明确了各自的责任。

为了充分发挥上市公司的作用，珠江船务公司重新调整架构，加强和健全了珠江发展公司的管理体系，完善了各项内部管理制度。同时，完成了"广佛高速公路扩建工程项目"的洽谈和合同签订工作，合作经营期由原来的20年延长到28年，并经省证监会批准，收购了珠江船务公司于鹤山货运合营有限公司40%的股权，扩建鹤山码头工程。由于该集团在香港的上市公司实力增强，运作规范，被香港联交所选定为"恒生香港中资企业指数成分股"，标志着上市公司逐步走上良性循环的健康发展轨道。

（二）加大扭亏力度压缩营运成本

坚决缩减亏损航线、船舶，按照资产管理的规定，严格审批制度，批准转让、报废老旧船和不适应营运的客船。

珠江航运公司在加大减员增效的同时，在加强成本管理和降低各项开支方面提出了"三个控制、七个调整，一个撤销"的管理措施，即"控制业务费开支，控制会议费开支，控制各种活动费开支；调整工资总额，调整内部人员生活费标准，调整退休工人效益补贴，调整下岗人员生活费标准，调整医药费报销标准；撤销合同工合同补贴"，因此在主营方面实现减亏。珠江货运公司严格控制燃料、修理费支出，大幅度降低成本，当年减亏幅度达到51%。珠江油运公司根据油运市场的变化，及时调整运输结构，提出在企业改革、市场开拓、安全生产、扭亏增盈、班子与职工队伍建设等五个方面加大力度，使货运周转量增长15.6%，实现扭亏为盈。

（三）重视资金管理

集团遵照广东省委、省政府关于防范金融风险的指示，召开财务工作会议，制定了"关于加强当前财务管理的若干规定"，明确了银行贷款、投资审批、资产抵押等具体办法，强调了下属公司不准对外担保、不准代开信用证、不准企业之间拆借的规定，堵住了漏洞，有效地保证了公司资金链条的安全运行。同时，制定了集团公司财务制度，初步改变了集团本部财务管理混乱的现象，较好地发挥了集团的融资功能，在银行部门的支持下，集团以航运大楼为依托，向银行贷款技改资金，并得到省经委、省交通厅、省财政厅的政策性资金支持，进行了船舶更新改造。

2000年3月1日，广东省珠江航运公司在广州市大沙头客运站举行新闻发布会，正式对外宣布下属的内河客运分公司在珠江水系的区间水路客运运输从2000年3月1日起全线停航，即该分公司在广州港大沙头客运站的所有定期班客轮、定期班客运航线全部终止，内河客运分公司也将随之停业，部分船舶将转向旅游运输。

二、广西南宁航运总公司"起死回生"

南宁航运总公司是广西西部地区郁江流域最大的国有企业。该公司主要有南宁到百色,南宁到贵港、桂平,梧州至广州、香港、澳门等直达航线。改革开放以后,公司背着机构臃肿、人员过多、业务单一的历史包袱进入市场,他们把握机遇,实行"一业为主、多种经营、全面发展"的经营策略,拓展货物代办运输、仓储、中转、装卸、水陆联运、砂石产销、船用物资供应、房地产开发、商贸生活设施等多种经营项目,逐步形成以水运为主、多种产业并存的企业经济结构。

(一)竞争上岗,减少人浮于事

首先,企业把优化劳动力资源配置,重组精干职工队伍作为改革的第一步。他们将推进劳动、人事制度改革,做好下岗人员的分流与再就业工作摆到重要议事日程。公司成立了下岗职工再就业服务中心,切实做好下岗职工的基本生活保障和再就业工作,有条不紊地组织了千余名职工下岗分流。

其次,精兵简政,向管理要效率。机关也由原来的14个减至10个;管理人员由原来的260人减至226人,其中中层领导由108人减至69人。公司在抓好人事制度改革的基础上,着重抓好各基层单位的定岗、定员、定编工作,机构重组,人员竞聘上岗。竞争有利于人才发挥作用,大大促进了企业的生产经营。该公司下属的劳动服务公司经理、物资供应公司经理、水塘江砂石场场长、富德砂石场场长等基层单位的领导均是公开招聘。实践证明,竞聘上岗的中层领导工作都相当出色。例如,水塘江砂石场1998年经济效益差,亏损严重,砂场生产经营困难重重,新场长上任后对内抓生产抓砂石质量,对外开拓销售市场,砂场经营状况明显好转:1999年,该砂场产量与上年同期相比增长60%,砂石销售量增长80%,收入增长90%,减亏为盈5万元。

(二)拨正航向,乘风破浪

南宁航运总公司调整为新班子以后,深入调查、分析公司欠债重、亏损大的原因是公司进入市场目标不明确,基层领导班子成员不适应市场经济的要求,对市场需求走向不清楚,市场定位不准确,对市场的新需求不了解,固守衰退萎缩的市场。针对这种情况,总公司做出了拨正航向、明确市场定位的四项决定:一是调整领导班子,实行公开招聘上岗,挖掘优质人才,增强领导的市场开拓能力和竞争力;二是对亏损企业实行关、停、合并,放弃萎缩的市场,抢占潜力大的新市场;三是强化企业内部管理,对财务严格控制,并规定下属公司要按规定上缴规费,不得自留发放;四是对亏损额较大的砂石公司,大力开发新产品,并对下属二级机构的公司实行经营承包。

根据国家经济发展战略,西南是我国经济开发的重点,重点工程多,需要运送大量大型设备重件。公司根据运输市场需求,集中优势运力,组建拥有重件设备运输能力的各类运输船队,抢占重件设备的水路运输市场,先后为红水河的岩滩、天生桥一、二级大型水电站,云南思茅造纸厂,广西平果铝业公司,南宁造纸厂等重点工程从广州、香港等地承运了大批重件设备,使该公司在低潮中仍能保持发展势头。

三、梧州港航集团公司抡起自救"板斧"

梧州港航集团公司(前身为梧州航运总公司)主要提供内河、港澳客货运输及船舶修造等多种服务,为广西水运界重要航运国有企业,业务范围广泛,涵盖了多个领域。改革开放后,其在计划经济时期留下的庞大遗产却成了市场经济进程中的巨大包袱:不良资产多,富余人员多,退休职工多。公司运输经营从1994年起连年亏损,1995年成为梧州市特困企业之一。

面对亏损困境,公司上下并没有悲观失望。公司在1998年5月份梧州市《企业改革整顿总体方案》出台后,抡起"二板斧",抓好"一工程",把企业从濒临崩溃的边缘拉了回来:1997年,该公司经营亏损比1996年减少370万元,实现了梧州市政府下达的年控亏目标;1998年又比1997年减亏近200万元。

(一)砍掉"独木舟",实施产业结构大调整

压缩低效运力。货运方面,淘汰了大量的非机动运力(即驳船,被称作现代"独木舟"),只保留四队24艘驳船,专用于梧州电厂用煤运输;同时,通过改造非机动运力和收购社会上的二手机动船舶,不断增加机动运力。运力总量由1995年的7.6万吨压缩到2.8万吨,机动运力中已达B级的有21 819吨,占总运力比例由1995年的22%提高到77%。这一改革,使船舶单船月产量迅速提高。例如,1998年8月至11月,与1997年同期相比,在运力减少1/7的情况下,货运量和货物周转量分别增长了31.70%和37.61%。客运方面,于1998年7月1日及时停止了常规客船营运,将常规客船改装为旅游船,开始大力发展旅游业。1997年组织游客1.6万人,1998年又积极在南宁、柳州、桂林等地区组织客源,取得了较好的收益,客运公司实现了集团公司下达的当年控亏目标。

发展多种经营。公司加大向多元化发展的力度,港口、工厂、商贸在巩固原有的产业基础上,发展优势产业:如建设了年通过能力30万吨和1.5万TEU的李家庄集装箱码头;桂东船舶修造有限公司开展了注塑机和铆钉生产;梧州港务公司将部分闲置装卸机械投入苍梧环城路、桂江四桥工程的装卸作业中,并积极与广东封开县口岸办、钦州市交通局洽谈合作经营港口码头,充分发挥企业资产效能。公司还大力开发物业,先后成功地把大南旧仓库开发为年收益近500万元的商业大厦,并把公司办公楼底层开辟为易发家电市场。1998年该公司先后进行了武林港合作、开辟澳门旅游航班等31个项目的洽谈,实现了与广东中堂船厂合作、梧州东出口水陆联运码头合作和水产市场合作等19个新项目。

组建港航集团。为改变企业内部经营单位过大,经营机制不活,缺乏竞争能力,责、权、利难以落实的状况,1998年1月,公司在原航运总公司的基础上改组为港航集团,企业由一个法人分立为30个企业法人,为多元化发展奠定了基础。经过不断改革,梧州港航集团公司基本形成旅游客运、货物运输、港口作业、船舶工业、商业贸易、房地产物业等六大经营支柱产业,大大增强了企业的市场生存和竞争能力。

(二)砍掉"三铁",实施三项制度改革

启动劳动人事制度改革。第一,公司坚持以产定人,以岗定员,实现了劳动力资源的优化配置。公司通过"三定"在1997年职工人数的基础上再次减员15%。第二,实行全

员劳动合同制。1995年8月起，公司贯彻广西壮族自治区劳动改革精神，实行全员劳动合同制，对4 124名固定职工签订了劳动合同。第三，实行双向选择、择优上岗制度。职工能进能出，竞争上岗。第四，精简管理机构和人员。集团公司机关人员由原来544名精简为83名，1998年底在此基础上再精简1/3。第五，实行管理人员考核聘任制。对于各级管理人员按照德、能、物、绩四方面进行动态考核，一年一聘，逐级聘任，打破了干部、工人之间的界限，实现"能者上庸者下"。

分配制度改革。分配制度改革是三项制度改革的核心，实行工资总额与效益挂钩制度。各子公司按年度承包合同实行工资总额与经营效益挂钩，企业每年以承包合同形式确定工资计提办法，亏损企业不能足额发放工资。经营者实行岗位工资，船员推行营收分成方案，管理人员实行工效挂钩办法。

试行股份经营。1996年底，该公司将航行港澳线的桂运101、104、106、204和桂机8等五艘货轮作为公司产权改革的试点，根据市场价格、船舶净值和职工购买力等综合因素确定船舶价格，并把船舶20%的股权转让给船员，在经济上，使部分船员确立了职工的主人翁地位。

（三）实施下岗分流和再就业工程

随着水运市场疲软、运力压缩、企业产业结构调整、精简机构、定编定员，下岗职工增多的情况不可避免。如公司1997年下岗职工1 554人，1998年下岗职工1 228人。面对众多的下岗职工，公司不断地寻找加大改革力度和维持社会安定之间的平衡点。公司于1997年9月5日成立了集团公司再就业领导小组，负责全公司下岗职工管理工作。同时，成立了再就业服务中心，负责下岗职工具体的管理工作，再就业服务中心设有专职人员和若干兼职人员负责管理，下岗职工一律进入中心接受管理。为加强下岗职工管理，对职工下岗的程序，下岗职工的管理、教育、派工，下岗职工的生活费发放以及对下岗职工实行先分流、安置，后再待岗的原则，再就业的优惠办法等均做出了明确规定。有力地规范了各单位对下岗职工的管理。同时根据企业情况，实行多渠道安置和分流下岗职工的政策。

四、贵州航运企业改革艰难前行

（一）省属航运企业改革改制艰难推行

从20世纪90年代中期开始，为深化企业改革，增强企业活力，适应市场变化，贵州省属各航运企业结合自身实际，推行人事、劳动、工资"三项制度"改革。省属各航运企业推行全员劳动合同制，无论是正式工、合同工、临时工，均与企业签订劳动合同，实行新的用工制度。

1997年至1999年，贵州省交通运输厅要求省属航运企业进一步深化改革，实施3年扭亏为盈目标管理。为此，省航务管理局每年召开一至二次工作会议，确定年度生产经营任务和工作重点，总结分析省属航运企业市场经营和"扭亏为盈"情况，以及技改资金的使用情况，研究落实年度扭（减）亏目标及其措施。同时，努力做好帮扶工作：一是对省属航运企业领导班子进行调整和充实；二是拨付技改资金，对老旧船舶及设备设施进行更新改造；三是培育有序的水路运输市场和船舶修造市场，积极帮助企业扩展市场业务。各航运企业努力深化改革，将生产经营指标层层分解，加强成本核算，积极开拓市场，"扭亏为盈"工作取得一定进展。"九五"末期，部分省属航运企业生产经营出现转机。但从整体上看，日趋激烈的水运市场竞争使省属国有航运企业长期积累的深层次矛盾暴露，生产经营步履维艰。航运企业整体减亏解困效果离上级的要求还有很大差距。

2001年，贵州省交通运输厅和航务局组成直属航运企业改革领导小组，负责组织指导协调企业改革工作。一方面到省经贸委、省劳动、省社保、省国资等部门咨询了解有关企业改革政策。另一方面在资金上进行帮扶，从1996年起至2001年，省交通运输厅共投入技改资金4 000多万元，该资金仅勉强维持航运企业运营。2002年，省航务管理局国有企业改制指导小组，对改制单位作出具体的安排部署，并相继制订《对省属国有航运企业改制工作意见》《省直属国有航运企业改革改制总体方案》等。

（二）实施下岗职工再就业工程

随着国有企业减员增效的推行，贵州省属航运企业下岗职工不断增加。为解决下岗职工的再就业问题，1997年初，省内河航运管理局航运企业下岗职工再就业工作指导办公室成立，各航运企业也成立下岗职工再就业服务中心。2月，省航务管理局根据省经贸委《关于〈企业兼并破产、减人增效工作计划〉的若干意见》精神，制定省属航运企业减员增效方案。

1998年6月16日，贵州省交通厅传达贵州省国有企业下岗职工基本生活保障和再就业工作会议精神。同月22日至23日，省航务管理局进行传达贯彻，从多个方面解决下岗职工再就业的问题。一是在贵州省公路基本建设项目中安排解决航运企业下岗职工再就业；二是加大技改资金的投入力度和扩大技改资金使用范围，将部分资金用于效益好、有发展前景的多种经营项目，安置企业下岗职工分流及再就业；三是如实向省有关部门反映企业困难，咨询有关企业解困的政策和措施，寻求政策方面的扶持和帮助；四是利用水运工程建设项目，帮助企业改善生产经营环境，开发新项目安置下岗职工；五是通过省交通运输厅、海员工会、航务管理局协调下岗职工分流到省交通厅所属公路工程企业、公路工程建设项目、水运工程建设项目上岗；六是帮助省航运企业下岗职工办理再就业优惠证。

五、天生桥库区航运协作

天生桥水库地处西江上游，南盘江中下游河段，于1997年蓄水，回水约140千米，形成"水如镜、峰相望、雾朦胧"的独特自然景观，被国务院命名为"万峰湖"。水库连接广西隆林各族自治县、西林县，贵州兴义市、安龙县，云南罗平县、师宗县等6个县市，12个乡镇，水上运输一直是库区周边30多万人民群众的主要交通方式。

（一）分属不同辖区的库区航运弊端显现

由于库区分属不同省（区）县（市）管理，"九龙治水"弊端明显。从库区形成之初，航运呈现出如下特点：

一是居住在库区周边的群众出门见水，生产、生活都离不开船舶运输。

二是库区航运业不仅是珠江水系山区河道的组成部分，而且是我国典型的连片的国家级贫困地区，苗族、彝族、布依族和仫佬族、水族等380万少数民族居民聚居在这里，社会经济发展比较缓慢。运输船多为木质圩渡船、木质小型货船和自用船，载重不足一吨至几吨的木质小机船。这些船造价低，安全性能差。

三是库区周边各级政府对库区水运业的管理是既重视又滞后。库区航运管理涉及多个部门，从广西来看，天生桥库区航运管理部门有百色海事局，具体由其派出机构隆林办事处监管，营运方面由县交通局下属港航管理处监管。贵州由黔西南州地方海事局兴义海事处具体管理，处下设巴结海事所、白云海事所。云南则由曲靖市交通局罗平海事处具体管理，各省（区）乡镇政府对渡口船舶也有监管责任。各个机构体制不同，管理权限不一，各自法律条款也不一致，经常出现同一问题不同的处罚基准的情况，一类问题常需要多方去协调解决。

四是三省海事行政执法依据不统一。广西作为交通部直属海事机构，严格执行交通运输部海事局有关规定，但云南、贵州海事又有一套自己的处罚标准。在天生桥库区乡镇非运输船舶监管上，乡镇政府对本应纳入其管理的乡镇非运输船舶监管不够重视，迟迟未落实落地《乡镇非运输船舶管理办法》各项条款，而海事部门出于水上交通安全整体考虑，对此又不能完全置之不理，各地海事部门对此类船舶监管手段不一，广西海事尚不能对乡镇非运输船舶进行处罚，而云、贵海事依据本省法规条款可以进行处罚，但面对众多乡镇非运输船舶，面对良莠不齐的船员，云、贵海事仅靠其自身，尚有很多无奈。

（二）库区航运协作管理体制逐步建立

从天生桥库区形成以来，库区航运协作就一直由广西、贵州和云南三省（区）各级政府直接领导，在交通运输部珠江航务管理局的指导和协调下，从无序管理到协作管理的各项机制逐步建立起来。

库区形成初期，三省（区）以主航道中线为界，实行"铁路警察"各管一段，分块治水的模式。

由于库区各级政府对航运业在经济社会发展中的地位、作用认识没有完全到位，因此天生桥库区航运行政管理仍没有摆脱混乱无序的状态。库区乡镇船舶安全问题十分突出，存在的隐患较多，如船舶未经检验、无营运证、无船名牌、无经营航线牌、船超载（重）、沉（翻）船等重大安全事故时有发生。

为了克服地方分治带来的弊病，交通部珠江航务管理局作为珠江水系航运行政主管部门，为建立完整的库区管理体系做出了努力和探索。珠江航务管理局多次派出调查组对库区航运管理进行调查，并召集广西、贵州、云南三省（区）航管部门协商。广西百色地区交通局建议在天生桥库区建立相应的管理机构，负责港监、航运管理的业务，把库区的水上交通真正管理起来。交通部珠江航务管理局对涉及三省（区）的库区航管工作进行了协调。

1999年8月，珠江航务管理局在广州召开"天生桥库区航运协调会"。交通部珠江航务管理局，广西、贵州、云南三省（区）和相关地（州、市）航务部门领导出席会议。会后形成库区航运管理、安全管理方面纪要，其中航运管理纪要内容为：库区航运企业筹建、开业审批，由珠江航务管理局负责，个体船户筹建、开业由所在地办理，一般横渡由县办理；运力额度管理工作，按交通部"控制总量，优化结构，加强管理，提高效益"的原则，对运力实施宏观调控；新增省际运力，报交通部审定，抄报珠江航务管理局提出平衡意见，各省按审定的运力额度投放；新增省际客运航线，遵循对等原则，由各地（州、市）交通部门协商报批；运输票据，使用各省（区）制定的有效运输票据；加强运输船动态管理。船舶买卖按规定办理转户手续；依靠政府，处理库区"三无"船舶；加强对不符合安全标准船的运输管理。

天生桥库区航运协作在珠江航务管理局的牵头协调下，库区航运管理和区际合作日渐规范，天生桥库区协作成为珠江水系区际合作的试金石，有效提升了三省（区）共管水域的管理水平，为库区航运安全奠定了坚实的基础。

第三节 珠江水系开启高等级航道网建设

"九五"期开始，珠江水系航道规划建设开始步入新的时期。"十五"期是21世纪开启的头五年，也是珠江航运实现跨越式发展的五年。

"九五"期是历史上珠江航道建设投资最大、发展最快的时期。珠江水系航道建设重点是全国水运主通道总体布局规划"两横一纵两网"中的"一横一网"。主要项目有：西江二期工程、西江下游3 000吨级海轮航道、西南水运出海中线通道、珠江三角洲航道网，以及北江、连江、贺江、左江等主要支流航道建设。"九五"期，航道建设资金约22.1亿元，是"八五"期的4.49倍。"九五"时期建成和在建的航道里程共1 461.6千米（"八五"跨"九五"为697千米），其中3 000吨级海轮航道214千米、1 000吨级海轮航道135千米、Ⅲ级航道485.6千米、Ⅳ级航道25千米、Ⅴ级航道398千米、Ⅵ和Ⅶ级航道258千米。建成桂平、贵港航运枢纽，使南宁—桂平段实现渠化，主要支流上十多座碍航船闸得以复航。到2002年底，珠江水系通航总里程达8 640千米、等级航道6 300千米、Ⅲ级1 305千米、Ⅳ级644千米、Ⅴ级548千米、Ⅵ级1 770千米、Ⅶ级2 034千米。

一、珠江三角洲与西江航道干线建设

珠江三角洲地处珠江下游，包括思贤滘以南的西、北三角洲和石龙以西的东江三角洲。土地面积41 595平方千米，占广东省的23%，人口占广东省的30.8%，是著名的侨乡。改革开放以来，珠江三角洲国民经济和外向型经济突飞猛进，成为全国经济发展最快、商品交流最活跃、经济最发达的地区之一。

珠江三角洲水网纵横交错，河海相连，具有发展水运的优良条件。经过多年的建设，特别是"九五"时期的建设，已形成了广州港出海通道、西江下游出海航道、陈村水道、洪奇沥水道、东平水道、莲沙容水道、小榄水道等通航500吨级以上船舶的运输繁忙的航道网。其中Ⅲ、Ⅳ级航道分别为516千米和300千米，通航500～1 000吨级船舶。

进入21世纪，特别是中国加入WTO以后，水运更是珠江三角洲地区促进国民经济和外向型经济发展、优化地区产业布局、保持国民经济高速发展、提高在经济全球化中竞争力的重要基础和支撑。

西江航运干线由郁江、浔江、西江、珠江组成，西起南宁、东至广州，全长854千米，作为我国水运主通道的"一横"，是珠江水运最重要的干线通道，共建有邕宁、西津、贵港、桂平、长洲五个梯级通航枢纽。

（一）珠江三角洲航道网

改革开放以来，先后完成了西江（广东段）航道整治工程、陈村水道扩建工程、前山水道碍航闸坝复航工程、江门水道和北江芦苞浅段整治工程、崖门出海航道和东莞水道的整治工程。通过整治，有效地改善了珠江三角洲的通航条件。

白坭水道位于珠江三角洲北部，流经花都区赤坭，进入广州水道，自赤坭至珠江东桥长43千米。1991年广州市计划委员会批准对白坭水道按Ⅳ、Ⅴ级航道标准进行建设，列入交通部航道建设"八五"期项目计划，由交通部、广东省及广州市共同投资，广州市航务管理局负责实施建设。

崖门出海航道位于黄茅海内，北起新会崖南，南至荷包岛，长38千米，为西江经虎跳门水道与潭江经银洲湖在崖门口外汇流后经黄茅海出海的水道。崖门出海航道仅能乘潮通航2 000吨海轮，严重制约新会港功能的发挥，迫切需要开发建设深水航道。1994年，省交通运输厅批复同意崖门出海航道整治工程初步设计。崖门出海航道整治以疏浚为主，分两步走，一期按单线通航标准进行建设，投资9 524万元，工程于1994年10月动工，主体工程于1995年底完成，配套工程于1997年完成并投入使用。

莲沙容水道全长89千米，贯穿珠江三角洲中部，是连接广州、黄埔与西江干流的一条重要航运干线。1987年，珠江航务管理局将莲沙容航道整治列入珠江流域航运规划，1991年，省航道局将其列入"九五"航道建设计划。1997年，省计划委员会批准建设莲沙容水道，建设标准按国家Ⅲ级航道，兼顾1 000吨级港澳航线自航船的航行要求。

2000年，广州港出海航道第一期浚深工程竣工，出海航道达到11.5米深，可用水深达14米，通航能力由1万吨级提升至3.5万吨级。

2002年4月，广东珠江河口整治首期项目"磨刀门疏浚治理工程"动工建设，投资约3亿元。

（二）西江干线航道

西江航运建设第一期（广西段）桂平至梧州段航道整治工程是列入"七五"和"八五"时期的国家重点建设项目。全部工程已于1996年3月完成，1997年元月14日至16日，交通部对该工程进行了正式竣工验收。

西江航运建设二期工程属国家"九五"时期重点水运工程，总投资20亿元人民币。建设项目包括贵港航运枢纽、南宁至西津段航道整治、西津至贵港航道整治、郁江大桥、枢纽对外交通、送出工程和通信工程共七个大项目。其中主体项目是贵港航运枢纽建设了总装机容量120兆瓦的水力发电厂，设计年通过能力1 200万吨的船闸。该工程通过渠化、疏浚治理南宁至贵港全长271.8千米航道，形成国家Ⅲ级航道。西江航运建设二期工程于1995年元月开工建设，1998年1月船闸通航，1999年1月至9月四台水轮发电机组相继并网发电，2000年12月主体工程建成投入试运营。

二、西南出海通道建设上马

1993年,国务院批转《西南和华南部分省(区)区域规划纲要》,对西南出海通道建设作了建设说明和具体规划。

(一)西南水运出海南线通道建设

西南水运出海通道南线通道(广西境内)从云桂交界的罗村古拉河口至南宁,包括驮娘江、右江、郁江,全长427.9千米,右江是该线主要航道,长318.8千米。该线上接云南,下连西江航运干线。

经过新中国成立以来60多年的建设,西南水运出海南向航道建设取得了重大成就,通航吨级由原来数十吨上升到1 000吨,右江航道百色至南宁达到Ⅲ级航道,实现了全线航道渠化,千吨级货船从百色出发至南宁,进入西江航运干线出海,畅通无阻。西南水运出海南向通道已经形成。

右江航线千吨级航道的建成,极大地提高了该航线的通航能力和通航安全性,对亿吨西江黄金水道建设、加快广西西江流域经济带建设,加速云南、贵州大宗货物向东出海运输,促进云南、贵州与广西、广东及港澳经济合作,具有重要意义。

(二)西南水运出海中线通道建设

西南水运出海中线通道由北盘江、南盘江、红水河组成。

随着国家实施西部大开发战略,加快"西南水运出海主通道"建设被提到日程。"西南水运出海中线通道",是交通部规划的西南水运出海北、中、南三条水运主通道之一。

1996年2月,交通部召集黔桂两省(区)交通部门在南宁召开专题讨论会,要求广西、贵州两省(区)立即开展西南水运出海中线通道起步工程前期工作。

1998年10月交通部水运规划研究院受部委托在广西桂林召开了《西南水运出海通道中线起步工程预可行性研究报告》审查会议,国家电力公司水电水利规划总院、水利部珠江水利委员会、交通部门有关单位以及广东、广西、贵州三省(区)有关单位领导和专家参加了审查。

1998年12月交通部将审查意见印发给贵州和广西两省(区)交通运输厅。1999年2月,贵州省计委黔计交能〔1999〕155号文获批复立项。同年12月,贵州省计委黔计建设〔1999〕1487号文获批准初步设计实施。

2000年,交通运输部将该项目命名为"西南水运出海中线通道起步工程"。2000年11月和12月在广西和贵州相继开工建设。

西南水运出海通道建设以实现红水河复航、打通西南水运出海中线通道为目标,实施了西南水运出海通道中线起步工程恶滩至石龙三江口航道整治工程、恶滩水电站扩建工程、红水河复航工程、西南水运出海通道工程曹渡河口至桥巩段工程等一系列重大工程。

恶滩至石龙三江口航道整治工程。工程总投资4 172.33万元,整治航道175.1千米,整治航段内滩险36个。工程按Ⅴ级航道标准建设,通航船舶为250吨级,通航保证率为90%,最小航道尺度为1.3米×22米×140米(航深×航宽×曲度半径)。工程于2000年12月开工建设,2003年1月竣工。工程竣工后,红水河恶滩以下航道实现通航。

恶（乐）滩水电站扩建工程于2001年10月动工兴建。

西南水运出海中线通道经过20多年的建设，特别是21世纪以来龙滩以下各水电站过船设施建设及航道整治，该航道航运条件大为改善，绝大部分航段实现了渠化，航道等级达到四级，常年通行500吨级货船。

（三）西南水运出海北线通道建设

西南水运出海北线通道由都柳江、融江、柳江、黔江组成，自都柳江黔桂交界处至桂平浔州尾，航道总长593.7千米，其中柳江、黔江航道长327千米。

西南水运出海北线通道建设的重点是柳江、黔江和融江。柳江、黔江航道建设在1949—1992年以一般性维护为主、局部整治为辅，1993—2003年进行重点滩险整治。

1993—2003年重点滩险整治阶段。此阶段共实施了7个重点滩险整治工程。分别为：

柳江蓑衣滩航道整治工程。1993年11月开工，1994年竣工，完成水下炸礁21 437立方米，机挖卵石11 886立方米，筑坝2 800立方米，共投资365.28万元。

黔江师姑滩航道整治工程。师姑滩位于黔江中游，滩长1 138米，属石质急流险滩，汊流多，滩情复杂，流态恶劣，是黔江航道上的"滩王"。工程按国家Ⅴ级航道标准整治，航道尺度为1.5米×22米×260米，1994年11月开工，1996年1月竣工。累计投资324.9万元。

柳江六梳滩航道整治工程。1995年10月开工，1997年1月竣工。整治航道尺度为1.5米×22米×500米。实际投资363.69万元。

柳江黄滩、上下布袋滩航道整治工程。1998年1月开工，1999年1月竣工。整治后，该滩的航道尺度为1.5米×22米×500米，达到Ⅴ级航道标准，可通航300吨级船舶。完成投资623.40万元。

柳江羊、流滩航道整治工程。1999年11月开工，2000年4月竣工。航道按五级标准进行整治，可通航300吨级的船舶。设计航道最小尺度为1.5米×22米×260米，完成总投资194.07万元。

柳江金滩、三梗滩，黔江宁歌滩、小宁歌滩、金钱眼滩、弩滩、碧滩、铜鼓滩等8个重点滩险航道整治工程。2001年9月15日开工建设，2003年3月底全部完工并通过质量鉴定。整治里程168.6千米，整治重点滩险8个。按Ⅴ级航道标准，通航300吨级船舶，航道通航保证率95%，设计最小航道尺度：柳江为1.5米×22米×260米，黔江为1.6米×30米×260米。完成工程投资1 204.92万元。

柳黔江重点滩险小赖滩、锁匙筒滩航道整治工程。2003年1月开工建设，2003年4月竣工。整治按通航300吨级船舶的标准建设，航道设计最小尺度为3.5米×22米×260米。实际完成投资310.61万元。

西南水运出海北线通道经过60多年的整治、建设，该线主要航道柳江、黔江已经达到Ⅳ级航道标准。

三、"两江一河"闸坝碍航治理

改革开放以来，随着珠江水利水电设施建设的发展，水系闸坝碍航的问题日益突出。

在水利、水电工程的建设中，建设单位往往重视其防洪、发电功能，却不建或缓建过船设施，或者建设的过船设施规模小、标准低，造成通航河流断航或者碍航，严重影响沿江经济的发展。

珠江碍航闸坝最典型的是属西南水运出海中线通道的红水河河段。在20世纪70年代，在对红水河水力资源开发时，大多数枢纽没有同步建设通航设施，人为割断了红水河水上运输，碍航闸坝是造成红水河全河段上通下畅中阻塞的主要原因。严重制约了当地经济的发展，对繁荣黔东南少数民族地区经济发展带来了严重阻碍。

随着"两江一河"航运开发一、二期整治工程完成，对当地经济发展和扶贫起到积极作用。但是，这条沟通西南地区的水运主通道，由于红水河大化、百龙滩、水电站等碍航问题没有得到解决，仍然极大地制约着航运的发展。

"两江一河"是西南水运出海主要通道，也是国家规划的水运主通道之一。红水河是珠江水系主要通航河流，也是贵州南下出海和连接华南及港澳地区最便捷的水运主通道。

1975年，广西境内大化水利枢纽开工建设，由于没有同步建设过船设施，这一重要的天然航道被人为阻断，至2000年已断航25年。"两江一河"贵州段航运由兴旺走向衰落，由于水路交通的阻隔，严重地制约着该区域的经济发展，贵州沿岸的14个县市，有13个是国家贫困县，成为全国最大的集中连片的贫困山区，当地各族群众称他们"坐在金山上、守着金饭碗、讨饭吃"。也因此，该地区成为国家实施"八七"扶贫攻坚计划的重点地区之一。

解决"两江一河"闸坝碍航问题的呼吁，从问题形成之初就引起了相关部门和领导的重视。

1988年11月，由珠江航务管理局组织，交通部主要领导率调研团对"两江一河"开展调研，国家计委、交通部、水利部、能源部及广东、广西、贵州、云南四省（区）的有关领导和专家，以及多家全国新闻媒体记者参加了调研。

1993年，贵州省人民政府向国务院呈报了《贵州省人民政府关于请求加紧建设过坝设施 恢复红水河航运的请示》。

1995年11月，"两江一河"沿岸的大化、天峨、乐业、赢水、长顺、紫云、望漠、册亨、贞丰、安龙、平塘、罗甸12个县的县委书记、县长联名向国务院呈报《关于开通红水河航运的建议》，表达了沿江人民对解决红水河碍航闸坝问题的强烈要求。

1995年12月，珠江航务管理局在南宁市组织召开"加快珠江水系航运建设，促进流域经济发展座谈会"。全国人大常委会副委员长李沛瑶及交通部洪善祥副部长，以及珠江流域四省（区）人大，交通、水利等部门有关领导出席会议。

1995年12月，交通部、广西壮族自治区人民政府、贵州省人民政府联合向国务院呈报了《关于加快红水河水利枢纽通航设施建设，迅速打通西南地区出海通道的请示》。

1995年，国务院参事室向时任国务院副总理邹家华报送了《兴建岩滩、大化水电站船只过坝设施，尽快开通红水河航运》的建议，邹家华副总理作了批示："十分重要，要设法全力打通已有的碍航设施，以后再建水电设施也要保证通航。全国内河航运会议上已明确，请交通部、计委提出意见和实施方案。"

1996年5月，时任全国人大常委会委员、民革中央副主席胡敏一行调研珠江，着重就红水河的断航问题进行调研，向全国人大、国务院提出了《关于加快珠江航运建设，促进流域经济全面持续发展的建议》。

1996年11月19日，国务院参事室报送《关于红水河碍航闸坝恢复通航问题》的建议，时任中央副总理邹家华再次批示："几条建议都很好。先从大化和岩滩做起，以后在红水河上建电站大坝，必须考虑通航问题。此件请水利部、电力部、交通部、计委以及广西壮族自治区领导阅，并请计委牵头组织有关单位和地方研处。"

1997年2月，贵州省人民政府向国家计委上报了《贵州省人民政府关于请求尽快协调解决红水河岩滩、大化、百龙滩电站碍航闸坝问题的报告》。

1999年5月7日，国家计委在北京主持召开协调会，专门协调解决红水河复航问题，下发了《国家计委办公厅关于印发红水河复航有关问题协调会议纪要的通知》，明确了解决红水河碍航问题的基本原则和措施。

1999年11月，时任民革中央副主席胡敏对有关红水河恢复通航问题进行了调研，向国务院提交了《关于加快恢复红水河通航，促进西南民族地区发展的建议》。

2000年5月，从1995年开始建造的岩滩水电站250吨级升船机通过专家验收。

2000年11月，中国致公党"西南水运调研组"调研红水河。

2000年11月，全国政协提案委员会对红水河通航问题进行专项调研，指出必须加快红水河恢复全线通航的工作。

2001年4月4日至7日，时任交通部副部长张春贤专程就红水河碍航闸坝实地调研，同广西壮族自治区政府领导进行座谈并形成《会议纪要》。《会议纪要》认为，"实施通航的时机已经成熟。红水河过船设施建设是西部大开发内河航运建设的标志性工程，恢复和发展红水河航运对加快红水河流域的资源开发和经济发展，促进沿河人民脱贫有着重要的现实意义"。要求大化水电站通航设施"力争于2001年底开工建设"。

2001年，红水河龙滩水电站开工建设，进一步加剧了红水河的碍航程度。

由于中央和有关省（区）政府的重视，再加上各方的共同努力，决定全面启动红水河复航实质性工程。

四、航道建设维护工作不断提升

"九五"期间，珠江流域雨量严重偏小，航道枯水严重，又由于受到部分河流水电站间断发电截流的影响，西江、北江、东江、柳江、右江等主要通航河流枯水流量严重不足，造成航道养护工作量大、资金缺口大等困难。航道部门在抓紧日常养护管理工作的基础上，加强浅滩的探测和分析，提高预见性，减少盲目性，早做准备，突出了重点航道、浅滩（段）枯水期的维护工作。

（一）珠江三角洲航道网整治

东平水道自思贤滘至广州长76千米，为西江通往广州的捷径。东平航道整治是西江航运建设一期工程的重点项目，1985年1月动工，按Ⅲ级航道标准建设，1990年通过国家竣工验收，工程总投资3 200万元。东平水道年运量从整治前的800万吨增加到1998年的约4 000万吨。沿岸先后建立3个经济开发区，显示了很好的经济效益和社会效益。

白坭航道整治工程是交通部内河航运建设"八五"期间的建设项目之一，由中央和地方合资建设，1997年10月全面竣工验收。该水道整治后，达到Ⅳ、Ⅴ级航道标准，通航300～500吨级船舶较多。由于航道条件有所改善，货运量已从整治前的400多万吨提高到1996年底的1 000多万吨，为促进沿河经济发展发挥了越来越大的作用。

（二）东江"四滩"与北江干流整治

广东省航道局于1999年底下达了东江河漂至惠州重点浅滩航道整治工程建设任务，第一个重点浅滩（潮沙洲浅津）于1998年12月份开工。

东江四个重点浅滩（潮沙洲、猛虎晚墙、石津、万年洲浅滩）整治按国家Ⅵ级航道标准进行整治，航道标准尺度为水深1.2米，宽度30米，弯曲半径220米，设计最低通航水位保证率95%。工程分三年实施，至2002年底完工。

北江干流飞来峡以上河段共173千米，已确定为四级开发布置，自上而下为孟洲坝、蒙里、白石窑、飞来峡4个梯级。结合水电梯级开发，并对部分河段进行疏浚整治，北江干流韶关至飞来峡河段规划建设为国家Ⅴ级航道，通航300吨级船舶。北江下游清远至河口74千米航道整治被列入广东省航道建设"九五"计划，1997年11月，北江清远至河口航道整治工程初步设计获省交通运输厅审查通过，同年底，北江下游太监洲浅段航道整治动工建设。

（三）"两江一河"航道整治

"两江一河"航道整治二期工程，从1994年下半年动工，1996年8月底基本完工，按Ⅵ级航道标准重点整治航道12千米，重点清炸航道29千米，整个工程共完成炸礁、疏浚、筑坝等航道石方工程87 117立方米。新建成坝草、羊里码头两处，堆场6 877平方米，100吨级泊位4个，码头管理用房、仓库等配套设施1 872平方米，进港公路682米等港航基础设施及配套设施，按计划完成了全部工程项目。

随着航道条件的改善，"两江一河"运输船舶艘数以平均每年159%的速度增长，1994年船舶已达523艘、3 753吨。1998年船舶艘数和吨位分别已达到712艘、7 504吨。1998年货运量达到61.7万吨，货物周转量达2 791万吨千米。

五、融资体制改革促进珠江水系内河航道发展

党的十一届三中全会以后，随着深化经济体制改革，珠江水系内河航道建设投资体制发生了很大的变化，出现了国家投资、地方筹资、利用外资等多种融资方式。

珠江航运基础设施建设一改过去单一依靠国家投资的方式，为调动各方面积极性，多渠道筹集资金，加快航运基础设施建设，珠江水系各（省）区政府相继出台扶持航运发展的政策措施：如提高航养费的征收费率；在客货运输中，人·千米、吨·千米增加1分钱航运基础设施建设附加费；筹集港口建设资金、船舶建设资金；以工代赈支持航道开发；等等。

例如，东莞航道整治工程总投资2 905万元，其中交通部补助1 120万元，广东省补助350万元，东莞市政府出资1 435万元。这种融资组合方式打破了投资一元化结构，发挥了中央、地方的积极性。江门水道、白坭水道等航道整治工程都是采用"三合一"的投资方式建成的。

针对内河航运的性质和特点，内河航道产生的效益主要表现在社会效益方面，所以水系各省（区）实行了对航道建设的政策扶持。例如，广东省人民政府决定："省预算内基建投资'九五'期间用于航道建设的资金，应以1995年安排用于交通方面的50%为基数，每年按一定的比例增长；'九五'期在公路建设规费中每年安排2亿元作为航道建设资金；航道建设开发，沿线市、县人民政府应落实不少于总投资额10%的配套资金。"广东从1991年开始征收"航运基础建设资金"，用于航道基础设施建设。广西壮族自治区也从1992年开始征收"航运基础建设资金"，执行了"能源交通资金返回""以电促航"等政策。贵州省从1992年开始把"交通发展资金"的10%，以及从1995年开始把公路"两金"返回用于航道建设。云南省人民政府从1988年开始施行航道事业补助费，规定"省财政在确保每年安排80万元的基础上，应视财政收入情况，逐年给予适当增加"等等。

在利用外资加快航运基础设施建设方面开创了先例。"九五"期间，西江二期贵港航运枢纽工程和西江下游3 000吨级海轮航道整治工程，分别向世界银行贷款8 000万美元和7 300万美元，形成"国家投资、地方筹资、利用外资"的多渠道融资体制。西江下游肇庆—虎跳门3 000吨级海轮航道及三角洲水网航道建设，向世界银行贷款5 000万美元。

改革开放20多年来，由于筹资、融资渠道的拓宽，用于珠江水系内河航道建设资金达23.71亿元。由于资金到位，航道建设步伐明显加快：先后建成桂平、贵港航运枢纽；对前山水道、西江航运干线、陈村水道、漓江航道、"两江一河"、东莞水道、江门水道、白坭水道、西江崖门出海航道、柳黔江航道、北江下游航道等进行了治理；对左江、明江、贺江等进行了复航建设。建成或改善Ⅲ级、Ⅳ级、Ⅴ级、Ⅵ级、Ⅶ级航道里程分别为811千米、114千米、123千米、258千米、472千米；还有西江下游肇庆—莲花山90千米1 000吨级海轮航道和西江航运干线南宁—蒲庙36.5千米的Ⅲ级航道建设。

以电养航、滚动的模式也得到很好的发展。西江航运建设一期工程桂平航运梯级，是我国交通部门建设的第一座大型内河航运枢纽，也是交通部门成功办电走"以电养航"模式的首次尝试。水电站厂房1989年枯水期正式开始施工，1992年4月第一台机组发电，1993年2月3台（3×15.5兆瓦）发电机组全部建成并网发电，年发电量达1.5亿千瓦时。西江航运二期工程—贵港航运枢纽，1995年1月主体工程开工，1998年1月船闸建成通航，1999年2月第一台机组发电，枢纽电站装机120兆瓦（4台×30兆瓦），1999年9月中旬4台机组全部建成投产，年发电量6亿～7亿千瓦时，年发电收入近2亿元。交通办电，实行以电养航，为加快航运建设滚动发展筹集资金创造出了一条新路。

第四节　港口建设提速

"九五"期间，珠江内河港口建设资金为1.0948亿元，以集装箱、煤码头建设和完善配套设施为重点，共新增码头泊位118个，吞吐能力1718万吨。

一、广东主要港口建设

（一）深圳港

深圳港位于广东省珠江三角洲南部，珠江入海口东岸，毗邻香港。深圳港由于具有优越的自然地理位置，分为东、西两大港区。西部港区位于伶仃洋东岸，是中国少有的沿海深水港。东部港区位于大鹏湾，水深不淤，也是华南地区少有的沿海深水港湾。全港包括东部的盐田港区、鲨鱼涌港区，西部的蛇口港区、赤湾港区、妈湾港区、东角头港区、福永港区、内河港区。并建成了较完备的公路、铁路等集疏运体系。不仅为深圳市提供大部分进出口物资中转，还为珠江三角洲地区、广东省大部分及中国东南沿海地区中提供转进口油品、散化、钢材、木材等物资提供服务。

港口吞吐量稳定增长，国际集装箱运输业务高速发展，基本形成华南国际集装箱枢纽港的框架。截至2000年9月底，全港共开辟远洋班轮航线50条，国内沿海干线2条，国内及香港支线21条，基本形成了以欧美航线为核心，以国内沿海、香港及东南亚航线为基础的班轮网络，每月挂靠深圳港的远洋班轮超过200艘次。

以完善港口规划为龙头，以集装箱码头建设为重点，加快港口基本建设步伐，有力促进了港口的稳定发展。1998年，交通部会同广东省人民政府正式批复了《深圳港总体布局规划》，标志着深圳港的发展进入新的历史时期。

为加强港口立法，使港口规划建设和管理走上法治化的道路，深圳市人大常委会于1998年2月13日颁布了《深圳经济特区港口管理条例》，并于同年5月1日起实施。为配合条例的贯彻执行，交通部和深圳市政府先后颁布了《深圳经济特区引航管理办法》《深圳经济特区外轮理货管理办法》，《深圳经济特区港口岸线管理办法》在"九五"期间颁布实施。这一系列管理法规、规章的实施，净化了港口市场环境，规范了港口的规划建设、经营管理行为，有力促进了沿海港口的健康持续发展。

（二）广州港

1998年起，广州市实施城市面貌"一年一小变、三年一中变"工程，广州港调整生产布局，内港一部分码头岸线30米范围内被辟为绿化带，全港共取消码头泊位70个。1991—2000年广州港码头泊位数稳步增加，其中万吨级以上生产泊位2000年达22个，生产性泊位总长度13 742.7米。

1999年，广州港继上海港之后，实现吞吐量超亿吨，按计划提前五年跨入世界吞吐量超亿吨的大港行列。

大力发展集装箱运输，是广州港的工作重点，也是新的经济增长点。截至1999年12月，广州港先后开辟了外贸班轮航线4条，内贸班轮航线22条，使每月挂靠的集装箱班轮已达到了90班次，内贸集装箱运量跃居全国港口首位。广州港还通过码头改造、增加设备等措施，使集装箱万吨级专用泊位从原来的2个增到6个，集装箱吞吐能力得到较大的提高。

广州港还恢复和发展水陆客运业务，与海南省海口港务集团公司合作开辟"广州—海口"滚装船航线。该航线自1999年10月31日开航以来，成效较好。

（三）中山港

中山市政府于2002年8月批准成立中山市港航管理局，下设3个港航管理所。中山市港航管理局牌子挂在中山市交通局。港航局的成立理顺了中山市港政管理体制，港口行政执法的主体地位得到加强。

2002年，中山港完成货物吞吐量849.5万吨，比2001年增长25.48%。其中外贸吞吐量达446.1万吨，同比增长17.18%；集装箱吞吐量64.23万TEU，同比增长16.27%。全市旅客吞吐量（均为香港航线）首次突破100万人次，同比增长20.63%，创历史新高。

（四）珠海港

2002年，珠海港的港口经济运行质量稳步提高，保持较好发展势头。珠海港在港口基础设施建设、港口生产等方面都取得了较好的成绩，主要指标都保持了不同程度的增长。货物吞吐量快速增长。2002年完成港口货物吞吐量2308万吨。集装箱吞吐量逐步增长。全市港口集装箱吞吐量34.7万TEU。旅客吞吐量实现平稳增长。2002年港口旅客吞吐量完成488.9万人次，比2001年增长5.7%。

（五）虎门港

2002年，东莞市的港口管辖范围及港口管辖权得到了省政府的确定。12月，《广东省双重领导港口下放实施方案》正式出台，根据属地下放、一港一政的原则，明确了原广州港出海航道东侧在东莞市境内的岸线和陆域（包括沙角电厂码头），除新沙一期、二期以外，其他港口均被纳入东莞市管辖范围。同时明确了在管辖范围内，有关港政及安全生产由东莞市港务管理局负责管理。港口管辖范围和管辖权的明确，为进一步加强港口管理，促进虎门港发展奠定了良好的基础。

至2002年底，虎门港全港共有泊位136个，其中，万吨级以上（含万吨级）泊位8个，千吨级以上（含千吨级）万吨级以下泊位38个，千吨级以下泊位90个。

二、广西主要港口发展

广西内河主要港口新建了梧州河西、李家庄和富民集装箱码头，南宁北大集装箱码头，陈东码头，柳州鹧鸪江码头，贵港猫儿山中转码头，罗泊湾集装箱码头，百色煤码头等一批选型合理、工艺先进、配套设施齐全的码头泊位，建成1 000吨级泊位7个、500吨级泊位9个、200~300吨级泊位16个、100吨级泊位9个，新增吞吐能力550万吨。

三、贵州主要港口发展

"九五"以后，贵州港口码头建设步伐加快。2000年12月25日，西南水运出海通道中线起步工程（贵州段）在百层码头举行开工典礼，新改扩建北盘江坝草码头和八渡码头、北盘江百层码头，共投资1 464.32万元，新增客运吞吐能力6万人。货运吞吐能力14.5万吨。

百层码头被列入西南水运出海通道中线起步工程（贵州段）的首批建设项目，成为西南水运出海通道中线起步工程（贵州段）的标志性工程。百层码头位于贵州省贞丰县境内，上接贵昆铁路和贵（阳）黄（果树）高等级公路，下临红水河，区位优势明显，加之矿产和旅游资源极为丰富，是黔西南州各县煤炭水运集运南下两广的重要码头之一。随着下游龙滩电站的开工建设，回水到该码头，航道等级相应提高，沿江各级政府要求扩建码头。该码头总投资 600 万元，年吞吐量达 12.8 万吨，建设客货综合性码头，包括两个 250 吨级泊位，经贵州省乌江航道处历时 8 个月的奋战，于 2002 年 7 月中旬完工。这是西南水运出海中线通道（贵州段）工程建设 5 个码头中率先完工的码头。

2001 年 3 月开工建设榕江码头，2002 年 10 月底竣工，共投资 140 万元，建成 50 吨级泊位 2 个。"十五"期末投资 108 万元，建设台江施洞码头，建成 50 吨级泊位 2 个。

罗甸港八总港区原位于贵州省黔南布依族苗族自治州罗甸县龙坪镇五星村，因政府发展需要，于 2021 年拆除重建到贵州省黔南布依族苗族自治州罗甸县龙坪镇八总村，停靠 500 吨级货运客运泊位，泊位岸长 60 米，年吞吐量 1 000 吨。罗甸港八总港区设计客运泊位 2 个、500 吨级货运泊位 1 个，年设计吞吐能力客运 80 万人次，货运 110 万吨。

四、云南天生桥库区码头建设

天生桥水电站位于广西隆林及贵州安龙界河处，距上游三江口（滇、黔、桂三省交界处）约 88.6 千米。电站始建于 20 世纪 80 年代，1997 年 10 月开始蓄水形成库区，至 1999 年，库区回水里程达 139.6 千米，库区水域面积 177 平方千米。在云南省境内干流回水为 44 千米。库区回水形成良好的深水航道，水运成为沿岸群众重要的交通方式，特别是蓄水淹没群山，山峰微露，形成"水如镜、峰相望、雾朦胧"的独特自然景观，因而被国务院命名为"万峰湖"。

2000 年 1 月，云南省计委批复《南盘江天生桥库区码头、港点建设工程可行性研究报告》（云计能交〔2000〕63 号文）。批文认为南盘江天生桥水电站建设、蓄水后形成"万峰湖"库区，为解决罗平、师宗两县交通问题，为发展经济，脱贫致富，特别是开发两县的旅游资源，综合利用水资源，同意建设天生桥库区码头、港点工程。同意建设内容为码头、港点、堆场、港区道路、房屋、工作船及通信设施。总投资控制在 2 200 万元以内。港点建设工程于 2000 年 5 月先后开工。

第五节　水路运输市场治理整顿和调整

"九五"期间，通过理顺管理体制和把好市场准入关，珠江水系淘汰了一大批能耗高、技术落后的船舶，整顿运输市场，清理"三无"船舶，运力结构得到一定程度的优化，较大地提高了水路运输能力和服务水平，增强了运输市场的竞争力。

珠江水系的 1996 年度旅客运输量达 1 418.8 万人次，旅客周转量达 11.2 亿人千米，货运量近 1 亿吨，货物周转量达 143.1 亿吨千米，占全国内河的 20% 左右，集装箱运量占全国内河的 60%，是我国内河运输的重要力量。到 2002 年，完成水路货运量 2.05 亿吨，货物周转量 275.95 亿吨千米，完成客运量 1 728 万人次，旅客周转量 8.24 亿人千米。西江航运干线运输量增长较快，桂平船闸通过量达 1 000 万吨；完成港口吞吐量 1.18 亿吨，其中贵港本港吞吐量达 752 万吨，跃升为西部地区内河第一大港。

随着珠江流域，尤其是珠江三角洲地区外向型经济的迅速发展，极大地推动了进出口贸易持续高速发展，对集装箱运输的需求日益旺盛。1985 年珠江水系集装箱水运量为 6 万 TEU。1998 年珠江水运通道及三角洲水网地区集装箱水运量为 185 万 TEU，为 1985 年的 30.8 倍，年均增长达 30.2%。2002 年珠江水系内河集装箱运量已达到 352 万 TEU，占全国内河集装箱运量的 70% 以上，五年来平均以 20% 的速度递增，内河集装箱运量居全国各水系之首。集装箱运输成为珠江水运发展新的经济增长点，呈现出生机勃勃的良好发展态势。

一、水路运输市场治理整顿

（一）宏观经济运行下的政策调整

1987 年，国务院发布了《中华人民共和国水路运输管理条例》，同年，交通部出台了该条例的"实施细则"。条例和细则规范了水路运输管理工作，成为全国开展水路运输管理的法律依据。

2001 年，全国经济工作会议把大力整顿和规范市场经济秩序定为全年的中心工作。交通部将整顿和规范公路、水路运输和建设市场秩序确定为 2001—2005 年期间的一项重要任务，并作了重点布置和安排。为指导整顿工作，交通部印发了《国内船舶运输经营资质管理规定》《老旧运输船舶管理规定》和有关航运业结构调整的指导文件。

2001 年 2 月 14 日，交通部印发《国内船舶运输经营资质管理规定》，对经营内河运输的企业、人员、条件提出了资质要求。

2001 年 3 月 29 日，交通部、国家经贸委、财政部发布《关于实施运输船舶强制报废制度的意见》，对各种船舶报废船龄进行了规定。

2001 年 10 月 11 日，交通部出台《内河运输船舶标准化管理规定》，明确运输船主尺度应根据航道等级确定，对水泥质船、挂桨船进行限制。

2001 年 2 月，交通部印发了《关于航运业结构调整的意见》。指出今后 10 年，中国经济仍将保持较高的发展速度，国民经济总量将翻一番，国内经济结构正处于战略性调整阶段，产业结构和产品结构不断优化升级。社会对运输方式选择的观念及行为不断改变，方便、快捷、舒适、安全的运输价值取向明显增强。多种运输方式之间的竞争趋势日趋激烈，综合运输结构也将发生变化。我国实施西部大开发战略和即将加入世界贸易组织，对航运业也提出了新的要求。但中国航运业与新形势的要求不相适应，主要表现是运力结构不合理、船舶技术低下、船舶老化、船型杂乱、平均吨位小；企业组织结构不合理，经营机制不活、从业人员素质较差、企业规模较小、管理水平低、经营粗放、亏损严重；管理体制不顺，宏观调控力度不够，政企不分，各自为政，人员素质不高。"意见"还提出了航运业结构调整的方向和指导思想、调整的政策措施。

上述国家和相关部委文件的发布和施行，对水运企业筹建、增减船舶运力和停业管理提供了具体掌握的标准和法律依据，为进一步规范珠江水系水运市场指明了方向。

（二）珠江航务管理局组织市场检查和整顿

根据交通部《关于对部分航运市场整顿情况进行检查的通知》要求，2002年12月23日至31日，珠江航务管理局组织广东、广西、海南三省（区）交通主管部门对航运市场整顿情况进行检查，分赴广东省佛山市、中山市，广西壮族自治区南宁市、横县、钦州市、北海市，海南省海口市、琼海市、三亚市等9个地市县进行检查。

从检查情况看，有关省（区）交通主管部门按照交通部对普通货船经营资质整顿要求，认真布置该项工作，并从实际出发，确定本省（区）的重点整治船舶和重点整治区域。

广东省以客滚船、液货危险品船和个体客船、油船为重点整治船舶，以琼州海峡为重点整治区域，全面开展企业、船舶经营资质评估。截至2002年10月，全省297家从事国内水路旅客、液货危险品运输的企业均进行了资质评估（其中客运84家，液货危险品213家），合格的航运企业有180家。新增企业26家。撤销资质评估不合格的企业有117家。对386艘个体经营客船、油船进行了清理整顿，引导240艘船舶企业规范化经营，对146艘不符合规定的个体船舶不再保留经营资格。全省强制报废老旧船舶169艘，评估合格从事旅客和液货危险品运输的船舶均已办理了新版《船舶营业运输证》。

广西壮族自治区以沿海客滚船、内河个体旅客运输和液货危险品船的整顿为重点，引导船舶企业规范化经营，清理了一批没有运力的空壳公司，加强了对报废船舶的管理。截至2002年10月，全区共清理整顿了客运、液货危险品运输企业93家（客运企业61家、液货危险品企业32家），评估合格企业40家，清理出不合格企业53家，新增企业25家。对港澳水路运输企业和船舶也进行了清理整顿，经过整顿，合格的港澳运输企业有23家、船舶125艘，注销企业11家、船舶9艘，责令7家企业、18艘船舶限期整改。

按交通部《老旧运输船舶管理规定》要求，广西壮族自治区共清理出10艘达到报废船龄的船舶，并对这些船舶发出《强制报废通知书》，收回《船舶营业运输证》，强制报废船舶退出市场。

通过市场整顿，珠江水系初步规范了航运市场秩序，建立起公平、竞争、有序的水路运输市场，提高了企业对实行资质管理的认识，促进水系航运市场朝良性发展方向前进。

二、旅客运输转向发展旅游客运

由于常规水上客运技术落后，在市场竞争中多处于劣势地位。为更好地发展水上客运，珠江客运企业尝试了"旅游客运、港澳线客运"等项目，促进了高速客船的发展，但所占比例不大，依旧不敌客源往公路的流失，没能从根本上扭转整个水系客运下降的趋势。

（一）珠三角客运在市场浪潮中逐渐式微

内河高速客运经过几年的营运，很快就陷入困境。主要原因是大部分高速船主机都是进口的"游艇机"，由于营业时间长高速运转，耐用性差，故障多，配件供应困难，维修费昂贵，成本剧升，使很多高速船公司支持不住，纷纷停航停业。至1997年，仍继续经营的高速船公司只有广东高速客轮公司西江线、江门客运公司湾仔线、珠江航运公司平洲线和上（下）川岛线、东信小轮公司等少数几家企业，而这几家公司也随着广东往广西高等级的沿江公路的建成通车和广深高速公路的开通，客源方面受到很大影响，客船艘数和航次不断减少，大都处于亏本经营的状态。

1995年，西江的沿江高等级公路全线通车，大量汽车投入公路客运，其中很多私人营运客车到大沙头客运站抢客，票价随行就市，因此吸引了众多的旅客弃水就陆，使珠江水系的春节客运量和周转量平均每年以30%的速度下滑。

1993年以后，由于广（州）珠（海）、广（州）深（圳）高速公路的开通，直通客车加入竞争，客源分流，使水路港澳客运以每年5%～10%的幅度下降。广州—香港、广州—澳门航线的水路客运经营陷入亏损。

（二）水系库区旅游客运兴起

20世纪90年代初，水路旅游在云南抚仙湖迅速发展，沿湖度假村、游乐场好似雨后春笋，遍地开花。抚仙湖以其水质优、少污染，距省城近为优势，大力发展旅游业。每逢节假日，省城游客蜂拥而至，热闹非凡。"八五"期间和"九五"前两年，抚仙湖水上旅游和游乐十分火热。"九五"后期，游客逐步减少，水运企业出现亏损。据航管部门统计，抚仙湖有大小游船（艇）100余艘。2000年，共完成客运量30万人次。2001年、2002年，客运量均在30万人次左右。

"十五"初期，贵州省水路客运量不但没有因中长途运输的退出而下降，反而逐年上升。缘由是山区地方交通不发达，公路不通，出行只能依靠水路，稳定了部分客源；另一方面是公路建设步伐加快，一些道路施工影响陆路出行，而航道通过整治后，航道条件有所改善，短时期的弃车乘船吸纳了部分客源。旅客运输主要以区间为主，平均运距为25千米。而最为主要的是受贵州旅游业发展的带动，特别是随着水电的开发，电站建设形成的万峰湖、红枫湖、百花湖、瀼阳湖、乌江渡库区、东风库区、索风营、引子渡、洪家渡、构皮滩等库区、湖区，很多成为山水相连的景点、景区，贵州生态资源吸引了来自省内外的游客，拉动了旅游客运的快速发展。

（三）漓江旅游客运大发展

漓江为支流桂江上游河段的通称，位于广西壮族自治区东北部，是世界上规模最大、风景最美的岩溶山水游览区之一。漓江上游河段为大溶江，下游河段为传统名称的桂江。漓江段全长164千米，沿江河床多为水质卵石，泥沙量小，水质清澈，两岸多为岩溶地貌。旅游资源丰富，著名的桂林山水就在漓江上。

漓江的特点概括为清、奇、巧、变四个字，主要景点概括为一江、两洞、三山。一江（漓江）、两洞（芦笛岩、七星岩）、三山（象鼻山、叠彩山、独秀峰），是桂林山水的精华所在。从桂林至阳朔的83千米漓江河段，是漓江之精华。

漓江因其历史盛名而享誉中外。1982年11月"桂林漓江风景区"被国务院列为第一批国家重点风景名胜区。1991年12月漓江风景区在国家旅游局公布的"中国旅游胜地四十佳"名单中名列第二。1996年11月漓江被列为国家重点保护的13条江河之一。1998年5月，桂林—阳朔旅游航线获评为"广西水路运输文明航线"。1998年7月被确定为首批"全国文明风景区旅游区示范点"。漓江游览景区由国家旅游局评定为"国家

AAAA级旅游景区点"。

第六节 珠江水运安全形势明显好转

"九五"期间和21世纪初,在内河水路货物运输总量持续增长的情况下,加强对生产市场的管理和整顿,安全形势保持稳定。完成了珠江水系客运及跨省液化气、散装化学品、油船运输市场整顿工作;珠江水系水运安全的四大指标持续好转,水上交通安全形势保持基本稳定。

1986年以来,珠江水系交通、航政、运输等部门加强立法,加强管理,狠抓落实水上交通安全管理工作,取得了显著成效。自1988年以来,珠江航务管理局每年组织召开珠江水系防风会议,并针对珠江水系船多面广的实际情况,编印《珠江水系船舶防抗雷雨大风学习资料汇编》《珠江水系船舶防抗雷雨大风管理办法》《珠江水上交通安全管理工作文集》等材料,发至水系四省(区)各交通、航务、港航单位和船舶运营企业,增强了广大船员对防抗雷雨大风工作重要性的认识,提高了防御发生雷雨大风等突发性事件时的应变能力。其中由珠江航务管理局起草编写的《珠江水系船舶防抗雷雨大风管理办法》于1996年正式由交通部颁布实施。这是在水系这个层次制定的第一个统一的水上安全管理法规。

经过各方面的努力,珠江水系防抗雷雨大风工作取得明显成效,国有客轮遇风翻沉事故鲜有发生。

乡镇船舶的安全问题是珠江水系运输安全管理中的薄弱环节。为加强这项工作,珠江航务管理局根据《国务院关于加强内河乡镇运输船舶安全管理的通知》(国发〔1987〕98号),与广西壮族自治区交通厅先抓试点,在取得成效后,组织召开"珠江水系乡镇运输船舶安全管理经验交流会",并在水系全面推广,扭转了水上交通安全失控失管的局面。

在行业安全管理工作方面,珠江水系航运企事业单位和各级管理部门认真贯彻交通部《水上交通安全工作纲要》,以全面加强珠江水系水上交通安全行业管理为主线,以稳定珠江水系水上交通运输安全形势为目标,重点抓好船舶防抗雷雨大风、乡镇客船、旅游船和危险品船的安全管理,与水系四省(区)交通航务部门密切配合,整体推进了珠江水系水上交通安全管理工作。

经过常抓不懈的努力,珠江水系水上交通安全形势明显好转。

一、水上安全监督管理体制改革

根据《国务院办公厅关于印发交通部职能配置内设机构和人员编制规定的通知》(国办发〔1998〕67号)和《国务院办公厅关于做好合并中央与地方水上安全监督机构工作的通知》(国办函〔1998〕48号)精神,交通部提出了水上安全监督管理体制改革实施方案。

海事部门对通航环境的管理主要是从保障船舶安全航行的角度,对在航道上进行除船舶航行、作业以外的其他生产、建设、活动及有关通航安全的岸线使用的监督管理。《中华人民共和国内河交通安全管理条例》第六章对通航环境管理作了明确规定。1999年10月8日，交通部发布《中华人民共和国水上水下施工作业通航安全管理规定》，对在航道上进行水上水下施工作业提出了明确的要求。

1997年11月5日，交通部发布《中华人民共和国船舶安全检查规则》，此"规则"在原1990年"规则"的基础上增加了部分内容，检查内容16项，即：船舶证书及有关文件、资料；船员及其配备；救生设备；消防设备；事故预防；一般安全设施；报警设施；货物积载及其装卸设备；载重线要求；系泊设备；推进及辅助机械；航行设备；无线电设备；防污染设备；液货装载设施；船员对与其岗位职责相关的设备的实际操作能力。

2002年，针对50总吨和主机功率36.8千瓦以下的内河小型船舶，交通部发布《中华人民共和国小型船舶安全检查规定》，针对性地提出13项检查内容。

1984年5月11日，第六届全国人大常委会第五次会议通过并发布《中华人民共和国水污染防治法》（下称《水污染防治法》），1996年5月15日，第八届全国人大常委会第十九次会议对《水污染防治法》进行修改。2000年3月20日，国务院发布《中华人民共和国水污染防治法实施细则》。根据《水污染防治法》及实施细则，交通部先后出台《船舶载运危险货物安全监督管理规定》《液货船水上过驳作业安全监督管理规定》《船舶载运散装油类安全与防污染监督管理办法》等一系列规章，均对航运生产防止水污染提出了新的要求。

2005年6月20日，交通部发布了《中华人民共和国防治船舶污染内河水域环境管理规定》，对船舶载运污染危险性货物及相关作业，船舶垃圾和生活污水，船舶污染物的排放与接收，船舶拆解、打捞、修造和其他水上水下施工作业，船舶污染事故应急反应以及污染事故调查处理法律责任提出要求或规定。

水上安全监督管理体制改革坚持精简、统一、效能的原则。在统一的领导体制下，明确界定中央与地方对有关水域的管理分工，实行"一水一监、一港一监"。在同一水域、同一港口和同一地区不得重复设立水上安全监督管理机构。通过改革，进一步理顺关系，明确职责，统一政令、统一布局、统一监督管理，逐步建立起与社会主义市场经济体制相适应的"分工负责、运转协调、行为规范、办事高效、执法统一"水上安全监督管理新体制。

二、开展"三年水上运输安全管理年"活动

2000年至2002年历时三年的水上运输安全管理年活动基本实现了"四个明显、一个确保"的目标。2002年事故统计四项指标与1999年相比，事故总数、死亡人数、沉船艘数分别下降了3.64%、33.3%、18.8%，直接经济损失减少了5.7%。"水安年"活动使水路运输行业的安全管理工作思路更加明确，更加规范。

（一）严把市场准入关

航运企业是水运市场的主体，对安全生产负有第一位责任。其进入市场需经由水路运输行业管理部门批准，这是行业管理部门在水路运输安全管理工作中的首位职责。交通部

2001年一号部令对从事国内船舶运输经营资质做出了规定，随后的二号部令《老旧运输船舶管理规定》对老旧船舶进入、退出市场的龄期又作了强制性规定。在交通部的统一部署下，珠江航务管理局和珠江水系主要各省（区）交通航务管理系统从从事旅客运输和液货危险品运输企业开始，对从事上述运输业务的个体经营者以退出市场或通过合并、联营、重组等方式并入企业营运，强行归并，然后推向普通货物运输企业。在水路运输组织结构调整、安全管理人员素质提高的同时，有力地推进了企业自身对安全管理工作的加强。

海事部门提出了《中华人民共和国船舶安全营运和防止污染管理规则》（以下简称《规则》）。这是从1996年开始在水运企业推行建立安全管理新机制活动的新发展。《规则》先从从事旅客运输、液货危险品运输企业开始，再向普通货物运输企业推行。海事部门已明确在2003年1月1日前，《规则》对载客50人及以上的客船、150总吨以上的气体和散装化学品船生效，原则上在2003年7月前对油船生效，上述船舶所在公司须获得"符合证明"或"临时符合证明"证书，船舶须获得"安全管理证书"或"临时安全管理证书"。

（二）推进运输组织结构调整

在"水安年"活动中积极促进珠江航运企业做大做强，通过贯彻交通部一号令，832个珠江航运企业平均持有运力为2 813载重吨，比1999年的1 441载重吨增加了近一倍。从事跨省（区）运输的客运、液货危险品企业从35个减少到24个，平均每家企业持有运力载重吨上升到1 645载重吨，有8家企业和65户个体户退出或被兼并。从事跨省客运企业从15家缩减到4家。

对占珠江内河水运总运力23%的个体经营户，在"水安年"活动中通过落实交通部《关于整顿和规范个体运输船舶经营管理的通知》（交水发〔2001〕360号），各地交通主管部门积极开展了引导、组织和协调工作。

第一，回归企业。通过合资、合作、股份制等方式融入符合资质的企业，也可以出售、转租、委托等经营方式，纳入企业管理。

第二，建立新的服务企业。在运输服务领域，交通部2001年3号令允许国内船舶管理公司成立，并规范其经营活动。个体经营户的船舶营运、海务、机务、船员、船舶安全责任由接手的船舶管理公司负责。

第三，推动水泥钢丝船拆船。直接推进水泥船的市场退出，在珠江水系运营的水泥船、木质船共有4 000余艘、47.43万载重吨，多数属个体运输户所有，通过地方政府投入资金更新船舶，大量水泥船已在"水安年"活动中退出市场。

第四，改渡为桥。在广东、广西的一些地方，交通航务主管部门积极争取公路建设投资，改渡为桥，促使乡镇渡运船舶退回为农副自用船舶或自行歇业。

第五，推进集约管理渡运。乡镇客渡船的安全，是水上交通安全管理中的热点问题。政府出资更新渡船在珠江很为普遍，尤其在"义渡"方面。在广东西江干线上的云浮、肇庆、佛山三水区，一批经营性渡口在交通局航务处引导下实施了"捆绑经营"，根据渡运量统一调度，在统一收费标准下均分渡运收益，既改善了渡运服务，又彻底消除了船主超载获利的机制。

三年"水安年"活动的开展和实践，使珠江水系的水上安全得到了很好的改善。不管是航运企业，还是管理部门，理清工作思路，对行业安全管理责任，伸展的范畴、方向，工作方式有了更明晰的概念，珠江水系的管理不断走上规范化、制度化、标准化的科学轨道。

第七节　启动珠江船舶标准化工作

一、珠江水系船舶工业结构调整

船舶工业和航运业密切相连，作为水运的载体（载具），随着改革开放以来航运市场的调整和变化而发生着深刻的变化。

（一）随着市场波动而起伏的广东船舶工业

广东省的船舶工业在中国船舶工业中占有重要的位置，20世纪时是全国六大船舶工业基地之一。进入21世纪，广东省又被认定为全国船舶三大制造基地之一。

广东省船舶工业大致可分为两大部分：中央船舶企业和地方船舶企业。中央船舶企业在广东省的船舶工业中占有绝对的分量和优势。而地方船舶企业也是一支重要的造船力量，建造大中小型船舶。两者在造船业务上，各自占有自己的船舶市场分量，此外，广东的船舶企业的船舶市场适应性比较强，随着市场的变化积极调整自己的经营策略和生产能力。

由于广东省毗邻港澳，早在20世纪70年代末期，广东省的地方船舶企业就开始进入了港澳地区的船舶市场。90年代，香港的转口贸易兴旺、货柜运输业发达，加上受填海工程等多种因素的影响，需要大量的货柜吊驳、开体泥驳、拖轮等中小型船舶，而香港的三大船厂（财利、英辉、宏德）的生产能力已超负荷。更重要的是，国内的造船价格远比香港造船价格低廉，因此，吸引不少香港船东纷纷涌来广东造船，从而带动广东省地方船舶企业的造船出口业务不断攀升。地方船舶企业以广东省船舶工业联合公司为代表，通过努力开拓，占领港澳地区船舶市场约八成，为广东船舶出口创汇做出了重要贡献。

进入21世纪后，在2002年5月，中央明确提出，中国有希望成为世界第一造船大国，并将实现这一目标的时间初步定在2015年。从2002年开始，我国的造船产量以年均35%以上的速度增长。广东省的船舶工业情况，跟全国造船业的情况大致相同，处于变化较大的一个时期。

2001—2002年，广东省内的造船市场处于低潮期，造船企业数量不断减少。究其根本，一个很重要的原因是广东省的高速公路迅速发展，内河运输业受影响而萎缩，还有一部分地方国有企业进行了改制或者转型，从而变成民营私有企业、合营股份企业或者外资合资企业。

2002年，广东省的船舶工业分属6个系统共48家企业，其中，国有企业36家，民营或外资企业12家。

广东省船舶工业主要分为船舶制造、船舶修理、船舶配套产品制造、设计和检测等。

（二）广西船舶工业的深度调整

从 1995 年到 2002 年，由于水运行业疲软，广西船舶工业陷入低谷，多数船舶处于半停航状态，船舶修造行业陷入困境，绝大多数船舶修造厂施工任务严重不足，大批集体企业处于停产或半停产状态，企业经营极为困难，不少企业亏损严重，许多船舶无法进厂修理，不少集体、个体船舶修造厂（点）甚至被迫停产或解体。

为加强民用船舶修造业管理，根据自治区交通厅、自治区工商行政管理局颁布的《广西壮族自治区地方民用船舶修造业管理暂行办法》和交通厅《关于〈广西壮族自治区地方民用船舶修造业管理暂行办法〉若干问题的解释的通知》的规定和要求，组织各地、市航（运）管处和船检部门从 1995 年 7 月至 11 月对全自治区地方民用船舶修造厂进行年度审验工作。通过此次年审，各地、市交通主管部门掌握了各船厂的规模和经营情况，制止了一些船厂的违章经营行为，建立一审一档年审档案制度，使船舶修造行业管理工作逐年走向规范化。

2002 年，广西共有民用运输船舶修造企业 87 家，其中国有企业 27 家、集体企业 35 家、私营企业 18 家、有限责任公司 7 家。

二、珠江水系船型标准化的起步

1998 年，时任交通部部长黄镇东在内河航运建设现场会议上指出，随着航道、港口设施的改善，实现船型标准化已成为内河航运转变增长方式的一个紧迫任务。一方面要制定内河船舶的技术政策和技术标准，加强船型标准化工作，研制和推广技术经济性能好、符合航道等级标准的船型。另一方面要采取正确引导与强制推行两种手段相互配合，充分发挥市场机制的作用，通过经济的、技术的、法律的、行政的措施，更新老旧船舶、淘汰木质和水泥船。船检、港监、运管、航道等部门要按照各自分工，研究制定有利于标准船型发展的货源分配、规费标准等方面的优惠政策，同时要把船舶的技术标准作为控制市场准入的条件和手段，逐步提高内河航运整体的素质和水平。

为推进珠江水系的船舶标准化，珠江航务管理局自 2002 年开始着手进行珠江水系船舶标准化研究。召开了珠江干线船舶标准化座谈会，组织四省（区）共同研讨珠江水系船舶船型标准化的工作。

三、珠三角船型标准化工作推进

珠江三角洲码头、航道的变化与改善，为船舶朝大型化发展提供了条件。在"九五"和新世纪初期，珠江三角洲运输船舶的主尺度有了较大突破。

珠江三角洲主要运输船舶有集装箱船、自卸砂船、件杂货船、油船和散装化学品船。主要航行于珠江三角洲地区及港澳航线，属内河 A 级航区，运距在 100 千米左右，以自航船舶为主。

（一）集装箱船型的发展

20世纪90年代初，由于在运输、装卸方面有着突出的优点，集装箱运输迅速发展起来。广东各水运公司纷纷加入了集装箱运输行业，先是用普通货船、砂船改造为集装箱船，或新建了大小不同的集装箱船。

"八五"期间产生以850吨（36箱）多用途集装箱船为代表的优秀船型，主尺度 $L \times B \times D \times d$（总长×型宽×型深×吃水）（下同）为49.80米×10.80米×4.40米×2.60米。由于该船装载面大、操纵灵活、航行平稳、节能效果显著，船公司纷纷采用。仅1995年一年就有12艘投入穗港航线营运。该类船航行于广州—香港及珠江三角洲航线，当时受到航道限制，吃水要求少于3米，以及港澳线的特殊要求，船长要小于50米。当时集装箱运输价格昂贵，广州—香港每个标箱运价3 000多元。是珠三角当时经营效益最佳的船舶。但随着集装箱运价下调，该类船经济效益逐渐下降。由于航运生产的需要，船长又受到限制，要提高装载量，只有加大船宽和增加吃水。因而产生了"九五"期间的优秀船型900吨72箱多用途货船（49.9米×12.8米×3.8米×2.65米）和970吨180箱多用途货船（49.90米×15.6米×4.0米×2.8米），该类货船稳定性好、操纵灵活、舱容大、经济效益较好。"十五"初期，三角洲海轮航道逐步建成，又产生了主尺度为49.98米×（13.0～15.8）米×4.5米×（2.6～3.2）米，载箱达198 TEU的新一代千吨级集装箱船。

2002年前后，全世界约80%的集装箱均由广东省生产，生产能力已达250万 TEU/年，2001年产量150万 TEU，外贸出口70多万 TEU，需大量船舶承运成品箱到香港中转，成品箱运输量占全省水路集装箱运输量的40%左右。成品箱体积大、重量轻、运价低，同样航线至香港仅350元/箱左右，为适应市场需求，珠三角船厂建造了大量的15～17米宽的成品箱运输船，载箱量达175～200 TEU，主要代表船型有南港66号船，主尺度为49.98米×15.98米×4.0米×2.6米，载箱量198 TEU，舱长31.9米×12.4米×3.1米，横放成品箱的专业运输船舶。该类船设计以多载适装为主，总布置设计紧凑，载箱量合理，甲板面积载货率达88%以上，稳定性好，操纵性灵活，造价300万元左右。此类成品箱专业运输船由于适应现有生产发展的要求，经济效益好，深受用户欢迎。

（二）自卸砂船与普通货船

自卸砂船是一种兼有自航货船和自航工程船特点的新型船舶。20世纪90年代后，随着港澳台砂石需求量的增加和香港新码头建成及珠江三角洲航道改善，船型发展迅猛。从1 000吨级到1 500吨级、2 000吨级并逐渐向3 000吨级发展。船舶专门从事矿建砂石、建筑用砂和公路建设用砂石的出口运输。主要停靠在香港新码头，或到深圳港中转，船长不受限制。

新造的砂船和原有的砂船无论是从吨位、船质还是现代化程度上来看都相差很大。砂船从200吨到3 000吨都有；千吨级以上则从事港澳线或到深圳港的运输，主力船型是1 000吨级、1 500吨级、2 000吨级，主尺度分别为55米×11.5米×3.5米×2.8米、58米×13.0米×3.5米×2.8米、66米×14.5米×4.20米×3.6米。

珠江三角洲的普通货船主要是散货专业运输船、油船和件杂货船。件杂货船因为大宗件杂货源少，一般吨位较小，300～500吨为多。个别专业运输散货船吨位较大。如

1 500 吨运木船，主尺度为 67 米 × 13.6 米 × 4.5 米 × 3.2 米；900 吨粉煤灰运输船，主尺度为 49.9 米 × 12.8 米 × 4.5 米 × 3.8 米；950 吨杂货船，主尺度为 49.95 米 × 16.0 米 × 4.0 米 × 2.36 米。型散货船一般均为双底双壳结构，航速 9～10 节，均为当时新造的经济节能船型，此类千吨级货船数量不大。

油船主要有 600 吨级、800 吨级、900 吨级、1 200 吨级，主尺度分别为 49.4 米 × 9.8 米 × 3.5 米 × 2.7 米、49.4 米 × 10.6 米 × 3.6 米 × 3.30 米、59.2 米 × 11.2 米 × 3.90 米 × 3.10 米、60 米 × 10.6 米 × 4.4 米 × 3.9 米。较优秀的船型是 1 250 吨内河新型运油船，主尺度为 65.8 米 × 11.4 米 × 4.3 米 × 3.5 米。设备采用了先进的水滴型双尾鳍船型，V 型首、V 型尾和正八字双尾鳍，采用大减速比齿轮箱，螺旋桨敞水效率高；主机选用康明斯 KTA19—M500 主机 2 台，单机功率 339kW，机舱设置了带程序控制的集控室，自动化程度高，航速 11.2 节，具有快速、节能、抗风能力强、卸油快等优点。

（三）珠江三角洲船型与船舶标准化起步

"九五"之后，珠江三角洲部分航道已由内河Ⅲ级航道逐步发展到水深为 4.6 米的千吨级以上海轮航道。船舶整体上朝大型化、专业化、现代化方向发展，并形成系列规模。船舶型线和总体设计优良，技术含量高，机型及配套设备先进，经济效益较好，但船舶标准化程度仍然较低。比如航行港澳线的标准化程度较高的集装箱船，其装箱布置为 3 列或 4 列或 5 列，船长基本固定，型宽一般为 10.8 米、12.8 米、15.6 米。而实际上仅 3 列排放的集装箱船，船宽就由 9.6 米至 10.8 米不等，20 厘米一档的各种宽度的船都有，吃水也是各有不同。千吨级左右的砂船从 750 吨起每 50 吨（甚至更小）一档直到 1 500 吨的各吨级船都有，船舶尺度更是五花八门。有的船太宽，对于节能、快速性和航行安全不利。

船舶标准化是我国交通发展战略之一。为此，交通部 2001 年颁布了《内河运输船舶标准化管理规定》（简称 8 号令），8 号令中涉及的《内河货运船舶船型主尺度系列》标准（以下简称《内货标》）在珠江水系可操作性不强。主要原因有三点：一是《内货标》中船型主尺度系列主要以长江水系顶推、拖带船队等长江船型为母型筛选的系列船型。其中涉及珠江的系列少，不够用，且未涵盖珠江最好的船型。《内货标》中Ⅲ级航道普通货船最大船宽仅为 12.8 米，吃水限制在 3.0 米，而珠江三角洲航道虽属内河Ⅲ级、A 级航区，实则是通江达海的千吨级航道，河面宽、吃水深、又无船闸，所行船舶无论是吃水、船宽，均远远超出《内货标》的主尺度允许范围；船舶载重吨级与内河Ⅲ级航道 1 000 吨限重参考值相差甚远，如 2 000 吨自卸砂船，尺度为 66 米 × 14.5 米 × 4.2 米 × 3.6 米，198 箱 900 吨集装箱（成品箱船）尺度为 49.98 米 × 15.60 米 × 4.0 米 × 2.6 米。二是香港新码头的建成对船长要求放宽，跑港澳航线的船舶已不完全受 50 米船长的限制，《内货标》与之不适应。三是珠江流域是雷雨大风频发区，对船舶稳定性要求高，其稳定性衡准数高于长江船型的 0.6 倍，故船型的选用有别于其他水系船型。

鉴于珠江水系及珠江三角洲航运发展的特殊情况，应早日实现珠江三角洲船舶现代化、大型化、专业化、标准化，根据交通部有关精神，开展"珠江水系船舶标准化研究"迫在眉睫，研究制订一个符合珠江干线和珠江三角洲航运生产实际需要，与现实发展要求相适应的货运船舶尺度系列标准势在必行。

珠江航务管理局在 2002 年，组织召开了珠江干线船舶标准化座谈会，组织四省

（区）共同研讨珠江水系船舶船型标准化的工作。

第八节 航运科技的发展

"九五"期间和新世纪初期，珠江水系各单位积极开展科研和技改工作，在内河建设、管理、养护技术以及基础理论研究等方面取得了丰硕的成果。科技成果主要表现在三个方面：一是在生产管理中广泛地采用计算机管理技术，逐步与国际接轨；二是大力开发多用途集装箱船和特种船，相继开发出技术含量高、吨位大的特种船型；三是在航道工程施工中采用新的施工机械和检测技术。

一、信息化建设

广东省航运规划设计院与广东省建设信息中心研究的"航运设计综合管理系统"全面推广使用。广东、广西港监部门都开发了相应的港监业务管理系统，中山港航集团公司更是在"九五"期间踏上了信息高速公路；广州港务局围绕港口主枢纽和支持保障系统的建设，研究开发了先进适用的交通行业电子信息技术、自动控制和新材料技术等。广东省港口、航道、航运科研设计单位全面普及了计算机综合管理信息系统。广西港监、船检利用计算机进行综合管理普及率也达90%，施工管理、签证、码头项目管理、设计及船舶、货运管理有机地结合起来。截至2000年底，基本实现"科学、规范、有效"的管理模式。

1996年，云南省开展水运行业统计信息系统推广应用研究。开展了推广应用培训，建立了船舶数据库及其支持软件，营运船舶数据库及其支持软件。营运船舶数据库在省内部分条件具备地区得到推广应用。1998年，立项开展航务管理局办公自动化建设，进行了局域网络建设，实现了网络的互联互通，信息资源共享和财务电算化。1999年，开展科技档案计算机管理开发工作，对科技项目管理条目多次优化，形成体系主要功能，具有立项管理、实施管理、经费管理、成果管理、文档管理等8大功能模块。2001年，开展水运管理信息系统建设研究，此为交通部推广项目，根据全国建立水运管理信息系统的要求，对全省水运企业、船舶的基本数据进行全面的收集、分析、整理，建立省级水运管理信息数据库。

二、船型研究与开发

广东省航运科研所开发出900吨内河多用途货船，及长大开口集装箱船型结构强度计算软件，并通过船检局内河规范研究所认证而获推广使用。"九五"期末，广东省共有千吨级集装箱多用途货船一百多艘，此类船船型较为先进、仓容大、轮机配置合理、能耗小、运输成本低、装箱数量大、使用可靠。长年航行于珠江三角洲及港澳航线，经济效益显著。

珠江三角洲"九五"期间随着货种的变化，相继出现了一批液化气船、散装水泥船、化学品船、油船。如400吨散装水泥自卸船即为"九五"期间推广船型；广东航运科研所开发研制的 1 250 吨内河运油船是当时国内的优秀船型，采用了大速比推进装置、大排量卸货装置及集中监控室等技术，具有造价低、运量大、耗油低、航速快、卸货快、清舱率高、营运周转快、经济效益好等特点。

《3 000—5 000 吨级江海直达集装箱船开发研究》是广东省"九五"期间重点研究项目，以配合西江航运干流开发通航 3 000 吨级海轮、珠江口通航 5 000 吨级海轮。"九五"期末和新世纪初期，完成了 3 000 吨级、4 000 吨级、5 000 吨级江海直达集装箱船船型尺度方案，对 7 个船模方案进行了阻力性能、自航、伴流等多项船模试验，并采用了大直径螺旋桨、组合舵等先进技术。其研究成果达到国内同类船型研究先进水平。1 500 吨级江海直达货船已有成熟的船型投入生产营运，往返于大连、厦门、上海至珠江三角洲，经济效益显著。

三、新机械新技术的应用

广西柳州航务处成功地将矿山用中风压钻机改造应用到钻机船上。这种钻机比以往使用低风压钻机船提高深水钻孔工效四倍以上，在三峡工地及珠江口深水港口以及西江二期工程五标段等工程施工中，航道部门凭着这种工程船的优势承接和完成了不少关键工程。

"八五"期间开发成功的 2 立方米抓斗式挖泥船测深定位技术，提高了挖泥（石）船水上作业测深定位的准确度和测深工效，并可同时做到边施工边测量。该类挖泥船的定位、测深工效，分别比普通挖泥船提高 5 倍以上，费用减少 50% 左右，施工船定位控制点减少 50%，工效提高 20 倍，经济效益十分显著。

"九五"期间，广东省航道局辖区航标灯采用红绿色发光二极管（LED）光源（"八五"期间科研成果），占全省在用航标灯数的 80%，使广东航道摆脱了劣质白炽灯泡，LED 光源航标灯使用寿命是白炽灯的数十倍，耗电量却是白炽灯的一半，具有高光效、低电耗的显著优点；与白炽灯相比，配置一台太阳能电源可节省的费用约 40%，在很大程度上提高了助航质量，减少了航道工出航恢复灯光的数量，降低了海损事故率，保障了船舶的安全航行。

第九节　香港回归与加入 WTO 对珠江航运的影响

一、香港回归加强了珠江航运的区位优势

世界各地有 300 多家轮船公司在香港设有总公司、分公司或代理处，香港拥有世界上最大的独立船东总部，拥有庞大的商船队。香港船东协会各成员共拥有远洋船舶 1 294 艘，载重吨位 6 100 万吨，其规模仅次于日本、希腊等少数国家，约占世界船舶总吨位的 10%。1995 年进出香港港口船舶达 43.24 万艘次，平均每隔一分半钟便有一艘船进出。

香港在维多利亚港建起了世界一流的葵涌集装箱港口。从 1992 年至 1996 年连续 5 年集装箱吞吐量居世界各大港之首，成为全球最大的集装箱港口之一，1996 年进出香港远洋船舶 8 万多艘次，1996 年全港集装箱吞吐量达 1346 万 TEU。

香港航运如此繁荣，得益于祖国大陆的对外开放，得益于珠江流域地区经济的发展。欧美大企业集团、大证券投资机构把目光集中于经济高速发展的中国市场。到1995年底外资银行在香港达154家，全球最大的100家银行中就有85家在香港开展经营活动。1979年至1995年，港商在内地投资办企业超过14万家，实际投入资金800多亿美元，占中国外资总额的60%以上。

巨大的对华投资，带来的是内地巨大贸易和转口贸易。在1996年，香港每处理的10个集装箱中就有6个来自珠江航运和内地，或运往珠江沿江各地及内地。旅客量也从1978年的205万人次增加到1995年的1 020万人次。其中来自内地或经香港往内地的游客占80%。1995年珠江水系共完成出入境旅客达256.8万人次，旅客周转量近3.7亿人/千米。到1996年，广东省经营港澳线的航运企业达459家，投入运力2 040艘，共计61万吨位，其中集装箱专用船554艘，载箱能力37万TEU；运输航线146条。广西经营港澳航线的货运企业发展到10家，投入运力133艘，5万载重吨位，1995年珠江水系共完成外贸运量1 233.30万吨。1996年，完成集装箱运输120万TEU。

香港的繁荣离不开日益强大的祖国，内地的外向型经济的发展同样离不开香港。作为中国改革开放的窗口，珠三角乃至广东的珠江航运的发展离不开香港，香港航运的发展也离不开珠江航运。

二、加入WTO对珠江航运的影响

2002年是我国加入WTO的第一年，我国为适应加入WTO的新形势，积极采取了应对措施，一是转变政府职能，加强法规和环境建设。在水路运输方面，2001年出台了《中华人民共和国国际海运条例》和《国内船舶运输经营资质管理规定》等7个法规和规章，开始了对建设和运输市场的大力整顿。二是加大对内对外开放力度。对内采取了激励民间投资政策，放宽投资领域、拓宽独资渠道。珠江流域下游广东省民间投资在2001年增长12.6%的基础上，在2002年增长12%，主要投向房地产开发业和交通运输、仓储及邮电通信业。对外加大引进外资力度，2002年上半年珠江流域实际利用外资60亿美元，增长10%，其中第三产业实际引资10亿美元，增长25%，交通运输、仓储及邮电通信业增长最快，增速达1.2倍。国家从2002年4月1日起实行新的《外商投资产业指导目录》，取消外资不能控股公用码头的规定，东莞虎门港成为第一个利用这个新政策来吸引外资解决资金不足的港口。三是加大对外经贸的扶持力度。珠江干线腹地的"三资"和民营企业已成为外贸出口的生力军，其出口以每月翻番的速度递增。

2002年珠江流域国民经济增长10.2%，呈现出快速增长的态势。珠江流域全社会固定资产投资同比增长17%，增幅同比提高7个百分点，为经济增长注入了动力。

珠江流域投资和外贸经济发展势头对珠江水运的带动作用明显。粤港澳地区对流域经济和运输的龙头作用尤其突出。2002年，广州、深圳、珠海等沿海主要港口完成吞吐量近1亿吨，增长率为20%。其中外贸吞吐量占总量的42%、增幅高达20%，集装箱350万TEU、增长33%。

珠江内河运输量增长幅度约9%。南宁、贵港、梧州、肇庆等规划的内河主枢纽港口完成吞吐量近450万吨，增长率为23%。广州港的内河集疏量1 500万吨、增长8%，港澳线外贸运输值增长6%、1 800万吨，其中完成集装箱205万TEU、增长5%。珠江水系客运在调整中止跌回升，常规跨省客运基本封停后开始尝试从事季节性节假日旅游运输，省内、封闭水域等旅游客运增长幅度保持在10%以上。

（一）加入WTO对珠江水运带来的机遇

自我国加入WTO后，对珠江水路运输行业来说是利大于弊。珠江水运市场在对外开放中已走过了20多个年头，基本上能适应国际惯例，加入WTO不可能对珠江水路运输行业带来直接的即时的冲击，其对水路运输行业的影响大多表现为间接影响，即主要通过围绕集装箱货源的变化来影响整个集装箱运输业，其影响是一个渐进的过程。

一是通过水路运输的进出口货运量将有大幅度的持续稳步增长，发展前景乐观。广东省是水运大省，也是对外经济贸易的大省，进出口贸易货物大部分由水路运输。加入WTO最直接的结果是对珠江水系四省（区）的对外贸易产生积极影响，进出口量增加，给水路运输带来繁荣。

二是给水路集装箱运输带来发展良机。因珠江水系四省（区），特别是广东省在劳动密集型产品具有较大的优势，而劳动密集型产品是适箱货，所以在我国加入WTO后，集装箱货运出口量进一步增加。此外还有其他进口农产品也转变为适用冷冻箱和普通箱运输，也因此给珠江水系水路集装箱运输注入了新的活力，加快发展珠江水运的海上国际集装箱支线运输、内支线运输和具有较大市场发展空间的国内水路集装箱干线以及支线运输步伐，内贸集装箱运输也会逐渐成为内河运输新的增长点。

三是可以促进公平竞争的市场环境。激烈的市场竞争使优者胜劣者汰，一些成本高、技术水平低和管理落后的企业将被淘汰出局，而那些有创新机制，善管理，能够适应水运市场变化的企业，将在竞争中不断壮大，经济效益不断提高，从而促进运力结构升级。

四是有力推动水运企业技术进步和提高经营管理水平以及现代化管理的进程。

五是有利于从水路运输走向综合物流服务。

六是有益于促进海峡两岸尽快实现直接通航。

（二）加入WTO对珠江水运带来的挑战

一是珠江水运最大的问题是立法、规范和法治化建设滞后。由于现有的法规与GATS的原则和国际航运的惯例差距很大，制度的短缺是最大的障碍，立法和法治化建设过渡期过长会影响广东水运行业的发展。

二是政府交通主管部门面对加入WTO的挑战比水运企业更大。

（1）目前我国社会主义经济运行中最缺乏的还是"市场"。

（2）我国加入WTO以后，GATS规定的有关原则和纪律体现的是市场经济原则，其中特别是关于市场准入方面的目标就是要取消政府对市场的干预。我国现有的宏观调控手段，有些会逐步失效，有些将会发生变异。

三是珠江水路运输企业在信息技术利用上与国际先进水平存在一定差距。

四是由于GATS生效，珠江水系水运市场将进一步对外开放。包括水运市场、水运服务市场、港口服务市场和港口建设市场，外国公司同样可以全面参与。外国的水运企业通过合资或独资形式将进入珠江水运从事经营船舶运输、代理、揽货、港口装卸、仓储业务，这无疑给珠江水运市场带来巨大的竞争压力。

五是现代物流发展的趋势要求提供门到门服务，对水上运输服务的范围和质量的要求会越来越高。

六是外国水运、物流企业将在珠江水系大力发展物流服务。其优势主要有在全球物流界享有较高的知名度；积累了丰富的成功经验和一大批国际物流的客户群体；物流计算机信息管理体系较为完善、具有严格的信用制度，有开展电子商务的经验和基础，具有较大的资金和人才优势。

七是加入WTO后，水运业价格必将受到价位规律支配。水运业价格要逐步放开，也就是在市场经济条件下实现市场调节，按照市场配置运力资源，使运力资源流向最有效使用的地方。

第十六章
融入全球化的珠江航运（2003—2012）

2003年到2012年，是中国经济快速发展的十年，也是中国经济实现转型发展的十年，中国经济迅速融入全球经济体系中。随着我国国际贸易货物运输量的飞速增长，航运事业作为进出口运输的基本行业亦得到快速发展。以珠江三角洲为窗口的华南经济圈，是我国重要的出口基地，承载着大量的进出口货物的集散疏运功能，珠江内河水运也在这种背景下进入一个全新的发展阶段。

第一节 与时俱进的珠江航运管理机制

进入新世纪后，中国正处在经济结构转型和发展方式转变的关键时期，通过加入WTO，与世界其他经济体接轨，快速融入全球化体系。为了更好地适应加入WTO的需要，中国通力在行业政策与法规方面进行完善，以推动港航事业的发展。珠江水系四省（区）深入贯彻落实科学发展观，努力构建完善的珠江内河航运体系，行政执法能力进一步增强。珠江航运管理体制机制迅速得到改进和完善。

一、政策法规建设推动港航事业

（一）国家加强立法，以适应发展新要求

2003年6月28日，第十届全国人大常委会通过《中华人民共和国港口法》，并于2004年1月1日起施行。该法是中华人民共和国成立以来第一部对港口进行全面、系统规范的法律。该法首次明确提出，国营、私人和外商投资者在投资建设和经营中国港口时将享有相同的待遇。该法对港口的规划、建设、维护、经营、管理及其相关活动进行了全面的规范。在港口管理体制方面确立了中央宏观调控、地方政府进行具体管理的港口管理体制，明确了政、企分开的港口运行机制；规范了港口规划体系，保证了港口资源的保护和合理利用；在港口经营管理方面明确了港口投融资政策，保证了港口的可持续发展；确立了港口市场准入制度和行为规则；港口安全管理方面确立了船舶进出港口和港口内危险货物作业的报告制度、对可能危及港口安全的活动的禁止和审批等港口保护和安全管理制度，保证了港口良好的公共安全。

2005年7月，交通部、国家安全生产监督管理总局发出《关于开展渡口、渡船专项整治规范渡口渡船安全管理的意见》，要求确保渡口设置、渡船安全技术状况符合标准。

2007年，国家发展改革委和交通部联合编制《全国内河航道与港口布局规划》（以下简称《规划》）。《规划》明确指出，在水运资源较为丰富的长江水系、珠江水系等水系，形成包括西江航运干线、珠江三角洲高等级航道网和18条主要干支流高等级航道（简称"两横一纵两网十八线"）的布局，构成我国各主要水系以通航千吨级及以上船舶的航道为骨干的航道网络。高等级航道包含珠江水系西江航运干线、珠江三角洲高等级航道网、右江、北盘江—红水河、柳江—黔江等。主要港口的规划布局方案的形成由28个内河港口组成，以区域主要城市对外辐射的主要港口体系，包括珠江水系的南宁港、贵港港、梧州港、肇庆港、佛山港。

2011年1月，国务院印发了《关于加快长江等内河水运发展的意见》，3月24日，国家正式启动内河高等级航道"十二五"建设，国家将加快发展内河水运上升为国家战略。

2012年1月，交通运输部发布了《关于明确港口危险化学品安全监督管理若干问题的通知》，涉及港区内危险化学品安全监管、港区内加油站安全监管、港口危险化学品从业人员资格、安全评价机构管理以及生产安全事故调查处理、安全监管职责交接等方面的内容。

2012年7月30日，交通运输部发布了《关于完善管理促进国内航运业健康平稳发展的意见》和允许船舶融资租赁试点两项政策，提振国内航运业。

2012年10月13日，国务院公布了《国内水路运输管理条例》，并于2013年1月1日正式施行。

2012年10月29日，为加快我国水运事业的发展，促进现代物流发展和综合运输体系建设，交通运输部印发了《关于加快"十二五"期水运结构调整的指导意见》。

（二）水系四省（区）积极规划

2004年8月17日，贵州省政府会同交通部在贵阳市主持召开《贵州省内河航运发展规划》（以下简称《规划》）审查会。2005年4月23日，贵州省政府予以批复。《规划》总体目标为以西部大开发为契机，以河流渠化为重点，结合水利枢纽建设，用20年左右的时间，基本建成乌江、赤水河、清水江、"两江一河"、都柳江等5条水运出省通道，相应发展区间和库区航运，配套建设港口和航道支持保障系统，形成港、航、船协调发展，与其他运输方式相互衔接的内河航运体系。并将全省航道划分为出省水运通道和一般航道两个层次。"两江一河"、乌江及赤水河、清水江、都柳江等五条河流为水运出省通道。

2010年，广东省航道局编制了《珠江三角洲高等级航道网建设方案（2011—2015年）》（以下简称《规划》）。密切围绕实现珠江三角洲交通运输一体化规划目标，为认真落实《规划》，合理开发利用广东省航道资源给出了指引。

广东省将内河水运建设摆在重要位置，在"十一五"时期基本实现珠江三角洲高等级航道网规划目标的基础上，研究出台了《广东省内河航运发展规划（2010—2020年）》，突出了北江千吨级航道建设等主要目标，明确了广东省内河航道布局规划方案和各内河港口的地位、作用和主要功能。

2011年，贵州完成了《贵州省公路、水路交通运输"十二五"发展规划》《贵州省水上交通安全"十二五"规划》的编制。贵州省实施"南下珠江"战略，加强南北盘江和红水河等航道建设，积极推动红水河复航。

2012年，广东省抢抓内河水运发展的重大机遇，出台了《广东省人民政府关于加快内河水运发展的实施意见》，在全国率先提出推动水运行业由传统服务业向现代航运服务业转型升级的理念，明确了建设国内一流国际先进的水运体系和实现水运强省的工作目标。实施意见围绕建设幸福广东的目标，着力推进内河水运由传统服务业向现代服务业转型升级，充分发挥内河水运的优势，加快构建综合运输体系，推动区域协调发展。提出了加快内河水运能力建设、促进内河水运转型升级、打造绿色内河航运等重大任务，确立了实施珠江门户的重大战略。

2012年《广西综合交通运输体系发展"十二五"规划》正式出炉。广西投资6500亿元，建设了265个综合交通基础设施重大项目，打造全方位综合交通运输网络。广西壮族自治区组建了西江黄金水道建设领导小组，加紧实施"打造西江亿吨黄金水道，努力构筑沿江经济走廊"战略，出台了《关于打造西江黄金水道促进区域经济协调发展的若干意见》和相关规划。

2012年12月，贵州省出台了《贵州省人民政府关于加快水运发展的意见》，为水运发展提供了政策保障。首次提出"以航为主、航电结合、综合利用、协调发展"的方针政策，其核心是"以航为主"的发展新思路，在全国省级层面来看尚属首次。该规划围绕实现全省经济社会发展历史性跨越和全面建设小康社会的宏伟目标，对内河水运发展提出了更加明确、更加迫切、更高标准的要求，将努力实现南北盘江、红水河千吨级通航。

2012年8月，随着《云南省人民政府关于贯彻国务院加快长江等内河水运发展意见的实施意见》的出台，云南省明确了内河水运的发展目标：到"十二五"末，全省航道里程增加30%以上，达到4000千米，其中，四级以上航道里程达到240千米，Ⅴ级航道里程达到960千米；全省港口泊位达到220个；全省运输船舶平均吨位比2010年提高50%，全省运输船舶标准化率提升至30%以上，其中，金沙江—长江、右江、澜沧江船型标准化率达到50%以上。云南省实施"北进长江，东入珠江，南下湄公河"战略，努力由珠江走向江海。

至此，珠江水系四省（区）均相继提出并确定了内河航运发展的意见或新的规划目标，为珠江水运可持续发展奠定了基础。

2012年11月，贵州省政府批准了《贵州省水运发展规划（2012—2030）》。紧紧抓住了全国内河水运加快发展的大好形势，理清了贵州水运的发展思路，提出了"以航为主、航电结合、综合利用、协调发展"的新理念，明确了全省水运的发展目标和具体工作任务，为今后20年全省水运实现更快、更好的发展，发挥更加科学、合理的引领作用。

四省（区）在积极谋划水系水运规划的同时，也在不断加强各项管理工作，很好地保障了水运生产的发展。

2005年10月12日，云南省政府办公厅印发《云南省渡口渡船专项整治实施方案》，要求在2007年9月30日前完成专项整治工作，其中渡口达标率要达到90%以上。

2005年，广东省人民政府出台《广东省航标管理办法》。《广东省航标管理办法》为地方性法律法规，是广东省人民政府为加强对航标的管理和保护，保证航标处于良好的使用状态，保障船舶航行安全制定的办法。该办法自2006年11月1日起施行。

2007年1月25日，广东省第十届人民代表大会常务委员会第二十九次会议通过并公布《广东省港口管理条例》，并自2007年3月1日起施行。该条例的颁布实施，对于加强广东港口建设和管理，维护港口安全、经营秩序和当事人的合法权益提供了重要的法律保障，体现了依法治港的客观要求。

2007年9月24日，贵州省第十届人民代表大会常务委员会第二十九次会议通过并公布了《贵州省水路交通管理条例》，自2008年1月1日起施行。这是贵州省第一部水路交通综合性地方法规。该条例的公布施行，对贵州省交通水运业来说，具有里程碑意义。其意义在于在上位法规的框架内，体现科学发展观理念，为推进水运又快又好发展提供了法律支持保障。

2008年8月4日，《贵州省人民政府修改废止部分政府规章的决定》中第二次修正《贵州省港口管理办法》，填补了贵州港口管理的法规空白，是结合贵州港口发展实际而制定的，可操作性强，促进贵州港口建设与管理持续健康发展。

2010年12月17日，广西壮族自治区人大法制委员会、自治区交通运输厅联合召开《广西壮族自治区港口条例》（简称《港口条例》）新闻发布会，发布《港口条例》制定情况并解读相关内容。《港口条例》是广西第一部全面规范广西港口发展和管理的地方性法规，于2010年11月27日获自治区十一届人大常委会第十八次会议审议通过，2011年1月1日起正式实施。

二、推进航运机制体制改革

（一）水运管理体制机制改革

2003年，广东省交通运输厅港航管理局成立。省交通运输厅港航管理局是负责全省水运和港口行政管理的副厅级行政机构。其主要职责是负责贯彻执行国家、省有关水运和港口管理的法律法规和规章，拟订全省水运和港口发展战略、方针政策和地方性法规、规章并监督实施；负责全省水路运输和港口行政管理，维护水运和港口行业平等竞争秩序；参与港口规划及建设项目审核，负责对港口公共基础设施的监督管理；负责水路运输、水路运输服务及船舶代理等辅助性业务的行业管理；负责港口经营、外轮理货、引航等港口及港口助业的行业管理，参与港口、港航设施建设及使用岸线布局的管理等。港航管理局的成立，加强了全省港航行业管理，加快了全省港航事业健康有序发展。

2006年1月，广东省编委印发了《广东省交通综合行政执法改革方案》，确定在省、市、县交通运输主管部门内设立交通综合行政执法机构，名称为"交通厅、局（委）综合行政执法局"。将港口行政、航道行政、水路运政的行政强制、行政处罚职能划归综合执法机构统一行使，水上综合统一执法模式初步形成。

2006年"广西壮族自治区航务管理局"更名为"广西壮族自治区港航管理局"，隶属自治区交通厅，下设4个航道管理处、6个船舶检验处，行使全区航道、船舶检验、水运基础设施建设和水运规费征收的管理职责及对全区水路运输、港口管理实行指导职责。

2007年12月，根据广西壮族自治区机构编制委员会印发的《关于自治区航道和船舶检验管理机构更名的批复》（桂编〔2007〕232号），自治区港航管理局直辖的航道管理处、船舶检验处分别更名为航道管理局和船舶检验局。各市、县交通局分别下设负责辖区水路运输行业管理的航务（港航）管理处、航务管理所；北海、钦州、防城港市设立负责辖区港口行业管理的港口（港务）管理局（处），接受自治区港航管理局管理，进行广西船舶运输经营资质管理、船舶载运危险货物安全监督管理、水路运输企业经营资质管理、水路运输服务企业经营资质管理、港口经营管理、港口危险货物管理等。

2009年10月21日，广东省交通运输厅正式挂牌成立。广东省交通运输厅港航管理局也正式挂牌成立。其主要职责包括参与拟订水运和港口发展战略、方针政策和起草地方性法规、规章草案并监督实施；负责水路运政和港口行政管理（执法除外）；参与港口规划及建设项目审核，负责对港口公共基础设施的监督管理；负责水路运输、水路运输服务及船舶代理等辅助性业务的行业管理；负责港口及外轮理货、引航等港口辅助业务，港口及港航设施建设使用岸线布局的行业管理；协助管理水路运输有关经费的统筹使用，协助组织征收和管理港口行政管理等相关规费；负责组织实施水路重点物资、军事、防洪抢险、紧急客货运输等。

2004年2月，经广州市人民政府批准成立广州港务局和广州港集团有限公司。1987年全国港口管理体制改革，交通部黄埔港务局下放给广州市管理；黄埔港务局和广州市港务局合并，成立广州港务局，政企合一。2001年，我国开始新一轮港口管理体制改革，国家将中央直属和双重领导港口下放到地方，国务院办公厅下发了《关于深化中央直属和双重领导港口管理体制改革的意见的通知》。广州港务局为事业单位，保留正厅级，受市政府委托行使对港政、水路运输行业和广州港航道的管理职能。

2011年12月27日，广东省海上搜救中心在广东海事局正式挂牌，为进一步理顺搜救体制，完善管理机制，增强搜救能力提供体制上的保障。

2012年6月28日，为确保南盘江、北盘江、红水河主航道畅通提供保障，贵州省编委办印发《关于同意设立贵州省南北盘江红水河航道管理局的批复》（省编办发〔2012〕170号），同意设立贵州省南北盘江红水河航道管理局。

四省（区）在进行航运管理机构改革的同时，对港航管理职能也进行合理的调整，以满足港航运业发展的需要。

为进一步加强水上交通安全监管，根据中央编办下发《关于进一步明确水上交通安全监管职责分工有关问题的通知》（中央编办发〔2005〕9号）精神，珠江水系四省（区）相继出台规定，对水上交通安全职责分工进行进一步的明确。

2005年10月，广东省机构编制委员会办公室发布《关于进一步明确我省水上交通安全监管职责分工有关问题的通知》。

2007年7月19日，贵州省委组织部、省人事厅发布《关于印发参照公务员法管理的省属事业单位名单的通知》（黔组通〔2007〕71号），将贵州省地方海事局（贵州省航务管理局）列入参照公务员法管理的省属事业单位。全省各级地方海事管理机构同时获准参照公务员管理。

2007年9月24日，贵州省机构编制委员会办公室印发《关于省地方海事局（省航务管理局）机构编制有关事项的批复》，对现有的职能配置、内设机构和人员编制重新进行明确规定。

2008年4月，云南省人民政府发布《关于进一步明确我省水上交通安全监管职责分工有关问题的通知》，对船舶安全监管职责、水域安全监管职责等进行了明确界定和分工，为提升水上安全管理质量提供了政策保障。

（二）省级地方海事、航务管理参照公务员法管理

2000年以后，交通部对水上安全管理和航务管理提出了新的更高的要求，统一了全国海事系统名称，各级海事部门不能在行政执法上缺位。省地方海事（航务管理）局系厅属二级局，负责全省水上安全监督管理和行政执法、水路运输行业管理和行政执法、航道行政管理和行政执法、港口行政管理和行政执法、水运工程建设管理和水运工程质量监督等公共事务管理。省地方海事局实行参照公务员法管理后，使海事执法主体资格进一步明确，海事管理机构依法行政、履行法律赋予的权利和职责、履行社会公共安全治理的职能更加明显。

三、大力推进港航法治建设

2011年，广东不断夯实海事法治基础，积极推动海事地方立法。《广东省桥梁水域通航安全管理规定》被纳入省政府年度规章立项；制定实施《自航半潜式钻井平台最低安全配员标准》和《广东辖区外商独资船厂自用船舶登记管理暂行办法》；推动《2006海事劳工公约》等国际公约的履约工作；推动《广东外资船厂自用船舶所有权登记管理暂行办法》《游艇安全管理规定》《广东辖区内河小型船舶船员适任考试和发证办法》等二十余部海事规章制度颁布实施。

2012年，广东省先后印发《广东省水路运输企业行政监管试行办法》《广东省水路运输行业诚信管理试行办法》以及港口重点联系企业制度。《广东省水路运输企业行政监管试行办法》将是广东省加强水路运输企业行业监管、依法行政、有效实施监管标准体系，统一全省各地对水运企业在保持经营资质、加强内部管理、落实各项主体责任等方面的要求，是指导水路运输行业管理部门正确履行行业监管职责的依据。《广东省水路运输行业诚信管理试行办法》的实施，将有效地指导企业生产，引导水运市场健康发展，使水路运输企业行业自律，并将成为水运行业管理部门有效的监管手段；确立港口重点联系企业，将有效地对水运行业市场运行实行监控，掌握第一手数据，充分分析，给予企业正确的引导。

2011年，广西颁布了《广西辖区航运公司安全信誉等级管理办法》《勒马航段通航安全规定》《广西梧州长洲水利枢纽水上交通管制区通航安全管理规定（暂行）》《桂林漓江旅游客船污染物监督管理规定》等9个规范性文件。促进了法律法规没有明确规定的海事监管业务从经验型向科学规范型转变。明确了政务中心与监管处的职责划分，制定了《广西海事局海事行政执法督察实施办法（试行）》。以落实《海事执法业务工作流程（第一部分）》为契机，进一步规范了海事执法业务工作。在直属海事系统率先制定了《行政诉讼应诉工作规则》，提高了行政诉讼应诉工作水平。

2012年，广西坚持以法治港航为目标，通过立法课题研究，积极推动行业立法。一是组织开展《广西壮族自治区港口岸线有偿使用办法》《广西壮族自治区内河货物港务费征收管理办法》《广西壮族自治区航道管理条例（修订）》《广西壮族自治区船舶过闸费

征收管理办法》立法研究工作。二是修订完善有关规章制度。航道方面，修改完善《红水河航道管理与养护工作方案》《中越界河（广西段）航道管理与养护工作暂行方案》，编制《红水河航道航标维护管理工作暂行规定》和《广西壮族自治区涉水工程通航安全影响论证研究报告编制规定》等系列工作制度。船检方面，制定实施《漓江游览排筏检验暂行规定》，修订完善《广西钢质内河挖砂／运砂船舶检验暂行规定（2009）》，推进西江航运干线过闸船舶船型标准化"关后门"示范项目工作。

2012年，广西海事局组织召开了2012年广西海上搜救工作会议，协调崇左、贵港两市水上搜救中心正式挂牌，全区海（水）上搜救中心挂牌率达到100%。起草的《广西壮族自治区海（水）上搜救奖励和补偿管理暂行办法》通过自治区人民政府常务会议审议。

2012年，广西海事局制定印发了《广西沿海船舶交通管理系统安全管理规定》等7个规范性文件；向自治区人大提交了渡运管理条例、乡镇自用船舶安全管理办法两份立法建议书。

2011年，云南省海事局积极争取将《云南省乡镇船舶安全管理办法》纳入省政府的立法程序；起草并上报了《云南省瑞丽江小型运输船舶检验暂行规定》；制定了《云南省航道和渡口维护专项资金管理办法》《云南省水上安全监管专项资金管理办法》《云南省水运建设项目专项资金管理办法》《云南省水上交通安全生产隐患排查治理管理办法》《云南省船舶法定检验工作指南》《云南省港口安全生产监督管理工作规范》《云南省水上交通安全监督检查管理办法》等13项工作规章，组织开展《云南省航道管理条例》《云南省水上交通安全管理条例》的起草工作。

2012年，云南省政府出台了《云南省乡镇船舶和渡口安全管理办法》，积极争取将《云南省水上交通安全管理条例》纳入省政府立法程序，通过交通运输部颁布实施了《云南省瑞丽江小型运输船舶检验暂行规定》，制定了《云南省小型船舶船员考试发证管理办法》《云南省船舶电焊工考试发证实施细则》《云南省船舶法定检验工作指南》《云南省船检登记号管理办法》等多项工作规章。

2007年9月24日，贵州省第十届人民代表大会常务委员会第二十九次会议通过《贵州省水路交通管理条例》，并于2008年1月1日开始执行。该条例推进了贵州省水路交通走向法治化管理，弥补了贵州省此前没有一部水路交通管理的地方性法规的空白，解决了贵州省水路交通管理工作中一些急需明确和规范的问题。

2012年，贵州省修编了《贵州省水运发展规划（2012—2030年）》，在全国首次提出了"以航为主、航电结合、综合利用、循环发展"的水运发展理念。2012年12月，贵州省人民政府出台了《关于加快水运发展的意见》，省财政每年安排3亿元的水运发展专项资金用于水运建设等重大措施。

第二节　珠江水系航道网规划与建设

2003年至2012年，珠江水系航道建设稳步前进，珠江三角洲高等级航道网初步形成。

贵州在"十一五"时期3个项目中投入约12亿元，"十二五"前两年5个项目投入达30亿元。2011年以来在建的项目主要是西南水运出海中线通道（贵州段）航运扩建工程，属"十一五"跨"十二五"重点建设项目。"十二五"期间属于珠江水系的水运建设项目还有都柳江从江、大融航电枢纽建设工程，光照库区、董箐库区航运建设工程。都柳江从江、大融航电枢纽建设工程已于2018年8月竣工，2023年1月通过验收。

广西亿吨黄金水道建设热火朝天。截至2012年9月底，先后安排了三批共107个西江黄金水道建设项目前期工作，估算总投资达720亿元，其中已完成55个项目的工作报告，28个项目的初步设计。贵港航运枢纽二线船闸工作报告已上报国家发展和改革委；大藤峡水利枢纽工程获得国家批复立项；百色、龙滩升船机项目建设的相关单位已就升船机建设规模、建设资金来源、项目业主等基本达成共识。其中贵港港中心港区猫儿山作业区东山多用途泊位工程于2012年3月开工；柳州港鹧鸪江作业区6#—9#泊位、崇左港扶绥将军岭作业区一期工程、梧州港大利口码头一期工程、贵港港桂平港区蒙圩棉宠作业区一期码头工程、来宾港象州猛山作业区一期工程、西江航运干线贵港航运枢纽二线船闸公路改线工程、柳江柳州至石龙三江口2 000吨级航道工程等项目于2012年开工建设。

广东珠江水系重点建设项目共10个，其中2个航道整治项目在建，8个项目在开展前期研究。西江界首至肇庆航道整治工程，按内河Ⅱ级航道标准建设，整治里程171千米，工程总投资概算3.7亿元。截至2012年9月，项目完成主体工程。白坭水道航道整治工程，按内河Ⅲ、Ⅴ级航道标准整治，整治里程55千米，工程总投资概算2.1亿元。工程于2009年11月正式开工建设，计划2013年竣工验收。磨刀门水道及出海航道整治工程、崖门水道及出海航道整治工程（三期）、龙穴南水道至西江航道整治工程、倒运海水道航道整治工程、鸡鸦水道航道整治工程、泥湾门—鸡啼门水道航道整治工程、北江乌石至河口航道整治工程等项目，合计投资超过100亿元，开展工程预可研究或工可报告的修编，多数项目在2013年开工建设。图14为磨刀门水道及出海航道整治工程开工现场。

图14　磨刀门水道及出海航道整治工程开工现场

一、航道建设稳步前进

在"十五"后期到"十二五"初期,珠江水系航道建设快速发展,水系四省(区)的投入稳步增加。

根据《广东省内河航道总体布局规划》(2002年),广东省内河航道总体规划目标是从"九五"期开始,经过几个"五年计划"的建设,形成以西江干流和珠江三角洲"三纵三横三线"及Ⅲ级以上航道为骨干,Ⅳ级航道为基础的三角洲航道网,并以该航道网为核心,构成与北江、东江等其他重要航道干支相通、江海直达的高标准的珠江水系内河航道体系。结合水利水电建设,渠化梅江、汀江、韩江,形成统一标准,干支互通,通江达海的韩江水系三百吨级内河航道体系。

"十一五"时期广东省累计完成内河航道建设投资31.47亿元,航道通达能力显著提高,全省内河高等级航道已达到793千米;珠江三角洲地区初步形成了以通航1 000吨级及以上为骨干,江海直达、连通港澳的航道网;3 000吨级海轮可以顺西江直达肇庆;粤东、粤北等原水运不发达的地区,通过东江、北江的建设,航道通航条件也得到了较大改善。全省航道基本形成了符合广东地域特点的海轮进江、江海直达的格局。

"十一五"以来,广西壮族自治区紧紧抓住国家一系列有利于内河航运发展的政策,以构建出海大通道和西江亿吨黄金水道为目标,全面加快内河航运基础设施建设,提升航道标准及改善航道通航条件。"十一五"期间,广西壮族自治区完成了西江航运干线贵港至梧州Ⅱ级航道工程、广西航运建设那吉航运枢纽工程、黔江勒马河段转桶和转流滩航道维护工程等5个内河航道,在建内河航道项目共6个。

"十一五"时期,贵州省主要实施了南盘江平班—两江口段、北盘江董青箐—两江口段、红水河两江口—漕渡河口段、濛江罗甸港—河口段等航道整治建设,提高航道标准360千米,其中Ⅳ级航道360千米,完成投资14 100万元。

2012年,珠江水系水运基础设施建设加快推进,全年完成基本建设投资567 566万元。按建设内容划分,航道项目完成投资50 393万元、港口项目完成投资271 822万元、船闸(枢纽)项目完成投资245 351万元,分别为水系总投资的8.9%、47.9%、43.2%。按项目的资金来源构成划分为:国内预算30 647万元、国内贷款66 285万元、部门专用资金136 403万元、企事业自筹136 385万元、地方自筹34 849万元、其他资金162 997万元,分别占珠江水系投资完成额的5.4%、11.7%、24.1%、24.0%、6.1%、28.7%。2003—2012年珠江水系基础建设投入见表1。

表1 珠江水系基础建设投入情况(2003—2012年)[①]

年份	合计 (万元)	航道 (万元)	港口 (万元)	船闸 (万元)
2007	129 091	28 406	23 246	77 439

[①] 数据来源:作者自整理2003—2012年《珠江水运发展报告》,交通运输部珠江航务管理局编,华南理工大学出版社出版。

续上表

年份	合计（万元）	航道（万元）	港口（万元）	船闸（万元）
2008	119 129	33 398	43 157	42 574
2009	178 573	43 150	73 607	61 816
2010	465 454	48 783	213 742	202 929
2011	469 133	40 547	169 307	259 279
2012	567 566	50 393	271 822	245 351

珠江水系四省（区）加大对航道建设的投入力度，取得了显著的成绩，从2003年到2012年，水系各等级航道呈现明显上升的趋势，特别是高等级航道取得了历史性进展（表2）。

表2 珠江水系航道基本情况表（2003—2012年）[①]

年份	通航总里程（千米）	等级航道（千米）	一级（千米）	二级（千米）	三级（千米）	四级（千米）	五级（千米）	六级（千米）	七级（千米）	等外航道（千米）
2003	8 640	6 300			1 305	644	548	1 770	2 034	2 340
2004	8 640	6 125			1 305	642	597	1 548	2 034	2 515
2005	8 643	6 304			1 395	552	597	1 727	2 034	2 339
2006	8 643	6 304			1 417	530	671	1 729	1 958	2 339
2007	8 668	6 338			1 417	734	593	1 645	1 949	2 330
2008	8 668	6 338			1 417	734	593			2 330
2009	8 668	6 338		297	1 120	734	593	1 645	1 949	2 330
2010	8 668	6 338		297	1 120	857	479	1 636	1 949	2 330
2011	8 668	6 439		297	1 222	1 011	452	1 635	1 823	2 229
2012	8 668	6 439		291	1 228	1 011	452	1 635	1 823	2 229

为了改善西江的航道状况，相关部门进行航道清淤、航道修复和开放新的航道等工程，以提高西江的通航能力和安全性。西江航道建设与西部出海大通道密切相关和高度重叠，也是国家航道建设的重点工程，在"十五"后期到"十二五"初期期间，工程项目得到了快速推进，取得了重大突破。

为了满足东江流域地区的交通需求，相关部门进行了一系列的航道疏浚和航道改善工

[①] 数据来源：作者自整理2003—2012年《珠江水运发展报告》，交通运输部珠江航务管理局编，华南理工大学出版社出版。

程，以确保东江的航道能够安全畅通，提供更便捷的交通服务。2005年，东江下游航道整治按双向航道建设，航宽40米，建设目标为惠州大桥至石龙桥头为通航500吨级船舶的内Ⅳ级航道，石龙桥头至东江口为通航1 000吨级船舶的内河Ⅲ级航道；2010年，根据《广东省内河航运发展规划》，东江龙川至河源84千米航道规划为Ⅴ级，河源至石龙204千米规划为Ⅴ级、Ⅳ级、Ⅲ级航道，跨河、拦河建筑物通航尺度均按Ⅲ级航道标准控制；2012年，东江中游河源至惠州航道整治工程自河源至惠州全长126千米，由Ⅶ级提高至Ⅴ级航道。工程于2007年3月开工，2012年12月竣工验收。

为了提升北江的通航能力，近年来，相关部门加大了对航道的清淤力度，修复了航道设施，扩展了航道宽度，提高了北江的航运能力和安全性。2012年北江中游韶关至清远航道整治工程自韶关至清远全长184千米。工程自2005年10月开工，至2012年底累计完成16 629万元；2013年自韶关至清远全长184千米，由Ⅳ级航道提高至Ⅴ级航道。工程于2005年10月开工，2013年9月竣工验收。

二、珠江三角洲高等级航道网建设

进入21世纪，珠江三角洲地区步入了全面建设小康社会、率先基本实现现代化和加快融入"泛珠江三角洲"区域合作与发展的新阶段，充分利用丰富的水运资源，进一步发挥内河水运运能大、占地少、能耗低、污染小的优势，有效缓解区域经济高速发展所面临的土地制约、环境恶化等压力，符合全面、协调、可持续发展的总体要求。

2004年5月2日至3日，时任广东省委书记张德江和交通部部长张春贤在专题调研广东内河水运时明确指出，广东省的内河水运发展是有条件、有潜力和有需求的，要把其发展摆到重要的议事日程上来，这是一个带有战略性、前瞻性、全局性的问题。

1999年《广东省内河航道总体布局规划》提出了建设珠江三角洲"三纵三横"千吨级及以上骨干航道网的概念。"三纵"是指广州港出海航道、西江下游出海航道、陈村—洪奇沥水道；"三横"是指东平水道、莲沙容水道及向西延伸至潭江、小榄水道。此后，在2002年、2004年广东省历次内河航道布局规划或内河航运发展规划中，根据航道条件变化和经济发展情况，对珠江三角洲"三纵三横"骨干航道网进行了加密和延伸。

2005年和2007年交通部分别发布了《珠江三角洲高等级航道网规划》《全国内河航道与港口布局规划》，这两份规划根据珠江三角洲航道网各航道的功能定位并结合航道条件，通过加密、延伸和提高等综合措施，使珠江三角洲航道网的运输能力与服务水平再上一个新台阶，提出了完整的珠江三角洲高等级航道网规划方案：以海船进江航道为核心，以三级航道为基础，由16条航道组成，覆盖整个珠江三角洲，连接粤东、粤西的"三纵三横三线"高等级航道网，规划航道总里程939千米。

为了适应新形势，贯彻落实省、部领导指示精神，更好地指导珠江三角洲内河航道的发展与建设，交通部组织开展了《珠江三角洲高等级航道网规划》编制工作。规划现状基础年为2003年，水平年为2010年、2020年。

（一）《珠江三角洲高等级航道网规划》（2005年4月）

珠江三角洲高等级航道网是珠江三角洲及广东省内河航道体系的核心和骨干，是区域综合运输体系的重要组成部分，是珠江三角洲率先基本实现现代化的重要保障，为内河水运提供安全、畅通、高效的设施保障，为密切粤港澳经贸关系、加强泛珠江三角洲区域经济合作和促进区域经济可持续发展提供有力支撑。珠江三角洲高等级航道网由三级及以上航道组成。

1. 规划标准

（1）航道标准与尺度：珠江三角洲高等级航道网由Ⅲ级及以上航道组成，包括3 000吨级海船航道、1 000吨级海船航道和内河Ⅲ级航道共三类。

3 000吨级海船航道尺度为6.0米×100米×650米（水深×航宽×弯曲半径，下同）。

1 000吨级江海船航道尺度为4.0米×80米×480米。

内河Ⅲ级航道尺度为3.2米×60米×480米。

（2）跨河桥梁与建筑物通航净高标准

3 000吨级海船航道的通航净高不小于22米；1 000吨级江海船航道的通航净高不小于18米；其他航道的通航净高不小于10米。跨河桥梁与建筑物通航净高的具体尺度结合广东省实际情况按规定论证确定。

2. 布局规划方案

（1）规划思路：通过加密、延伸和提高等综合措施，使珠江三角洲航道网的运输能力与服务水平再上一个新台阶，适应区域内外物资江海直达运输、海船进江和主要港口集疏运的发展要求。

加密。新增部分高等级航道，增加珠江三角洲高等级航道网的密度，分流部分航道货流，提高水运对沿江企业的服务能力。

延伸。将珠江三角洲部分高等级航道向上游延伸，拓宽航道网服务范围，促进珠江三角洲与粤东、粤北地区间开展更紧密的经济协作要求。

提高。适应江海直达运输和技术进一步发展的要求，提高部分航道通航标准；采用先进技术，提高航道管理能力和管理水平，实现珠江三角洲高等级航道的现代化。

（2）规划方案

珠江三角洲高等级航道网规划方案是：以海船进江航道为核心，以Ⅲ级航道为基础，由16条航道组成"三纵三横三线"高等级航道网，规划航道总里程939千米。

三纵：西江下游出海航道、白坭水道—陈村水道—洪奇沥水道、广州港出海航道。

三横：东平水道、潭江—劳龙虎水道—莲沙容水道—东江北干流、小榄水道—横门出海航道。

三线：崖门水道—崖门出海航道、虎跳门水道、顺德水道。

（二）珠三角高等级航道网初步形成

2004年以来，珠江三角洲内河航道建设稳步推进，航道的通航条件继续得到改善，基本建成了珠江三角洲"三纵三横"的高等级航道网。

珠江三角洲的高等级航道网由五条3 000吨级以上海船航道、六条1 000吨级海船航道和四条内河Ⅲ级航道组成。高等级航道网形成后为珠江三角洲地区的江海物资运输、粤港澳间的集装箱运输和西南地区物资的江海转运提供畅通、高效的内河水运运输服务，同时开创了海轮进江、江海联运的运输新格局。

三、西南水运出海通道建设

西南水运出海通道是国家"两横一纵两网十六线"的重要组成部分,目的是便利西南地区的物流运输和贸易往来。

(一)西南水运出海中线通道起步工程(贵州段)

西南水运出海通道中线起步工程(贵州段)是"九五"跨"十五"期间贵州省重点交通建设项目。工程于2000年12月25日开工,2004年5月31日全部完工。整治了南盘江坡脚至两江口132千米、北盘江坝草至两江口97千米、红水河两江口至曹渡河口107千米,共336千米航道,达到了Ⅴ级航道通航250吨机动驳的标准。首期建设坝草、百层、八渡3港区5个泊位,缓建坡脚、蔗香、羊里3港区,并同步建设通信、助航、航道管理工程。项目总投资16 274.32万元,其中首期建设投资13 495.19万元,缓建部分投资2 779.13万元。西南水运出海通道中线起步工程(贵州段)航运建设工程的完工,极大地促进了"两江一河"航运的发展,对带动腹地内经济发展和促进沿江两岸贫困少数民族脱贫致富都具有十分重要的意义,对完善区域交通运输结构和加快贵州的扶贫攻坚步伐有着积极的促进作用。

(二)西南水运出海中线通道(贵州段)航运扩建工程

2008年5月28日,西南水运出海中线通道(贵州段)航运扩建工程在贞丰县百层港举行开工典礼。这是贵州省第一条开工建设的国家规划的高等级航道,也是新中国成立以来贵州投资规模最大、航道等级最高、建设里程最长的水运建设工程。总投资4.29亿元,实际完成投资4.09亿元,整治360千米航道达到国家Ⅳ级航道标准,可通行500吨级运输船舶。新建和改扩建板坝、八渡、岩架、白层、蔗香5个码头共8个500吨级泊位,码头设计新增货运年吞吐能力467万吨,年客运吞吐能力325万人。2013年12月19日—20日,由贵州省交通运输厅组织的西南水运出海中线通道扩建工程项目通过专家正式验收。

为了加强对西南水运出海中线通道的管理,2012年成立了贵州省南北盘江红水河航道管理局。中线通道工程项目完工后,先后组织完成1 000吨级船舶满载实船试运2个航次后,效益明显。煤炭、铁矿石运输进入常态化,2012年共完成货运量344万吨、客运量312万人次,比扩建前翻番。

(三)西南水运出海北线通道

西南水运出海北线通道由都柳江、融江、柳江、黔江组成,地处贵州东南部和广西中西北部。西南水运出海北线通道是珠江水系航运规划中的主要水运通道之一。

2004年起实施全线航道建设工程阶段。该阶段先后实施西南水运出海北线通道(柳江、黔江)航道整治一期工程、柳江柳州至石龙三江口Ⅱ级航道工程。

西南水运出海北线通道(柳江、黔江)航道整治一期工程,又称柳江航道整治工程,整治航道自红花枢纽至石龙三江口,全长101.2千米,按Ⅳ级航道标准建设,建设内容包括疏浚、炸礁、航标及配套设施等。工程于2009年11月正式开工,2011年6月完成主体工程并交付验收。至2011年底工程共完成投资1.4877亿元。

柳江柳州至石龙三江口二级航道工程，自柳州新圩至象州石龙三江口，全长172.8千米。航道按内河二级航道标准建设，建设内容主要包括疏浚、炸礁、航标、水土保持、环保、管理站房、绿化美化及相关配套工程。工程概算4.97亿元。2013年7月开工建设，2015年底完成了柳州新圩至红花枢纽的航道工程。

（四）西南水运出海南线通道

西南水运出海南线通道在经历1965—1999年以炸礁挖沙为重点的较大规模航道整治阶段后，21世纪后，进入以航运枢纽建设为重点的航道建设阶段。

西江航运干线南宁至广州和珠三角的航道可以通行1 000吨级以上的货船，但百色至南宁的右江航道只能通行120吨级货船，成为西江黄金水道的"瓶颈"，右江航道升级，西南水运出海南线通道建设提速迫在眉睫。

右江位于西江航运干线上游，右江航道从两省交界至南宁，流经田阳、田东、平果、隆安等县，通航里程428千米，是国家内河水运规划的西南水运出海南线通道。2008年广西百色右江鱼梁航运枢纽工程开工建设，该工程是实现渠化右江南宁至百色段千吨级航道的关键性工程之一。枢纽建成后，通过其上游的那吉、下游的金鸡、老口等枢纽，使右江全线渠化，1 000吨级船舶可以从百色直达珠江三角洲地区，形成西南出海百色至广州1 205千米千吨级黄金水道。

2000年后，该线先后实施金鸡滩水利枢纽工程、那吉航运枢纽工程、右江鱼梁航运枢纽工程建设，右江航道通航能力大幅提高。

金鸡滩水利枢纽工程位于右江隆安县城上游8千米处，是以航运、发电为主，兼顾防洪、灌溉及其他效益的综合利用水利枢纽。船闸通航规模按1 000吨级设计，可通过1列2×1 000顶推船队，年设计货运量636万吨，通航设施属Ⅲ级航道。电站装机容量7.2万千瓦，正常运行后年发电量为3.35亿千瓦。工程总投资6.59亿元，其中船闸投资约1.7亿元。工程于2003年12月开工，2005年12月船闸建成投入运行。

那吉航运枢纽工程位于右江上游田阳县那坡镇，距田阳县城22千米，距上游百色水利枢纽61.8千米，是百色水利枢纽的反调节水库，是一座以航运为主、结合发电、兼有其他效益的水资源综合利用工程。工程总投资11.8亿元，于2005年9月开工建设，2008年竣工。船闸通航标准为Ⅲ级航道通航一列2×1 000吨顶推驳船队，渠化千吨级航道56千米。那吉水电站厂房安装有3台单机容量为22兆瓦水轮发电机组，总装机容量66兆瓦。

右江鱼梁航运枢纽工程位于右江田东县英和村，是一个以航运为主，结合发电，兼顾防洪、灌溉等效益的水资源综合利用工程。建设内容为60兆瓦总装机容量电站1座，1000吨级船闸1座，整治库区和鱼梁至金鸡滩航道159千米等。船闸有效尺度为190米×23米×3.5米（长×宽×门槛水深），航道按Ⅲ级航道标准建设，航道尺度为2.4米×60米×480米（水深×宽度×弯曲半径），航运年通过能力904万吨。项目于2008年2月开工建设，2013年12月竣工。总投资21亿余元。

经过新中国成立以来60多年的建设，西南水运出海南向通道航道建设取得了重大成就，通航吨级由原来数十吨上升到1 000吨，右江航道百色至南宁达到Ⅲ级航道标准，实现了全线航道渠化，千吨级货船从百色出发至南宁，进入西江航运干线出海，畅通无阻。西南水运出海南向通道已然形成。

右江千吨级航道的建成极大地提高了该航线的通航能力和通航安全性，对亿吨西江黄金水道建设、加快广西西江经济带建设、加速云南、贵州大宗货物向东出海运输，促进云贵与广西、广东及港澳经济合作，具有重要意义。

四、广西初步形成亿吨级黄金水道

2012年，广西亿吨级黄金水道初步形成。

（一）《西江总体规划》获批

2008年广西壮族自治区党委、政府做出了打造西江黄金水道的战略部署。2009年9月，广西壮族自治区党委、政府批准出台了《关于打造西江黄金水道促进区域经济协调发展的若干意见》。2010年3月，广西壮族自治区政府批准实施《广西西江黄金水道建设规划》。规划到2012年，要初步形成西江亿吨级黄金水道。

2012年8月1日，经过两年多的努力，《广西西江经济带发展总体规划》（2010—2030年）及系列规划和实施方案获得广西壮族自治区人民政府的正式批复，为争取《西江总体规划》上升为国家发展战略奠定了良好基础。

（二）重大项目建设快马加鞭

2012年12月，随着南宁港中心城港区牛湾作业区一期工程11个新建泊位水工的完工，南宁新增港口吞吐能力403万吨。广西全年新增内河港口吞吐能力超3000万吨，内河港口货物吞吐量超亿吨，货运量达1.45亿吨，实现了2012年初步形成亿吨黄金水道的阶段性目标。

据统计，西江黄金水道建设投资连年大增，2009年、2010年分别完成投资11.5亿元、33.9亿元，2011年完成投资55.96亿元，是2010年的1.65倍，2012年完成投资50亿元左右。

西江黄金水道项目建设如火如荼开展。自2008年以来，新开工建设长洲水利枢纽三线四线船闸、老口航运枢纽、南宁至贵港2000吨级航道等一批重大项目；建成那吉航运枢纽、右江鱼梁航运枢纽、桂平二线3000吨级船闸、西江航运干线贵港至梧州2000吨级航道等。位于西江航运干线上的西津、贵港、桂平、长洲枢纽船闸均建成1000吨级以上的船闸，实现了2000吨级船舶从贵港、1000吨级船舶从南宁直航粤港澳。

通过加大对黄金水道的投入力度和加速对其的建设，西江黄金水道开发建设成效已经显现，2012年底实现了自治区党委、政府提出的"初步形成亿吨黄金水道"的阶段性重大目标。

五年来年均投资增长接近翻番。2008—2012年，分别完成投资5.2亿元、11.9亿元、33.9亿元、55.9亿元、59.2亿元，累计166亿元（含运力优化，下同），五年年均投资增长95.47%。

港口吞吐量和货运量增长接近翻番。内河港口吞吐能力从2009年的5607万吨提高到

2012年的9000万吨；内河港口吞吐量从5496万吨提高到9497万吨，内河货运量从7571万吨增加到1.5亿吨。

一批重大项目开工和建成投产。开工建设了长洲三线四线船闸、老口航运枢纽、南宁港一期等一批重大项目。建成投产桂平二线船闸、贵港至梧州2000吨级航道、柳黔江500吨级航道、红水河500吨级航道。五年新增2000吨级航道291千米、500吨级航道551千米，内河通航总里程达到5638千米，其中等级以上航道3506千米。建成梧州赤水作业区码头、柳州阳和码头、来宾港作业区二期等一批码头项目。实施运力优化工程，船舶平均吨位超过800吨，船型标准化率接近65%。实施支持保障系统工程，贵港至梧州航段实现航道数字化、信息化管理。

西江绿色生态工程项目全面推进。全面实施千里西江绿色生态长廊护岸绿化工程，2011—2012年两年累计完成投资1.5亿元。

西江亿吨级黄金水道的建成，促使西江经济带开发建设步伐加快。依托港口集疏运大通道，沿江布局发展了铝工业、糖业、水泥、陶瓷、汽车、造船、机械、医药等一批优势产业和工业园区。

五、推进闸坝碍航问题解决

2005年3月21日—23日，在贵州贵阳召开的"黔桂两省（区）经济社会发展情况交流会"上，时任贵州省省长石秀诗与广西壮族自治区主席陆兵签署《关于进一步加强两省（区）经济社会合作的框架协议》，协议明确指出，一是结合龙滩水电站建成投产，广西加大对红水河通道设施建设的投入力度，实现红水河通航。二是抓紧协调解决平班水电站碍航问题。三是整治西南水运出海北线通道贵州、广西段河道，实现贵州船舶可以直接通往珠三角地区。

（一）全国政协联合调研组调研"两江一河"碍航情况

2009年11月10日至11日，由全国政协提案委员会牵头，提案委员会副主任王显政担任组长，部分政协委员及国家发改委、财政部、水利部、交通运输部、国务院法制办的相关负责同志参加，组成联合调研组，赴广西、贵州等地进行了调研。

2009年11月19日，全国政协提案委员会提交的《关于内河航运资源的综合利用与开发调研报告》指出，2008年国家发展和改革委提交的《关于珠江中上游梯级枢纽通航设施建设情况的报告》中对推进龙滩和岩滩枢纽通航设施提出了意见，认为存在落实报告意见进度不够理想，措施实施仍有难度等问题，协调任务仍然相当艰巨，并对贵州省规划航运北入长江、南下珠江战略，开工建设第一条国家规划的高等级航道——南盘江、北盘江、红水河航道，形成贵州到广州交通运输水陆并进的格局予以肯定。调研组提出加强内河航运资源保护与开发的建议，一是把航运资源保护纳入国家战略。内河航运资源作为国家水利资源、交通资源、国土资源的重要组成部分，应将内河航运资源的开发和保护上升到国家战略的高度。二是加强水资源的综合利用。严格按照《中华人民共和国水法》要求，对在通航河流上新建水利枢纽的通航设施进行专项审批，确保通航设施同步规划、同步设计、同步建成，并且要考虑保障施工期的通航；理顺通航设施的长效管理体制机制。

三是建立部际高层协调机制。建议成立由国务院或发改委牵头，水利、能源、交通等部门参加的部际政府高层合作协商制度，建立机构，定期研究水资源开发和保护事宜，真正实现水资源的综合开发利用。四是加速相关法规建设。与水资源管理相关的法律有《中华人民共和国水法》《中华人民共和国防洪法》，涉及航运资源管理的仅有1987年国务院发布的《中华人民共和国航道管理条例》，根据航运发展的实际需要，急需国家出台《中华人民共和国航道法》来调整、保护和促进新的发展。建议加快立法进程，争取尽早出台，为内河航运资源提供法律保障。五是明确珠江重点解决的问题。主要是"不通不畅"。抓紧解决瓶颈问题：红水河龙滩、右江百色水利枢纽通航设施建设严重滞后，制约了国家规划的西南水运出海中线、南线通道的如期形成。影响上游地区贵州、云南两省经济社会发展。"加强内河航道资源的保护和开发，促进江河水资源综合开发利用"是全国政协2009年选取的五个重点调研提案之一。

2011年3月，全国人大代表彭伯元在第十一届全国人大第四次会议上，提交《关于加快红水河龙滩水电站通航设施建设，恢复红水河通航》的建议。建议提出，红水河是珠江水系西江上游的主干流，是国务院批准的《全国内河航道与港口布局规划》"两横一纵两网十八线"骨架航道之一，是贵州南下珠江和出海最便捷的水运通道。自1975年大化水电站未建设通航设施造成红水河断航以来，黔桂两省（区）经过长期不懈的努力，在国家有关部委的协调下，红水河碍航闸坝复航有了实质性进展，并确定了2010年全线复航的目标，红水河龙滩以下的岩滩、大化、百龙滩、乐滩等水利枢纽通航设施均已建成。然而2001年开工建设的龙滩水电站又再一次阻断红水河航道，尽管国家发改委对龙滩水电站项目的批复要求建设通航设施，但建设业主却没有按照批复要求、不遵守国家法律法规、不按规划同步建设通航设施。如今电站已蓄水发电2年多，大坝及发电工程已接近完工，而通航设施主体工程却迟迟未动工建设，龙滩水电站已成为红水河全线贯通的唯一障碍。建议全国人大针对龙滩水电站通航设施建设进度滞后的情况，敦促国家发改委等相关部门加强对龙滩水电站通航设施的监督检查，促使水电站建设业主尽快按规划航道标准建成通航建筑物，为流域经济社会发展注入可持续发展动力。建议尽快出台《中华人民共和国航道法》，更加有效地保护珍稀的航道资源，促进河流综合开发利用。

2012年5月25日，贵州省政府办公厅在贵阳召开了国务院参事"加快珠江航运发展"调研座谈会，国务院参事郭廷结、张元方、傅传恺、张纲听认为现在龙滩水电站迟迟不建通航设施，其主要原因是对大唐公司没有约束力。与大唐集团公司进行协商，才能积极有效推进龙滩二期工程研究论证。同时建议龙滩过船设施建设最好一次到位，建设1 000吨级船闸。

（二）红水河龙滩碍航与煤炭翻坝运输

红水河流经我国西南部的贵州省和广西壮族自治区，是珠江水系的一部分，是西江干流上游河段及主要支流，也是西南地区水运出海的重要通道。

红水河流域集水面积达54 870万平方千米。红水河流域内煤炭和矿产等资源储量十分丰富，仅贵州南盘江、北盘江、红水河沿岸腹地已探明储量煤炭244亿吨，磷矿11.25亿吨，大理石21亿立方米，辉绿岩6.6亿吨，还有大量的锑矿、金矿、汞矿等地下矿产资源，矿产资源主要供给广东珠江三角洲地区。

1975年以前，红水河一直都是通航河流。从1975年开始，龙滩以下相继建设岩滩、大化、百龙滩、乐滩（原称恶滩）、桥巩等5座水电站。水电站的相继建成，渠化了部分航道，但是在水电项目实施时，过船设施未能同步建设，由此出现红水河断航长达38年的情况。

红水河上已建、在建的梯级电站枢纽有6个，自上而下依次为龙滩、岩滩、大化、百龙滩、乐滩和桥巩。龙滩通航设施缓建成了红水河水路运输的瓶颈，岩滩通航设施需要尽快改造，使其能够通过500吨级的船舶。

交通运输部以及各级交通主管部门对"两江一河"复航工作十分重视，在2010年第1005期交通运输部水运协调月度例会上，时任交通运输部副部长徐祖远要求："红水河翻坝运输可以有效缓解公路运输压力和断航水域的货物发运，水运局、珠江航务管理局要继续推进这项工作。"

2010年3月，由珠江航务管理局牵头，在南宁组织召开"两江一河"煤炭运输协调会，与会代表就"两江一河"复航启动工作进行热烈讨论，认为开展"两江一河"复航启动工作意义重大，事关促进西部地区经济社会发展和珠江航运事业发展，事关促进龙滩枢纽过船设施的建设，加快西南水运出海中线通道建设，是推进红水河全线贯通的一项重大举措。

南宁协调会之后，珠江航务管理局组织河池、南宁、来宾等地港航部门一起深入红水河岩滩、大化、百龙滩、乐滩、桥巩等枢纽船闸调研，到龙滩和贵州百层港调研，与沿江港航管理单位协调落实装运船舶，解决船舶卸船场地等问题，指导黔西南州港航企业开展煤炭运输工作。2010年9月初，成功实现了2010年百层港至天峨港煤炭运输的首航，引导"两江一河"水运市场的发展。

六、贵州航电枢纽建设新探索

早在20世纪80年代末期和90年代初，珠江水运专家及有识之士就提出了"航电结合、以电养航"的设想。随着国家西部大开发战略的深入实施，贵州经济的快速发展，"航电结合、以电养航"的构想再次被提上议事日程。

2007年7月23日，交通部在贵阳组织召开推进珠江中上游水利枢纽通航设施建设问题座谈会。时任交通部副部长翁孟勇主持会议并强调，要统一认识，抓住内河发展难得的机遇，交通部下一步对珠江航运与长江航运同等对待，对水运市场未来发展需求，要作细化分析，不能只说概念，不能只讲大道理。从国家战略高度重视水运，为区域经济发展长远效益着想，落实到具体目标，不能停留在口头上，要找出问题症结所在，要积极培育内河航运市场。云、贵、桂两省一区交通部门参会领导和代表一致认为，要加强合作协调，要积极培育内河航运市场，建设与培育同步。

交通部提倡在有条件的河流上建设航电工程，以发电收益用于航运基础设施建设和促进航运发展。对贵州的邻省以及全国范围内其他有条件的省份，国家给予30%～40%的资本金补助，均进行了航电工程的建设，并从发电效益中提取了大量资金用于投资内河航运，取得了较为成功的经验。贵州省政府抓住机遇，将都柳江上的航电枢纽工程建设列入"三个建设年"主要内容，鼓励航电结合，综合合理利用水资源开发。

(一)贵州都柳江航电枢纽工程

都柳江是贵州省规划的五条主要水运出省通道之一,同时也是国家规划的西南地区水运出海北线通道,系国家航道主骨架网的重要支线。

都柳江贵州段三都至从江规划11级电站,自上而下分别是白梓桥、柳叠、坝街、寨比、榕江、红岩、永福、温寨、郎洞、大融、从江,总装机容量26万千瓦,年发电量约10亿千瓦时,投资约35亿元。在资金上,30%~55%为资本金,其余债务性融资可以通过贷款等形式解决。

2007年1月,珠江水运建设会议召开。贵州省交通运输厅提出:都柳江是国家规划的西南水运出海北线通道,通过梯级渠化可以建成通航300吨级船舶的V级航道,为贵州省开辟一条便捷的水运南下通道。都柳江是贵州省尚未进行水电开发的河流之一,根据最新的河流开发规划,贵州境内的高坝都调整为连续低坝,完全具备航电开发的条件。开启贵州航电开发的先河,实现贵州航电开发零的突破。通过航电联合开发,能保障都柳江各级水电站按规划的V级航道建成通航设施,建成后以发电效益补充航道建设维护资金的不足,增强航道管理造血功能,保证航运持续发展。

2011年,内河水运发展上升为国家战略。在贵州省委、省政府和交通运输部的关心支持下,贵州水运发展提速加快,都柳江航电一体化建设被列入国务院国发〔2012〕2号文明确支持的建设项目,同时也被列入交通运输部"十二五"规划建设项目。

2012年12月8日,都柳江从江、大融航电枢纽工程提前一年开工建设。该项目的建设填补了贵州无航电枢纽的空白。

(二)探索成立贵州省航电开发投资有限公司

国务院国发〔2012〕2号文明确支持都柳江航电一体化建设,交通运输部将其列入"十二五"规划建设项目。为落实国务院和交通运输部安排和省政府决策部署,2012年,贵州省政府组织召开"加快水运发展专题会议",明确都柳江航电枢纽开发以省交通运输部门为主,水利部门参与。省交通运输部门筹建投资公司,办理企业工商登记手续等。2012年3月21日,贵州省交通运输厅(黔交人〔2012〕12号)批准成立"贵州省航电开发投资有限公司"。该公司是在贵州省航运总公司的基础上组建的。

第三节 港口建设规模进一步扩大

珠江水系港口建设对地区经济发展的支撑作用逐步得到各级政府的认识,水系各省(区)积极推进内河港口码头建设,呈现出港口众多,分布较广的局面。

"十一五"期末,广东省内河泊位1153个,其中1000吨级以上的深水泊位为290个。内河港口年综合通过能力达到1.88亿吨,集装箱年通过能力达到672万TEU。全省港口生产用码头长度总长243 187米,其中广州港52 573米,佛山港23 942米,中山港6 980米,江门港17 576米,肇庆港13 035米,粤北地区共计27 086米。

"十一五"期间广西内河港口共建设28个项目,其中已完工的有17个,"十二五"

续建11个,完成投资219 100万元,新增港口泊位44个,年吞吐能力达1 544万吨。建设的主要港口有贵港港罗泊湾作业区二期工程、梧州赤水圩作业区工程、梧州口岸河西码头新址工程、台泥（贵港）水泥有限公司白沙码头工程、华润（平南）码头三期工程等。

"十一五"期间,贵州省重点实施了南盘江板坝、八渡、北盘江坝草、百层、岩架、红水河蔗香、羊里、濛江罗甸、天生桥库区白云、未罗兰堡、巴结、红椿、永和等13个港口码头的新建和改扩建工作,到2010年底完成了八渡、坝草、岩架、蔗香、羊里、白云、未罗兰堡、巴结、红椿、永和等10个港口码头的建设,新增5个500吨、6个300吨级泊位,年新增客运吞吐能力60万人次、货运吞吐能力40万吨,完成投资17 600万元。

2012年珠江水系共进行港口建设项目38个,完成投资271 822万元。其中,广东项目9个,完成投资67 090万元;广西项目23个,完成投资181 992万元;贵州项目6个,完成投资22 740万元。

第四节　过船设施和支持保障能力得到进一步提升

"十五"和"十一五"以来,珠江水系航道和港口的建设加快,船舶航行的配套设施以及支持保障能力亦随之得到进一步的建设和完善。

2012年珠江水系主要枢纽、过船设施建设项目6个,完成投资245 351万元,占水系完成额的43.2%。其中,广东项目2个,完成投资585万元;广西项目4个,完成投资244 766万元,见表3。

表3　珠江水系部分过船建筑物技术状况（2012年）[①]

序号	过船建筑物名称	所在河流及距河口里程（千米）	建筑物型式及水头差（米）	设计规模			上行量		下行量	
				通航船舶吨级（吨）	闸室或承船厢有效尺寸（米）	年单向通过能力（万吨）	过船（艘次）	过货（万吨）	过船（艘次）	过货（万吨）
1	联石湾船闸	前山水道；23	单级；2	500	124×14	200	4 582	216	3 940	189
2	石角嘴船闸	前山水道；3	单级；2	500	124×14	200				
3	那吉船闸	右江；278.2	单级；4.4	1 000	190×12×3.5	422	35	0	28	0.007 5
	鱼梁船闸		单级；4.4	1 000	190×12×3.5	422	531	0.590 9	544	2.869 1

[①] 数据来源：《2012珠江水运发展报告》,交通运输部珠江航务管理局编,华南理工大学出版社,2013年。

续上表

序号	过船建筑物名称	所在河流及距河口里程（千米）	建筑物型式及水头差（米）	设计规模 通航船舶吨级（吨）	设计规模 闸室或承船厢有效尺寸（米）	设计规模 年单向通过能力（万吨）	上行量 过船（艘次）	上行量 过货（万吨）	下行量 过船（艘次）	下行量 过货（万吨）
4	贵港船闸	郁江；112.1	单级；4.5	1 000	190×23×3.5	1 200	15 220	817.9479	15 276	1 318.9383
5	桂平船闸1号	郁江；2.6	单级；11.69	1 000	190×23×3.5	1 100	21 718	1 798.5807	21 878	1 768.1305
	桂平船闸2号		单级；11.50	3 000	280×34×5.6					
6	长洲船闸1号	浔江；10.1	单级；15	2 000	200×34×4.5	1 800	43 312	961.8286	43 448	4 415.3402
	长洲船闸2号		单级；15	1 000	190×23×3.5	1 200				

一、过船设施建设

（一）西江航运干线过船设施

西江航运干线西起南宁东达广州，由郁江、浔江、西江、东平水道等组成，全长854千米，是我国现代综合交通运输体系的重要组成部分。西江航运干线共建有西津、贵港、桂平和长洲四座水电水利或航运枢纽。其中西津水电站建有千吨级二级船闸，船闸有效尺度上闸为190米×15米×4.5米，下闸为198米×15米×4.5米；桂平航运枢纽建有1 000吨级和3 000吨级双线船闸（其中3 000吨级二线船闸于2011年6月建成通航），船闸有效尺度190米×23米×3.5米；桂平航运枢纽建有千吨级船闸，船闸有效尺度190米×23米×3.5米；长洲水利枢纽建有2 000吨级和1 000吨级双线船闸，有效尺度分别为200米×34米×4.5米和190米×23米×3.5米。

西江航运干线的贵港、桂平、长洲枢纽船闸实际通过量已超过或接近设计通过能力，西津船闸已成为打造西江亿吨黄金水道的瓶颈之一。为满足经济快速发展的需求，解决通航瓶颈问题，广西续建和新建一批枢纽及船闸工程建设项目，其中，续建项目有桂平二线船闸工程和长洲水利枢纽三、四线船闸工程，桂平二线船闸工程于2007年8月开工建设，2011年6月完工。长洲水利枢纽三线、四线船闸有效尺度均为340米×34米×5.8米，单向设计年最大通过能力9 604万吨（下行）。工程概算总投资43.34亿元，工程2009年12月开工建设。

"十二五"新开项目有贵港枢纽二线船闸工程和西津枢纽二线船闸工程。贵港航运枢纽位于桂平枢纽上游约110千米处，于1999年底建成，装机容量为12万千瓦，贵港航运枢纽二线船闸为新建3 000吨级船闸1座，有效尺度为280米×34米×5.5米。西津水利枢纽位于贵港航运枢纽上游约104.3千米处，于1964年底建成，装机容量23.44万千瓦，西津枢纽二线船闸为新建3 000吨级船闸1座，有效尺度为280米×34米×5.5米。

（二）右江过船设施

右江剥隘至南宁435千米，其中剥隘河剥隘至百色80千米为百色水利枢纽库区航道，百色水利枢纽已蓄水发电，但百色枢纽过船设施尚未建设。右江百色—南宁355千米，已建成那吉航运枢纽1 000吨级船闸和金鸡水利枢纽1 000吨级船闸。右江（剥隘至南宁）航道"十一五"续建项目有鱼梁航运枢纽工程和老口航运枢纽工程，鱼梁航运枢纽船闸主体部分于2011年12月完工，老口航运枢纽工程于2010年12月实质性开工建设。百色水利枢纽过船设施工程为"十二五"新开项目。

鱼梁航运枢纽上距那吉坝址约78千米，下距金鸡滩枢纽约81千米，新建1 000吨级船闸1座，船闸有效尺度为190米×12米×3.5米，该工程于2009年9月开工，2011年12月船闸主体工程完工，总投资195 683万元，"十一五"期间共完成投资95 180万元。

郁江老口航运枢纽位于左、右江汇合口下游约5千米处，距上游金鸡滩枢纽121千米，下游距南宁市区约34.1千米，船闸工程为Ⅲ级航道标准，并预留二线船闸位置，新建1 000吨级船闸1座，船闸有效尺度为190米×12米×3.5米，该工程于2009年10月举行启动仪式，2010年12月实质性开工建设，总投资546 172万元，"十一五"期间共完成投资41 420万元，累计完成投资占工程总投资的18%。

右江鱼梁航运枢纽工程新建1 000吨级船闸各一座，船闸有效尺度为190米×23米×3.5米，年通过能力为904万吨，概算总投资19.57亿元。至2012年底，船闸已建成通航，电站三台机组实现并网发电，工程施工已进入主体工程收尾阶段，自开工累计完成投资20.4亿元，占总投资的104%。

"十二五"新开项目有百色水利枢纽过船设施工程，该工程是治理和开发右江的关键性工程，也是右江高等级航道上的最上游一个梯级。

（三）左江过船设施

左江干流自上而下建有左江水电站、先锋水电站和山秀水电站，其中先锋水电站建有100吨级船闸、山秀水电站建有300吨级船闸。左江电站以上枯水期可通航120～180吨的船舶，左江电站以下至南宁可通航300吨级的船舶。

（四）南盘江、北盘江、红水河过船设施

南盘江为西江上游，在三江口进入黔桂省界，在望谟县蔗香两江口与北盘江汇合，流入红水河，干流全长909千米，其中云南省境内航道640千米，贵州与广西的省界航道249千米，由于天生桥一、二级和平班水电站未建过船设施，平班水电站以上航道和库区航道为区间通航。

北盘江在望谟县蔗香两江口与南盘江汇合流入红水河，全长442千米。北盘江在建的董箐水电站未同步建设通航设施，其上游处于分段区间通航状况。

红水河沿黔桂边界东流至曹渡河口入桂境，在象州石龙三江口与柳江汇合，全长

657千米。红水河在建或已建有龙滩、岩滩、大化、百龙滩、乐滩、桥巩等六座水利枢纽，岩滩250吨级升船机，大化、百龙滩、乐滩通航500吨级船闸基本建成，桥巩通航500吨级船闸在建，该工程总投资22 512万元，"十一五"期间共完成投资14 000万元。

龙滩升船机工程、岩滩升船机改造工程以及大化船闸上引航道改造为"十二五"新开项目。

（五）柳江、黔江过船设施

柳州凤山至象州县石龙三江口全长202.8千米，建有红花水电站1 000吨级船闸，柳州—黔江航道"十二五"新开项目有红花二线船闸、大藤峡水利枢纽工程。

"十二五"新建项目柳江红花水电站位于广西壮族自治区柳江县境内，是柳江干流综合规划最下游的一个电站。红花二线船闸项目将新建2 000吨级船闸1座。

大藤峡水利枢纽工程位于西江水系黔江河段大藤峡峡谷出口处，下距桂平市黔江彩虹桥6.6千米，船闸通航等级按照3 000吨级设计，船闸尺度为280米×34米×5.8米。

（六）北江和东江过船设施

北江干流建有孟洲坝、濛里、白石窑、飞来峡四座梯级，其中孟洲坝、濛里、白石窑已建成100吨级船闸，飞来峡已建成500吨级船闸。连江11座航运枢纽在"十一五"期间进行了整改加固，连江西牛枢纽工程于2005年4月22日开工，2011年12月各项主体工程陆续完成交工验收。西牛枢纽工程上距架桥石枢纽12.27千米，下距连江口35.44千米，地处英德市西牛镇。船闸为Ⅴ级船闸，通行100吨和150吨船舶，船闸有效尺度为140米×16米×2.5米，设计年通过能力524万吨，随着船闸工程的交付使用，连江181千米航道全部实现了渠化通航。

东江干流枫树坝以下规划布置14个梯级，其中龙川以下河段有9个梯级，由上至下分别为柳城、蓝口、黄田、木京、风光、沥口、下矶角、东江和石龙梯级，已建有木京、黄田梯级，在建梯级有柳城、蓝口、风光、东江等4座。其中木京、柳城、蓝口梯级建有100吨级船闸（船闸尺度为100米×14米×2.3米），风光枢纽建有300吨级船闸（船闸尺度为160米×18米×2.5米），东江枢纽建有500吨级船闸（船闸尺度为120米×16米×3.0米）。

（七）都柳江、融江过船设施

都柳江建有榕江永福和红岩两座小水电站，但均未同步建设过船设施，处于区间通航。融江从老堡口至凤山三江口183.3千米，建有麻石、浮石、大埔水电站，其中麻石水电站建成50吨级船闸（船闸尺寸为44.02米×8米×1.2米），浮石、大埔水电站建成100吨级船闸（船闸尺寸80米×8米×1.5米），融江老堡口至凤山三江口183.3千米基本为库区航道。由于浮石水电站船闸引航道未建成，融江尚处于区间通航。

（八）桂江过船设施

桂林虞山大桥至梧州，全长341千米。其中桂林至阳朔89千米河段又称漓江，是著名的旅游河道，桂江桂林至梧州规划有巴江口、昭平、下福、金牛、京南、旺村六级水电梯级，其中巴江口船闸通航100吨级船舶，船闸有效尺度为60米×8.0米×1.5米，昭平船闸通航100吨级船舶，船闸有效尺度为60米×8.0米×1.5米，下福船闸通航300吨级船舶，船闸有效尺度为80米×12米×2.0米，京南船闸通航300吨级船舶，船闸有效尺度为80米×12米×2.0米，金牛坪水电站船闸工程，船闸通航300吨级船舶或100吨级船队，船闸有效尺度为80米×12米×2.5米，2012年通过通航验收。

旺村船闸于2012年6月1日进入试通航。旺村水利枢纽工程是一座以发电为主，结合航运、兼顾其他综合利用的水利枢纽工程。坝址位于桂江下游河段梧州市长洲区平朗村附近，距上游京南水利枢纽坝址42.3千米，距桂江河口24千米，为桂江开发的最末一个梯级电站，过船设施为单级V级船闸，闸室有效尺度为100米×12米×2.5米，设计通航300吨级船舶或1顶2×120吨级船队，设计年通过能力为110万吨。旺村船闸于2006年12月18日动工，2012年2月10日完工，2012年6月1日通过通航验收。

二、支持保障系统建设

"十一五"以来，随着珠江水系支持保障系统建设的投入力度不断加大，大量新兴技术得到广泛应用，航道助航设施、水位站、码头、站房、支持保障船舶等的数量和质量得到进一步提升，AIS、CCTV、VHF、VTS系统以及电子航道图等的研发和实施进展顺利，港航、运政、海事的安全监管、应急能力与服务水平得到显著改善和提高。

2011年，广东省增设沿海航标40座；更新改造内河航标595座次；修复使用年限长、残旧、海水腐蚀和船舶碰撞等航标120座次。共对33项站房、码头工程进行维修，确保了码头、站房技术状态正常，改善了职工办公、生活环境。建造工程船舶9艘，改造、维修18艘次。

2012年，广东省内河维护航标3 736座，内河航标遥测遥控终端1 080个，测控河段964.8千米。全年维护船闸22座，船闸通过船舶14 361艘次。内河航道拦河建筑物共1214座，过河建筑物7 121座，其中水上过河建筑物6 613座，水下过河建筑物508座。临河建筑物2 182座。配备测绘单位13个，测绘设备154台，专用测绘船7艘，多波束扫测系统7套。全年完成航道测绘588平方千米，航道维护疏浚105万立方米，清障6万立方米。在此期间，不断加大安全隐患排查治理力度，全年共投入安全生产资金约1 000万立方米，对一批站房、码头的安全隐患，以及碍航不明船只沉船、渔网渔栅进行了专项治理。

"十一五"以来，广西壮族自治区建成了来宾、平乐航道分局和平果航道站新基地，开工建设了南宁、桂林航道管理局新基地以及象州、桂平、旺村航道站新基地，全区大部分航道站房得到维修，新建造和正在建造航道航标维护管理船舶64艘、航道行政管理船舶9艘。航道管理信息系统建设发展较快，各级航道管理机构已基本安装了管理船舶GPS定位系统、航道信息系统、自动水位站，西江航运干线贵港至梧州航段已基本安装了航标遥控遥测系统，贵港船闸上、下闸首，西津船闸上、下闸首，遵义赤水、下关检查站、赤水港堆场区、泊位区，长洲水利枢纽上、下游等安装了视频监控设备。

2012年南宁航道管理局田阳航道站完成业务用房和值班房建设，桂林航道局新基地办公楼施工，梧州航道养护中心及贵港、藤县、旺村、象州航道站开工建设，融水航道站开展前期工作。2012年全区航道站房维修投资573.9万元，百色分局、柳城分局等一批分局航道站老旧业务用房得到修缮。2012年全区航道新建造和正在建造的航道航标维护管理船舶6艘、航道行政管理船舶1艘。

2011年，贵州省主要实施了南盘江、北盘江、红水河、濛江及天生桥库区等航道的支持保障系统建设，完成投资2620万元。航道管理与维护方面，建成航道管理养护基地3000平方米、站房1600平方米，购建航道管理维护工作船艇6艘，完成电子航道图1套。水上交通安全监管和搜救方面，建成水上交通安全监管用房4000平方米，购建海事搜救船艇3艘、巡逻船艇6艘。

2012年，贵州重点实施了南北盘江—红水河及支流濛江信息化建设，主要建成7个GPS导航差分系统（CORS导航系统），在板坝、八渡、坝草、百层、岩架、蔗香、羊里、罗甸等港口码头建成9套CCTV视频监控系统及9套远程广播系统，在板坝、坝草港口码头建成2套水位测报系统，完成投资近1000万元。

2011年，云南省建设完成了澜沧江国际边境河流船舶监管系统工程（一期）及澜沧江海事局巡逻搜救船两个项目；继续实施澜沧江海事局工作船码头建设工程。组织开展了云南省水上搜救指挥系统建设、澜沧江和云南省水上安全监管救助一体化建设、澜沧江海事巡逻艇、澜沧江—湄公河溢油应急污染处理系统建设等项目的前期工作。

2012年，云南省组织开展水上安全监管救助一体化建设项目的前期工作；推进天生桥库区便携式船舶定位跟踪系统、基站科研项目的研究与试制工作，督促共管库区周边县级政府建立水上搜救应急救助机构，提高库区人民水上安全保障能力。

三、海事保障能力建设

加入WTO后，珠江水系海事部门积极响应国家战略要求，本着服务港航企业的宗旨，认真探索加强海事保障能力，海事综合保障能力得到进一步提升，更好地保障了珠江水系港航事业的发展。

（一）广东海事

2011年，广东海事局与香港、澳门、深圳等周边海事管理部门签订《粤港澳海事合作框架》，在船舶监督、检验等海事业务上进行更深层次的合作交流，开展粤、港SMS审核管理业务交流，获得香港籍第V类船舶检验授权。

2011年，基建项目共22个，到位建设资金1.73亿元，年底完成15个项目，投资2.346亿元；航测专项8个，投资8693万元。

2012年，广东海事完成基本项目建设共22个，完成投资1.18亿元；开展航测专项项目13个，完成投资6796万元。属珠江流域的有南沙海事工作船码头工程、唐家海事处和唐家航标站业务用房及码头工程、珠海船舶溢油应急设备库工程、洪湾工作船码头工程、斗门工作船码头工程、石岐海事处工作船码头和辅助用房建设等。

（二）广西海事

2010年在西江沿岸新增了10座监管救助浮码头（趸船），并统一在船尾、船首安装视频监控摄像头，可对浮码头上游、下游各500米至1000米航段进行视频监控。部分分

支海事局在其辖区的重点监管区域建设了少量视频监控点。

2011年西江干线 AIS（船舶自动识别）岸基系统在广西建成。

2012年，广西海事局的基础设施装备建设项目投资计划为 13 769 万元，比 2011 年增长 38.8%。

2012年共完工项目 16 个，交付使用船舶 17 艘。南宁海事局综合业务用房、北海合浦海事处业务用房完成竣工验收；阳朔港等 6 处浮码头、钦州溢油应急设备库、钦州海巡基地附属用房、沿海 VTS 系统等 4 个项目完成交工验收。

第五节 珠江水上运输深度融入全球化

自我国于 2001 年加入 WTO 以后，世界经济全球化进程加快，全球化与中国的关系更加密切，我国经济进入发展的快车道。2008 年下半年，西方出现严重的经济危机，对全球的经济造成极大的影响，这也直接影响到我国的经济发展。作为我国对外贸易的前沿地区，珠江三角洲、广东乃至珠江水系四省（区）的经济发展深受国际国内环境的影响。

2004 年开始，深圳蛇口港区的高速客船与其他船舶各行其道，这是全国首条高速客船专用航道，深圳成为全国首个拥有高速客船专用航道的城市。

2007 年，根据交通部发布的《关于促进国际集装箱内支线运输发展的若干意见》，广州港集团携手顺德勒流港，开通了南沙港区至勒流港的国际集装箱内支线运输，广州港被称呼为"穿梭巴士"勒流支线。至此，广州港集团已开通了南沙至黄埔老港、黄埔新港、肇庆、东莞、顺德等多个珠三角码头的"穿梭巴士"支线服务。有力地促进了广州港集团国际集装箱内支线运输的健康、快速发展。

2007 年，深圳港和荷兰鹿特丹港建立友好港关系协议签字仪式在深圳市民中心举行。鹿特丹港成为首个与深圳港签订友好协议的外国港口。

2007 年，中远集团最大最先进的 10 500 箱位的"中远亚洲"号成功挂靠南沙港区。

2009 年，51 家航运企业签署《珠江口通航安全珠海宣言》。

2010 年，从广西梧州港起航的"容县 397"号抵达高栏港，标志着珠海市首条西江集装箱驳船快运航线正式开通。

2010 年，载重 5 万多吨的"KINGSTON"号集装箱货轮顺利靠泊高栏港 5 万吨级集装箱码头，标志着珠海市高栏港首条南美航线的开通。

2012 年，珠江完成货运量 5.3 亿吨、货物周转量 1 198.1 亿吨千米、客运量 1 415.0 万人次、旅客周转量 78 851.0 万人千米。

一、船舶运力持续提升

21 世纪以来，随着珠江水系航道的建设进程加快，珠江水系已初步形成了"一横一网三线"国家高等级航道网和南宁、贵港、梧州、肇庆、佛山、来宾、柳州、清远 8 个主要港口，以及北江、东江等区域重要航道、一般航道和其他港口组成的航运体系。

"十一五"期间，珠江水系内河运输船舶标准化、大型化、专业化趋势明显。与

2005年相比，2011年运输船舶总数减少了4 096艘，但船舶净载重量、标准箱位得到了快速发展，船舶净载重量增加了823.7万吨，年均增长19.89%，集装箱箱位增加了14.4万TEU，年均增长高达35.88%。从平均吨位的变化来看，2005年至2011年期间运输船舶平均吨位提高了258.4%，年均增长24.4%，船舶平均吨位由217.8载重吨/艘增长到780.7载重吨/艘。

截至2012年底，珠江水系拥有运输船舶16 226艘，净载重量1 058万吨，载客量17万客位，集装箱箱位量14.8万TEU，船舶功率370万千瓦。运输船舶平均净载重量为652吨，见表4。

总体来看，珠江水系船舶的构成还存在着一定的不足。从船舶种类结构来看，普通货物运输船舶严重过剩，珠江水系内河省际普通货船占到了水系内河船舶总量的95%；从船龄结构看，老旧船舶比重大，其中省际老旧液货危险品船比重达26%；从船型结构看，珠江水系内河货运船舶船型杂乱，机型复杂；从供需市场看，由于市场运力与运量间供过于求的矛盾突出，一方面受油价上涨、人力成本上升等因素的影响，导致企业经营成本大幅上升，另一方面市场无序竞争，运价低位运行，航运企业经营困难。

表4 珠江水系船舶运力一览表（2003—2012年）[①]

年份	船舶艘数（艘）	净载重（万吨）	载客量（万客位）	集装箱（万TEU）	总功率（万kW）
2003年	0	0.00	0.00	0.00	0.00
2004年	0	0.00	0.00	0.00	0.00
2005年	20 314	442.37	13.95	3.27	285.39
2006年	20 261	493.15	14.06	5.11	289.21
2007年	19 552	536.07	14.05	5.28	285.52
2008年	17 463	588.37	14.07	6.29	285.76
2009年	16 984	723.95	14.82	11.07	352.27
2010年	16 560	850.45	16.11	10.77	339.26
2011年	16 218	1 266.11	15.27	17.57	441.74
2012年	16 226	1 057.79	16.97	14.83	369.63

[①] 数据来源：作者自整理2003—2012年《珠江水运发展报告》，交通运输部珠江航务管理局编，华南理工大学出版社出版。

二、客货运输

（一）旅客运输

"十一五"期间，珠江水系水路旅客运输呈现先降后升的趋势。2007—2009年连续三年旅客周转量下降，2010年恢复增长。

2012年，珠江水系旅客吞吐量达1 317.4万人次，客运量1 415.0万人次、旅客周转量78 851.0万人千米。

2012年，珠江水系拥有客运企业129家，客船3 764艘、17万客位。全年完成旅客运输量2 267万人次，旅客周转量99 754万人千米。内河客运量和旅客周转量显著增长，增长的主要区域是贵州省和云南省，主要与库区周边群众出行量大，库区、湖区旅游业快速发展有较大关系。受新景点、新出游方式分流旅客的影响，漓江旅游客运量有所下降。

（二）货物运输

"十一五"期间，珠江水系总货运量持续增长。"十一五"期间，前三年水路货物运输呈现快速增长的态势，受2008年金融危机影响，2009年、2010年增速有所回落，年均增长11.2%。

2012年珠江水系拥有内河货运企业828家，货运船舶12 416艘，净载重1052万吨。完成内河货物运输量和货物周转量分别为53 950万吨和1 194亿吨千米，同比分别增长17.6%和25.8%。内河货运平均运距221千米，同比提高7%，见表5。

表5　珠江水系货物运输量（2007—2012年）[①]

年份	货运量 万吨	港澳货运量 万吨	货物周转量 万吨千米	港澳货物周转量 万吨千米
2007	31 309	5315	4 534 892	1 199 372
2008	35 981	5 496	5 584 486	1 230 787
2009	39 208	5 742	6 403 492	1 275 495
2010	42 309	7 490	8 893 928	1 605 793
2011	45 887	8 138	9 494 065	1 120 273
2012	53 950	10 573	11 944 216	1 628 732

[①] 数据来源：作者自整理2007—2012年《珠江水运发展报告》，交通运输部珠江航务管理局编，华南理工大学出版社出版。

三、港口生产

（一）货物吞吐量

"十一五"期间，珠江水系港口货物吞吐量、外贸货物吞吐量和集装箱吞吐量年均增长分别达到13.2%、6.2%、9.1%。2012年珠江水系内河港口完成货物吞吐量42 683万吨，与2011年相比增长11.3%，其中外贸货物吞吐量为6 047万吨，同比增长5.7%；集装箱吞吐量772万TEU，同比增长10.3%，见表6。

表6　珠江水系港口货物吞吐量基本情况列表（2007—2012年）[①]

年份	货物吞吐量						旅客吞吐量
	总计		出港		集装箱		
		外贸		外贸	箱数	货重	
	万吨	万吨	万吨	万吨	万TEU	万吨	万人次
2007	22 322	5 101	10 595	2 256	604	4 080	1 417
2008	23 668	5 046	10 568	2 150	620	4 436	1 726
2009	25 744	4 427	10 906	1 833	574	4 088	1 000
2010	32 791	5 209	13 841	2 190	655	4 839	1 348
2011	38 354	5 722	16 143	2 250	700	5 584	1 288
2012	42 683	6 047	18 612	2 296	772	7 248	1 317

珠江水系完成港口货物吞吐量主要集中在西江航运干线和珠江三角洲港口群。2011年珠江水系西江航运干线沿线港口和珠江三角洲港口群完成货物吞吐量35 307万吨，约占水系总量的92.1%，详见表7。

（二）旅客吞吐量

2011年，珠江水系完成旅客吞吐量1 288万人次，比2010年增长7.4%。"十一五"期间，珠江水系累计完成旅客吞吐量6 811万人次，年均增长7.4%。2012年，珠江水系内河港口完成旅客吞吐量1 317万人次，与2011年相比增长2.3%。

---

① 数据来源：作者自整理2007—2012年《珠江水运发展报告》，交通运输部珠江航务管理局编，华南理工大学出版社出版。

表 7 珠江水系内河港口吞吐量（2012 年）[1]

港 口	货物吞吐量				集装箱			旅客吞吐量	
	合计（万吨）	外贸	其中：出港	外贸	箱数（万TEU）	重量（万吨）	其中：货重	合计（万人次）	出港（万人次）
总 计	42 682.7	6 047.2	18 611.7	2 296.1	771.8	8 821.0	7 247.5	1 317.4	694.2
一、西江航运干线	15 672.3	2 147.7	9 191.4	1 197.0	278.7	3 743.7	3 169.4	3.7	1.9
南宁港	1 070.2	—	489.9	—	0.7	12.0	10.5	—	—
贵港港	4 512.5	14.9	2 688.1	9.3	10.1	176.0	154.0	—	—
梧州港	2 607.8	150.6	2 313.5	67.6	30.7	520.9	455.3	—	—
肇庆港（西江航运干线部分）	2 085.3	158.9	1 227.5	47.3	47.5	595.3	501.8	—	—
新港港区	606.0	123.2	158.9	37.6	33.9	495.1	429.5	—	—
封开港区	1 097.9	—	820.3	—	—	—	—	—	—
德庆港区	295.2	1.4	232.1	0.5	8.9	70.1	50.7	—	—
高要港区	86.2	34.3	16.2	9.2	4.7	30.1	21.6	—	—
佛山港（西江航运干线部分）	4041.9	1 700.4	1 690.5	1 055.6	181.1	2 275.1	1 903.3	3.7	1.9
禅城港区	884.1	514.6	630.0	413.9	52.5	697.3	592.4	—	—
西南港区	408.8	144.9	139.8	56.4	17.3	220.2	185.6	—	—
三水港区	633.5	105.0	109.1	41.2	15.1	200.3	169.9	—	—
高明港区	841.3	310.4	308.4	210.0	32.2	379.9	315.4	3.7	1.9

[1] 数据来源：《2012珠江水运发展报告》，交通运输部珠江航务管理局编，华南理工大学出版社出版，2013年。

续上表

港口	货物吞吐量 合计（万吨）	外贸	其中：出港	外贸	集装箱 箱数（万TEU）	重量（万吨）	其中：货重	旅客吞吐量 合计（万人次）	出港（万人次）
三山港区	596.3	462.3	220.7	215.5	40.5	456.4	372.4	—	—
九江港区	489.4	163.2	265.9	118.6	22.1	294.5	243.9	—	—
西樵港区	130.1	—	3.1	—	—	—	—	—	—
狮山港区	58.4	—	13.5	—	1.4	26.5	23.7	—	—
云浮港	1 354.7	122.9	781.9	17.2	8.6	164.4	144.6	—	—
都城港区	25.1	—	4.2	—	—	—	—	—	—
南江口港区	213.9	—	195.7	—	—	—	—	—	—
六都港区	780.0	122.9	424.6	17.2	8.6	164.4	144.6	—	—
都杨港区	335.7	—	157.4	—	—	—	—	—	—
二、珠江三角洲	23 411.0	3 767.3	7 117.8	1 059.3	458.1	4 635.5	3 720.3	242.3	125.9
广州内河港	1 607.7	112.3	379.7	45.3	19.6	164.8	127.3	—	—
番禺港区	519.7	—	63.0	—	3.7	7.4	5.7	—	—
五和港区	472.0	72.5	224.3	43.0	12.0	117.1	90.0	—	—
新塘港区	549.5	39.8	70.6	2.3	3.9	40.3	31.6	—	—
增坡港区	66.5	—	21.8	—	—	—	—	—	—
虎门港	9 227.7	2 020.8	2 999.4	80.8	145.3	2 241.6	1 950.7	31.3	21.3
内河港区	794.1	7.5	149.3	1.4	35.0	331.9	261.9	—	—

续上表

港口	货物吞吐量 合计（万吨）	其中：外贸	其中：出港	外贸	集装箱 箱数（万TEU）	重量（万吨）	其中：货重	旅客吞吐量 合计（万人次）	出港（万人次）
麻涌港区	3 603.1	1 004.6	1 446.0	5.5	0.4	4.0	3.1	31.3	21.3
沙田港区	3 783.9	657.0	1 393.9	69.1	105.2	1 858.7	1 648.2	—	—
沙角港区	1 044.7	351.7	9.2	4.8	4.7	47.0	37.5	—	—
长安港区	1.9	0.0	1.0	0.0	0.0	0.0	0.0	—	—
江门港	6 210.7	562.1	2 066.3	289.1	83.5	828.7	662.3	22.0	10.1
江门港区	1 073.6	293.1	231.7	157.5	39.4	315.1	236.4	12.6	5.8
开平港区	812.4	44.3	99.6	25.2	6.9	99.9	86.5	5.4	2.5
鹤山港区	670.7	43.7	270.3	29.0	4.4	40.7	32.0	4.0	1.8
恩平港区	25.4	0.1	4.8	0.0	0.0	0.0	0.0	—	—
新会港区	2 393.3	145.7	1 424.0	53.7	29.9	342.5	282.7	—	—
台山港区	1 235.3	35.2	35.9	23.7	2.9	30.5	24.7	—	—
中山港	5 153.5	639.1	1 257.6	384.0	124.0	832.3	584.2	118.5	58.9
小榄港区	2 254.3	124.7	357.0	88.4	37.1	262.3	188.1	—	—
神湾港区	550.1	47.0	91.0	23.4	9.9	56.8	36.9	—	—
中山港区	2 349.1	467.4	809.6	272.2	77.0	513.2	359.2	118.5	58.9
佛山港（珠江三角洲部分）	1 211.4	433.0	414.8	260.1	85.7	568.1	395.8	70.5	35.6

续上表

港口	货物吞吐量 合计（万吨）	外贸	其中：出港	外贸	集装箱 箱数（万TEU）	重量（万吨）	其中：货重	旅客吞吐量 合计（万人次）	出港（万人次）
大塘港区	53.3	—	19.4	—	—	—	—	—	—
乐平港区	113.2	—	27.6	—	—	—	—	—	—
大沥港区	27.9	16.5	5.6	5.6	1.1	11.5	9.4	—	—
里水港区	0.2	—	0.2	—	—	—	—	—	—
容奇港区	411.1	209.9	174.5	152.8	42.1	209.9	125.7	70.5	35.6
北滘港区	184.1	81.1	79.7	46.7	22.5	126.4	81.5	—	—
轮教港区	34.0	—	7.6	—	—	—	—	—	—
陈村港区	45.1	—	15.1	—	—	—	—	—	—
乐从港区	75.8	—	5.9	—	3.4	45.6	38.2	—	—
勒流港区	197.4	125.5	79.2	55.0	16.6	174.7	141.0	—	—
丁哥山港区	69.3	—	—	—	—	—	—	—	—
三、北江	1 454.9	114.4	662.1	39.8	26.5	324.3	270.6	296.0	156.5
肇庆港（北江部分）	643.8	114.4	119.3	39.8	23.1	316.3	264.1	—	—
四会港区	627.6	114.4	111.9	39.8	23.1	316.3	264.1	—	—
大旺港区	16.2	—	7.4	—	—	—	—	—	—
韶关港	82.5	—	47.9	—	—	—	—	—	—

续上表

港口	货物吞吐量 合计（万吨）	外贸	其中：出港	外贸	集装箱 箱数（万TEU）	重量（万吨）	其中：货重	旅客吞吐量 合计（万人次）	出港（万人次）
新港港区	3.2	—	0.2	—	—	—	—	—	—
白土港区	13.3	—	13.3	—	—	—	—	—	—
乌石港区	66.0	—	34.4	—	—	—	—	—	—
清远港	728.6	0.0	494.9	0.0	3.4	8.0	6.5	296.0	156.5
清远港区	115.1	—	41.1	—	3.4	8.0	6.5	279.0	148.0
清新港区	83.2	—	63.8	—	—	—	—	—	—
英德港区	519.6	—	386.6	—	—	—	—	—	—
连州港区	3.3	—	1.7	—	—	—	—	17.0	8.5
阳山港区	7.4	—	1.7	—	—	—	—	—	—
四、东江	138.5	17.8	58.0	0.0	5.3	78.1	55.0	24.0	12.0
惠州港（内河）	138.5	17.8	58.0	0.0	5.3	78.1	55.0	—	—
河源港（新港港区）	—	—	—	—	—	—	—	24.0	12.0
五、右江	19.9	0.0	19.9	—	—	—	—	—	—
百色港	19.9	0.0	19.9	—	—	—	—	—	—
六、左江	0.0	0.0	0.0	—	—	—	—	0.0	0.0
崇左港	0.0	0.0	0.0	—	—	—	—	0.0	0.0
七、两江一河	1 745.6	0.0	1 347.5	—	3.2	39.5	32.2	687.3	366.3

续上表

港口	货物吞吐量 合计(万吨)	外贸	其中:出港	外贸	集装箱 箱数(万TEU)	集装箱 重量(万吨)	其中:货重	旅客吞吐量 合计(万人次)	出港(万人次)
来宾港	1 048.0	0.0	1 043.1	—	3.2	39.5	32.2	—	—
黔西南港	488.8	0.0	269.5	—	—	—	—	393.4	219.7
黔南港	51.5	0.0	10.5	—	—	—	—	87.8	43.9
玉溪港	0.0	0.0	0.0	—	—	—	—	6.3	3.2
曲靖港	74.0	—	35.0	—	—	—	—	97.0	48.5
昆明	0.0	0.0	0.0	—	—	—	—	119.8	61.0
红河	29.5	0.0	15.6	—	—	—	—	39.8	19.5
文山港	13.5	0.0	6.5	—	—	—	—	73.8	37.4
六盘水港	39.5	0.0	24.4	—	—	—	—	29.0	13.6
安顺港	0.8	—	0.5	—	—	—	—	37.4	19.6
八、都柳江	2.2	0.0	1.0	—	—	—	—	64.1	31.6
黔东南港	2.2	—	1.0	—	—	—	—	64.1	31.6
九、融江、柳江、黔江	196.7	0.0	194.5	0.0	0.0	—	0.0	—	—
柳州港	196.7	0.0	194.5	0.0	0.0	—	0.0	—	—
十、桂江	41.6	0.0	19.6	—	—	—	—	—	—
桂林港	2.0	0.0	2.0	0.0	0.0	—	0.0	—	—
贺州港	39.6	0.0	17.6	0.0	0.0	—	0.0	—	—

第六节 打造平安航运

2008年5月,交通运输部印发了《国内水路运输经营资质管理规定》,规定从事国内水路运输的企业应当具备的经营资质条件,明确要求要具备健全的安全生产责任制度、安全生产规章制度和操作规程以及生产安全事故应急救援预案等安全管理与生产经营管理制度,并且按照《中华人民共和国航运公司安全与防污染管理规定》的要求建立安全管理体系。

一、开展水上安全专项行动

(一)低质量船舶专项整治

2005年4月30日,交通部、国防科工委、农业部和国家安全生产监管总局发出通知,在全国联合开展低质量船舶专项治理活动。《全国低质量船舶专项治理活动方案》明确了专项治理对象:非法违规造船厂(点)、低质量船舶、未持有有效检验证书作业的渔船。治理目标:通过开展低质量船舶专项治理活动,改善低质量船舶安全技术条件,将不合格船舶清除出航运市场或停止其渔业生产,坚决打击非法造船,制止违规造船,堵住低质量船舶生产源头。为配合《全国低质量船舶专项治理活动方案》的实施,2005年5月30日,交通部海事局印发《关于做好低质量船舶专项治理附加检验的通知》,要求对低质量船舶的审图情况、船图一致性进行核实;对船舶结构、船舶焊接质量、船上图纸资料、船舶安全设备进行检查。

(二)渡口专项整治

2005年7月,交通部、国家安全生产监督管理总局印发《关于开展渡口渡船专项整治规范渡口渡船安全管理的意见》。专项整治的主要内容是:督促县、乡人民政府落实渡口、渡船安全管理责任制,重点落实监管机构、监管责任、监管人员、监管经费和监管制度;检查、消除渡口、渡船安全事故隐患,对发现的问题和安全隐患,立即督促制订整改计划和落实措施;严肃查处渔船、农用船等运输船舶非法载客行为,取缔无证无照和达到报废年限仍在运营的船舶;认真落实责任追究制,对不认真履行渡口、渡船安全监督管理职责,失职、渎职导致安全事故发生的,依法追究责任。力争通过两年的专项治理整顿,使全国渡口、渡船安全管理达标率达到90%,逐步建立起渡口、渡船安全管理长效机制,确保不发生重大责任事故。

2005年10月,广东省人民政府办公厅发布《关于广东省渡口渡船安全管理专项整治工作的实施意见》,整治任务是落实各级人民政府的管理责任,建立健全渡口安全管理机构,相关部门对渡口渡船安全实施监督检查;彻底排查渡船安全隐患,严禁达不到安全条件的船舶参与渡运;坚决制止非客渡船载客渡运行为;加强渡口安全宣传教育。

2005年10月,云南省人民政府印发《云南省渡口、渡船专项整治实施方案》,明确了开展此项整治的指导思想、活动目标、整治原则、整治对象、组织机构、活动步骤和工作要求。

2005年10月，贵州省人民政府办公厅转发《贵州省渡口渡船安全管理专项整治实施方案》的通知。活动目标进一步落实安全管理责任制，实现渡口、渡船管理责任制明确、管理制度健全；进一步提高渡口、渡船的安全保障能力；杜绝非法渡运。

2006年广西壮族自治区人民政府办公厅转发了《关于开展全区渡口渡船安全管理联合整治行动方案》。整治内容检查渡口安全管理状况，查处未经审批私设渡口的行为；查处无证无照、报废船舶渡运的行为；检查船舶非法渡运情况；查处渡船未标明识别标志、载客定额、安全注意事项的行为。

二、水系安全事故案例

自1987年水监体制改革以来，珠江水系水上安全监督管理工作得到了加强。但是随着我国各项事业的不断发展，特别是在2001年加入WTO后，港口的沿海和内水水域航行、作业、停泊等各种中外船舶的航次明显增多、密度增大，企业和监管者的安全意识不到位和各种监管措施未能及时跟上，导致各种水上交通事故时有发生，见表8。

表8　珠江水系水上安全基本情况表（2008—2012年）[①]

对比期	事故总数（件）	死亡人数（人）	沉船数（艘）	直接经济损失（万元）
2008年	30	15	14	1 286
2009年	29	12	15	1 020
2010年	27	16	13	1 345
2011年	25	11	14	1 832
2012年	23	28	11	1 289

（一）珠江干线运输船舶较大安全事故

2008年8月11日16时30分，广西贵港市个体所有的"石卡17"船（总重6吨，主机功率8.8千瓦，船长9.45米、宽2.35米、深0.83米，钢质客渡船），在贵港市高岭头渡口右岸水域与广西北流市个体所有的"华远663"船（总重554吨，主机功率140千瓦，钢质干货船）由于"石卡17"船操作失误、"华远663"船停泊位置不当发生碰撞，造成"石卡17"船翻沉，船上6人全部落水，经施救，3人生还，3人失踪。

2010年2月4日17时48分，广西防城港锦航船务有限公司的"锦航68"船（船籍港：防城港，总重：2 990吨，功率：1 765千瓦，船舶种类：散货船）自大连装载5 000吨钢材驶往广东佛山九江镇途中，在西江潮连上游约2.5千米处水域与下行满载

---

① 数据来源：作者自整理2008—2012年《珠江水运发展报告》，交通运输部珠江航务管理局编，华南理工大学出版社出版。

2562吨河沙自肇庆驶往珠海斗门的清远顺发船务公司的"顺发38"船（船籍港：清远，总重：1597吨，功率：1300千瓦，船舶种类：自卸砂船）发生碰撞，造成"顺发38"船进水沉没，船上9名船员5人获救，4人死亡，产生的直接经济损失约150万元。

2011年5月12日约3时，广西贵港市宝丰航运有限公司所属"宝丰666"船，从广西贵港市装载集装箱驶往广州港南沙港区途中，在西江猪仔峡倾覆，船舶倒扣在海面，船上装载的48只集装箱全部落水，打捞出水15只。该船8名船员中有5人获救，2人死亡，1人失踪。

（二）九江大桥被撞事件

2007年6月15日4时许，石桂德驾驶"南桂机035"船装载河砂自佛山高明顺流开往顺德。5时许，当船距九江大桥约1100米时，江面上出现浓雾，能见度急剧下降。船长石桂德没有按照规定加强瞭望、选择安全地点抛锚以及采取安全航速等措施，在无法确认船首前方所见白灯是否为主航道灯的情况下，仍然冒险航行。当"南桂机035"船接近九江大桥时，石桂德因该船与桥前约80米的一个航标发生擦碰而意识到本船已严重偏离主航道，但仍没有采取停航等有效措施，反而试图将船头调至九江大桥桥墩间通行。

5时10分左右，船因偏离航道以及石桂德对航道灯判断的严重失误，致使该船头与九江大桥23号桥墩发生触碰，随后九江大桥23号、24号、25号三个桥墩倒塌，并引发所承载桥面坍塌，1675.2米的九江大桥坍塌200米，使得正在桥上行驶的四辆汽车落入江中损毁（经鉴定，共计价值人民币32万余元），车内6人以及2名大桥施工人员落水后死亡，1人失踪，造成经济损失为人民币4500万元。

（三）2012年"3·11"广西桂平沉船事故

2012年3月11日13:22，由藤县驶往桂平的贵港籍船舶"锐丰329"与从桂平市四清码头驶往桂平南木镇大黎村黎冲塘渡口的桂平籍客渡船"石咀客渡035"，在浔江桂平段羊栏滩尾挡牛坪对开通航水域发生碰撞。事故造成"石咀客渡035"船沉没，船上共有50人，其中30人获救，20人死亡，造成直接经济损失约4.287万元。属重大水上交通事故。

第七节 新世纪的珠江船舶

2012年2月，珠江航务管理局与广东省交通运输厅、广西壮族自治区交通运输厅、广东海事局、广西海事局、中国船级社广州分社共6个单位联合发布了《关于实施西江航运干线过闸船舶标准船型主尺度系列及有关规定的通告》，标志着珠江水系船舶标准化工作推进到了一个新的阶段。

一、船型标准化工作取得重大进展

2003年珠江航务管理局组织实施"珠江干线船舶标准化研究"项目。2006年发布的《全国内河船型标准化发展纲要》提出了珠江干线实现内河船舶标准化、系列化的总体目标。

(一)《西江航运干线过闸船舶标准船型主尺度系列》

2011年12月13日,交通运输部发布了《西江航运干线过闸船舶标准船型主尺度系列》(简称《主尺度系列》)。2012年4月1日起,《主尺度系列》正式施行,标志着珠江航运干线全面推广船舶标准化工程的全面启动。

长期以来,船舶类型多样、平均吨位小、部分船舶技术落后,安全和环保隐患重重是西江航运干线运输船舶的特征。为了提高航道、船闸等基础设施利用率,总体提升航运的经济性、安全性、节能性和环保性,2012年2月,珠江航务管理局联同广西壮族自治区交通运输厅、广东省交通运输厅、广西海事局、广东海事局及中国船级社广州分社共同发布了《关于实施西江航运干线过闸船舶标准船型主尺度系列及有关规定的通告》(以下简称《通告》),《通告》规定,自2012年4月1日起,新建(含船舶主尺度发生变化的重大改建)航经西江航运干线西津、贵港、桂平、长洲等枢纽船闸的干货船、集装箱船、液货船和自卸砂船等货运船舶应按照《主尺度系列》建造。

《主尺度系列》的船舶吨级划分基本与《内河通航标准》保持一致。《主尺度系列》标示了上下限区间值,以利于对总长的强制规范及方便船东在取值范围内进行选择。在保证过闸效率和技术经济性能的基础上,允许船宽下浮2%,给予船东一定的选择空间。同时,为引导船舶与枯水期航道维护尺度相匹配,《主尺度系列》还推荐了船舶设计吃水(除液货船外,1 000吨级船舶≤3.0米,2 000吨级船舶≤3.6米,3 000吨级船舶≤3.8米,推荐设计吃水以区间值标示),但不作强制规定,船东可在满足现行法规和规范的前提下,针对市场需求和航道特点,对船舶设计吃水做适当调整,充分考虑航道(含船闸)尺度的限制和交通主管部门在枯水期的通航管理要求。

(二)《珠江水系"三线"过闸船舶标准船型主尺度系列》

为推进珠江水系内河运输船舶船型标准化工作,促进船舶技术进步,提高航道和船闸等通航设施的利用率,保障水上交通安全,降低运输成本,提高内河航运竞争力,促进内河航运可持续发展,2012年12月25日,交通运输部发布了由珠江航务管理局会同有关省(区)交通运输主管部门组织制定的《珠江水系"三线"过闸船舶标准船型主尺度系列》,自2013年4月1日起施行。

推进珠江水系船型标准化,是航运结构调整的重要内容。珠江水系"三线"过闸船舶标准船型主尺度系列是在广泛调研的基础上,充分考虑珠江水系通航技术条件、各航段的差异性、干支流的相通性,遵循船型与航道等级、船闸、升船机等通航建筑物相匹配,尽可能简化尺度系列档次,兼顾船型优选及实用性,以及与相关国家标准、交通运输行业标准和行业政策相协调等原则,经多种方案技术经济优化论证研究制定。

主尺度系列的制定和实施,旨在规范珠江水系"三线"过闸运输船舶型主尺度,提高基础设施的通航效能,促进珠江水系船舶技术进步和航运可持续发展。主尺度系列适用于珠江水系"三线"过闸(升船机)的内河干货船、液货船、集装箱船等运输船舶。同时适用于"三线"至西江航运干线港口间运输的干支直达过闸(升船机)船舶。

（三）船型标准化研究与推广如火如荼

"十五"期以前，"两江一河"运输船舶基本上为当地老百姓凭经验建造。

"十五"初期，贵州省航务局牵头组建新型船型研究开发课题组，积极开展对两大河系新时期适航船型标准化的研究工作。2003年12月至2006年12月，贵州省地方海事（航务管理）局开展标准化船舶的推广。同时，还对南北盘江客渡船进行了推广。在推广方式上，根据不同区域，主要采取低价或免费提供图纸等方式，引导船主建造新型船舶。据统计，已专门研究设计的推荐船型有31种。推广地除本省外，已发展到四川、云南、广西等地。各河系船舶船型标准化的推广应用，缓解了贵州船舶设计人员不足的状况，遏制了以前船舶建造边设计边施工和无图建造船舶的现象，规范了船舶建造和检验程序，极大地提高了船舶技术和建造能力，促进了船舶运力结构调整，从源头上消除船舶安全隐患，促使运输船舶向标准化、系列化、规范化迈进。

2011年，珠江航务管理局组织有关科研单位和水系港航管理部门开展了珠江干线标准船型认定的研究工作，完成了《西江航运干线过闸船舶主尺度系列标准》，并报部批准。该标准的实施被部列入"十二五"水运结构调整示范项目。

2012年2月，珠江航务管理局与广东省交通运输厅、广西壮族自治区交通运输厅、广东海事局、广西海事局、中国船级社广州分社共6个单位联合发布《关于实施西江航运干线过闸船舶标准船型主尺度系列及有关规定的通告》；积极组织开展宣贯工作，联系水运行业主流媒体进行宣传报道，组织编印了《宣传手册》并在西江干线发放，推进工作落实；建立工作联系机制，编发《关于建立西江航运干线船型标准化工作联系机制的通知》。各船检、海事、交通、航道等管理部门各司其职、协调联动，共同推进珠江水系船型标准化工作。

二、世纪之交珠江水系船舶工业转型发展

（一）广东船舶工业的现状

广东省的船舶工业在中国船舶工业中占有重要的位置。广东省船舶工业大致可分为两大部分，即中央船企和地方船企，归属于六大管理系统。广东省的船舶修造业主要集中在珠江口及珠江三角洲一带，即广州市、珠海市、深圳市、东莞市、中山市、江门市等，以及珠江水系的西江两岸和东西粤沿海地区。

广州市一直是广东省主要的船舶建造基地，大中型船厂主要集中在广州地区。江门市积极规划发展，逐步成为广东省船舶工业发展的重要一极。珠海市大力发展游艇制造业，成为广东省乃至全国有名的游艇制造基地。

2002年5月中央明确提出，中国有希望成为世界第一造船大国，并将实现这一目标的时间初步定在2015年。从2002年开始，我国的造船产量以年均35%以上的速度递增，到2005年首次超过1000万吨大关，成为世界造船格局中的重要一极。

由于2008年美国次信贷问题引发的全球金融危机事件，波罗的海指数从历史最高位一路下滑到历史最低位，从而引发全球经济衰退，也影响到国际航运事业，因此，船市开始转向低迷，外国造船订单减少，甚至出现船东设法拖延交船或者弃船毁约的现象，广东

省的造船业也因此受到较大的影响，开始走下坡路。

截至2011年，广东省有船舶工业企业288家，规模以上的企业有110家，船舶从业人员年平均人数3.32万人。其中中国船舶工业集团公司系统8个，包括广州中船龙穴造船有限公司、广州中船龙穴南沙建设工程有限公司、广州广船国际股份有限公司、广州文冲船厂有限责任公司、广州中船黄埔造船厂有限公司、广州中船远航文冲船舶工程有限公司、广州造船厂有限公司、广州船舶及海洋工程设计研究院（设计单位）等。交通运输部系统4家，包括广州中远船务工程有限公司、中海工业菠萝庙船厂、广州航通船业有限公司、中交广州航道局有限公司船厂，修造兼备。省、市地方船厂共有83家企业，包括广新海事重工股份有限公司、广东浩粤船舶工业有限公司、汕头市航运总公司船舶修造厂、深圳江辉船舶工程有限公司等。其余都是民营企业、合资企业、外资企业，或其他类型的私人企业，等等。

2011年，广东省的海洋工程装备及辅助船舶建造企业有10家，游艇制造企业有35家，其中，珠海太阳鸟游艇制造有限公司是广东省最大的游艇制造企业，该公司2011年产值超过4亿元，比2010年增长2倍，并以8 200万元全资并购广东宝达游艇制造有限公司。

广东省船舶工业分为船舶制造、船舶修理、船舶配套产品制造、设计和检测等。

1. 以造船为主的企业有：广州广船国际股份有限公司、中船黄埔造船有限公司、广新海事重工股份有限公司、广东浩粤船舶工业有限公司、广州航通船业有限公司、广州市番禺粤新造船有限公司、广州番禺灵山造船厂有限公司、珠海市船舶制造公司、显利（珠海）造船有限公司、英辉南方造船厂（广州番禺）有限公司、江门市南洋船舶工程有限公司、湛江造船厂、中山市金辉船舶修造有限公司、汕头市航运总公司船舶修造厂、汕尾市万聪实业发展有限公司、太阳鸟游艇股份有限公司、江龙船舶制造有限公司、广东宝达游艇制造有限公司等。

2. 以修船为主的企业有：广州文冲船舶修造厂、中海工业菠萝庙船厂、广州航道局船舶修造厂、交通部第四航务局船厂、广州远洋航运集团修船厂、招商重工（深圳）有限公司、友联（蛇口）船厂、湛江港务局外轮航修厂、湛江航运局船厂、东莞市道滘东江船舶修造厂、汕尾市鸿业船舶修造有限公司、汕尾市红海船舶服务有限公司等。

3. 船舶配套产品制造厂主要有：广州柴油机厂股份有限公司、广州市番禺远航螺旋桨制造有限公司、佛山安可锚链有限公司、建峰索具有限公司、华南建材（深圳）有限公司、南海船用锅炉厂、云浮船用电器厂、广州番禺桥联船舶配件厂、广东省广宁船用水泵制造有限公司、中山市小榄船舶舾装件厂、台山市白沙镇三八云东船舶配件厂等。

4. 船舶设计、检验及其他企业有：广州船舶及海洋工程设计研究院、广东浩粤船舶工业有限公司设计研究所、广东省航运科学研究所、中国船级社广州分社、广东海事局船舶检验中心、广东渔业船舶检验局、广东造船工程学会等。

（二）广西壮族自治区船舶工业发展现状

2004年7月1日，广西壮族自治区人大常委会会议通过的《关于修改〈广西壮族自治区水路运输管理条例〉的决定》施行，自治区航务管理局停止履行民用运输船舶修造企业经营监督管理职能。

2010年，由广西壮族自治区和信息化委员会牵头组织、中船第九设计研究院编制的《广西西江流域船舶工业发展规划》提出，广西将在南宁、柳州、贵港、梧州4个重点区域和百色、来宾、崇左、玉林4个选择性发展区域进行布局，通过改造扩建、兼并重组、新建等方式，调整产业结构，改变广西西江流域船舶工业"小、低、弱、缺"的现状。同时，立足西江流域的现状和发展需求，重点发展"三千吨及以下的船舶和高性能船"，打造造船、修船、拆船、船舶配套、船舶生产性服务业5大类产业集聚区，打通与钢铁、机械、航运业的产业链，促使产业升级。力争用10年的时间，把西江流域基本建成小型和高性能船舶产品为特色、具备现代产业体系、跻身于国内先进行列、在国内外有一定知名度的内河船舶工业研发生产基地。

2003—2012年，是广西船舶工业发展最快的时期。广西千吨级以上的船舶以平均每年300多艘左右的速度递增，产品结构得到不断调整和优化，特色品牌船舶得到发展，在珠三角船舶市场的影响力进一步扩大，骨干企业初具规模。桂平、贵港造船业呈现出"产业集聚、规模发展"的趋势，建造的钢质货船从原来的300载重吨为主发展到以1 300载重吨为主，很多造船企业具备建造5 000吨级的内河船舶和海船的能力，广西造船业步入了黄金发展时期。

第八节　航运科教迈进新世纪

一、珠江航运科学研究

在21世纪头十年，珠江航运科技取得了重要进展，很好地服务了珠江水运业的发展。

（一）"黄金水道通过能力提升技术"

2011年，交通运输部立项开展"黄金水道通过能力提升技术"重大科技专项研究，针对长江、西江黄金水道通过能力提升的主要制约因素，对通航及船型标准、航道系统整治、枢纽通航、信息服务与安全保障等方面的关键技术进行联合攻关。其中涉及珠江水系的分项目有"西江黄金水道通过能力提升关键技术研究"与"西江干线标准船型及设计关键技术研究"。2012年底，该项目研究工作中期成果通过专家组检查，研究工作进展顺利。

（二）珠江航务管理局组织开展科学研究

"十一五"期间，珠江航务管理局组织完成了"珠江航道建设对流域经济的影响研究""珠江三角洲100 TEU/200 TEU集装箱标准船型技术方案研发""红水河龙滩翻坝运输系统研究""珠海港江海联运体系研究""珠江干线现有船型标准化认定研究"和"西江航运干线运输船型标准研究"等一批科技项目，大部分成果得到推广应用。其中，珠江三角洲100 TEU/200 TEU集装箱标准船型技术方案已被广东省航运集团公司批量建造投产，单船核算单位能耗约下降30%，经济效益良好；依托"西江航运干线运输船型标准研究"制定的《西江航运干线过闸船舶标准船型主尺度系列》，交通运输部于2011年以94号公告发布实施，相关思路和政策措施建议初步被纳入推进船型标准化全国方案；"珠海港江海联运体系研究"为解决航经珠海港高栏港区内河A级船舶加签问题提供了很好的思路，珠海港已开通了到贵港、梧州等地的班轮航线；"红水河龙滩翻坝运输系统战略研究"为开展公水联运、增强珠江上游水运通道能力奠定了一定的基础，有关前期工作现已开展。

2012年，珠江航务管理局继续加大科研力度，组织制定了《珠江水系"三线"过闸船舶标准船型主尺度系列》，交通运输部于2012年以72号公告发布实施，并组织各相关省（区）相关单位就实施工作发布了联合公告。

（三）水系四省（区）以科技发展为抓手，促进港航事业发展

1. 广东

2003年，广东省航道勘测设计科研所组织实施"梯级枢纽上下游河道通航问题研究"项目，广东省航运科学研究所组织实施"2 000吨级江海直达油船开发研究"项目。

2005年，广东航海学会完成"广西大藤峡水利枢纽通航建筑物规模研究"。

2007年，广东航海学会完成"广西红水河'水—陆—水'长距离连续翻坝滚装运输方式研究"。

2008年，广东省、海南省通过了琼州海峡跨海工程规划研究工作方案，11月规划研究组顺利完成了《琼州海峡跨海工程规划研究报告》。

2011年，广东省交通运输厅组织实施航道科研项目21个，其中，4个项目通过鉴定验收、5个项目完成课题内审，"新型礁石钎探设备研究"和"航标智能测控终端RTU1B、RTU2B研究"等2项成果已投入试用，"珠江三角洲航道工程对咸潮入侵影响研究""广东省航道信息化发展研究"分别获得了中国水运建设行业协会科学技术奖二等奖和三等奖。

2012年，广东海事局深入推进课题研究及应用，"海上溢油报警监测技术""自航半潜式平台最低安全配员标准""航标运行管理信息化系统"项目获得中国航海学会科学技术奖；完成水上交通事故指标体系、海区浮动助航标志维护规程、内河水域船舶溢油应急体系、内河船员适任培训考试标准等课题研究，推广内河自卸砂船输送带装置课题研究成果。

2012年，广东省交通运输厅共实施科研项目25个，其中7个项目通过验收，6个项目通过鉴定。开展"大宗散货低碳运输北江示范项目"前期启动工作。"大宗散货低碳运输北江示范项目"被列为水运结构调整示范项目之一。

2. 广西

2009年，"船用电动钢索起锚绞车研制"科研项目通过广西壮族自治区科技厅组织的鉴定。

2011年，广西连续3年开展"项目攻坚年"活动，成效显著。《广西辖区水上交通安全风险分析评估与对策研究》课题荣获中国航海学会科技进步奖二等奖，取得广西海事科技研究新突破。《天生桥库区船舶安全联合监管与搜救技术研究》《西江长洲航段安全保障关键技术研究》获得部批准并开题研究。广西壮族自治区交通运输厅组织实施"西江黄金水道通过能力提升关键技术研究"重大科技专项研究；编制实施了广西"十二五"水运科研发展和港航信息化建设规划；完成广西交通运输科技项目验收工作，推进西部科技项目研究，其中9项已经结题，2项完成验收。

2012年，广西水运科技立项共25项（广西交通运输厅立项17项、交通运输部立项

8项），其中完成研究的项目有17项（广西交通运输厅完成12项，交通运输部完成项5项）。

一是完成了"西江黄金水道通过能力提升技术研究""西部港口物流枢纽建设和运营技术开发与示范"2个交通运输部立项的西部交通科研项目重大专项的研究工作。此二重大专项均按项目研究大纲计划有序推进。

二是完成了"北部湾港口国际物流系统优化技术研究""提高西南水运出海中线通道（红水河）通过能力若干关键技术的研究""峡谷段枢纽船闸平面布置和下游通航水位备降技术研究""西江长洲枢纽船闸扩能及通航安全关键技术研究""广西平陆运河路线方案及水资源影响技术研究"5个西部交通科技项目的鉴定与验收。

三是完成了"特殊区域水下石方切除技术研究""〈广西内河航运建设工程航标定额（试行）〉研究与编制""广西北部湾地区资源节约型环境友好型港口发展模式研究""漓江航道侧面浮标技术改造""旺村电站至桂江河口河段设计水位分析与相关问题研究""广西平陆运河建设规模及路线方案研究""长洲枢纽通航综合监管与船舶过闸联合调度平台开发研究""〈广西港口岸线有偿使用管理办法〉立法研究""西江长洲枢纽船闸扩能及通航安全关键技术研究""西江航运干线贵港至肇庆Ⅰ级航道技术可行性研究"10个广西交通运输厅立项项目的验收工作。

3. 贵州

"十五"期间，贵州航运科技先后开展部、厅、局水运科研项目26项，其中交通部西部交通建设关键技术研究项目有"山区河流航道整治关键技术研究""红水河能源运输组织方式及节能环保工艺研究"。省交通运输厅科技研究项目有"贵州省库区通航水域海事巡航救助船艇研究""贵州省内河船舶动态监控信息系统研究""山区急流乘简易扫床技术研究"。贵州省承担的交通部西部交通建设科技项目"山区河流航道整治关键技术研究"项目中的"山区河流建筑物坝体土工织物材料应用研究""散抛石坝冲毁原因调查研究"等6个子课题的科研任务顺利完成并通过了验收，该课题还获得了2005年中国航海学会科学技术奖一等奖。

2011年，贵州省交通运输厅完成了"两江一河"货运船舶标准船型研究，同时加快推广工作，4艘千吨级标准船型在北盘江建成并投入使用；设计完成了4种10米以下的乡镇自用船舶船型设计图，并积极推广使用。

2012年，贵州省交通运输厅完成了交通运输部西部交通科技项目"龙滩库区航运建设关键技术研究"，并且顺利通过专家鉴定验收；"南北盘江红水河货运船舶标准船型主尺度系列"通过省技术质量监督局验收，并积极推广运用。

4. 云南

2001—2005年，云南省水运信息化建设步伐加快，开通了省航务局到两个直属局的信息传输专线；开发并推广运用了科技档案计算机管理系统、水路运输统计信息系统、水上安全管理信息系统、船舶管理信息系统等。

2011年，云南省交通运输厅组织完成了"云南省水运中长期发展战略研究"等10个项目的验收；批准立项开展了"基于三维虚拟电子江图实现船舶快速搜救技术研究"等6个科技项目。交通运输部西部项目"内河小型船舶电力推进系统研制"，荣获2010年云南省科学发明奖一等奖，并运用该研究成果建成了国内第一艘具有自主知识产权的"滇游

1号"200客位电力推进游览船。

2012年,云南省交通运输厅争取科研经费260万元,保证了"云南高原库湖区船舶防污染关键技术研究"项目的按期实施和"内河小型船舶电力推进系统研制"项目的顺利推广,完成了"山区河流航道整治抛坝冲刷坑设计计算研究"等14个科技项目的验收工作,研究成果已分别在船舶标准化、新昆明港规划和行业管理工作中得到应用。

5. 红水河科技成果

红水河能源运输组织方式及节能环保工艺研究通过部级验收。2012年4月17日,由交通运输部水运科学研究院、贵州省航务管理局、武汉理工大学共同研发,列入交通运输部西部科技重点项目的"红水河能源运输组织方式及节能环保工艺研究"在贵阳通过了部级鉴定验收。

红水河龙滩库区航运建设工程关键技术研究荣获省科技进步奖三等奖。2012年6月14日,由交通运输部天津水运研究院和贵州省航务管理局共同承担的"红水河龙滩库区航运建设工程关键技术研究"在贵阳通过了交通部西部交通建设科技项目管理中心组织的专家评审。在2013年度贵州省科技进步奖的评选中,荣获省科技进步奖三等奖。

二、珠江水运信息化建设

(一)启动珠江航运综合信息服务系统建设

珠江航务管理局组织开展了珠江航运综合信息服务系统建设方案研究工作。该方案通过整合珠江水系交通、港航、海事、船检等部门的公共信息资源,依托电子航道图等基础信息体系,建立一个统一的珠江综合航运信息服务系统平台,提升水运行业服务的水平。建设信息服务系统,要实现三个主要目标:一是水系内交通运输、航道、海事、船检、企业等相关部门信息资源的共享和整合,AIS、电子航道图等信息资源的共享共用。二是构建水系航运动态监控的一体化平台,实现对危险品船舶、港口、枢纽、桥梁等重点水域的全程监控。三是制定并推广标准接口,开发水系统一的公共综合信息服务平台。

2012年珠江航务管理局继续组织开展了珠江航运综合信息服务系统建设方案研究工作,形成比较清晰的试点工程建设推进思路,试点工程主要涉及广东、广西两省(区)。参建各单位在试点建设的主要内容、组织建设及运行维护模式、数据的交换与共享内容、现场数据采集系统和终端建设方式、内河电子航道图的建设和维护方式、同步制定所需标准及下一步工作安排等方面达成共识。

(二)四省(区)大力推进航运信息化建设

广东省大力推动省内航运公共信息服务平台建设,2010年12月,广东省交通运输厅完成方案初稿,并将相关关键问题纳入省厅2011年政府引导性重点专项科技攻关的课题,2012年正式启动部分相关具体项目建设工作。

广东省进一步完善和推广使用水运行政管理综合业务系统。为更好做好业务协同,积极促进地方行业管理部门尽快联网及网上办理相关行政许可业务。督促各地市2011年6月1日前全部开通网上许可业务,10月1日后在全省范围内基本实现水运业务网上流转、无纸化办公。全系统公文交换系统已投入使用。

2012年，广东省积极推进信息化建设，完成了潭江航道整治工程等9个项目的航标遥测遥控系统建设。推进政务公开，组织开展了全系统政务公开工作检查和考核。实现行政业务信息化。

2012年，广东海事局推进或完成多个科技与信息化项目，包括广东海事局信息系统灾备中心建设项目运行测试、广东海事局海事行政执法监督检查系统建设、船舶检验发证管理系统Ⅵ米S5和船舶吨位丈量管理系统升级、广东海事局内河重点航段安全监管项目的初步设计等。在珠江口水域新增AIS航标27座，加大对AIS虚拟航标、高分子材料航标等的应用力度，开展了DGPS台站播发北斗信号、GPS定位电池、大功率LED灯器和桥梁标志、浮标防腐和绿色环保能源等技术的应用研究。做好珠江口水文信息系统维护工作，推广运用沿海电子海图及内河电子航道图，完成917幅全国内河电子航道示意图制作任务；完成珠江口陆海统一高程基准项目。

广西交通厅积极打造广西港航综合信息管理平台。推广运用交通运输部水路运政、港口、船检发证等相关业务信息系统，开展广西交通信息资源整合与运行监测服务系统资料收集工作，建立了全区港口管理信息系统，实现危险货物，实施网上申报审批管理，实现港口经营管理、设施保安管理、安全管理、应急管理、统计分析管理等港口业务信息化。同时，船舶检验系统、航道管理信息系统、航运管理信息系统不断完善，电子航道图、航标遥控遥测、自动水位站、广西西江水运视频监控平台建设以及AIS实验基站网络系统建设扎实有效推进。建成广西港航监控中心梧州分中心，并投入使用。

2012年，广西交通运输厅加强规划，加大对软硬件的建设力度，加快推进港航信息化建设步伐。

一是编制完成《广西西江黄金水道港航信息化规划研究报告》，报告涉及港航综合管理、应急指挥、信息服务、运输市场信息服务、节能减排、绿色交通等多个方面；二是完成新版"广西水路货物运单系统"的建设工作；三是完成"广西长洲枢纽船闸调度系统"的建设工作；四是基本完成"广西航运政务管理系统"的建设工作；五是初步完成"广西港口企业船舶装卸信息系统"的应用程序及数据库设计与开发工作；六是完成西江黄金水道主干线的航道图数字化工作；七是广西西江沿线共计完成25个AIS基站的安装。

2012年，实现广西交通信息资源整合与运行监测服务系统、广西北部湾港引航综合调度系统、长洲枢纽船闸调度系统等信息化平台试运行。

2012年，广西海事局完成信息网络骨干设备更新、数据中心（二期）、海事处视频会议系统等项目建设，完成项目投资共571万元。一是更换了广西海事局和局属单位的网络骨干设备，升级了二级网带宽，建设了移动办公平台。初步整合业务系统数据，建立统一数据库和数据交换平台。在12个海事处配置了高清视频会议系统设备。二是试点建设了贵港海事局辖区GIS综合系统平台，初步整合多种地图的地理信息，融合了AIS、通航要素等多类信息，实现了GIS系统的应用。三是分别组织完成了船员考试系统、船载客货电子申报系统、港建费征收管理系统等完善升级工作。

2011年，贵州省水路交通运输信息化建设取得了较快发展，在信息网络建设、业务运用等各方面初见成效。开设了贵州省地方海事（航务管理）局网站；建成了与交通运输部海事局视频会议互通平台。电子业务应用得到较快发展，建立了机关电子政务办公系统,海事航务系统基本实现财务电算化管理,船舶检验、登记和船员管理系统也得到全面应用,数据资源有所积累,对业务的支撑能力得到加强。

2012年,贵州地方海事局有效推进部海事局3G VPDN组网、全省海事VPN组网、船舶检验发证系统、船员考务系统、船舶识别系统、船员管理系统、视频监控系统等信息化建设。

2011年,云南省交通运输厅开发了航务海事综合业务信息系统、船舶检验系统。实现了运营船舶设备状态的动态跟踪,及时掌握船舶的安全性能,实现船舶法定检验、船舶检验图纸审查、船用产品检验等方面的管理。基础网络建设方面,运政系统已经连入交通行业专网,实现与交通运输部的实时数据交换;云南省海事专网建设也在积极推进中。

2012年,云南省交通运输厅开展了船舶AIS系统岸基、船台、监控系统设施建设,完成了澜沧江监管系统船舶终端安装工作,实现了省航务管理局和西双版纳、思茅海事局监控中心对澜沧江出境船舶的远程监控;建设完成了云南水路基础数据库和航务海事综合业务系统平台两个推广项目,并通过验收交付使用。

三、"航海日"珠江片区活动

中国是世界航海文明的发祥地之一。明代航海家郑和是世界航海先驱。郑和率船队七下西洋的创举,揭开了人类认识海洋、征服海洋的序幕,这是中华民族对世界航海作出的杰出贡献。

为纪念伟大的航海家郑和对世界航海作出的重要贡献,经国务院批准,航海日成为我国的法定节日,从2005年开始,将郑和出海之日,即每年的7月11日定为中国航海日,同时也作为"世界海事日"在我国的实施日期。

作为中国航海日活动重要组成部分的珠江片区航海日活动已成功举办七届,珠江片区航海日活动赋予了"中国航海日"新的文化内涵,使航海日活动的内容更加丰富,参与层面更为广泛,社会意义更为深远。

"中国航海日"珠江片区活动是中国航海日活动的重要组成部分,对弘扬郑和精神,传播航海文化,搭建沟通桥梁,凝聚航运发展正能量发挥了重要作用。从2006年开始,分别在广东、广西、贵州、云南四省(区)举行。珠江片区航海日活动由珠江航务管理局、广东海事局、广东省海员工会共同发起,广东、广西、云南、贵州四省(区)有关地方人民政府和交通运输主管部门、海事部门、港航企业等共同响应并组织承办,目前已经成为全国开展航海日活动最重要、最具活力和最具影响力的组成部分。

第一届【广东·广州】。2006年7月14日,2006珠江片区"中国航海日"活动在广州中山大学码头广场启动。活动主题与2006年全国"航海日"活动一致,即爱我蓝色国土、发展航海事业。来自珠江水系云南、贵州、广西、广东四省(区)的学生代表,交通港航单位职工代表和交通部驻华南地区的航务、海事、救捞、船检等派出机构代表250多人参加了启动仪式。

第二届【广西·贵港】。2007年7月14日,主题为"落实科学发展观,构建和谐珠江"的2007珠江片区"中国航海日"纪念大会暨珠江航运发展论坛在贵港市举行。在珠江航运发展论坛上,专家就提出要进一步开发释放珠江航运潜能,使"水运经济"成为经济发展的一个重要增长点，水运为经济发展提供了强有力的支持。

第三届【云南·昆明】。2008年7月4日，中国航海日珠江片区活动在云南昆明进行。由珠江航务管理局、云南省交通运输厅、曲靖市人民政府和中国海员工会广东省委员会联合举办，共有28个交通港航单位参与。活动主题：发展珠江水运，服务流域经济。本次活动开创性地在珠江源建立永久性航海日纪念碑，捐赠资金用于资助郑和故乡和珠江源贫困学生完成学业。活动包括举行纪念大会暨珠江航运发展论坛、在珠江源建立永久性航海日纪念碑、捐赠资金资助郑和故乡和珠江源贫困学生完成学业等。

第四届【贵州·贵阳、遵义】。2009年7月3日至4日在贵阳、遵义举行"2009年珠江片区航海日纪念大会暨珠江航运发展论坛"。举办以"加强水运合作，应对金融危机"为主题的珠江航运发展论坛，发表了应对金融危机的《贵阳宣言》。影响最为深远的则是启动了"珠江片区四省（区）航海人才培养计划"。该计划有实际的资金资助，包括设立"珠江航运奖学金"和"珠江航运助学金"，奖励、资助片区四省（区）青少年开展航海交流活动。

第五届【广东·珠海】。2010年7月3日，由广东省委宣传部、广东省广播电视局、珠海市人民政府、珠江航务管理局、广东海事局、广东省海员工会共同主办的航海日系列庆祝活动在广东珠海市举行。活动主题是水运、低碳、经济、发展。本次活动首次举办珠江发展论坛市长峰会，共商珠江水系经济社会发展大计；首次表彰"珠江十佳船员"；首次创作并首演《珠江之歌》，邀请著名歌唱家宋祖英录制唱片；首次设立珠江航运事业发展基金会。

第六届【广东·中山】。2011年7月3日，以"发展水运，幸福珠江"为主题的2011珠江片区中国航海日庆祝活动和以"科技振兴装备制造，航运促进产业升级"为主题的2011中国（中山）第六届装备制造业博览会暨首届航运博览会在广东省中山市同时拉开帷幕。助力航运人才培养、研讨珠江水运发展对策以及装备制造博览会成为此次活动最引人注目的亮点。组委会表彰了珠江水系"十大港航明星企业"和"十佳船员"，举行了2011珠江片区青少年航海夏令营和"保护母亲河，幸福珠江行"溯江探源活动授旗仪式，并举办了2011珠江水运（中山）发展大讲坛。珠江航海事业发展基金会继续以"珠江航海奖学金"和"珠江航海助学金"的方式，接济贫困大学生。同时与广东团省委举办"保护母亲河"系列活动，开展植树、美化、调研珠江活动。

第七届【广西·南宁】。2012年7月6日，以"黄金水道·绿色水城·蓝色海洋"为主题的2012年中国航海日珠江片区活动在南宁国际会展中心启幕，这是2005年国家正式设立"中国航海日"以来的第八届珠江片区庆祝活动。与以往不同的是，此次活动首次举行了聚水仪式，主办方分别从珠江源、红水河、右江、东江、北江、珠江出海口磨刀门等六处汲水并全程录像。在庆祝大会上，播放了录像并汇聚所汲之水，象征着桂粤滇黔四省（区）"同饮一江水，合力谋发展"。

新时代十年来，以习近平同志为核心的党中央高度重视交通运输工作，党的十九大报告首次提出"建设交通强国"，党的二十大报告再次明确提出"加快建设交通强国"，形成了一套指导交通运输发展的科学系统的世界观和方法论。概括起来主要有：在发展战略定位上，强调加快建设交通强国，让交通成为中国现代化的开路先锋；在发展理念上，强调完整、准确、全面贯彻新发展理念，形成安全、便捷、高效、绿色、经济的现代化综合交通体系；在发展主题上，强调深化供给侧结构性改革，推动交通运输高质量发展，着力补齐基础设施短板、降低物流成本、调整运输结构、促进各种运输方式融合发展、提升服务水平、加快形成统一开放的交通运输市场、有效支撑国家重大战略实施；在发展目的上，强调建设人民满意交通，保障有力、世界前列；在发展目标上，强调打造一流设施、一流技术、一流管理、一流服务，实现人享其行、物畅其流；在发展合作上，强调与世界相交、与时代相通，坚持交通天下，推进全球交通合作；在发展动力上，强调坚持创新引领；在发展方式上，强调加快形成绿色低碳交通运输方式。

2021年10月14日，习近平总书记在第二届联合国全球可持续交通大会开幕式上的主旨讲话中指出，新中国成立以来，几代人逢山开路、遇水架桥，建成了交通大国，正在加快建设交通强国，交通成为中国现代化的开路先锋。习近平总书记的重要指示充分肯定了我国交通运输发展取得的成就，指出了加快建设交通强国这一新的奋斗目标，赋予了交通运输新的历史使命，明确了交通运输作为中国现代化先行领域的职责定位，把交通运输在现代化建设全局中的地位提到了前所未有的新高度。

2022年10月14日，正值习近平总书记发表主旨讲话一周年之际，习近平总书记向中国国际可持续交通创新和知识中心成立致贺信。总书记在贺信中指出，推动全球交通可持续发展、促进全球互联互通，对保障全球物流供应链稳定畅通、推动世界经济发展具有重要意义。建立中国国际可持续交通创新和知识中心是支持落实联合国2030年可持续发展议程的重要举措。中方愿同各国一道，充分利用中国国际可持续交通创新和知识中心平台促进全球交通合作，为推进全球发展倡议、落实联合国2030年可持续发展议程、推动构建人类命运共同体作出贡献。2023年9月25日，习近平总书记向全球可持续交通高峰论坛致贺信。总书记在贺信中指出，建设安全、便捷、高效、绿色、经济、包容、韧性的可持续交通体系，是支撑服务经济社会高质量发展、实现"人享其行、物畅其流"美好愿景的重要举措。中国正在加快建设交通强国，将继续坚持与世界相交、与时代相通，致力于推动全球交通合作，以自身发展为世界提供新机遇。中国愿同世界各国一道，秉持共商共建共享理念，让可持续交通发展成果更好造福世界各国人民，为落实全球发展倡议、实现联合国2030年可持续发展目标、推动构建人类命运共同体作出积极贡献。总书记的贺信充分体现了对加快建设交通强国的高度重视，饱含了对书写全球交通合作新篇章的殷切期望，彰显了中国对国际社会的庄严承诺和大国担当。

这一系列重要论述，集中反映了我们党对交通运输发展规律的新认识，是习近平新时代中国特色社会主义思想的世界观和方法论在交通运输领域的实践和应用，是马克思主义中国化时代化在交通运输领域的最新成果，为珠江水运奋力加快建设交通强国、努力当好中国现代化的开路先锋指明了前进的方向、提供了根本遵循。

新时代十年来，珠江水运着眼全局、立足行业、系统谋划、周密部署、全面贯彻落实以习近平同志为核心的党中央关于交通运输的重大决策部署，全面贯彻落实党的二十大精神，切实履行中国现代化开路先锋的使命定位，在更高水平上发挥先行引领和服务保障作用，加快建设现代化高质量综合立体交通网络，为全面建设社会主义现代化国家提供了更加有力的支撑、更加坚强的保障、更加有益的探索。

在这非凡的十年里，尤其是近五年来，珠江水运实现了由快速发展转向高质量发展的历史性跨越，在服务国民经济、对外贸易、区域协调发展中发挥了不可替代的重要作用。珠江水系基本建成以西江航运干线和珠江三角洲高等级航道网为骨干、干支衔接、通江达海的内河航道体系。实现二级以上航道里程、货船平均吨位、干线船闸数量、长洲水利枢纽船闸货物通过量、内河亿吨级港口数量"五个倍增"，实现了"亿吨水网、亿吨干线、亿吨港口、亿吨船闸"等四个"亿吨目标"，取得了自身的跨越式发展，实现了量的跃升和质的蜕变，有力促进了区域经济快速发展。据统计，截至2022年底，珠江水运高等级航道总里程达到2693千米，比2016年新增1119千米。珠江水系航道扩能升级步伐加速，主要枢纽节点通航设施建设稳步推进。同时，珠江水系港口规模化、集约化、专业化水平不断提升，内河港口综合通过能力达到6.52亿吨，比2016年新增1亿吨。"十四五"时期，珠江水运纳入交通运输部规划项目库的项目数量达50个，总投资近2000亿元，是"十三五"时期投资总额的4倍，超过新中国成立70多年来珠江水运建设投资总额。珠江已经成为当前我国内河水运建设规模最大、发展速度最快、人民受益最广的区域之一。

第十七章
珠江航运事业迈入新时代（2013—2017）

2012年11月8日，中国共产党第十八次全国代表大会在北京胜利召开，这标志着我国社会主义现代化建设进入新时代。

2013年是党的十八大召开后的开局之年。国家大力实施东部率先发展、中部崛起、集中连片特困地区扶贫开发战略，加快交通运输发展是战略实施的重要组成部分，这为继续完善珠江水运基础设施网络、提高服务保障能力提供了战略支撑。同时，国家依托珠江水运的运输通道，将珠江—西江经济带规划和建设上升为国家战略，作为以流域范围为特征的区域发展战略，为珠江水运提供了更为广阔的发展空间。

2014年是贯彻落实党的十八届三中全会精神、全面深化交通运输改革的启动之年，也是完成"十二五"规划目标的关键之年。珠江水运各行业大力推进"四个交通"建设，不断完善综合交通运输体系，努力做到稳中有为、稳中提质、稳中有进，各项工作取得了新的成绩，实现了珠江水运事业持续健康发展。

2015年是"十二五"规划收官之年。"十二五"期间，珠江水系广东、广西、云南、贵州四省（区）悉数出台加快内河水运发展的实施意见，政府政策和资金支持力度空前，航道、港口及其枢纽建设以前所未有的规模和速度推进。在交通运输部的支持下，水系四省（区）政府依托泛珠合作机制，由交通运输部珠江航务管理局牵头共同建立了珠江水运发展高层协调机制。

2016年是"十三五"规划的开局之年，也是供给侧结构性改革的攻坚之年。珠江水运坚持稳中求进工作的总基调，以推进供给侧结构性改革为主线，团结奋斗、攻坚克难、改革创新、开拓进取，圆满完成各项目标任务，实现了"十三五"精彩开局。

2017年10月，党的十九大提出将"习近平新时代中国特色社会主义思想"写入党章。珠江水系四省（区）以提高发展质量和效益为中心，统筹推进稳增长、促改革、调结构、惠民生、防风险各项工作，经济运行稳中有进、稳中向好、好于预期，经济社会保持平稳健康发展。水系四省（区）完成地区生产总值140 347.7亿元。总体来看，中部地区经济发展的协调性在不断增强，下游地区在转型升级中的引领作用更加明显，上游地区后发优势继续提升。

第一节　政策利好助推珠江航运大发展

"十八大"以后，国家经济发展朝着提质增效的方向转变，国家层面、省（区）层面、水系层面纷纷出台有利政策。交通运输部珠江航务管理局完成行政机构改革、形成高层协调机制等有效促进了珠江航运大发展。

一、珠江水运迎来"21世纪海上丝绸之路"新机遇

2014年是我国丝绸之路经济带、长江经济带和21世纪海上丝绸之路"两带一路"建设的历史性关键阶段。珠江水运发展在"两带一路"建设的大背景下，不断取得新突破。

2014年7月，"珠江—西江经济带"获得国务院批复，正式上升为国家战略。经济带内的水运事业进入新的发展阶段。

"珠江—西江经济带"的启动标志着"泛珠三角"合作的全面升级。"泛珠合作"从省际的松散合作，更进一步上升为珠江经济带各省（区）在中央政府统筹下更紧密的整体协同发展，"泛珠合作"也从区域性战略，上升为打造南部地区新经济增长极的国家意志。

作为我国又一条力促东西部协作的发展新纽带，"珠江—西江经济带"力促形成由"两横三纵"向"三横三纵"区域规划发展的网状新格局。"珠江—西江经济带"起到加强东西部协作、以东带西的作用，从而加快带动经济欠发达地区的开发和发展，有利于珠三角地区开展新一轮的持续发展，并对整个泛珠三角地区经济发展起到极为重要的支撑作用。

"珠江—西江经济带"的联动发展将更加有效地将珠三角地区的发展向西推进到广西壮族自治区。广西壮族自治区将更加有效地承接珠三角地区的产业转移，尤其是加工贸易型的产业转移，建立加工贸易产业基地，推动广西壮族自治区的经济发展。同时，"珠江—西江经济带"的协同发展更加有利于给珠三角地区新一轮的持续发展寻找新的增长动力。广西壮族自治区及更广阔腹地内的云贵两省也为广东省经济结构更好的转型升级提供助力，同时也为广东省经济发展提供必需的原材料、人力资源支撑。另一方面，"珠江—西江经济带"建设中对粤西地区的开发，会带动粤北地区经济的发展，优化广东省内的经济发展结构，为整个珠三角地区的发展提供新动力。

"珠江—西江经济带"的建设是一件有利于两广经济更好更快发展的大事。经济带的建设有利于促进东西互动，协调区域发展，促进区域经济结构转型升级，有利于进一步扩大内地沿边的开发建设，推进21世纪海上丝绸之路的建设。

二、政策层面统筹推进规划发展

（一）顶层设计为发展指引方向

2013年作为十八大之后的开局之年，为加快推进珠江水运发展，国家和地方各级政府凝聚共识，聚焦顶层设计，相继出台系列政策措施，开启新征程，使珠江内河水运拥有

了更值得期待的前景。

2013年初，国务院批复《珠江流域综合规划》，为环北部湾广东水资源配置工程立项奠定了规划基础。国务院在批复中明确提出，《珠江流域综合规划》实施要以完善流域防洪减灾、水资源综合利用、水资源与水生态环境保护、流域综合管理体系为目标，坚持全面规划、统筹兼顾、标本兼治、综合治理，注重科学治水、依法治水，协调好流域兴利与除害、开发与保护、整体与局部、近期与长远等关系，充分发挥珠江的多种功能和综合利用效益，为实现经济持续健康发展和社会和谐稳定提供有力支撑。在航运方面，充分发挥珠江航运上联云贵桂、下接粤港澳的区位优势和经济互补优势，建立以西江航运干线、珠江三角洲高等级航道网、右江、北盘江—红水河、柳江—黔江等组成的"一横一网三线"国家高等级航道网和主要港口为核心，以左江、南盘江、北江、东江和珠江三角洲区域重要航道为基础，远景实施从北部湾直接出海的平陆运河和沟通珠江与长江水系的赣粤运河，形成与区域经济社会和综合运输发展需要相协调的江海直达、干支相通、能力充分、布局合理、保障有力的珠江水系航运体系。

2013年6月，交通运输部发布《关于交通运输部推进物流业健康发展的指导意见》，明确行业指导意见，推进物流业健康发展。8月，交通运输部发布《关于促进航运业转型升级健康发展的若干意见》，从运力调控、转型升级、市场监管、减轻企业负担、提高服务水平5个方面制定20条意见，积极应对航运业面临的严峻形势，促进国内航运市场平稳健康发展和平稳转型升级。9月，交通运输部发布《加快推进长江等内河水运发展行动方案（2013—2020年）》，明确提出加快内河水运科学发展。12月，交通运输部、财政部、国家发展改革委、工业和信息化部共同发布《老旧运输船舶和单壳油轮提前报废更新实施方案》，明确中央财政安排专项资金，按1 500元/总吨的基准，对在2013年至2015年提前报废更新的老旧运输船舶和单壳油轮进行补助，通过经济政策加快船舶工业结构调整，优化船队结构，促进节能减排。

2014年4月，为规范全国内河船型标准化补贴资金管理，促进内河运力结构调整和水运节能减排，提高船型标准化率和船闸通过效率，财政部联合交通运输部印发了《内河船型标准化补贴资金管理办法》。

2014年6月，为推进我国港口转型升级，实现可持续健康发展，交通运输部发布了《关于推进港口转型升级的指导意见》。

2014年7月，为进一步刺激我国沿江、沿海地区的出口贸易，财政部、海关总署、国家税务总局三部委联合发布了《关于扩大启运港退税政策的试点范围的通知》。

2014年10月，国务院印发了《关于促进海运业健康发展的若干意见》（国发〔2014〕32号）确立了海运业在经济社会发展中重要的基础产业地位，明确提出到2020年基本建成安全、便捷、高效、绿色、具有国际竞争力的现代海运体系的发展目标。

2014年12月28日，第十二届全国人大常委会委员会第十二次会议表决通过了《中华人民共和国航道法》。该法是规范航道的规划、建设、管理和保护的一部法律，有利于从法律制度上保障航道建设养护的资金来源，有利于保护和利用航道战略资源，有利于构建综合运输体系，有利于推动"一带一路"、长江经济带、珠江—西江经济带等国家战略的具体实施，也有利于深化对外开放。

2015年4月，国务院印发了《水污染防治行动计划》。该计划的发布有利于加大水污染的防治力度，保障国家水安全。在自然资源用途管制、水节约集约使用、生态保护红线、资源环境承载能力监测预警机制、资源有偿使用、生态补偿、环保市场、社会资本投入、环境信息公开、社会监督等方面体现了改革创新的新要求。

2016年，作为"十三五"规划的开局之年，国家各相关部委先后出台了"十三五"时期综合运输服务、水运发展、标准化、信息化、安全应急、船员发展、科技、航道养护等一系列规划，指导"十三五"期间交通运输的健康发展。交通运输部印发的《珠三角、长三角、环渤海（京津冀）水域船舶排放控制区实施方案》于2016年1月1日生效，该方案提出在珠三角、长三角、环渤海（京津冀）水域设立三个船舶大气污染物排放控制区，以改善我国沿海和沿河区域特别是港口城市的环境空气质量，推进船舶节能减排和绿色水运发展。

2016年3月，国务院印发了《关于深化泛珠三角区域合作的指导意见》，标志着泛珠区域合作上升为国家战略。该意见明确提出，要完善珠江水运发展协调机制，推进珠江主要干支流高等级航道建设，继续提升西江航运干线通航水平，加快右江等航道建设，畅通西南水运出海通道。该意见的出台，有利于"9+2"合力推进珠江水运协调发展。

2016年7月，国家发展改革委与交通运输部联合印发《推进"互联网＋"便捷交通促进智能交通发展的实施方案》，有序推进港口向信息化、智能化、自动化方向发展。

2016年7月，交通运输部为了加快珠江水运科学发展顶层设计步伐，出台了《关于推进珠江水运科学发展的若干意见》，提出利用10年左右的时间基本建成畅通、安全、绿色、高效的珠江黄金水道的总体发展目标，并从六个方面提出了具体的任务和要求，为珠江水运科学发展指明方向。

2017年2月，国务院印发了《"十三五"现代综合交通运输体系发展规划》，提出推进西江航运干线扩能升级改造，为加快珠江黄金水道建设提供了新的发展机遇。

2017年4月，交通运输部办公厅与四省（区）人民政府办公厅联合发布《珠江水运科学发展行动计划（2016—2020年）》。

2017年5月，交通运输部印发了《珠江水运发展规划纲要》，标志着珠江水运改革发展的顶层设计基本完成，珠江黄金水道的建设进入了全新的阶段。

2017年5月，交通运输部办公厅印发了《深入推进水运供给侧结构性改革行动方案（2017—2020年）》，要求抢抓交通运输发展黄金时期，加快水运行业提质增效升级，更好地服务国家重大战略。

2017年9月，珠江水运发展高层协调会审议通过《推进珠江水运绿色发展行动方案》，为珠江水运绿色发展指明了方向。

（二）珠江航务管理局贯彻落实各项政策

2013年，交通运输部珠江航务管理局根据国务院批准的珠江流域综合规划，启动珠江水系航运规划修编工作。开展珠江水系内河航运"十二五"规划中期调整工作，支持和配合《珠江西江经济带发展规划》编制工作。

2014年，珠江航务管理局组织编制《珠江水系航运发展报告（2013—2030年）》，同时启动了珠江水运"十三五"发展规划编制。

2015年，在交通运输部珠江航务管理局的组织协调下，珠江水运发展高层协调机制正式建立。这一机制的建立，为解决制约珠江水运发展的重大问题，发挥珠江水运在综合运输体系中的比较优势，服务流域经济社会协调发展开辟了新的路径。机制汇聚起各方力量，落实交通运输部党组决策部署，共同推进珠江黄金水道建设，推动珠江水运高质量发展。

2016年12月，交通运输部珠江航务管理局和水利部珠江水利委员会在广州签署《关于加强珠江水利和水运发展合作协议》。两机构在交通运输部、水利部的领导下，加强在珠江流域的深度协调与合作，贯彻五大发展理念，促进珠江水资源的综合利用，为流域经济社会发展作出更大的贡献。

2017年，珠江水系全面落实党中央、国务院关于生态文明建设的决策部署，审议通过《推进珠江水运绿色发展行动方案（2018—2020年）》，共同推进"美丽珠江"建设。

（三）四省（区）层面政策助力珠江发展

2013年8月，广东省出台《关于进一步促进粤东西北地区振兴发展的决定》，将加快把内河水运建设放在重要的地位，提出"要加快推进西江、东江、北江、韩江航道建设，着力提高等级，改善通航条件，发展流域经济，建设以沿海大港为龙头，以内河港口为节点，通江达海、水陆衔接的航运网络"。广西壮族自治区坚持交通优先发展战略，充分利用水运优势，提出广西北部湾经济区和西江经济带"双核"驱动发展战略，在积极探索珠江—西江经济规划带、促进两广地区经济一体化合作的同时，持续推进西江黄金水道建设，不断掀起水运建设高潮，为实现广西水运新跨越注入了强劲动力。贵州省人民政府于2013年9月印发的《贵州省水运建设三年会战实施方案》，决定投入100亿元构建"两主四辅"出省水运通道和构建适应经济发展的水运港口枢纽体系。云南省紧紧围绕"两强一堡"发展战略，加大资金投入力度，加快构建"两出省、三出境"水运大通道格局，积极推动右江百色水利枢纽过船设施工程建设，努力由珠江走向大海。

2014年，广西壮族自治区出台了《关于西江经济带基础设施建设大会战的实施方案》，加快了西江、右江、左江等高等级航道建设和主要港口规模、功能的拓展。

2014年11月14日《贵州省人民政府关于修改〈贵州省港口管理办法〉部分条款的决定》（省政府令第158号）第三次修订《贵州省港口管理办法》。

2016年8月，广东省为贯彻落实国务院《关于促进海运业健康发展的若干意见》等相关工作部署，出台了《广东省人民政府关于促进海运业健康发展的实施意见》，切实促进广东省海运业的持续健康发展。

2017年1月，广西壮族自治区人民政府印发了《加快珠江—西江经济带（广西）发展若干政策》，紧紧围绕广西推进《珠江—西江经济带发展规划》落实的重点任务，出台了大力发展港口物流业、加快产业发展、强化生态和环境保护、加大用地支持力度等加快推进珠江—西江经济带发展的八方面近70条优惠政策。

三、珠江航务管理局行政体制改革促发展

2016年，在交通运输部的指导下，交通运输部珠江航务管理局按照中央编办的部署和部"五大板块"改革的要求，从推动珠江航运治理体系和治理能力现代化建设的角度出

发，对珠江航运管理历史和现状进行梳理，形成了《关于进一步研究珠江航运管理事权改革的建议》，提出了珠江干线航道管理事权改革的有关思路，为突破珠江航运管理体制机制的瓶颈迈出了历史性的一步。

2017年8月，《中央编办关于交通运输部承担行政职能事业单位改革试点方案的批复》《交通运输部关于交通运输部珠江航务管理局主要职责机构设置和人员编制的通知》先后印发，标志着珠江航务管理局事业单位改革试点工作基本完成，全面完成了从事业单位向行政机构的转变，承担珠江水系航运行政管理职责，成功迈出了突破珠江航运管理体制机制瓶颈的历史性的第一步。同时，受交通运输部委托新增开展琼州海峡客滚运输市场监管、内地与港澳间海上运输部分业务的行政许可、航运管理事务协调、粤港澳公用航道管理等相关工作，辖区范围扩充到广东、广西、云南、贵州、海南、福建六省（区）。珠江航务管理局完成行政机构改革，充分发挥部派出机构作用，迈出了打破珠江水运发展体制障碍的第一步，实现改革与发展互相促进、齐头并进的良好局面。

四、高层协调机制成为破解难题新路径

珠江把广东、广西、贵州、云南四省（区）和香港、澳门两个特别行政区紧密连接在一起，为沿江经济社会发展提供重要支撑。"十二五"期间，珠江水系四省（区）加大对水运基础设施建设投资力度，推进内河航道扩能升级，使"十二五"期成为珠江水运投入最多、政策支持力度最大、发展最快的时期。

但与此同时，珠江水运发展不平衡、不协调的问题依然突出：珠江上游碍航闸坝严重制约水运发展，水运生产主要集中在中下游；内河水运企业规模偏小、竞争力弱；内河港口营运效益较低，港航企业经营维艰；重陆轻水的局面没有大的改变，港口集疏运系统不健全，沿江公路不堪重负；水运建设筹融资难度进一步加大。

为进一步加强对珠江水运发展的领导，在更高层次统筹推进水运规划与管理，珠江航务管理局在交通运输部的指导下，借鉴长江水运发展经验，提出了依托泛珠三角区域合作平台建立珠江水运发展高层协调机制的建议，得到了广东、广西、贵州、云南四省（区）人民政府的积极响应和支持。

2015年，交通运输部珠江航务管理局依托泛珠合作平台牵头建立了由广东、广西、贵州、云南等省（区）人民政府主要负责人共同参加、国家有关部委参与的珠江水运发展高层协调机制。2015年、2016年和2017年珠江水运发展高层协调会议先后在福建福州、江西南昌、湖南长沙成功召开。

2015年12月11日，首届珠江水运发展高层协调会议在福建省福州市召开。在这次会议上，广东、广西、贵州和云南四省（区）省长（主席）共聚一堂，一致同意依托泛珠合作平台建立珠江水运发展高层协调机制，在泛珠行政首长联席会议期间召开珠江水运发展高层协调会议，原则上每年举行一次。时任广东省省长朱小丹、广西壮族自治区主席陈武、贵州省委主要负责人、云南省省委书记陈豪及交通运输部、国家发展改革委有关领导出席会议。会议建立了珠江水运发展高层协调机制，制定了工作规则，力推珠江水运发展上升为国家战略的重要组成部分，审议通过了《珠江水运发展高层协调机制工作规则》。

2016年10月14日，2016年珠江水运发展高层协调会议在江西省南昌市召开。会议

研究了珠江上游碍航不通等黄金水道建设中的重点难点问题，审议并通过了《珠江水运科学发展行动计划（2016—2020年）》，广东、广西、贵州、云南省（区）人民政府一致同意联合向国务院上报《关于加快红水河龙滩和右江百色枢纽通航设施建设的请示》，共同推动珠江水运科学发展。

2017年9月25日，2017年珠江水运发展高层协调会议在湖南省长沙市召开。会议审议通过《推进珠江水运绿色发展行动方案（2018—2020年）》，共同推进珠江水运绿色发展。

在国家实施"一带一路"倡议、《珠江—西江经济带发展规划》和加快建设畅通高效平安绿色内河水运体系的大背景下，建立珠江水运发展高层协调机制是推进珠江水运加快发展的有效方式，有着非常重要的意义。具体体现在：一是有利于部、省（区）相互支持、形成合力，从珠江流域联合发展的高度提出水运发展的重大战略措施，加快解决制约珠江水运发展的难点问题、瓶颈问题；二是有利于省（区）间对接重大政策、重大项目、重大工程，统一发展规划，协调水运建设，最大限度发挥水资源利用的综合效益；三是有利于促进沿江经济社会发展，优化沿江产业布局，促进产业转型升级，帮助珠江上游地区人民脱贫致富，推动泛珠三角区域合作上升为国家战略。

第二节　港航基础设施快速建设

党的十八大以来，珠江水系水运基础设施建设持续保持高强度投入（表9）。珠江水运基础设施、支撑珠江—西江经济带建设发展的基础不断得到夯实。珠江水系继续加快西江航运干线等高等级航道和水运支持保障系统建设，全力推进港口建设，加快构建内河干线航道网络和港口体系，水运基础设施条件得到进一步改善，服务能力进一步提升。以"一横一网三线"高等级航道（西江航运干线，珠江三角洲高等级航道网，右江、北盘江—红水河、柳江—黔江）为核心的航道建设取得重大进展。

表9　珠江水系水运基础设施投入（2013—2017年）[①]

年份（年）	合计（万元）	航道（万元）	港口（万元）	船闸（万元）
2013	596 884	33 569	261 246	302 069
2014	602 068	43 641	232 903	325 524
2015	509 319	119 217	210 127	179 975
2016	735 838	217 610	308 028	210 200
2017	667 696	120 580	284 801	262 315

① 数据来源：作者自整理2013—2017年《珠江水运发展报告》，交通运输部珠江航务管理局编，华南理工大学出版社出版。

一、航道建设扩能升级

党的十八大以后，珠江水系按照通上游、扩中游、优下游、连支流的目标，重点实施西江航运干线扩能工程——西江航运干线南宁牛湾以下全面升级为 2 000 吨级航道；优化珠江三角洲高等级航道网，加快北江航道整治，拓宽珠江三角洲高等级航道网服务范围；实施右江、南北盘江、红水河水运通道建设，逐步打通出海通道。珠江水系四省（区）按照"一横一网三线"航道架构，加快航道整治速度，着力提升干线航道等级。

截至 2017 年底，珠江水系内河航道通航总里程为 15 552 千米，其中 I 级航道 212 千米，II 级航道 844 千米，III 级航道 960 千米，IV 级航道 1 488 千米，V 级航道 944 千米，VI 级航道 1 878 千米，VII 级航道 3 423 千米（表 10）。

表 10 珠江水系航道里程数（2013—2017 年）[①]

年份（年）	通航总里程（千米）	等级航道（千米）	I 级（千米）	II 级（千米）	III 级（千米）	IV 级（千米）	V 级（千米）	VI 级（千米）	VII 级（千米）	等外航道（千米）
2013	8 668	6 439		524	994	1 229	676			2 229
2014	8 668	6 439		524	994	1 229	676			2 229
2015	8 692	6 439	7	524	1 043	1 269	676			2 229
2016	8 692	6 584	7	524	1 043	1 269	723			2 109
2017	15 552	9 749	212	844	960	1 488	944	1 878	3 423	5 803

截至 2017 年底，邕宁枢纽船闸建成试通航，西江航运干线规划的 5 座梯级船闸全部建成；西江（界首至肇庆）航道扩能升级工程完工，实现西江广东段 3 000 吨级航道全线贯通。西伶通道 3 000 吨级航道建成，为粤港澳大湾区建设贡献珠江水运力量。大藤峡枢纽、西津二线船闸、红花二线船闸、北江航道扩能升级工程加快推进，高等级航道网不断提级加密。随着黄金水道的建设，航道通过能力将实现质的飞跃，水运的优势将得到充分发挥，为流域经济社会作出更大的贡献。

二、港口设施不断完善

党的十八大以来，珠江水系加快推进内河港口基础设施建设，内河港口专业化、规模化建设步伐明显加快，一批码头工程建设项目有序推进，部分码头泊位逐步完工并投入使用，港口吞吐能力进一步提升，港口的固有优势进一步得到凸显，装卸效率和运输能力进一步得到提高，服务腹地产业的竞争力进一步得到提升，为区域经济发展提供了强有力的港口物流支撑。

2013 年底，珠江水系内河港口生产性泊位为 1 572 个，港口最大靠泊能力达到 3 000

[①] 数据来源：作者自整理 2013—2017 年《珠江水运发展报告》，交通运输部珠江航务管理局编，华南理工大学出版社出版。

吨级，港口设施薄弱的局面得以改变。截至2017年底，全水系拥有生产性泊位2 092个，港口年综合通过能力达6亿吨（表11）。图15为珠江第一港——云南文山富宁港。

图15　珠江第一港——云南富宁港

表11　珠江水系内河港口生产用泊位基本情况（截至2017年）[①]

港口	码头长度（米）	生产泊位（个）	千吨级（个）	设计年通过能力				
				货物综合通过能力（万吨）	散货、件杂货（万吨）	集装箱（万TEU）	汽车（万辆）	旅客（万人）
总计	141 985	2 092	820	60 304	47 305	1 497	0	4 377
广东合计	104 384	1 478	666	48 458	37 030	1 314	0	1 312
中山港	9 117	129	96	4 452	2 997	184	0	150
东莞港	21 131	215	120	13 461	11 410	174	0	70
江门港	18 936	248	151	5 932	4 896	134	0	457
广州内河港	8 850	146	30	2 923	2 651	41	0	10
惠州内河港	1 857	34	11	715	563	19	0	20
佛山港	19 497	290	191	12 043	6 607	661	0	127
肇庆港	3 124	52	35	4 166	3 366	80	0	0

---

① 数据来源：《2017珠江水运发展报告》，交通运输部珠江航务管理局编，华南理工大学出版社，2018年。

续上表

港口	码头长度（米）	生产泊位（个）	千吨级（个）	设计年通过能力				
				货物综合通过能力（万吨）	散货、件杂货（万吨）	集装箱（万TEU）	汽车（万辆）	旅客（万人）
云浮港	10 747	120	32	2 779	2 649	9	0	15
河源港	3 225	105	0	128	128	0	0	100
韶关港	1 150	16	0	440	424	2	0	10
清远港	6 750	123	0	1 419	1 339	10	0	353
广西合计	33 318	524	154	11 058	9 487	183	0	2 033
南宁港	5 796	91	45	1 675	1437	24	0	10
柳州港	1 892	32	13	719	623	12	0	110
贵港港	8 529	113	47	5 156	4 687	50	0	0
梧州港	4 832	78	26	1270	619	82	0	0
桂林港	4 170	75	0	88	88	0	0	1 840
崇左港	837	14	7	354	328	3.6	0	2
来宾港	3 191	55	8	620	575	4.5	0	13
贺州港	1 076	18	0	173	173	0	0	28
百色港	2 798	45	8	883	836	6	0	30
河池港	197	3	0	120	120	0	0	0
贵州合计	1 949	57	0	735	735	0	0	881
黔东南港	260	11	0	46	46	0	0	256
黔西南港	1 266	23	0	510	510	0	0	314
安顺港	117	13	0	63	63	0	0	59
黔南港	276	9	0	101	101	0	0	235
六盘水港	30	1	0	15	15	0	0	17
云南合计	2 334	33	0	53	53	0	0	151
玉溪港	214	5	0	0	0	0	0	47
曲靖港	1 310	10	0	51	51	0	0	69
文山港	330	8	0	0	0	0	0	20
红河港	100	2	0	2	2	0	0	6
昆明港	380	8	0	0	0	0	0	9

三、通航配套设施建设加快步伐

(一)枢纽船闸建设提速

党的十八大以来,珠江水系枢纽船闸建设步伐不断加快。在推进航道整治的同时,实施梯级渠化与航道整治相结合的发展战略,以加快枢纽船闸建设。水系上主要枢纽船闸建设项目有:

贵港航运枢纽二线船闸工程:新建1座3 000吨级船闸,单向设计年通过能力3 050万吨,总投资为152 108万元。项目于2012年12月开工建设,计划2019年底建成通航。

右江鱼梁航运枢纽工程:建设1座1 000吨级船闸,年通过能力904万吨,并预留二线船闸位置,总投资195 682.86万元。项目于2008年12月开工建设,2013年基本建成。

连江航运枢纽加固及航道整治工程:工程于2006年12月开工,2013年8月竣工验收。

长洲水利枢纽三四线船闸工程:新建2座Ⅰ级船闸,单向设计年最大通过能力9 604万吨(下行),总投资为375 645.07万元。工程于2009年12月开工,2015年1月20日船闸建成通航。

郁江老口航运枢纽工程:建设Ⅲ级船闸1座,船闸设计单向年通过能力为1 200万吨,并预留二线船闸位置,项目总投资546 171.81万元。项目于2009年10月开工建设,2015年12月全部工程竣工。

连江西牛航运枢纽工程:项目于2005年3月开工,船闸通航等级为Ⅳ级,设计单向年过闸货运量为257万吨。项目设计概算约4.95亿元,2014年11月通过竣工验收。

2017年,龙滩、百色枢纽通航设施建设实现新突破。珠江水系建立了由珠江航务管理局、贵州省交通运输厅、大唐集团广西分公司参与的龙滩水电站通航设施建设三方协调机制,完成了百色水利枢纽通航建筑物项目建设及运营管理体制研究报告。龙滩水电站通航设施建设按照通航1 000吨级船舶的标准,开展建设方案调整工程可行性研究工作。百色水利枢纽通航设施建设资金分担方案和项目法人设立已形成初步共识,为"十三五"期开工建设创造了有利条件。珠江水系部分过船建筑物技术状况见表12。

表12 珠江水系部分过船建筑物技术状况(2017年数据)[①]

序号	过船建筑物名称	所在河流及距河口里程(千米)	建筑物型式及水头差(米)	设计规模			上行量		下行量	
				通航船舶吨级(吨)	闸室或承船厢有效尺寸(米)	年单向通过能力(万吨)	过船(艘次)	过货(万吨)	过船(艘次)	过货(万吨)
1	联石湾船闸	前山水道;23	单级;2	500	124×14	200	4 842	310.2	4 682	298.8

---

① 数据来源:《2017珠江水运发展报告》,交通运输部珠江航务管理局编,华南理工大学出版社,2018年。

续上表

序号	过船建筑物名称	所在河流及距河口里程（千米）	建筑物型式及水头差（米）	设计规模 通航船舶吨级（吨）	设计规模 闸室或承船厢有效尺寸(米)	设计规模 年单向通过能力（万吨）	上行量 过船（艘次）	上行量 过货（万吨）	下行量 过船（艘次）	下行量 过货（万吨）
2	石角嘴船闸	前山水道；3	单级；2	500	124×14	200				
3	那吉船闸	右江；278.2	单级；14.4	1 000	190×12×3.5	422	870	2.5	826	23.5
4	鱼梁船闸	右江；—	单级；14.4	1 000	190×23×3.5	422	2 293	10.4	2 284	151
5	邕宁船闸	郁江；—	单级；8.38	2 000	250×34×5.8	2 678	577	14	420	39.5
6	西津船闸	郁江；10	单级；20.4	1 000	190×15×3.5	650	6 933	682.2	6 704	560.1
7	贵港船闸	郁江；112.1	单级；14.5	1 000	190×23×3.5	1 000	16 519	1297	16 347	1 925.2
8	桂平船闸1号	郁江；2.6	单级；11.69	1 000	190×23×3.5	1 100	29 633	3 685.4	29 457	2 367.5
9	桂平船闸2号		单级；11.50	3 000	280×34×5.6	2 700				
10	长洲船闸1号	浔江；10.1	单级；15	2 000	200×34×4.5	4 012	9 325	481.4	9 417	1 155.9
11	长洲船闸2号		单级；15	1 000	190×23×3.5		1451	48	1459	148.1
12	长洲船闸3号		单级；15	3 000	340×34×5.8	9 604	20 499	1 328.6	20 223	2 714.4
13	长洲船闸4号		单级；15	3 000	340×34×5.8		20 199	1 324	20 046	2 679.9

（二）长洲三线四线船闸

南宁至广州航道西江航运干线素有"黄金水道"之称，是广西最繁忙的航道，广西内河运量的90%都需经过该航道。长洲水利枢纽位于这条繁忙航道的咽喉位置——梧州，它也是西江干线上最后一个枢纽，干线上几乎所有船舶都要从这里通过。

于2007年5月通航的一线二线船闸原设计年过闸货运量合计为3 920万吨。但在船闸通航的第二年，实际过闸货运量就达到了3 626万吨，为船闸设计能力的92.5%，通过能力日趋饱和，"瓶颈"窘境渐显。2008年，长洲一线二线船闸年过闸船舶载重吨为7 343万吨。由于过坝船舶数量大，船闸自投入通航之日起一直保持着每天24小时的运行状态。两线船闸双向通航开闸次数最高达到50闸次/天。长洲一线二线船闸严重"超载"，三线四线船闸的建设迫在眉睫。

2009年2月，长洲水利枢纽三线四线船闸工程正式开工。工程位于梧州市上游12千米的浔江干流上，在已经建成的长洲水利枢纽一线二线船闸右侧，船闸有效尺度为340×34×5.8米（长×宽×门槛水深），可满足3 000吨级船舶通过，设计年单向通过能力为9 600万吨。工程总计开挖土石方2 550万立方米，混凝土浇筑133万立方米，使用钢筋3.7万吨。闸室高度为34.7米，相当于10层楼高，长度为340米，宽度为34米，一个闸室一次可以满足6艘船舶同时过闸。整个工程金属结构大大小小的部件总重量约1.3万吨，所有金属结构安装需部署细化到具体日期。

2014年12月31日，长洲水利枢纽三线四线船闸主体工程通过交工验收。

2015年1月20日，长洲水利枢纽三线四线船闸主体工程通过交工验收并正式通航。长洲水利枢纽三线四线船闸与一线二线船闸一起运行，年单向通过能力达1.36亿吨，成为世界上通过能力最大的单级船闸。

长洲三线四线船闸工程在国内外首次实施了双线并列船闸互通省水布置，解决了并列船闸需同时满足单独输水和相互输水时水力条件以及输水效率的难题，这一布置型式不仅节约了大量水资源，且可大大改善引航道水流条件。长洲三线四线船闸工程的技术创新性主要体现在两点：一是开发形成具有我国鲜明特色的巨型船闸特大型平面阀门结构型式和防空化减振新技术，解决了中水头船闸、巨型船闸采用平面阀门的技术难题，保障了阀门的安全运行。二是首次提出了并列船闸闸首底透空分流导航结构和采用优化输水方式非工程措施改善共用引航道水力条件的新思路，确保引航道内的船舶安全。长洲三线四线巨型船闸（群）水力学创新技术研究创新成果，不仅解决了工程重大技术难题，直接节省长洲三线四线船闸（包括桂平二线船闸工程在内）投资达到6 500万元；而且工程采用新技术后，缩短了通航时间，减少了停航检修时间，显著提高了枢纽航运通过能力，带来了巨大的间接经济效益，初步估算每年将达到8亿元。长洲三线四线巨型船闸（群）水力学创新技术研究创新成果获得10项国家发明及实用新型专利，荣获2013年度广西科学技术进步奖二等奖。

长洲三线四线巨型船闸工程创新技术不但保障了西江水运主通道的畅通，也促进了枢纽航运效益的发挥。

长洲水利枢纽在三四线船闸建成后，与一二线船闸实行四线船闸联合调度。

从2011年开始，广西壮族自治区交通运输厅就组织开展针对四线船闸联合调度的调研，经反复研究，提出《广西长洲水利枢纽四线船闸运行管理模式》《广西长洲水利枢纽四线船闸运行调度规则》等方案，最终确定四线船闸联合调度采取"三统一、一分开"（即统一调度、统一信息发布、统一报到，分开各自维护运行）的调度方案，并确定由西江集团作为运营管理单位。

长洲三线四线船闸的通航为确保西江干线的通畅和提高运输能力起到重要的保障作用，是珠江干线航道建设上的一项具有里程碑性质的工程。

四、贵州实施三年水运建设大会战

2012年，《贵州省人民政府关于加快水运发展的意见》提上日程。2013年，贵州水运建设史上出现首个拐点：省级层面首次出台《贵州省水运建设三年会战实施方案》，提出用3年时间，在全省范围内开展水运建设大会战。

（一）贵州省水运建设三年会战背景

水运是综合交通运输的重要组成部分，在贵州省委、省政府交通优先发展战略部署中有着重要的地位，按照国务院《关于加快长江等内河水运发展的意见》要求，贵州省提出了水运发展"北上长江、南下珠江"的目标。在《贵州水运发展规划（2012—2030年）》中明确提出了"以航为主，航电结合，综合利用，循环发展"的理念。随后，《贵州省人民政府关于加快水运发展的意见》出台。紧接着，从2014年1月1日起，贵州省用3年时间，实施了"水运建设三年会战"，以达到贵州"通航道、优港口、增运力、兴产业、补短板"的目的，从而实现贵州水运的大发展。

根据会战计划，贵州省在2014年至2016年，完成水运交通固定资产投资100亿元以上。到2016年，全省高等级航道达到700千米以上，水运能力达2 000万吨以上，港口码头吞吐能力突破3 000万吨，水运交通有效连接37个产业园区，230个小城镇、42个旅游景区、46个现代高效农业示范园区、29个城市综合体。

与此同时，贵州省委、省政府调整扩大了"十二五"交通投资规模，明确将水运建设作为全省交通建设的主战场之一。"三年会战路线图"——"会战年"活动方案随之出炉。

（二）三年会战助推贵州水运建设提档升级

贵州三年会战结束，在航道、港口和枢纽等各条战线均有上佳表现。

港口泊位战线：全省港口500吨级泊位新增40个，全省港口泊位数达490个，新增数量占2008年以来新增泊位数的比例达35%。同时，建成贵州第一条旅游航道工程——湄江旅游航运建设工程，作出"航运+旅游"产业的有效探索。

航电战线：建成乌江（乌江渡—龚滩）Ⅳ级高等级航道431千米、南北盘江红水河Ⅳ级高等级航道364千米，使贵州Ⅳ级高等级航道达851千米，改写了贵州无高等级航道的历史。都柳江、清水江6个航电枢纽同步建设，其中都柳江从江、大融两个航电枢纽工程第一台机组并网发电，贵州航电一体化开发建设实现零的突破。

货运运输战线：建成500吨级以上船舶300艘，全省船舶运力达30万吨，货物运输量突破2 200万吨，港口吞吐量突破3 000万吨。

贵州水运三年大会战启动后，在国家部委大力支持和省委、省政府的高度重视下，会战成果丰硕，创下了多个历史之最。

一是投资增速最快。会战启动以来，贵州省水运建设固定投资持续增长，截至2016年末，累计完成固定资产投资75.3亿元，是会战前贵州省水运投资总和37.3亿元的2倍，位居全国14个非水网省（市）第一，是贵州历史上水运投资增速最快的时期。

二是建成项目最多。三年会战，共规划项目35个，实现了涉及水运项目的全覆盖。基本建成项目13个，相当于"十五"期的13倍、"十一五"期的4.3倍。一些标志性工程开创了贵州水运建设发展的多项第一：建成乌江沙沱、思林水电站西部山区内河第一批500吨级升船机；建成都柳江从江、大融两个航电枢纽工程第一台机组并网发电，实现贵州航电一体化开发建设零的突破；建成西部第一个翻坝运输系统工程——乌江构皮滩翻坝运输系统工程，摆脱了乌江闸坝碍航的困境；建成贵州第一条旅游航道工程——湄江旅游航运建设工程，做出了"航运+旅游"产业的新探索，为贵州全域旅游、井喷式旅游提供更多选择；建成全国第一个内河航运博物馆——贵州航运博物馆（习水土城），实现航运文化的新提升。

三是建成航道里程最长。建成乌江（乌江渡—龚滩）Ⅳ级高等级航道431千米、南北盘江红水河Ⅳ级高等级航道364千米、清水江（锦屏—白市）Ⅳ级高等级航道56千米，使贵州省Ⅳ级高等级航道达851千米，位居全国14个非水网省（市）第一，改写了贵州无高等级航道的历史。其中，乌江在断航13年后，实现了复航，在省《政府工作报告》中，被列为2016年贵州省建成的"一批标志性重大基础设施工程"之一。

四是建成港口泊位最多。三年会战，港口500吨级泊位新增40个，全省港口泊位数达490个，新增数量占2008年以来新增泊位数的比例达35%。贞丰白层港4个500～1 000吨级、册亨岩架港1 000吨级滚装泊位、望谟蔗香、罗甸罗妥1 000吨级货运泊位等，还在加紧筹划建设中。

五是贴近民生最近。全省实施20个重点通航库区便民水运工程，整治库区航道800千米，全省新建城乡便民码头120座，新建乡镇渡口600道（含"渡改桥"69座），全省乡镇渡口达2 466道，极大地改善了沿江、库区周边人民群众的出行条件，提升了水运基本公共服务均等化水平。

六是带动产业最强。长江水系乌江建成思南县邵家桥200万吨石材工业园区，瓮安建成磷复合肥化工基地，遵义正在推进潕塘港钢绳等制造业工业园区建设，贵阳拟建开阳港磷化工业园区；珠江水系北盘江建成贞丰县白层造船工业园区，正在打造罗甸循环经济港口和望谟蔗香港经济开发试验区。

七是安全形势最好。加大对全省水上交通安全基础设施及应急搜救管理设施的投入力度，创造了水上交通形势持续稳定新局面。截至2016年年末，全省全年未发生任何水上交通安全事故，连续7年实现事故起数、死亡人数"双零"的目标，刷新了新中国成立以来贵州水上交通安全的最好成绩。

五、南宁至贵港Ⅱ级航道通航

2013年12月28日，西江航运干线南宁至贵港Ⅱ级航道在南宁港中心港区牛湾作业区试通航。历时两年的作业，克服了施工整治滩点多、战线长、水位不稳定、通航影响大及当地村民干扰等诸多困难，南宁至贵港航道达到了内河Ⅱ级航道标准。加上已于2009年12月建成通航的贵港至梧州Ⅱ级航道，西江航运干线（广西段）实现全线扩能，首次在枯水季节，实现2 000吨级船舶从南宁中心港区直航粤港澳。

西江航运干线南宁至贵港Ⅱ级航道工程起于南宁（民生码头），止于贵港航运枢纽，全长273千米，工程概算总投资68 590.37万元。其中南宁（民生码头）至西津枢纽为169千米，西津枢纽至贵港枢纽为104千米。南宁（民生码头）至南宁港中心港区（南宁五合大桥下游约 250 米）段约 45 千米，按内河Ⅲ级航道标准建设，设计航道尺度为 26 米 × 60 米 × 500 米（航深 × 航宽 × 弯曲半径，下同）；南宁港中心港区（南宁五合大桥下游约 250 米）至贵港航运枢纽段约 228 千米，按内河Ⅱ级航道标准建设，设计航道尺度为 3.5 米 × 80 米 × 550 米。

（一）南宁至贵港航道工程背景

自古以来，千里西江就在沟通西南以及珠三角地区的经济、文化往来合作中起到不可替代的作用。西江航运干线更是被规划为国家内河水运建设重点"两横一纵两网十八线"中的"一横"，它由郁江、浔江、西江、珠江等支流组成，是我国现代综合交通运输体系的重要组成部分。

南宁至贵港 2 000 吨级航道项目是国务院《关于加快长江等内河水运发展的意见》中提出建设畅通的高等级航道的项目之一，是西南水运出海的主要通道，同时也是广西壮族自治区打造西江亿吨黄金水道的重要组成部分，是交通运输部和自治区共同投资建设的重大项目。

2010 年 4 月 27 日，广西壮族自治区政府发布了《广西西江黄金水道建设规划》，进一步明确提出：2020 年以前，将连接南宁、贵港、梧州、百色、来宾、柳州、崇左七市的内河航道全部建设成为千吨级以上的高等级航道，其中南宁、来宾、柳州以下建成 2 000 吨级航道，贵港以下建成 3 000 吨级航道，形成以"一干三通道"为主骨架，干支畅通、江海直达，设施较为完善的内河航道网。自治区西江黄金水道建设领导小组办公室按照"开工一批、建成一批、储备一批"的指导思想，先后研究部署了首批和第二批西江黄金水道建设项目，其中南宁至贵港 2 000 吨级航道前期工作由自治区港航管理局负责推进。

南宁至贵港Ⅱ级航道开通后，与正在建设的左江、右江千吨级航道建设相衔接，共同组成广西千吨级以上骨干航道网络，西江航运干线的"黄金效益"将进一步彰显。据估算，仅西江航运干线航道从Ⅲ级提高到Ⅱ级，贵港至梧州段每年可省运费约 1.3 亿元，南宁到贵港段可省约 4 500 万元。

（二）工程建设"四大亮点"

西江航运干线南宁至贵港Ⅱ级航道的保质按期顺利通航，工程上主要有"四大亮点"做保障：安全上严格管理，质量上规范施工，周期上确保计划，成本上严格把关。

安全：没有发生安全生产责任事故。

一是加强督查、抓好落实。为确保施工安全，工程指挥部将安全管理列为重点工作来抓，坚持"安全第一、预防为主、综合治理"的方针，明确各级单位部门的督查职责，实行三级督查检查制度，每月定期进行安全大检查，不定期突击检查施工现场，与总监办加强对施工单位隐患整改工作的检查与监督，严格执行隐患整改验收程序，确保隐患整改工作真正落实到位，确保工程施工无重大的安全责任事故和质量事故发生。二是针对水下爆破施工特点，组织开展火工产品、高空作业、起重机械、临时用电安全等专项治理，防止安全事故的发生。对于航道条件复杂，施工与通航相互影响较大的滩险，指挥部还安装了安全生产视频监控系统对施工现场进行实时监控，确保施工与通航两不误。同时，指挥部组织开展了"平安工地"建设、"美丽广西、清洁水路"等各项专项活动，切实履行了安全生产主体责任和安全监管责任,"平安工地"创建活动取得良好成效。

优质:所有项目一次性通过交工验收,质量达到设计要求。

一是明确目标,强化责任。总监办按照指挥部部署,制订专项工作方案,将工作目标与责任具体落实到部门和个人,强化监管工作。二是工程指挥部注重强化质量考核与评定,根据工程建设管理绩效及合同履行情况考核的相关要求和规定,对工程综合管理质量、进度、资金、安全、档案管理和廉政建设等六个方面的工作指标进行细化量化,并定期开展全面、系统的考核考评。通过对照各项指标逐一查找,找出了不足和问题,及时进行整改,不断提高管理工作水平。三是为确保工作效率和质量,指挥部制定了《南宁至贵港Ⅱ级航道工程计量支付办法》《南宁至贵港Ⅱ级航道工程变更管理办法》《南宁至贵港航道工程建设指挥部党支部廉政建设制度》等35个办法、制度,对工程安全、质量、进度、投资等各方面进行有效的管理,保证了工程建设任务的顺利完成。

高效:主体工程比计划提前半年完成。

一是指挥部、监理部、各项目经理部均建立了完善的组织管理机构,实行制度化规范化管理,建立健全各项管理制度,明确责任落实措施,为工程建设提供强有力的组织保障。二是倒排工期,全力推进。对工程进度实行目标管理和动态管理,及时掌握计划的执行情况和执行效果,根据目标要求及时调整进度计划,确保总进度计划目标的顺利实现。三是规范验收管理环节,多措并举确保工程质量、进度及安全,及时对已完工工程进行工程质量检查和验收,为工程交工验收打好坚实基础,同时还要做好建设资金的及时到位和跟踪落实工作,执行工程计量、变更、支付有关规定,严格设计变更程序和相应的报批手续。四是继续推行限时办结制,明确各环节的办结时间,"特事特办、急事急办",着力提高工作效率。五是努力协调解决好工程建设中存在的问题,加强与当地政府和有关部门的沟通协调,加快项目建设征地工作,确保项目建设顺利推进。

节约:建设成本比概算节省25%以上。

一是严格执行基建程序,避免出现"三边工程"(边勘测、边设计、边施工)等易造成返工增加投资的现象;二是在施工图设计阶段,设计单位结合工程实际对设计进行优化;三是在招标阶段,对整个项目标段进行合理划分,确定合理工期,科学编制符合本工程的招标文件。预测工程风险,找出可能发生的索赔因素,预测和分析导致索赔的原因和可能性,制定防范性对策,在合同条款中进行提醒和约定。四是在合同的执行过程中,工程指挥部认真履行合同约定业主的义务,避免违约造成索赔而提高工程投资。五是工程指挥部通过制定并严格执行计量支付及工程变更管理办法,控制工程投资。工程变更从严把关,不符合变更条件的坚决不予变更。

南宁至贵港Ⅱ级航道的建成,为地方经济社会发展提供便捷、通畅、连海的水运服务,对发挥自治区内河水运的比较优势,完善自治区现代综合运输体系,构建南宁区域性国际综合交通枢纽中心,以及区域产业的振兴和经济的发展提供了更好的水路运输服务和支撑。

第三节　珠江水运生产增长迅速

随着珠江黄金水道建设的不断推进，珠江水运结构继续优化，新兴动能加快成长，货物运输呈现大幅增长态势。

2013年，珠江水系完成货运量6.2亿吨、货物周转量1 323.6亿吨千米、客运量2 453万人、旅客周转量108 112万人千米，与2012年同期相比分别增长了15.1%、10.8%、8.2%、8.4%。2013年，珠江水系水路运输完成集装箱运量1 094.5万TEU，比2012年增长了18%，突破了1 000万TEU大关。水路运输服务沿江经济社会发展的能力进一步提升。

2014年，珠江水系完成货运量70 540万吨、货物周转量1 520.3亿吨，同比分别增长13.6%、14.9%；珠江水系港口完成货物吞吐量56 565万吨，同比增长8.3%；完成集装箱吞吐量1 010万TEU，同比增长17%，均创历史最高水平。

2015年全年货运量、货物周转量、客运量和旅客周转量分别为7.4亿吨、1 551亿吨千米、1 605万人和8.6亿人千米，货运量和货物周转量与2014年同期相比分别增长5.5%、6.1%，其中完成集装箱货运量1 316万TEU，同比增长0.7%。客运量和旅客周转量与上一年基本持平。2015年珠江水系内河港口生产总体呈现增速放缓态势，规模以上港口共完成货物吞吐量4.8亿吨，同比增长5.2%；其中完成外贸货物吞吐量6018万吨，同比增长0.47%，完成集装箱吞吐量937万TEU，同比增长6.1%。

2016年，珠江水系客货运输量总体呈现平稳增长态势。全年货运量、货物周转量与上一年同期相比分别增长5.5%、5.2%，客运量和旅客周转量与2015年基本持平，完成集装箱货运量1 405万TEU。2016年珠江水系内河港口生产总体呈现增速放缓态势，规模以上港口完成货物吞吐量、外贸货物吞吐量和集装箱吞吐量预计同比分别增长4.5%、2.2%和5.2%。

2017年珠江水系客货运输保持良好发展态势，全年完成货运量、货物周转量、客运量、旅客周转量分别为90 632万吨、1 889.9亿吨千米、2 565万人、114 160万人千米，与2016年同期相比分别增长8.7%、13.6%、-1.3%、1.9%。2017年珠江水系规模以上港口总体保持较高水平的增长态势，全年完成货物吞吐量59 425万吨，同比增长7.6%。其中完成外贸货物吞吐量7 952万吨，同比增长13.2%；完成集装箱吞吐量1 280万TEU，同比增长14.4%。

一、船舶运力结构朝标准化、大型化发展

在实行供给侧改革以后，珠江水系运输船舶技术状况得到明显改善。珠江内河船舶运力增长速度较快，大型化趋势明显，货运船舶平均吨位从2005年的257吨提高到2016年的1 236吨。船型标准化工作有序推进，西江航运干线新建过闸船舶均符合主尺度标准，老旧船舶拆解、生活污水防污染改造、液化天然气示范船和新能源应用工作初见成效，单壳液货船禁航政策得到严格落实。

（一）船舶运力概况

2013年，珠江水系市场运输需求有所扩大，船舶新技术、新材料的应用日益广泛，珠江水系内河运输船舶向大型化、标准化、专业化发展的变化越来越明显。2013年船舶平均载重量为700吨，比2012年增加了48吨。截至2013年底，珠江水系拥有运输船舶15 990艘，比2012年末减少1.5%；净载重量1 119万吨，增长5.8%；平均净载重量700吨，增长7.4%；载客量16.4万客位，减少3.5%；集装箱箱位量16.7万TEU，增长12.8%；船舶功率387.1万千瓦，增长4.6%；其中，机动船15 975艘，减少1.5%；驳船15艘，增长25%。

2014年，珠江水系进一步加大对内河船型标准化的推进力度，鼓励老旧运输船舶、单壳油船和农村老旧渡船报废更新、内河运输船舶向大型化、标准化、专业化发展的变化越来越明显。2014年船舶平均载重量786吨，比2013年增加了86吨。2014年底，珠江水系拥有内河运输船舶总量16 331艘，比上年末增长2.1%。其中各类机动船16 324艘，比上年增长2.2%；驳船7艘，比上年减少53%。运输船舶净载重量1 283万吨，比上年增长14.7%；平均净载重量786吨，比上年增长12.3%；载客量17.8万客位，比上年增长8.5%；集装箱箱位量17.5万TEU，比上年增长5.3%；船舶功率407.7万千瓦，比上年增长5.3%。

2016年，交通运输部联合财政部印发了《关于船舶报废拆解和船型标准化补助资金管理办法的补充通知》，将内河船型标准化政策延续到2017年底。在政策的引导下，珠江水系内河运输船舶更新速度加快，船舶大型化水平继续提高，平均船龄不断降低，节能环保型船舶和以LNG能源为动力的绿色船型加快发展。运输装备的升级推进了运输效能提高和水路运输经济的大发展。截至2016年末，珠江水系拥有运输船舶16 264艘，比上年下降3.4%；净载重量1 578万吨，比上年下降1.4%；载客量18万客位，比上年下降0.9%；集装箱箱位量18万TEU，比上年增长5.3%；船舶功率482万千瓦，比上年下降1.6%。

2017年，珠江内河船舶运力增长速度较快，船舶总数继续减少，大型化趋势明显。珠江水系拥有内河运输船舶总量15 319艘，比上年下降5.8%；净载重量1 571万吨、载客量16.7万客位、集装箱箱位量20.9万标准箱、船舶功率443万千瓦，分别比上年上升-0.5%、-7.2%、17.3%、-8%。珠江水系船舶运力一览见表13。

表13　珠江水系船舶运力一览表（2013—2017年）[①]

年份（年）	船舶艘数（艘）	净载重吨（万吨）	载客量（万客位）	集装箱（万TEU）	总功率（万kW）
2013	15 990	1 118.56	16.41	16.65	387.12
2014	16 331	1 283.06	17.81	17.53	407.73

[①] 数据来源：作者自整理2013—2017年《珠江水运发展报告》，交通运输部珠江航务管理局编，华南理工大学出版社出版。

续上表

年份（年）	船舶艘数 （艘）	净载重吨 （万吨）	载客量 （万客位）	集装箱 （万TEU）	总功率 （万kW）
2015	16 836	1 601.28	18.15	16.89	489.34
2016	16 264	1 577.86	17.99	17.78	481.51
2017	15 319	1 570.54	16.70	20.86	442.95

（二）客运船舶

2013年珠江水系拥有客船3 555艘，同比下降5.6%；载客量163 727客位，同比下降3.4%。从运力分布来看，广东省的客运船舶艘数和载客量分别占珠江水系总体的13.5%和28.4%，广西壮族自治区的客运船舶艘数和载客量分别占64.3%和59%，云南省的客运船舶艘数和载客量分别占8.4%和3.3%，贵州的客运船舶艘数和载客量分别占13.8%和9.3%。广西壮族自治区的客船运力超过半数，主要原因在于乡镇渡船和漓江旅游客运比较发达。

2014年底，珠江水系拥有客运船舶（包括客船、客货船）3 690艘，同比增长3.4%；载客量178 058客位，同比增长8.5%。从运力分布来看，广东省的客运船舶艘数和载客量分别占11.4%和25.3%，广西壮族自治区的客运船舶艘数和载客量分别占66.0%和59.9%，云南省的客运船舶艘数和载客量分别占6.2%和2.5%，贵州省的客运船舶艘数和载客量分别占16.4%和12.3%。广西壮族自治区的客船运力超过半数，主要原因在于乡镇渡船和漓江旅游客运比较发达。

2016年末，珠江水系拥有客运船舶（包括客船、客货船）3 469艘，同比下降6.0%；载客量179 877客位，同比下降0.9%。从运力分布看，广东省的客运船舶艘数和载客量分别占水系的9.6%和24.3%，广西壮族自治区的客运船舶艘数和载客量分别占珠江水系的62.4%和59.7%，云南省的客运船舶艘数和载客量分别占7.1%和2.5%，贵州的客运船舶艘数和载客量分别占珠江水系的20.9%和13.5%。广西壮族自治区的客船运力超过半数，主要原因在于乡镇渡船和漓江旅游客运比较发达。从发展趋势看，在重点旅游水域，加强环保船型的研究，适度发展节能环保、安全美观、快速舒适的旅游客船；在珠江中上游地区，加快研究和推广适合库区水上运输的船舶，适度发展旅游客运。

2017年，珠江水系拥有客运船舶（包括客船、客货船）3 335艘，同比下降3.9%；载客量167 014客位，同比下降7.2%。从运力分布来看，广东省的客运船舶艘数和载客量分别占珠江水系的10.8%和25.1%，广西壮族自治区的客运船舶艘数和载客量分别占58%和55.9%，贵州省的客运船舶艘数和载客量分别占23.6%和16%，云南省的客运船舶艘数和载客量分别占7.6%和3%。从发展趋势来看，随着珠江中上游地区综合交通体系逐步完善，水路客运功能已由原来的满足人员出行需求向旅游客运方向转变；同时，随着"水运+扶贫""水运+旅游"等新发展模式的应用，内河旅游客船在环保、安全、舒适等方面逐步提升，内河高质量发展成效显著。

（三）货运船舶

2013年底，珠江水系拥有机动货船12 381艘同比下降0.3%；净载重量1 112万吨，同比增长5.8%。其中集装箱船892艘，净载重量118万吨，净载重量占水系机动货船的10.6% 油船299艘，净载重量41万吨，净载重量占水系机动货船的3.7%，机动船平均净载重量为898吨。从运力分布来看，广东省货船运力占珠江水系货船运力的52%，广西壮族自治区货船运力占水系货船运力的46.5%，云南省和贵州省货船运力共计占水系货船运力的1.5%。从事珠江水系货物运输船舶主要集中在广东、广西营运。从运力结构看，2013年珠江水系内河货运船舶更新速度加快，广东省淘汰老旧小型船舶500艘、13万载重吨，投入30亿元新增和改造400艘、60万载重吨船舶运力。广西壮族自治区新建船舶朝大型化、专业化、标准化方向发展的趋势也非常明显。

2014年底，珠江水系拥有机动货船12 612艘，同比增长1.9%；净载重量1281万吨，同比增长15.2%。其中集装箱船892艘，净载重量119万吨，净载重量占水系机动货船的9.3%；油船261艘，净载重量47万吨，净载重量占水系机动货船的3.7%。机动货船平均净载重量为1 016吨。从运力分布来看，广东省货船运力占珠江水系货船运力的54.6%，广西壮族自治区货船运力占水系货船运力45.3%，云南省和贵州省货船运力共计占水系货船运力0.1%。

2016年末，珠江水系拥有机动货船12 760艘，同比下降2.6%；净载重量1 577万吨，同比下降1.4%。其中集装箱船741艘、净载重量110万吨，净载重量占水系机动货船的7.0%；油船195艘、净载重量35.5万吨，净载重量占水系机动货船的2.3%。机动货船平均吨位为1 236吨。从运力分布看，广东省货船运力占珠江水系货船运力的55.2%，广西壮族自治区货船运力占水系货船运力的44.7%，云南省和贵州省货船运力共计占水系货船运力的0.1%。船舶运力市场的更替将以3 000吨级以上船舶为主，集装箱船、散装水泥船、自卸砂船等专业化运输船舶迅速发展，LNG动力船舶也将以节能环保的优势逐步被市场认可。

2017年，珠江水系拥有内河运输机动货船11 952艘，同比下降6.3%；净载重量1 569万吨，同比下降0.5%；平均净载重量为1 313吨，比2016年增加77吨。从运力分布来看，广东省、广西壮族自治区内河机动货船运力分别占珠江水系内河机动货船运力的54.4%和45.4%，云南省和贵州省内河机动货船运力共计占珠江水系内河机动货船运力的0.2%。随着航道扩能升级工程建设的进一步加快，货运市场在建船舶运力以2 000～3 000吨级船舶为主，具备节能环保优势的LNG（液化天然气）动力船舶逐步投入市场运营。

二、客货运输

珠江水系不断完善便民码头等客运基础设施建设，促进水上旅游业的快速发展，多方面带动了水运短途及观光旅游客运量的持续增长。沿江产业经济发展带动了物流增加，航道升级推助货运量增长。表14为2013—2017年珠江水系客货运输基本情况。

表 14　珠江水系客货运输基本情况列表（2013—2017 年）[①]

年份（年）	货物运输量				旅客运输量	
	货运量	港澳	货物周转量	港澳	客运量	旅客周转量
	万吨	万吨	万吨千米	万吨千米	万人	万人千米
2013	62 102	11 164	13 235 991	1 839 984	2453	108 112
2014	70 540	16 064	15 202 613	3 302 063	2549	123 188
2015	78 681	17 013	15 271 872	3 513 620	2613	114 078
2016	83 378	18 234	16 632 882	3 697 169	2599	111 999
2017	90 017	22 823	17 735 268	4 876 249	2621	114 347

（一）旅客运输

珠江水系不断完善便民码头等客运基础设施建设，加快推进标准化乡镇客渡船舶更新改造，促进水上旅游业的快速发展，多方面带动了水运短途及观光旅游客运量的持续增长，带动了珠江水系内河客运量和旅客周转量平稳增长。

2013 年，珠江水系完成旅客运输量 2 453 万人次，旅客周转量 108 112 万人千米，与 2012 年相比分别增长了 8.2%、8.4%。

2014 年，珠江水系完成旅客运输量 2 549 万人次，同比增长 3.9%；旅客周转量 123 188 万人千米，同比增长 13.9%。

2016 年，珠江水系完成旅客运输量 2 599 万人次，同比下降 0.6%；旅客周转量 111 998 万人千米，同比下降 1.8%。2016 年，全球主要发达经济体经济形势持续低迷，作为高端旅游的漓江精华旅游游客人数有所下降。但随着贵州等西部地区库区航运工程城乡便民停靠点的建设，以及沿江环库区水上旅游资源的逐渐开发建设，短途旅游运输有所增长。

2017 年，珠江水系完成旅客运输量 2 620 万人次，同比增长 0.9%；旅客周转量 114 347 万人千米，同比增长 2.1%。总体来看，受水运功能特点所限，水路客运市场需求整体变化不大，但"水运 + 旅游"的发展、短途观光旅游和城市间水上客运的兴起，一定程度上保持和提升了水路旅客运输需求。

（二）货物运输

从运输货物种类来看，珠江水系运输货种以大宗干散货为主。

2013 年，珠江水系完成货物运输量 62 102 万吨，货物周转量 1 323.6 亿吨千米，与上

[①] 数据来源：作者自整理 2013—2017 年《珠江水运发展报告》，交通运输部珠江航务管理局编，华南理工大学出版社出版。

年相比分别增长15.1%、10.8%。矿建材料、水泥、煤、非金属矿石、钢铁等五大货类的运输量为40 107万吨，占水系货运总量的64.4%，其中矿建材料占33.4%，水泥占8.5%，煤占14%，非金属矿石占5.2%，钢铁占3.3%，粮食占2.7%，金属矿石占3.3%，轻工医药产品占2.4%，化学原料制品占1.9%，石油占3.4%，木材占0.6%，其他货类占17.2%。

2014年，珠江水系完成货物运输量70 540万吨，同比增长13.6%；货物周转量1 520.3亿吨千米，同比增长14.9%。矿建材料、煤炭、水泥、金属矿石、非金属矿石等五大货类的运输量为49 492万吨，占货运总量的70.2%，其中矿建材料33.7%，煤炭及其制品占18.6%，水泥占8.2%，金属矿石占6.2%，非金属矿石占3.5%。

货物运输量和货物周转量保持平稳增长的主要原因有三方面，一是西江干线航道实现全面扩能，西江航运干线南宁牛湾以下全面升级为2 000吨级航道，江海直达，连通港澳，为船舶大型化发展提供了有力支持；二是沿江产业经济发展带动了物流增加；三是从下游向上游运输的回航货物增多。

2016年，珠江水系完成货物运输量83 378万吨，同比增长6.0%；货物周转量1 663.3亿吨千米，同比增长8.9%。

货物运输量和货物周转量保持平稳增长的主要原因体现在三个方面：一是"一带一路"国家战略的实施，促进了珠江水运基础设施等重大项目的加快发展，水路货运需求保持旺盛；二是较好的内河航道条件，港澳航线相对稳定的货源，加上水运企业及时调整策略，优化运输航线，使水上货运保持增长；三是左江航道复航、右江千吨级航道建成通航，很多原来走公路的大宗货物改走水运，保证了货源的充足。

2017年，珠江水系共完成货物运输量90 017万吨，同比增长8%；货物周转量1 773.5亿吨千米，同比增长6.6%。珠江水运需求旺盛，运价持续上涨，长洲枢纽货物通过量继续高速增长，全年完成货物通过量9 880.3万吨，同比增长42.1%，创历史新高。其中，10月份长洲水利枢纽船闸单月过闸船舶数达10 666艘次，货物通过量达到1 093万吨，分别同比增长53%和90%，月通过量首次超过1 000万吨。

长洲枢纽船闸运行情况总体平稳，通航条件良好，船舶过闸顺畅有序，过闸船舶数和货物通过量同比均有较大幅度的增长。2017年，长洲枢纽船闸过闸船舶总数为102 619艘次，同比增长23.4%；货物通过量达9 880.3万吨，同比增长42.1%。其中，上行51 474艘次，货物通过量3 182万吨，下行51 145艘次，货物通过量6 698万吨。2017年长洲枢纽船闸过闸货物种类仍以建筑用料为主，货种结构相对固定，大部分货物过闸总量均有所增加。上航货物主要有原煤、玉米、集装箱、非金属矿石、水洗沙等，约占上航货物总量的74%；下航货物以建筑用料为主，主要有水泥及水泥熟料、石料、钢材、瓷砂、集装箱等，约占下航货物总量的80%以上。

三、港口生产

从2013年到2017年,珠江水系港口吞吐量的基本情况如表15所示。

表15 珠江水系港口吞吐量基本情况列表(2013—2017年)[①]

年份(年)	货物吞吐量				集装箱		旅客吞吐量
	总计		出港		箱数	货重	
		外贸		外贸			
	万吨	万吨	万吨	万吨	万TEU	万吨	万人次
2013	52 223	6 732	24 616	2 491	863	8 770	1 550
2014	56 565	6 652	25 953	2 556	1 010	12 928	1 771
2015	57 589	6 730	27 395	2 620	1 073	13 586	1 812
2016	61 376	7 204	29 000	2 662	1 146	12 764	1 650
2017	66 928	8 226	31 027	3 136	1 298	171 16	2 620

珠江水系内河港口吞吐量(2017年)见表16。

[①] 数据来源:作者自整理2013—2017年《珠江水运发展报告》,交通运输部珠江航务管理局编,华南理工大学出版社出版。

表16 珠江水系内河港口吞吐量（2017年）[1]

港口	货物吞吐量 合计（万吨）	外贸	其中：出港	外贸	集装箱 箱数（万TEU）	重量（万吨）	其中：货重	滚装汽车（万辆）	旅客吞吐量 合计（万人次）	出港	利用自然岸坡完成船舶货物装卸量（万吨）
总计	66 927.6	8 225.7	31 026.9	3 135.7	1 298.1	17 115.9	14 486.9	27.4	1 812.0	906.3	274.4
一、西江航运干线	25 696.0	3 422.2	13 153.2	1 850.3	580.0	7 903.6	6 730.8	0.0	57.7	28.9	13.0
南宁港	1 380.0	—	461.7	—	0.5	9.3	8.1	—	—	—	—
贵港港	6 322.0	14.5	3 443.9	9.6	22.2	403.2	357.5	—	—	—	—
梧州港	3 633.7	128.4	2 878.8	61.2	64.7	1 243.0	1 109.8	—	—	—	—
肇庆港	3 973.4	311.3	1 997.7	147.0	80.4	1 280.9	1 114.6	—	—	—	—
佛山港	7 967.4	2 702.9	2 973.3	1 567.5	390.1	4 528.3	3 752.3	—	57.7	28.9	13.0
云浮港	2 419.4	265.0	1 397.8	65.0	22.0	439.0	388.4	—	—	—	—
二、珠江三角洲	34 033.7	4 803.5	12 829.5	1 285.4	690.8	8 727.0	7 340.7	27.4	166.1	54.8	142.5
广州内河港	2 008.3	123.6	398.7	42.0	20.2	270.9	225.7	—	—	—	—
东莞港	15 713.8	3 226.0	5 438.4	364.4	391.3	5 930.0	5 147.4	27.4	23.6	54.8	—
江门港	8 267.4	741.7	3 592.1	412.4	135.2	1 470.1	1 199.7	—	12.6	—	12.6
中山港	8 044.2	712.2	3 400.4	466.6	144.0	1 056.0	767.9	—	129.9	—	129.9

[1] 数据来源：《2017珠江水运发展报告》，交通运输部珠江航务管理局编，华南理工大学出版社，2018年。

续上表

港口	货物吞吐量				集装箱			滚装汽车（万辆）	旅客吞吐量		利用自然岸坡完成船舶货物装卸量（万吨）
	合计（万吨）	外贸	其中：出港	外贸	箱数（万TEU）	重量（万吨）	其中：货重		合计（万人次）	出港	
三、北江	3 963.8	0.0	2 697.4	0.0	9.4	184.6	147.7	0.0	488.0	244.0	23.6
韶关港	54.0	—	—	—	—	—	—	—	—	—	—
清远港	3 909.8	0.0	2 697.4	0.0	9.4	184.6	147.7	0.0	488.0	244.0	23.6
四、东江	1 260.0	0.0	666.4	0.0	14.7	245.9	219.4	0.0	40.0	20.0	0.0
惠州港（内河）	1 244.5	—	658.6	—	14.7	245.9	219.4	—	40.0	20.0	—
河源港	15.5	—	7.8	—	—	—	—	—	—	—	—
五、右江	0.0	0.0	0.0	0.0	0.00	0.00	0.00	0.0	0.0	—	0.0
百色港	0.0	—	0.0	—	—	—	—	—	—	—	—
六、左江	0.0	0.0	0.0	0.0	0.0	0.0	0.0	0.0	0.0	—	0.0
崇左港	0.0	—	0.0	—	—	—	—	—	—	—	—
七、两江一河	1874.5	0.0	1 594.6	0.0	3.1	54.7	48.3	0.0	1 044.9	550.3	94.7
来宾港	1152.1	—	1 095.1	—	3.1	54.7	48.3	—	—	—	—
河池港	—	—	—	—	—	—	—	—	—	—	—
黔西南港	585.6	—	425.0	—	—	—	—	—	516.0	265.0	34.3
黔南港	30.0	—	21.0	—	—	—	—	—	36.0	18.0	—

续上表

港口	货物吞吐量 合计（万吨）	其中：外贸	其中：出港 外贸	其中：出港	集装箱 箱数（万TEU）	集装箱 重量（万吨）	其中：货重	滚装汽车（万辆）	旅客吞吐量 合计（万人次）	旅客吞吐量 出港	利用自然岸坡完成船舶货物装卸量（万吨）
玉溪港	—	—	—	—	—	—	—	—	—	—	—
曲靖港	—	—	—	—	—	—	—	—	131.9	66.0	60.4
昆明港	—	—	—	—	—	—	—	—	26.2	13.1	—
红河港	64.6	—	—	32.3	—	—	—	—	64.6	32.3	—
文山港	31.8	—	—	15.9	—	—	—	—	75.6	37.8	—
六盘水港	6.9	—	—	3.4	—	—	—	—	34.2	34.2	—
安顺港	3.5	—	—	1.8	—	—	—	—	160.4	83.9	—
八、都柳江	1.0	0.0	0.0	0.5	0.0	0.0	0.0	0.0	15.3	8.3	0.6
黔东南港	1.0	—	—	0.5	—	—	—	—	15.3	8.3	0.6
九、融江、柳江、黔江	97.7	0.0	0.0	84.5	0.00	0.04	0.03	0.0	0.0	0.0	0.0
柳州港	97.7	0.0	0.0	84.5	0.00	0.04	0.03	—	0.0	0.0	—
十、桂江	0.8	0.0	0.0	0.8	0.0	—	0.0	0.0	0.0	0.0	0.0
桂林港	0.8	—	—	0.8	—	—	—	—	—	—	—
贺州港	—	—	—	—	—	—	—	—	—	—	—

（一）旅客吞吐量

2013年，珠江水系内河港口完成旅客吞吐量1550万人，与2012年同期相比增长17.6%。

2014年，珠江水系内河港口完成旅客吞吐量1770.8万人，与2013年同期相比增长14.2%。

2015年，珠江水系内河港口完成旅客吞吐量1812万人，与2014年同期相比增长2.3%。

2016年，珠江水系内河港口完成旅客吞吐量1650.4万人，与2015年同期相比下降8.9%。

2017年，珠江水系共完成旅客运输量2620万人次，与2016年同期相比增长58.7%。

（二）货物吞吐量

2013年珠江水系内河港口完成货物吞吐量52223万吨，与2012同期相比增长22.4%，其中外贸货物吞吐量6732.2万吨，同比增长11.3%；集装箱吞吐量863.1万TEU，同比增长11.8%。2013年珠江水系内河港口完成干散货吞吐量31530万吨，集装箱吞吐量863.1万TEU、10512万吨，液体散货吞吐量4456万吨，件杂货吞吐量5180万吨，分别占总吞吐量的60.4%、20.1%、8.5%、9.9%。在水系完成的52223万吨货物吞吐量中，广东省完成40869万吨，占78.3%；广西壮族自治区完成10663万吨，占20.4%；贵州省完成616万吨，占1.2%，云南省完成75万吨，占0.1%。

2014年珠江水系内河港口完成货物吞吐量56564.5万吨，与2013年同期相比增长8.3%，其中外贸货物吞吐量6651.8万吨，同比下降1.2%；集装箱吞吐量1009.6万TEU，同比增长17.0%。2014年珠江水系内河港口完成干散货吞吐量30678万吨，集装箱吞吐量1009.7万TEU、12880万吨，液体散货吞吐量3999万吨，件杂货吞吐量7202万吨，分别占总吞吐量的54.2%、22.8%、7.1%、12.7%。在水系完成的56564.5万吨货物吞吐量中，广东省完成45005.2万吨，占79.6%；广西壮族自治区完成10889.7万吨，占19.3%；贵州省完成584.1万吨，占1.0%；云南省完成85.5万吨，占0.1%。

2016年，珠江水系港口吞吐量全年总体呈现平稳增长态势，完成货物吞吐量61376.5万吨，同比增长6.6%；集装箱吞吐量1146万TEU，同比增长6.8%。其中西江航运干线沿线港口和珠江三角洲港口群完成货物吞吐量54037.8万吨，约占全水系总量的88%。2016年，珠江水系内河港口完成干散货吞吐量34199万吨，集装箱吞吐量1146万TEU、15090万吨，液体散货吞吐量4583万吨，件杂货及其他货物吞吐量7504万吨，分别占总吞吐量的56%、25%、7%、12%。

2017年珠江水系港口货物运输吞吐量增长状况好于预期。在国内经济稳中向好、外部需求回暖、大宗商品价格上涨等因素影响下，2017年珠江水系港口完成货物吞吐量66928万吨，同比增长9%，其中完成外贸货物吞吐量8226万吨，同比增长14.2%；完成集装箱吞吐量1298万TEU，同比增长13.3%。2017年，珠江水系内河港口完成干散货吞吐量36677万吨，集装箱吞吐量1298万TEU、17116万吨，件杂货吞吐量8188万吨，液体散货吞吐量4875万吨，分别占总吞吐量的54.8%、25.6%、12.2%、7.3%。受水系各省（区）的自然条件、经济发展水平影响，珠江水系港口主要分布在西江航运干线和珠江三角洲航道网上，即主要分布在广东省和广西壮族自治区。在水系完成的 66 928 万吨货物吞吐量中，其中西江航运干线沿线港口和珠江三角洲港口群完成货物吞吐量 59 730 万吨，约占全水系总量的 89.2%。

四、重点航道的运输形势

在"十二五"期间和"十三五"期初，珠江重点航道（西江航运干线运输和长洲枢纽过闸运输）运输形势保持在合理波动范围内。

（一）典型航线运价情况

2013 年，受珠江水系水路运能总量过剩，燃油和人工等经营成本高位运行、运输市场竞争激烈等因素影响，西江水路运价持续低位徘徊，2013 年 1 月至 10 月各月西江水路平均运价与 2012 年同期相比基本持平，11 月和 12 月西江水路运价因长洲枢纽坝下水位不足出现了快速上涨的趋势。

2013 年全年贵港至广州平均运价为 31.0 元 / 吨。贵港至深圳运价为 35.6 元 / 吨，与 2012 年同期相比分别增加了 3.7 元 / 吨和 3.1 元 / 吨，上升比率分别为 13.6% 和 9.5%。1—11 月，贵港至广州和深圳平均运价分别为 38 元 / 吨和 47 元 / 吨，与 2012 年同期相比分别增长了 35.7% 和 42.4%；12 月份贵港至广州和深圳平均运价分别为 45 元 / 吨和 47 元 / 吨，与 2012 年同期相比分别增长 73.1% 和 51.6%。

2014 年，西江水路平均运价保持稳定，除年初因枯水期原因致船舶周转率有所下降，运价上升外，其余各月总体保持平稳：贵港至广州和贵港至深圳平均运价为 27 元 / 吨和 32 元 / 吨，同 2013 年运价水平基本保持一致。贵港中心港区至珠江三角洲主要航线的单船周转率各月基本保持在 1.0—2.0 个航次之间，船舶候闸时间大部分控制在 48 小时之内。

2016 年，贵港至广州和贵港至深圳平均运价为 17.8 元和 20 元，较 2015 年均价分别下降了 3 元和 4.5 元，同比均下降 15% 左右，水运企业船舶营运效益大幅下降。至 2016 年 12 月，受节前需求增加影响，贵港至广州航线运价升至 28 元左右。

2016 年贵港中心港区至珠江三角洲主要航线的船舶周转率总体保持在 1—2 个航次之间，船舶候闸时间大部分保持在 24 小时之内。由于受台风强降雨天气干扰，出现短期船舶避风停航情况，对港口货物装卸和船舶营运造成了较大影响，部分船舶营运周转期偏长。

2017 年，珠江水系航运市场供需关系持续改善，工业生产需求回升，带动上游原材料运输市场回暖，运价持续回升。

2017 年，贵港至广州干散货平均运价为 25 元 / 吨，比 2016 年增加了 7 元 / 吨，涨幅 39%；贵港至深圳干散货平均运价为 28 元 / 吨，比 2016 年增加了 8 元 / 吨，涨幅 40%。贵港中心港区至珠江三角洲主要航线的月单船周转率保持在 1—2 个航次之间，船舶待闸时间控制在 24 小时之内，企业效益有所提高。

（二）西江航运干线运输状况

2013年西江航运干线通道货物总承载量为17 419.85万吨，比2012年同期增长6.1%，主要运输区域为从西江干线进入珠江三角洲，从西江干线到西江干线，从珠江三角洲到西江干线，分别占46.7%、23%、15.9%，共占总通道货物承载量的85.6%。从月度数据看，根据广西海事局辖区主要断面日交通流量观测统计，在郁江南宁市区断面，日均流量为38.2艘次。在西津船闸断面，日均流量为38.9艘次。在桂平船闸断面，日均流量为132.5艘次。在浔江梧州河西断面，日均流量为359.6艘次。在来宾武宣断面，日均流量为131.5艘次。

2014年西江航运干线通道货物总承载量为19 753.35万吨，比2013年同期增长13.4%，主要运输区域为从西江干线进入珠江三角洲，从西江干线到西江干线，从珠江三角洲到西江干线，分别占53.1%、17.8%、15.8%，共占总通道货物承载量的86.7%。根据广西海事局辖区主要断面日交通能量观测统计，在郁江南宁市区断面，日均流量为41.7艘次。在西津船闸断面，日均流量为36.7艘次。在桂平船闸断面，日均流量为129.6艘次。在浔江梧州河西断面，日均流量为387.9艘次。在来宾武宣断面，日均流量为115.9艘次。

2016年，西江航运干线通道货物总承载量为20 066.6万吨，比2015年同期增长2.6%。主要运输区域为从西江干线进入珠江三角洲，从西江干线到西江干线，从珠江三角洲到西江干线，分别占55.2%、16.5%、15.8%，共占总通道货物承载量的87.5%。主要货类的通过量为：煤炭1 579.1万吨、矿物性建筑材料9 931.2万吨、非金属矿石1 727.1万吨，分别占总量的7.9%、49.5%、8.6%。

（三）长洲枢纽过闸运输情况

2013年长洲枢纽船闸完成过闸船舶量共计87 742艘次，完成过货量6 006万吨，下航过货量6 440万吨、上航过货量1 346万吨。长洲船闸通航的船舶双向过闸船舶核载量为10 091万吨，其中下航和上航双向过闸船舶核载量分别通航5 069万吨和5 021万吨。船舶上下航实载率以及下航和上航船舶实载率分别为59.6%、92.0%和26.8%。长洲船闸上下航过闸货种各异，下航货物种类以建筑用料为主，货物种类主要有水泥及其熟料、钢铁金属、非金属矿石，合计完成货运量2 445万吨，占下航总量52.4%，上航货物种类以非金属矿石和粮食作物为主，货物种类主要有原煤及煤炭、玉米、集装箱、瓷沙，合计完成货运量902万吨，占上航总量的67.0%。

2014年长洲枢纽船闸完成过闸船舶量共计89 027艘次，完成过货量6 557.5万吨，下航过货量4 847.5万吨、上航过货量1 710万吨。长洲船闸船舶上下航双向核载吨位为10 707万吨，其中上航和下航吨位分别为5 350万吨和5 357万吨；船舶上下航实载率以及上航和下航实载率分别为61.2%、31.9%和90.5%。长洲船闸上下航过闸货种各异，下航货物种类以建筑用料为主，主要有水泥及其熟料、矿砂及石料、钢材、河沙、集装箱、煤炭等，占下航总量的80%；上航货物种类以煤炭和粮食作物为主，货物种类主要有原煤、玉米、集装箱、非金属矿石，占上航总量的75%。

2016年，西江航运干线长洲枢纽过闸船舶艘数和货物通过量为83 147艘次和6 953万吨。西江航运干线长洲枢纽自建成通航以来，货物通过量基本上呈现逐年递增的态势，其中 2015 年受到宏观经济下行和水运市场需求下降的影响，长洲枢纽通过量出现了负增长的趋势。2010 年至 2016 年货物通过量分别为：3 930 万吨、4 606 万吨、5 377 万吨、6 006 万吨、6 557 万吨、6 349 万吨和 6 953 万吨。2016 年，长洲枢纽船闸过闸货物种类仍以建筑用料为主。船舶上下航的货物通过量分别为 1 968 万吨和 4 985 万吨，仍以下航船舶货运量为主，占比约 72%。长洲船闸上下航过闸货种各异，下航货物种类以建筑用料为主，包含水泥、碎石、钢材、石粉、熟料、瓷砂等，占下航货物总量的 80% 左右；上航货物种类以煤炭和粮食作物为主，主要有原煤、玉米、集装箱、铁矿石、高粱等，占上航货物总量 90% 以上。长洲枢纽船闸通航船舶实载率为 59.5%，主要原因是过闸船舶大型化，2015 年长洲枢纽过闸船舶平均核载吨位为 1 218 吨，2016 年平均核载吨位达到 1 406 吨。

2017 年，长洲枢纽船闸运行情况总体平稳，通航条件良好，船舶过闸顺畅有序，过闸船舶艘数和货物通过量同比均有较大幅度的增长。长洲枢纽船闸全年过闸船舶总数为 102 619 艘次；货物通过量达 9 880.3 万吨。其中，上行 51 474 艘次，货物通过量 3 182 万吨，下行 51 145 艘次，货物通过量 6 698 万吨。船闸过闸货物种类仍以建筑用料为主，货种结构相对固定，大部分货物过闸总量均有所增加。上航货物主要有原煤、玉米、集装箱、非金属矿石、水洗沙等，约占上航货物总量的 74%；下航货物以建筑用料为主，主要有水泥及水泥熟料、石料、钢材、瓷砂、集装箱等，约占下航货物总量的 80% 以上。

第四节　珠江船舶标准化和绿色珠江建设

一、持续推进珠江船型标准化工作

从"十二五"到"十三五"期间，珠江水系的船舶标准化工作逐步走向正轨。水系各级管理部门和企事业单位积极贯彻落实《"十二五"期推进全国内河船型标准化工作实施方案》，严格执行《西江航运干线过闸船舶标准船型主尺度系列》和《珠江水系"三线"过闸船舶标准船型主尺度系列》，有序推进珠江船型标准化。

2013 年，珠江内河船型标准化协调领导小组各成员单位在执行《西江航运干线过闸船舶标准船型主尺度系列》的基础上，贯彻落实交通运输部 2012 年 72 号公告，联合发布了《关于实施珠江水系"三线"过闸船舶标准船型主尺度系列及有关规定的通告》，组织召开了宣贯会，强制规范珠江水系上游右江、北盘江—红水河和柳江—黔江等"三线"高等级航道的过闸船舶主尺度。

交通运输部珠江航务管理局配合部水运局完成《"十二五"期推进全国内河船型标准化工作实施方案》的研究和起草工作；完成部"十二五"重大科技专项"西江干线船舶简统选优研究"的研究工作；组织开展了珠江下游示范船型的推荐和研究工作，收集并筛选了相关船型资料；组织《珠江干线货运船舶船型主尺度系列》（JT/T 559—2004）的修订工作，在征求沿江交通主管部门意见及公开征询社会意见的基础上，完成了送审稿并报全国内河船标准化技术委员会审查。广东省交通运输厅组织完成了珠海高栏港至西江干线主通道适用船型、南沙港至西江干线主通道适用船型，以及北江至珠江三角洲适用船型等

3个专题研究，推荐了千吨级以上干货船、集装箱船等示范船型技术方案。

2015年12月，贵州省港航管理局与武汉理工大学联合完成《贵州省"两江一河"主要货运船型标准化研究》科研课题验收。《贵州省"两江一河"主要货运船型标准化研究》课题研究目的是基于贵州省南、北盘江—红水河航运条件，提出适合流域航运特点、技术经济可行的多种运输组织方案，建立综合评价模型；开展各货运预测量下不同运输组织方式的多要素优化论证，推荐出综合效益高的贵州省南、北盘江—红水河水路货运组织优化方案。

2016年，珠江水系各级港航管理部门落实"十三五"内河船型标准化延续政策，组织申报2016年和2017年中央补贴资金。珠江航务管理局与各省（区）签订2016年目标任务书，并定期通报督促实施；组织落实单壳液货危险品船的禁航工作，公布禁航名单；全面完成珠江水系现有船舶标准化认定；严格执行《西江航运干线过闸船舶标准船型主尺度系列》和《珠江水系"三线"过闸船舶标准船型主尺度系列》，西江航运干线新建过闸船舶均符合主尺度标准，船检部门开始分步执行标准船型节能减排指标体系。同时各级港航管理部门支持航运企业开展内河高能效示范船研发，推进清洁能源船舶的应用。

截至2017年底，珠江水系完成拆解西江干线过闸小吨位船舶438艘，单壳油船、单壳化学品船拆解改造78艘，改造兼营内河运输的沿海单壳油船4艘，改造船舶生活污水防污染2694艘，拆解老旧运输船舶577艘，新建LNG动力船30艘。在促进运力结构调整、提高船舶整体安全技术水平、推进节能减排和防污染工作等方面取得了较好的效果。

二、绿色珠江建设步伐加快

党的十八大以来，珠江水运行业认真贯彻落实"生态优先、绿色发展"的新发展理念，加强生态航道建设、运输装备节能环保、水上安全与防污染、清洁能源推广应用等工作，加快水运绿色发展步伐。

（一）大宗货物绿色运输北江示范项目

北江自古就是粤北走出大山、融入珠三角、通江达海的唯一通道。随着大量大型企业、工业园区、物流园区落户北江沿岸，大宗货物对水路运输的需求越来越大。粤港澳大湾区和"一带一路"两大国家级战略发展机遇都为北江及其流域的繁荣注入新活力和新动能。随着北江的通航能力、沿江港口吞吐能力不断得到提高，铁路、公路、水路相互衔接的综合运输体系逐步形成。北江成为沟通清远、韶关、佛山、广州等市的黄金水道，对沿江各地融入粤港澳大湾区经济圈，大力促进工业、农业、林业、旅游等产业的发展都具有十分重要的战略意义。

自2012年清远水利枢纽船闸投入使用之后，北江水路运输货运量每年都在稳步增长，从1000万吨增长到2000万吨，然后到3000万吨，2017年就达到3909万吨，接近4000万吨。这充分说明了只要水路畅通，北江的水运潜能就能得到极大的激活。

2011年11月7日，全国水运工作座谈会在广州召开，时任交通运输部部长李盛霖，时任副部长徐祖远，时任广东省副省长陈云贤出席了会议。时任广东省交通运输厅副厅长刘晓华向大会汇报了大宗货物绿色运输北江示范项目建设方案。会议审议后，交通运输部下发了《关于开展"十二五"时期水运结构调整示范项目建设工作的通知》。大宗货物绿色运输北江示范项目被列为"十二五"时期十个水运结构调整示范项目之首。

2014年，国务院发布实施《珠江—西江经济带发展规划》，提出要加快建设北江等重要干支流航道和支撑保障系统。随后广东省把北江定位为建设21世纪海上丝绸之路的延伸加快开发，于2014年启动大宗货物绿色运输北江示范项目，同年8月启动北江千吨级航道扩能升级工程建设。

2014年12月，大宗货物绿色运输北江示范项目正式动工，首个项目就是北江乌石至三水河口航道的扩能升级先行工程，到2019年后，258千米长的北江航道已经全线升级为1000吨级。水路畅通后，与以前相比，北江流域货物从水路运去珠三角更环保低碳、节约时间，成本得到有效降低，极大地解决了以前陆路运输造成的老大难问题。

2017年6月，时任交通运输部党组书记杨传堂调研北江，提出建设畅通、安全、绿色、高效的珠江，加快形成沿江综合运输大通道。

2017年7月，时任广东省省长马兴瑞调研北江，提出统筹推进西江、北江、东江航道扩能升级，综合考虑水利、防洪、交通运输、水资源调配、旅游开发等功能。

大宗货物绿色运输北江示范项目推动了粤北与粤港澳大湾区的互联互通。粤港澳大湾区与周边经济腹地之间构建经济高质量发展体制机制，离不开实体经济互相支持的蓬勃发展，而高度发达互通的交通运输体系历来就是实体经济发展的助推器。北江航道扩能升级后将与西江连通并入珠江高等级航道网，成为粤北与沿海港口相连的最便捷通道，为粤北地区融入粤港澳大湾区的一体化发展带来深远而积极的影响，这也是广东交通系统全面推进供给侧结构性改革的重要成果，为促进粤北山区资源开发和脱贫攻坚战提供有力支撑保障。

随着北江示范项目配套工程的陆续完成，北江黄金水道为航运及相关产业带来了快速发展的黄金时期。北江航道升级为千吨级，对粤北地区与珠三角区域的互联互通产生巨大推动效果。一条千吨级航道的运能，相当于一条畅通的四车道高速公路。北江五座枢纽船闸进一步扩能升级后，充分运用数字化、智能化等方式促进全线船闸的联合调度管理，更进一步提升了过闸效率。

大宗货物绿色运输北江示范项目从2014年正式启动以后，首个标志性成果就是2015年1月完工的英德明珠码头及与银英公路连接线升级改造工程。该码头陆路距离英德火车站约7千米，距离银英公路约4千米；水路北通韶关，南通珠三角以及港澳等地区，东汇滃江。以运输水泥、建材、煤炭、陶瓷、石粉、粮食等资源为主。

大宗货物绿色运输北江示范项目大力推进了北江通航环境的改善，集疏运英德各码头的船舶大幅增加，货物装卸会造成拥挤现象。而英德明珠货运码头是广东省交通运输厅特许拥有飞来峡枢纽和清远水利枢纽船闸的绿色通道，码头距离海螺码头26千米、台泥码头20千米，必要时可配合台泥、海螺解决货物的集疏和装卸等问题。

项目实施以来，吸引了北江沿岸大宗货物选择水路运输，北江水运量由2012年的960万吨增加到2017年的3909万吨，缓解了北江流域陆路交通运输压力。同时，北江枢纽船闸联合调度管理系统已投入使用，提高了过闸效率，节约了船舶通过时间。项目的实施大大改善了当地货物进出口环境，完善了北江流域综合交通运输体系，促进结构性节能减排和环境的综合治理，实现绿色发展。

该示范项目的实施为政府主管部门引导运输方式转变，探索高视角、全方位、多举措的综合解决方案以及我国其他内河航运开发与利用提供了宝贵经验，发挥了示范作用。

（二）推进清洁港口建设

为切实加强港口节能减排工作，落实《公路水路交通运输节能减排"十二五"规划》《交通运输部关于港口节能减排工作的指导意见》等对港航运输节能减排的要求，珠江水系四省（区）加强绿色发展的引导，制定港口节能减排达标工作方案，鼓励和引导港口企业广泛应用节能减排技术。

2015年，广东省交通运输厅印发《关于进一步落实船舶与港口防污染防治专项行动实施方案（2015—2020年）提升港航环保能力的通知》，严格审核各地市的《港口和船舶污染物接收转运及处置设施建设方案》，督促各地按要求落实港口船舶防污染能力建设工作。广西壮族自治区交通运输厅联合广西海事局印发的《广西贯彻落实交通运输部船舶与港口污染防治专项行动实施方案（2015—2020年）工作方案》，要求全区大部分内河港口要在2017年底完成船舶污染物接收、转运及处置设施建设方案编制工作。

2016年，珠江水系各级港航管理部门认真贯彻落实交通运输部《珠三角、长三角环渤海（京津冀）水域船舶排放控制区实施方案》，编写《珠三角水域船舶排放控制区实施意见》。加强港口岸电的推广应用，部署安排2016—2018年港口岸电资金补贴申请流程和要求，大力推广港口岸电的建设和应用，鼓励和支持港口企业加大力度建设和使用港口岸电。有序开展港口和船舶污染物接收转运及处置工作，落实国务院"水十条"，增强港口和船舶污染防治能力。

2017年，珠江水系继续大力推行港口绿色环保理念，一是组织开展现有港口船舶污染物接收转运及处置设施建设工作；二是对新建的港口工程，一方面根据项目环评批复实施，另一方面在设计和建设阶段，同步建设岸基供电设施和船舶污染物接收设施，并做好船舶污染物接收设施与城市公共转运、处置设施的衔接；三是继续全面推进广州内河港、东莞港、佛山港、肇庆港、梧州港、贵港港、南宁港等港口大型煤炭、矿石堆场防风抑尘设施建设和设备配备工作。鼓励港口企业优先使用电能和液化天然气（LNG）等清洁能源作为动力，有序建设港口岸电设施；鼓励加强港口技术改造，推进港口"油改电""油改气"，淘汰老旧作业机械，推广应用高效、节能的港口装卸机械和运输装备及先进、环保的港口工艺。

2017年4月，广东省印发《广东省珠三角水域船舶排放控制区实施意见》，明确珠三角水域船舶排放控制区范围为广州、东莞、惠州、深圳、珠海、中山、佛山、江门、肇庆9市行政管辖区域内的内河通航水域，建立交通、海事、环保、发改、经信、财政等部门工作协调机制，统筹推进船舶排放控制区实施工作；广州市出台《广州市推进港口船舶排放控制工作方案》，联合中石化和广州供电局签署战略合作框架协议，推进清洁能源补贴政策制定。

2017年，珠江水运发展高层协调会议审议原则通过《推进珠江水运绿色发展行动方案（2018—2020年）》，部省合力推进珠江水运绿色发展，对提升珠江水运绿色发展管理水平提出更高的要求。珠江水运着力创新行业绿色管理方式，倡导建立行业绿色公约。广州市已建立广州港航绿色公约，83家港航企业、国际班轮及488艘船舶加入绿色公约行动。《推进珠江水运绿色发展行动方案》明确要深入贯彻落实习近平总书记关于生态文明建设的重要讲话精神，充分发挥珠江水运运能大、成本低、能耗小、污染少等比较优势，更好地服务好国家重大战略的实施和沿江地区经济社会的发展，提出了未来3年珠江水运推进绿色发展的6个方面32项重点任务。

2017年7月，交通运输部印发《港口岸电布局方案》，提及珠江水系内河有63个泊位需要改造，除南宁外，基本覆盖西江航运干线的主要港口和珠三角主要内河港口。在贵港、梧州、云浮、肇庆、佛山、广州内河港等港口的部分码头泊位建有简易供电装置或简易的港口岸电设施，部分新建泊位为标准供电桩；其中佛山港33个公用码头122个泊位，有73个泊位设置了岸电供电设施，岸电覆盖率约60%，主要服务集装箱船；广州港强力推进客运、公务、工作船码头全部配套使用岸电，具备岸电设备的大小泊位共计186个。广西壮族自治区2017年全年组织有关港口企业开展2次申报岸电建设奖励资金，主要项目有贵港港中心港区苏湾作业区、平南港区武林码头、梧州港赤水码头、梧州港中心港区塘源紫金村码头一期工程等4个港口码头建设船舶靠港使用岸电设施。

2017年，广西开展绿色港口建设，一是对规模以上干散货码头粉尘开展专项治理工作。二是加快港口码头船舶污染物接收、转运、处置设施建设，加强船舶垃圾及油污水接收上岸和船舶污染物收集处置监管，加快现有港口、码头船舶垃圾接收等相关功能的配套设施改造建设。截至2017年底，南宁、桂林、梧州、贵港、来宾5个市按建设方案及工作要求完成港口和船舶污染物接收、转运、处置设施建设内容的25%以上。三是2017年自治区层面及南宁、桂林、梧州、贵港、来宾、贺州、河池、百色共8个市完成了防治船舶及其有关作业活动污染水域环境应急能力建设规划编制工作。四是积极推进靠岸船舶使用岸电工作。组织编制了2016年至2018年靠港船舶使用岸电建设计划；截至2017年底，广西共有4个港口码头建设船舶靠港使用岸电设施，其中梧州港中心港区塘源紫金村码头一期工程岸电设施已建设完成，其他3个正在建设中。

实施绿色水运对引导推进珠江水运资源优化配置、合理调整珠江水运结构，促进珠江水运绿色发展、循环发展、低碳发展，实现珠江水系内河水运发展与水环境改善、活跃区域经济、转变生产方式和有效缓解区域经济发展与交通资源的矛盾，改善环境和培养生态文化有重要的作用。

（三）大力推进绿色船舶建造和配套工程

在珠江航务管理局的协调组织下，珠江水系港航各级管理部门和企事业单位坚持"法规推动、政策拉动、技术驱动、示范带动"，推进生态航道和绿色港口建设，推进船型标准化工作，加快淘汰老旧船舶，推广船舶使用清洁能源和大宗散货陆转水绿色运输，建设美丽珠江。

珠江水系各航运企事业单位推动运输装备节能环保工作，提高内河运输装备节能减排水平，加快淘汰老旧运输船舶。提升运输船舶环保技术水平，组织开展内河船舶应用液化天然气（LNG）燃料的示范和推广工作，推动加气站等配套设施规划建设。珠江水系LNG应用试点示范项目有3个："西江干线广西段应用LNG示范项目""西江干线广东段应用LNG示范项目"和"中海油LNG在内河水运行业应用示范项目"。

2017年，由交通运输部办公厅印发的《长江干线京杭运河西江航运干线液化天然气加注码头布局方案（2017—2025年）》计划在西江航运干线布局10个LNG加注码头。为规范和促进西江流域LNG动力船舶的发展，该方案提出了LNG动力船过闸"无禁止性限制，有区别性防范"原则。

2017年，广东、广西两省（区）LNG船型推广工作走在前列。在新建LNG动力船方面，2017年广东省完成新建4艘，共计8 000总吨；广西壮族自治区完成新建26艘，共计31 828总吨，其中4艘纯LNG（液化天然气）动力船完成检验，可装载干杂货3 285吨，可装载集装箱140个，是目前全国内河航运中载货量最大的纯天然气动力船舶。

1. 广东省

2016年末，受理拆解改造船舶达1 500艘，其中，内河船型标准化拆解改造船舶超1 400艘（包括老旧内河船舶、单壳化学品船和单壳油船改造或拆解，现有船舶生活污水防污染改造），老旧海船提前报废超20艘。核发船舶拆解、改造补助资金2 400多万元。这一举措加快了广东省高耗能船舶报废更新工作进程，大大提高了船舶技术水平。

2016年，广东省第一艘1 000吨级液化天然气动力散货船下水试运行；清远市区河段111艘老旧游船全部报废拆解；清远集装箱船队，从无到有，初具规模；北江沿线布局5个LNG加注站，其中有2个纳入《清远市综合交通运输"十三五"发展规划》，且成果显著。北江沿线大宗货物水路运输比重由2012年底的19%提高到2017年的50%。2016年末，受理拆解改造船舶达1 500艘，其中，内河船型标准化拆解改造船舶超1 400艘（包括老旧内河船舶、单壳化学品船和单壳油船改造或拆解，现有船舶生活污水防污染改造），老旧海船提前报废超20艘。

2017年，在新建LNG动力船方面，广东省完成新建4艘，共计8 000总吨；2017年11月，全球首艘2 000吨级新能源纯电动自卸船在广州广船国际龙穴造船基地吊装下水。船舶总长70.5米，型宽13.9米，型深4.5米，设计吃水3.4米。该船装载货品为电煤，主要航行于珠江内河等水域。船上安装有重达26吨的"超级电容＋超大功率"锂电池，整船电池容量约为2 400千瓦时，相当于30~50台电动汽车电池容量；在满载条件下，航速最高可达12.8千米/小时，续航力可达80千米。航行中全程不消耗任何燃油，可实现碳、硫等废气污染物及PM 2.5颗粒零排放。

2. 广西壮族自治区

2016年，按照广西壮族自治区交通运输厅和广西海事局联合制定的港口船舶污染防护专项治理活动实施方案的要求，相关港航企业部署和组织了相关工作。一是开展船舶污染治理工作。完成了54艘船舶生活污水防污染改造工作，强制报废了36艘达到报废船龄的船舶。二是推进南宁港、贵港港、梧州港等主要港口大型煤炭、矿石堆场防风抑尘设施建设和设备配备。南宁港完成扬尘治理技术技改2项（安装吸粮机）、购洒水车3台、防溢油设备2套、防尘布11 350平方米、冲洗车轮设备1套、围挡10 270平方米；贵港港的煤炭、矿石码头主要采取喷淋和编织布覆盖防尘措施。三是推进LNG燃料应用工作。广西壮族自治区完成新建26艘，共计31 828总吨，其中4艘纯LNG（液化天然气）动力船完成检验，可装载干杂货3 285吨，集装箱140个，是当时全国内河航运中载货量最大的纯天然气动力船舶。四是组织编制了《广西西江黄金水道港口接收船舶垃圾污水站点布局规划》；组织港口所在地交通运输（港口）管理部门开展辖区内河港口船舶污染物接收、转运及处置能力的调查评估，完成了现状评估报告——《广西壮族自治区港口船舶污染物接收转运及处置能力评估报告》。

3. 贵州省

2015年12月，《贵州省营运船舶节能环保现状分析与实用技术研究》科研课题完成验收。该课题是对贵州省营运船舶节能环保现状进行分析和评价，针对实现国家单位国内生产总值能耗和主要污染物排放总量等约束性指标而提出相应实施对策。项目的研究成果填补了贵州省节能减排相关研究的空白，为实现贵州省营运船舶节能环保指标提供了技术支撑。

2016年，贵州建成500吨级船舶10艘、1 000吨级船舶9艘、2 000吨级船舶11艘、500吨级LNG新能源船舶2艘，奠定了贵州省船舶标准化、大型化的基础和方向；建成贵州第一条旅游航道工程——湄江旅游航运建设工程，做出了"航运＋旅游"产业的有效探索。

4. 云南省

2016年，通过大力引导和支持航运企业发展水路旅游运输，培育新的水路运输增长点，加大对水路运输企业的服务和扶持力度。强化节约资源、降耗减排，增强可持续发展能力，在珠江干线上投入18万元开展船舶的污水系统改造。

第五节 建设"平安珠江"

党的十八大以来，珠江水系水上交通安全形势总体稳定，珠江水系安全管理长效机制不断完善。流域各省（区）先后建立"双随机"机制抽查监管方式，完善相关应急预案，推进应急救助指挥体系建设，有效提高监管效率和应急处置能力。通过进一步加强治安防控体系建设，推进重点水域视频监控系统建设，逐步形成珠江水运全系统齐抓共建的良好态势，"平安港口"得到巩固和持续推进。2013—2017年珠江水系水上安全基本情况见表17。

表17 珠江水系水上安全基本情况表（2013—2017年）[①]

对比期	事故总数（件）	死亡人数（人）	沉船数（艘）	直接经济损失（万元）
2013年	15	6	6	2 465
2014年	19	23	9	152
2015年	24	20	8	1 572
2016年	10	8	4	539
2017年	20	22	8	1 715

---

① 数据来源：作者自整理2013—2017年《珠江水运发展报告》，交通运输部珠江航务管理局编，华南理工大学出版社出版。

一、进一步加强水上安全生产监管

党的十八大以来，珠江水系各级港航、海事管理部门狠抓安全生产责任落实，加强安全监管基础保障能力建设，建立联合执法机制，扎实开展各项专项整治和联合监管综合执法工作，不断完善安全管理长效机制，逐步形成齐抓共建水上安全监管的良好态势，保障了珠江水运安全生产有序进行。

2013年，珠江内河航运船舶被盗抢财物案件频发，严重威胁船舶和船员安全，引起了有关方面及社会的广泛关注。在交通运输部的领导下，珠江航务管理局分别于3月、7月、11月三次协助交通运输部公安局对西江及珠江三角洲35家交通港航部门和企业单位进行了现场调研，在广州、江门、中山、梧州等地，共组织召开了12次调研座谈会，通过深入调研，摸清了珠江航运治安的基本情况及特点。2013年9月至11月，广东省公安厅结合夏秋季全省治安整治专项统一行动，集中各地公安机关的优势力量，对航运治安刑事案件进行重点排查，深入开展清查整治和巡逻防控。经过为期三个月的专项整治行动，共打掉犯罪团伙9个，侦破刑事案件26宗，抓获犯罪嫌疑人19名。经过各有关部门通力合作、不懈努力，各航运企业单位普遍反映珠江航运治安环境有了明显好转。

广东海事局全力保障港珠澳大桥建设，实现大桥水域交通"零事故、零污染、零伤害"阶段性成果。扎实开展"百日安全大检查""渡口渡船整治回头看""防范商渔船碰撞"等专项行动，大力整治砂石船超载、中小海轮配员不足、易流态货物违规装载等监管顽疾。成功应对"尤特""天兔""蝴蝶"等12个热带气旋袭击，在强台风"尤特"登陆期间，协调粤港两地救助力量成功救起"夏长"轮遇险船员21人。

广西海事局紧抓"六船一筏"、法定节假日和35个民俗节日、56处航段等监管重点、难点，采取针对性措施，保障了重点船舶、重点时段、重要航段的水上交通安全。深入开展"平安交通""打非治违"等专项活动，自主开展渡运安全月、春季航运公司安全管理活动，成功消除了八大河水域非客船载客和那坡大桥等一系列安全隐患。实行船舶登记责任追究、规范船检管理程序，开展船舶降滞攻坚战。严格落实船载危险货物和散装固体货物申报制度，打击船舶违法载运危险品和渡船乘客夹带危险品等行为。加强通航秩序维护和水上水下活动监管；改进了"船管通"系统，开展船舶"管用养修"专项检查，督促整改存在的问题。VHF、VTS、CCTV设备和机房维护管理社会化，提高了设备使用效率和管理能力。

贵州省地方海事局水上监管软硬实力俱增，保障了全省水上交通安全形势持续稳定。切实加强船舶检验工作，严把安全管理源头关，全面规范10米以上自用船舶的管理，做好龙滩、天生桥、光照库区未检船舶评估后的技术整改和检验工作。加大船舶安全检查力度，加强船舶监管工作。加强船员培训机构管理和服务，督促规范运作。切实加强客船、客渡船、旅游客船等船舶船员特培工作。

云南省地方海事局全面落实水上交通安全管理责任制，抓好水运企业、船主、经营人的水上安全生产管理责任和船长责任以及航行、停泊、作业值班等制度。加强乡镇船舶安全管理，对全省乡镇船舶县、乡（镇）、村、船四级安全责任承包书的签订情况进行了督促检查，签订面达到100%。认真开展渡口渡船安全管理专项整治"回头看"活动，进一步巩固全省渡口渡船安全管理专项整治成果，确保渡运渡船舶适航、船员适任、渡口管理机制完善。在全省渡船开展"救生衣行动",对全省渡口渡船按满员100%配备救生设备。

2014年,珠江水系各级港航、海事管理部门认真落实交通运输部《关于全面推进安全生产风险管理的意见》,按照"标本兼治、综合治理"的要求,建立安全预防控制体系,实现安全管理事后向事前、被动向主动、事故管理向风险管理转变,着力解决制约交通运输科学发展、安全发展的薄弱环节和突出问题,建立健全交通运输安全长效管理机制。各级管理部门加强对辖区内安全生产工作的指导与监管,建立健全安全生产"一岗双责"制度,强化责任考核。港航企业按照安全和生产主体责任要求,进一步完善安全生产责任链,加快推进安全生产标准化达标工作。

2015年,珠江水系各级港航、海事管理部门落实航运安全生产政府监管责任,切实提升航运安全保障能力。完善安全生产监督检查工作机制,加强对重点企业、重点船舶的监督检查、暗访暗查,对重大隐患实行挂牌督办制度。切实加强对港口危化品罐区、库场监管,配齐专业监管力量。推进船舶导航、遇险自动报警、监控指挥系统等设施建设,加强对客船、液货等危险品船航行的动态跟踪和监管。推进企业开展安全生产标准化建设,推动各级管理部门明确责任,依法加大对非法违法企业的打击力度。

2016年,珠江水系各级港航、海事管理部门深刻吸取"东方之星""8·12天津港危险品集装箱堆场爆炸事故"的教训,部署开展珠江液货危险品安全专项整治活动,排查治理液货危险品船事故隐患。组织开展"汛期百日安全"活动,及时启动防风应急响应,战胜南方洪水,防抗了"尼伯特""莫兰蒂"等强台风。周密部署,强化监管,确保了春运、全国两会、国庆节、G20峰会等重点时段水上安全平稳有序。

2017年,珠江水系各级港航、海事管理部门加强对安全生产工作的指导与监管,印发和实施了一系列水上安全、港航监督、船舶检验、水路运政管理、航道行政管理、水路交通基本建设管理的规定、标准和通知。认真做好节假日及重点时段水路运输安全生产管理工作,做好应急值守、安全防范、信息报送等工作。强化安全风险管理,落实上级部门安全生产要求,认真开展安全专项活动,开展港口危险货物安全核查、评估和整治工作。严格落实安全生产监管要求,全面推行"双随机、一公开"监管工作,督促企业和船舶落实安全管理要求,在安全监管实践中取得了良好成效。

2017年,广东省交通运输厅印发了《广东省交通运输厅关于开展水运行业安全生产隐患排查治理专项督查的通知》,并联合广东海事局共同制定《防范船舶碰撞桥梁专项治理工作方案》,理顺相关各方权责,形成长效管理机制。广西壮族自治区交通运输厅印发2017年水运行业安全生产工作要点、2017年安全生产监督检查计划并认真贯彻实施。广东海事局完善《广东海事局水上交通安全风险管理工作规定》。广西海事局印发《广西海事局关于进一步加强水上交通安全风险分级管控和隐患排查治理工作的通知》。

二、水上应急救助与专项行动显成效

2013年,珠江水系各级港航、海事管理部门按照交通运输部相关工作要求,陆续开展了"平安交通""安全生产月""安全大检查""隐患排查治理"等专项治理行动,进一步夯实珠江水路运输安全管理基础。

2014年，珠江水系各海事监管部门加大应急救助演练力度，以提高海上应急反应能力。广东海事局举办粤港澳三地海上搜救消防联合演练，参加海峡两岸联合搜救演练；成功防抗"威马逊"等超强台风袭击，实现科学防台和有效防台，防台期间辖区水上实现"零伤亡"；2014年全局共协调组织搜救320次，救起遇险人员2 824人，救助成功率高达96.2%。广西海事局结合客船"三个一"的工作要求，在安全生产月期间组织一次应急预案演练活动，重点加强客船、抗洪抗台演练，通过应急演练查找预案存在的问题，及时修订完善应急体系，增强应急处置的科学性和时效性。贵州省地方海事局分别在构皮滩库区、乌江库区、董菁库区、龙滩库区、石垭子库区、舞阳河库区开展了7次应急救助演习（演练），通过开展演习、演练等一系列活动，锻炼了队伍的意志，提升了海事应急救助能力。云南省地方海事局组织开展了全省库区水上交通安全和应急救援能力的工作调研，重点开展了对金沙江金安桥、鲁地拉库区和泸沽湖水上交通安全和应急救援能力现状的调研。

2014年，珠江水系各级港航、海事管理部门精心组织，深化安全专项活动。广东海事局扎实开展"平安交通""打非治违"等专项整治，持续加强对中小海轮、施工船、砂石运输船等重点船舶的现场监管，全年处罚案件1.13万件，同比增长19.6%，严管、严查、严处"三严"格局初步形成。广西海事局以"打非治违"为抓手，抓好水上交通安全知识进校园活动、砂石船舶安全管理、桂林排筏整治等各项专项活动，加强与地方政府相关部门的沟通联系与联合联动，确保活动有进展、有深度、有广度、有效果。贵州省地方海事局深入推进风险水域分级管理，认真制定年度、季度、月度巡航查计划，确保巡航查计划实施到位、现场监管到位；各级海事管理机构基本形成了一套较完备的水上交通安全监管、检查和督查制度，现场监管力度得到进一步增强，同时也提高了水上交通安全管控能力。云南省地方海事局认真部署安排，强化现场监管，加大监督检查力度，严格杜绝重特大事故的发生，加强对"四重"（重点水域、重点船舶、重点时段及重点人员）的管理。

2015年，各地方海事局彻查"三无"（无船名船号、无船籍港、无船舶证书）船舶从事运输的行为，不断提高水路运输安全管理水平。认真制订巡航查计划，确保巡航查计划实施到位、现场监管到位，现场监管力度进一步增强、提高了水上交通安全管控能力。利用现场检查、突击检查、日常巡查等方式，严厉查处配员不足、船员无证、船员证书与船舶种类、大小、航区不符等非法运输行为。

2016年，珠江水系各级港航管理部门深入贯彻落实《关于进一步加强长江等内河水上交通安全管理的若干意见》和《关于严格落实法律法规要求加强危险化学品港口作业安全监管的若干意见》，继续提升海上安全监管和应急救助能力，进一步严格珠江液货危险品运输和客运安全管理，落实安全责任，完善预防控制，加强水上应急救助能力建设，在安全生产月期间组织应急预案演练，提高水运安全监管和应急保障水平。

2017年，珠江水系各级港航、海事管理部门贯彻落实交通运输部"平安交通集中整治""安全生产月"等行动要求，开展了一系列水路运输安全生产综合督查检查。广东省交通运输厅开展了船舶载运危险货物安全综合治理、港口危险货物安全整治、珠三角地区港口危险货物重大危险源安全核查、危险货物储罐检测和危险货物集中区域安全风险评估等专项行动，有力地维护了水运安全。广西壮族自治区交通运输厅深入开展2017年水路春运安全检查督查、水运行业安全生产大检查专项行动、平安港航专项整治行动、安全应急培训、港口突发事件应急演练、在役储罐安全专项整治、全区危险货物水路运输从业人员考核管理工作等安全专项工作；认真做好节假日及重点时段港航安全生产管理工作，做好恶劣天气下水路运输安全防范部署工作。广东海事局扎实开展水上交通安全大巡察、"回头看"活动和"平安西江"行动；实施"特别防护期安全大检查"和"平安船舶"专项检查，累计检查"四类重点船舶"6万余艘次；联合交通运输管理部门开展防范船碰桥专项治理行动，督促航运公司和桥梁管理单位落实安全主体责任，全面排查七级以上航道桥梁1027座，排查出不满足规范要求的桥梁515座。广西海事局开展了推进"VTS"覆盖区零事故行动，强化了船舶安全航行秩序管控；运行渡运安全监管"1125"体系；持续深入开展水上交通安全知识进校园活动，"学生渡、放心船"监管品牌更加凸显；部署开展"平安交通"、内河船舶非法参与海上运输、国内航行油船和散装液体化学品船舶等专项整治活动。贵州省大力强化重点时段、重点水域、重点船舶、重要环节"四重"监管，组织开展了联合安全大检查、"安全生产月"、水上交通安全知识进校园等专项活动。云南省开展了水上安全生产综合督查专项行动、平安交通专项整治、水路危险化学品综合治理、水运行业安全生产集中大检查、云南省水运行业安全生产专项整治等专项行动，安排了11次检查，出动检查组21组，覆盖了14个州市。

第六节　智慧珠江与航运文化

党的十八大以来，珠江水系积极开展航运信息化建设，贯彻实施国家"创新驱动发展"战略，加快新技术、新工艺、新装备的应用研究，致力于打造智慧珠江。"航海日"活动的开展能够进一步弘扬航海文化，传承珠江水运精神。

一、航运信息化建设

（一）加快珠江航运综合信息服务系统建设

为全面推进珠江航运信息化建设，根据交通运输部的统筹安排，2013年，珠江航务管理局积极稳妥推进珠江航运综合信息服务系统试点工程建设前期工作。4月份组织召开"珠江航运综合信息服务系统试点工程建设推进思路协调会"，形成《珠江航运综合信息服务系统试点工程建设方案》，交通运输部规划司原则上同意了方案的推进思路，但要求进一步明确具体内容和建设规模。经与广东省、广西壮族自治区交通运输厅，广东、广西海事局不断沟通与协调，就进一步完善建设内容及申报立项达成基本共识，将修改意见反馈部规划院，并于年底再次召开协调会议，确认立项和组织建设的模式，推动开展项目工程可行性研究相关工作。

由交通运输部通信中心联合珠江航务管理局开展的"珠江航运综合信息服务体系架构和运行机制研究"软课题于2013年9月份通过部科技司的中期专家咨询。此项课题研究成果为珠江航运综合信息服务系统试点工程的建设提供了指导。在交通运输配合部及相关单位信息化项目研究方面，完成交通运输部数个行业信息化标准的意见征求、宣贯等工作。

珠江航运综合信息服务系统工程是珠江航务管理局联合广东、广西交通运输厅共同推动的服务珠江水系航运的信息化工程项目，2014年8月，项目通过了由交通运输部委托中交水运规划设计院组织的咨询评估工作。年底，交通运输部批复了《珠江航运综合信息服务系统工程可行性研究报告》，原则上同意可行性研究报告提出的建设方案，工程由珠江航务管理局牵头，会同交通运输部海事局、广东省交通运输厅、广西壮族自治区交通运输厅，按照"统一组织、分工协作、整体设计、统筹建设"的思路开展建设，注重总体设计，按照工程共建协议，落实数据资源共享和交换机制，确保工程建设的整体性和协同性。

2016年，珠江航运综合信息服务系统工程建设初步设计文件通过专家评审并获交通运输部批复，《珠江航运综合信息服务系统工程建设工作实施方案》出台，成立共建专家小组，建立工作联系机制，统筹协调共建单位同步开展工程建设，完成施工图设计和技术规格书编制，开展了工程招投标工作。

2017年，珠江航运综合信息服务系统工程建设加快推进并取得阶段性成果。随着工程建设资金陆续到位，各共建单位先后开始实施，珠江航务管理局单项工程、广东省单项工程的应用系统软件开发进入系统设计阶段，工程系统总集成方案完成并通过审查，工程电子航道图建设技术标准和配套管理办法正按计划研究制定，监理工作及后续标段招标工作也正有序开展。广西壮族自治区单项工程于2017年12月启动实施，完成船舶过闸联合调度系统、电子航道图平台、软硬件购置、施工监理服务4个标段的招标工作。在"互联网+"的引领下，"智慧水运"的步伐明显加快，珠江航运综合信息服务系统工程建设取得阶段性成果，"互联网+"模式在港航管理中的应用初具成效，"航道通"App、"粤e航管"App、"互联网+港航""航运+大数据"应运而生，科技创新与信息化发展的引领作用得到充分体现。

（二）四省（区）信息化系统建设

1.广东省交通运输厅

2013年，广东省完善了现有港航行政管理系统，实现全省覆盖，实现无纸化办公。开展交通电子口岸和航运公共信息服务平台建设。

2014年，广东省加快推进内河航运综合信息服务平台建设，做好与综合物流平台的衔接。推进省交通电子口岸建设，有序开展广东省交通电子口岸公共信息服务进出口货物联网监管系统的开发。大力支持广州航交所建设航运交易服务平台。

2016年，广东省交通运输厅启动广东省航运公共信息服务平台项目建设，并将平台纳入珠江航运综合信息服务系统。制定印发了《珠江航运综合信息服务系统广东省单项工程建设工作实施方案》。启动公路水路建设和运输市场信用信息服务系统建设。完成港口信息系统升级改造，发布"粤e航管"App。

2017年，广东省初步建立航道"一网"（航道专网）、"一图"（电子航道图）。"一中心"（数据中心）、"四平台"（综合办公平台、养护管理平台、运行监测平台和公共服务平台）的信息化框架，提供航道安全信息服务，在部分净空尺度不达标的桥梁安装净高显示系统，开发"航道通"App。进一步完善"粤e航管"手机App功能，首创全国水路运输管理App。在大宗货物绿色运输北江示范项目中，建设了北江流域船闸联合调度管理系统、北江船舶动态监控与服务平台。

2. 广西壮族自治区交通运输厅

2013年，广西重点推进广西船闸综合调度系统建设。该系统的建设主要在于应用先进的计算机、网络、数字通信、自动控制、数字航道、GPS等技术，开发一套适合广西各水利枢纽上下游河段船舶通航的综合监管与船舶过闸调度系统，实现对广西各船闸进行实时的船舶通航综合监管。

2014年，广西进一步拓宽船舶过闸调度系统的使用面。长洲、西津、红花、旺村、京南、金牛坪、下福、昭平等船闸已经使用该系统。有效加强了对船闸运行调度的管理，提高了船闸的运行效率，降低船闸调度中的工作难度，并且将船闸的过闸调度数据自动生成报表、图形分析，即时地反映到相关管理部门，便于监管与决策。

2016年，广西加强信息化顶层规划，从业务、技术、管理三个维度对广西北部湾港口管理局的信息化顶层框架进行设计，编制了《广西壮族自治区港航信息化"十三五"发展规划》。完成广西船舶辅助导航平台建设，为船舶航行驾驶辅助导航提供服务，以提高船舶驾驶的便捷性、安全性。完成广西交通信息资源整合与运行监测服务系统完善工程建设，完成了自治区北部湾港口管理局信息化系统灾备机房的建设，信息系统安全和数据安全得到较好的保障。

2017年，广西壮族自治区为推进"互联网+港航"信息化建设，初步建立了以广西港航信息资源整合平台为基础，以航道、港口等管理信息系统为应用的"1+X"信息化格局。开展广西交通运输统计分析监测和投资计划管理信息系统工程，新建广西内河多梯级多线程船闸联合调度系统、内河船舶辅助导航系统，优化了广西渡口渡船管理信息系统。

3. 贵州省交通运输厅

2013年，贵州省海事系统信息化建设稳步推进，船舶登记和船员管理信息系统、船检发证管理系统、CCTV监管系统在全省范围内得到推广运用。水路运政和港口管理（港口经营）信息系统研究取得新一步的进展，初步实现与部"国内水路运输管理网上发证系统"对接连通试运行。

2014年，贵州省完成全省水路交通信息化顶层设计，分期、分阶段、分层次、分步骤地实施建设，明确信息共享的责任和义务，充分发挥信息资源的服务能力，为实现维护管理的规范化、标准化、制度化指明了方向。

2016年，贵州省交通运输厅完成了《乌江梯级渠化条件下航道建设关键技术研究》等2个交通运输部科技项目、《乌江等级提升对经济社会影响研究》等6个厅科技项目建设；成功申报立项了《乌江构皮滩枢纽通航隧洞LNG燃料动力船通航风险及安全保障措施研究》等9个厅科研项目。全省水运综合管理平台（一期）、乌江数字航道（一期）、贵州省公路水路安全畅通与应急处置系统工程建设（水路部分）等项目有序推进。

2017年，贵州省推进"航运+大数据"建设新模式，建成贵州省水运综合管理平台一期和重点航道的一期数字航道工程。

4. 云南省交通运输厅

2013年和2014年，云南省完善全省船舶、船员管理、船舶监管网络系统，建立信息数据库，实施船舶动态管理；在重点水域、重点船舶建设船舶监管系统，重点渡口安装视频系统，实现动态跟踪监管；应用先进的科技手段，强化对通航水域的动态管理。

2016年，云南省交通运输厅完成了"基于北斗/GPRS的国际边境河流船舶可视化导航监控管理系统研究"。

2017年，云南省交通运输统计分析监测和投资计划管理信息系统上线试运行，船检管理信息系统应用实施，航务海事综合业务信息系统投入使用。云南省顺利应用船检管理信息系统，云南省航务管理局将云南省航务海事综合业务信息系统投入使用，云南省交通运输厅牵头建设的"云南省交通运输统计分析监测和投资计划管理信息系统"试运行。

5. 广东海事局

截至2017年，广东海事局全面推进海事"三化"建设，建成了基于电子海图、地图、卫星图的监管应急基础平台，建立了广东海事局通航环境数据库，集成了岸基雷达站、VHF基站、AIS基站、CCTV数据，顺利连通一、二级云数据中心，提高了海事监管、应急服务水平。全局铺设通信链路253条，网络全面覆盖20个分支局、92个海事处、131个办事处，为业务处理提供了完善的网络支撑，实现整个广东海事局辖区内信息网络100%全覆盖。在信息化基础设施建设方面，全局建成信息化机房27个，承载了178台服务器、123台主干交换路由器等设备运行，保证了船舶签证、船舶检验、船舶登记等59类业务及信息化系统的顺畅运转。在动态监管方面，全局建成了VTS中心6个（含雷达站19座），配置VTS监控终端27台；建设AIS基站58座，配置AIS应用终端112台；建设沿海VHF系统基站21座，配置VHF通信终端60台；建设CCTV监控点254座，配置CCTV监控终端63台，供各级海事管理机构使用，全面实现了对重点区域、敏感水域、码头渡口的动态监控，促进了辖区内船舶的快捷通航，确保了辖区水上交通安全形势持续平稳。

6. 广西海事局

2013年，广西海事局积极稳妥推进信息化建设，一是完成了广西海事局信息网络骨干设备更新、数据中心（二期）、海事处视频会议系统等项目建设，更换了广西局和局属单位的网络骨干设备，升级了二级网带宽，建设了移动办公平台，初步整合业务系统数据，建立统一数据库和数据交换平台，在12个海事处配置了高清视频会议系统设备。二是试点建设了贵港海事局辖区GIS综合系统平台，初步整合多种地图的地理信息，融合了AIS、通航要素等多类信息，实现了GIS系统的应用。三是分别组织完成了船员考试系统、船载客货电子申报系统、港建费征收管理系统等完善升级工作。

2014年，广西海事局积极稳妥推进信息化建设，一是完成了西江干线VHF/CCTV系统工程建设任务，各子系统完成交工验收，该项目的建成将大大提高西江干线海事监管能力，为水上安全监管提供了通信手段和重点区域的视频监控手段。组织协调并开工建设了漓江船舶综合监管系统，该项目完成年内配套设施设备建设工作，同时立杆、供电及传输线路等基本完成。二是完成了云数据中心项目设备安装调试工作，建立了统一的虚拟计算资源池和虚拟存储资源池，整体项目完成验收工作。完成渡口渡船管理信息系统开发及修改完善，系统进入全面试运行阶段。完成感知港口系统推广项目试运行和修改完善，组织完成了项目验收，系统进入正式运行。三是组织协调开展梧州长洲水上智能监管系统建设工作，该项目已完成验收进入正式运行阶段，该项目首次采用了小型雷达对内河宽阔水域的船舶动态主动监控技术，对下一步西江干线船舶动态雷达监控技术的应用有积极的借鉴意义。四是分别组织完成了船员考试系统、船载客货电子申报系统、港建费征收管理系统等完善升级工作。

2017年，广西海事局完善"一中心三平台"的信息化架构，积极推进符合广西海事局监管特点的海事信息化建设，整合 CCTV、VHF 等监管系统资源，加快信息技术和成果的综合运用，加快推动海事监督、服务和管理的升级。

二、珠江航运科技

珠江水系贯彻实施国家"创新驱动发展"战略，加快推进科技创新基础条件与环境的改善，不仅在航道整治维护、水上交通安全与防污染、信息化与智能航运标准规范研究、节能减排等重点领域不断取得新突破，在加快新技术、新工艺、新装备的应用研究、技术开发和系统集成等新兴技术领域也产生了许多有影响的成果，特别是"黄金水道通过能力提升技术"重大科技专项取得了显著突破，极大地增强了行业的发展能力。

（一）黄金水道通过能力提升技术

为发挥科技的引领和支撑作用，促进内河水运现代化发展，交通运输部立项开展了"黄金水道通过能力提升技术"重大科技专项研究，其中涉及珠江水系的分项目有"西江黄金水道通过能力提升关键技术研究"与"西江干线标准船型及设计关键技术研究"。

2013年，"西江黄金水道通过能力提升技术"重大科技专项研究工作取得了阶段性成果：针对西江黄金水道建设中存在的节点性关键技术问题，通过分析西江航运干线航道已建跨河建筑物适航条件，结合不同河段的特点，提出了西江航运干线航道高等级航道尺度；以西江多梯级、多线船闸联合调度问题为切入点，研制了船闸调度平台软件，实现了船闸的信息化管理和智能调度；分析了长洲枢纽日调节、压咸调度的下游水力因素变化的影响，研究了长洲枢纽坝下 3 000 吨航道建设对通航条件的影响；通过百色升船机中间渠道试验揭示了渠道尺度和船行波、船舶航行阻力等要素的规律，提出了中间渠道尺度的确定原则，并按不同航速分类给出了断面尺度建议标准值；通过揭示大藤峡枢纽下游非衔接段滩险的碍航特征，提出了滩险的整治原则，解决了大藤峡下游急险浅并存、多滩相连的山区长河段航道整治技术问题。通过本研究，提高长洲枢纽通过能力 20% 以上。

2014 年 11 月 21 日，"西江黄金水道通过能力提升关键技术研究"通过鉴定验收。该科技项目紧紧围绕西江黄金水道建设中重点关键问题开展研究工作，首次全面系统研究了西江航运干线航道尺度，重点解决西江黄金水道建设中"两点两线一通道"的问题，"两点"为右江百色升船机中间渠道通航条件和长洲枢纽通过能力提升的问题，"两线"为大藤峡坝下非衔接段航道等级提升和长洲枢纽坝下高等级航道整治问题，"一通道"为西江航运干线通航标准的问题。该科技项目的实施可以有效提高西江黄金水道的通过能力，不但可以解决重点工程建设问题，而且同时也可提高船舶、船闸、航道等的管理水平与综合服务能力，形成流域内各交通部门与其他部门统一的集成化调度平台，有效提高政府调度管理及应急水平，并在此基础上提出符合西江航运发展的通航标准尺度。

（二）珠江航务管理局组织科学研究

2013年，珠江航务管理局组织完成了《珠江干线货运船舶船型主尺度系列》

（JT/TS59—2004）的修订工作。结合交通运输部"十二五"重大科技专项西江干线船舶简统选优研究工作，开展珠江下游船舶简统选优调研，收集并筛选了相关船型资料。组织开展《珠江黄金水道建设研究》，提出了支撑珠江—西江经济带建设的珠江黄金水道建设目标。

2014年，珠江航务管理局根据全国内河船标准化技术委员会审查意见修改了《珠江干线货运船舶船型主尺度系列》（JT/TS59—2004），对标准的适用范围进行调整，确定为珠江干线下游地区，货运船舶重新按干货船、集装箱船、液货船和自卸砂船四类船舶进行分类，并于2015年进行发布。

2017年，珠江航务管理局开展山区大水位差高坝通行关键技术专题研究，为龙滩枢纽通航建筑物由通航500吨级船舶调整为通航1000吨级船舶建设方案可行性研究提供支撑。

（三）四省（区）大力开展科学研究

珠江水运行业大力发展科技创新，积极组织开展科研课题研究，努力推进科技成果转化，通航设施通航关键技术、船舶高新技术应用等研究相继取得新成果，为珠江水运现代化发展提供了科技支撑。珠江水系先后开展了《西江干线多用途货船高效推进螺旋桨技术研究》《西江运输船舶能效监测与管理研究》《贵州省货运码头绿色港口建设途径研究》《贵州省生态航道建设指标体系研究》等科技项目研究。

1. 广东省交通运输厅

2016年广东省全年加大对航道建设的科研力度。重点开展了航道科技规划、航道信息化、航道整治、航标船型标准化等方面的研究工作。提出了开展高等级航道建设关键技术、枢纽通航能力提升关键技术、航道现代化关键技术、航道安全应急关键技术、生态型航道整治关键技术等急需性、实用性和前瞻性的系列研究课题规划，以及广东省航道信息化体系研究、数字航道信息资源与数据库系统及数字航道规范研究、广东省电子航道图体系设计及关键技术研究等课题，为加强信息化顶层设计，推进信息化项目建设提供了支撑。在东莞、西江航道局开展了航标遥测遥控系统延长巡标周期试点，完成了西江（界首至肇庆、九江沙口至百顷头）208千米电子航道图、广州数字化航道图、东莞航道指挥监测系统（一期、二期）建设，航道支持保障系统工程电子航道图平台、数据中心等信息化项目正在加紧实施。

2017年，广东省航道系统编制的《桥梁实时净高遥测遥控LED显示标志》成为广东、广西、福建、海南四省（区）的通用标准，自2017年7月1日起施行。

2. 广西交通运输厅

2013年，广西港航管理局共承担交通运输部重大科技专项3个，广西交通运输厅科技项目7个。水路建设与养护技术方面，以建设西江黄金水道为目标，依托航道整治、航运枢纽及港口建设工程，开展了《西江黄金水道通过能力提升关键技术研究》，为广西加快提高航道等级提供了技术支撑，保障了西江流域内河航道建设及航运梯级开发的顺利实施。

2014年，广西港航管理局共承担交通运输部重大科技专项3个，承担广西交通运输厅科技项目10个。其中交通运输部重大科技专项"西江黄金水道通过能力提升关键技术研究"通过西部交通建设科技项目管理中心组织的鉴定验收，项目研究成果总体达到国际先进水平，且研究成果具有创新性、实用性等特点，社会经济效益显著，推广应用前景广阔。根据外省先进经验，结合广西特点，对区域航道信息化、数字化、智能化专题进行研究，出版《数字港航建设与发展》。

2016年，广西壮族自治区交通运输厅共承担交通运输部科技项目1项，自治区交通科技项目6项，获中国航海学会科学技术奖二等奖1项，出版科学专著2部。其中交通运输部西部交通科技项目《长洲枢纽一二线船闸通过能力提升关键技术研究》通过成果预验收。自治区交通运输厅科技项目《数字港航建设与发展研究》和《广西渡口渡船管理信息系统》通过项目验收。"西江多梯级、多线船闸联合调度关键技术研究"获中国航海学会科学技术奖二等奖。《西江黄金水道通过能力提升关键技术》和《港口物流枢纽运营组织与流程控制技术》两部交通运输建设科技丛书被列为"十二五"国家重点图书出版项目。

3. 贵州省交通运输厅

2013年，贵州省开展了《乌江大水位差枢纽航运扩能关键技术研究》《贵州省内河货船LNG燃料应用关键技术研究》等十余项部、省科技项目研究工作，完成的《龙滩库区航运建设关键技术研究》课题获得贵州省科技进步奖三等奖。内河船型标准化制定工作取得新突破，省质量技术监督局对省内主要河流标准船型主尺度系列进行了发布实施。

2014年，贵州省水路交通科技课题申请厅科技项目获立项7项，在研和完成的水路交通科技项目共计15项，验收3项，内容涵盖工程建设船型、船舶运输、信息化管理、节能降耗、新能源应用、应急搜救、智能航道、通航枢纽等多个方面，为贵州省进行的"水上三年"会战提供强有力的技术支撑。另外，以交通运输部西部课题为主体的《赤水河航运建设关键技术研究》获省科技进步奖二等奖。

2016年，贵州省交通运输厅完成了《乌江梯级渠化条件下航道建设关键技术研究》等2个交通运输部科技项目、《乌江等级提升对经济社会影响研究》等6个厅科技项目建设；成功申报立项了《乌江构皮滩枢纽通航隧洞LNG燃料动力船通航风险及安全保障措施研究》等9个厅科研项目。全省水运综合管理平台（一期）、乌江数字航道（一期）、贵州省公路水路安全畅通与应急处置系统工程建设（水路部分）等项目有序推进。

2017年，贵州省完成的《山区河流两坝间航道治理关键技术研究》获2017年度"中国水运建设行业协会科学技术奖"一等奖。

4. 云南省交通运输厅

2013年，云南省港航共争取项目科研经费437万元，其中部级科技项目资金407万元、省交通运输厅新立项项目资金30万元，保证了交通运输部《基于北斗/GPS的国际边境河流船舶可视化导航监控管理系统研究》《内河船舶电力推进系统推广应用》项目和省科技厅社会发展项目《云南高原库湖区船舶防污染关键技术研究》的顺利实施。

2013年，云南省对13家参研单位共计20个项目进行了项目检查，并对重点项目进行了抽查，分两批赴南京、上海、重庆进行了实地检查，对项目存在的问题及时进行研究，并提出一系列整改措施，为项目的顺利完成提供了有力的保障。

2014年，重点开展交通运输部《基于北斗/GPS的国际边境河流船舶可视化导航监控管理系统研究》《澜沧江景洪水力浮动式新型升船机运行安全关键技术研究》《内河小型船舶电力推进系统研制》等项目。

2016年，云南省交通运输厅完成了《云南高原库湖区船舶防污染关键技术研究》《内河小型船舶电力推进系统研究》《澜沧江国际边境河流航道管理和维护研究》《澜沧江—湄公河流域动力发展研究》等项目的验收工作。

2017年，《云南高原库湖区标准化船型系列研究》项目完成验收，该研究成果对提高云南省库湖区船舶技术水平、增强船舶运力结构、保障水上出行安全、减少船舶对环境的污染具有重要作用。

三、"航海日"活动

第八届（2013年）【贵州·义兴】。2013年7月4日，由交通运输部珠江航务管理局、贵州省交通运输厅和黔西南州政府主办的2013年珠江片区"中国航海日"活动在兴义市举行。本次活动由交通运输部珠江航务管理局、贵州省交通运输厅、黔西南人民政府主办、贵州省航务管理（地方海事）局、黔西南州交通运输局、兴义市人民政府承办。活动主题为"共建黄金水道同享美丽珠江"。活动多而紧凑：主办单位领导代表致辞；资助珠江片区四省（区）就读于大连海事大学、上海海事大学、集美大学等6所航海院校30名学业优秀的贫困学生；在黔西南州筛选3所学校，对其在校贫困学生进行资助；珠江航务管理局与贵州省交通运输厅签订共建协议；进行《船工魂》等交通职工自编自演节目表演；在红椿码头各省（区）代表共同种植寓意珠江片区人民携手共建黄金水道的常青树；调研万峰湖（天生桥库区）航运发展；就珠江水运发展主题，媒体现场采访交通运输部珠江航务管理局、贵州省交通运输厅、黔西南州人民政府有关领导和专家。

第九届（2014年）【云南·富宁】。2014年7月9日上午，由交通运输部珠江航务管理局、云南省交通运输厅、文山州人民政府、广东省海员工会主办，云南省航务（海事）局、文山州交通运输局、富宁县人民政府承办的珠江片区2014中国航海日活动在剥隘镇举行。活动主题是"扬帆滇黔通江达海"。邀请有关专家和富宁当地群众代表进行现场访谈，共同分析珠江水运发展；参会的嘉宾代表在右江边共同植下友谊树、保护林。庆祝大会上还举行了壮族舞蹈和坡芽歌书表演活动，演唱活动主题歌《珠江之歌》、捐资助学、现场访谈、树立纪念石碑、航运调研等活动。

第十届（2015年）【广东·广州南沙】。2015年7月8日，以"海上新丝路航运新引擎"为主题的2015年珠江片区"中国航海日"活动在广州南沙启动。本届珠江片区的活动由交通运输部珠江航务管理局联合广东省交通运输厅、广东海事局、广东省海员工会、广州港务局、南沙区人民政府、广东省航海学会主办。活动旨在深入贯彻国家"一带一路"倡议部署，加快推进珠江黄金水道和广州国际航运中心建设，全力打造珠江水运升级版。本届珠江片区中国航海日活动声势壮大，参加单位数量达历史之最。除了广东、广西、云南、贵州四省（区）的交通、海事、港航部门，救捞、船级社、海员工会、行业学会（协会），航海院校、科研院所之外，还有新闻媒体、大型国有和沿江港航企业负责人，社会各界爱心企业家，珠江水系港航企业负责人，以及水系船员和航海院校学生代表共同参加。活动启动仪式上，南沙港内所有船舶集体鸣笛，共同见证这一历史性时刻。活动现场播放了珠江水系四省（区）水运发展展望的视频专题片，各港航企业发出诚信经营倡议，并进行捐资助学、文艺会演和航运调研等活动。

第十一届（2016年）【广西·钦州】。2016年7月8日，2016年珠江片区"中国航海日"活动在广西钦州举行，来自珠江水系沿江四省（区）交通运输部门、港航管理部门、海事部门、海员工会、航运院校、航运协会、航运企业的代表近200人参加了活动。活动开展捐资助学活动，对广东海洋大学、广州航海学院、广西交通职业技术学校、钦州学院等4所学校的80名航海专业学生进行资助。活动以"扬帆新丝路筑梦北部湾"为主题，通过诗朗诵、歌舞表演、视频宣传等方式，唤醒公众的蓝色国土意识，让群众了解珠江黄金水道和北部湾经济区建设发展情况，同时搭建平台，推动内陆航线与海上丝路连接，实现珠江水运通江达海。

第十二届（2017年）【贵州·遵义】。2017年7月6日，2017年珠江片区"中国航海日"活动在贵州省遵义市习水县土城镇举行。来自珠江流域以及琼州海峡两岸的交通、港航、海事部门、海员工会、科研院所、港航企业、航运院校、行业协会的代表，及新闻媒体记者100余人参加了活动。本届活动由交通运输部珠江航务管理局、贵州省交通运输厅、广东省海员工会主办，以"弘扬长征精神打造黄金水道"为主题，号召大家携手同行、凝心聚力共同建设珠江黄金水道，全力服务国家"一带一路"建设。活动组织了向贵州航运博物馆赠送船模仪式；邀请领域专家开展"水运供给侧改革的总体框架及趋势"的专题讲座；对来自广东海洋大学、广西壮族自治区交通运输学校、贵州交通职业技术学院、习水县同维小学等7所院校的110名家庭困难的学生进行资助。

第十八章
高质量发展的珠江航运事业（2018—2022）

2017年10月18日，中国共产党第十九次全国代表大会在北京胜利召开。国家社会经济发展进入一个新的发展时期，"交通强国"正式成为国家战略，珠江水运面临新的发展机遇。

2020年，是新中国历史上极不平凡的一年。年初突如其来的新冠肺炎疫情，叠加严峻复杂的国际形势和艰巨繁重的国内改革发展任务。以习近平同志为核心的党中央统揽全局，沉着冷静应对风险挑战，实现国家经济正增长。珠江水系四省（区）在做好疫情防控的同时，继续推进流域经济社会的发展，保持各项水运生产指标的持续稳定发展。

第一节 科学规划和管理体制改革

新的发展阶段，新的发展要求。十九大以后，国家经济社会进入提质增效的发展轨道。珠江航运发展紧紧围绕着国家高质量发展的目标，在国家海洋强国和交通强国等顶层规划的框架下，各港航企事业单位和管理部门积极推进水系管理体制改革，为实现水系水运经济阶段性发展任务奠定坚实基础。

一、科学谋划珠江水系发展

2020年是"十三五"规划的收官之年，也是"十四五"规划的起航之年，水系各层面在努力完成"十三五"任务的同时，积极谋划"十四五"。国家层面制订宏观产业规划为珠江航运发展营造了良好环境，交通运输部和珠江水系四省（区）制订水系相关"十四五"发展规划，其相关管理部门积极制订航道与基础设施发展规划，加强对内河航道与基础设施的建设和管理。

（一）国家战略和宏观产业政策

1. 国家层面的相关产业政策为珠江航运发展营造了良好环境

2020年3月30日，国务院印发《关于同意设立广西百色重点开发开放试验区的批复》，要求提升基础设施互联互通水平，推动产业深度开放合作。珠江黄金水道是连接百色重点开发开放试验区和珠江—西江经济带、粤港澳大湾区的重要水运大通道，实施右江航道提档升级、推进包括右江百色水利枢纽通航设施在内的水运基础设施项目建设，对于构建综合立体交通网络、打造西南地区经百色联通中南半岛和21世纪海上丝绸之路的便捷国际通道具有重要作用。

5月17日，党中央、国务院印发《关于新时代推进西部大开发形成新格局的指导意见》，要求提高西部地区基础设施通达度、通畅性和均等化水平，加强横贯东西、纵贯南北的运输通道建设，加强出海、扶贫通道交通基础设施建设。

5月20日，国务院办公厅转发国家发展改革委、交通运输部发布《关于进一步降低物流成本的实施意见》，要求进一步提升长江、珠江等内河的航运能力，加快推动大宗货物中长距离运输"公转铁""公转水"。

2021年2月，中共中央、国务院印发《国家综合立体交通网规划纲要》。该规划对我国水运发展格局构建、高质量发展等提出了总体要求，是未来我国水运发展和规划建设的重要依据。对于珠江水运的发展规划，规划明确提出：粤港澳大湾区实现高水平互联互通，打造西江黄金水道，巩固提升港口群、机场群的国际竞争力和辐射带动力，建成具有全球影响力的交通枢纽集群。

2021年10月，中共中央、国务院印发《中共中央、国务院关于完整准确全面贯彻新发展理念做好碳达峰碳中和工作的意见》，强化绿色低碳发展规划引领，对粤港澳大湾区建设等区域重大战略实施中强化绿色低碳发展导向和任务要求。

2021年10月，国务院印发《2030年前碳达峰行动方案》。方案提出要结合区域重大战略、区域协调发展战略和主体功能区战略，从实际出发推进本地区绿色低碳发展。粤港澳大湾区等区域要发挥高质量发展动力源和增长极作用，率先推动经济社会发展全面绿色转型。

2021年11月，中共中央、国务院印发《中共中央、国务院关于深入打好污染防治攻坚战的意见》，着力打好重点海域综合治理攻坚战，进一步加强生态环境保护。实施长江口—杭州湾、珠江口邻近海域污染防治行动，"一湾一策"实施重点海湾综合治理。

2022年1月，国务院印发《关于支持贵州在新时代西部大开发上闯新路的意见》（国发〔2022〕2号），要求推进南北盘江—红水河航道提档升级，稳步实施红水河龙滩枢纽1 000吨级通航设施项目，推进望谟港等港口建设，打通北上长江、南下珠江的水运通道。

2022年10月，国务院办公厅印发《第十次全国深化"放管服"改革电视电话会议重点任务分工方案》（国办发〔2022〕37号），要求提升港口集疏运水平，畅通外贸产业链供应链；持续推进物流保通保畅，进一步畅通"主动脉"和"微循环"，稳定产业链供应链。具体措施包括在有条件的港口推进进口货物"船边直提"和出口货物"抵港直装"；加快推动大宗货物和集装箱中长距离运输"公转铁""公转水"等多式联运改革；指导各地认真落实优先过闸、优先引航、优先锚泊、优先靠离泊等"四优先"措施，保障煤炭、液化天然气（LNG）等重点物资水路运输。

2022年12月，中共中央、国务院印发《扩大内需战略规划纲要（2022—2035年）》，提出实施扩大内需战略2035年远景目标和"十四五"时期的主要目标，要求加快交通基础设施建设，完善以铁路为主干、以公路为基础、充分发挥水运民航比较优势的国家综合立体交通网，推进"6轴7廊8通道"主骨架建设，增强区域间、城市群间、省际的交通运输联系；提升水运综合优势，在津冀沿海、长三角、粤港澳大湾区推动构建世界级港口群,支持建设国际航运中心,加快长江等内河高等级航道网建设;构建多层级、一体化综合交通枢纽体系。

2. 交通运输部等部委制定政策和措施,确保珠江航运发展驶入健康快速轨道

2018年9月,交通运输部珠江航务管理局牵头编制完成《珠江水运发展规划研究报告》。该报告提出了"一干一网十支四运河"高等级航道布局和"两枢纽五主要港口"的珠江水系港口布局规划,重新定位珠江水运功能和发展思路,为推进珠江水运高质量发展提供强劲支撑。珠江航务管理局推动部省联合发布了《推进珠江水运绿色发展行动方案(2018—2020年)》,提出六大方面32项重点任务。

2019年9月,珠江水运发展高层协调会议审议通过了《珠江水运助力粤港澳大湾区发展实施意见》,提出加快推进珠江水运高质量发展。珠江内河航道打造成以"一横""一网""三通道"为骨架,地区重要航道为依托,其他航道为基础的沟通西南、江海联运、辐射周边的内河航道体系。

2020年5月29日,交通运输部印发《内河航运发展纲要》,提出了包括珠江水系在内的2035年及2050年建设现代化内河航运体系相关发展目标。

2022年,交通运输部珠江航务管理局联合珠江水系四省(区)交通运输主管部门建立了《珠江航运"十四五"发展规划》执行的定期通报、动态监测、督促协调、总结评估机制;为了协调解决珠江水运发展中最急迫、最突出、最现实的问题,印发了《2022年珠江水运发展相关事项协调工作措施》;组织编制《西江航运干线过闸船舶应急联动调度预案》,为解决西江航运干线船闸待闸船舶过于集中的问题提供理论指导。

2022年2月,交通运输部印发《关于积极扩大交通运输有效投资的通知》,指出各地、各单位要紧紧围绕"十四五"系列规划目标任务、重点工程等,适度超前开展基础设施投资,扎实做好扩大交通运输有效投资各项工作,要求建设高水平港口设施,加快水运通道扩能升级,大力推进西江等重点水运项目建设,加快推进西部陆海新通道(平陆)运河工程等前期工作和建设;推进智慧航道、智慧港口等交通运输新型基础设施重点工程建设;加快建设一批绿色港口、绿色航道,加快推进港口集疏运铁路建设。

2022年2月,交通运输部、国家发展改革委印发《关于减并港口收费等有关事项的通知》(交水发〔2022〕26号),要求减并港口经营服务性收费项目,定向降低引航(移泊)费收费标准,进一步规范收费行为。

2022年6月,交通运输部、国家铁路局、中国民用航空局、国家邮政局印发《贯彻落实〈中共中央、国务院关于完整准确全面贯彻新发展理念做好碳达峰碳中和工作的意见〉的实施意见》(交规划发〔2022〕56号),要求加快建设综合立体交通网,提高铁路、水路在综合运输中的承运比重,大力推进铁水联运,持续推进大宗货物和中长途货物运输"公转铁""公转水"。

2022年7月,财政部、交通运输部印发《关于〈车辆购置税收入补助地方资金管理暂行办法〉的补充通知》(财建〔2022〕186号),明确西江航运干线航道等属于中央财政事权的应急抢通项目,按照交通运输部核定实际支出的100%给予全额补助;其他内河高等级航道和其他重要航道等属于中央和地方共同财政事权的应急抢通项目,按照交通运输部核定实际支出的50%给予补助。

2022年8月,交通运输部、国家发展改革委、自然资源部、生态环境部、国家林业和草原局联合印发《关于加强沿海和内河港口航道规划建设进一步规范和强化资源要素保障的通知》（交规划发〔2022〕79号），要求进一步规范和加快推进港口规划编制和环境影响评价工作，进一步加强内河高等级航道建设资源要素保障，扎实做好重大水运项目前期工作等。

2022年10月，交通运输部、国家铁路局、中国民用航空局、国家邮政局印发《关于加快建设国家综合立体交通网主骨架的意见》（交规划发〔2022〕108号），要求以国家高等级航道为核心，加快西江航运干线等干线航道扩能升级，加快打通珠三角和支流高等级航道瓶颈节点，积极推进航道向内陆纵深拓展延伸；加强进港深水航道，锚地、沿海沿江粮食码头中转仓库、集装箱码头配套危险品堆场等建设；完善多式联运；推进内河高等级航道养护制度化规范化；积极推进智慧航道和智慧港口建设，完善内河高等级航道电子航道图，加强梯级枢纽船闸联合智能调度系统建设；推进航道绿色转型；提升安全水平。

3. 水系四省（区）筹划落实措施，稳步推进水域交通强国战略落实和落地

水系四省（区）紧密围绕《交通强国建设纲要》《国家综合立体交通网规划纲要》等国家战略规划，认真筹划地方落实措施，稳步推进水域交通强国战略落实和落地。

2021年8月，广东省印发了《广东省提升内河航运能力和推动内河航运绿色发展总体分工方案》《广东省内河航运能力提升实施方案》《广东省内河航运绿色发展示范工程实施方案》，提出到2025年实现内河航运能力和服务品质显著提升，航道智慧化水平走在全国前列，基本建成以珠三角高等级航道网为核心，沿西江、北江、东江对外辐射的内河航道网络和以佛山港、肇庆港、清远港为枢纽的内河港口体系，基本形成LNG动力船舶运输网络。

2021年9月，广东交通强省建设大会在广州召开，会议深入学习贯彻习近平总书记关于交通强国建设的重要论述和对广东系列重要讲话、重要指示批示精神，全面贯彻落实党中央、国务院《交通强国建设纲要》《国家综合立体交通网规划纲要》，对推进交通强省建设进行全面部署、推动落实。成立了广东省加快建设交通强省领导小组，省长任组长、常务副省长和分管副省长任副组长。推动珠江口特别监管区建设、粤港澳大湾区航海保障智能化建设纳入"交通强国"战略试点。加强粤港澳大湾区航行船舶安全管理，推动粤港澳统一高速客船检验，促进粤港澳大湾区航运要素便捷流动，提升粤港澳大湾区海事服务效能；优化珠江口水上交通安全特别监管区通航功能水域布局。推进珠江口水域通信信息化监管资源整合升级，提升珠江口水上交通安全特别监管区监管智能化水平。广东海事局出台推进交通强国建设海事试点任务实施意见，部署推进"健全粤港澳大湾区海事合作机制""珠江口水上交通安全特别监管区建设"等15项重点任务。

2021年，广西壮族自治区作为交通强国建设第一批试点省（区）之一，按照《交通强国建设纲要》《国家综合立体交通网规划纲要》，加快推进《北海港总体规划（2035年）》修编工作并获得自治区人民政府批复。开展"西江黄金水道升级版"《广西内河水运发展规划修编》并形成上报稿，为广西内河水运快速发展奠定坚实基础。

2021年11月，贵州省出台《贵州省推进交通强国建设实施纲要》，配套制定《交通强国建设贵州试点工作方案》，为贵州助力粤港澳大湾区建设、加快推进脱贫和乡村振兴战略实施提供落地政策保障。

2022年1月，广东省委、省政府印发《广东省综合立体交通网规划纲要》，提出到

2035年，全面建成发达的快速骨干网、完善的普通干线网、广泛的通达基础网，综合运输通道和枢纽体系更加高效可靠，运输服务更加优质便捷，统筹融合和高质量发展跃上新水平，"12312"出行交通圈（珠三角地区内部主要城市间1小时通达、珠三角地区与粤东粤西粤北地区2小时通达，与国内及东南亚主要城市3小时通达，与全球主要城市12小时左右通达）和"123"快货物流圈（国内1天送达，东南亚主要城市2天送达，全球主要城市3天送达）全面实现，交通强省基本建成。

2022年8月，广东省人民政府办公厅印发《广东省推进多式联运发展优化调整运输结构实施方案》，提出力争到2025年全省多式联运发展水平明显提升，运输结构更加优化，基本形成大宗货物及集装箱中长距离运输以铁路和水路为主的发展格局，铁路货运量、水路货运量、集装箱铁水联运量分别增长达到1.2亿吨、12.5亿吨、100万TEU，珠三角地区沿海主要港口利用疏港铁路、水路、封闭式皮带廊道、新能源汽车运输大宗货物的比例达到80%。在提升多式联运通道能级方面，要求推动崖门出海航道等一批内河航道主骨架重点项目建设，提升珠江—西江黄金水道运能，开展西江5000吨级航道建设前期研究，开展粤赣运河前期重点问题专题研究。

2022年11月，广东海事局印发《广东海事局服务广州南沙深化面向世界的粤港澳全面合作若干措施》，从支持广州国际航运枢纽建设、构建国际一流航运营商环境、对接"一带一路"建设和全球海事治理、助力打造航运人才高地、协同推进生态环境联建联防联治、增强水上交通安全保障能力、提升海事争议纠纷依法高效解决水平、促进大湾区航海文化交流融合八个方面制定40条细化措施。

2022年4月，中共广西壮族自治区委员会印发《关于厚植生态环境优势推动绿色发展迈出新步伐的决定》。12月，广西壮族自治区交通运输厅印发《广西壮族自治区交通运输厅贯彻落实〈中共广西壮族自治区委员会关于厚植生态环境优势推动绿色发展迈出新步伐的决定〉实施意见》，提出以高水平共建西部陆海新通道为牵引，推进"一湾一江两运河"建设，着力打造北部湾国际门户港和国际枢纽海港，着力打造西江黄金水道升级版，高标准高质量建设西部陆海新通道（平陆）运河，加快推进湘桂运河规划建设，加快建设"一主六干五支"内河航道网等绿色基础设施建设；推进"公转水"等多式联运高质量发展。

2022年7月，广西壮族自治区人民政府办公厅印发《推进多式联运高质量发展优化调整运输结构实施方案（2022—2025年）》，提出到2025年全区多式联运发展水平明显提升，运输结构显著优化，基本形成大宗货物及集装箱中长距离运输以铁路和水路为主的发展格局，全区铁路和水路货运量比2020年分别增长18%和37%以上，铁路和水路货运量占货运总量比重达到30%，集装箱铁水联运量年均增长17%以上，西部陆海新通道海铁联运班列突破1万列，中越跨境集装箱班列开行600列以上，打造15—20个（条）多式联运服务品牌和精品线路。

2022年9月，贵州省人民政府印发《贵州省水运体系发展行动方案》，提出利用10年左右的时间，建成一条畅通、安全、绿色、高效、经济的现代化内河水运体系。到2035年，全面畅通"北入长江、南下珠江"水运大通道，全省三级航道突破1000千米，港口吞吐能力达5000万吨，船舶运力达80万吨以上，水路货物运输量达3000万吨、周转量达200亿吨千米以上，周转量在综合运输中占比达5%左右，基本满足全省经济社会发展需求。

（二）水系"十四五"规划

2021年是国家国民经济和社会发展第十四个五年规划的第一年。交通运输部和珠江水系四省（区）按照国家战略部署，制订水系相关"十四五"发展规划，以推动珠江航运高质量发展。

2021年10月，交通运输部印发《绿色交通"十四五"发展规划》。规划深入推进重点区域（长江经济带、西江航运干线、环渤海）、重点省市（上海、深圳、海南、天津等）、重点航线（琼州海峡和渤海湾省际客运）岸电建设与使用，着力提高岸电设施使用率。规划指出，将统筹加强既有码头自身环保设施维护管理和新建码头环保设施建设使用，确保稳定运行，推进水资源循环利用，提升水上化学品洗舱站运行效果，鼓励西江航运干线布局建设水上洗舱站，提高化学品洗舱水处置能力。

2021年10月，交通运输部发布了《珠江航运"十四五"发展规划》。该规划首次被纳入交通运输部规划体系，是指导"十四五"时期珠江航运发展的一部纲领性文件，对于加快推进珠江航运高质量发展具有重要意义。该规划明确指出，到2025年，初步形成安全、便捷、高效、绿色、经济的珠江航运体系，航道功能、装备水平、服务品质、保障能力、管理效能得到显著提升，总体服务能力满足交通强国建设和经济社会发展的需要。力争新增及改善高等级航道里程超过800千米，实现南宁以下3 000吨级船舶直达粤港澳大湾区。该规划共提出包括提高航道发展质量、推动港口转型升级、提升航运服务水平、强化安全应急保障、促进航运绿色发展、加快智能航运建设、提升行业管理效能等七个方面共27项重点任务，为加快珠江水系建设交通强国、服务国家重大战略实施、构建新发展格局提供坚强支撑和保障。

2021年11月，交通运输部为加快建设交通强国，推进新时代综合运输服务高质量发展，制定印发了《综合运输服务"十四五"发展规划》，对未来一段时期综合运输服务发展的目标任务和推进路径进行了全面部署。

2021年11月，交通运输部印发《水运"十四五"发展规划》，该规划是根据《中华人民共和国国民经济和社会发展第十四个五年规划和2035年远景目标纲要》和《交通强国建设纲要》《国家综合立体交通网规划纲要》的综合交通运输体系发展规划总体要求制定的，该规划紧紧围绕加快建设交通强国、构建现代化高质量综合立体交通网的目标，对标"四个一流"，以贯彻国家战略要求为导向，加强阶段特征分析、突出综合交通融合发展、提升管理和服务水平，切实指导"十四五"时期水运行业发展的各项工作。

2021年12月，交通运输部为科学推动"十四五"时期数字交通发展，印发《数字交通"十四五"发展规划》，以数字化、网络化、智能化为主线，以改革创新为根本动力，以先进信息技术赋能交通运输发展，强化交通数字治理，统筹布局交通新基建，推动运输服务智能化，培育产业创新发展生态，加强网络安全保障体系和能力建设，有效提升精准感知、精确分析、精细管理、精心服务能力，促进综合交通高质量发展，为加快建设交通强国提供有力支撑。

2021年9月，广东省政府印发了《广东省综合交通运输体系"十四五"发展规划》。该规划围绕构建新发展格局、"双区"建设、"一核一带一区"等战略部署，形成以粤港澳大湾区为中心，轴带支撑、多向联通的综合交通布局。

2021年12月，广东省交通运输厅印发《广东省水运"十四五"发展规划》。该规划指出，到2025年广州港和深圳港具备较强的国际航运综合服务功能，基本建成世界一流港口；珠三角地区港口国际竞争力得到显著提升，携手港澳基本建成粤港澳大湾区世界级港口群；汕头港、湛江港基本建成粤东、粤西地区枢纽港；西江、北江沿线集约化规模化公用港区建设取得重要进展。全省高等级航道网基本建成，内河航运高质量发展水平显著提高。

2021年3月广东海事局组织编制《广东海事局"十四五"发展纲要和二〇三五年远景目标》。该规划指出了"十四五"期间广东海事发展的重点任务，以推动海事高质量发展。

2021年，广西壮族自治区交通运输厅牵头组织修编《广西内河水运发展规划》，并提出《广西壮族自治区内河航道与港口布局规划》。规划指出，"十四五"期广西水路交通行业要对标"四个一流"，以北部湾港和西江黄金水道为主体，推动水路交通事业高质量发展。打造北部湾国际门户枢纽港、西江黄金水道升级版、连通江海、沟通水系的运河工程，强化安全绿色发展，推动智慧水路交通发展。

2021年6月，广西海事局印发《广西海事局"十四五"综合发展规划》。规划以"三化"建设为统领，谋划广西海事"十四五"时期发展思路，明确发展目标和工作任务，聚焦构建"陆海空天"一体化水上交通安全运输保障体系。

2022年1月，广西壮族自治区交通运输厅印发《广西交通运输科技创新"十四五"发展规划》《广西交通运输标准化"十四五"发展规划》《广西绿色交通"十四五"发展规划》《广西智慧交通"十四五"发展规划》等5个专项规划。

2022年1月，贵州省交通运输厅印发《贵州省"十四五"水运交通发展规划》，提出加快水运出省通道和重点港口建设，先期打造一批500吨级船舶，增强内河航道的运输服务能力。

2022年3月，广西壮族自治区交通运输厅印发《广西综合运输服务"十四五"发展规划》，提出大力推进"公转水"，加快推动水路货运、铁水联运、江海河联运等的发展，力争到2025年铁路和水路货运量占比达到30%以上；提出重点有序推动电动船舶应用，鼓励清洁能源船舶应用，推进内河船型标准化、运河江海直达船型标准化工作，新增标准化船舶达标率100%等。

（三）航道与基础设施发展规划与措施

为了加强对内河航道与基础设施的建设和管理，交通运输部和珠江水系相关管理部门积极制订航道与基础设施发展规划。

2020年12月16日，交通运输部、国家铁路局、国铁集团印发《船舶碰撞桥梁隐患治理三年行动实施方案》，提出按照"各负其责、科学评估、防治结合、综合施策"的原则全面排查和治理船舶碰撞桥梁安全隐患，通过三年行动，进一步健全安全管理责任体系，完善桥区标志标识，提高航道通航保障服务水平，规范桥区水域船舶通航秩序，提升桥梁防撞能力，建立健全防范化解安全风险的长效机制，坚决杜绝重特大事故的发生。

2020年12月20日，交通运输部印发《航道养护管理规定》，根据承担行政职能事业单位改革、中央与地方财政事权和支出责任划分改革的有关要求，在总结经验、巩固有效管理方式方法的基础上，按新的管理体制明确航道养护管理主体、实施主体，通过制定部门规章对航道养护工作作出全面规范，在完善养护计划制度、规范养护实施要求、强化信息公开和公共服务以及界定航道养护相关职责等方面对航道养护工作作出具体规定。

2020年12月20日，交通运输部印发《关于修改〈港口经营管理规定〉的决定》，对放宽港口经营限制、强化港口污染防治、加强港口风险防范和安全管理、加强港口监督管理等相关条款进行了修改完善，进一步放宽港口经营限制，增强港口经营活力，更好地服务构建新发展格局。

2021年1月，交通运输部正式公告《港口工程竣工验收规程》行业标准。该规程为水运工程建设强制性行业标准，针对我国港口工程建设实际情况和竣工验收具体需求，统一了港口工程建设项目竣工验收现场核查相关技术要求。

2021年3月，交通运输部正式公布《航道养护技术规范》。该规范为充分发挥水资源的综合效益，促进航运发展，统一航道养护的技术要求，提高航道养护的工作质量和技术水平等提供了技术标准和实施遵循。

2021年9月，交通运输部、国家发展改革委修订发布《港口岸线使用审批管理办法（2021年9月7日修订）》，对港口岸线使用的审批范围、条件、程序、内容等方面做出明确规定，以规范各级港口行政管理部门的行政行为，提高工作效能，提高岸线使用许可的透明度。

2021年11月，交通运输部发布《关于加强"十四五"期全国航道养护与管理工作的意见》，从提高航道畅通保障能力、推进制度化规范化建设、加强航道运行安全管理与应急处置、提升航道公共服务能力和水平、加强航道保护和行业监管、加快绿色智慧航道发展等6个方面提出15项重点任务，进一步加强"十四五"期航道养护与管理工作。

2021年11月，交通运输部公开发布《交通运输部关于调整港口深水岸线标准的公告》（2021年第73号）。根据新标准，内河港口深水岸线是指适宜建设各类型3千吨级及以上泊位的内河港口岸线。新标准的发布意味着千吨及以上、3千吨以下的内河港口岸线将改为非深水岸线，审批权限下放到省、自治区、直辖市交通厅、交通委员会或港口管理局。

2022年3月，广东省人民政府办公厅印发《广东省港口布局规划（2021—2035年）》，提出以广东交通强省建设为统领，在全国率先建成世界一流港口，构建以珠三角港口集群为核心，粤东、粤西港口集群为发展极的"一核两极"发展格局。到2025年，广州港和深圳港具备较强的国际航运综合服务功能，基本建成世界一流港口，珠三角港口国际竞争力明显提升，携手港澳基本建成粤港澳大湾区世界级港口群，汕头港、湛江港基本建成粤东、粤西地区枢纽港，西江、北江沿线集约化规模化专业化公用港区建设取得重大进展。到2035年，广州港、深圳港全面建成世界一流港口，珠海港、汕头港、湛江港总体达到世界一流水平，内河港口集约化规模化专业化发展水平全面提升，全省建成安全高效、智慧绿色、支撑有力、创新开放、国际先进的世界级港口群。

二、推进珠江航务管理局体制改革

2017年，中央编办印发《中央编办关于交通运输部承担行政职能事业单位改革试点方案的批复》（中央编办复字〔2017〕232号），明确珠江航务管理局正式转为正局级派出行政机构，承担所辖范围内的航运行政管理工作，这标志着珠江航务管理体制改革进入一个新的阶段。

（一）改革的背景

作为珠江航运行政管理机构，长期以来，珠江航务管理局受制于参照公务员法管理的事业单位属性，在履行法律法规授权、承接部机关职能下放、强化行业管理等方面遇到诸多障碍，制约了作为交通运输部派出机构职能的发挥。

1.统筹协调作用有限

珠江航务管理局作为交通运输部派出机构的"规划、协调、监督、服务"职能较为宏观，难以得到有效落实。在执行交通运输部宏观政策、法律法规、规范标准研究制定以及水系水运发展规划制定、实施中的作用难以充分发挥；在水系重大项目、深水岸线、港澳航线等审批事项管理中职责缺失；在航道资源保护、重点水运工程建设、航道养护管理等方面存在管理手段不足、参与度不高、约束不够等问题。随着事业单位改革试点的推进和实施，珠江航务管理局的机构设置难以满足改革和发展的需要。

2.职责履行缺乏有效抓手

在水运规划方面，珠江航务管理局由于缺乏有效抓手，存在履职困难的问题；在水运管理方面，在珠江水系运输市场中，港澳航线占据了较大份额，珠江航务管理局参与工作较少，难以实现对整个珠江水系水路运输市场的统筹管理和监督指导，同时代部承担珠江水系省际危险品船、客船运输的经营许可工作，虽然相关文件进行了明确，但在委托方式等方面还不完全符合行政许可法的相关要求；在水运建设市场管理方面，珠江水系航道由水系四省区按行政区划分段管理，水运建设市场主要由地方交通、建设部门负责管理，珠江航务管理局无法实施有效管理；在工程建设管理方面，目前珠江水系重点航道、通航设施建设等工程项目都是由地方负责实施，珠江航务管理局在珠江水系重点水运工程建设管理工作中难以落实相关的管理职责，没有抓手；在科技与信息化建设方面，按照国家科技体制改革和部科技职能转变的要求，珠江航务管理局组织开展珠江水运科技开发工作的职能逐步弱化。

3.珠江水运管理体制有待完善

由于珠江水运实行地方为主的管理体制，一定程度上存在着条块交叉、管理分割等问题，影响了珠江水运发展的整体性和系统性。各方利益不同，一些涉及跨省区、跨行业的重点难点问题难以得到有效解决，形成了诸如红水河、右江断航等老大难问题；而受管理体制和地方财力的限制，航道等水运公共基础设施建设标准及时序不统一，水运公共服务均等化难以实现。同时，涉水部门协调难度大，由于水运行业的特殊性，其监管工作专业性较强，相关职能分散在中央、地方，不同省区、不同部门之间。珠江航务管理局作为交通运输部的派出机构，话语权不足、水系层面统筹不够，与水利水电等部门的协调难度较大，难以在水资源综合利用中保护水运行业的合法权益。

4.公共服务水平和统筹协调能力有待提高

由于信息公开标准不规范，公开渠道不畅通，服务对象难以便捷地获取相关信息，导致服务珠江水运发展的能力和水平不高。同时，珠江水运是按行政辖区分段管理，水运管理在一定程度上存在上下游统筹不够、部门之间及地区之间沟通协调不足等问题，特别是在航道资源保护、上下游工程建设和跨区域、跨部门工作协调方面存在较大困难。

（二）事业单位改革试点工作启动

2012年，根据国务院《中共中央、国务院关于分类推进事业单位改革的指导意见》精神和交通运输部的部署，为加强对珠江航务管理局事业单位分类改革工作的组织领导和统筹协调，推进改革工作的顺利开展，珠江航务管理局于2012年5月成立了事业单位分类改革工作领导小组，下设办公室。

2013年11月20日，交通部珠江航务管理局云贵办事处在贵阳市挂牌成立，正式开始动作。时任珠江航务管理局祁军辉副局长和贵州省交通运输厅韩剑波副厅长为珠江航务管理局云贵办事处成立揭牌。云贵办事处的成立，更好地推动了珠江水系云南、贵州水运的发展。

2016年，按照《中央编办关于在环境保护部等三部门开展承担行政职能事业单位改革试点的通知》（中央编办发〔2016〕18号）的要求，珠江航务管理局列为转行政机构的改革试点。

2017年，《中央编办关于交通运输部承担行政职能事业单位改革试点方案的批复》（中央编办复字〔2017〕232号）明确，珠江航务管理局由事业单位转为部派出行政机构。

2017年，交通运输部以《交通运输部关于交通运输部珠江航务管理局主要职责机构设置和人员编制的通知》（交人教发〔2017〕133号）下达了珠江航务管理局的"三定"规定，明确了珠江航务管理局的主要职责为：

1. 贯彻国家水路交通行业发展战略、方针政策和法律法规；开展珠江水系水运发展重大问题和体制改革研究；参与交通运输部珠江水系有关航运规章草案的拟定工作，按法定程序批准后监督实施。

2. 组织拟定珠江水系水运发展战略、中长期规划，提出珠江水系水运建设五年规划和年度计划建议；受交通运输部委托，对珠江水系报部审查审批的规划、计划及建设项目前期工作提出初步改进意见，参与有关审查工作和工程竣工验收工作。

3. 受交通运输部委托，负责珠江水系航运市场宏观调控和秩序监督管理。实施珠江水系省际客船、危险品船运输企业经营和新增运力的行政许可工作；实施从事内地与港澳间海上运输部分业务的行政许可工作；实施琼州海峡省际客船、危险品船运输市场监督管理工作。

4. 组织开展珠江水系水运建设市场监督管理，维护平等竞争秩序；协调珠江水系水资源综合开发利用中航运有关工作。

5. 负责协调珠江水系各省（自治区）交通运输主管部门及其航务、港口、通航建筑物等管理机构相关业务工作；指导、监督、协调珠江水系省级航道主管部门的航道管理和维护工作。

6. 指导珠江水系水路交通战备有关工作，协调珠江水系国家重点物资、应急物资水路运输，协助军事物资运输。

7. 组织开展珠江水运科技开发和信息化建设工作，参与交通运输部制订有关水运技术政策、标准和科技发展规划等工作；开展珠江水系水运统计资料的收集、整理、分析等相关工作。

8. 承担交通运输部珠江水系航运规划办公室的相关工作。

9. 承办交通运输部交办的其他工作。

根据 2017 年"三定"规定，珠江航务管理局共设办公室、综合规划处、政策法规处、财务审计处、人事处、运输服务处、航道与工程管理处、科技信息处、党群工作部（纪检办公室）等 9 个内设机构，以及广西办事处、云贵办事处、琼州海峡办事处等 3 个所属机构。

2018 年 2 月 1 日，珠江航务管理局琼州海峡办事处在海南省海口市揭牌，标志着珠江航务管理局新"三定"方案的机构设置工作全面完成，琼州海峡水路运输迈入一个新的发展阶段。珠江航务管理局琼州海峡办事处代表交通运输部行使对琼州海峡运输市场的监管职能，对更好地统筹协调和规范琼州海峡运输市场的发展具有重要的促进作用。

（三）行政体制改革成效

这次行政体制改革，是珠江航务管理局自 1986 年建局以来力度最大、难度最大的一次改革。这次改革工作顺利开展，取得明显成效。

1. 管理职能得到转变，珠江水运管理机制更加完善

在这次改革中，交通运输部明确了珠江航务管理局辖区基本覆盖珠江流域的主要地区，在具体职责内容方面新增多项管理职能，实现"脱虚向实"的重大突破，这既是对珠江航务管理局多年来工作的肯定，也是对其工作能力和水平的考验。珠江航务管理局通过认真对照新"三定"文件赋予珠江航务管理局的 9 项职责，积极与部相关司局沟通对接，做好职能承接工作，对已下放地方的职能强化监督检查，加强事中事后监管，珠江航务管理局服务水系的行政效率得到提升，治理水平不断提高。同时，严格按照新"三定"文件规定，弱化和转移了部分事务性工作，相应强化了珠江水系宏观政策、法规规章、标准规范、航运发展规划、水运市场管理、航道管理等行业管理职能，充分承担起珠江航务管理局在辖区范围内的行业主管部门职责。

2. 珠江水运治理能力得到提升，黄金水道建设提质增速

在改革推进过程中，珠江航务管理局牢固树立"以改革手段促进发展，用发展成果深化改革"的思路，坚持改革与业务两手抓、两不误，推动珠江水运各项发展业务取得显著成效。珠江黄金水道建设顶层设计日趋完善，高层协调机制作用日益凸显，研究推动了一系列重难点问题的解决，龙滩、百色枢纽通航设施建设进入了快车道；珠江水运深化改革、转型升级步伐不断加快，深入开展了珠江航道财政事权划分改革研究，绿色水运、平安交通、智慧珠江建设加快推进。

3. 管理制度体系得到完备，内部机制运行更加规范

通过改革，珠江航务管理局的性质发生了根本转变，由事业单位转为交通运输部派出行政机构，性质的变化对其履职尽责提出了更高更严的要求。通过全面开展规章制度清理完善工作，组织制定"职责清单、责任清单、检查清单"三个清单，形成了较为清晰、完善的珠江航务管理局规章制度体系，全局干部职工也对新"三定"赋予的职责有了更深入透彻的理解，对各部门工作职责有了更清晰明了的认识，为依法依规履行职责打下了坚实的基础。

4. 队伍素质得到提高，工作作风进一步转变

随着珠江航务管理局干部由事业单位工作人员转为公务员，局改革办迅速启动全员培训计划，开展"学在珠航，卓越起航"强化培训年活动，同志们普遍受到了震动，感到了压力，也使广大党员干部精神状态发生较大变化，工作干劲有了很大提高，工作作风得到明显转变，业务素质和履职能力得到进一步提升。

5. 社会反响热烈，珠江航务管理局水系地位和外部形象不断提升

改革实施以来，珠江航务管理局的改革推进工作得到了交通运输部领导、有关司局、沿江省（区）政府、交通运输主管部门、港航企业、相关媒体报道以及离退休老干部等各方面的充分肯定。珠江航务管理局转制后，派出机构作用得到进一步强化，干部队伍有了精气神，职能更明确、任务更重、责任更大，珠江航务管理局前途一片光明。

三、进一步完善珠江水运发展高层协调机制

2015年，广东、广西、贵州、云南四省（区）人民政府依托泛珠合作平台建立起珠江水运发展高层协调机制。珠江水运发展高层协调会议是该机制的重要组成部分，其成员由广东、广西、贵州、云南四省（区）人民政府主要领导组成，邀请国家发展和改革委员会、交通运输部等国家部委领导参加。交通运输部珠江航务管理局作为珠江水运发展的高层协调会议办公室承担单位，负责高层协调会议的日常工作。机制建立对解决制约珠江水运发展重大问题，合力打造珠江黄金水道，促进流域社会经济协调发展发挥了重要作用。

（一）历届会议

2015年珠江水运发展高层协调会议作为建立珠江水运发展高层协调机制的首次会议，于2015年12月11日在福建省福州市召开。时任广东省委副书记、省长朱小丹，时任广西壮族自治区党委副书记、主席陈武，时任贵州省人民政府主要负责人，时任云南省委副书记、省长陈豪出席会议；时任广东省委常委、常务副省长徐少华主持会议。珠江航务管理局主要负责人向大会报告了珠江水运发展情况，提议建立珠江水运发展高层协调机制，省部协同推进珠江水运加快发展，解决珠江"上游不通、中游不畅、下游不优"等突出问题。会议审议通过了《珠江水运发展高层协调机制工作规则》，一致同意建立珠江水运发展高层协调机制。

2016年珠江水运发展高层协调会议，于2016年10月14日在江西省南昌市召开。时任广西壮族自治区党委副书记、主席陈武，时任贵州省人民政府主要负责人，时任广东省委常委、常务副省长徐少华，时任云南省副省长刘慧晏出席会议。会议审议通过了《关于加快红水河龙滩水电站和右江百色水利枢纽通航设施建设的请示》，由广东、广西、贵州、云南四省（区）人民政府联合上报国务院。审议通过了《珠江水运科学发展行动计划（2016—2020年）》，由交通运输部办公厅和广东、广西、贵州、云南四省（区）人民政府办公厅联合发布。

2017年珠江水运发展高层协调会议，于2017年9月25日在湖南省长沙市召开。时任广东省委副书记、省长马兴瑞，时任广西壮族自治区党委副书记、主席陈武，时任贵州省委副书记、代省长谌贻琴，时任云南省委副书记、省长阮成发出席会议；时任贵州省委副

书记、代省长谌贻琴主持会议。会议审议通过了《推进珠江水运绿色发展行动方案（2018—2020年）》，由交通运输部办公厅和广东、广西、贵州、云南四省（区）人民政府办公厅联合发布。

2019年珠江水运发展高层协调会议，于2019年9月6日在广西壮族自治区南宁市召开。时任交通运输部副部长刘小明，时任广东省委副书记、省长马兴瑞，时任广西壮族自治区党委副书记、主席陈武，时任贵州省委副书记、省长谌贻琴，时任云南省委副书记、省长阮成发出席会议；时任云南省委副书记、省长阮成发主持会议。会议审议通过了《关于珠江水运助力粤港澳大湾区建设的实施意见》，由交通运输部办公厅和广东、广西、贵州、云南四省（区）人民政府办公厅联合发布。

2020年珠江水运发展高层协调会议，于2020年9月18日在海南省三亚市召开。时任广东省委副书记、省长马兴瑞，时任广西壮族自治区党委副书记、主席陈武，时任贵州省委副书记、省长谌贻琴，时任云南省委常委、常务副省长宗国英出席会议；时任广东省委副书记、省长马兴瑞主持会议。会议审议通过了《"十四五"珠江水运发展重大举措》，以会议纪要形式进行了印发。

2022年4月19日，珠江水运发展高层协调会议办公室第一次工作会议以视频方式召开，交通运输部水运局、泛珠秘书处有关领导出席会议，广东、广西、贵州、云南四省（区）交通运输厅和广东、广西海事局负责人及相关处室人员，四省（区）港航管理部门和办公室工作组其他成员参加了会议。会议充分肯定了珠江水运发展高层协调会议办公室2021年工作，并就高层协调会议办公室2022年工作计划、2022年高层协调会议主题和议题、完善高层协调机制建设等进行了研究讨论，提出了相关意见建议。会议要求，各成员单位要继续加大工作投入力度，重点推进"十四五"系列规划落地实施；协调推进红水河龙滩水电站、右江百色水利枢纽通航设施建设；全面落实《关于珠江水运助力粤港澳大湾区建设的实施意见》《"十四五"珠江水运发展重大举措》；扎实做好2022年珠江水运发展高层协调会议筹备工作，确保高层协调会议顺利召开。

（二）高层协调机制结出丰硕成果

1. 珠江水运发展高层协调机制发挥重要作用

高层协调机制自建立以来，得到多方响应，在促进珠江水运高质量发展、助力国家重大战略实施、解决珠江水运发展中的难题等方面发挥了重要作用。

高层协调机制推动了珠江水运发展顶层设计加快完善。2016年以来，交通运输部和四省（区）人民政府先后发布了《关于推进珠江水运科学发展的若干意见》《珠江水运发展规划纲要》《珠江水运科学发展行动计划（2016—2020年）》《推进珠江水运绿色发展行动方案（2018—2020年）》等纲领性文件，为珠江黄金水道的建设指明了方向。

高层协调机制推动了龙滩、百色通航设施加快建设。2017年1月，广东、广西、贵州、云南四省（区）人民政府联合向国务院上报了《关于加快红水河龙滩水电站和右江百色水利枢纽通航设施建设的请示》，国务院要求国家发展改革委和交通运输部及相关部门加大统筹协调力度，龙滩、百色通航设施建设进入了快车道。

高层协调机制推动了黄金水道贯通服务国家战略实施。交通运输部和四省（区）人民政府办公厅联合发布了《关于珠江水运助力粤港澳大湾区建设的实施意见》和《"十四五"珠江水运发展重大举措》，加快推进珠江黄金水道贯通建设，全力服务国家战略实施。加快推动平陆运河、赣粤运河、湘桂运河等运河连通工程前期研究工作，为打通水运大动脉打好坚实基础。

2. 珠江水运发展高层协调机制显示出强大的生机与活力

这种生机与活力来自部省领导的高度重视和大力支持。时任交通运输部杨传堂书记和李小鹏部长多次亲临珠江就相关问题进行调研；四省（区）人民政府主要领导多次深入珠江调研，听取水运工作汇报并做出批示。这都为加快建设珠江黄金水道注入了强劲动力，指明了前进方向，极大地鼓舞了珠江水运人。

这种生机与活力来自省（区）各方的内在需要和积极参与。珠江横跨广东、广西、贵州、云南四省（区），连接香港、澳门，实现一盘棋式治理迫切需要协调；水运建设涉及发展改革、交通运输、水利、生态环境等众多政府部门，跨省（区）、跨部门事项迫切需要协调。因此，高层协调机制符合大家的共同愿望，省（区）政府、行业和社会对这一机制很快达成了共识并全力推进。

这种生机与活力来自珠江水运人的凝心聚力和担当作为。交通运输部珠江航务管理局与四省（区）交通运输管理部门、海事部门，以高层协调机制为纽带，心往一处想、劲往一处使，真正做到一条江、一家人、一面旗、一条心，合力推动改革发展各项攻坚不断取得新突破。

3. 合力谱写珠江水运大发展大跨越新华章

自2015年珠江水运发展高层协调会议以来，珠江水运人以一往无前的奋斗姿态和永不懈怠的精神状态，攻克了一个又一个难关，实现了一个又一个突破，合力谱写了珠江水运大发展、大跨越新华章。

基础设施建设再上新台阶。珠江通上游、畅中游、优下游、接海运，到2021年底，高等级航道总里程达到2 687千米，较2015年新增1 112千米；内河港口吞吐能力达到7.6亿吨，比2015年新增1.8亿吨。广西内河首段（贵港至梧州）3 000吨级航道试运行；广东境内西江主干至出海口实现全程3 000吨级船舶通航；都柳江、黔江等实施了一批重点工程，提升了干支直达能力和运输效率；长洲水利枢纽船闸过货量跃居全国前列。

运输服务能力达到新水平。到2021年底，珠江水系港口完成货物吞吐量18.7亿吨、集装箱6 843万标箱，广州、深圳、珠海、东莞、江门、贵港等港口吞吐量超亿吨；完成内河货运量、货物周转量8.3亿吨、1 962亿吨千米，比2015年分别增长20.2%、28.5%。煤、油、矿、箱、粮食等专业化运输体系已基本成形，珠江三角洲外贸进出口货物90%均通过港口运输，能源、原材料等大宗散货进口95%通过港口完成。

智慧水运发展迈出新步伐。以数字化、智能化为主线，推动水运"新基建"，航道、港口基础设施逐步向智能化发展。推进国家综合交通运输信息平台珠航子平台建设，推广北斗导航系统、物联网、云计算、大数据等在水运行业的深度应用，促进水运生产运营智能化、公共服务便利化。加快智慧船闸建设，实现西江多梯级多线船闸群联合调度，北江船闸统一调度系统正式运行。

绿色水运建设呈现新局面。贯彻落实《推进珠江水运绿色发展行动方案（2018—2020年）》，从生态航道建设到船、港、岸同步推进，开创了珠江水运绿色发展新局面。形成了以"贵港至梧州3 000吨级航道建设工程""贵港二线船闸工程"等为代表的绿色航道工程。广东内河港口岸电建设在国内率先实现省内全覆盖。建成中山、云浮、梧州3座LNG加注站，完成150余艘LNG动力船舶新建、改造工作。

安全应急水平得到新提升。安全生产各项部署要求进一步落地落实，安全防控能力进一步提升。制定实施长洲枢纽通航保畅常态化措施，加快推进西江航运干线航道应急抢通救助基地建设及保畅船舶装备配备，安全应急能力水平明显提升，有效保障了水上安全形势总体稳定。2021年，珠江水系内河共发生一般等级以上运输船舶交通事故16件、死亡或失踪15人、沉船4艘，导致直接经济损失达927.7万元。

治理能力建设取得新成效。积极推动交通运输领域中央与地方财政事权和支出责任划分相关改革任务的落实工作。加强区域合作和联合执法，完善西江航运干线通航保畅工作机制。规范珠江水运基本建设程序，依法保护航道资源，加强航道设施安全监管等。

四、建立西江航运干线通航保畅机制

2018年9月20日，交通运输部珠江航务管理局在佛山组织召开2018年西江航运干线通航保畅工作会议，会议一致同意建立西江航运干线通航保畅工作机制，充分发挥各成员单位的作用。

积极保障珠江水运大通道畅通高效。2017年组织制定《珠江航务管理局开展航道通航条件影响评价工作规程》，对西津二线船闸等50多个涉航工程项目提出了航道通航条件影响评价审核意见。加强工作督查，做好珠江防汛防台和航道通航保畅工作。组织召开西江航运干线通航保畅工作座谈会，强化与水利部珠江水利委员会、南方电网等涉水部门的沟通协调，不断提升通航保畅工作水平。

全力做好珠江水运通航保畅工作。2018年珠江航务管理局组织制定《西江航运干线通航标准》《航道发展规划技术等级评定导则》，做好《梯级船闸联合调度技术规程》申报工作。牵头建立了交通运输、水利水电和相关部门参加的西江航运干线航道通航保畅工作机制，妥善解决了长洲船闸船舶滞航等问题。完成对广东、广西、云南省（区）的航道管理与养护检查工作，认真开展通航条件影响评价审核工作，积极参与部涉航工程现场踏勘和航评评审会议，以扎实的工作、专业的意见赢得好评。

探索建立长效机制，通航保畅工作水平不断提升。2019年珠江航务管理局落实交通运输部要求，围绕推动长洲枢纽通航保畅常态化，组织专题研讨和一线调研，完善西江航运干线通航保畅工作机制，组织两省（区）交通运输、水利水电部门以及相关企业全力做好重点时段和重要节点的通航保畅工作，迅速应对、妥善处理了2019年国庆期间长洲枢纽船舶滞航等突发事件，提出保障长洲枢纽通航设施长效通畅的措施建议，这一举措得到了交通运输部的高度重视和充分肯定。

发挥机制作用，主动担当，全力保障西江航运干线安全畅通。发挥西江航运干线通航保畅机制作用，加强与交通、水利、海事、电网等单位和企业的协作，强化会商研究和信息共享，最大程度保障航运用水需求，派出工作组开展现场督查和驻点盯防，及时采取管控措施有效应对滞航问题，保障西江航运干线安全畅通。

2021年，为积极应对60年一遇大面积气象干旱导致流域降水偏枯、长洲坝下至梧州界首段航道整治工程施工、新冠疫情零星散发等不利因素叠加影响，全力协调推动船闸通航运行工作，货物通过量保持增长势头，2021年长洲枢纽船闸货物通过量较上一年提前18天突破亿吨大关，全年达1.52亿吨。

2022年协调水利电力和船闸运行等单位，优化水量调度和过闸流程，提高船舶通航效率。会同属地交通、海事、港航等部门联合打击谎报瞒报吃水等违规行为，督促贵梧3 000吨级航道工程加快施工，协调解决拥堵滞航问题。推进西江航运干线船舶碰撞桥梁隐患治理，对10个桥区水域航道安全风险隐患、53个桥区水域水上交通安全风险隐患完成整治。组织编制《西江航运干线过闸船舶应急联动调度预案》《西江航运干线通航标准》《通航建筑物联合调度技术规程》。

第二节　打造珠江航道新格局

党的十九大以来，珠江水系各级政府努力加快西江航运干线航道建设，提高支线航道等级，进一步完善内河高等级航道网。水系高等级航道建设实现重大突破，促进了内河的互联互通。有序推进港口码头建设，着力优化港口基础设施结构，提高港口码头泊位专业化水平。

珠江黄金水道建设中的四个"亿吨"成果不断得到巩固——"亿吨水网"（珠江三角洲高等级航道网）、"亿吨干线"（西江航运干线）、"亿吨港口"（东莞港、中山港）、"亿吨船闸"（长洲水利枢纽船闸）。

珠江水系积极提升水运建设投资规模，为扩大有效投资发挥了积极的作用，运输服务能力显著提升。"十四五"时期珠江水运纳入交通运输部规划项目库的项目数量达50个，总投资近2 000亿元，是"十三五"时期投资总额的4倍，甚至超过新中国成立70多年来珠江水运建设投资的总额，珠江已经成为当前我国内河水运建设规模最大、发展速度最快、人民受益最广的区域之一。2018—2022年珠江水系基础建设投入情况见表18。

表18　珠江水系基础建设投入情况（2018—2022年）[①]

年份	合计（万元）	航道（万元）	港口（万元）	船闸（万元）
2018	673 732	121 165	199 308	353 259
2019	489 384	63 082	196 089	230 213
2020	495 706	187 715	128 287	179 704
2021	690 681	262 889	206 845	220 947
2022	1 138 000	654 200	335 000	148 800

---

① 数据来源：由交通运输部珠江航务管理局提供2018—2022年的《珠江水系航务统计资料汇编》，交通运输部珠江航务管理局编，未公开出版，作者整理得到。

一、航道建设与升级

（一）航道建设稳步发展

"十三五"到"十四五"期间，珠江水系继续加快实施枢纽通航设施建设，重点打通碍航瓶颈，加快重点项目建设，助推珠江航运基础设施提质增效，全力提升珠江黄金水道运力。加快推进西江航运干线扩能升级，加快提升北盘江—红水河、柳江—黔江航道等级，进一步推进西伶通道、北江、都柳江等航道建设，进一步完善珠江三角洲高等级航道网，构建干支衔接、局部成网、通江达海的航道体系。

珠江水系四省（区）按照"一横一网三线"航道架构，加快航道整治，着力提升干线航道等级。截至2022年底，珠江水系内河航道通航总里程为15 764.3 千米，其中Ⅰ级航道882千米，Ⅱ级航道416千米，Ⅲ级航道1 396千米，Ⅳ级航道1 570千米，Ⅴ级航道743千米，Ⅵ级航道2 082千米，Ⅶ级航道3 248千米；等外航道5 429千米。2018—2022年珠江水系航道基本情况见表19。

表19 珠江水系航道基本情况表（2018—2022年）[①]

年份	通航总里程（千米）	等级航道（千米）	Ⅰ级（千米）	Ⅱ级（千米）	Ⅲ级（千米）	Ⅳ级（千米）	Ⅴ级（千米）	Ⅵ级（千米）	Ⅶ级（千米）	等外航道（千米）
2018	15 552	9 747	464	673	1 282	1 316	868			5 805
2019	15 552	9 978	553	721	1 345	1 359	697			5 574
2020	15 764	10 336	561	710	1 416	1 587	722			5 429
2021	15 764	10 336	828	444	1 416	1 587	722			5 429
2022	15 764	10 336	882	416	1 396	1 570	743	2 082	3 248	5 429

2020年，珠江水系加快推进西江航运干线贵港至梧州3 000吨级航道一期工程、二期工程、北江航道扩能升级工程、来宾至桂平2 000吨级航道工程等建设，全面提升航道整体通过能力。2020年2月29日，受新冠疫情影响的贵港—梧州3 000吨级航道工程一期、二期工程等珠江水系全部17个在建水运工程项目实现全面复工复产，工程建设进度加快推进。3月31日、10月30日、12月1日，西江大藤峡水利枢纽工程船闸、北江孟洲坝枢纽二线船闸、西江航运干线贵港航运枢纽二线船闸先后建成并投入试运行，大藤峡水利枢纽坝上黔江河段航道等级由300吨级提升至2 000吨级以上，北江258千米1 000吨级航道实现全线贯通，贵港航运枢纽一、二线船闸年单向通过能力达到4 300万吨。标志着珠江黄金水道建设取得新突破，黄金水道建设更显成效。

2021年6月23日，地处西江上游右江的百色水利枢纽通航设施工程开工建设，标志

[①] 数据来源：由交通运输部珠江航务管理局提供2018—2022年的《珠江水系航务统计资料汇编》，交通运输部珠江航务管理局编，未公开出版，作者整理得到。

着西南水运出海南线通道的关键工程取得历史性重大突破，断航近20年的碍航闸坝将实现通航，云南经珠江走向大海的梦想即将变成现实。百色水利枢纽通航设施工程建设规模为通航2×500吨级船队兼顾1000吨级单船，采用"船闸+升船机"组合方案，线路全长4384米，设计年单向通过能力602万吨，概算总投资为50.17亿元，总工期76个月。

2021年西部陆海新通道（平陆）运河前期工作稳步推进。西部陆海新通道（平陆）运河项目是《西部陆海新通道总体规划》和《水运"十四五"发展规划》的重点任务。项目在前期研究论证的基础上，正式启动了工程可行性研究工作。

2021年都柳江洋溪、梅林枢纽按三级航道标准建设通航设施前期工作基本完成。洋溪水利枢纽通航设施提升了通航标准，完成了由四级航道兼顾1000吨级船舶标准调整为三级航道标准的工可及航评报告编制；梅林航电枢纽工程也同步按三级航道标准修改工可及航评报告，其航道通航条件影响评价报告于11月11日通过专家评审。洋溪水利枢纽和梅林航电枢纽工程是横跨在珠江上游北线通道都柳江上的两个关键性闸口，提高其通航设施标准将有利于建成畅通、高效的西南水运出海北线通道，对于沿江少数民族地区实施乡村振兴，促进黔桂两省（区）融入粤港澳大湾区发展具有重要战略意义。

2022年，珠江水系四省（区）交通运输部门加快珠江航运"十四五"发展规划实施，一批重点水运工程项目加快建设。截至2022年底，西江航运干线贵港至梧州3000吨级航道工程、右江航道整治工程（两省界—百色）、红水河—黔江来宾至桂平2000吨级航道主体工程建成试运行；西津二线船闸、红花二线船闸建成试通航；左江山秀船闸扩能工程开工建设；云南富宁港工程项目开工建设；百色水利枢纽通航设施主体工程加快建设；龙滩水电站通航设施建设工程加快复工准备；崖门出海航道二期工程、矶石水道航道一期工程等一批项目加快实施。

2022年8月28日西部陆海新通道骨干工程——平陆运河开工建设。平陆运河始于黔南布依族苗族自治州平塘江口，沿钦江进入北部湾，全长约135千米，航道等级为内河Ⅰ级，可通航5000吨级船舶。平陆运河是新中国成立以来建设的第一条江海连通的大运河，也是一项建设西部陆海新通道、加快建设交通强国的标志性工程。项目建成后，平陆运河将连通西江航运干线和北部湾港口，为珠江水运新增一条经济、便捷、高效的出海通道，形成新的水路运输格局，更好地服务国家重大战略的实施。

2022年，西江航运干线南宁（牛湾）至贵港3000吨级航道工程、长洲水利枢纽五线船闸工程、大藤峡枢纽二线三线船闸工程等项目前期工作加快开展；顺德水道航道扩能升级工程工可已上报广东省发展改革委，莲沙容水道航道二期工程已完成工可审查；北江航道上延、东江河源至石龙航道扩能升级工程前期工作加快推进。赣粤运河、湘桂运河重点问题专项研究通过验收评审。

（二）库区航道

1. 董箐电站库区航运建设工程

董箐电站库区航运建设工程是北盘江水运延伸项目。按Ⅳ级航道标准建北盘江董箐电站库区航道62千米，其中，干流35千米，支流打帮河27千米。整治滩险数量2处，通航500吨级机动驳，保证率为95%。建设内容为整治干流回水变动区3千米航道，重点整治滩险2处，以炸礁切嘴为主。配套建设大型停靠点3处，小型停靠点22处；配置助航标牌共计43块。建设支持保障系统及信息化工程。项目总投资7 252.08万元，其中，交通运输部补助资金2 200万元，省自筹5 052.08万元。工程于2016年2月开工建设，总工期24个月。

2. 北盘江光照电站库区航运建设工程

北盘江光照电站库区位于黔西南州与安顺市的河界上，涉及黔西南、安顺、六盘水三个市州的晴隆、六枝、水城、普安、盘县和关岭6个县。项目整治四级航道73.2千米，建设4个大型停靠点和19个小型停靠点，配套建设航道通信及信息化设施。工程于2014年12月开工建设，2018年完工，2020年12月交工验收。

3. 格凸河库区航运建设工程

格凸河流域位于贵州中南部，跨安顺、黔南两市州，流域南北长80千米、东西宽度30千米，是贵州省为数不多的流经长江、珠江两大水系的通航河流。航道工程有黄花寨—小穿洞22千米按Ⅳ级航道、大穿洞—天星洞按Ⅶ级航道标准建设。有大河苗寨、大穿洞、小穿洞、鼠场、金春5个停靠点。并配备相应的支持保障系统。工程概算投资3 262.53万元，总工期24个月。工程于2014年7月开工建设，2017年完工，2019年1月25日交工验收。

4. 荔波樟江航运建设工程

荔波樟江风景名胜区位于贵州省黔南布依族苗族自治州荔波县境内，是贵州首个世界自然遗产地。樟江由东向西贯穿整个景区。按Ⅶ级航道标准建设回龙阁至拉柳31.04千米航道，通航50吨级船舶。拆除回龙阁平桥、朝阳平桥1（右）、朝阳平桥2（左）、拉香桥、板麦平桥、寨马平桥、脚村平桥等7座桥梁，复建的回龙阁、朝阳、拉香、板麦、脚村等5座桥梁，建立4个大型便民停靠点，7个小型便民停靠点，并配备助导航、支持保障系统等设施。工程概算投资25 527万元，总工期36个月。工程于2016年9月开工建设。

二、水系主要港口及其基本情况

党的十九大以来，随着珠江水系四省（区）继续加大对港口建设的投入力度，鼓励社会资本投资建设港口，积极引导支持公共码头建设，强化港口资源优化配置，珠江水系港口发展明显提速，港口建设质量和效益得到显著提升。

截至2022年底，珠江水系内河港口拥有生产用码头泊位1 791个，其中千吨级及以上泊位866个；年综合通过能力6.52亿吨，其中集装箱年通过能力1 747万TEU，旅客年通过能力4 252万人次。

受河道航行条件、不同省（区）产业布局的影响，珠江水系内河港口（港区）地区分布、发展不平衡，呈上游分布零散、下游逐渐集中的分布格局。按行政区域划分，珠江水系内河港口（港区）主要分布于广东省和广西壮族自治区的主要河流上；按主要河流及区域划分，珠江水系内河港口（港区）大致划分为6个范围。

（一）西江航运干线沿线港口

西江航运干线连接珠江上游滇黔桂地区和下游粤港澳大湾区，是我国重要的内河水运大通道，沿线港口具有较强的综合交通枢纽功能，是内陆地区配合沿海地区产业升级、主动承接产业转移的重要战略依托，也是临港产业和现代物流发展的重要平台，在腹地经济社会发展中发挥着不可替代的作用。

西江航运干线航道包括西江及西江下游出海航道，通过磨刀门、虎跳门和西伶通道出海，全长1 077千米，沿线分布有南宁港、贵港港、梧州港、肇庆港、云浮港、佛山港6个港口和江门港、中山港、珠海港、广州港4个港口的部分港区。

截至2022年底，西江航运干线沿线港口拥有生产用泊位995个，年综合通过能力达3.66亿吨。2022年完成货物吞吐量42 951万吨、外贸货物吞吐量3 327万吨、集装箱吞吐量678万TEU，分别占珠江水系内河港口的58.1%、44.4%和53.5%。

（二）珠江三角洲港口群

珠江三角洲港口群的主要功能是输入本地生产所需的煤炭、水泥等大宗能源、原材料；输出外销产品，尤其是外贸出口，外贸货物"水水中转"是香港港、广州港、深圳港等枢纽港的主要集输运方式之一。

珠江三角洲包括思贤滘以南的西江、北江三角洲，石龙以西的东江三角洲，以及直接注入珠江三角洲的中小河流，沿线分布有东莞港、中山港和江门港的部分港区。

截至2022年底，珠江三角洲港口拥有生产用泊位342个，年综合通过能力20 693万吨。2022年完成旅客吞吐量0.6万人次、货物吞吐量24 311万吨、外贸货物吞吐量4 107万吨、集装箱吞吐量551万TEU、分别占珠江水系内河港口的100%、32.9%、54.9%、43.4%。

（三）北江和东江港口

北江、东江是珠江水系两条重要的河流，是粤北、粤东通往珠江三角洲的主要通道，分别于思贤滘和东莞市石龙镇汇入珠江三角洲网河区。沿线港口主要承担本区域的煤炭、水泥、非金属矿石、矿建材料等原材料的中转服务。北江沿线分布有韶关港和清远港，东江沿线分布有河源港和惠州港内河港区。

截至2022年底，北江港口拥有生产用泊位53个，年综合通过能力2 364万吨，2022年完成货物吞吐量2 896万吨，占珠江水系内河港口的3.9%。

截至2022年底，东江港口拥有生产用泊位32个，年综合通过能力680万吨，2022年完成货物吞吐量547万吨，占珠江水系内河港口的0.7%。

（四）西南水运出海通道港口

西南水运出海通道包括右江（南线通道），南北盘江—红水河（中线通道），都柳江—柳黔江（北线通道）。北、中、南三线通道流经矿产资源丰富地区，是沟通西南至华南的重要运输通道，三线通道上的港口将云南、贵州的煤炭、磷矿、木材、有色金属等物资集中后，通过船舶运送至广东、广西，也将两广的日用工业品转运至西南各地。

右江沿线分布有文山港、百色港；南北盘江—红水河沿线分布有六盘水港、玉溪港、曲靖港、黔西南港、河池港、来宾港6个港口和安顺港、昆明港、红河港、黔南港4个港口的部分港区；都柳江—柳黔江沿线分布有黔东南港部分港区和柳州港。

截至2022年底，西南水运出海通道沿线港口拥有生产用泊位253个，年综合通过能力3 796万吨，2022年完成货物吞吐量2 928万吨，占珠江水系的4.0%。

（五）左江港口

左江是西江航运干线郁江段的最大支流，沿线分布有崇左港。

截至2022年底，左江港口拥有生产用泊位19个，年综合通过能力562万吨，2022年完成货物吞吐量252万吨。

（六）桂江及其他河流港口

桂江及其他河流主要包括桂江、贺江，沿线分布有桂林港、贺州港。

截至2022年底，桂江及其他河流沿线港口拥有生产用泊位97个，年综合通过能力469万吨。

桂江及其他河流航道条件差、港口小，货物运输占珠江水系比例小，目前桂江以短途旅游客运为主。

三、通航配套设施与海事保障

2018年以来，珠江水运通航配套设施稳步发展，航道支持保障系统工程建设继续加强和推进，航道信息化建设提速升级，智慧航道建设全面加快，航标遥测遥控系统技术走在同行业前列，航道综合服务、水上交通安全监管和应急救助水平不断提升，更加有力地保障了航道的安全畅通。表20为西江航运干线及主要支流通航建筑物技术状况（截至2022年）。

（一）通航配套设施稳步发展

表20　西江航运干线及主要支流通航建筑物技术状况（截至2022年）[①]

序号	过船建筑物名称	距上一梯级里程（千米）	建筑物型式及水头差（米）	设计规模			上行量		下行量	
				通航船舶吨级（吨）	闸室或承船厢有效尺寸（米）	年单向通过能力（万吨）	过船（艘次）	过货（万吨）	过船（艘次）	过货（万吨）
1	邕宁船闸	——	单级；8.38	2 000	250×34×5.8	3180	11 639	396	11 413	1 296
2	西津船闸1号	116.1	单级；20.4	1 000	190×15×3.5	650	8 685	697	8 376	1 188
3	西津船闸2号		单级；14.5	3 000	280×34×5.8	2760				
4	贵港船闸1号	104.3	单级；4.5	1 000	190×23×3.5	1 200	7 354	392	7 638	991

[①] 数据来源：由交通运输部珠江航务管理局提供2018—2022年的《珠江水系航务统计资料汇编》，交通运输部珠江航务管理局编编，未公开出版，作者整理得到。

续上表

序号	过船建筑物名称	距上一梯级里程（千米）	建筑物型式及水头差（米）	设计规模			上行量		下行量	
				通航船舶吨级（吨）	闸室或承船厢有效尺寸（米）	年单向通过能力（万吨）	过船（艘次）	过货（万吨）	过船（艘次）	过货（万吨）
5	贵港船闸2号		单级；14.5	1 000	280×34×5.8	3 100	9 728	529	9 506	1 905
6	桂平船闸1号	109.5	单级；11.69	1 000	190×23×3.5	1 100	9 466	578	10 131	1322
7	桂平船闸2号		单级；11.5	3 000	280×34×5.6	3 100	15 064	1 288	16 350	3 550
8	长洲船闸1号	168.2	单级；15.55	2 000	200×34×4.5	2 663	11 142	314	12 551	1 865
9	长洲船闸2号		单级；15.55	1 000	185×23×3.5	1 349	10 750	175	8 668	982
10	长洲船闸3号		单级；17.28	3 000	340×34×5.8	4 800	19 115	1 279	19 682	4 831
11	长洲船闸4号		单级；17.28	3 000	340×34×5.8	4 800	19 498	1 274	19 745	4 808
12	红花船闸1号	——	单级；17.71	1 000	180×18×3	230	278	6	275	2
13	红花船闸2号		单级；20.81	2 000	280×34×5.8	2 860				
14	大藤峡船闸	213.4	单级；40.25	2 000	280×34×5.8	3 741	12 705	21	12 534	2 237

2018年，广东省设标里程提升至5 409千米，管辖的航标增加至9 821座。航道部门研发推广新技术，发光二极管、LED航标灯成为业界龙头，航标遥测遥控系统建设走在行业前列，被交通运输部列为全国示范工程，并实现一级航道全覆盖；启动了境内西江、北江、东江和珠江三角洲1 120千米内河航道电子地图的开发制作工作。

2018年，广西壮族自治区完成梧州航道养护中心竣工验收工作，南宁航道管理局横县分局综合站房和柳江柳州至石龙三江口Ⅱ级航道工程配套站房建设通过初步验收。

2018年贵州省完成北盘江光照电站库区光照、关岭半坡停靠点管理站房工程、北盘江董箐电站库区三家寨停靠点管理站房工程等3个航运建设工程项目建设工作。其中北盘江光照电站库区光照、关岭半坡停靠点管理站房工程，采购15米级航标艇1艘、13米级航标艇4艘，安装航标75座。北盘江董箐电站库区三家寨停靠点管理站房工程，采购20米级监督救助趸船1艘、23米级搜救艇2艘、12米级搜救艇1艘、18米级航道养护船1艘、12米级航标工作艇1艘，制作安装航标43座。

2018年，云南省推进澜沧江海事局景洪—橄榄坝船舶动态监管系统建设、普洱海事工作船码头建设、澜沧江下游甚高频通信系统工程建设。

2019年，广东省航道支持保障系统工程调规新增的站场、码头工程正在开展施工图设计、专项报批等工作。完成航道测量1 100千米，增设、改造航标和指路牌130座（处），新建、技改养护船舶18艘。广东辖区电子航道图里程2 028千米，等级航道的电子航道图覆盖率已达46%；应用遥测遥控技术的航标5 427座，覆盖率已达52%；安装净高显示系统的桥梁100座，实现高等级航道通航尺度不达标桥梁全覆盖；重点河段布设视频监测点位45个、共101座终端。

2019年，广西港航发展中心完成崇左航道站交工验收工作；扶绥航道站已完成征地工作，推进象州航道站（头沟坪）、武宣航道站、来宾航道站、桂平航道站的迁建工作。梧州航道养护中心借鉴先进地区深水航道使用大型浮鼓式侧面浮标的经验，将长洲水利枢纽上游马梧高速浔江特大桥桥区的2座船形侧面浮标更换为1.8米直径的大型浮鼓式侧面浮标，进一步提高桥区航道航标助导航效能，对解决频繁发生的航标侧翻、流失、标志维护成本高等问题起到重要的促进作用。

2019年，贵州省完成水运综合平台管理平台（一期）、乌江数字航道（一期）验收和省政府OA政务办公系统PC端和移动端建设，启动"智慧党建"系统开发、省交通大数据水运分中心建设工作。

2019年，云南省加快建设出省出境航道工程，其中维护基地、航标工程、航道维护专用设备等建设按计划顺利推进。地方海事局组织加快推进重点辖区海事工作船码头、重要航道和船舶动态监管系统3个海事项目。

2020年，广东省辖区新增应用遥测遥控技术的航标553座，应用遥测遥控技术的航标达5 980座，覆盖率达52%。实现中山、东莞中心辖区，佛山中心顺德所、三水所，广州中心番禺所、西江中心西江所辖区航道航标遥测遥控全覆盖，利用航标遥测遥控延长巡标周期的航道达到1 675千米。全年完成了1 576千米电子航道图生产制作，辖区电子航道图里程3 808千米，等级航道覆盖率达85%，其中五级以上航道和珠三角地区等级航道实现电子航道图全覆盖，千吨级航道覆盖率达100%。

2020年，广西壮族自治区开展了航道测量和水位分析工作，为航道保护范围划定提供了技术支撑，其中南宁、柳州、梧州等共完成航道测绘工作量（换算平方千米）295.954米，完成投资1 796万元。全区内河主要航道全年设计最低通航水位以上航道通航保证率达到100%，航标维护正常率高于99%。

2021年，广东省南澳航道站工程完成竣工验收，太平航道管理站码头工程、增埗水和石岐水道趸船码头工程、镇海湾航道管理站站场和码头工程开工建设。广东省航道事务中心运行监测中心和航道测绘中心网络系统ZB39合同段、航标遥测遥控系统支保ZB37合同段、航标遥测遥控和水位遥测系统ZB38合同段、船舶密度观测系统ZB41合同段等4个项目已完成交工验收，平台升级完善和电子航道图项目ZB43合同段已基本完成。

2022年，珠江水系继续扎实推进航道支持保障系统建设，基础设施工程持续推进，装备设施力量不断增强，信息化、智慧化水平不断提高，航道综合服务水平不断提升，航道安全畅通得到有力保障。水系各港航单位认真贯彻《交通运输支持系统"十四五"建设规划》，系统谋划、统筹推进西江航运干线航道应急抢通救助基地、航道保畅船舶建设工程、重点桥梁航段通航安全环境监测系统工程、国家综合交通运输信息平台珠航子平台完善工程等项目前期工作。水系航道保畅船舶建设工程项目工可报告送审稿已报部审查，国家综合交通运输信息平台珠航子平台完善工程项目已完成工可报告送审稿，西江航运干线航道应急抢通救助基地项目已完成工可报告征求意见稿，重点桥梁航段通航安全环境监测系统工程等项目有序推进。

（二）海事保障能力进一步提升

为了进一步提升珠江内河和南海海域保障能力和水平，珠江水系各省海事局积极支持保障系统项目建设，全力促进基建装备转型升级，加强海事监管设施建设，海事保障能力和水平得到长足进步。

2018年，广东海事局完成万吨级海事巡逻船项目建造招标、进口设备采购集中论证和初步设计评审，珠江口VTS改造升级工程初步设计获部海事局批复，稳步推进小型无人机和固定翼飞机项目，开展移动执法设备现场应用研究。广西海事局西江干线海事综合监管服务系统工程完成，广西海事局救助、执法设施建设稳步加强，柳州海事监管救助基地工程建设启动，2艘内河30米级巡逻船、8艘内河20米级巡逻船项目开工，项目计划总投资达10 767万元。

2019年，广东海事局全年完成支持保障系统类基本建设支出6.81亿元。一是以"世界一流公务船"为目标的万吨级大型海事巡逻船全面开工建造。二是积极开展大型海事巡逻船码头基地项目前期工作，加快广州船员适任评估示范中心项目实施进度。三是大力推进珠江口船舶交通管理系统升级改造工程，实施辖区内视频监控系统补点工程。四是推动广东省海上溢油应急中心建设，推动广州市政府投资1.55亿元建设大型溢油应急船。广西海事局救助、执法设施建设稳步加强，柳州海事监管基地项目等7个项目完成竣工验收，推进南宁船舶溢油应急设备库工程等4个项目建设。新增海巡船艇9艘，陆续交付南宁、贵港、梧州、柳州、河池和百色海事局使用。推进西江海事综合监管服务系统工程建设，完成信息系统安全等级保护、船员考试中心改造等工程建设，海事巡逻船艇管理、内河桥梁防碰撞等信息系统上线运行，智慧监管平台开始推广应用，逐步形成了重点区域全覆盖、其他区域重点覆盖的信息化监管体系，船舶智能化动态监控能力不断提升。

2020年，广东海事局推进珠江口VTS升级改造工程、广东海事局监管指挥系统工程、粤东粤北视频监控系统补点工程实施。在现有智慧海事发展的基础上，不断调研需求，在智能导航、智能信息服务、智能风险防控等方面开展深入研究，完善广东海事局智慧海事2.0系列应用，为执法人员和船舶、船员提供有效的助航工具，有效促进珠江口水上交通安全。广西海事局完成了内河甚高频通信系统改扩建工程的前期工作，工程进入实施阶段；西江干线海事综合监管服务系统工程完成交工验收，系统进入试运行阶段；依托西江干线海事综合监管服务系统工程建成了基于小型雷达的船舶动态监管系统，在西江干线重要水域建设12个小型雷达站，在南宁、贵港、梧州等3个分支局新建管理中心，该系统已投入试运行阶段；建成了西江干线海事综合监管服务系统工程并投入试运行，基本实现了船舶自进辖区到出辖区的全过程全要素海事信息化监管，深度推进了智慧海事在西江干线水域的应用，提高了海事监管与服务的智能化水平。

2021年，广东海事局全力促进基建装备转型升级；全力推进广州船员适任评估示范中心项目，完成进口设备论证相关工作，开展施工图设计及临水临电报建等工作；加快推进大型海事巡逻船码头基地项目，顺利通过航评及部工可技术审查；制定公务船艇管用养修创一流行动工作方案，提升公务船艇管理的精细化水平；海事局本级海巡船共建造包括我国首艘万吨级海巡旗舰"海巡09"轮在内的10个项目，合计34艘船。广西海事局共有在建支持保障系统项目12个。完成广西海事局沿海船舶交通管理系统扩建工程、信息系统安全等级保护工程、沿海40米级B型巡逻船建造项目、船员考试系统改造工程等4个项目竣工验收；南宁船舶溢油应急设备库工程通过交工验收交付使用，西江干线海事综合监管服务系统工程、沿海高频通信系统改扩建工程等2个工程进入系统试运行阶段；17艘20米级海事巡逻船进入招标环节；梧州海事工作船码头工程调整建设内容工程、贵港海事工作船码头工程、桂林漓江船舶溢油应急设备库工程、内河监管浮码头工程等4个项目的可行性研究报告获交通运输部批复，项目进入初步设计工作阶段。依托广西海上搜救中心平台，继续深化自治区、市、县（区）三级搜救组织指挥体系，促成自治区政府印发关于加强海上搜救工作的政策文件，建立西江干线藤县、桂平、平南等县组织、指挥、协调与保障机制，并按照分级负责的原则，起步建设本级水上搜救力量。各搜救分中心共组织开展各类应急演练16次，加强了水上搜救体系建设，进一步提升了广西水上搜救能力和水平。广西海事局13艘内河20米级海事巡逻船已有3艘完成交付、7艘完成下水，桂林漓江20米级钢质巡逻船完成建造招标工作。广西海事局梧州海事工作船码头工程、贵港海事工作船码头工程、桂林漓江船舶溢油应急设备库工程3个项目的初步设计工作和广西海事局内河监管浮码头工程初步设计获交通运输部海事局批复。贵州省安排落实500万元用于海事监管救助装备设施建设用于满足海事现场执法监督需要。

2022年，广东海事局全力推进"陆海空天"一体化水上交通运输安全保障体系建设，广州船员适任评估示范中心基本建成，珠江口船舶交通管理系统升级改造工程基本完工，重点船舶智能监管系统完成核心功能测试，推进"海事之眼"开发，加快"智慧危防"信息化建设，粤东粤北视频监控系统正式运行。广西海事局内河20米级钢质巡逻船建造项目顺利完工，全部13艘投入使用。西江干线海事综合监管服务系统工程、南宁船舶溢油应急设备库工程完成竣工验收。广西海事局监管指挥系统建设工程完成交工验收，提升了广西海事水上交通安全动态监管指挥的现代化、信息化和智能化水平。

四、百色、龙滩枢纽通航设施攻坚实现新突破

作为推动红水河复航的重点项目，龙滩水电站通航设施建设工程于2022年获得关键性突破。由于历史和现实的诸多原因，百色、龙滩枢纽通航设施建设从立项到推进碰到了许多问题。这两个枢纽的建设关系到西南水运通道的真正畅通，牵动着沿江人民的心。截至2022年底，百色水利枢纽通航设施建设项目累计完成投资12.38亿元。百色、龙滩枢纽通航设施攻坚实现了新突破。

（一）百色水利枢纽通航设施建设迎来百日攻坚

百色水利枢纽工程于2001年10月开工建设，2006年12月水电站建成投入运行。由于未同步建成通航设施，造成右江上游断航20年。多年来，交通运输部、国家发展改革

委以及云南、广西两省（区）党委政府高度重视右江上游断航问题，多次在珠江水运发展高层协调会议上进行专题研究、重点推进。

2017年完成了百色水利枢纽通航建筑物项目建设及运营管理体制研究报告，推动百色枢纽通航设施建设工作向前迈出一大步。百色水利枢纽通航设施建设资金分担方案和项目法人设立形成初步共识，为"十三五"期开工建设创造了有利条件。

2018年珠江航务管理局向国家发展改革委员会、交通运输部和广西、贵州、云南三省区（区）作专题汇报，争取支持，凝聚共识；积极协调水利部珠江委、广西、贵州、云南有关部门以及右江公司，解决技术难题，开展安全和技术论证，研究运维模式，扎实开展项目前期工作。右江百色水利枢纽通航设施可研报告启动编制，项目业主筹建方案基本成型。

2019年珠江航务管理局认领中央专项巡视整改任务，上门协调，反复沟通汇报，推动云南省完成了《百色水利枢纽过船设施工程可行性研究报告》初步成果，珠江上游水运脱贫攻坚取得新进展。

2020年3月27日，珠江航务管理局以中央脱贫攻坚专项巡视为契机，打响了百色水利枢纽通航设施建设前期工作"百日攻坚战"。珠江航务管理局主要负责同志带队分别向云南省、广西壮族自治区人民政府分管领导专题汇报和请示，云南省委、省政府把项目作为省长工程加以推进，发挥云南省牵头和兜底作用，就项目法人组建方案与各方协商直至最终达成一致；广西壮族自治区党委、自治区政府在自治区层面审批通过项目法人组建方案；交通运输部综合规划司、水运局、珠江航务管理局主动与各方沟通，协调解决相关问题。在各方高度重视、通力协作、有力推动下，相关部门和出资企业就项目法人组建达成了共识。

2020年6月22日，时任交通运输部副部长刘小明在南宁主持召开了推进百色水利枢纽通航设施建设调研座谈会。会上，云南省港航投资建设有限责任公司、广西西江开发投资集团有限公司和广西右江水利开发有限责任公司正式签约，共同出资组建项目法人，负责通航设施项目前期工作、工程建设和运营管理。项目工可研报告获得批复，百色水利枢纽通航设施建设取得重大进展，迈出珠江上游贫困地区南下珠江、通江达海的历史性关键一步。

2021年6月23日，百色水利枢纽通航设施工程正式开工建设，在珠江完成了一次部、省合力抓交通、抓水运的生动实践，标志着联通云南、广西水运通道的关键工程取得历史性重大突破，西南水运经珠江走向大海的梦想将变成现实，为革命老区实现从"山高水远、望洋兴叹"到"宜水则水、物畅其流"转型提供了有力支撑，兑现了小康路上决不让任何一地因交通掉队的庄严承诺。

（二）龙滩水利枢纽通航设施建设好事多磨

20世纪80年代以来，为恢复和发展南盘江、北盘江、红水河航运，建设西南地区水运出海的便捷运输通道，交通运输部大力推进红水河复航工程建设。

2011年，国务院印发《关于加快长江等内河水运发展的意见》，将"加快红水河龙滩、右江百色等枢纽通航设施建设与改造，打通西南地区连接珠江三角洲的水运通道"作为主要任务进行部署。

2012年，国务院印发《关于进一步促进贵州经济社会又好又快发展的若干意见》，明确"积极发展水路运输，规划研究打通西南地区连接长三角、珠三角地区水运通道，重点推进红水河龙滩、乌江构皮滩等水利枢纽通航设施建设"。

然而，具体到确定龙滩水电站通航设施的规模大小的时候，却出现了争议。

根据2001年4月获批的可行性研究报告，龙滩水电站分两期建设，一期375米正常蓄水位建设250吨级通航设施，二期400米正常蓄水位建设500吨级通航设施。但由于通航设施迟迟未建，区域经济社会发展对红水河水运提出了新的要求：贵州省境内红水河上游的煤炭、磷矿、大理石等大宗物资，适宜采取水路运输方式到达珠江中下游地区，预测到2050年贵州通过龙滩下行的货运量为3300万吨。按照提交审查的工可报告，龙滩通航设施设计年单向通过能力仅为350万吨/年，远不能满足贵州货运量发展需求，且受龙滩枢纽坝址条件限制，通航设施一旦建成，其改扩建几乎不再可能。因此，2012年，贵州省提出按通航1000吨级船舶标准建设龙滩水电站通航设施；2014年6月，交通运输部向国家能源局提出，龙滩水电站通航设施作为永久性设施，已成为贵州省通往珠江三角洲水运通道的关键控制性工程，应按通航1000吨级船舶的标准建设。

2014年9月，国家能源局印发《关于龙滩水电站通航设施及二期工程建设协调会的会议纪要》（国能综新能〔2014〕721号文）。纪要明确，龙滩水电站通航建筑物设施按国家规划的500吨级船舶标准，尽快完成一期工程航运建设内容，尽早解决断航问题。二期工程建设问题待论证充分、意见相对统一、具备条件后再行研究决策。2014年11月，《红水河龙滩水电站可行性研究阶段通航建筑物设计专题报告》通过审查，提出龙滩水电站通航建筑物按规划最大过坝船只500吨级建设，工期72个月，要求2020年建成通航。但根据有关部门编制的红水河航运规划和开展的专题研究报告，龙滩水电站通航设施须按1000吨级船舶标准、1000万吨/年以上通过能力进行设计建设，方能适应水运发展形势。

2015年3月，致公党中央、国家发展改革委先后向国务院提出了龙滩枢纽通航设施按照通航1000吨级船舶标准建设的建议。

2015年9月，贵州省人民政府承诺对提高建设标准所增加的投资，除国家给予补助外，不足部分由贵州省承担。

2015年12月，国家发展改革委基础产业司组织召开协调会，要求龙滩公司就升船机由500吨级提升到1000吨级进行论证，要求交通运输部就船型进行论证，要求广西壮族自治区交通运输厅和自治区发改委就整个流域通航1000吨级船舶进行论证。根据交通运输部的要求，珠江航务管理局组织开展了相关研究工作，提出红水河1000吨级设计代表船型主尺度，相关研究成果由交通运输部于2016年3月15日报国家发展改革委。

2015年底，在国家发展改革委未出具最终意见的情况下，中国大唐集团公司以国家能源局原来的批复（国能综新能〔2014〕721号）为依据，按照通航500吨级单船的标准启动了通航设施工程建设。

2016年10月，珠江航务管理局利用珠江水运发展高层协调会议机制，促成四省（自治区）审议并原则通过了《关于加快红水河龙滩水电站和右江百色水利枢纽通航设施建设的请示》，参会各方就"按照通航1000吨级船舶标准建设红水河龙滩水电站通航设施"达成共识。

2016年11月，受国家发展改革委委托，中国国际工程咨询公司组织开展了对《红水河龙滩枢纽通航建筑物建设标准由 500 吨级提升至 1 000 吨级研究论证报告》的咨询研究。会议形成的专家咨询意见结论是龙滩升船机的建设标准由通航 500 吨级船舶提高到通航 1 000 吨级船舶在技术上是可行的，提高通航能力效果显著，没有制约性的技术问题和颠覆性的风险；龙滩下游五个枢纽已建的通航建筑物尚不适应 1 000 吨级船舶的通航要求，经改建、改造采取一定的工程措施，可以达到全线通航千吨级船舶的标准；改造工程技术上没有难以克服的困难，投资、风险可控。

2017 年 1 月 3 日，广西、广东、贵州、云南四省（区）联合向国务院行文《关于加快红水河龙滩水电站和右江百色水利枢纽通航设施建设的请示》。

2017 年 1 月，国家发展改革委基础产业司再次组织召开会议，要求大唐集团公司会同广西壮族自治区、贵州省有关单位，尽快开展龙滩枢纽通航建筑物建设标准从 500 吨级提升到 1 000 吨级的安全风险评估工作，在安全风险不存在重大制约问题的情况下，抓紧按照 1 000 吨级标准履行报批手续推进建设。

2017 年 3 月两会期间，李克强总理参加了广西代表团讨论，会上代表提出了建设红水河 1 000 吨级通航设施的建议，会后时任水利部部长陈雷给总理写了专题报告，表示可以修订珠江流域综合规划，适应建设 1 000 吨级通航设施需要。

2017 年底，经国家发展改革委和交通运输部等多方协调，龙滩水电站 500 吨级通航设施工程暂停施工。

2018 年 1 月，贵州省交通运输厅主持召开龙滩枢纽通航建筑物由 500 吨级船舶标准调整为 1 000 吨级船舶标准前期工作协调座谈会，初步确定以重大设计变更的方式组织开展龙滩枢纽通航建筑物建设方案调整前期工作。

2018 年 2 月，珠江航务管理局完成《红水河通航标准研究报告》和《红水河 1 000 吨级船型优化设计研究报告》，经交通运输部审查，研究结果报国家发展改革委。

2019 年 4 月，珠江航务管理局主动上门协调中国大唐集团公司广西分公司，促使该公司当天会签了报请国家发展改革委审查的《红水河龙滩水电站通航建筑物由 500 吨级船舶调整为 1 000 吨级建设方案工程可行性研究报告》。5 月 29 日，国家发展改革委委托中国国际工程咨询有限公司组织召开了龙滩水电站通航建筑物项目评估会。会议评估认为龙滩水电站通航建筑物由通航 500 吨级船舶调整为 1 000 吨级建设方案基本可行。

2019 年 12 月，国家发展改革委办公室提出请大唐集团商贵州省、广西壮族自治区在落实建设条件后报送工程可行性报告，请贵州省筹措新增建设资金，并由交通运输部和国家发展改革委给予资金支持。

2021 年 1 月 28 日，龙滩水电开发有限公司起草工可上报文件，发相关单位征求意见，珠江航务管理局建议在上报文件中增加建设标准规模和工期等内容，均被采纳，但工可上报文件征求意见后，迟迟未有下文。珠江航务管理局继续不断协调沟通，紧盯关键环节，督促加快上报进度。直至 2021 年 3 月，由大唐公司牵头的工可上报文件终于送达国家发展改革委。

2021 年 11 月，在珠江航务管理局等单位见证下，广西桂冠电力股份有限公司与贵州省交通运输厅签订了《红水河龙滩水电站通航建筑物由通航 500 吨级调整为 1 000 吨级项目建设合作框架协议书》。

2022 年 1 月，国家发展改革委办公厅对龙滩水电站通航建筑物工程建设的请示事宜进行了复函，请广西壮族自治区发展和改革委员会同贵州省发展改革委、中国大唐公司按通航建筑物先行办理审批相关手续。珠江航务管理局主要负责人多次带队赴广西、贵州就加快推动项目建设开展专题会商，聚焦工可前置专题审批、工可报批、复工准备关键节点，持续做好沟通协调、督促指导、派驻现场工作组等工作，同时督促复工建设前各项准备工作同步开展：安全预评价报告获得国家水利水电总院批复；大坝安全影响专项论证报告由国家能源局大坝中心组织召开专家咨询会；环境影响评价报告报送至广西生态环境厅，但由于工可尚未批复无法提供项目立项依据而被退件。

2022年11月，龙滩公司将工可上报材料报广西发展改革委审批，但广西发展改革委要求修改上报材料。12月2日，龙滩公司重新将工可上报材料上报至广西、贵州发展改革委。12月22日，中国国际咨询公司受广西和贵州发展改革委联合委托，组织召开了龙滩工可报告咨询评估会，7位行业顶尖专家受邀参与审查，一致同意工可报告通过技术审查，但专家组也注意到，工可报告中的设计年单向通过能力仅350万吨/年，远不能满足贵州货运量发展需求，专家组对此高度关注，提出了切实可行的优化措施建议。图16为龙滩水电站。

图16 龙滩水电站[①]

五、西部陆海新通道——（平陆）运河建设

平陆运河位于广西壮族自治区境内，是新中国成立以来建设的第一条通江达海的运河工程，也是西部陆海新通道的骨干工程，对推动广西及我国西南地区发展具有战略意义。

[①] 图片来源：中华人民共和国交通运输部2023年9月26日转载自中国交通新闻网，题为《龙滩水电站通航设施项目工可报告获批 断航二十年的红水河复航在望》，网址：https://www.mot.gov.cn/jiaotongyaowen/202309/t20230926_3924325.html。

平陆运河是新时代的"国字号"工程。运河建成通航后，将直接开辟广西内陆及我国西南、西北地区运距最短、最经济、最便捷的出海通道。项目开发任务以发展航运为主，结合供水、灌溉、防洪、改善水生态环境等。

项目始于南宁横州市西津库区平塘江口，经钦州灵山县陆屋镇沿钦江进入北部湾，全长134.2千米，其中分水岭越岭段开挖约6.5千米，其余利用既有河道裁弯取直、拓宽浚深。主要建设内容包括航道工程、航运枢纽工程、水利设施改造工程、沿线跨河设施工程以及配套工程。运河全线按内河Ⅰ级航道标准建设，可通航5 000吨级船舶，主尺度为90米×15.8米×5.0米（船长×船宽×设计吃水），上游至下游建设马道、企石、青年3座双线5 000吨级船闸，设计年单向通过能力8 900万吨。施工工期52个月，于2022年8月28日开工，计划2026年12月底主体建成，工程总概算727.19亿元。

（一）项目背景

一是国家有关部委大力支持项目建设。党中央、国务院对项目建设给予了充分肯定，交通运输部、国家发展改革委、自然资源部等国家部委对项目建设提供了大力支持。交通运输部在2022年全国交通运输工作会议上明确提出要力争开工建设平陆运河。生态环境部明确由自治区生态环境厅按照自治区环评审批权限组织审批。广西壮族自治区交通运输厅多次向交通运输部进行专题汇报，在项目技术、资金、管理上获得交通运输部大力支持，并争取到国家政策性开发性金融工具（基金）采用股权投资方式一次性注入资本金72.73亿元。

二是自治区党委政府高度重视。2022年，自治区党委刘宁书记先后主持召开了12次领导小组会议和多次专题会议，4次到现场调研，强调要完整准确全面贯彻新发展理念，按照"通江达海、整体规划、一次建成、系统运行"的建设方案，高质量推进项目建设。蓝天立主席主持召开6次会议研究推进平陆运河规划建设，并到现场开展调研，多次强调要加快推进平陆运河项目前期工作的开展，高质量建好平陆运河，打造经得起实践检验、人民检验、历史检验的优质工程。自治区党委副书记刘小明，自治区常务副主席蔡丽新，自治区党委常委、秘书长周异决多次过问项目进展，多次召开会议，指导推动项目建设。自治区副主席方春明多次召开领导小组办公室会议和开工建设工作专班会议，多次到项目现场踏勘调研，强力加快推进项目建设和建设动员大会等各项筹备工作。

三是全区协调联动推进高效。抽调交通系统内20余人与编制单位集中办公，混编作战，高效推进项目建议书、工程可行性研究报告和涉及的39项专题研究，抽调自治区有关厅局和企业15家单位部门人员组建项目法人筹建工作组，抽调自治区有关厅局14家单位部门人员组建开工建设工作专班，采取专班分组、专人负责，制定细化工作方案，倒排工期，责任到人，按日调度、周例会、月小结等工作机制，完成项目法人组建、建设动员大会筹备等工作，为项目开工建设打下坚实基础。

（二）高质量的项目前期准备工作

一是高质量完成项目建议书编制与审批。自治区交通运输厅自2019年以来启动项目建议书编制以及航运规划、总体线路及梯级布置等11项专题研究，2022年2月平陆运河项目建议书先后通过自治区人民政府常务会议、自治区党委常委会审议同意，于3月

17日项目建议书获自治区发展改革委批复。

二是高质量完成工程可行性研究报告编制与审批。自2021年6月以来，自治区交通运输厅组织开展项目工程可行性研究报告编制及项目用地、涉水专题等28项重大专题研究，重点突破了航运用水需求解决方案、江海直达船航区划定、土石方综合利用等关键内容。项目工程可行性研究报告的支撑性25项专题研究均于2022年6月底前获得批复或验收通过，平陆运河工程可行性研究报告工可报告于7月20日获自治区发展改革委批复。

三是高质量完成项目初步设计审查和批复。自治区交通运输厅全力加快项目整体初步设计相关工作，不断优化航道和船闸技术指标、高边坡设计、土石方综合利用，深入研究讨论拟适当优化核减跨河桥梁，同步优化跨河桥梁选型等问题。对项目初步设计报告开展第三方技术审查咨询，技术审查会采用了"1+4"模式，即1个总体审查和航道、枢纽、桥梁、概算4个专业审查，分类、分项的审查初步设计成果。审查会邀请交通运输部原总工姜明宝、交通运输部水运局原巡视员解曼莹、中国工程院院士胡亚安等28位行业内权威专家，交通运输部、水利部珠江委等25家相关单位的代表为项目初步设计审核把关。12月18日，经自治区党委、政府同意，项目初步设计获自治区交通运输厅批复。

四是扎实开展平陆运河科技专项研究。2022年4月，广西交通运输重大科技专题编写工作专班成立，平陆运河科技专项与自治区科技厅联合，集结各企事业单位、科研院所及高校，编制完成了《绿色高效平陆运河工程建设关键技术研究与示范应用》项目建议书等，完成申报3个自治区级先导科技项目，申报的8个交通运输部级科技项目已列入2022年交通运输行业重点科技项目清单。积极与交通运输部、科技部对接，争取将《绿色高效平陆运河工程建设关键技术研究与示范应用》相关内容纳入国家重点研发计划中。

（三）项目组织与实施

1. 高质量完成项目法人组建，企业现代治理体系不断完善

一是高质量完成项目法人筹建工作。2022年3月21日，自治区人民政府成立了平陆运河项目法人筹建工作组，扎实开展各项筹建工作。提出了合理的项目法人注册资本金额度，有序开展项目股权投资合作谈判，与中国安能、中国电建等7家央企开展洽商对接；同时与自治区直属企业北投、北港、交投、旅发集团以及南宁、钦州市人民政府开展谈判。完成了项目法人组建方案及章程制订、征求意见及报审。6月30日，经自治区党委、政府同意，平陆运河集团有限公司注册成立，其中自治区本级财政资金占40%；北投、北港、交投集团各占10%；南宁、钦州市人民政府各占15%。自治区交通运输厅高效完成项目前期工作成果交接，平陆运河集团快速承接建设单位责任，保障了项目的高效推进。

二是项目法人现代治理体系逐步完善。到2022年底，平陆运河集团架构逐步健全，初步设置投资发展部、工程管理部、纪检监察室等职能部门，有力保障正常运转；同时成立了建设公司、基金公司、实业公司、资源开发公司等4家子公司。

2. 组建工作专班，高效推进项目实现开工建设

一是组建开工建设工作专班，加快推进项目开工前各项准备工作。2022年8月5日，组建开工建设工作专班，由自治区副主席方春明担任总协调人，统筹开工前各项重大工作任务。专班领导先后3次到现场调研，指导现场布置工作。专班下设综合协调组、要素保障组等小组，协同开展各项筹备工作。各小组根据大会方案，形成工作清单，推动施工图如期获批，顺利招标等任务有序进行，全力保障项目如期开工建设。

二是及时制定建设动员大会保障方案，全力保障大会顺利举办。由自治区党委常委、秘书长周异决和自治区副主席方春明担任建设动员大会总指挥长，统筹建设动员大会各项保障工作，及时细化会议、安保等方案，扎实做好各项工作。自治区相关厅局安排出席会议嘉宾在桂期间的调研活动。在专班各成员单位的努力下，大会各项工作有序推进。

三是高质量推进项目控制性工程一期工程建设，有力保障全区水运建设固定资产投资稳定增长。2022年，平陆运河工程累计完成形象投资36.14亿元，占年度计划30亿元的120.47%。马道、企石、青年枢纽一期工程日均完成土石方开挖约18万立方米，累计完成土石方开挖约1 778万立方米（马道枢纽约520.2万立方米、青年枢纽约1 207.7万立方米、企石枢纽约50.1万立方米），同步完成边坡防护11.4万平方米。

3. 强化顶层设计，科学编制完成有关实施意见和专项行动方案及运河经济带规划

一是高质量编制完成有关实施意见。2022年9月、10月召开领导小组办公室2022年第8、9次会议，研究部署意见的制定等工作；自治区人民政府成立了由秘书长牵头的文件组。在周异决常委、秘书长和蒋家柏秘书长及邹展业、梁磊副秘书长的指导下，组织自治区政府办公厅、自治区党委政研室及自治区交通运输厅等单位完成意见起草，于11月15日获自治区党委、政府印发实施。

二是科学编制完成了平陆运河经济带总体规划和打造优质工程等五项专项行动方案。自2022年9月起，自治区交通运输厅牵头会同平陆运河集团等单位编制完成了《平陆运河打造优质工程专项行动方案》和《平陆运河物流运输组织专项行动方案》送审稿；自治区发展改革委、生态环境厅、审计厅和生态移民发展中心分别牵头完成了《平陆运河经济带总体规划》《平陆运河打造绿色工程专项行动方案》《平陆运河打造廉洁工程专项行动方案》《平陆运河搬迁群众安置专项行动方案》送审稿。

第三节　珠江航运生产向高质量发展

一、船舶运力

党的十九大以来，随着珠江水路运输市场的不断优化及发展，运力更新加快，老旧船舶及个体船舶比例降低，船舶专业化、标准化、大型化趋势逐步明显，船舶平均载重吨逐年增长，水系综合运力得到稳步提升。

截至2022年底，珠江水系拥有内河运输船舶13 529艘、净载重量2 492万吨、载客量8.2万客位、集装箱箱位量34万TEU、船舶功率473万千瓦。珠江水系船舶运力一览见表21。

表 21　珠江水系船舶运力一览表（2018—2022）[①]

年份	船舶艘数（艘）	净载重吨（万吨）	载客量（万客位）	集装箱（万 TEU）	总功率（万 kW）
2018	14 748	1 592.45	16.35	20.55	436
2019	14 027	1 720.54	8.30	20.95	428
2020	13 125	1 974.31	8.45	23.16	436
2021	13 557	2 357.93	8.54	24.32	462
2022	13 529	2 492.00	8.20	34.00	473

（一）客运船舶

随着人们生活水平的提高和珠江水系综合交通运输系统的不断完善，旅客对乘船便利度、舒适度等有了更高的要求，客运船舶也正向着智能化、便利化、绿色化的方向发展。

2018 年底，珠江水系拥有内河（含内河—港澳线）客运船舶（包括客船、客货船）3206 艘，比上年下降 3.9%；载客量 16.4 万客位，同比下降 2.1%。客运船舶平均载客量 51 客位，比上年增加 1.4%，客运船舶艘数减少，平均载客量稳中有升。从运力分布来看，广东省的客运船舶艘数和载客量分别占珠江水系的 10.51% 和 25.42%，广西壮族自治区的客运船舶艘数和载客量分别占 57.27% 和 56.61%，贵州省的客运船舶艘数和载客量分别占 23.92% 和 14.83%，云南省的客运船舶艘数和载客量分别占 8.30% 和 3.14%。

2019 年珠江内河拥有客运船舶（包括客船、客货船）1708 艘，同比下降 46.72%；载客量 92 655 客位，同比下降 40.03%。从运力分布来看，广东省的客运船舶艘数和载客量分别占珠江水系的 19.73% 和 44.90%，广西壮族自治区的客运船舶艘数和载客量分别占 18.27% 和 22.42%，贵州省的客运船舶艘数和载客量分别占 45.32% 和 26.20%，云南省的客运船舶艘数和载客量分别占 16.69% 和 6.49%。珠江水系客运船舶营运主要集中在贵州省，广西壮族自治区部分客运船舶不符合环保要求，客运艘数和载客量急剧减少。

截至 2020 年底，珠江水系拥有内河客运船舶 1 612 艘，较上年下降 1.2%；载客量 8.5 万客位，较上年增长 1.9%。客运船舶平均载客量 52 客位，较上年底增长 3.1%。从运力分布来看，广东省的客运船舶艘数和载客量分别占珠江水系的 16.1% 和 38.4%，广西壮族自治区的客运船舶艘数和载客量分别占 19.7% 和 26.2%，贵州省的客运船舶艘数和载客量分别占 47.0% 和 28.3%，云南省的客运船舶艘数和载客量分别占 17.2% 和 7.1%。

截至 2021 年底，珠江水系拥有内河客运船舶 1 600 艘，较上年下降 0.74%；载客量 8.54 万客位，较 2020 年微增 0.48%；客运船舶延续大型化趋势。从运力分布来看，广东省的客运船舶艘数和载客量分别占珠江水系的 16.31% 和 39.45%，广西壮族自治区的客运船舶艘数和载客量分别占 19.38% 和 28.49%，贵州省的客运船舶艘数和载客量分别占

[①] 数据来源：由交通运输部珠江航务管理局提供 2018—2022 年的《珠江水系航务统计资料汇编》，交通运输部珠江航务管理局编，未公开出版，作者整理得到。

43.50%和24.06%，云南省的客运船舶艘数和载客量分别占20.81%和8.00%。

截至2022年底，珠江水系拥有内河客运船舶1 467艘，较2021年下降8.3%；载客量8.2万客位，较2021年下降3.6%。从运力分布来看，按艘数计，广东、广西、贵州、云南四省（区）客运船舶艘数分别占总艘次的15.0%、21.6%、41.0%和22.4%；按载客量计，广东、广西、贵州、云南四省（自治区）客运船舶运力分别占总运力的37.2%、30.2、24.3%和8.3%。

随着综合交通体系的逐渐完善，越来越多的旅客追求更加快捷和更加舒适的交通出行方式，客运船舶数量明显下降，珠江内河旅客运输量持续减少是大概率趋势。

（二）货运船舶

随着珠江黄金水道基础建设不断推进，通航条件的不断改善，水系航运企业也得到了稳步发展。国家船型标准化补助政策利好和珠江水系持续推进内河船型标准化发展，加快了淘汰老旧船舶的步伐，积极引导和鼓励企业建造大型化、标准化、多功能、节能环保、高效新船型，集装箱船、散运水泥船、自卸砂船等专业化运输船队发展壮大，珠江水系运力结构逐步优化。珠江水系货运船舶营运主要集中在广东省和广西壮族自治区。

截至2018年底，珠江内河拥有货船11 517艘，比上年下降3.72%，货船艘数占运输船舶总数的78.09%；货船净载重量1 592万吨，比上年增加1.39%。其中机动货船11 510艘，机动货船净载重量1 591万吨，机动货船平均吨位1 382吨，比上年增加5.3%。货运船舶艘数持续减少，运力和平均吨位保持增长，船舶大型化趋势明显。从运力分布来看，广东省的货运船舶艘数和净载重量分别占总船艘数和总运力的51.86%和51.00%，广西壮族自治区的货运船舶艘数和净载重量分别占47.94%和48.85%，贵州省和云南两省的货运船舶艘数和净载重量分别占0.20%和0.15%。

截至2019年底，珠江内河拥有货运船舶12 319艘，同比上升6.96%；净载重量2 012.95万吨，同比上涨26.41%。从运力分布来看，广东省的货运船舶艘数和净载重量分别占总船艘数和总运力的52.73%和55.33%，广西壮族自治区的货运船舶艘数和净载重量分别占47.09%和44.56%，贵州省和云南的货运船舶艘数和净载重量分别占0.18%和0.11%。

截至2020年底，珠江内河拥有货船11 499艘，较上年增长2.3%，货船艘数占运输船舶总数的87.6%；货船净载重量1 974万吨，较上年增长14.7%。其中机动货船11 495艘，机动货船净载重量1 973万吨；机动货船平均吨位1 717吨，较上年底增长12.2%。从运力分布来看，广东省的货运船舶艘数和净载重量分别占珠江水系的45.1%和45.8%，广西壮族自治区的货运船舶艘数和净载重量分别占54.7%和54.1%，贵州省的货运船舶艘数和净载重量分别占0.2%和0.1%。

截至2021年底，珠江水系内河拥有机动货船11 945艘，较2020年增长3.88%；货船净载重量2 357万吨，较2020年增长19.38%；其中，非机动船舶数量减少，机动船舶运力稳步增长，平均吨位涨势较大，船舶大型化趋势明显。从运力分布来看，广东省的货运船舶艘数和净载重量分别占珠江水系的41.58%和39.54%，广西壮族自治区的货运船舶艘数和净载重量分别占58.12%和60.35%。

截至2022年底，珠江水系拥有内河货运船舶12 055艘，较2021年增加0.9%；货船净载重量2 492万吨，较上年增加5.7%。从运力分布来看，按艘数计，广东、广西、贵州三省（区）货运船舶艘数分别占总艘次的40.7%、59.2%、0.1%；按净载重量计，广东、广西两省（区）货运船舶运力分别占总运力的39.8%、60.2%。

2022年珠江水系货船平均吨位比2012年增长了1.3倍，从2012年的848吨提升至2022年的1974吨，新建过闸船舶100%符合标准船型要求。

二、客货运输

自2018年以来，珠江水运发展质量和效益得到快速提升，水运经济呈稳步增长态势。

2020年，珠江水系水路客运受疫情冲击影响较为严重，内地与港澳间水路客运航线自3月下旬开始停航，客运量同比降幅较大，8月珠海与澳门间水路客运复航，9月深圳与澳门间的水路客运正式复航，三、四季度客运量降幅呈收窄趋势，但由于受疫情影响，客运量降幅仍在40%以上。

2021年，珠江水系四省（区）水路客运仍受局部散发疫情影响明显，总体上呈前高后低走势；与疫情前（2019年）相比，全年各月的两年平均同比均呈下降趋势。水路货运量整体恢复性增长，单月有所波动。海运需求领涨，全年水路货运量已经超过疫情前（2019年）水平；分月度、季度来看，全球疫情持续蔓延，境外港口企业从业人员不足，船舶、集装箱周转变慢，境内疫情时有发生，加上长洲枢纽坝下航道因施工单向通航，9月以来上游旱情导致西江水位偏低、船舶限载航行，水路货运量单月同比有所波动。

2022年，受全球经济衰退外需收缩、局部聚集性疫情、大范围强降雨等因素的综合影响，珠江水运经济面临下行压力，上半年水路客货运量各月同比均有不同程度下降，下半年低位恢复、主要指标降幅收窄，全年水路运输主要指标总体呈小幅下滑趋势。

（一）旅客运输

2018年，珠江水系完成水路客运量2 571万人次，比上年下降1.9%；旅客周转量112 150万人千米，比上年下降2.3%。其中，广东省为拓展港澳高速客运服务，发展粤港澳高速客运海空联运，共完成内河客运量1 319万人次，占珠江水系总客运量的51.3%，客运量比上年增加5.8%；广西推动"水运+旅游"融合发展，进一步释放水上休闲旅游消费需求，带动旅游客运发展，完成内河客运量323万人次，占水系总客运量的12.5%，客运量比上年增加18.6%；贵州省完成内河客运量649万人次，占水系总客运量的25.3%，客运量比上年下降21.9%；云南省完成珠江水系内河客运量280万人次，占水系总客运量的10.9%，客运量比上年增加3.1%。

截至2019年，珠江水系完成旅客运输量2361万人，同比下降44.02%；旅客周转量98 170万人千米，同比下降12.47%。近年来，随着公路路网建设的不断完善，广东省内河客运量总体规模有所下降，2019年完成客运量1 101万人次，占水系总客运量的47.2%，比上年下降16.5%；广西壮族自治区继续推动"水运+旅游"融合发展，以促进水上休闲旅游快速发展，全年共完成内河客运量347万人次，占水系总客运量的14.9%，客运量比上年增加7.7%；贵州省积极优化水路客运结构，不断调整农村渡运占比，逐步发展旅游客运，全年完成珠江水系内河客运量658万人次，占水系总客运量的28.2%，运量比上年增长 21.4%；受农村公路建设进程加快影响，云南省内河客运量有所下降，全年完成珠江水系内河客运量 225 万人次，占水系总客运量的 9.6%，客运量比上年下降 19.6%。

截至 2020 年，珠江水系完成内河客运量 819 万人次，较上年下降 64.9%；旅客周转量 29 476 万人千米，较上年下降 70.0%。其中，广东省完成珠江水系内河客运量 383 万人次，占水系内河总客运量的 46.8%，客运量较上年下降 65.2%；广西壮族自治区完成珠江水系内河客运量 114 万人次，占水系内河总客运量的 13.9%，客运量较上年下降 67.1%；贵州省完成珠江水系内河客运量 269 万人次，占水系内河总客运量的 32.8%，客运量较上年下降 59.2%；云南省完成珠江水系内河客运量 53 万人次，占水系内河总客运量的 6.5%，客运量较上年下降 76.6%。

2021 年珠江水系四省（区）共完成水路客运量 2 811 万人次、旅客周转量 81 115 万人千米，较上年分别下降了 12.33%、20.32%。其中，内河旅客运输量 1 544 万人次，较 2020 年显著增长 88.60%；旅客周转量 41 354 万人千米，较 2020 年大涨 40.30%。其中广东省完成珠江水系内河客运量 1 007 万人次，占水系内河总客运量的 65.21%，客运量较 2020 年大幅增长 162.60%；广西壮族自治区完成珠江水系内河客运量 199 万人次，占水系内河总客运量的 12.89%，客运量较 2020 年上涨 74.20%；贵州省完成珠江水系内河客运量 190 万人次，占水系内河总客运量的 12.31%，客运量较 2020 年上涨 37.30%；云南省完成珠江水系内河客运量 148 万人次，占水系内河总客运量的 9.59%，客运量较 2020 年上涨 158.40%。

2022 年珠江水系四省（区）水路客运量总体呈下降趋势，全年完成水路客运量 1 574 万人次、旅客周转量 40 269 万人千米，较上年分别下降 44.0%、50.4%。其中，内河旅客运输量 876 万人次，较上年下降 43.3%；旅客周转量 22 391 万人千米，下降 45.9%。分区域看，广东完成珠江水系内河客运量 627 万人次，占水系内河总客运量的 71.5%，客运量较上年下降 37.8%；广西壮族自治区完成珠江水系内河客运量 87 万人次，占水系内河总客运量的 9.9%，客运量较上年下降 56.4%；贵州完成珠江水系内河客运量 89 万人次，占水系内河总客运量的 10.2%，客运量较上年下降 53.1%；云南完成珠江水系内河客运量 74 万人次，占水系内河总客运量的 8.4%，客运量较上年下降 50.3%。

（二）货物运输

2017 年后，随着国内宏观经济持续向好，市场对珠江黄金水道发展看好，需求强劲，拉动需求增多，运输大宗货物煤炭及制品、石油及制品、矿石、粮食等需求持续增长。与此同时，珠江水系攻坚克难，全力促改革、调结构、稳增长，大力推进水路运输结构调整，促进全年水路货运量同比上一年有所增长。

2020 年初暴发的新冠疫情给我国带来了巨大的挑战。受境内外疫情形势的影响，珠江水系内河货运量波动较大。一方面，全球疫情持续蔓延，境外港口企业从业人员不足，船舶周转速度变慢，内河货运量同比下降、单月降幅有一定波动；另一方面，国内疫情防控形势不断向好，复工复产进程较快，内贸航线货运需求持续增长，一到四季度内河货运量累计同比降幅呈收窄趋势，全年内河货物周转量较上年增长 3.5%。

2018 年，珠江水系共完成水路货运输量 95 211 万吨，比上年增长 5.8%；货运周转量 1 906 亿吨千米，比上年增长 7.4%。其中，广东省完成内河货运量 69 274 万吨，占珠江水系总货运量的 72.8%，货运量比上年增加 6.0%；广西壮族自治区完成内河货运量 25 247 万吨，占水系总货运量的 26.5%，货运量比上年增加 4.6%；贵州省完成内河货运量 643 万吨，占水系总货运量的 0.7%，货运量比上年增长 36.9%；云南省完成珠江水系内河货运量 47 万吨，占水系总货运量的 0.05%，货运量比上年增加 18.7%。

2019 年，珠江水系完成水路货运输量 100 274 万吨，比上年增长 5.3%；货运周转量 2 052 亿吨千米，比上年增长 7.7%。其中，广东省完成内河货运量 72 908 万吨，占水系总货运量的 72.7%，货运量比上年增加 5.2%；广西壮族自治区完成内河货运量 26 682 万吨，占水系总货运量的 26.6%，货运量比上年增加 5.7%；贵州省完成内河货运量 645 万吨，占水系总货运量的 0.6%，货运量比上年增长 0.3%；云南省完成珠江水系内河货运量 40 万吨，占水系总货运量的 0.04%，货运量比上年下降 15.5%。

2020 年，珠江水系完成内河货运量 86 497 万吨，较上年下降 1.9%；货物周转量 1 924 亿吨千米，较上年增长 3.5%。其中，广东省完成珠江水系内河货运量 57 965 万吨，占水系内河总货运量的 67.0%，货运量较上年下降 4.6%；广西壮族自治区完成珠江水系内河货运量 28 051 万吨，占水系内河总货运量的 32.4%，货运量较上年增长 5.1%；贵州省完成珠江水系内河货运量 462 万吨，占水系内河总货运量的 0.5%，货运量较上年下降 28.4%；云南省完成珠江水系内河货运量 19 万吨，占水系内河总货运量的 0.02%，货运量较上年下降 51.2%。

2021 年，珠江水系水完成路货运量 14.6 亿吨、货物周转量 26 956 亿吨千米，与 2020 年相比分别增长了 5.82%、2.22%；其中，内河货运量 83054 万吨，较 2020 年上涨 2.50%；货物周转量 1 962 亿吨千米，较 2020 年增长 2.00%。其中，广东省完成珠江水系内河货运量 57 715 万吨，占水系内河总货运量的 64.68%，货运量较 2020 年微降 0.80%；广西壮族自治区完成珠江水系内河货运量 29 072 万吨，占水系内河总货运量的 35.00%，货运量较 2020 年增长 10.30%；贵州省完成珠江水系内河货运量 239 万吨，占水系内河总货运量的 0.29%，货运量较 2020 年下降 48.20%；云南省完成珠江水系内河货运量 28 万吨，占水系内河总货运量的 0.03%，货运量较 2020 年上涨 43.50%。

2022 年，珠江水系水路货运量总体呈小幅下降趋势，货物周转量逆势上涨。四省（自治区）全年完成水路货运量 13.90 亿吨，较上年下降 5.0%，货物周转量 27 573 亿吨千米，较上年增长 2.3%。其中，珠江水系内河货运量 80 154 万吨，较上年下降 3.5%，货物周转量 2 226 亿吨千米，较上年增长 13.5%。分区域看，广东完成珠江水系内河货运量 47 513 万吨，占水系内河总量的 59.3%，货运量较上年下降 11.5%；广西完成珠江水系内河货运量 32 537 万吨，占水系内河总量的 40.6%，货运量较上年增长 11.9%；贵州完成珠江水系内河货运量 74 万吨，占水系内河总量的 0.1%，货运量较上年下降 68.9%；云南完成珠江水系内河货运量 30 万吨，占水系内河总量的 0.04%，货运量较上年增长 6.9%。

（三）省际液货危险品运输市场平稳增长

珠江水系省际散装液体危险货物运输企业承运的主要货种为成品油以及液碱、盐酸、酒精等散装化学品，珠江水系散装液体危险货物运输企业的货运量包含了省内运输货运量和省际运输货运量。在成品油运输方面，省际货运量约占总货运量的 15% 左右，在散装化学品运输方面，省际货运量约占总货运量的 65% 左右。

在成品油运输方面，油品生产企业已经形成较为稳定的市场份额、生产销售和供应链模式，因此成品油省际运输运量较为稳定；在化学品运输方面，受环保要求提升、传统化工产业升级或产业转移等影响，省际化学品运输运量总体呈下降趋势。

截至 2021 年 12 月，珠江水系省际散装液体危险货物运输企业共 11 家，其中成品油运输企业 6 家，散装化学品运输企业 2 家，成品油和散装化学品兼营的运输企业 3 家。省际散装液体危险货物船舶 50 艘，合计总吨 50 764，共 77 061.41 载重吨。其中成品油船 32 艘，共 55 598.03 载重吨；化学品船 16 艘，共 15 419.64 载重吨；油化两用船 2 艘，共 6 043.74 载重吨。其中，船龄在 1—5 年的共 4 艘，5—10 年的共 4 艘，10—15 年的共 2 艘，15—20 年的共 33 艘，20 年以上的共 7 艘。

近年来，珠江水系省际散装液体危险货物运输企业数量变化较为平稳，企业经营规模和单船总吨均呈现增长趋势，船舶数量则呈现下降趋势。2021 年，平均企业拥有船舶运力 4 614 总吨，平均单船总吨为 1 015，较 2017 年分别增长 23.50% 和 44.20%。珠江水系最近几年淘汰了部分载货量小、老旧、高能耗的船舶；同时禁航非标船，加之化工企业根据地方产业升级要求搬迁或关闭，货源减少，这些均导致船舶散装液体危险货物运输船舶数量减少。

三、港口生产

2018—2022 年间，虽然受到新冠疫情的影响，但由于宏观经济保持平稳增长，港口生产的经济基础稳固，珠江水系港口总体延续良好发展态势。

截至 2022 年底，珠江水系内河港口拥有生产用泊位 1 791 个，年综合通过能力 6.52 亿吨。珠江水系内河港口吞吐量（2022 年）如见表 22。

表22 珠江水系内河港口吞吐量（2022年）[1]

港 口	货物吞吐量								旅客吞吐量	
	合计（万吨）	外贸	其中：出港	外贸	集装箱			滚装汽车（万辆）	合计（万人次）	出港
					箱数（万TEU）	重量（万吨）	其中：货重			
总计	73 885.5	7 486.3	39 838.5	3 352.7	1 267.4	15 841	13 269.2	0.1	0.6	0.3
一、西江航运干线	42 950.7	3 327.4	24 369.9	1 974	678.4	8 790.2	7 393	0.1	—	—
南宁港	1 064.3	0.3	579.8	0.3	0.67	7.8	6.2	—	—	—
贵港港	8 038.4	19.8	5 740.7	8.4	29.3	461.8	400.5	—	—	—
梧州港	7 336.1	90.6	6 528.2	41.3	93.3	1 628.5	1 422	—	—	—
肇庆港	4 981.9	246.6	2 740.7	161.1	49.2	737	637.7	—	—	—
云浮港	5 256.7	118.6	4 358	32.5	19.3	330.8	292.2	—	—	—
佛山港	8 558.7	1 791	2 493.2	1 172	322.2	4 019.6	3 363	—	—	—
广州港（西江航运干线部分）	2 685.8	78.3	457.8	24.3	25.6	344.4	288.3	0.1	—	—
中山（西江航运干线部分）	70.3	32	24.2	22.5	3	18.6	12.6	—	—	—
江门港（西江航运干线部分）	3 806.9	601.9	1 135.7	251.5	98.3	916.5	720.5	—	—	—
珠海港（西江航运干线部分）	1 151.5	348.4	311.6	260.1	37.5	325.3	250.1	—	—	—
二、珠江三角洲	24 310.9	4 106.9	10 584.8	1 350.9	550.7	6 446.3	5 345.3	—	0.6	0.3
东莞港	17 020.7	2 928.6	6 150.7	410.7	361.5	4 752.8	4 029.9	—	—	—

① 数据来源：《2022年珠江水系航务统计资料汇编》，交通运输部珠江航务管理局编，未公开出版。

续上表

港口	货物吞吐量 合计（万吨）	其中：外贸	其中：出港	其中：出港 外贸	集装箱 箱数（万TEU）	集装箱 重量（万吨）	其中：货重	滚装汽车（万辆）	旅客吞吐量 合计（万人次）	旅客吞吐量 出港
中山港（三角洲部分）	1 468.9	524.5	739.3	354.9	133.2	1 139.4	873.3	—	0.6	0.3
江门港（三角洲部分）	5 821.2	653.8	3 694.8	585.3	56	554	442.2	—	—	—
三、北江	2 896.4	51.4	1 864	27.3	19.7	346.8	307.3	—	—	—
韶关港	418.8	—	80.1	—	—	—	—	—	—	—
清远港	2 477.6	51.4	1 783.9	27.3	19.7	346.8	307.3	—	—	—
四、东江	547.2	—	94.1	—	17.3	238.2	207	—	—	—
惠州港（内河港区）	547.2	—	94.1	—	17.3	238.2	207	—	—	—
河源港	—	—	—	—	—	—	—	—	—	—
五、西南水运出海通道	2 927.8	0.6	2 680.3	0.6	1.3	19.5	16.5	—	—	—
（一）南线通道	725.6	0.2	505.7	0.2	0.01	0.2	0.2	—	—	—
文山港	—	—	—	—	—	—	—	—	—	—
百色港	725.6	0.2	505.7	0.2	0.01	0.2	0.2	—	—	—
（二）中线通道	2 188.2	—	2 166.5	—	1.3	19.2	16.3	—	—	—
六盘水港	—	—	—	—	—	—	—	—	—	—
安顺港（珠江水系部分）	—	—	—	—	—	—	—	—	—	—
昆明港（珠江水系部分）	—	—	—	—	—	—	—	—	—	—

续上表

港口	货物吞吐量 合计（万吨）	其中：外贸	其中：出港	外贸	集装箱 箱数（万TEU）	重量（万吨）	其中：货重	滚装汽车（万辆）	旅客吞吐量 合计（万人次）	出港
玉溪港	—	—	—	—	—	—	—	—	—	—
红河港（珠江水系部分）	—	—	—	—	—	—	—	—	—	—
曲靖港	—	—	—	—	—	—	—	—	—	—
黔西南港	—	—	—	—	—	—	—	—	—	—
黔南港（珠江水系部分）	17.4	—	15.1	—	—	—	—	—	—	—
河池港	2 170.8	—	2 151.4	—	1.3	19.2	16.3	—	—	—
来宾港	14.1	0.4	8.1	0.4	—	—	—	—	—	—
（三）北线通道	—	—	—	—	—	—	—	—	—	—
黔东南港（珠江水系部分）	14.1	0.4	8.1	0.4	—	—	—	—	—	—
柳州港	252.5	—	245.5	—	—	—	—	—	—	—
六、左江	252.5	—	245.5	—	—	—	—	—	—	—
崇左港	—	—	—	—	—	—	—	—	—	—
七、桂江、贺江	—	—	—	—	—	—	—	—	—	—
桂林港	—	—	—	—	—	—	—	—	—	—
贺州港	—	—	—	—	—	—	—	—	—	—

（一）货物吞吐量

2018年到2022年之间，水系内河港口货运总体保持平稳，呈增长态势。

2018年，珠江水系内河港口完成货物吞吐量55 686万吨。其中，完成外贸货物吞吐量7 834万吨，比上年下降4.8%。下降的主要原因在于，全球经济形势弱化，外贸进出口不利因素增多。完成集装箱吞吐量1 323万TEU，比上年增长1.9%，增速较低主要有两个方面的原因：一是上年集装箱吞吐量基数较高；二是中美贸易摩擦影响外贸集装箱吞吐量。

2019年，珠江水系内河港口完成货物吞吐量61 979万吨，同比增长11.3%（按可比口径计算，下同）。其中，完成外贸货物吞吐量8 278万吨，同比增长4.2%；完成集装箱吞吐量1 467万TEU，同比增长8.8%。

2020年，珠江水系内河港口完成货物吞吐量72 983万吨，较上年增长17.8%。其中，完成外贸货物吞吐量7 863万吨，较上年下降5.0%；完成集装箱吞吐量1 393万TEU，较上年下降5.0%。

2021年，珠江水系内河港口完成货物吞吐量76 354万吨，较2020年增长4.5%。其中，完成外贸货物吞吐量4 149万吨，较2020年上涨3.6%；完成集装箱吞吐量1 354万TEU，较2020年下降2.8%。港口货物吞吐量三项主要指标实现了总体平稳恢复，有力保障了水路重点物资运输和沿江人民的生产生活。

2022年，珠江水系内河港口完成货物吞吐量73 886万吨，较上年下降3.1%。其中，完成外贸货物吞吐量7 486万吨，较上年下降8.1%；完成集装箱吞吐量1 267万TEU，较上年下降6.4%。

从区域分布来看，珠江水系港口完成货物吞吐量主要集中于西江航运干线沿线港口和珠江三角洲港口群。

2018年该区域共完成货物吞吐量66 661万吨，约占全水系总量的89.3%。

2019年该区域共完成货物吞吐量59 183万吨，约占全水系总量的95.5%。

2020年该区域共完成货物吞吐量68 485万吨，约占全水系总量的93.8%。

从行政区域分布来看，珠江水系港口完成货物吞吐量主要集中于广东省和广西壮族自治区。

2018年广东省港口完成货物吞吐量60 164万吨，占全水系总量的80.6%；广西壮族自治区完成货物吞吐量13 880万吨，占全水系总量的18.6%；贵州省完成货物吞吐量527万吨，占全水系总量的0.7%；云南省完成货物吞吐量90万吨，占全水系总量的0.1%。

2019年广东省港口完成货物吞吐量49 631万吨，占全水系总量的80.1%；广西壮族自治区港口完成货物吞吐量12 349万吨，占全水系总量的19.9%。

2020年广东省珠江水系内河港口完成货物吞吐量55 637万吨，占全水系内河港口总量的76.2%；广西壮族自治区珠江水系内河港口完成货物吞吐量17 346万吨，占全水系内河港口总量的23.8%。贵港港货物吞吐量突破1亿吨，成为珠江水系首个吞吐量突破亿吨的内河港口。

受河道航行条件、不同省（区）产业布局的影响，珠江水系内河港口（港区）地区分布、发展不平衡，呈上游分布零散、下游逐渐集中的分布格局，完成港口吞吐量规模也呈现较大差异。珠江水系内河港口货物吞吐量以大宗货物和集装箱吞吐量为主，主要货类有矿建材料、煤炭及制品、非金属矿石、水泥等。

2018年珠江水系港口完成干散货物吞吐量39463万吨，占总货物吞吐量的52.9%；集装箱吞吐量17805万吨，占总货物吞吐量的23.8%；件杂货物吞吐量11664万吨，占总货物吞吐量的15.6%；液体散货吞吐量5692万吨，占总货物吞吐量的7.6%；滚装汽车吞吐量37万吨，占总货物吞吐量的0.1%。从具体货种来看，除集装箱外，占总货物吞吐量比重超过10%的货种还有煤炭及其制品。2018年，受煤炭进口政策放开的影响，珠江水系港口完成散装煤炭及其制品吞吐量11411万吨，比上年增长14.7%，占总货物吞吐量的比重达15.3%，比上年增加0.43个百分点。

2019年珠江水系港口完成矿建材料、煤炭及制品、水泥、粮食、石油天然气及制品、非金属矿石吞吐量分别为15376万吨、10970万吨、4893万吨、3557万吨、2826万吨、2981万吨，合占总货物吞吐量的65.5%；集装箱吞吐量20094万吨，占总货物吞吐量的32.4%。

2020年，珠江水系内河港口完成矿建材料、煤炭及制品、水泥、非金属矿石、粮食、石油天然气及制品吞吐量分别为24477万吨、9546万吨、6328万吨、5018万吨、3890万吨、3344万吨，合占总货物吞吐量的72.1%。

2021年，珠江水系内河港口完成矿建材料、煤炭及制品、水泥、非金属矿石、粮食、石油天然气及制品吞吐量分别为24514万吨、10570万吨、7180万吨、6606万吨、4382万吨、3003万吨，合占总货物吞吐量的73.71%。

2022年，珠江水系内河港口完成矿建材料、煤炭及制品、非金属矿石、水泥、粮食、钢铁、石油天然气及制品吞吐量分别为25574万吨、9199万吨、6976万吨、6387万吨、4092万吨、3684万吨、2704万吨，合占总货物吞吐量的79.3%。其中，受国际能源市场地缘博弈加剧、全球能源供应趋紧影响，煤炭吞吐量较上年下降13.0%；石油、天然气及制品吞吐量较上年下降10.0%。

（二）旅客吞吐量

2018年，珠江水系港口完成旅客吞吐量1641万人次，同比下降9.5%。从区域分布来看，珠江水系港口完成旅客吞吐量主要集中于两江一河（南、北盘江和红水河）以及北江沿线港口，2018年两江一河沿线港口完成旅客吞吐量858万人次，占全水系总量的52.3%；北江港口完成旅客吞吐量476万人次，占全水系总量的29.0%。从行政区域分布来看，2018年广东省港口完成旅客吞吐量705万人次，占全水系总量的43.0%；贵州省港口完成旅客吞吐量625万人次，占全水系总量的38.1%；云南省港口完成旅客吞吐量311万人次，占全水系总量的19.0%。广西壮族自治区水路客运以短途旅游客运为主，发生于港口内部。

2019年，珠江水系内河港口完成旅客吞吐量177.4万人次，较上年下降89.2%。从河流分布来看，珠江水系内河港口完成旅客吞吐量主要集中于珠江三角洲港口群。2019年，珠江三角洲港口群完成旅客吞吐量141.2万人次，占全水系总量的79.6%。从行政区域分布来看，珠江水系内河港口旅客吞吐量主要集中在广东省。

2020年，珠江水系内河港口完成旅客吞吐量25万人次，较上年下降86.0%。从河流分布来看，珠江水系内河港口完成旅客吞吐量主要集中于珠江三角洲港口群。2020年，珠江三角洲港口群完成旅客吞吐量22万人次，占全水系总量的90.1%。从行政区域分布来看，珠江水系内河港口旅客吞吐量全部集中在广东省；广西和云贵水路客运仍以港内区间短途旅游客运为主。

2021年，珠江水系港口完成旅客吞吐量597万人次，较2020年增长15.18%。

2022年珠江水系四省（区）水路客运总体呈下降趋势，全年完成水路客运量1574万人次、旅客周转量40269万人千米，较上年分别下降44.0%、50.4%。其中，内河旅客运输量876万人次，较上年下降43.3%，旅客周转量22391万人千米，下降45.9%。

四、重点航道的运输形势

西江航运干线作为珠江水系的主通道，其货运量约占珠江干线运输量的70%。西南水运北、中、南三线出海通道和北江是珠江水系重要支流。截至2022年，干线船闸数量较2012年增长了1倍，西江航运干线、北江干流等梯级枢纽基本实现复线船闸全覆盖，船闸通过能力从2012年的1.3亿吨提升至2022年的4.2亿吨。

（一）西江航运干线货物承载

2018年，西江航运干线通道货物总承载量为24818万吨，相比上年增长28.9%，主要集中在从西江航运干线进入三角洲、西江航运干线内、从珠江三角洲到西江航运干线，这三个航线通道的货物承载量分别占总量的50.5%、17.4%和17.0%，共21068万吨，共占总量的84.9%。其中，由干线进入三角洲的货物流量为12525万吨，约占西江航运干线通道货物总承载量的一半。按货类看，2018年西江航运干线通道货物承载量中，比重最大的货类是矿物性建筑材料，其通过量达12779万吨，约占总量的51.5%，通过量较上年增长30.9%；其次是非金属矿石和煤炭，通过量分别为2309万吨和2054万吨，分别占总量的9.3%和8.3%，同比增速分别为69.3%和9%。

2019年，西江航运干线沿线港口全年完成货物吞吐量33627.3万吨、外贸货物吞吐量3894.4万吨、集装箱吞吐量823.1万TEU、旅客吞吐量36.2万人次，分别占珠江水系内河港口总量的54.5%、69.4%、56.1%和20.4%。

2020年，西江航运干线沿线港口拥有生产用泊位947个，年综合通过能力34196万吨，全年完成货物吞吐量39929万吨、外贸货物吞吐量3544万吨、集装箱吞吐量779万TEU、旅客吞吐量2.5万人次，分别占珠江水系内河港口总量的54.7%、45.1%、55.9%和9.9%。

2021年，汛期降雨量减少四成、长洲坝下至梧州界首段航道整治工程施工、新冠疫情零星散发等不利因素给西江航运干线通航带来了巨大挑战。西江航运干线港口全年完成货物吞吐量42641万吨、外贸货物吞吐量3401万吨、集装箱吞吐量742万TEU，分别占珠江水系内河港口总量的55.90%、41.73%和54.76%。

2022年，西江航运干线港口全年完成货物吞吐量42951万吨、外贸货物吞吐量3327万吨、集装箱吞吐量678万TEU，分别占珠江水系内河港口总量的58.1%、44.4%和53.5%。

（二）重要支流沿线港口完成货物吞吐量

西南水运北、中、南三线出海通道和北江、东江是珠江水系中重要的支流，在水系水运中占有举足轻重的地位。北、中、南三线通道是沟通西南至华南的重要运输通道，三线通道上的港口是云南、贵州的磷矿、木材、有色金属等物资集中运送至广东、广西的中转枢纽，也是两广日用工业品向西南各地转运的集散地。三线通道上水路客运发达，在珠江水系水路客运中占很大份额。北江、东江是粤北、粤东通往珠江三角洲的主要通道，北江港口是本区域居民水上交通出行的集散中心，并承担煤炭、水泥、非金属矿石、矿建材料等原材料的中转服务。

2018年，北江港口完成货物吞吐量5 245万吨，占珠江水系的7.0%。西南水运出海通道沿线港口完成货物吞吐量2 755万吨，占珠江水系的3.7%；进出港旅客吞吐量936万人次，占珠江水系的57%。

2019年，北江沿线内河港口完成货物吞吐量1 560万吨，占珠江水系内河港口货物吞吐量的2.5%；西南水运出海通道珠江水系"三线"（右江、北盘江—红水河和柳江—黔江）沿线内河港口完成货物吞吐量550.1万吨，占珠江水系内河港口货物吞吐量的0.9%。

2020年，北江沿线内河港口完成货物吞吐量2 163万吨，占珠江水系内河港口货物吞吐量的3.0%；西南水运出海通道珠江水系"三线"（右江、北盘江—红水河和柳江—黔江）沿线内河港口完成货物吞吐量1 307万吨，占珠江水系内河港口货物吞吐量的1.8%。

2021年，北江沿线内河港口完成货物吞吐量2 861.5万吨，占珠江水系内河港口货物吞吐量的3.8%；西南水运出海通道珠江水系"三线"（右江、北盘江—红水河和柳江—黔江）沿线内河港口完成货物吞吐量2 374.0万吨，占珠江水系内河港口货物吞吐量的3.1%。

2022年，北江沿线内河港口完成货物吞吐量2 896.4万吨，占珠江水系内河港口货物吞吐量的3.9%；西南水运出海通道珠江水系"三线"（右江、北盘江—红水河和柳江—黔江）沿线内河港口完成货物吞吐量2 927.8万吨，占珠江水系内河港口货物吞吐量的4.0%。

（三）重要枢纽船闸通过量

由于珠江水运基础设施建设供给不充分，右江、红水河仍处于断航状态，重要支流也尚未全线通航，部分水利枢纽船闸通过能力远远无法满足珠江水运需求，腹地大量资源不能从水路运出，制约了珠江水运的发展。另一方面，珠江水运治理体系不完善和治理能力水平有待提高，在上下游统筹、涉水部门间协调、省（区）间协同发展等方面，存在条块分割、统筹协调能力弱等问题，影响了珠江水运发展的整体性和系统性。

1.西江航运干线枢纽船闸过闸运输情况

西江航运干线船闸基本位于广西境内的下游地区，航道为2 000吨级，全区腹地货源均汇集在干线上运往广东，或经广东出海，因此过闸船舶和货运量都非常集中。而上游地区航道等级普遍不高，部分船闸通过能力不足，因此制约了云贵地区的货物下行，一般经由广西出海或者运往广东。

2018年，西江航运干线主要枢纽船闸过闸情况总体良好，其中邕宁枢纽船闸开闸

1 657 次，过闸船舶总数为 12 949 艘次，货物通过量为 847 万吨。西津枢纽船闸开闸 4 616 次，过闸船舶总数为 14 881 艘次，货物通过量为 1 539 万吨。贵港枢纽船闸开闸 6 901 次，过闸船舶总数为 31 421 艘次，货物通过量为 3 489 万吨。桂平枢纽船闸开闸 7 518 次，过闸船舶总数为 60 590 艘次，货物通过量为 6 775 万吨。长洲枢纽四线船闸共开闸 14 656 次，过闸船舶总数为 135 580 艘次，比上年增加 32.1%；过闸船舶平均核载为 1 662 吨，比上年增加 9.2%；货物通过量首次突破亿吨，达到 1.32 亿吨，比上年增加 33.4%，与长江三峡船闸货运量（1.4 亿吨）基本持平；集装箱通过量 720 万吨，比上年增加 40.6%。

2019 年，西江航运干线主要枢纽船闸过闸情况继续保持良好状态。其中邕宁水利枢纽船闸开闸 2 440 次，过闸船舶总数为 18 161 艘次，货物通过量为 213 万吨。西津水利枢纽船闸开闸 5 129 次，过闸船舶总数为 15 424 艘次，货物通过量为 1 928 万吨。贵港航运枢纽船闸开闸 7 131 次，过闸船舶总数为 30 369 艘次，货物通过量为 5 049 万吨。桂平航运枢纽双线船闸开闸 9 216 次，过闸船舶总数为 66 285 艘次，货物通过量为 7 107 万吨。长洲水利枢纽四线船闸共开闸 17 978 次，过闸船舶总数为 153 168 艘次，比上年增加 13.0%；过闸船舶平均核载为 1 839 吨，比上年增加 10.6%；货物通过量再创新高，达到 1.45 亿吨，比上年增加 10.3%；集装箱通过量 703 万吨，比上年下降 2.4%。

2020 年，西江航运干线邕宁水利枢纽船闸开闸 2 668 次，过闸船舶总数为 21 418 艘次，货物通过量为 1 529 万吨。西津水利枢纽船闸开闸 6 097 次，过闸船舶总数为 18 429 艘次，货物通过量为 1 759 万吨。贵港航运枢纽船闸共开闸 7 650 次，过闸船舶总数为 30 072 艘次，货物通过量为 3 107 万吨。桂平航运枢纽船闸共开闸 11 167 次，过闸船舶总数为 64 819 艘次，货物通过量为 7 649 万吨。长洲水利枢纽船闸共开闸 23 929 次，过闸船舶总数为 141 783 艘次，较上年减少 7.4%；过闸船舶平均核载为 2 049 吨，较上年增加 11.4%；货物通过量再创新高，达到 1.5 亿吨，较上年增加 4.0%。

2021 年是近年来西江航运干线通航形势最为严峻的一年，60 年一遇的大面积气象干旱、长洲坝下至梧州界首段航道整治工程施工、新冠疫情零星散发等系列不利因素叠加，给西江航运干线水路运输生产带来了极大的压力。面对困难，珠江航务管理局充分发挥西江航运干线通航保畅工作机制作用，积极会同水利、电力以及两省（区）交通、港航、海事和船闸单位，主动加强沟通协调和信息共享，协调推进水资源综合利用，最大程度保障航运用水需求，为长洲枢纽船闸货物通过量实现逆势上涨提供了基础支撑。西江航运干线上，长洲水利枢纽船闸共开闸 31 713 次，过闸船舶总数为 143 159 艘次，货物通过量为 15 228 万吨；桂平航运枢纽船闸共开闸 12 448 次，过闸船舶总数为 64 606 艘次，货物通过量为 7 501 万吨；贵港航运枢纽船闸共开闸 7 662 次，过闸船舶总数为 34 253 艘次，货物通过量为 3 351 万吨；西津水利枢纽船闸开闸 6 499 次，过闸船舶总数为 19 548 艘次，货物通过量为 1 984 万吨；邕宁水利枢纽船闸开闸 4 344 次，过闸船舶总数为 24 242 艘次，货物通过量为 1 690 万吨。

2022 年，西江航运干线水情出现"汛期返枯""旱涝急转"、坝下航道施工单向通航等多重不利因素影响，货物通过量逆势增长。同年，长洲枢纽船闸货物通过量达到 1.55 亿吨，再创历史新高，连续三年超过 1.5 亿吨。长洲枢纽船闸共开闸 28 120 次，过闸船舶总数为 121 151 艘次，货物通过量为 15 528 万吨；桂平枢纽船闸共开闸 11 338 次，过闸船舶总数为 51 011 艘次，货物通过量为 6 737 万吨；贵港枢纽船闸共开闸 7 721 次，过闸船舶总数为 34 226 艘次，货物通过量为 3 817 万吨；西津枢纽船闸开闸 5 459 次，过闸船舶总数为 17 061 艘次，货物通过量为 1 885 万吨；邕宁枢纽船闸开闸 4 450 次，过闸船舶总数为 23 052 艘次，货物通过量为 1 692 万吨。

2. 长洲枢纽船闸

2018 年，长洲枢纽船闸供给不充分，上行船舶 67 900 艘次，比上年增加 31.9%，货物通过 3 102 万吨，比上年减少 2.5%。上行货物以煤炭、粮食作物和集装箱为主，主要有原煤、玉米、集装箱、铁矿砂、大麦等，约占上行货物总量的 76.4%，其中上行集装箱通过量为 429 万吨。

2018 年，长洲枢纽船闸下行船舶 67 680 艘次，比上年增加 32.3%，货物通过 10 077 万吨，比上年增加 50.5%。下行货物以建筑用料为主，主要有碎石、水泥及水泥熟料、石灰石、河石、石粉、钢材等，约占下行货物总量的 78.2%。下行集装箱通过量为 291 万吨。

2019 年，长洲枢纽船闸运行情况总体良好，船舶过闸总体顺畅有序，受枯水期上游来水不足等因素的影响，长洲枢纽船闸货物通过量增速放缓。

2019 年，长洲枢纽船闸通过船舶 153 168 艘次，货物通过量 14 535.23 万吨，同比分别增长 13.0% 和 10.3%。其中，上行 76 439 艘次，货物通过量为 3 200.85 万吨，同比分别增长 12.6% 和 3.2%，货物种类主要为煤、集装箱、玉米等；下行 76 729 艘次，货物通过量为 11 334.38 万吨，同比分别增长 13.4% 和 12.5%，货物种类主要为碎石、石灰石、水泥等。

2019 年，长洲枢纽四线船闸总开闸 17 978 闸次，同比增长 22.7%，其中上行 8 995 闸次，同比增长 22.7%，下行 8 983 闸次，同比增长 22.6%。1 号船闸运行 4 789 闸次，2 号船闸运行 2 990 闸次，同比分别增长 20.1% 和 27.2%；3 号船闸运行 5 112 闸次，4 号船闸运行 5 087 闸次，同比上一年分别增长 22.1% 和 22.3%。

2020 年，长洲枢纽船闸通过船舶 141 783 艘次，货物通过量 15 110 万吨，同比分别下降 7.4% 和增长 4%。其中，上行 70 701 艘次，货物通过量为 3 533 万吨，同比分别下降 7.5% 和增长 10.4%，货物种类主要为煤、集装箱、玉米等；下行 71 082 艘次，货物通过量为 11 577 万吨，同比分别下降 7.4% 和增长 2.1%，货物种类主要为碎石、石灰石、水泥等。

2021 年，长洲枢纽船闸通过船舶 143 159 艘次，货物通过量 15 228 万吨，同比分别增长 1.0% 和 0.8%。其中，上行 71 472 艘次，货物通过量为 3 371 万吨，同比分别增长 1.1% 和下降 4.9%，货物种类主要为煤、集装箱、玉米等；下行 71 687 艘次，货物通过量为 11 857 万吨，同比分别增长 0.9% 和增长 2.4%，货物种类主要为碎石、石灰石、水泥等。

2022 年，西江航运干线长洲枢纽船闸完成过闸货运量 1.55 亿吨，增长 2.0%。 2022 年，长洲枢纽船闸共开闸 28 120 次，过闸船舶总数为 121 151 艘次，货物通过量为 15 528 万吨。

3. 北江枢纽船闸过闸运输情况

2021 年，孟洲坝枢纽船闸开闸 1 384 次，过闸船舶总数为 1 662 艘次，货物通过量为 114.1 万吨；濛浬枢纽船闸开闸 1 473 次，过闸船舶总数为 1 878 艘次，货物通过量为 118.6 万吨；白石窑枢纽船闸开闸 3 014 次，过闸船舶总数为 10 852 艘次，货物通过量为

479.3万吨；飞来峡枢纽船闸开闸4 517次，过闸船舶总数为27 014艘次，货物通过量为2 507.9万吨；清远枢纽船闸开闸13 276次，过闸船舶总数为45 788艘次，货物通过量为4 829.6万吨。

2022年，北江孟洲坝枢纽船闸开闸2 549次，过闸船舶总数为3 005艘次，货物通过量为285万吨；濛浬枢纽船闸开闸2 450次，过闸船舶总数为3 026艘次，286万吨；白石窑枢纽船闸开闸3 316次，过闸船舶总数为6 565艘次，593万吨；飞来峡枢纽船闸开闸4 621次，过闸船舶总数为23 412艘次，2 441万吨；清远枢纽船闸开闸13 742次，过闸船舶总数为39 131艘次，4 234万吨。

4. 柳黔江枢纽船闸过闸运输情况

2021年，大藤峡水利枢纽船闸开闸2 822次，过闸船舶总数为23 157艘次，货物通过量为1 747万吨；红花水电站船闸开闸1 135次，过闸船舶总数为1 298艘次，货物通过量为36万吨。

2022年，柳黔江大藤峡枢纽船闸开闸3 983次，过闸船舶总数为25 239艘次，货物通过量为2 259万吨；红花枢纽船闸开闸540次，过闸船舶总数为553艘次，货物通过量为8万吨。

5. 右江枢纽船闸过闸运输情况

2021年，那吉航运枢纽船闸开闸1 726次，过闸船舶总数为2 286艘次，货物通过量为76万吨；鱼梁航运枢纽船闸开闸2 695次，过闸船舶总数为5 432艘次，货物通过量为371万吨；金鸡滩水利枢纽船闸开闸5 104次，过闸船舶总数为12 540艘次，货物通过量为861万吨。

2022年，右江那吉枢纽船闸开闸1 218次，过闸船舶总数为1 344艘次，货物通过量为48万吨；鱼梁枢纽船闸开闸2 501次，过闸船舶总数为4 319艘次，货物通过量为302万吨；金鸡滩枢纽船闸开闸4 231次，过闸船舶总数为9 265艘次，货物通过量为665万吨。

6. 东江枢纽船闸过闸运输情况

2021年，东江惠州水利枢纽船闸开闸89次，过闸船舶总数为89艘次，货物通过量为8万吨。

2022年，东江水利枢纽船闸开闸428次，过闸船舶总数为102艘次，货物通过量为6万吨；沥口水利枢纽开闸149次，过闸船舶总数为149艘次；风光水利枢纽开闸141次，过闸船舶总数为141艘次；东江木京水电站船闸开闸123次，过闸船舶总数为123艘次，货物通过量为1万吨；黄田水电站开闸141次，过闸船舶总数为146艘次；蓝口水电站开闸77次，过闸船舶总数为77艘次；柳城水电站开闸45次，过闸船舶总数为45艘次；苏雷坝水电站船闸开闸140次，过闸船舶总数为140艘次。

第四节 "平安珠江"更上一层楼

党的十九大以来，珠江水系港航事业本着以人民安全为宗旨，以健全完善安全体系为主线，将安全发展的理念贯穿于全领域和全过程，不断推进安全生产体系建设，努力提升水系水上安全监管基础保障能力建设；扎实开展各项专项整治和联合监管综合执法工作；珠江水系航运企业和监管单位重视应急处置能力建设，提升硬件设施建设和管理机制。珠江水系水上安全生产处于平稳有序状态。

2018年，珠江水系水上交通安全形势稳中趋好，水上交通事故数量、死亡失踪人数、沉船数量、直接经济损失等四项指标较2017年全面下降，全年共发生一般等级以上运输船舶交通事故7件、死亡失踪9人、沉船3艘、直接经济损失987.45万元，与2017年度相比，事故件数下降65.0%、死亡人数下降59.1%、沉船艘数下降62.5%、直接经济损失下降42.4%。

2019年，珠江水系共发生一般等级以上交通事故51件、死亡44人、沉船13艘、直接经济损失1 101.91万元，与2018年相比，事故件数上升6.25%、死亡人数下降20.0%、沉船艘数下降13.33%、直接经济损失下降26.15%。

2020年，珠江水系共发生一般及以上等级运输船舶交通事故15件、死亡或失踪15人、沉船4艘、直接经济损失618万元，与2019年相比，事故件数、死亡人数、沉船艘数分别上升了66.7%、66.7%、33.3%，直接经济损失下降了64.3%，水上交通安全形势比较严峻。

2021年，珠江水系内河共发生一般等级以上运输船舶交通事故16件、死亡或失踪15人、沉船4艘、直接经济损失927.7万元，与2020年度相比，事故件数上升6.7%、死亡人数持平、沉船艘数持平、直接经济损失上升50.1%，水上交通安全形势比较严峻。

2022年，珠江水系全年共发生一般等级以上运输船舶交通事故10件、死亡或失踪7人、沉船5艘、直接经济损失446万元，与2021年度相比，事故件数下降37.5%、死亡或失踪人数下降53.3%、沉船艘数增加25%、直接经济损失下降51.9%。水上交通安全形势有所缓和。

珠江水系运输船舶发生水上交通事故的主要原因在于船员素质不高、责任不到位和航道环境复杂等，事故主要集中在珠江三角洲区域、西江航运干线区域，其中西江航运干线水域事故风险增加。2018—2022年珠江水系水上安全基本情况见表23。

表23　珠江水系水上安全基本情况表（2018—2022年）[①]

对比期	事故总数（件）	死亡人数（人）	沉船数（艘）	直接经济损失（万元）
2018年	7	9	3	987
2019年	9	9	3	1 729
2020年	15	15	4	618
2021年	16	15	4	928
2022年	10	7	5	446

---

① 数据来源：由交通运输部珠江航务管理局提供2018—2022年的《珠江水系航务统计资料汇编》，交通运输部珠江航务管理局编，未公开出版，作者整理得到。

一、稳步推进安全生产体系建设

珠江水系安全生产责任体系建设，重点关注完善船舶、船员、航运公司、船检等方面水上安全基础管理，加强航道和港口、海事监管等方面安全风险预警及防控能力建设，着力构建风险管控和隐患排查治理双重预防机制，高度重视建设安全宣传教育文化，安全监管装备设施建设，提升珠江口水域安全治理体系和治理能力现代化。

2019年，交通运输部珠江航务管理局为深入贯彻落实习近平总书记关于安全生产和水库大坝安全管理的重要批示，防范化解交通运输领域重大安全风险，有效遏制重特大安全事故发生，切实加强通航建筑物和航运枢纽大坝运行安全管理，研究制定了《关于加强通航建筑物和航运枢纽大坝运行安全管理的意见》。珠江水系各级港航、海事管理部门积极落实交通运输部安委会《关于认真贯彻落实习近平总书记重要指示精神坚决防范遏制重特大事故的紧急通知》《关于开展2019年"安全生产月"活动的通知》《交通运输企业安全生产标准化建设评价管理办法》《交通强国建设纲要》中关于"完善交通安全生产体系"以及交通运输部安委会第四次会议工作等通知的要求。

2020年，珠江水系以人民安全为宗旨，以健全完善安全体系为主线，将安全发展的理念贯穿于全领域和全过程，不断加强安全风险预警及防控能力建设。广东省印发《广东省交通运输厅关于进一步加强客船危化品船水路运输行政监管的通知》（粤交水函〔2020〕437号）。广西壮族自治区编制《港口危险货物安全生产风险管控指南》《港口危险货物安全隐患排查治理监督检查工作指南》三个指南，修订《广西西江黄金水道通航突发事件应急预案》《广西壮族自治区河道管理规定》和《广西航标管理工作规定》等文件。广西海事局组织修订《广西海事局水上交通安全隐患排查治理管理实施办法》，研究编制《广西海事局水上交通安全重大风险应急预案》，持续推动《广西壮族自治区安全生产委员会关于进一步加强全区水上安全管理工作的通知》（桂安委〔2019〕4号）和《广西壮族自治区安全生产委员会办公室关于进一步规范全区农（自）用船舶安全管理工作的通知》（桂安委办〔2019〕89号）等文件精神落地。

2021年，珠江水系各系统始终以保障人民安全为宗旨，落实《内河交通安全管理条例（修订稿）》（2021年第7版），以健全完善安全管理机制建设为主线，将安全发展的理念贯穿于全领域和全过程，重在加强安全风险预警及防控能力建设。广东省人民政府建立了水上交通安全工作联席会议制度。广东省航道事务中心与下属各区域中心、各航标与测绘所党政主要领导均担任了本单位安全生产第一责任人，全系统从省中心到基层站、船层层签订了《安全生产目标管理责任书》。广西壮族自治区交通运输厅健全两级机关水上交通安全监管委员会制度，定期开展水上交通安全分析研判、警示提醒和应对部署。建立机关部门与基层单位结对共治制度，推进机关基层协同治理。完善风险防控隐患排查治理双重预防机制，严格实施分类分级动态管理，扎实推进"防风险、除隐患、遏事故"工作。

2022年，珠江航务管理局统筹兼顾、多措并举，不断提升行业监管和绿色安全发展水平。主要从四个方面入手：一是印发"安全生产强化年""安全生产大检查"实施方案，共开展20次检查，督促相关单位对238项意见进行全面整改，工作启动和任务完成情况处于部省"第一方阵"。二是开展珠江水系省际危险品船运输市场等重点领域重大风险防范化解工作，建立风险辨识和隐患排查治理双重预防机制，推进重大风险"图斑化、动态化"管理。三是派员参加国务院安委会赴贵州开展水上交通安全督导帮扶工作。四是编印《航评工作指导书》，推进珠江水系四级及以上航道通航条件影响评价审核工作标准化规范化。2022年，共受理完成珠江水系四级及以上航道跨河桥梁和拦河闸坝建设项目航道通航条件影响评价报告征求意见18项，开展现场踏勘19人次，开展视频会商36次。

2022年，珠江水系各级交通运输主管部门贯彻落实交通运输部关于落实行业安全生产监管责任、压实企业安全生产主体责任等相关要求，不断完善内部安全生产管理机制体制。

广东省各单位签订了《2022年安全生产目标管理责任书》，明确细化各岗位安全工作职责，建立了责任清晰的管理体系。广东全省航道系统共469人参加了安全生产责任人和安全生产管理人员持证培训并通过了考核。广东海事推进水上交通安全综合治理，完成省、市两级水上交通安全工作协调机制建设；印发《广东省2022年实施水上交通安全工作联席会议制度工作要点》，健全重大险情事故联合会商、联合值守指挥协调机制；推动19个县（区）成立水上搜救分中心。

广西海事局不断推进水上交通安全监管形成合力。一是健全全区水上交通安全工作协调机制，推动构建多部门横向联动、省市县三级纵向贯通的水上交通安全综合治理体系；二是推进多部门协同治理，牵头召开广西水上交通安全工作联席会议全体会议，指导相关市、县召开协调会议研究部署水上交通安全工作；三是深化区域共管共治，牵头印发《2022年滇黔桂三省（区）共管库区水上交通安全管理工作要点》，研究制定共管水域联动执法机制，协调共管库区各成员单位加强共管库区监管执法。

贵州省不断完善相关管理制度体系，梳理编制《内河水路交通运输领域常用法律法规汇编》，积极推进《贵州省水路交通管理条例》《贵州省乡镇自用船舶安全管理办法》修订工作，印发《2022年水上交通安全监管工作要点》《水上交通安全生产专项整治三年行动"巩固提升"工作方案》《水上交通"打非治违"专项执法行动实施方案》《关于进一步深化中小学生水上交通安全教育工作的通知》等文件。

云南省印发《公路水路行业生产安全事故应急预案》《水上搜救应急预案》，以提升水上交通的应急能力；通过落实"三个责任"暨第一责任人责任、行业监管责任和企业主体责任；行业监管责任方面，遇到矛盾不上交、碰到困难不回避、面对责任不推诿，坚决防止出现"认不清、想不到、管不到"的问题；企业主体责任方面，全省大多数航运、水运企业能切实履行安全生产主体责任。2022年以来，云南省签订四级责任承包书8 755份，切实推动水上交通运输安全生产责任层层压实。

二、水上安全监管稳步推进

党的十九大以来，为了保证水系水上安全生产的正常进行，珠江水系各级港航、海事管理部门狠抓安全生产责任落实，努力提升安全监管基础保障能力建设，扎实开展各项专项整治和联合监管综合执法工作，建立联合执法机制，保障珠江水系安全生产有序进行。

（一）水上安全现场监管

2018年，珠江水系各级港航、海事管理部门牢固树立"生命至上、安全第一"的理念，以有效防范和坚决遏制重特大安全生产事故为目标，狠抓安全生产责任落实，不断深化平安交通建设，全面保持了水路运输安全稳定；制定2018年安全生产督察检查计划，做好隐患排查治理工作，重点对港口危险货物安全生产、乡镇渡口渡船、航运企业安全、航道和重点枢纽船闸、水运在建工程安全生产等方面的安全检查做出制度性安排；开展"安全生产月""平安交通百日行动"活动，组织集中开展水上安全专项治理和水运行业安全隐患大检查、大排查、大整治，落实企业安全生产主体责任专项巡查，查处取缔无证无照经营专项整治，水运行业应急管理专项督查检查，全力保障水运行业安全。

2019年，珠江水系各级港航、海事管理部门努力提升安全监管基础保障能力建设，加大安全监管力度，形成"政府主导、部门监管、联合行动、齐抓共管"的水上安全监管长效机制，保障珠江水系安全生产有序进行；制定印发2019年度水运行业安全生产和应急工作要点、安全生产监督检查计划并认真贯彻实施；强化安全责任，各级港航管理部门严格督促企业完善安全设施条件，明确安全管理职责，提高安全管理水平；强化质量安全基础建设，积极做好水运工程建设项目监督检查和指导服务工作；认真做好重大节假日及重点时段港航安全生产管理工作，做好重大气象状况下港航安全防范部署工作；通过事故警示通报、制作安全警示教育视频等形式，深入开展安全警示教育宣传活动，进一步提升各单位各部门的安全意识，坚决遏制重、特大事故的发生；深入开展全区"渡运安全月"活动、"安全生产月"活动、平安交通三年攻坚行动、内河船舶涉海运输专项行动、水上交通安全专项治理行动、水路运输安全生产重大风险防控、水运行业扫黑除恶专项斗争、船舶载运危险货物安全综合治理"回头看"、工程建设领域电气火灾综合治理等安全专项工作，保障水运行业安全稳定。

2020年，水上安全巡查和综合执法得到进一步加强。以航道管理部门、海事管理机构安全保障设施装备为基础，优化巡查执法制度，强化电子巡查和现场巡查深度融合，加强对航道、船舶、港口的综合执法，实现巡查执法规范化，保障水路生产安全。定期排查梳理辖区安全风险，针对辖区风险制定针对性的监管措施，落实分级管控。建立重大风险挂牌警示制度，紧紧抓住辖区重大安全风险，跟踪落实管控方案，有效防范化解重大安全风险。加强日常安全检查，把隐患当成事故对待，建立事故隐患排查治理工作台账，隐患不消除绝不放过，形成闭环管理。针对企业自查、日常检查、专项督查、事故调查发现的重大隐患问题，实行重大隐患挂牌督办。强化重复性事故防范工作，加强船舶碰撞事故、船舶自沉事故、船碰桥事故和人员落水、工伤事故防范工作。

2021年，珠江水系各监管部门以三年行动为抓手，以专项整治三年行动为统领，协调内外部各单位、各部门扎实推进各项专项整治和联合监管综合执法工作，持续改善水上交通安全环境。突出重点领域、船舶和水域。广东海事局扎实推进防范船舶碰撞桥梁隐患治理、载砂海船整治、内河船涉海运输整治、"商渔共治2021"、长期逃避海事监管船舶整治、水上无线电秩序等领域的巡查工作，取得预期目标。贵州省采取"省督导、州监管、县蹲点、企业主抓"人盯人管理模式压实责任，全年共出动132个检查组，督导检查174次，行政处罚8起，罚款12.12万元，排查隐患585个，开展警示约谈4次，达到了很好的巡查巡视效果。

2022年，为深入贯彻落实交通运输部关于做好交通运输领域安全生产包保驻点监管工作安排，确保党的二十大会前和会议期间西江航运干线和琼州海峡客滚运输安全生产形势稳定，珠江航务管理局专门印发《迎接服务党的二十大防范化解重大风险加强安全管理工作专项实施方案》，对防风险、防疫情、保安全、保畅通工作进行了全面部署，局党组班子成员带队赴一线开展驻点督导工作。从2022年9月1日起至党的二十大会议期间，珠江航务管理局抽调近20名业务骨干组建驻点工作专班，分成两个工作组分别进驻西江航运干线长洲枢纽船闸和琼州海峡客滚运输一线开展现场驻点督察。

（二）实施专项整治行动

专项重点整治主要范围集中在严格落实客船定期检查工作机制、加强涉客船舶的远程监控和及时纠正船舶违章行为等方面。为进一步巩固"攻砂"行动成果，持续对载运海砂船舶实施严格管理，落实海砂船"六禁"要求，对"攻砂"行动中列入重点跟踪的船舶加大抽查检查力度，加强海砂开采水域安全监管，落实采运砂船安全监管措施。加强载运危险品船舶、清舱洗舱作业船舶的安全监管，加强危险货物现场查验，严厉打击船舶谎报瞒报从事危险品运输行为。

2019年，珠江水系港航监管部门实施船舶监督工作管理水平和队伍素质"双提升"工程，突出对重点领域、薄弱环节的监督检查，开展了渡运安全月、救生设备专项整治、脱管船专项整治等活动。在交通运输部的部署下，各交通监管单位认真开展水路运输及其辅助业和国际船舶运输业核查的工作，对水运企业核查全覆盖。"双随机、一公开"监管、动态监管、跨部门联合监管多举措发力。

2020年，珠江水系港航企事业和各级监管部门扎实开展"平安交通三年攻坚行动"和"安全生产专项整治三年行动"。广东海事局圆满完成虎门大桥突发事件应急处置工作，并结合虎门大桥突发事件应急处置实战经验，代部局起草了《水上交通封航工作指南》。按照实施"精细化管理年"活动"十个一"行动的通知要求，修改完善《广东海事局水上交通突发事件应急预案》，编写各类险情应急处置指南，明确处置要点和处置程序，进一步规范水上搜救工作。广西海事局稳步推进水上交通安全专项整治三年行动，印发《广西海事局水上交通安全专项整治三年行动实施方案》和《广西海事局船舶载运危险货物安全专项整治三年行动方案》，建立三年行动领导小组和工作专班，统筹推进专项整治工作。扎实开展"强监管严执法年"行动，印发实施《广西海事局水上交通安全"强监管严执法年"专项行动方案》，强化安全监管，集中打击无证驾驶、非法载客等辖区内长期存在、反复出现、性质恶劣的违法违规行为。

2021年，珠江水系在各级地方政府和管理部门的领导下，各级港航管理部门和海事管理机构加强了安全监管能力建设，协同联动，以年度检查计划和安全专项整治活动为抓手，全面实施"双随机、一公开"监管，在港口经营、水路运输、水运建设等方面实施现场监管，筑牢水运发展安全底线，有力地保障了珠江水运健康稳定发展，确保全年水上交通安全可防可控。

广东省交通运输厅制定《广东省交通运输厅关于开展内河船舶超范围经营专项整治行动的通知》；广东海事局制定《载砂海船现场检查要点》《海砂船FSC检查工作指引》和

《载砂海船船舶检验质量监督指引》。广西壮族自治区交通运输厅印发了《水运行业安全生产专项整治三年行动2021年"集中攻坚年"工作方案的通知》《广西内河船舶非法从事海上运输专项整治行动方案》；广西海事局牵头制定全区水上交通领域三年行动集中攻坚工作方案，印发《广西海事局2021年水上交通安全专项整治三年行动实施方案目标任务细化分解表》《广西海事局水上交通安全专项整治三年行动集中攻坚重点任务表》。贵州省印发了《2021年水上交通安全监管工作要点》《关于进一步做好水上交通安全专项整治三年行动集中攻坚工作的通知》《关于加强水上交通运输安全风险防控工作实施方案》等文件。这些文件的出台，为各地开展专项整治工作提供了执行保障。

2021年，广东海事系统实施重大隐患挂牌督办制度，推进风险隐患排查整改，累计排查问题隐患164个，整改率达100%。广东海事部门共对11 600多艘次载砂海船开展了现场检查和远程核查。广东省交通运输厅建立广东省砂石装卸码头81座和3 000总吨及以上内河砂石运输船舶55艘及经营人25家信息数据库。广西海事局三年行动"两个清单"共列入问题隐患147项，完成整改144项，整改率达97.96%，其中，重大问题隐患18项，完成整改16项，整改率达88.89%。2021年，贵州省按照水上交通安全专项整治三年行动部署，深入开展"船舶碰撞桥梁安全隐患治理三年行动"等一系列整治行动，排查水上重大安全隐患，水上交通安全隐患212个，其中已完成整改210个，隐患整改率99.06%。2021年，云南省深刻汲取大理州3.15砂船翻沉等水上交通安全事故教训，聚焦"9项重点、6项难点"，排查重大风险28项，整改闭环在建水运项目安全隐患12处，清理取缔"三无"船舶940艘，切割"三无"砂石船42艘，清查船检证书过期船舶1219艘，整治长期逃避海事监管船舶156艘。

2022年，广东海事局以水上交通安全专项整治三年行动为主线，扎实推进防范船碰桥、内河船涉海运输、载砂海船治理、商渔共治、船载危险货物安全治理等行动，持续打好水上交通事故歼灭战；依托"海巡09""海巡31"，强化领海基线外海域巡航；开展港口国监督检查295艘次、船旗国监督检查183万艘次、船舶现场监督检查2.77万艘次，载运危险货物船舶检查1.24万艘次；实施行政处罚1.29万宗，金额达0.95亿元。广西壮族自治区开展水上涉客渡运安全月活动和渡运安全监管交叉互检，联合相关部门开展渡口、渡船安全大检查、大整治、大宣传，派出9个工作组深入各地市开展专题督导检查和调研交流；深入开展船载危险货物安全风险集中整治行动，加大对船载危险货物安全监管和谎报瞒报等违法行为的打击力度；联合农业农村厅扎实开展"商渔共治2022"专项行动，深化商渔船监管执法联动协作，共同打击不值守甚高频、碍航网箱养殖、不遵守航行规则等行为；组织内河船非法从事海上运输"猎狐"系列专项执法行动，联合交通运输部门集中约谈涉事航运公司8次，查处非法内河船舶25艘次，拆解17艘，有力打击内河船非法从事海砂运输和施工作业等违法行为。云南省结合重点节假日及汛期的安全生产工作，省航务局牵头共组织督查检查10次，对昆明、大理、曲靖、版纳等重点州市开展安全生产督察检查工作，并完成红河州、文山州和怒江州的交通运输安全生产包保驻点调研。针对存在的问题隐患，检查组现场进行了反馈，并由专人跟踪落实，确保隐患整改形成闭环管理，做到安全检查全覆盖、无缝隙、零容忍。

三、水上应急救助

珠江水系航运企业和监管单位高度重视应急救助和处置能力建设，各省（区）相关单位通过不断完善相关制度和体系，水系水上应急救助取得了较好的效果。

（一）安全应急能力建设

2018年，珠江水系各级港航、海事管理部门认真贯彻落实《中华人民共和国突发事件应对法》《国家突发公共事件总体应急预案》《国家海上搜救应急预案》，严格落实岗位责任制和节假日期间领导带班、关键岗位24小时值班制度，及时上报有关信息，进一步完善应急预案，加大应急演练力度，成立水上搜救中心和搜救协作机制，拓展空中联合巡航搜救一体化建设，提高了水运安全监管和应急保障水平。珠江航务管理局牵头与水利部珠江水利委员会、南方电网公司、南部战区军事代表处、广东省交通运输厅、广西壮族自治区交通运输厅等部门，建立西江航运干线通航保畅机制，提升了航道突发事件应急处置的能力，将西江通航保畅工作推向了制度化和程序化。

2019年，珠江水系各级港航、海事管理部门等相关单位多措并举强化安全监管，加大检查和现场督导力度，健全完善应急疏运预案。各部门和港航企业强化应急值守，落实领导24小时带班值守制度，盯紧重点部位和关键环节，协调解决航运工作中存在的问题，及时处理突发情况。开展水上应急救助能力提升专项行动；强化水上搜救应急演练；提升预警和信息传达；建立健全监管水域救助基地、站、点；积极建设应急搜救指挥中心。同时珠江水系各港航企业认真落实安全生产主体责任，严格按照要求采取针对性措施提高安全生产风险防范能力，认真排查隐患堵塞安全漏洞，筑牢了安全防线。

2020年，广东省修订印发了《广东省航道事务中心突发事件综合应急预案》《广东省航道事务中心船舶安全事故应急预案》《广东省航道事务中心防台应急预案》等8项预案，制订印发了《广东省航道事务中心突发事件综合应急处置工作规程（试行）》《广东省航道事务中心防台应急处置工作规程（试行）》等10项应急处置工作规程，同时在预案的基础上编制了《区域航道事务中心船舶安全事故（事件）现场应急处置方案》《区域航道事务中心防洪现场应急处置方案》等，为区域局对应突发事件提供了针对性的指导。广西壮族自治区持续完善应急保障体系，修订了《广西西江黄金水道通航突发事件应急预案》《广西壮族自治区河道管理规定》和《广西航标管理工作规定》等文件。

2021年，珠江水系四省（区）各港航管理单位和相关企事业单位，继续加强对各种应急处置能力的建设，从硬件设施建设到管理机制等各方面都得到了一定程度的提升。珠江航务管理局为了持续建设和完善珠江干线水上应急救助机制和设施条件，统筹各方资源，根据四省（区）的航道实际情况，重点组织开展西江航运干线航道应急抢通救助基地等工作。广西制定《广西海事局水上交通安全风险应急预案》《沿海大型客船遇险应急处置预案》，编制水上突发险情应急处置指南和案例库，实现水上突发险情处置工作规范化、科学化。

2022年，广东省扎实推进《关于加强广东省水上搜救工作的实施意见》各项措施落地见效，推动各地市出台加强海上搜救工作的实施意见；推进县区级搜救分中心建设，推动沿海和内河重点水域成立9个县区级海（水）上搜救机构，现已挂牌成立24个县区级搜救指挥机构；建立健全重、特大险情事故联合会商、联合值守的指挥协调机制，统一调度指挥、统一信息发布；推动琼州海峡北岸海上应急救援力量和处置机制建设，推动广州、东莞等地市编制本级海上搜救应急能力建设规划；开展"应急值班规范年"活动，加强应急值班人员培训，规范值班值守、信息报告、值班平台使用和管理；制定《广东海事局三级值班带班工作制度（试行）》。广西海事局扎实开展"应急值班规范年"活动，成功召开全区海上搜救工作会议，谋划推进全区海上搜救事业高质量发展；举办应急管理业务骨干培训班和全区应急救援员职业技能竞赛，不断提升搜救应急队伍的专业化水平；开展全区海（水）上溢油应急能力建设调研，联合相关部门统筹推进54个泊位区域溢油应急联防能力建设。贵州省组织修订《贵州省水上交通突发事件应急预案》；组织编写《贵州省水上社会搜救队伍和志愿者队伍有序发展的指导意见》《贵州省社会力量参与水上搜救奖励暂行办法》《贵州省高风险水域救助基地建设指南》。云南省加强应急物资装备体系建设，强化应急预案"情景构建"，完成2022年水上搜救应急装备采购工作。

（二）应急设施装备建设

2020年，广东省各地市政府推动西江、北江流域35座桥梁安装物理防撞和智能预警系统，桥梁水域安全监管逐步由"汗水型"向"智慧型"转变。珠海市编制并印发了《珠海市通航大型桥梁防船撞工程建设计划》，安排4.8亿元的专项资金用于桥梁防撞项目建设。佛山市建成广东内河首个交通管理系统。广东省和广西壮族自治区海事部门研发并推广应用"智慧海事监督服务平台""海事之眼""海事之手"等智能化应急监管手段，实现了精简流程、精准执法、精细管理。统筹优化西江、北江流域视频监控站点布置，针对部分盲区及信号源不稳定的航段，开展视频监控系统升级补点工程，新增CCTV站点314个，智能卡口25个。航保部门在西江、北江流域新增AIS基站13个。

2020年，广东海事局推进珠江口VTS升级改造工程、广东海事局监管指挥系统工程、粤东粤北视频监控系统补点工程实施，完善"广东海事局智慧海事2.0"系列应用，建设广西"船舶吃水智能化检测与预警系统"，依托航道工程建设西江航运干线贵港至梧州段感知网络。组织提升VTS运行管理效能专题研讨，提出提升VTS运行管理效能的建议，努力为全国海事系统谋划VTS未来发展提供经验和思路。充分利用VTS、CCTV、AIS、VHF等信息化手段，强化船舶动态监管，切实加强航行秩序监管，维护良好通航环境。加快推进珠江口水上交通安全特别监管区建设，提升珠江口水域安全治理体系和治理能力现代化。广西海事局在西江干线水系已投入使用的水上安全支持保障系统包括雷达、AIS系统、CCTV系统、VHF系统等。其中，依托西江干线海事综合监管服务系统工程建成了基于小型雷达的船舶动态监管系统，在西江干线重要水域建设12个小型雷达站，在南宁、贵港、梧州新建3个管理中心；内河甚高频通信系统已达到1个管理中心、5个控制中心和24个VHF基站的规模；正在实施内河甚高频通信系统改扩建工程，项目建成后，内河VHF通信系统总体架构升级为1个管理中心、8个控制中心、19个操作终端和47座通信基站；在西江干线水域建成了1个监控中心、4个监控分中心、187个视频监控点的CCTV监控系统。

2021年10月23日，我国首艘万吨级海事巡逻船"海巡09"轮在广州南沙正式列编，加入中国海事执法序列，这标志着我国目前吨位最大、装备先进、综合能力强，具有世界领先水平的公务执法船正式投入使用。该轮的投入使用将强化我国海上交通动态管控和应急保障能力，对于有效保障战略物资运输畅通和重要航运通道安全、实现海运国际物流供应链稳定和航运业高质量发展、维护国家海洋权益具有重要意义。2021年，广西推进县级水上搜救分中心和乡镇应急待命点建设，将应急保障支点向基层延伸；推动相关部门建立航道抢通、应急运输、港口安保、抢险救灾等多支应急救援队伍，推动相关部门指导相关港航企业加强自身应急能力建设和建立区域应急联动机制；完善内河水上搜救网络，推动相关临水县（区）政府以乡镇为单位依托原有防汛力量在内河沿线布置政府应急力量待命点。云南省建成三座应急物资仓库，稳步提升搜救能力。

2022年，广东省投入使用185座桥梁净高检测系统，相关数据开通了"粤省事"查询通道。广西壮族自治区跨河公路桥梁标志标识配备全部完成，主动预警设备和被动防撞设施安装、加固改造等进度均达到交通运输部进度要求。广西贵港至梧州3 000吨级航道启用无人机开展航道维护巡航，拓展航道航标巡查手段，提升航道航标动态监测能力，有力保障航道安全畅通。贵州省建设包括水路客货运输监控网在内的交通运输安全生产监控监测"十张网"，依托交通视频整合平台和省级视频云平台，将"十张网"视频接入省公路水路安全畅通与应急处理系统，实现各风险隐患点视频可调可查可追溯，增强安全技防能力。

（三）应急救助演练

珠江水系高度重视应急预案体系建设，认真履行应急救助管理工作职责，开展应急演练，强化应急处置能力。

2021年，广东省航道部门根据工作实际和演练计划，组织开展应急演练，全年累计投入经费276万元，开展岗位练兵和应急演练1 200场次以上。广东省中山航道事务中心、东莞航道事务中心等单位联合当地交通、海事、应急等部门开展现场联合演练，提升了航道系统基层单位的应急处置能力。2021年11月12日，广西壮族自治区北部湾港口管理局防城港分局在防城港东湾液体化工码头成功举办2021年度防城港港口设施保安暨溢油火灾综合应急演练。2021年12月17日，广西交通运输厅联合多部门在贵港市平南县开展2021年常态化疫情防控期间水上交通运输突发事件暨通信保障联合应急演练。贵港市政府、广西海事局，自治区港航发展中心、公路发展中心、交通运输综合行政执法局，贵港市交通运输局等单位参加演练。2021年12月17日，广西壮族自治区北部湾港口管理局北海分局在石步岭港区5号泊位举办了港口设施保安演练。

广东海事局承办中国—东盟国家海上搜救沙盘推演和实船演练，汕头、潮州、梅州市水上搜救中心分别联合成员单位开展水上搜救应急演练，提高成员单位协同应急能力，共同筑牢水上安全防线。广西海事局各搜救分中心共组织开展各类应急演练16次，进一步提升了广西水上搜救能力和水平，梧州和肇庆两地海事部门协助粤桂两省（区）西江流域突发环境事件联合应急演练在梧州成功开展。广西海事局推动指导各成员单位针对行业特点组织开展30余次应对不同情形海上突发事件的应急演练，进一步提升处置能力。其中，南海救助局北海救助基地以"救助怎么需要就怎么练"为原则，优化训练结构，丰富训练手段，累计完成训练888课时，参训2 384人次。消防救援总队按照"边建边训边完善"的思路和"一专多能、突出专业"的原则，强化潜水作业、水面搜索、绳索救助、急流救援和船艇协同等专项训练，累计开展培训14期，培训队员1 228名；开展海上救援全要素实战拉动演练3次，10支支队级水域救援专业队伍400余名队员参加演练。

云南省加强应急搜救体系建设，修订发布《云南省水上搜救应急预案》，加快推进巡航救一体化和专业救助力量建设，开展应急演习演练，提高预警预测能力。2021年，全省开展水上搜救应急演练7次，其中天生桥库区共管水域综合应急演练首次运用相控阵天线通信系统、空中无人机抛投和水下搜救机器人等创新技术手段和设备作支撑保障。10月29日上午，2021年天生桥库区水上突发事件应急反应综合演练在云南省曲靖市罗平县三江口码头举行，这是云南省首次实现现场搭建通信系统、演练实况图像声音回传、省—市—县三级部门联合开展的一次水上综合演练。

2022年，广东省圆满承办2022年国家海上搜救演练，投入经费近200万元，组织4 800多人次先后开展了船闸应急处置、船舶五项应变等各类应急演练和岗位练兵303场。广西各地市统筹开展汛期水上搜救综合、渡运安全月、海巡船艇消防等应急演练，提升全领域应急能力。贵州省组织开展了"人民至上、生命至上·2022贵州水上交通应急演练"。云南省开展了水上综合应急搜救桌面推演。

四、西江航运干线船舶碰撞桥梁隐患治理三年行动

船舶碰撞桥梁隐患治理三年行动是深入贯彻落实习近平总书记关于安全生产重要指示精神的一项重要工作。2020年，交通运输部办公厅、国家铁路局综合司、国铁集团办公厅联合印发《船舶碰撞桥梁隐患治理三年行动实施方案》（交办水〔2020〕69号）后，珠江航务管理局党组高度重视，第一时间部署落实，迅速成立专项工作领导小组，研究细化西江航运干线三年行动实施方案，会同广东、广西两省（区）交通运输主管部门和海事管理部门建立三年行动协调工作机制，扎实开展隐患排查治理工作。

珠江航务管理局在充分考虑航道发展规划、航道整治工程、代表船型等要素并广泛征求意见的基础上，深入开展对西江航运干线区段通航代表船型和代表船队的研究，形成《交通运输部珠江航务管理局关于报送西江航运干线航道区段通航代表船型和代表船队建议的报告》报交通运输部。经交通运输部主管部门审查同意，向相关主管部门和桥梁运行单位印发西江航运干线船舶碰撞桥梁隐患治理自查评估区段通航代表船型和代表船队，并积极指导广东、广西桥梁运营单位严格对照区段通航代表船型和代表船队参数，科学开展桥梁安全风险隐患自查和抗撞性能综合评估，对桥梁通航净空尺度、防撞设施设置、抗撞性能等方面进行自查。在各方的共同努力下，西江航运干线各桥梁运行管理单位均能严格按照要求，对桥梁通航净空尺度、防撞设施设置、抗撞性能等方面进行自查，并在桥梁抗撞性能综合评估工作中结合区段通航代表船型合理确定桥梁设防代表船型，为三年行动顺利开展打牢基础。

（一）开展西江航运干线航道安全风险隐患排查治理

珠江航务管理局深入推进航道安全风险隐患排查，积极协同广东省、广西壮族自治区交通运输主管部门深入肇庆、梧州、贵港等地开展现场督导检查，指导航道养护单位认真落实《船舶碰撞桥梁隐患治理三年行动实施方案》要求，并于2021年9月底前完成了西

江航运干线 56 座跨河桥梁的桥区水域航道安全风险隐患排查，共排查出桥区水域航道安全风险隐患 10 处涉及 7 座桥梁。

珠江航务管理局扎实开展航道安全风险隐患治理，充分发挥工作推进协调机制作用，组织广东省、广西壮族自治区交通运输主管部门定期召开工作推进会议，及时传达交通运输部的工作指示，加强沟通协调，紧盯时间节点，聚焦重点难点，加大工作力度，有效保障了西江航运干线全部 7 座桥梁的 10 个桥区水域航道安全风险隐患治理工作在 2022 年 3 月底前的顺利完成。

（二）建立安全风险隐患排查治理长效机制

珠江航务管理局认真对照《交通运输部办公厅关于建立健全船舶碰撞桥梁安全风险隐患排查治理长效机制的通知》要求，在强化风险源头管控方面重点抓好了以下 4 项工作。

1. 督促指导航道建设和养护工作

督促指导贵港至梧州 3 000 吨级航道建设工程加大对桥区等重点区段航道设计尺度，加快工程建设进度，认真落实交通运输部工作部署，督促属地航道管理部门扎实开展年度航道养护技术核查，保障桥区水域航道条件和航标处于良好状态。

2. 开展中高水位期最大通航船型研究

深入开展《西江航运干线通航标准》编制工作，探索开展西江航运干线分区段中高水位期最大通航船型研究，积极规范船舶大型化发展，服务行业高质量发展。

3. 严把新建桥梁航道通航条件影响评价源头关

组织编制《珠江水系 Ⅳ 级及以上航道通航条件影响评价意见回复工作指导书》，严格执行法律规章和标准规范要求，严格把好 118 座新建桥梁通航净空尺度、抗撞性能等关口，从源头遏制船桥碰撞安全风险隐患增量。

4. 创新开展重点区段安全风险隐患驻点督查

在党的二十大召开前期及会议期间，成立由珠江航务管理局领导挂帅的驻点督查工作组，派出 15 名业务骨干分 5 批进驻西江航运干线，对干线航道通航保畅和重点区段船舶碰撞桥梁隐患治理工作进行现场督查。期间，开展联合巡查 30 余次，严厉打击各类违法违规行为。

按照交通运输部工作安排，珠江航务管理局 2 次开展跨河桥梁安全风险隐患排查治理工作情况调研，抽查广东肇庆西江特大桥（公路桥）、德庆西江大桥、广西段马梧高速梧州浔江大桥、长洲三四线船闸工程交通桥、梧州西江大桥、扶典口大桥、南宁邕江大桥、贵港长城郁江特大桥等 8 座桥梁，查出 14 个方面的问题，总结提出 6 条工作建议，并形成专题报告报送交通运输部。

按照交通运输部关于西江航运干线桥区水域范围确定视频调度会议精神，珠江航务管理局协调广西交通运输主管部门科学编制桥区水域划定方案，并于 2022 年 3 月底发布正式成果，实现西江航运干线跨河桥梁桥区水域划定全覆盖，有力保障桥区水域水上交通安全风险隐患治理按期完成。

五、坚决打赢新冠疫情防控攻坚战

2020年1月份，新冠疫情在我国全面暴发。珠江水系水运系统全面贯彻习近平总书记重要指示精神，抓细抓实交通运输行业"外防输入、内防反弹""动态清零"等有关疫情防控工作部署和要求，强化常态化联防联控措施，严防疫情通过水路输入和传播，确保珠江水系各项工作有序推进，坚决打赢珠江水运疫情防控攻坚战，不断推进珠江水运高质量发展，完成了一份珠江水运生产、防疫双丰收的完美"答卷"。

2020年1月—2023年1月，在新冠疫情三年大考期间，珠江航务管理局作为交通运输部珠江水系行政管理部门，率先垂范，谋划在前、部署在前，全局干部职工冲在一线、守望相助，保障了全局中心工作不断不乱，取得了疫情防控的全面胜利。特别是在武汉疫情防控最艰难的时刻，珠江航务管理局克服自身困难，积极协调资源并派专车向武汉长航总医院送去1.5吨急需防疫物资，赢得了时任交通运输部杨传堂书记和李小鹏部长"珠江航务管理局是小单位办大事"的高度赞扬。

（一）冲一线、守望相助

2020年初，新冠疫情暴发，珠江航务管理局成立疫情防控领导小组，筑牢疫情防控防护墙，保障水路重点物资便捷运输，支持港航企业和工程项目复工复产，17个重点水运建设项目于2月份全部复工；665家水路货运企业于4月底全面复工复产。干部职工"零感染""零疑似""零确诊"，琼州海峡客滚运输疫情防控措施得力，没有发生一例交叉感染。同时，在疫情防控最艰难的2月份，防疫物资千金难求，全局上下齐心协力，克服困难，积极协调，将5 000多套防疫物资支援频频告急的琼州海峡客滚运输企业。驰援疫情最为严重的武汉，向长航局送去了急需的1.5吨医用酒精和5 000多个医用外科口罩。

新冠疫情防控期间，珠江水系各相关部门按照党中央、国务院部署，扎实做好疫情防控各项工作，防控形势稳定，未发生疫情通过水路运输交通工具蔓延、境外疫情通过国际水路运输输入、单位内部疫情蔓延等情况，有效保障了水系水运经济的正常运转。

（二）保持定力，筑牢筑实珠江水运疫情防线

自疫情发生以来，珠江水运各级交通港航管理部门、海事管理机构、港航企业全面贯彻党中央、国务院关于疫情防控工作的决策部署和国务院应对新型冠状病毒感染肺炎疫情联防联控机制《关于加强口岸城市新冠肺炎疫情防控工作的通知》要求，积极落实交通运输部印发的《港口及其一线人员新冠肺炎疫情防控工作指南》《船舶船员新冠肺炎疫情防控操作指南》和地方联防联控机制相关要求，坚持疫情防控要"宁可信其有，不可信其无，宁可信其大，不可信其小"的原则，以最坚决、最果断、最严厉的措施，深入查找问题隐患、堵塞防疫漏洞、规范作业程序，筑牢筑实珠江水运港航一线疫情防线。

准确公开疫情防控信息。精准把握常态化疫情防控要求，及时准确公开客运场站、交通运输工具、行业从业人员常态化疫情防控政策信息，及时准确公开重点物资运输保障、交通管控政策信息，密切关注舆情动态，快速反应、稳妥回应。加大物流供应链稳定畅通、新业态规范健康持续发展、交通运输安全生产监管信息公开力度，积极主动发声、深

入解疑释惑，有效传播权威声音。地方交通运输部门强化政策宣传和技能培训，加强"四好农村路"公益性岗位等信息公开。

落实属地疫情防控各项措施。广东省航道事务中心在2021年12月初印发了《广东省航道事务中心关于进一步做好常态化疫情防控工作的通知》，建立了"人员旅居情况常态化主动报备"制度，加强了人员动态管理，提高了疫情防控效率。广西交通部门印发《关于2021年春运疫情防控及安全应急调研督导工作情况的通报》《2021年全区水运行业安全生产及疫情防控监督检查计划的通知》，组织调研督导组赴北海、钦州、防城港、贵港、梧州等市开展督导检查。严格按照《港口及其一线人员新冠肺炎疫情防控工作指南》等文件落实各项防控措施，加强港口一线工作人员和引航员的防护工作。贵州省珠江水系疫情防控工作按照交通运输部和各级政府防控要求有序开展。云南省按照《国内游轮疫情防控指南》《客运场站和交通运输工具新冠肺炎疫情分区分级防控指南》要求，坚决杜绝疫情通过水路输入和传播扩散。

2022年，广东省修订《广东省港澳航线船舶外贸运输转内贸运输疫情防控措施》，印发《关于进一步加强港澳航线船舶船员健康检测的通知》等十余份文件，科学精准做好港澳航线水路运输疫情防控；印发《水路客运常态化疫情防控工作指引》，细化城市、港澳航线、省际等各类水路客运分级管控措施；牵头成立省级国际航行船舶船员换班工作专班，负责统筹协调和指导督促各地市疫情防控指挥办及相应业务部门做好船员换班工作。广东海事及时修订优化外贸转内贸港澳航线疫情防控工作指引，推行非接触式口岸查验和PSC检查，健全疫情联防联控机制，开展疫情防控应急处置演练，代部海事局起草《船舶船员新冠肺炎疫情防控操作指南》。

广西交通港航部门按照国务院联防联控机制以及交通运输部、自治区有关文件要求，不断优化调整疫情防控实施办法；认真学习和总结各地在疫情防控、物流保通保畅工作中可复制、可推广的典型经验，在实践中不断优化工作体制机制，助力疫情防控和港航生产稳中向好。广西海事局认真落实《国务院联防联控机制综合组关于进一步做好国际航行船舶船员疫情防控工作的通知》要求，推动构建船员换班工作机制；牵头组建广西海事局船员换班工作专班，推动自治区层面建立由广西海事局、自治区交通运输厅、出入境边防检查总站、商务厅、南宁海关等4家单位共同组成的广西保障国际航行船舶船员换班专项工作专班，指导地市级水运口岸城市成立市级层面保障国际航行船舶船员换班工作专班，为协调解决船员换班存在问题提供了组织保障；参与并推动自治区和各水运口岸城市及时建立完善船员换班工作程序、流程，为船员换班提供制度保障。

贵州按照党中央、国务院和省政府决策部署，坚持联防联控、强化疫情监测，加强疫情防控工作宣传引导；成立省、市、县码头四级疫情防控工作领导小组，严格执行省、市、县疫情防控的相关要求和各项指令，按照网格化管理要求认真履职，切实落实码头疫情防控工作。

云南省通过各种会议传达学习上级有关疫情防控的精神和要求，围绕疫情防控、复工复产、保障运输、外防输入、内防反弹、常态化防控、单位内部防控等工作进行统筹部署；通过开展码头、船舶现场督察、定期与各地相关部门保持沟通联系等方式，加强疫情防控监测。

防止境外疫情输入。海事监管部门应认真贯彻落实交通运输部《港口及其一线人员新冠肺炎疫情防控工作指南》《国内游轮常态化疫情防控工作指南》、交通运输部海事局《船舶船员新冠肺炎疫情防控操作指南》，以及省（区）疫情防控工作有关部署和要求，严防疫情由水运口岸输入。加强打击偷渡入境行为，严防利用船舶实施偷渡行为，防止境外疫情输入。

（三）做好珠江水系高质量港航生产工作

1. 全力做好水运复工复产工作

自2020年1月以来，新冠疫情给珠江水系港航企业经营带来巨大冲击，尤其是2020年一季度市场总体需求大幅降低，客货运量同比呈下降趋势。珠江水运各级交通港航管理部门、海事管理机构以"一手抓防疫，一手抓生产"的要求和"两手都要硬，两手都要赢"的干劲，全心全意组织港航企业复工复产。自2020年第二季度开始，随着国内疫情防控阻击战取得积极成果，疫情防控和复工复产统筹推进，珠江水系水路货运恢复较快，受外贸复苏和湾区建设影响，水路货运量和港口货物吞吐量在全面恢复的基础上，均出现大幅反弹性增长；但以云贵库区游、桂林山水游、广州柳州夜游、港澳客运为代表的水路旅客运输仍长期处于低谷状态，珠江水系客运量一直处于低位，受疫情反复影响，暂未能全面恢复。

2. 统筹水上交通安全监管和疫情防控

2021年，珠江水系各单位统筹做好水上交通安全监管和疫情防控工作，对地方经济社会的恢复与发展起到重要保障作用。

广东海事局妥善处置希腊籍"天使力量"轮滞港、乌克兰籍船员因病遣返等事件。全年保障国际航行（含港澳航线）船舶换班2 503艘次、16 834人次，实施伤病救助178艘次、244人次，处置涉疫船舶43艘次、154人次，其中88人入境治疗。建立港澳航线船舶防疫特别监管机制，标识船舶4 213艘，核查船员6 312人次。广东海事局努力克服疫情影响，开展各类船员考试4.3万人次，同比增长33.2%；签发船员证书5.7万份，较上年增长60.0%。

广西海事局高度重视船员换班和伤病船员救治工作。加强与自治区疫情防控指挥部及政府相关部门的协调沟通，推动出台了《外籍船员在广西港口滞留新冠肺炎疫情防控工作方案》等一系列政策和措施，推动自治区将沿海口岸涉外疫情防控熔断措施纳入政策。2021年，广西6个水运口岸（海港口岸3个，内河口岸3个）进出口岸船舶共计9 400余艘次，其中航行港澳航线内河船舶进出口岸共890余艘次。全年辖区共完成船舶船员换班570艘次、6 333人次；因伤病或发热等原因上岸紧急救助62人，其中中国籍船员30人、外国籍船员32人；按规定在口岸当地上岸进行隔离治疗的新冠病毒检测呈阳性的船员有38人（中国籍11人，外国籍27人）。

3. 支援香港抗疫工作

广东省按照"中央要求、香港所需、广东所能"的总要求，勇当援港抗疫主力军，针对援港大宗建设物资运输难题，积极发挥水运"运量大、绿色环保、受疫情影响较小"的特点，创新运输机制，加强统筹协调，在深圳、广州、中山、珠海、佛山、东莞等地、市开通定点定时航线，着力打造供港运输"海上快线"。高峰时，广东省共开通包括供港物资航线41条，投入船舶110余艘，集装箱运力超过10 000 TEU，为援港物资提供稳定、可预期的运输保障。

第五节 打造绿色与智慧珠江航运

党的十九大以来，珠江水运行业坚持以习近平生态文明思想为指导，全面贯彻落实绿色发展新理念，推动绿色水运治理能力建设、船舶和港口污染防治、新能源和清洁能源应用、资源集约利用和生态保护。认真贯彻党中央、国务院关于生态文明建设的重大决策部署，继续坚持"生态优先、绿色发展"理念，以改善生态环境为根本出发点，以实施绿色水运发展专项规划为主线，以技术创新为主要动力，全面加快推进珠江黄金水道绿色发展步伐，在绿色水运基础设施建设、生态保护和污染防治、水运绿色管理能力提升等方面取得积极成效。珠江水运绿色发展逐步成为流域经济社会发展的新动能，大美珠江成为美丽中国、绿水青山的重要篇章。

一、绿色智慧政策引领

2018年6月，党中央、国务院发布《关于全面加强生态环境保护坚决打好污染防治攻坚战的意见》，对生态文明建设作出重大决策。交通运输部印发《关于全面加强生态环境保护坚决打好污染防治攻坚战的实施意见》，并联合四省（区）人民政府发布《推进珠江水运绿色发展行动方案（2018—2020年）》（以下简称《行动方案》），在交通运输领域及珠江水运作出生态文明建设的全面部署。珠江航务管理局在全水系范围组织开展学习宣贯《行动方案》，在全水系水运行业掀起了全面贯彻落实国家关于生态文明建设的重大决策部署，形成了一股推进黄金水道绿色发展的巨大合力。

（一）积极制定落实措施

珠江水系各级港航管理部门在国家战略安排和交通运输部的指导和部署下，积极建立船舶污染应急协调联动和联合监管机制，加强建设环保监管和应急能力，出台绿色水运管理制度和政策措施，以保障绿色与智慧珠江航运建设的全面落实落地。

2018年，各级交通运输管理部门逐步完善珠江绿色水运管理制度及标准体系，推动形成绿色发展的长效机制。水系内，交通运输主管部门和海事机构等多部门协同的船舶污染应急协调联动机制和港口、船舶污染物排放领域的部门间联合监管机制初步建立。珠江航务管理局制定了《推进珠江水运绿色生态发展专项工作方案》，与中国船级社签订《共同推进珠江水运绿色发展合作协议》，加快珠江水运绿色发展技术标准体系建设；广东省交通运输厅印发《广东省珠三角水域船舶排放控制区实施意见》和《广东省船舶与港口污染物接收转运及处置联合专项整治行动方案》，联合广东海事局编制了《广东省船舶污染物接收转运及处置联合监管指导意见》；广西壮族自治区交通运输厅制定了《广西西江船舶液化天然气加注站推广应用工作方案》，加快落实《广西贯彻落实交通运输部船舶与港口污染防治专项行动实施方案（2015—2020年）工作方案》，同时又联合广西海事局发布了《广西壮族自治区船舶污染事故应急处置预案》；贵州省交通运输厅发布了《贵州省船舶防污染专项治理行动实施方案》《贵州省船舶与港口水污染防治方案（2017—2020年）》和《贵州省港口和船舶污染物接收转运及处置设施建设方案（2018—2025年）》；云南省交通运输厅组织实施《云南省船舶与港口水污染物防治方案（2017—2020年）》和《云南省航务管理局关于推进水路交通绿色发展行动方案》。四省（区）交通港航管理部门加强与生态环保、海洋和渔业、住房和城乡建设等职能部门的协同联动，推动了船舶污染物接收、转运及处置联单制度和联合监管制度的实施。

2020年，广东海事局、省生态环境厅、交通运输厅等部门共同开展船舶污染物接收转运处置联合监管工作，推动顺德北滘港、广州花都港等港口码头开展船舶污染物接收转运处置试点，协作开展船舶污染物治理工作；推动广州、东莞、河源、中山、江门、珠海等地公务船艇防污染设施改造。广西海事局、区生态环境厅、交通运输厅、住房和城乡建设厅联合出台船舶污染物接收、转运、处置监管联单制度和船舶污染物联合监管制度，指导各地市制定完善联单制度和联合监管制度；颁布市级船舶污染事故应急处置预案，基本建成省、市、港口、船舶四级船舶污染应急预案体系；加强船舶污染应急资源，加快建设南宁船舶溢油应急小型设备库。

2021年，珠江水系四省（区）为落实国家相关政策，水系各级政府和监管部门积极出台绿色水运相关管理制度和政策措施。8月10日，广东省人民政府办公厅印发《广东省提升内河航运能力和推动内河航运绿色发展总体分工方案》《广东省内河航运能力提升实施方案》《广东省内河航运绿色发展示范工程实施方案》。9月，广东省交通运输厅联合多部门印发了《广东省深化治理港口船舶水污染物工作方案》。广西壮族自治区交通运输厅编写了《港口码头污染物接收转运处置建设运营规范》《港口码头雨污水处理建设规范》2个标准规范，并列入2022年广西交通运输行业标准化目录。贵州省交通运输厅编制了《贵州省船舶和港口污染物接收设施建设参考方案》《贵州省船舶水污染物联合监管与服务信息系统推广应用工作方案》。

2022年，广东省组织编制《广东省绿色港口三年行动计划（2023—2025年）》，指导全省绿色港口建设；推进《广东省深化治理港口船舶水污染物工作方案》的实施，建立粤港两地应对海上重大船舶污染事故通报机制，编制珠三角水域船舶大气排放清单，编写广东内河船舶防污染监督检查指南。持续开展载运危险化学品船舶安全治理工作。广东海事局印发《关于落实省河长办禁止出海水道与河道水域洗砂洗泥等污染环境活动的通告》，配合促进《广东省洗砂管理办法》出台，印发相关落实通知和《广东海事局打击船舶非法洗砂活动监管工作指南》，强化源头管理，积极贯彻落实省打击"非法洗砂"整治要求。广西交通运输厅印发《贯彻落实〈中共广西壮族自治区委员会关于厚植生态环境优势推动绿色发展迈出新步伐的决定〉实施意见》，加快推进"一湾一江一运河"建设，统筹重大交通基础设施和生态环境建设，推动绿色转型发展。贵州省交通运输厅印发了《关于优化调整农村客运出租车油价补贴政策的通知》，制定出台《贵州省优化调整农村水路客运行业油价补贴资金申报实施方案》，延用油价补助资金用于对船舶污染物防治、客运船舶结构调整以及岸电设施建设改造等补助；强化河（湖）长制日常工作，制定出台贵州省河（湖）长制2022年度工作考核方案。

（二）开展专项行动

1. 推进实施绿色水运发展重大工程

2018年，水系继续实施大宗货物绿色运输北江示范项目，大力推广珠三角集装箱运输"陆改水"工程。

大宗货物绿色运输北江示范项目实施以来，各子项目相继完成实施，项目已由一期的基础设施建设为主逐步转为二期的信息化建设和联合管理机制建设为主。经由水路运输的货运量由2012年的1 400万吨增长至2018年的近4 000万吨，年均增长19%，诱导沿江大宗散货陆转水比例显著提升，区域内大宗货物水路运输比重超过50%，完成既定目标。

珠三角集装箱运输"陆改水"工程加快实施，并结合集装箱铁公水联运的发展，逐步向省际间联运扩展，构建了以广州港、深圳港、珠海港为中心的集装箱货物转运班轮化水水中转体系，广州港已有160多条水上驳船支线，深圳港全面优化"华南公共驳船快线"服务，珠海港重点发展西江集装箱驳船快线。

2. 开展绿色水运水污染防治专项行动

2018年，珠江水运绿色发展专项行动有序开展，在港口岸线管理、水运绿色发展、防治船舶水污染和大气污染、危险化学品禁运等方面加强监督管理，进一步提升港航绿色水运发展水平。珠江航务管理局根据制定的《"双随机、一公开"监管工作实施细则》，开展珠江水运绿色发展"双随机、一公开"专项检查。水系内继续开展港口"未批先建"专项整治活动，依法取缔安全隐患大、环境影响突出、非法建设的码头和装卸点。广东、广西海事局开展了"平安西江"和防治船舶水污染等专项整治活动，力求加强环保监管和能力建设，强化对危险化学品运输安全的监管，在珠三角和西江航运干线水域采取多项控制措施，全面强化船舶大气污染防治工作。水系内四省（区）各地市（州）人民政府按要求制定发布船舶污染应急预案，有效整合应急处置资源和规范应急处置程序，为科学有序组织船舶污染事故应急处置、保护江河湖库生态环境提供制度保障。各级港航管理部门、海事机构、船检机构严格落实内河禁运危险化学品政策，不达标的单壳液货船严禁进入珠江水系国家高等级航道水域航行。

2019年，珠江水系实施船舶污染防治攻坚、强化船载危险货物监管、优化危防监管模式和提升危防应急处置能力。广东海事局推动修订《广东省海上险情应急预案》，发布辖区水上交通事故白皮书。广西海事局严格落实环保要求，加大对西江排放控制区船舶的防污染监管力度，并组织开展"成品油市场源头专项整治"活动。

2020年，为贯彻落实《水污染防治行动计划》《船舶与港口污染防治专项行动实施方案（2015—2020年）》，交通运输部珠江航务管理局联合广东省、广西壮族自治区交通运输主管部门、海事管理机构开展广东片区、广西片区西江航运干线洗舱站和内河港口船舶污染物处理情况调研，通过书面调研、召开座谈会、明察和暗访相结合等方式，全面了解西江航运干线液体危险品运输、船舶洗舱相关情况和广东、广西内河港口码头船舶污染物港口接收设施建设以及转运处置情况等，持续强化船舶与港口污染治理，坚决打好污染防治攻坚战，有力推进了珠江水运绿色发展。

2021年，珠江水系各单位贯彻落实《水污染防治行动计划》，持续强化船舶与港口污染治理，坚决打好污染防治攻坚战，有力推进了珠江水运绿色发展。珠江水系各监管单位持续健全环保监管机制和部门联合监管机制，进一步增强船舶防污染执法能力。广东省港口船舶水污染物监测平台在微信粤省事小程序上线试运行，强化船舶申报及接收、转运、处置各环节全过程监管，生成的电子联单供各环节监管部门查证。贵州省在线注册码头管理单位（企业）145个，信息系统覆盖的港口码头涉及全省9个市（州），联合监管效能得到进一步提升。云南省全省港口经营人及码头系统"船E行"注册率达100%。云南省加大日常巡航临检力度，协同联合执法，推进乡镇自用船舶统一编制标识船名船号，拆解不合法船舶757艘，与自用船舶所有人签订禁止捕鱼承诺书108份。

二、建设生态航道

2018年以来，水系航道部门加强珠江航道建设生态保护和航道生态修复，大力实施生态航道建设示范工程，改善航道区域生态环境，将生态环保理念和要求贯穿于航道规划、建设、管理、养护的全过程。

（一）推动生态环保措施落实

广东省航道局大力推动航道水质保护、渔业保护等生态环保措施，投入3 150万元在西江航道扩能升级项目中建设人工鱼礁，并逐年实行增殖放流，东江、北江上延等项目在前期工作阶段开展了自然保护区、水生态影响等专题研究。广西壮族自治区以贵港至梧州3 000吨级航道工程为生态航道建设示范工程，大力开展珠江水系高等级航道生态修复工作；完成西江航运干线南宁至贵港2 000吨级航道建设项目的生态保护配套工程，开展桂平、藤县和龙圩区航道边坡植坡修复，开展贵港枢纽二线船闸边坡防护工程；广西全年共完成港口码头、航运枢纽和航道基地的绿化美化面积超过30万平方米。贵州省以格凸河和樟江旅游航道工程为生态航道建设示范工程，在工程设计理念、施工工艺、环境保护、水土保持等方面采取生态航道建设的针对性措施。贵州省都柳江从江、大融、郎洞、温寨四级航电枢纽基础设施建设工程实施前分别取得贵州省环境保护厅、水利厅环境影响报告和水土保持方案批复文件，实施过程中严格按照批复文件开展相关生态环境保护和监测工作。

（二）开展生态航道示范工程建设

珠江水系大力发展生态航道，在航道建设过程中采用生态工法、避让鱼类洄游季节、开工前驱鱼、人工增殖放流等措施，降低对环境的影响。

贵港至梧州3 000吨级航道工程于2018年12月29日开工建设，该项目根据环保、水保有关要求，在工程设计方案、施工工艺等方面对建设生态航道提出了针对性措施。

贵州省积极开展航电枢纽工程评价标准和技术指南研究工作。按照国家发展改革委要求组织编制完成《红水河龙滩水电站通航建筑物由通航500吨级船舶调整为通航1 000吨级工程可行性研究报告》，报告已经编制完成并通过审查，2019年7月17日国家发展改革委组织召开了项目专题研究会议，龙滩枢纽通航建筑物建设取得重大突破。

云南省落实水路交通绿色发展行动方案，指导右江百色库区（云南境内）高等级航道项目采用"生态优先"设计理念；依托澜沧江244号界碑至临沧港四级航道项目，开展生态航道示范，充分考虑预留鱼类通道、疏浚弃土用于坝体抛筑或边滩修复、采用扭王字块和钢丝网石笼等生态环保材料，将环境保护内容纳入各参建单位的日常检查中。

2020年，广东省在西江（界首至肇庆）扩能升级工程实施过程中，全面贯彻绿色交通理念，坚持生态航道建设，采取绿色设计思路、低碳节能优先、城市景观和谐、强化绿色施工等方法和措施，共建设护岸工程3处。广西壮族自治区积极推进以广西贵港至梧州3000吨级航道工程、贵港二线船闸工程等为代表的生态航道示范工程建设，深化生态航道设计，推广应用新材料、新技术、新结构、新工艺，实施生态护岸、生态护滩、人工鱼巢等修复措施，提高航道区域生态环境质量。贵州省完成了荔波—樟江朝阳坝上段生态航道建设，并结合湿地公园进行修复。云南省争取到国家绿色发展专项资金以加快澜沧江244界碑至临沧港生态航道示范建设。

2021年，珠江水系各单位在航道建管养实践中注重落实航道绿色养护、绿色建设理念，推广应用新材料、新技术、新结构、新工艺，在水系生态航道建设方面取得实效。广东在西江（界首至肇庆）航道扩能升级工程实施过程中，全面贯彻绿色交通理念，坚持生态航道建设；西江项目通过落实生态航道建设，在节能减排、资源节约、绿色环保、循环低碳等方面，取得了良好的效果；锦江绿色航道建设项目已经完成工可评审，正在加快推进项目立项建设。广西绿色航道建设（航道生态修复）工作持续推进，严格按要求建设广西生态航道建设和航道生态修复双示范工程——西江航运干线贵港至梧州3000吨级航道工程。2021年7月广东省交通运输厅委托广东省交通运输规划研究中心开展《广东省内河航道水上服务区布局方案研究》，要求在内河航道水上服务区的规划布局中考虑LNG加注站码头的建设需求。

2022年，珠江水系持续推动生态航道建设，将水运基础设施建设与环境保护相结合。西江航运干线南宁至贵港3000吨级航道工程拟全线按生态航道进行设计，贵港至梧州3000吨级航道工程生态护岸一期工程已完成100%，二期工程完成82.1%；柳江红花枢纽至石龙三江口Ⅱ级航道工程以生态智慧航道科技示范项目为试点，开展柳江鱼类栖息地演化模拟与评价，建设生态护岸示范工程；桂江航道（莲花大桥至桂江河口）工程连续6年开展鱼类增殖放流活动。广东省稳步推进锦江绿色航道项目。贵州省积极推进荔波—漳江生态旅游航道工程。平陆运河工程拟通过开展沿线水环境综合整治和水生态修复，实施自然岸线和生物多样性保护，建设沿河生态廊道，打造高质量建设运营、高水平保护的"生态运河""绿色运河"。

三、推进绿色港口建设

"绿色港口"是生态文明建设新理念、新思想、新战略对交通运输行业绿色发展提出的新要求，主要是指港口的建设要以绿色发展、低碳循环观念为指导，建设集资源节约型、环境友好型、污染防治监管到位于一身的新型现代化港口。

2018年交通部公布《深入推进绿色港口建设行动方案（2018—2022年）》，其中明确提出绿色港口的建设目标："2020—2022年期间，每年建成一批资源利用集约高效、生态环境清洁友好、运输组织科学合理的港口（港区），示范带动全国绿色港口建设。"但是就当前我国绿色港口建设的现状来看，仍旧存在一定的问题，通过何种政策建议解决这些问题成为当前相关人员亟待解决的重要课题。

2020年，为落实交通运输部《深入推进绿色港口建设行动方案（2018—2022年）》，水系各港航单位大力推广应用新能源和清洁能源，珠江三角洲和西江航运干线基本完成港口水平运输机械"油改电"和"油改气"改造工作。广东省印发实施《广东省绿色港口行动计划（2014—2020年）》，大力推进港口电能替代和清洁能源使用工作；广州港、深圳港、珠海港、湛江港、佛山港、肇庆港等主要港口大型集装箱码头已基本完成大型装卸设备的"油改电"技术改造。广西壮族自治区内河港口按照国家水污染防治行动计划要求，积极推动绿色港口建设相关工作，加强能耗和碳排放量控制；南宁港已逐步淘汰老式水平运输机械，贵港港采用轨道运输方式的港作机械已全部为电力驱动，梧州港采用燃油驱动的港作机械占比逐年下降。

（一）港口岸电设施建设推进

2018年，广东省加快推进港口岸电设施建设，争取到2 000万元省级财政资金用于全部内河码头泊位的岸电设施配备；广西壮族自治区在西江流域码头泊位完成32套岸电设施；贵州、云南省也在部分船舶集中的库区停靠点增加了岸电装置。

2019年，水系将已建集装箱、客滚、邮轮、3千吨级以上客运和5万吨级以上干散货专业化泊位列入岸电改造任务，逐步配套岸电设施，有序引导船舶靠港使用岸电。同时，新建码头要严格按法律法规要求同步规划、设计、建设港口岸电配套设施，同步投入使用。至2019年底，纳入岸电改造任务的135个泊位中，已有118个建成岸电设施，完成率为87.4%；广东省通过省级财政补助建设完成珠江水系内河港口岸电设施537套，除液货危险品泊位外实现了内河泊位港口岸电设施的全覆盖；广西壮族自治区已完成的内河港口岸电设施增至59套；贵州省在北盘江董箐库区部分码头建设了岸电设施；云南省部分高原库区航运基础设施工程同步建设了岸电设施。港口岸电推广应用方面，广东省出台《广东省全面推进港口岸电建设和使用工作方案（2019—2021年）》，建立了省级内河港口岸电设施使用监控云平台，重点推进港口岸电设施推广使用。广西全区内河完成13个码头泊位岸电设施的改造、建造工作，新建港口岸电设施5套。广西梧州港紫金村码头2019年已向靠港船舶提供用电服务1 422艘次，用电量3 870千瓦时。云南省在建的水富港扩能工程、滇池航运基础设施工程同步建设了岸电设施。

2020年，水系继续推进集装箱、客滚、邮轮、3千吨级以上客运和5万吨级以上干散货专业化泊位岸电设施建设，积极推动西江航运干线内河主要港口实现岸电全覆盖。截至2020年底，珠江水系已建成岸电设施255个，岸电改造完成率达189%；纳入《港口岸电布局方案》的内河港口岸电建设任务完成率为100%。广东省通过落实省级财政资金统筹补贴内河港口岸电设施建设，已投入财政资金1 903万元，实现了内河港口岸电设施全覆盖；继续推动广东沿海港口岸电设施建设。广西壮族自治区内河港口47个集装箱、干散货多用途码头泊位共建设69套岸电设施，设备总投资1 172.8万元，内河港口岸电设施改造任务已全部完成。贵州省在北盘江董菁库区、北盘江光照库区大型或典型码头增设岸电设施。云南省新建岸电设施5套，完成3个码头岸电设施的改造。

2021年，广东省内河港口岸电设施共有727套，接用岸电36 000多次，用电时长近50万小时，用电近50万度。广西北部湾港共建设了34套岸电设施，设备总容量28kVA，全部具备岸基供电能力；内河港口码头泊位共建设69套岸电设施。贵州完成光照码头、董箐码头、巴结码头、红椿码头等8个水路客运枢纽岸电设施建设和改造工作，提高船舶靠港岸电使用率。

2022年，广东积极开展内河港口岸电使用专项整治行动，加快推进岸电监测模块的优化升级，逐步提升港口岸电使用率。广东推进当年使用岸电达85.6万吨，岸电设施在全国已率先实现省级全覆盖；广西完成781艘内河船舶岸电系统船载装置建造和改造，南宁等7个内河港口新增7套港口岸电设施，当年岸电使用量达30.7万度。截至2022年底，广东、广西等珠江水系内河港口岸电设施达到728套，使用岸电116.3万度。贵州省完成22艘客货船受电设施和光照库区毛口、凉风洞等4个码头岸电设施建设改造。

（二）LNG加注等配套设施建设

为了完善LNG的使用配套，水系港航企业除在加大投入建造和使用LNG作为能源动力的船舶和设备外，同步建设LNG的加注站（场），以保障设备（船舶）的用气供应。

2018年，珠三角港口群配备了近500台LNG动力港作车，建成6座撬装式LNG加气站；广西壮族自治区全区内河港口使用LNG、电力等非燃油清洁能源的港作机械达到567台，占比为77%。

2019年广东省编制出台了《广东省内河液化天然气加注码头布局规划方案（2019—2035年）》。5月，云浮港六都LNG加注码头建成。北江清远枢纽二线船闸开始试点LNG等新能源动力船舶优先过闸政策。深圳港盐田、蛇口和赤湾等主要码头累计推广使用LNG拖车422台，建成6座撬装式LNG加气站。广州港南沙一期完成1座LNG加气站建设。广西壮族自治区交通运输厅2月印发广西西江船舶液化天然气加注站推广应用工作方案。该方案指出，到2025年基本形成以西江航运干线南宁港、贵港港、梧州港为重要节点，其他支线港口为补充的LNG加注站布局。截至2019年底，广西北部湾港务集团已完成南宁、贵港水上加气站项目选址，南宁水上加气站项目已取得市交通运输部门岸线使用的同意批复，贵港市交通运输局已启动贵港水上加气站项目工可报告编制工作。全区累计共建造完成液化天然气动力示范船26艘。

2020年，广东省推进液化天然气加注码头开工建设，建成云浮六都港"油气合一"趸船式LNG加注码头。广西壮族自治区加大对内河港口推广船用液化天然气技术的应用力度，建成梧州港扶典水上加气站，顺利推进南宁、贵港水上加气站前期工作。

2021年，广东首座中山黄圃LNG加注站于11月投入运营，首制船"达峰3001"和"中和2001"运营3个多月，LNG价格按省发展改革委公布的最高0号柴油零售价格的70%执行，共加注LNG 35.28吨，总费用为20 1941元，相对柴油节省成本86 542元。广西梧州扶典LNG加注站2021年完成220艘次船舶加注作业，共加注LNG 748.8吨。

2022年，珠江水系加快推动LNG水上加注站建设，保障LNG船舶燃料供应，优化水运行业用能结构。广东中山黄圃、清远高隆达、江门新会三座临时加注站已投入运营；肇庆新港、中山神湾、广州南沙三座临时加注站加快建设；肇庆悦城、德庆广大街（西江能源枢纽中心）、清远连江口三座固定站开工建设。广西布局南宁港、贵港港、梧州港规划LNG加注码头。2022年珠江水系共建成3座临时LNG加注站，目前，正在建设第4座LNG加注站。

（二）港口码头排污设施

珠江水系港口全面加强作业扬尘监管，推进港口煤炭、矿石码头堆场防风抑尘设施建设和设备配备。

2018年，广东省严格落实《广东省大气污染防治行动计划》，推进干散货码头粉尘污染综合治理工作，开展煤炭、矿石码头堆场防风抑尘网围闭和密闭运输系统改造。广西壮族自治区推进内河干散货码头粉尘污染治理，南宁港、贵港港、梧州港、来宾港、柳州港对煤炭、矿石码头采取安装喷淋设备、编织布覆盖等防尘措施，水泥专用码头采用更换过滤网带措施，港口粉尘污染得到有效防治。云南、贵州两省加强对港口作业扬尘的整治，对易引起扬尘污染的散货装卸和运输环节，通过采取湿法、干法、机械物理方法等多种技术措施，进行综合处理和全面防治，港口作业扬尘可防可控。

2020年，广东省继续落实《广东省大气污染防治行动计划（2014—2017年）》，已基本完成全省码头扬尘治理改造工作。广西壮族自治区全面推进南宁港、贵港港、梧州港等主要港口大型煤炭、矿石堆场防风抑尘建设和设备配备，其他港口逐步投入相应设施防尘抑尘。

珠江水系逐步建立了跨部门的船舶水污染物接收、转运、处置联单制度和联合监管制度，探索形成有效的监管合力。

2019年，广东海事局联合广东省交通运输厅印发实施了《广东省船舶污染物接收转运及处置联合监管指导意见》；广西海事局组织完成了《内河船舶污染物接收处理监管机制与能力建设研究》课题，形成了《船舶污染物转移处置监管制度》（草案）。

2020年，广东省结合实际制定船舶水污染物排放控制标准实施工作方案，通过信息化手段对各地市船舶水污染达标情况进行实时监测，进行一月一通报，一月一督促，对问题严重地区进行现场督导，6 700多艘营运船舶水污染物排放控制标准达标率为100%。广西壮族自治区严格执行船舶水污染物排放控制标准，严厉查处船舶偷排、漏排、不达标排放污染物等违法行为，督促船舶按照要求达标排放水污染物或通过接收设施上岸处置；推进内河船舶污染"零排放"品牌建设，持续巩固桂林旅游客船以及柳江市区段水污染物"零排放"建设成果，大力推进南宁邕江段船舶污染物"零排放"品牌建设。

2020年，广东海事局编制实施《船舶与港口污染物接收转运及处置设施建设方案》，加快推进船舶与港口污染物接收、转运和处置设施建设，确保船舶污染物得到合规处置。截至2020年底，广东省港口已实现船舶污染物接收能力全覆盖。广西壮族自治区南宁、柳州、桂林、梧州、贵港、来宾、百色、河池、崇左、贺州等10个设区市已完成港口和船舶污染物接收、转运、处置设施建设内容的100%；内河港口共建设完成接收设施614个，包括固定接收设施586个。贵州省共投入2 360万元专项资金用于船舶防污和港口污染物接收设施建设，印发实施《贵州省船舶和港口污染物接收设施建设参考方案》，获得经营许可证的营运码头以及30个一、二类重要码头的生活垃圾、生活污水、油污水接收设施已实现全覆盖。云南省全力推进船舶和港口污染突出问题专项整治，完成139艘400总吨以上船舶和479艘400总吨以下设卫生间船舶生活污水收集或处理装置建设改造，75个码头完成垃圾接收、生活污水、含油污水处置设施配置，建立船港防污长效机制，监管实现常态化。

2021年，广东省修订船舶污染物接受转运及处置设施建设方案，全面推进船舶污染物码头接收设施建设。至年末，广东省内河码头船舶污染物接收设施能力覆盖率达到93%，超额完成内河港口2021年底前具备50%的设施接收能力的目标。广西推进桂林漓江船舶污染防治工作三年专项行动，不断提升桂林漓江水域船舶和港口的污染防治能力。贵州省将长江经济带绿色发展专项（船舶污染治理）2020年第二批中央预算内资金用于船舶和港口污染物接收设施提能升级建设，进一步强化交通运输、生态环境、环卫和城镇排水等部门的联合监管和信息互通，完善船舶污染物"收集—接收—转运—处置"运行流程，提升联合监管效能。云南省船港治污长效推动，九大高原湖泊环保治理取得实效。

2022年，珠江水系积极推动港口及船舶污染物接收设施能力建设，船舶污染物接收量逐年提升。广东省实现348个内河码头和靠泊内河船舶的67个沿海码头100%覆盖。广西壮族自治区印发《广西400总吨以下内河船舶水污染防治改造检验实施方案》，强化船舶现场监督，加大对不达标船舶改造力度，完成2345艘400总吨以下内河营运船舶的水污染防治改造任务；南宁、贵港、梧州等9个内河港口累计建设船舶污染物固定接收设施458个；推进漓江船舶污染防治工作，严格执行"零排放"要求，对199艘防污染设备不达标船舶和13艘老旧旅游客船进行规范改造。贵州建设完善光照、红水河库区防污染基础设施7处。云南省印发《云南省"十四五"船舶污染物治理实施方案》，督促和指导各地市将船舶防污染监督检查作为日常工作开展。

四、船舶发展——绿色同行

自船型标准化政策实施以来，全水系船舶大型化效果明显，同时随着集装箱船、滚装船等专业化运输船舶的发展，船舶营运效率得到明显提高，这些都为船舶运输节能减排发挥了关键作用。水系大力规范和提高内河过闸船舶标准化水平，从而提升了过闸船舶的运行效率。西江航运干线和珠江水系"三线"过闸船舶标准船型主尺度系列两项强制性国家标准的推动，对水系船舶的节能减排也起到了重要作用。

（一）推进清洁能源船舶政策

2019年7月，广州市港务局、广州市生态环境局、广州海事局联合印发《关于广州港口船舶排放控制补贴资金管理办法》，明确补贴资金由市财政安排，资金纳入"建设广州国际航运中心扶持资金"统一管理及核算，专项用于支持港口岸电设施建设和使用、港口清洁能源设备更新改造、电能或液化天然气（LNG）船舶建造或购置、船舶转用低硫燃油等相关项目。

2019年3月，深圳市交通运输局、深圳市生态环境局、深圳海事局联合印发《关于实施船舶大气污染物排放控制区的通告》，对进入深圳港船舶提出使用低硫油及岸电等大气污染物排放控制区实施要求，并提出对使用低硫油船舶进行资金补贴。

2019年，广东省交通运输厅积极配合广东省能源局开展LNG新能源船舶推广应用工作，修改完善《广东省人民政府中国船舶集团有限公司中国海洋石油集团有限公司广东省内河船舶LNG动力改造项目合作协议（初稿）》。广东省交通运输厅印发《关于贯彻落实〈广东省内河船舶清洁动力改造有关事项会谈纪要〉有关工作方案的通知》，有序推进绿色船舶的发展。

2021年，广东印发《关于LNG动力船舶优先过闸的指导意见》《广西内河液化天然气（LNG）动力船舶优先过闸指导意见》等政策的出台，对推进珠江内河船舶LNG动力应用，加快新建LNG动力船舶和船舶LNG改造项目起到了积极作用。2021年底，广西先后公布三批具备优先过闸资格的广西内河液化天然气（LNG）动力船舶名单，LNG动力船舶从待闸到通过船闸基本能在12小时内完成。

2022年，广东持续加快部署LNG动力船舶新建和改造，推进LNG船舶优先过闸等相关工作。广西壮族自治区根据《广西内河船舶LNG动力新建改造实施方案》，推动船舶LNG动力改造可持续发展，统筹协调推进船舶LNG动力新建，形成较完善的"一干七支"内河LNG船舶运输网络。

（二）新能源和清洁能源船舶推广

2018年，水系共完成新建31艘、改建1艘，共32艘、4万多总吨LNG动力船舶，在广州建成和运营1艘2000吨级纯电动自卸内河船。广东、广西在云浮港、梧州港内已各建成1座水上LNG加气站，并完成了南宁港、贵港港水上加气站项目的备案手续。

2019年，广西海事局联合中国船级社武汉规划研究所开展桂林旅游客船油改电可行性调研，为桂林旅游客船以及其他内河船舶新能源推广使用提供技术参考。广西海事局联合交通运输部科学研究院承担的交通运输部海事局科技项目——"内河船舶污染物接收处理监管机制与能力建设研究"于2019年12月3日顺利通过验收。贵州省积极开展航电枢纽工程评价标准和技术指南研究工作。云南省积极开展新能源绿色环保船型研究与推广应用，完成《云南省高原湖泊新能源推进客船引领示范项目》前期工作。

2020年底，珠江水系内河共建LNG动力船舶31艘，其中纯LNG动力船舶4艘、LNG/柴油双燃料动力船舶27艘，集装箱船2艘、多用途船29艘，建成LNG动力船舶5艘。广东省出台《广东省内河船舶LNG动力改造实施方案》。广西壮族自治区加大对内河港口推广船用液化天然气技术应用的力度，加快推进《广西内河LNG动力船舶新建改造实施方案》研究工作，建成新能源动力船舶28艘，其中LNG动力示范船26艘，纯电动旅游客运船舶2艘。

2021年底，珠江水系已建、在建、改建和待建清洁能源动力船舶规模超过200艘。其中，LNG动力船已建成35艘、在建或改建54艘、图纸设计和送审阶段船舶148艘，纯电动客船已建成4艘、在建2艘，纯电动货船已建成1艘。其中，广西内河LNG动力船舶保有量达到27艘，广西西江航运干线已建成并投入运营的LNG动力船舶有26艘，其中4艘船舶为LNG单燃料动力系统船，其余船舶为LNG—柴油双燃料动力系统船。截至2021年底，广西辖区造船厂在建LNG动力船舶共91艘。2022年1月19日，广西首艘五星级新能源豪华游轮"桂林旅游号"正式投入运营。广东省港航集团下属广东省新能航运有限公司新建的50艘LNG动力船舶首制船"中和2001""达峰3001"两艘LNG单一燃料动力船于2021年11月2日交付使用。2021年3月11日，中国海油、中国船舶、广东省航运集团在广州举行"50艘LNG单一燃料动力船舶设计建造及供气签约仪式"，后续第二期、第三期将陆续开工建设，未来LNG单一燃料动力船舶规模将达到400艘。2021年3月30日，广东蓝海豚旅运股份有限公司投资建造的粤港澳大湾区首艘纯电动游船顺利首航。

2022年底，广东签订LNG改造合同的船舶有214艘，其中完成改造114艘，检验发证101艘；广东省港航集团新建50艘LNG动力船舶，现已全部建成并检验发证；全省共检验发证LNG单一燃料动力船舶151艘，规模位居全国第一。广西新开工建造LNG动力船舶44艘，累计建成LNG动力示范船26艘。

截至2022年底，广东省共有纯电动客船14艘、1 514个客位；珠江游在建纯电动客船4艘，其中"珠江王子"号游船核定客位486人，为国内纯电动内河游船客位之最。广西壮族自治区首艘五星级纯电力直翼推进豪华游船"桂林旅游号"于2022年1月在漓江投入运营。桂林区域内使用纯电力、油电混合或光伏电板等作为动力的船舶已超过40艘。云南省完成4艘新能源客运船舶更新建造，推动新能源技术在高原湖泊库湖区和重点航段应用推广；依托《云南省高原湖泊新能源推进客船引领示范项目》科研成果，推动大理洱海、昆明滇池纯电力船舶推广，组织征集"碳达峰碳中和"科研需求；完成《云南省零碳动力船舶创新发展研究及示范应用》项目申报；推动安宁螳螂川、文山八宝等新能源旅游客船应用；开展氢能源船舶在云南高原湖泊和库区的适应性研究，推动新能源技术在云南省水运领域的多元化发展。

五、船舶工业深度调整

随着粤港澳大湾区和西部陆海新通道建设等国家战略的深入推进，近年来珠江水运持续快速发展，珠江水系内河造船市场迎来一轮新的造船热潮，特别是两广各地的造船厂，船台供不应求。

（一）广东船舶工业基本情况

广东依托其在粤港澳大湾区、泛珠三角的区位优势，全省船舶企业主要分布在广州、深圳、中山、江门、东莞、珠海6市，年产值占全省的95%左右。广东省珠江口地区是中国的三大造船基地之一（中国的三大造船基地为：环渤海湾地区、长江口地区、珠江口地区）。

截至2020年，广东省拥有规模以上船舶工业企业74家，其中，船舶制造企业62家（金属船舶及海洋工程装备制造企业42家，主要分布在广州、深圳、江门、中山、珠海、东莞和汕头等地；非金属船艇制造企业9家，娱乐、运动船艇制造企业11家，主要分布在珠海市平沙镇、深圳市、江门市的银州湖水域），船舶改装与拆除企业6家，船舶配套企业7家。全省船舶工业从业人员年平均人数达2.57万人。

为贯彻广东省委、省政府关于推进制造强省建设的工作部署，加快培育高端装备制造战略性新兴产业集群，促进产业迈向全球价值链中高端，广东省工业和信息化厅、发展改革委、科学技术厅、商务厅、市场监管局联合印发了《广东省培育高端装备制造战略性新兴产业集群行动计划（2021—2025年）》（下称《行动计划》）。在《行动计划》里明确提出将广东省打造成全国高端数控机床、海洋工程装备、航空装备、卫星及应用、轨道交通装备等高端装备制造的重要基地，从创新能力、产业规模、企业竞争力、知识产权4个方面确定了到2025年的工作目标。

一是创新能力显著增强。在高端装备制造领域承担一批国家级项目，建成若干国家级、省级创新中心和实验室，推动一批重点领域核心技术和关键零部件取得重大突破。

二是产业规模持续扩大。到 2025 年，高端装备制造产业营业收入达 3 000 亿元以上，年均增长达到 10% 以上，其中海洋工程装备产业年均增长 18%、卫星及应用产业年均增长 20%。

三是企业竞争能力持续提升。培育一批具有国际影响力和自有品牌价值的行业领军企业和"专精特新"企业。

四是知识产权引领产业发展。形成一批关键核心领域高价值专利，知识产权成为高端装备制造产业高质量发展的重要支撑和营业收入的重要来源。

1. 广州市

广州市是广东船舶行业的核心地区，大型的船舶制造企业基本集中在广州市地域，聚集着广船国际、黄埔文冲、广州文冲修造有限公司、广东中远海运重工、英辉南方造船、粤新海洋工程等大型央企、国企和民企，以龙穴修造船基地为主的大型船舶基地。从企业属性来看，大型央企又是广州造船的主力军，央企系统 2020 年的三大指标占全省 85% 以上。

在 2020 年全省规模以上船舶工业 74 家企业中，广州市有 15 家，占 20%。其中金属船舶制造企业 11 家，占全省的 24%；船用配套设备制造企业 5 家，占全省的 50%。广州地域的造船三大指标如下：造船完工量 234.92 万载重吨，承接新船订单量 264.87 万载重吨，手持船舶订单量 495.94 载重吨。2020 年，广州地区造船三大指标造船完工量、新承接订单量、手持订单量占全国份额分别是 6.1%、9.2%、7.5%。

2. 江门市

江门市船舶企业大多数为民营企业，全省最大的民营造船企业为江门市南洋船舶工程有限公司，该公司是一家专注于万吨级灵便型散货船的现代化大型船舶总装制造企业，其产品"小灵便型散货船"在国际市场上具备较强的竞争力，市场份额居世界前列。国营企业——中交四航局江门航通船业有限公司经过多年的发展，目前已成为一家集船舶技术设计与生产设计、船舶建造与维修、重型钢结构制造与安装、机电安装等业务为一体的综合性企业，在特种船舶领域具有较强的设计及建造实力，建造过起重船、LPG 船、海洋调查船、海洋平台供应船等，一直是国内外客户首选的厂家。广东新粤丰海洋工程装备有限公司是一家专注于设计、建造、出口 150 米以下各种多用途供应船、多用途拖轮、工程船、潜水支援船、锚作拖轮、交通船等海洋工程装备，各种油船和货轮等船舶的现代化工厂。江门市海星船舶制造有限公司主要产品为豪华游艇公务船游览观光船。客船以建造 60 至 180 英尺中大型豪华游艇为主，近年来推出了全新的 56 英尺双体帆船、双体动力艇，目前在国际市场极具竞争力。

在 2020 年全省规模以上船舶工业 74 家企业中，江门市有 14 家，其中金属船舶制造企业 8 家，非金属船舶制造企业 1 家，娱乐船和运动船制造 1 家，船舶改装与拆除船企业 4 家。

3. 深圳市

深圳市是广东海洋工程装备企业集群，主要集中了招商重工、友联船厂、中集集团等海工装备龙头企业，形成规模超 100 亿元的海工装备企业集群；其中位于珠江水系入海口的孖洲岛修造船基地，以招商局重工（深圳）和友联船厂（蛇口）为龙头，年产值达数十亿元。招商局重工（深圳）致力于海洋工程装备及特种工程船舶的建造，海工建造方面招商重工继续深耕特种船市场，2020 年成功中标签约中铁建大桥局 2 200 吨起重船，与

OHT 公司签订了 NG—14000 超大型风电安装平台建造合同并于 11 月底生效，积极参与了多个海上风电场安装船和运维船的竞争角逐，成为国内外各大主要海上风电安装和运维船东不可或缺的建造商。

在 2020 年全省规模以上船舶工业 74 家企业中，深圳市有 6 家，占 8.1%。其中配套企业 1 家。

4. 珠海市

珠海市是广东战略性新兴产业基地，作为国家实施南海战略的重要支点，形成以高栏港经济区为主体的"珠海海洋工程装备产业基地"，聚集中海油、三一重工、玉柴船舶动力产业链的重要企业，形成海油开发、深海水下装备制造、海洋工程船舶制造、船用低速机等产业集群；其中平沙游艇产业区成为国内技术密集度高、产品档次高的游艇制造基地，其中以"亚光科技""江龙船艇"、外资企业"显利（珠海）造船"最具代表性。随着船舶智能化的发展，专注于无人船艇研发、生产、销售与提供行业解决方案为一体的高科技企业珠海云洲智能科技有限公司成为代表。云洲智能是中国无人船艇的开创者，掌握无人船艇自主航行、感知避障、协同控制、系统集成、平台设计等多项自主关键核心技术，并处于全球领先水平。

2020 年全省规模以上船舶工业 74 家企业中，珠海有 9 家，占 12.1%，基本是船艇企业。

5. 中山市

中山市是广东省海洋经济综合试验区主体区之一，船舶和海洋工程装备制造企业集中布局在国家火炬计划中山（临海）、神湾制造基地，引进和培育以广新海工、广东粤新海工装备中山基地、江龙船艇科技股份有限公司中山分公司等为代表的一批龙头企业。

在 2020 年全省规模以上船舶工业 74 家企业中，中山市有 10 家，占 13.5%。其中金属船舶制造企业 7 家，非金属船舶制造企业、娱乐船和运动船制造企业、海洋工程装备制造企业各 1 家。

6. 省内其他地区

广东省的造船板块除了上述珠江三角洲广江深珠中 5 市外，还有珠三角地区的佛山、东莞两市，共有 15 家。粤东沿海地区的汕头、汕尾、揭阳三市共有 5 家。粤西沿海地区的湛江、茂名二市共有 3 家。内陆珠江水系的河源市有 1 家。

粤东地区主要船企有汕头造船厂有限公司、南澳县海顺船舶修造有限责任公司、广东万聪船舶修造有限公司、汕头市濠江区达濠造船厂、汕尾市红海船舶服务有限公司等。船舶配套企业 1 家，为广东科进新材料有限公司。

湛江海滨船厂是粤西地区最大的船舶修造厂，隶属于南海舰队保障部，是国务院口岸办批准的外轮定点修理厂、国家自营机电产品进出口基地，具有中小型船舶建造资格，各种机械配件、铸件和大功率柴油机气缸套系列产品、船舶、船体结构测厚等多种业务，船厂以修理军品为主。民营企业湛江市麻斜祥和船舶修造有限公司，主要建造钢质渔业船舶；制造、修理钢质货船、工程船、油船、客滚船。

中南船舶专业制造船舶和修理船舶，是茂名地区唯一一家造船厂，也是茂名地区唯一一家有资质认可的建造钢质船舶企业、茂名市唯一得到农业农村部和广东省船检局双证"资质认可"的修造船企业。中南船舶在放鸡岛投资兴建了新的修船基地，以满足要求。淘汰落后木质渔船，提升渔船装备改造，建设钢质渔船是顺应形势发展、推动海洋渔业升级的必然趋势。

广东省船舶工业行业构成，以船舶制造为主，兼有海洋工程装备及辅助船舶制造、船艇制造、船舶修理、船舶配套产品制造、船舶设计和检测等。

1. 船舶制造

2020年，广东省拥有规模以上船舶工业企业75家，其中，船舶制造企业62家（细分为：金属船舶及海洋工程装备制造企业42家，非金属船艇制造企业9家，娱乐、运动船艇制造企业11家）。广东省船舶制造业以金属船舶制造为主，如：钢质船舶、铝质船舶，还有玻璃钢船舶。

广东省的金属船舶制造企业主要集中在广州、东莞、深圳、江门、中山、珠海一带，还有粤东的汕头、汕尾，粤西的湛江、茂名市以及内陆地区的佛山、清远一带。

主要企业有：广船国际有限公司、中船黄埔文冲船舶有限公司、广东中远船务工程有限公司、广州市南沙兴华造船有限公司、广东粤新海洋工程装备股份有限公司、广州市泰诚船舶工业有限公司、广州市顺海造船有限公司、珠海市船舶制造有限公司、东莞市南祥造船有限公司、广东凯力船艇股份有限公司、广东锐新船舶工程有限公司、广东中远船务工程有限公司、中山利德丰造船有限公司、佛山市晨希船舶工程有限公司、佛山市顺德华兴船厂、江门市南洋船舶工程有限公司、华南造船厂（江门）有限公司、江门市崖门船业有限公司、江门鸿达造船有限公司、中交四航局江门航通船业有限公司、台山市润和造船有限公司、汕头造船厂有限公司、东莞现代船舶制造有限公司、东海船舶（中山）有限公司等。

2. 海工装备

2020年，全球原油需求在新冠疫情的肆虐下出现十年来首次萎缩，石油价格战进一步打压原油价格。近两年，海洋工程装备运营市场开始复苏，海工市场依旧低迷，消除库存仍是部分企业的重点工作。未来一段时间内，尽管原油价格在疫情逐渐消退以及OPEC+协力减产的支撑下有望企稳，但运营市场仍难以顺利回归温和复苏轨道，建造市场阵痛也将进一步持续。

广东省的海洋工程装备及辅助船舶制造企业主要集中在深圳、广州、珠海、中山一带。主要企业有：招商重工（深圳）有限公司、广船国际海洋工程有限公司、中船黄埔文冲船舶有限公司海工公司、中交四航局江门航通船业有限公司、广东粤新海洋工程装备股份有限公司、广新海事重工有限公司、广东新粤丰海洋工程装备有限公司。2020年，广东省的主要海工装备制造企业有7家，由于海工装备市场持续不振，多数企业接不到订单，各海工装备制造企业主要经济指标普遍大幅下滑。

3. 船艇制造

广东省船舶工业以金属船舶制造为主，还有其他材质船舶的制造，如玻璃钢船舶以及混合材质船舶，统称为非金属船舶制造。非金属船舶制造由于材质较轻，产品以客船、游艇为主。还有娱乐船和运动船制造，与非金属船舶制造统称船艇制造。

广东省的船艇制造企业主要集中在深圳、珠海、中山、江门一带，还有粤西湛江、粤东惠来县等地。

主要企业有：深圳市海斯比船艇科技发展有限公司、珠海市琛龙船厂有限公司、显利（珠海）造船有限公司、东亚复合材料（珠海）有限公司、珠海佳航游艇有限公司、珠海杰腾造船有限公司、珠海先歌游艇制造股份有限公司、中山华斯曼利设备制造有限公司、中山凯力海工装备有限公司、广东江龙船艇科技有限公司、广东凯力船艇股份有限公司、东海船舶（中山）有限公司、广东民华游艇制造有限公司、英辉南方造船厂（广州番禺）有限公司。

4. 船舶配套

广东省现阶段的船舶配套业国产化率仍旧处于一个较低的水平，其产业规模小、产品种类少、技术档次相对较低、自主研发能力弱，在竞争力方面没有优势，远远不能满足船舶建造的需求。因此，广东的船舶配套产业发展空间巨大。

广东省大大小小的船舶配套制造企业主要集中在广州、珠海、中山、佛山、云浮市一带。

主要企业有：中船华南船舶机械有限公司、广州柴油厂股份有限公司、广州市番禺远航螺旋桨有限公司、建峰索具有限公司、广东宝力顿钢索有限公司、新胜发（佛山）船套索具有限公司、意昂科技电缆有限公司、广州番禺桥联船舶配件厂、广州市番禺海翔船舶舾装件有限公司、广州广船大型机械设备有限公司、广州市伟平船舶配套设备有限公司、广州市三泰实业有限公司、广州市美柯船舶电气设备有限公司、广州航海仪器厂有限公司、广州市研理复合材料科技有限公司、广州海工船舶设备有限公司、广州市育龙船舶配件有限公司、广州黄埔特种涂装有限公司、珠海市高创力机电设备有限公司、中山市广重铸轧有限公司、中山市港口船舶配件厂、中山市小榄船舶舾装件厂、江门市精密橡胶制品厂有限公司、佛山市隆星船舶设备有限公司、佛山安可锚链有限公司、佛山市顺德区信德船舶机械有限公司、广东广宁船用水泵制造有限公司、广东精锅机械有限公司、广东科进新材料有限公司、云浮市海洋电器有限公司、广州瑞港消防设备有限公司等。

5. 船舶修理及改装

广东省内船舶修理及改装主要集中在广州、东莞、江门市，主要的拆船企业有：江门市新会拆船钢铁有限公司、江门市银湖拆船有限公司、江门市新会区玉洲拆船有限公司、江门市中新拆船钢铁有限公司。

还有深圳市友联船厂（蛇口）有限公司、广州海明船舶维修服务有限公司、广州市番禺岭南造船有限公司、惠来县神泉渔船机械厂等船厂也承接拆船业务。

广东省的金属船舶制造企业中，还有一些重点开展船舶维修的企业，主要有：广州中船文冲修造有限公司、广州市登泰船厂有限公司、广州市恒丰船舶维修工程有限公司、中船黄埔文冲船舶有限公司、中山市金辉船舶修造厂有限公司、中山市宏鸿船舶修造有限公司、东莞市中联船务工程有限公司等。

6. 船舶设计研究和检验机构

广东省有船舶设计研究企业6家，包括中国船舶工业集团属下的广州船舶及海洋工程设计研究院、广东泰福船舶科技有限公司、广东东韵船舶设计院等；进行船舶检验工作的船舶检验机构，除了外国七大船级社外，在广东省的船舶检验机构有：中国船级社广州分社、中国船级社实业公司广州分社、广东渔业船舶检验局。

另外还有广东造船工程学会、广东省船舶工业协会等学术和行业社会团体组织。

（二）西江造船市场和船型标准化工作

自2020年以来，西江造船市场中广西新建成内河船舶433艘，同比增长70%，主力船型为4 000吨级船舶，最大在建船舶已超过6 000载重吨。西江造船市场中广东新建成内河船舶约60艘，主力船型为2 000吨级船舶。

1. 西江航运干线内河船厂

根据《国务院办公厅关于印发工业和信息化部主要职责内设机构和人员编制规定的通知》（国办发〔2008〕72号）等相关文件规定，民用船舶制造业由工信部门负责行业管理，但船舶登记、船舶检验、船舶营运等证书的发放分别在海事、船检机构和水路运输管理部门办理。2020年广东有船舶建造厂232家，其中内河船厂主要在清远与韶关，共17家；2020年广西船舶建造厂约70家，主要分布在南宁、贵港、梧州、柳州等地，其中贵港市最为集中，共有19家，船台数量达656个。因涉及用地、环保、水资源保护等相关政策，近年来广东省内无新开船厂，现有船厂也呈逐年减少趋势；广西船厂也属于限制产能行业，但由于以往核定产能过大，目前都未达到产能上限，所以当地政府对增加船台几乎不受限制，2020年底广西全区新增船台200个左右。

西江航运干线内河船厂多为民营企业，主要依靠租用河滩地、荒地、旱地作为造船生产、办公场所，在对土地进行硬化处理、添置必要的加工生产设备后即投入生产，场地多为露天，生产方式和技术水平相对落后。受场地和资金投入所限，大多数船厂通过租用或购置汽车起重机进行吊装，因此船舶建造多采用整体建造的方式；船舶下水方式多采用气囊下水，广西部分船台与河面落差较大，甚至存在"高台跳水"现象，对于船舶结构强度也有不利影响。随着船舶大型化的发展，数控等离子切割机、自动埋弧焊机、二氧化碳气体保护焊机、卷板机、弯管机等设备得到一定程度的应用，对于提高船舶建造质量起到一定的促进作用，但内河船厂整体发展水平与沿海大型船厂还存在较大差距。

2. 西江航运干线新建船舶数量及市场准入

2017—2019年广东省建造的主要内河船舶类型包括干散货船、多用途船、自卸砂船，2017—2019年在建及完工船舶385艘，其中清远、韶关两地船舶建造厂共参与建造306艘，占79.4%。广东内河船舶主要经营省内运输，仅有少量船舶需通过西江航运干线船闸。

2017—2019年广西完成内河船舶建造1 050艘，其中70%在贵港建造，主要类型为干散货船和多用途船。自2017年起广西内河货运船舶建造数量逐年攀升，同比增速均在50%左右。2020年1—8月，广西新建造内河船舶艘数已超过2019年全年，新建船舶平均载重吨也由往年的2 700吨跃升至3 260吨。广西内河船舶主要经营珠江水系省际航线，一般需要通过西江航运干线船闸。

目前国内水路运输市场普通货船已全面放开，新建普通货船不需水路运输管理部门审批，水路运输企业只需在船舶开工建造后15个工作日内向所在地设区的市级人民政府水路运输管理部门备案，船舶建造完成后取得法定检验证书、所有权登记证书以及国籍证书后可直接办理船舶营业运输证。新建客船、危险品船等仍需获得水路运输管理部门的行政许可，按照《国内水路运输管理规定条例》，在企业经营资质符合要求时，水路运输管理部门主要根据运力运量供求情况对新增运力申请予以审查，企业获得许可后，完成船舶建造办理营业运输证程序与普通货船类似。

3. 西江航运干线船舶建造质量管理与检验发证

目前内河船舶建造的质量管理体系主要由船厂内部质检和外部船检构成，船检机构签发法定检验证书明确船舶符合法规相关要求。各内河船厂虽然建有质量体系和船舶建造程序，并制定配套的生产、安全管理制度，但由于企业规模大小不一，管理水平和技术人员配备也参差不齐，部分企业的管理制度难以落实到位。

目前在广东实施船舶法定检验的机构为中国船级社广州分社，在广西实施船舶法定检验的机构为广西壮族自治区船舶检验中心。中国船级社广州分社在广东省船检体制改革之前主要开展船舶入级检验，基本形成了一套与国际接轨的船舶检验质量管控体系，对于船厂评估和船舶建造细节把控比较严格，在接手法定检验业务后，也提升了相应的质量管理水平。广西壮族自治区船舶检验中心为地方船检，人力资源有限，本身体制机制限制及业务支持能力有限，另外由于近年来新建船舶数量急剧增加，人员配备等方面难以满足需求，广西探索引入第三方船舶质检公司，协助船厂开展质检工作，对于提高船舶建造质量起到了一定促进作用。

4. 西江航运干线船舶检验质量监督

目前，船舶检验质量监督的部门为广东海事局（船舶检验管理处）和广西海事局（船舶监督处）。具体的监督管理工作由各分支局在进行船舶安全检查和船舶检验质量监督检查专项行动时开展，各分支局将检查过程中发现的涉及船舶检验质量的问题汇总至广东、广西海事局，由广东、广西海事局向相应的船舶检验机构进行通报，各船检机构根据通报情况组织对船舶进行整改。

5. 西江航运干线过闸船舶主尺度标准执行

自2012年4月1日和2013年4月1日起分别开始实施交通运输部公告的《西江航运干线过闸船舶标准船型主尺度系列》和《珠江水系"三线"过闸运输船舶标准船型主尺度系列》；2019年9月17日交通运输部印发《关于做好〈内河过闸运输船舶标准船型主尺度系列〉国家标准落实工作的通知》（交水函〔2019〕661号）进一步明确内河过闸运输船舶标准船型主尺度系列作为强制性国家标准。珠江水系各地严把市场准入关，对新建船舶从图纸设计审查、报检、发证等环节，严控新建内河过闸运输船舶的船型主尺度，自2012年4月1日起至2020年8月，广东共办理涉及过闸船舶营业运输证797艘，广西新建的过闸船舶2453艘，全部符合船型标准化系列主尺度的要求。

六、智慧珠江航运

珠江水运各交通港航管理部门、海事机构、航道管理部门和港口码头等单位，积极组织开展科研课题研究，推动科技成果转化应用，大力发展航运信息化，"数字航运"建设成效显著，高等级航道"电子航道图""智慧港口"建设稳步推进，这些都为珠江水运高质量发展提供了坚实保障。

（一）航运信息化建设

1. 珠江航运综合信息服务系统

珠江航务管理局于2013年开始启动了珠江航运综合信息服务系统工程的建设工作。在交通运输部的支持和指导下，2017年开始进入实施阶段。珠江航务管理局联合广东、广西两省（区），整合接入了西江航运干线（两广辖区）船舶、船员、航运企业、电子航道图等基础数据、业务数据、船舶 AIS 数据，以及约 800 个视频监控终端，基本形成了珠江航运基础数据库群架构，建设了 6 个基础数据库、6 个应用数据库和 1 个数据交换库，打破了一直以来珠江航务管理局信息化建设与应用"无源之水"的窘境，初步实现了航运重要基础设施、重点运载装备运行状态等数据汇聚。

2018 年，珠江航运综合信息服务系统珠江航务管理局建设项目和广东省建设项目上线试运行，珠江航运信息化发展迈出坚实步伐，"数字珠江""智慧珠航"建设取得里程碑成果。2018 年 11 月，珠江航运综合信息服务系统珠江航务管理局建设项目正式上线试运行，该项目实现了交通运输部水运局、海事局和广东省交通运输厅数据的共享，与广西交通运输主管部门的数据交换网络也已连通并实施数据交换，标志着"数字珠江、智慧珠航"建设迈出新步伐。按照交通运输部"十三五"中期调整计划的安排，开展珠江航运综合信息服务系统二期工程建设前期工作，优化提升一期工程建设内容，并将工程覆盖范围进一步扩展到云南、贵州两省。

2020 年，广东省完成珠江航运综合信息服务系统工程建设（广东省航运公共信息服务平台），为政府单位、航运企业、社会公众等用户提供航行参考图、航道视频、船货供需信息发布、航道信息服务、航运/港口企业信息、港航信息、航运法律法规、航运统计等信息服务，成为华南首个综合一体化水上信息服务系统，在全国率先实现基于空间数据库的电子航道图数据制作及地图发布服务，形成地方标准《内河航道地理信息要素分类与编码》。广西壮族自治区依托珠江航运综合信息服务系统工程，建设了"船舶吃水智能化检测与预警系统"，实现了对长洲船闸上下游过往船舶"吃水深度"的实时监测、视频证据智能化采集和"超吃水预警"自动化上报，有效保障了船舶、船闸的运行安全和通航效率，同时充分融合了电子航道图地理数据、海事的 AIS 数据、船舶检验数据、运单数据、视频监控等多种数据，实现了对于重点船舶"多维一体"的重点监测。

2. 智慧航道

随着信息化技术和数字化技术的发展和成熟，珠江水系各辖区和监管部门以信息化、数字化和智能化技术为手段，搭建起航道、港口、船舶和服务设施为一体的数字化港航系统，从而不断提高珠江水系的智慧航运服务水平。通过持续升级完善港航视频监控系统，在西江航运干线各梯级船闸、水路运输检查站、滩险桥梁、重点航段、重要码头和渡口部署视频监控设备，以及运用 CCTV 监控系统来覆盖西江航运干线重点水域，以期大幅度提升航道管理水平。

2018 年，广东省航道管理部门完成了航道支持保障系统工程配套的航道信息化硬件、航道数据中心及应用软件平台项目，完成了珠江航运综合信息服务系统工程省级电子航道图平台升级，以及广东全省通航尺度不达标桥梁实时净高显示标志（一期）建造、"广东航道通"和"东莞航道通" App 开发等项目。广东全省航道"一网"（航道专网）、"一图"（电子航道图）、"一中心"（数据中心）、"四平台"（综合办公平台、业务管理平台、电子航道图平台、运行监测平台）的信息化框架基本形成，直接实现水位遥测遥报、桥梁净高显示、船舶流量监测、视频监控和航道快速测量等应用。

2019 年，广东省航道局初步建成"一网一图一中心 N 平台"的总体框架；搭建了由航道数据中心及业务管理平台、运行监测平台、政务电子航道图平台、综合办公平台构成的智慧航道管理系统框架；开发了对内用于生产作业的移动巡检 App 和对外提供航道信息服务的航道通App。

2021年，广东省智慧航道建设电子航道图方面，完成了内河等级航道和部分沿海重点航道建设。辖区电子航道图里程4 835千米，其中4 444千米内河等级航道实现了全覆盖。完成15 154座航标遥测遥控改造和数据对接，遥测遥控航标的数量全国领先；53座桥梁净高监测终端已投入使用并接入"粤省事"平台，168座处于试运行状态。建成防范船舶碰撞桥梁隐患治理预警终端29座、船舶流量监测终端96套、视频监控终端251套、水位遥测遥报102套。在外场感知终端建设方面，实现道、标、船、闸、涉航建筑物等重要管理对象智能感知。在航道数据治理方面，初步建立航道专题数据库，数据治理，数据服务等子模块建设，推动形成航道优良数据资产，深化数据资源管理和提高应用水平，逐步建立数据价值体系，不断挖掘数据在智慧航道的价值。

2022年，广东在全国率先实现内河高等级航道电子航道图全覆盖，全年更新电子航道图818千米。初步构建航道数据分中心；形成建设、养护、管理、服务的指数可视化一张图；对航道、航标、船闸进行全面管控，实时监测全省航道的建、管、养情况，推动航道业务流程优化，促进航道作业方式的转型升级。补齐数字化感知体系，实现航标遥测遥控、桥梁净高监测、船闸环境监测等感知动态数据汇聚、分析、应用，推进多个遥控预警终端系统，完成航道四库建设，大幅提升航道要素感知及风险预警、安全应急能力。广东省智慧航道项目（一期）进入收尾阶段。

2019年，广西内河电子航道图发布平台，实现地理信息丰富、性能稳定可靠的地图服务；构建了广西壮族自治区船舶过闸联合调度系统，实现梯级船闸的统一报到、联合调度等功能。

2020年，西江航运干线贵港至梧州3 000吨级航道工程一期工程信息工程的设计方案获批同意，项目进入招投标阶段。该项目以感知设备建设为主，主要包括视频监控建设、水位监测站点建设、航标遥测遥控、无人机应用建设等。

2021年，广西壮族自治区发布编制《广西数字港航"十四五"规划》，以航道工程为依托，统筹整合贵梧、右江、柳江、来桂航道工程相关信息工程建设，推进数字港航一体化平台建设。广西"西部陆海新通道（平陆）运河智慧航道工程"作为重点工程列入《交通运输领域新型基础设施建设行动方案（2021—2025年）》。新安装了83个乡镇渡口的视频监控设备。完成了"智慧引航"调度系统全面与国际贸易"单一窗口"对接，实现了流程优化，单证精简，有效提高了整体通关时效，缩短了企业申报、录入、审批时间，提高了通关效率。积极推进数字航道建设和应用，推广水位遥测遥报、视频监控、航标遥测遥控、无人机辅助巡查等航道管养新技术的应用。

2022年，广西开展无接触船舶过闸模式，实现"一次报到、全线过闸"。全国首创开展"智慧船检"系列信息化项目建设，其中船舶检验微信平台和船舶建造检验管理系统上线运行，实现了船舶掌上报检、实时查询检验进度等便民功能。截至2022年底，广西已完成西江贵港至梧州段电子航道图266.5千米、无人机8台、视频监控摄像头36个，右江（省界至百色）段的卫星定位地基增强站3个建设。

2021年，贵州省在光照库区155艘运输船舶安装船载摄像头238个，实现营运船舶全覆盖；6座码头（六枝特区凉风洞码头、毛口码头，水城区野钟码头、高家渡码头，盘州市虎跳峡码头、娘娘山银湖码头）安装球基摄像头15个，在其他有条件安装的渡口、停靠点安装太阳能供电球机摄像头19个，重点码头、渡口已实现全部覆盖。六枝特区、水城区、盘州市监控系统已接入交通监管大屏，在六盘水市交通运输局新建监控终端大屏1套。

2022年，云南省按照《云南省交通运输信息化"十四五"规划》工作要求，完善"十四五"澜沧江200千米以上电子航道图建设目标任务。以澜沧江下游船舶动态监管系统项目为依托，梳理澜沧江四级航道建设项目中收集的航道基础信息，完善临沧港—关累港、金沙江向家坝高等级航道等电子航道图建设需求，推动重点水域电子航道图建设尽快实施。

3. 智慧港口

党的十九大以来，珠江水系港口管理及船舶检验持续推进信息化管理，不断提高监管和服务效率。通过广东省港口管理信息系统建设，实现港口经营许可管理、港口岸线规划管理、危货作业申报、港口规费征收管理等业务功能，系统用户广泛，使用效率较高。广西壮族自治区建设了广西港口危险货物安全监管信息系统、广西渡口渡船管理系统等，增强了港口和渡口管理效能。随着智慧港口的建设投产，可以进一步促进珠江水系的发展，提高港口安全运营水平，提升港口运营效率，提升港口服务质量和服务水平，进一步降低港口运营成本。

2017年9月，在粤港澳大湾区建设和海洋强国、航运强国等国家战略指引下，妈湾港母公司招商局集团为适应深圳建设全球海洋中心城市需要，启动了妈湾智慧港建设。深圳妈湾智慧港于2021年6月正式对外开放。妈湾智慧港是华南首个由传统散杂货码头升级改造并汇集自主知识产权和当前最先进的智能技术的智慧港，改造后的港区占地面积为98.36万平方米，泊位岸线总长1930米，设计吞吐能力超300万TEU，拥有5个泊位，其中3号、4号泊位是目前全球最大的20万吨级集装箱泊位，可供靠泊世界最大型集装箱船舶。妈湾智慧港通过与互联网公司合作，集招商芯、招商e-Port、人工智能、5G应用、北斗系统、自动化、智慧口岸、区块链、绿色低碳共九大智慧元素于一身。

2020年，广州港南沙四期投资70亿元建设自动化码头，建成后将成为全国自动化、无人化程度较高的码头，其中5G通信和北斗导航等技术应用走在全国前列，项目2020年工程按进度施工。2021年5月广州港南沙港区四期工程完成首艘联调实测船靠泊工作。2022年7月，全球首个江海铁多式联运全自动化码头——广州港南沙港区四期全自动化码头正式投入运行，集北斗导航、5G通信、人工智能、无人驾驶等前沿技术于一体，取得了60多项专利，其中发明专利31项。该项工程获得交通运输部第一批平安百年品质工程创建示范项目称号，是广东省唯一一个获该荣誉的水运工程项目。南沙四期是全球首个基于北斗高精度定位的智慧港口。

2021年4月28日，江门高新港正式投入运营，成为广东规模最大的智慧型内外贸内河码头、粤港澳大湾区国际化物流运输大网络的重要支点和大湾区西翼物流枢纽平台、珠江西岸地区基本实现智能化的最大内河港。江门高新港智慧码头创新点主要有：一是车辆进出闸智能化，从申请到提柜出关的全流程不到10分钟；二是吊机无人驾驶，由中控室远程操控，且操作精准度可保持在30毫米内；三是吊机派单自动化，系统按需自动派单，最大限度提升效率、降低人工成本；四是水上智慧物流平台，集装箱从进闸、装柜、报关、放行、出闸、匹配理货等，均实现了自动化管理。

2021年12月1日，宙斯科技与广西赤水港务公司（赤水港码头）强强联合正式签约船旺云港智慧港口项目，携手推动内河航运智慧化升级，打造内河智慧港口。船旺云港将借助人工智能、云计算、大数据、物联网等信息技术的全面嵌入、深度植入，实现提升码头自动化和智能化的水平，有效解决传统内河码头运作效率低、运营成本高、决策无数据支撑等问题；同时，船旺云港还将通过最新卫星技术、数字科技等智能化技术构建新一代内河码头数字操控系统，提高内河码头运作效率、降低各方面成本，以及通过大数据技术为管理决策提供科学决策支撑，从而提高内河码头的整体运营效益。

4. 智慧船闸

智慧船闸主要以梯级枢纽船闸为基础，利用先进技术，构建协调有力、运行高效、信息互通、保障安全的智慧船闸联合调度系统，动态展示多梯级船闸联合调度过程，实现船闸智能监测和集中管控、推进实现船闸无人值守，大幅降低船舶过闸平均等待时间，降低综合社会成本。

2022年，梯级船闸联合调度的"珠江经验"全面进行推广，西江流域12个梯级19座船闸、北江流域15个梯级21座船闸均实现智能联合调度，规模达到全国第一。

广东主要依托北江船闸集控中心，实施船闸集中控制与联合调度，实现LNG清洁能源船舶过闸管理、锚泊调度管理等工作，也是第一个实现排闸全自动能力"指尖办"的省份。

广西壮族自治区以西江集团广西西江船闸运行调度中心为平台，推行"三统一分"的船闸通航管理模式，即"统一报到、统一调度、统一信息发布、分开运营管理"，实现了长洲、桂平、贵港、西津、邕宁、老口、金鸡滩、鱼梁、那吉、红花、桥巩、大藤峡12个梯级19座船闸的统一联合调度；推行"四统一"的船闸通航管理模式，即"统一报到、统一调度、统一信息发布、统一远程集中控制"，实现了那吉、鱼梁、贵港、桂平、长洲、金鸡滩共6个梯级9座船闸的联合调度。广西西江船闸运行调度中心规范细化船闸联合调度运作机制、调度规则、工作流程，提升"不离船、不靠岸的远程报闸和自动缴费""一次报到、全线过闸"功能应用服务能力，推进西江流域船闸服务短号"96336"品牌建设，不断提高船闸运营服务品质。

（二）海事监管信息化建设

2018年，广东海事局试用广东智慧海事监管平台。该平台是按照交通运输部海事局2018年工作部署，推进智慧海事建设，提升现场监管和应急指挥能力而开发的。该平台通过数据互联互通能够实现珠江水域上下游海事监管、港建费稽查联动，便利行政相对人。因两广同属珠江水系和海事监管模式相同，已将其推广至广西梧州海事局试点使用。广西海事局开展智能化监管实践，开工建设西江干线海事综合监管服务系统工程。工程主要建设内容为建设12座雷达站和3座管理中心；在广西海事局已有视频监控系统架构和平台的基础上，补充建设91个前端视频监控站点；建设海事监管平台系统，将各类监管系统的数据进行接入、整合、处理、展现，提供视频监控、监管服务、基础通航环境信息、水文气象、船舶航行密度等服务。

2019年，广东海事局利用智慧海事对外推广完善契机，加强与广西海事局、海南海事局在信息共享、业务协同、数据互动等方面的合作。在海事局一级数据中心的支持下，建立区域性大数据分析应用机制，主要通过整理完成规费 200 张数据表的分析工作，与广西海事局、海南海事局等单位实现了数据对接，搭建了"粤桂琼"区域海事大数据应用平台，进行港建费及港口数据交互协作对接，实现规费数据、安全监督系统数据互见和水上交通数据的追溯跟踪，为区域海事综合监管提供强有力的信息服务。广东海事局推动珠江口 VTS 升级改造工程和粤东、粤北 CCTV 补点建设工程两个项目全面实施。完成海事船舶检验信息管理系统升级建设和船员考试系统改造工程建设，全面实现船员考试电子化、无纸化。

2019 年，广西壮族自治区建成西江干线海事综合监管服务系统并投入试运行，海事监管平台系统综合接入 AIS 船舶动态监控系统、小型雷达系统和视频监控系统采集的数据，与广西海事局沿海监管平台系统形成区位监管互补，与 AIS、小型雷达、CCTV 等设施设备形成功能互补。建成并应用了广西海事局内河桥梁防碰撞预警系统。完成直属海事系统船员考试系统改造工程，逐步完善船员考试设施和环境，构建集船员考试组织、现场监督与服务、设备维护和管理一体化的船员考试中心。

2020 年，广东海事局推进海事局监管指挥系统工程、粤东粤北视频监控系统补点工程实施。广西海事局完成了内河甚高频通信系统改扩建工程的前期工作，工程进入实施阶段。西江干线海事综合监管服务系统工程基本实现了船舶自进辖区到出辖区的全过程全要素海事信息化监管，深度推进了智慧海事在西江干线水域的应用，提高了海事监管与服务的智能化水平。

2021 年，广东海事局深入推进智慧海事 2.0 应用，建成"珠江水系内河船舶船员航线考试系统"，升级船舶管用养修信息化系统。随着监管指挥系统的稳步运行和各分支局卡口的逐步上线，珠江水系"天眼"系统雏形初现。截至年底，肇庆、佛山、中山、清远、东莞、江门共 39 个卡口全部汇聚完成，对航经船舶进行不间断抓拍和智能研判，完成了对违规关闭 AIS 船舶的智能监管。

2022 年，广东海事局印发《推进全要素水上"大交管"实施工作方案》，推进水上"大交管"两级架构有效运行。建立电子监管区 115 个，VTS 覆盖区内电子监管区 33 个，部署 CCTV 共 551 支，卡口 48 套，月均处置异常 1 100 宗，实现重点船舶"主动预见""一船全景""一局全景"。

2022 年，广西海事局启动西江干线船舶安全监管与服务提升工程项目建议书编制工作，拟在西江干线及主要支流水域补点建设 VHF 基站、CCTV 监控点，同时升级完善智慧海事平台，建设西江干线船舶交通管理中心业务用房和配置操作终端，有效推进业务协同和大数据综合应用，汇聚和融合应用涉水行业数据与企业数据，实现视频监控、AIS、船舶过闸调度、北部湾港港口综合调度等要素数据共享利用。

2022 年，云南省地方海事局加快推进全省重点码头、渡口监控视频上云工作，将各州市"三年行动"计划建设的监控资源纳入范围。目前已完成昆明、文山等重点港口码头、渡口部分视频监控点的上线工作。

第六节　珠江航运服务提质增效

党的十九大以来，珠江水系交通管理部门坚持规划引领，聚焦重点领域，深化行业治理，不断推动珠江航运治理体系现代化建设，在提升水运行业治理能力、管理制度建设、市场监督检查机制以及成效等方面得到持续改进。

一、水路运输管理

珠江水系各级地方政府和监管部门加强水运建设市场管理，开展水路运输及辅助业年度核查和水运工程建设市场秩序专项整治工作，完善水运建设市场管理制度，出台水运建设市场监管和服务秩序相关规定，形成长效管理机制。同时在优化行业营商环境建设、优化提升港航管理部门服务效能，以及推进海事监管部门政务服务标准化、规范化、便利化等方面都取得了一定的实效。

（一）水路运输市场监管与服务

水系港航各级监管部门以服务为宗旨，加强水运建设市场管理，完善水运建设市场管理制度，健全市场监督机制，严格市场准入，规范基本建设程序，强化招标投标监管，做好水运工程建设市场信用信息管理工作，推进信用体系建设。同时加强水运建设市场督查，有机结合水运建设市场和施工质量安全专项检查等督查工作，组织项目建设单位自查、开展省级抽查督查以及督查整改。

1. 开展水路运输及辅助业年度核查工作

2019年，广东省印发了《广东省水路运输市场信用信息管理实施细则（试行）》，出台了《广东省水路运输"双随机、一公开"监管工作细则》，实施《广东省水路运输重点企业联系制度》，印发了《广东省交通运输厅关于开展交通工程建设领域专业技术人员职业资格"挂证"等违法违规行为专项整治工作的通知》。

广西壮族自治区组织开展了2019年水路运输及辅助业年度核查工作。各级水路运输管理部门对全区水路运输及辅助业经营人实现100%上门核查，重点对部分经营者经营资质条件不达标、违规经营行为等问题进行整顿，加大对广西水运市场秩序的治理力度。自治区严格落实水路运输行政许可准入条件，开展省际普通货物水路运输经营许可工作，积极引导航运企业开展运输结构调整工作，指导全区内河各市深入开展内河非法码头整治工作，联合各相关部门对辖区内276处无证非法码头进行了全面排查，开展了水运收费大检查，对国内水路运输相关行政许可项目进行规范清理工作。

贵州省开展水路运输及其辅助业核查工作。全省应核查水路运输经营业户425户，共核查水路运输经营业户358户。相关信息录入百分比达到95%，数据归集已经覆盖本省份所辖市（区）；水路运输市场监管工作，全省水路运输企业共有112家，其中有6家水路运输企业自有船舶运力未达到最低限额100客位以上，31家水路运输企业海务机务管理人员未达到配备标准要求。

2021年，广东省交通运输厅采用"双随机—公开—函告"的方式开展行业管理抽查、巡查；通过严查危化品水运企业超范围经营行为；加强旅客实名制落实情况的监督检查；督促航运企业按海事要求严格遵守桥区水域水上交通安全管理规定；强化相关事故或险情等安全警示教育和船员培训；规范桥区水域驾引行为。

广西壮族自治区加强对水运市场秩序治理，召开广西水运市场秩序专项治理工作研讨会。根据《交通运输部办公厅关于开展2021年国内水路运输及其辅助业和国际船舶运输业核查工作的通知》要求，组织各地市开展国内水路运输经营人及辅助业务年度核查工作，严格加强对经营资质不达标、只租船舶管理不到位进行核查治理。

2. 开展水运工程建设市场秩序专项整治工作

2019年，广东省交通运输厅组织督查工作组重点对地市交通运输（港务）主管部门市场从业主体资质管理、基建程序把关、招投标监管、信用管理、市场督查、"未批先建"工程及清理规范工程领域保证金等专项治理情况进行了抽查。广西壮族自治区认真开展保障农民工工资支付工作、水运工程建设市场秩序专项整治工作，与相关企业成立了保障农民工工资支付专项工作领导小组，确保了农民工工资支付工作落到实处。贵州省重点对清水江平寨航电枢纽工程、乌江渡库区航运建设工程等项目开展水运建设市场制度建设和执行、市场监管、信用体系建设、水运建设领域交通扶贫，以及农民工工资支付保障专项工作进行抽查。

2021年，广东省交通运输厅针对内河砂石船舶涉海运输问题，成立了以分管厅领导为组长的内河船舶涉海运输工作专班，建立了广东省砂石装卸码头信息数据库，形成了内河船舶非法从事海上运输处罚清单销号管理机制；配合执法部门查处液化危险品船超范围经营，开展专项安全检查。广西开展内河船舶超航区航行、超范围经营行为专项治理和港口码头非法经营专项整治工作。贵州省根据《贵州省交通运输厅关于开展2021年公路水运建设市场"双随机、一公开"暨优化交通建设市场营商环境专项检查工作的通知》《贵州省航务管理局关于开展全省水运工程建设市场自查的通知》的要求，开展全省水运工程建设市场自查及专项检查工作。

3. 完善水运建设市场管理制度

2020年，珠江航务管理局全面推进珠江水系及琼州海峡市场监管领域"双随机、一公开"抽查，优化交通运输营商环境，提升企业和群众获得感、满意度。全年共派出检查人员22人次，抽查2个水运建设项目、11家企业及14艘客货船舶，全面完成抽查检查任务。对抽查中发现的各类问题做好后续监管衔接，要求抽查对象限期整改、报送整改情况报告，同时要求地方交通运输主管部门进行复核。

广东省交通运输厅持续完善水运建设市场管理制度，健全市场监督机制，严格市场准入，规范基本建设程序，强化招标投标监管，推进信用体系建设，促进水运建设项目高质量发展；印发《广东省交通运输厅关于贯彻实施〈国内水路运输管理规定〉等有关事项的通知》，下放省际普通货船运输经营许可，明确海务、机务管理人员等要求，以及托运人身份检查和托运货物登记信息等事项。

广西壮族自治区交通运输厅持续开展在建工程项目违法发包、转包或违法分包"三包一靠"等违规行为检查，规范工程建设领域市场秩序，从市场秩序源头上治理欠薪隐患；组织开展水路运输及辅助业年度核查工作，各级水路运输管理部门对全区水路运输及辅助业经营人实现100%上门核查，重点对部分经营者经营资质条件不达标、违规经营行为等问题进行整顿，加大对广西水运市场秩序的治理力度。

贵州省交通运输厅组织开展水运工程建设市场自查及专项检查工作，水运工程项目建设程序执行基本到位、招标投标和设计变更等管理基本规范，工程安全、质量整体处于受控状态；全面推进主要通航水域运输船舶标准化工作，促进运输船舶向大型化、专业化、标准化、绿色化发展。

云南省交通运输厅依托"互联网＋监管"平台，建立常态化监管数据归集共享机制，组织开展"双随机、一公开"检查；加强信用体系建设，完成《云南省水路运输市场信用管理办法》。

2021年，为确保水路运输市场、水运建设市场监管和服务秩序，四省（区）陆续出台相关规定，维护水运安全，理顺相关各方权责，形成长效管理机制。广东省交通运输厅印发《广东省交通运输厅关于开展水运行业安全生产隐患排查治理专项督查的通知》。贵州省根据《交通运输部〈水运工程设计和施工企业信用评价办法〉（试行）》印发《贵州省交通运输厅关于印发〈贵州省水运工程勘察设计、施工及设备安装企业信用评价实施细则（试行）〉的通知》）和《公路水运工程监理信用评价办法》。

（二）行业营商环境建设

珠江水系各级地方政府和监管部门推进航运业"放管服"工作，简化办事流程，方便港航企业办理业务，提高了工作效率。珠江水系各级港航单位聚焦人民群众急难愁盼问题，聚焦长期未能解决的历史遗留问题，将一批民生实事办到了百姓心坎里，推动"我为群众办实事"实践活动取得扎实成效。

1. 港航管理部门优化提升服务效能

2018年，广东省取消了港澳航线运力指标"退一进一"政策，启动《广东省水路运输管理条例》立法工作。广西壮族自治区拟定广西水路运输市场信用信息管理实施细则，完成《广西水路运输结构调整调研情况的报告》。贵州省出台《贵州省通航设施管理办法》，将《贵州省水路交通管理条例》列入2019年立法计划。云南省将《云南省水路交通管理条例》列入2019年立法计划，完成《云南省小型客船运输管理办法（代拟稿）》上报工作。

2021年，一批港航建设项目、通航保障和畅通工程等陆续开工或完工，极大地改善了港航业的营商环境，推动了珠江水系区域经济的发展。珠江上游龙滩1000吨级通航设施建设项目前期工作取得突破性进展，项目建成后将打通西南水运出海中线通道，惠及流域内1500多万名沿江群众。西江航运干线88个桥区水域航道完成安全风险隐患排查，为切实保障人民群众生命财产安全和水运通道畅通奠定坚实基础。珠江水系内河货船恢复航行珠海高栏港，大大缓解了企业江海联运运力"焦虑"。

广东省交通运输厅制定规范性文件《广东省交通运输厅关于贯彻实施〈国内水路运输管理规定〉等有关事项的通知》，下放省际普通货船运输经营许可到地级市水运主管部门，将"经营国内船舶管理业务审批"委托地级以上市交通运输主管部门实施；推进电子证照，接入企业商业登记信息，实现了《国内水路运输许可证》《船舶营业运输证》电子证照推送和《营业执照》《身份证》电子证照接收；全省推广"容缺受理"办理业务和"承诺制"办理《船舶营业运输证》等优化水路运输业务办理措施。航道审批事项已上线广东政务服务网运行，实现了网上审批，实现了申请人最多跑一次；改革了以往"一河一事"的审核模式，采用项目整体审核方式，减少了审核数量，提高了工作效率。

自 2022 年 8 月 10 日起，珠江航务管理局办理的珠江水系省际散装液体危险货物水路运输许可、西江航运干线省际旅客水路运输许可事项启用电子证照，可在"水路运输建设综合管理信息系统"显示及校验，也可通过扫描证书二维码核验。该举措进一步优化了"发证、亮证"流程，切实提高了办证效率，为"不见面审批"等政务服务提供了有力支撑，惠及水路运输企业和从业人员。

2.海事监管部门推进政务服务标准化、规范化、便利化

海事监管部门积极推进政务服务标准化、规范化、便利化，通过政务平台前置化、综合化、基层化等措施，提高为群众办事便捷度，提高了海事政务服务重大国家战略的能力和水平。

广东海事局关注群众急难愁盼事项，完成办实事清单任务 242 项。推动国内首单船员技能提升补贴落地；落实船舶审核"全国通办"；试点船舶买卖转籍便捷登记；新增 1 个内河一类船员实操考场、2 个内河 LNG 动力船舶船员培训点；开设"处长接待日"；建成 6 个"幸福船员小屋"；积极开展水上安全知识"六进"活动；向社会救助力量发放国家海上搜救奖励金 66 万元。为克服疫情影响，开展各类船员考试 4.3 万人次，同比增长 33.2%；签发船员证书 5.7 万份，增长 60.0%。

广西海事局实施"一件事一次办"改革，由单一事项"最多跑一次"升级为"一件事一次办"套餐式服务。持续推进政务服务标准统一，实现同一事项无差别受理、同标准办理。逐步在辖区内推广设立无差别综合受理窗口，逐步消除窗口的所属业务领域概念。着力打造立体式政务服务，推进实体大厅与网上大厅融合发展，推动实体大厅向一体化政务服务平台、移动客户端、自助终端延伸布局，打造立体式服务模式。加强基层政务窗口建设，逐步建立海事政务 24 小时自助服务区。大力推进国际贸易"单一窗口"建设，实现北海、钦州、防城港、贵港、梧州、柳州水运口岸全覆盖。

二、航道管理与养护

珠江水系航道管理部门扎实做好航道养护工作，强化春运和重点节假日期间航道保畅通工作的组织落实，推进航标标准化建设和船闸统一管理，强化养护船舶管理，确保航道、航标、船闸、船舶等各项养护指标达到规范，航道安全畅通保障水平不断提高。

2018 年，经交通运输部珠江航务管理局、水利部珠江水利委员会、南方电网公司、南部战区军事代表处、广东省交通运输厅、广西壮族自治区交通运输厅等部门协商一致，建立西江航运干线通航保畅机制，进一步加强西江航运干线航道通航管理工作，推动西江航运干线通航保畅工作制度化和程序化。

2018 年，广东省全年共完成航道维护疏浚 470 万立方米、航道测量 1 800 千米，增设、改造航标和指路牌 116 座（处），新建、技改养护船舶 17 艘。广西壮族自治区严格按照国家有关航道标准，规范开展航道航标维护工作，确保内河主要航道在设计最低通航水位时通航保证率达 100%，航标维护正常率高于 99%，航道安全畅通，无航道、航标责任事故。贵州省加强航道管养工作，全年对重点航段及航道设施、通航建筑、抬网及网

箱、跨河建筑物、临河建筑物等进行了全面彻底的排查，航道维护水深年保证率、航标维护正常率均达到养护技术规范要求。云南省深入开展航道巡查、航道维护疏浚、航标维护工作，加强航电协调，提升通航保障能力，重点航段通航保证率达90%以上。

2019年，广东省全年共完成航道维护疏浚500万立方米，完成航道测量1 100千米，增设、改造航标和指路牌130座（处），新建、技改养护船舶18艘。广西壮族自治区制定《桥区水上航标接收工作方案》，依法做好桥区水上航标的管理维护；组织长洲水利枢纽船闸通航保畅协调会。自2019年5月31日起，那吉航运枢纽、鱼梁航运枢纽、金鸡滩水利枢纽、老口航运枢纽、邕宁水利枢纽、西津水利枢纽6个梯级船闸开通昼夜通航，全面实现右江、西江航运干线昼夜通航。贵州省对南盘江、北盘江、红水河及潕江共完成整治建筑物观测10 472平方米，航标维护30 677座，保障航道安全畅通。南盘江、北盘江、红水河、潕江全年航道维护水深年保证率均达到97%，维护正常率均达96%以上。

2020年，广东航道系统全年完成维护疏浚400万立方米，航道测量900千米；全年新增、改造航标和指路牌155座；做好船舶建造和管理工作，全年新建、技改各类船舶9艘次，巡标快艇3个系列船型的设备配置基本定型。广西壮族自治区内河主要航道全年设计最低通航水位以上航道通航保证率达到100%，航标维护正常率高于99%。贵州航道管理部门完成北盘江、南盘江航道应急疏浚、漂浮物打捞、边坡坍塌等应急抢通工作。云南加强重点航段航道巡查，采取航道疏浚、清障等养护手段保障重点航段通航保障率达95%以上，加大水域环境整治力度，保障航道通航安全、环境安全。

2021年，广东航道部门全年共完成高等级航道测量510千米，航道疏浚300多万立方米，航标维护正常率达100%；北江船闸全年通航保证率达98%以上。贵州全年开展24次巡航检查工作，共出动巡查人员75人次；全年发放宣传资料3 680余份，现场宣传1 500余人次；强化应急演练和技能培训，全年开展应急演练、技能培训10次；2021年开展疏浚工作两次，确保航道安全畅通。云南省实施管养并举，重点航道安全畅通；航道管养得到加强，争取到部省航道养护及应急抢通资金1 300余万元，开展航道维护清障疏浚，重点航段通航保障率达95%以上。

2022年，广东全年共完成航道疏浚约90万立方米，航道测量705千米，养护管理公用航标4 303座，保养检查37.4万座次，调整591座次，修复1 093座次；在西江、东莞水道、沙湾水道等航道增设航标和指路牌32座，更新改造航标105座次。广西西江航运干线段航道维护里程565.6千米，全年设计水位以上通航保证率和航标维护正常率均为100%；航道主管部门依据《广西壮族自治区船闸管理办法》，对船闸建设和船闸运行进行监督管理，保障船闸正常运转。贵州不断强化航道养护工作，投入养护经费568万元，重点做好航道疏浚工作，近三年疏浚工程量总计81 500立方米，其中南北盘江红水河47 632立方米；完成省管通航河流航标维护13.5万座天，航标修复及调整556座，司挂信号8 353次，南北盘江红水河航道维护水深年保证率达到94%以上、航标维护正常率达到95%以上。云南省全年争取到中央界河航道维护经费780万元，省级航道及渡口养护专项补助经费310万元，开展重点航道巡查53次5 858千米，确保重点航段通航保障率在95%以上。

三、海事管理

珠江水系四省（区）海事管理部门创新监管模式，提升安全监管水平，在内河船舶管理、航运公司管理、船员管理、通航管理等方面继续保持稳定态势，为水系水运经济社会的稳步发展提供了有力保障。

2018年，广东海事局开展船舶进出港报告专项整治行动，推动建立船舶联合登临检查机制，完善船舶现场执法类履职标准；提出加强广东省内河船员管理的建议和措施，开展内河船上培训试点，牵头完成《内河船舶船员培训大纲》编制工作，研究制订《珠江水系内河船舶配员标准》。广西海事局提出"枢纽船闸＋现场综合执法"的现场监管模式，简化行政审批，推进船舶进出港报告差异化管理，率先制定印发《广西海事局内河航行船舶进出口报告规则》；组织修订《航运公司检查指南》，开展体系内海船公司交叉检查，规范航运公司安全管理信息系统使用，建立并完善航运公司管理数据库。

2020年，广东海事"平安三江"共建共治圆满收官，与建设前相比，西江水域事故下降54.2%，北江下降33.3%；深入推进"攻砂"行动，坚决遏制涉砂船事故多发势头。广西海事开展水上交通安全风险辨识、评估、管控工作，开展"排查整治进行时"专题活动、"三无"船清理整治，重大风险隐患得到有效防范化解。贵州海事以客船、渡口船、乡镇自用船、客运公司等为重点监管对象，针对不同船舶运行特点细化监管措施，强化现场监管，不断提升安全监管水平。云南海事持续推进信息化及应急搜救能力建设，实现水上巡航救助一体化；深入开展"平安工地""品质工程"、质量安全红线行动等活动，全力打造水上安全发展新格局。

2021年，各地交通和海事部门强化制度建设，对航运公司监管服务水平进一步提升。广西交通和海事部门全面清理公司管理和规范性文件，印发《航运公司安全与防污染监督管理实施办法》，编制《航运公司安全与防污染活动监督检查项目表》《非体系航运公司安全管理制度范本》及《航运公司安全管理体系审核典型案例汇编》；落实审核工作、现场督查和审核质量后评估制度，进一步规范审核发证工作；深化信用管理，开展辖区航运公司信用等级评估；推行公司管理业务"不见面"办理，审核发证实行"网上办"，助力辖区航运公司复工复产；广西航运公司主管部门优化服务举措，开展"三推动二督促一指导"工作，帮扶航运公司实施体系化、制度化管理。

2021年，珠江水系海事部门继续加大对船员的管理力度，通过修订和完善相关管理制度、加强指导服务、加大监管力度和严格监督问效等方式，持续提升船员素质。通过对珠江水系内河船舶船员基本情况、船员培训、航运公司管理、船员管理、社会公共服务和船员职业保障等方面的全面调研，增设考点、扩大培训规模、落实国家相关政策，便利船员就近参加考试，降低船员参加培训考试的成本，增强船员就业意愿。加强对船员的动态监管，有针对性地开展了船员履职现场检查，加大对违法船员的记分力度。

2021年，广东海事局组织开展辖区划定，初步确定了全局辖区划分方案，完善监管指挥系统海事管理辖区划分，公布了《广东海事局辖区内河通航水域》。广东海事局与广东省航道事务中心建立工作协调机制，通报水上交通管制信息、航道维护信息、船舶碰撞桥梁事故（险情）信息，强化信息化共享，将航道部门公布的桥梁净空高度信息接入海事局，互通桥梁卡口视频信息。广西海事局服务西部陆海新通道、珠江—西江经济带等重大战略的实施，在航道枢纽的运营开通、简化审批手续和安全监管保障等方面持续发力，保障大藤峡水利枢纽船闸的开通运营，助力长洲水利枢纽船闸年过货量突破1.5亿吨。

第七节　航运科教文化建设

珠江航务管理局积极组织开展珠江片区"中国航海日"活动，奏响珠江航运蓬勃发展主旋律，弘扬珠江水运发展正能量。找准精神文明创建活动与航运事业发展的契合点，持续打造航运优秀文化品牌和先进文化，树立先进模范和典型，弘扬爱岗敬业、无私奉献精神。

一、航运文化

第十三届（2018年）【云南·昆明】。2018年7月19日，第十三届珠江片区"中国航海日"活动在云南省昆明市晋宁区举行。随着一声汽笛声鸣响，几位"船长"缓缓转动船舵，七艘航船从古滇码头驶向滇池，也拉开了以"走进郑和故里，弘扬丝路精神"为主题的2018年珠江片区"中国航海日"活动。活动在郑和故里、滇文化的发祥地——晋宁区举行，旨在纪念郑和下西洋，大力弘扬郑和航海精神。此次活动由交通运输部珠江航务管理局、云南省交通运输厅、广东省海员工会、昆明市晋宁区人民政府主办，云南省航务管理局、昆明市晋宁区文体广电旅游局承办。珠江水系四省（区）向郑和纪念馆捐赠船模。

第十四届（2019年）【广东·肇庆】。2019年7月18日，第十四届珠江片区"中国航海日"活动在广东省肇庆市举行。活动主题为"推动航运业高质量发展，助力粤港澳大湾区建设"。活动上，共有15家企业向珠江水系四省（区）的7所院校120名学生捐出超过50万元的助学金。同时还举行了西江港航发展研讨会、嘉宾"走进肇庆"西江调研等丰富活动。

第十五届（2020年）【线上】。受新冠疫情影响，2020年珠江片区"中国航海日"活动首次采取"互联网＋"的形式举行，广东、广西、海南、贵州、云南等省（区）相关部门负责人云在线相聚，共商疫情防控常态化下珠江水运发展。本次活动以"携手同行，持续发展"为主题。作为活动的重要内容，航运"微论坛"邀请交通运输部门、工会、院校领导和专家，共同探讨疫情防控常态化下水运行业发展的"危"与"机"，为行业发展指引方向。活动还通过微信、网站等线上平台宣传我国的航海文化和航海精神，展示珠江水系和琼州海峡"十三五"水运发展成就。本次活动继续开展捐资助学，向广东海洋大学、广州航海学院、广西交通运输学校、云南交通运输职业学院、贵州交通职业技术学院的100名航海相关专业贫困学子提供捐助，并开展定向资助项目。

第十六届（2021年）【线上+线下】。2021年7月8日，由交通运输部珠江航务管理局牵头举办的2021年珠江片区"中国航海日"活动，采取"线上+线下"的方式举行。2021年是中国共产党成立100周年，也是"十四五"规划开局之年，珠江片区"中国航海日"活动以"传承百年志，开启新征程"为主题，旨在弘扬革命精神，传承航海文化，凝聚发展力量，为珠江水运"十四五"发展开好局、起好步营造良好氛围。此次活动邀请了交通运输部珠江航务管理局，广东省海员工会，广东、广西、贵州、云南及海南交通运输厅、港航管理部门、航运院校、航运企业等专家、代表出席线上"微论坛"，共同分析珠江水运发展态势，解读相关政策，展望"十四五"规划和发展蓝图，为珠江水运高质量发展指引方向。作为航海日系列活动之一的"寻红色足迹，看珠江巨变"专题活动火热进行。从珠江源到出海口，贯穿珠江沿线省（区），沿着红色足迹，挖掘和梳理属于珠江流域的"红色记忆"，呈现珠江航运蓬勃发展态势，弘扬珠江水运发展正能量，向建党100周年献礼。

第十七届（2022年）【广东·广州】。2022年7月8日上午，以"畅通珠江水运大通道，助力绿色航运大提升"为主题的2022年"中国航海日"珠江片区活动以"线下+线上"的方式举行。线下活动在广州航海学院进行，广西、贵州、云南、海南四省（区）以线上方式参加活动。贵州省交通运输厅领导作交流发言，省交通运输综合行政执法监督局、省地方海事局党委书记蔡光莲以及厅航务处、省地方海事局、省航电开发投资有限公司、贵州航海学会代表约20人参加线上活动。本次活动以五省（区）交流发言为主线，通过捐资助学、书法摄影大赛获奖成果展示等方式，将活动推向了高潮并取得圆满成功。

自2008年珠江航运事业发展基金会设立"珠江航运奖学金"和"珠江航运助学金"以来，每届"中国航海日"珠江片区活动都会举行捐资助学活动，至今受资助对象已逾2000人，总资助金额700多万元，惠及珠江沿线四省（区）优秀及贫困学生。

二、科技创新与科学研究

珠江水系各交通主管部门持续加快科技研究和创新，积极开展科研项目研究，不断推进重点领域的标准、规范研究和制订，推广珠江水运科技运用的先行典范。

2018年，珠江水系先后开展了《珠江水运清洁能源推广应用研究》《珠江水系内河船员现状分析及发展研究》《珠江水运服务粤港澳大湾区建设发展专题研究》和《珠江水系水运—扶贫—旅游协同发展研究》等科技项目研究，成为珠江水运科技推广运用的先行典范。

2018年，珠江航务管理局配合交通运输部开展《全国内河航道与港口布局规划》修订工作，完成《珠江水运发展规划研究》。广西壮族自治区加快推进《西部港口物流枢纽运营组织与流程控制技术研究及示范应用》课题项目成果的推广应用；以广西企业为依托单位申报的"广西船联网工程研究中心"经广西科技厅批准组建，在北斗应用方面实现了广西企业自治区级创新平台零的突破，广西企业北斗科技创新工作迈上新的台阶。贵州省开展的《峡谷河流超高水头梯级水运通道开发关键技术研究及应用》，是贵州水运交通历史上第一个重大科技专项。云南省开展《云南省重点通航水域立体监管关键技术研究与应用示范》研究，并取得库区旅游客船和滚装船船型论证研究等课题成果，推动在重点库区建造柴电混合、全电力、甲醇燃料等新能源绿色环保船舶；云南省还开展了《云南省小型船舶标准化技术推广应用》《高原库湖区船舶标准化系列研究》为代表的一批船型研究科技项目，形成17种标准化船型，为船型开发打下了良好的技术基础。

2019年，广东省推进了《广东智慧海事2.0版》《平安交通》《海事之眼》《现场履职系统》《广东省航道建设管理体制研究》《广东省航道工程BI米技术体系研究》《基于数字航道的智能服务技术研究》等科研项目,并积极参与万里碧道建设、西江增殖放流等、北江上延等工作。广西壮族自治区从"互联网＋港航"一体化平台入手,涵盖了综合政务子平台、航道管理子平台、港口管理子平台、船检管理子平台、视频监控子平台、公众服务子平台等框架,并制定了未来三年的广西港航信息化建设项目库。贵州省完成《赤水河中上游浅水船舶标准化系列化船型研究与应用》《贵州省生态港航建设评价指标体系研究》《乌江水运市场发展战略研究》《贵州乌江多梯级枢纽水路分段组合运输方式及船型研究》《修（制）订贵州省主要内河货运船舶标准船型主尺度系列标准》《贵州省大型湖库区恶劣大风天气水上交通安全监管技术研究》《贵州省生态港航建设评价指标体系研究》等科技项目的验收。云南省开展的《基于北斗/GPS的国际边境河流船舶可视化导航监控管理系统研究》荣获"云南省科技进步奖二等奖"。

2020年,广东省在全国率先实现基于空间数据库的电子航道图数据制作及地图发布服务,形成地方标准《内河航道地理信息要素分类与编码》;桥梁净高显示标志方面为全国独有,形成华南团体标准《桥梁实时净高遥测遥控LED显示标志》（T/HB 0001—2007）;形成了《珠江航运综合信息服务系统广东单项工程省级航运公共信息服务平台视觉规范》《珠江航运综合信息服务系统广东省单项工程珠三角航运信息服务系统电子航行参考图可视化规范》等,为企业级集成提供了成熟方案及规范。广西壮族自治区完成1项西部交通科技项目,6项自治区交通运输厅科技项目,出版3本科学专著,6项科研技术成果分别获"中国港口科学进步奖"和"广西科学技术进步奖""中国航海学会科学技术奖"。贵州省加大创新力度,开展《贵州省内河水运高质量发展行动方案研究》《乌江水利枢纽回水变动段助航顶推船型及助航关键》《贵州省船舶分类监管机制研究》等工作;完成《乌江水运市场发展战略研究》《清水江平寨航电枢纽工程泄水能力改善实验研究》《升船机过船效率提高关键技术研究》《贵州省生态航道建设指标体系研究》四项科研项目的验收。

2021年,广东省航道测绘中心"内河航道无人机艇协同智能测绘"项目以粤港澳大湾区重点航道为应用对象,融合无人艇、无人机、北斗、5G、电子航道图等高新技术,建设无人机艇协同采集体系,建设"5G+北斗"高精度定位智能测绘试验网络,搭建无人艇浮动测试码头,进行无人机艇协同智能测绘,并实现对测绘成果融合拼接处理、开发基于"北斗+5G+航道"智能测绘动态监控平台。广西壮族自治区交通运输厅《西江干线贵港至梧州3 000吨级数字航道关键技术研究及应用》列入交通运输部重点科技项目清单和2021年度广西交通运输行业重点科技项目清单;《西江航运干线贵港至梧州3 000吨级数字航道科技示范》和《柳江红花枢纽至石龙三江口Ⅱ级航道工程生态智慧航道科技示范》2个项目列入2021年度广西交通运输科技示范工程项目;《西江流域绿色航道工程建设与养护关键技术研究与应用》列入2022年广西重点科技研发项目。贵州省深入推进省科技重大专项"峡谷河流超高水头梯级枢纽及航道提档升级关键技术研究"研究,全年交付验收科技项目6项。《云南省重点通航水域立体监管关键技术研究与应用示范》通过省科技厅验收;云南省地方标准化项目《澜沧江（云南段）对外水域航道养护工程技术规程》获得立项。广州航海学院作为第一申报单位,与广东海事局、港珠澳大桥管理局联合申报的项目《珠江口水上交通安全治理方法与技术研究与应用》荣获"中国航海学会科学技术进步奖一等奖",该获奖项目针对珠江口水上交通安全发展面临的瓶颈,分析了通航环境、船舶营运、船员素质、事故险情、台风袭击、应急处置、涉水工程安全保障等的现状和问题,提出了系列性制度方案、管理对策和关键技术。

2021年,广东海事局推动设立了"珠江口水上交通安全特别监管区创新研究工作室",完成《珠江口水上交通安全特别监管区管理规定》(研究稿)及起草说明,起草新的《中华人民共和国海上交通安全法》有关通航管理条款释义,牵头研究修订《船舶引航管理规定》并协助部局顺利推动修订发布。广东海事局根据《中华人民共和国海上交通安全法》最新要求组织修订《辖区船舶安全航行规定》《大型船舶进出广州港通航安全管理规定》《引航安全监督管理办法》《珠江口锚地安全管理规定》等规范性文件。广西壮族自治区2021年度制订的《港口码头污染物接收转运处置建设运营规范》《港口码头雨污水处理建设规范》标准规范列入2022年广西交通运输行业标准化目录;自治区制订的《内河航道航标遥测遥控应用技术指南》标准规范列入2022年广西交通运输行业标准化目录。

2022年,珠江航务管理局与长江航道测量中心、交通运输部规划研究院等单位联合研究的"我国内河数字航道框架体系研究与关键技术集成应用"成果被中国交通运输协会认定达到国际领先水平。广东完成人工智能技术在现代航标中应用研究与示范、深圳生态航道评价方法探索研究等4个课题的成果审查和验收,为智慧航道、绿色航道的建设提供技术支撑;完成2022年新立项8个课题的开题报告审查工作;完成航道系统2023年8个科研课题的申报、必要性审查等工作。广西《西江广西段多梯级多线船闸群综合通航调度服务科技示范工程》入选《2022年度交通运输科技示范工程立项创建名单》;《西江流域绿色航道工程建设与养护关键技术研究与应用》等3个重点研发项目和《港口码头雨污水处理建设运营规范》等3个交通运输标准化项目获得立项;《平陆运河工程智慧航道关键技术研究》等8个科研项目列入交通运输部交通运输行业重点科技项目清单;组建"西部陆海新通道(平陆运河)智慧绿色港航建设创新联合体"。贵州积极做好科研项目管理工作,在航道整治、通道扩能、节能环保、船舶建造、安全监管等方面开展了研究,完成厅科技项目22项,修编行业标准2项;《特大跨度新型连续刚构渡槽关键技术研究及应用》获得"贵州省科学技术进步奖二等奖",《船舶岸基感应式无线供电系统研制与应用》获"中国航海学会科学技术进步奖二等奖"。

2022年广东海事局大型海事巡逻船"海巡09"荣获"中国造船工程协会科技进步一等奖"(省部级),并在同等级别中序列排在第一位。该船是部海事局"十三五"重点项目,是交通运输系统首艘万吨级深远海综合指挥旗舰船。该船于2021年10月23日按时列编,是广东海事局与参建各方成功合作的典范。该巡逻船列编后,出色完成多项重大巡航、值守、执法任务,逐渐成为粤港澳大湾区的靓丽名片,是南海河清海晏的鼎力海盾,是推动交通强国建设、海事现代化高质量发展的国之重器。

三、水运教育

珠江航运辐射广东、广西、云南、贵州、湖南、江西,集聚于珠江口水域,融内河与海上、国际与国内、内地与港澳航运于一体,肩负着我国华南地区经济发展的基础性交通保障。在世界经济发展形势波动、高新智能技术全面应用、粤港澳大湾区建设等背景下，珠江航运教育面临着新的挑战。在珠江航运覆盖的点、线、面上，高科技含量的海上运输和高端航运服务已经成为珠江航运发展的总趋势，同时传统的低端内河航运仍然在狭窄航路上支撑着当地经济，承担着枢纽港集装箱、大宗货物的集散运输。干线与支线运输交错，航运模式和水上交通安全形势错综复杂。因此，以航运（或公路、轨道、航空）为基础起点向其他运输领域拓展的航运人才综合能力，科技智能技术应用与理论创新的航运人才科技能力，航海技术、轮机工程、港口作业、海洋工程等的航运人才基础能力，基于中国经验、制定国际规则、全面推动珠江航运走向世界的航运人才国际能力建设，兼顾珠江航运的方方面面，珠江航运教育面临因势而新。

目前，广东省形成较为合理的本科—高等职业—中等职业航运教育结构，包括一所独立建制的海事本科院校、一所交通高职学院以及一所培养工程潜水员的全日制中等职业学校。相较于广东，广西、贵州和云南三省（区）在航运人才培养方面还存在着一定的差距，与水系港航事业的人才需求不相适应。

（一）广州航海学院

广州航海学院创办于1964年，是由广州市人民政府管理的一所公办普通本科院校，也是华南地区唯一一所独立建制的海事本科院校，是广东省"文明校园"单位，广东省绿色学校，广东省"冲补强"计划"强特色"建设高校，广东省硕士学位授予立项建设单位，广东省基层人民武装部建设省级试点单位，连续六年荣获广东省"征兵工作先进单位"称号；是国际海事组织认可的航海院校，也是我国华南地区航运业高级人才重要的培养基地，被誉为"航海家的摇篮"。

2018年，广东省委、广州市委明确以广州航海学院为基础筹建广州交通大学。2020年12月教育部、广东省人民政府联合发布《推进粤港澳大湾区高等教育合作发展规划》，明确"推动建设广州交通大学等高校""支持广州建设广州交通大学"，将广州建设广州交通大学列入重点项目清单。2021年5月《广州市国民经济和社会发展第十四个五年规划和2035年远景目标纲要》提出：加快建设广州交通大学，打造高水平有特色的应用型大学。2021年10月，广东省人民政府印发《广东省教育发展"十四五"规划》，要求加快推动高起点、高标准建设广州交通大学等高校。

学校校园面积约525亩，现有两个校区，其中黄埔校区毗邻闻名世界的黄埔军校，琶洲校区坐落于"古代海上丝绸之路"的溯源地广州黄埔古港。2021年广州市确定为建设广州交通大学在广州航海学院黄埔校区周边征地413亩，学校总用地面积为978亩。

学校坚持"立德树人、学以致用、服务强校、特色发展"的办学理念，秉持"勤学、善思、厚德、求新"的校训；立足广州，面向华南，服务广州国际航运中心建设和区域经济发展，积极为粤港澳大湾区和海洋强国建设贡献力量，努力建设特色鲜明的高水平应用型大学，努力培养掌握基础理论知识、实践能力强、创新创业思维活跃、综合素质高、能够满足行业需求的高级应用型人才；以本科生教育为主，积极发展研究生教育；学科专业以工学为主，以服务海事为特色，拓展"海陆空轨"专业链，形成工、管、经、文、法、艺等多学科协调发展的格局，持续不断地为我国华南地区港口与航运业的发展提供高级人才支撑。2021年，学校顺利通过教育部本科教学工作合格评估。

学校设有海运学院、轮机工程学院、船舶与海洋工程学院、港口与航运管理学院、土木与工程管理学院、信息与通信工程学院、航运经贸学院、国际邮轮游艇学院、艺术设计学院、外语学院、国际交流学院、创新创业学院、马克思主义学院、继续教育学院、公共体育教学部、基础人文社科部、船员培训中心等17个教学单位。本科招生专业包括航海技术、轮机工程、交通运输、船舶电子电气工程、物流工程、港口航道与海岸工程、船舶与海洋工程、电气工程及其自动化、机器人工程、机械工程、能源与动力工程、通信工程、软件工程、计算机科学与技术、电子信息工程、物联网工程、国际商务、电子商务、跨境电子商务、工程管理、道路桥梁与渡河工程、土木工程、车辆工程、邮轮工程与管理、交通管理、海事管理、财务管理、金融学、法学、旅游管理、物流管理、数字媒体艺术、环境设计、商务英语、意大利语等专业。

学校拥有交通运输工程、船舶与海洋工程、信息与通信工程3个省级重点学科，航海技术、轮机工程、交通运输、港口航道与海岸工程、船舶与海洋工程5个省级一流专业建设点，7个省级特色专业。

学院建有校内实验室123个，含校内实习工厂和设备完善的水上训练中心各1个，校外实践基地88个，拥有"广航1号"教学游艇1艘，与中远海运散货运输有限公司合作共建实习船4艘。

学院拥有省级工程技术开发中心4个，广东高校工程技术研究中心6个，广东省高校重点实验室1个，省级协同育人平台2个，省级应用型人才培养示范专业3个，省级综合改革试点专业1个，省级大学生实践教学基地6个，省级实践教学示范中心4个，建成国际海事组织（IMO）示范课1门，省级一流、精品课程等28门。

经过多年的建设与发展，广州航海学院办学特色鲜明，行业影响力强，引领华南地区海事教育发展，是广东省本科高校交通运输类专业教学指导委员会主任单位，粤港澳大湾区交通教育与产业联盟理事长单位，粤港澳大湾区科技协同创新联盟常务理事单位，广东航海学会副理事长单位，广东造船工程学会副理事长单位，广东省电子学会副理事长单位，中国交通教育研究会常务理事单位。

办学历程：

1964年，由于海上运输及抗美援越的需要，根据国务院李先念副总理的指示精神，国家交通部决定由广州海运管理局负责创办广州海运学校。

1981年，经国家交通部批准，广州海运学校与广州水运工业学校合并组建直属交通部的广州海运学校。

1992年，经国家教委批准，广州海运学校与武汉水运工程学院广州航海分部合并组建直属交通部的广州航海高等专科学校。

1998年，广州航海高等专科学校划转广东省人民政府管理。

2002年，经广东省人民政府批准，广州航务工程学校并入广州航海高等专科学校。

2013年，经教育部批准，广州航海高等专科学校升格为普通本科院校并更改为广州航海学院。

2018年，广东省委明确以广州航海学院为基础筹建广州交通大学。

2019年，广州航海学院成建制移交广州市人民政府管理。

2020年，广州市政府常务会议审议通过《广州交通大学筹建工作方案》，"广州交通大学（筹）"事业法人单位登记并挂牌，全面负责交通大学的筹建工作。

2020年12月，教育部、广东省人民政府联合发布《推进粤港澳大湾区高等教育合作发展规划》，明确"推动建设广州交通大学等高校""支持广州建设广州交通大学"，将广州建设广州交通大学列入重点项目清单。

2021年5月，《广州市国民经济和社会发展第十四个五年规划和2035年远景目标纲要》提出：加快建设广州交通大学，打造高水平有特色的应用型大学。

2021年10月，广东省人民政府印发《广东省教育发展"十四五"规划》，要求加快推动高起点、高标准建设广州交通大学等高校。

（二）广东交通职业技术学院

广东交通职业技术学院的前身是1959年成立的广东交通学校和1960年成立的广东省航运学校。1999年经教育部批准，将两校合并组建为广东交通职业技术学院。2008年7月由广东省交通运输厅整建制划转广东省教育厅管理。2022年10月，广东省华侨职业技术学校、广东省科技职业技术学校通过省属职业院校集团办学并入学校。

学校坚持立足广东，服务区域经济与社会发展，注重培养创新型、复合型高素质技术技能人才，荣获国家教学成果一等奖1项，二等奖2项；2004年，以"优秀"等级通过教育部高职高专人才培养水平评估；2013年，以"优秀"等级通过首批国家骨干高职院校建设项目验收；2016年入选广东省一流高职院校建设计划立项建设单位；2016—2019年，连续四年荣获"全国高等职业院校服务贡献50强院校"；2018年获"全国高等职业院校教学资源50强院校"；2019年获国家优质专科高等职业院校；2020年入选首批教育部"双师型"教师队伍建设典型；2021年入选全国高职院校教师发展指数优秀院校100强；2022年入选"广东省省域高水平高职院校建设计划"立项建设单位、全国党建样板支部培育单位、全国首批"职业院校服务全面终身学习项目"实验校、全国暑期"三下乡"社会实践优秀单位、教育部"一站式"学生社区综合管理模式建设自主试点单位，先后荣获全国职业教育先进单位、全国交通系统先进集体、广东省文明示范单位、广东交通教育科技先进单位、优质省级职教师资培养基地等光荣称号。

学校目前有四个校区，占地面积1300余亩，全日制在校生2.8万余人，现有56个专业，涵盖土木工程、汽车制造大类、船舶驾驶、轨道交通、智能交通、运输管理、机电设备、电子信息、商贸等领域，形成了"公路水路轨道三路引领，机电信息经济管理人文设计等多方面发展"的专业整体布局。

学校在专业建设方面，获国家级重点专业23个，省域高水平高职院校专业群3个、广东省高水平专业群7个；在教学资源建设方面，建成国家级课程7门（精品在线开放课程1门、精品课程2门、精品资源共享课程1门、在线精品课程3门），国家级课程思政示范课程1门，省级课程53门；主持国家级专业教学资源库3个、省级9个；建成国家级"十二五""十三五"规划教材11部。学院拥有260个设备先进的一体化多功能校内实训教学场所，56个政校企共建校内实训基地和培训基地，582家紧密型校外顶岗实习基地，其中中央财政支持职业教育基地1个、高等职业教育创新发展行动计划（2015—2018年）基地（或公共实训中心）4个，省级公共实训中心2个，省级高等职业教育实训基地16个，省级虚拟仿真实训中心3个，省级大学生校外实践基地31个。在产教融合方面，建有产业学院7个，其中省高职教育示范性产业学院3个，国家发展改革委产教融合基地项目——现代交通综合实训基地1个，共6个产教融合实训中心。

（三）广西交通职业技术学院

1955年，广西壮族自治区交通运输厅以"广西省公路运输干部学校"的名义，在现园湖校区开办干部训练班。1958年8月，学校在"广西省公路运输干部学校"基础上，创建"广西壮族自治区南宁交通学校"，开设财会、公路各1个班，汽车2个班，招收首批学员153人。

1959年，广西部分交通中等学校因经费、师资、设备等问题不能解决，被迫停办。全自治区保留11所，广西交通学校、广西航运学校为其中两所。1962年再调整为7所学校28个专业（包括中央部属学校）。南宁交通学校为其中之一，所开设的航务工程、船舶修理等四个专业全部保留。

1961—1962年，学校受精简职工和城镇人口政策影响，停止招生2年。1964年学校更名为"广西壮族自治区交通学校"。1966—1971年，学校因"文化大革命"冲击，停止招生6年。

1970年，经广西壮族自治区交通邮政管理站批准，广西交通学校与广西航运学校合并，成立"广西壮族自治区交邮学校"。

1973年，学校重新更名为"广西壮族自治区南宁交通学校"。

1978年，学校拆分并分别成立"广西壮族自治区南宁交通学校""广西壮族自治区航运学校"，将船机、船舶电器、港口机械3个专业的在校学生划归广西壮族自治区航运学校。交通学校侧重培养公路交通人才。

1979年，广西壮族自治区南宁交通学校更名为"广西壮族自治区交通学校"，并沿用至2002年8月。广西壮族自治区交通学校历经1980、1994、2000年三次教育部（教委）组织开展的国家级重点中专评审，于1980年评为重点中专，并从此连续20年保持全国重点中专的荣誉。1993年被交通部确定为规范化学校。随着国家经济社会及公路交通事业的发展，为适应广西实际情况，学校的专业设置逐步形成以公路交通及周边专业为主、新兴专业为辅的大格局。至1985年，仅保留"港口与航道工程"一个涉水类专业。

2000年7月开办高职大专班，开设公路与桥梁、汽车电子技术、电子商务、物流管理4个专业。2000年11月和2001年1月，顺利通过了广西高等学校设置评议委员会的实地调研和答辩评议工作，2002年8月，经广西壮族自治区人民政府批准，学校由普通中等专业学校升格为高等职业学校，校名变更为"广西交通职业技术学院"。这是广西唯一一所培养交通运输专门人才的高等学校。学院占地面积1200多亩，分园湖和四塘两个校区，设有航海工程系等8个系部，船舶工程技术等55个高职专业和方向，现有各类在校学生13 000余人。

升格为学院后，在有关领导和教职员工的共同努力下，学院不断取得各种荣誉：2010年，学院被交通运输部认定为"交通职业教育示范院校"；2014年，学院获批为广西高端应用型本科人才联合培养试点单位，并于当年9月秋季学期起与桂林理工大学联合招收、培养工程管理专业高端应用型本科人才。2015年，入选国家首批现代学徒制试点单位。此外，还先后获得教育部高职高专人才培养工作水平评估优秀院校、广西高等教育综合改革首批试点高校、广西示范性高等职业院校、广西首批特色高校建设单位、广西高端应用型本科人才联合培养试点单位、广西唯一军队士官直招定点培养院校。

为主动适应广西"十二五"综合交通运输体系建设规划和西江黄金水道建设的需要，广西交通职业技术学院以原有涉水专业教育积累为基础，整合下属广西交通运输学校（原广西航运学校）优质航海教育资源，于2013年7月组建成立了航海工程系。目前开设有机电一体化技术（港口与船舶电气方向）、船舶工程技术、航海技术、轮机工程技术与港口物流设备与自动控制等5个涉水专业。其中，"港口工程技术"被教育部、财政部列为"支持高等职业学校提升专业服务产业发展能力建设项目"。2013年船舶工程技术专业和机电一体化技术（港口及船舶电气方向）招收第一届各一个班共93名学生，2014年四个专业全面招生，招收四个班共288名学生。

整合航海教学资源后的航海工程系具备了高职高专"全日制教育""非全日制教育"和"职业资格证书培训"的三大功能。2002年成立船员培训中心，这是广西第一家通过国家海事局审核认可并注册的船员培训机构，拥有船舶驾驶员、船舶轮机员、海船船员基本安全、精通救生艇筏和救助艇、高级消防、精通急救、船上医护、GMDSS操作员、雷达观测与标绘和雷达模拟器、自动雷达标绘仪ARPA、值班水手、值班机工、保安意识、负有指定保安职责船员、船舶保安员、金属焊接与热切割作业上岗证、电工、维修电工（中级）等多种职业资格培训资质。

（四）广西交通运输学校

创办于1959年的广西交通运输学校是首批国家级重点中专、全国职业教育先进单位、全国交通职业教育示范院校、广西中职教育示范特色学校、国家中职教育改革发展示范学校。

1959年广西交通运输厅在贵县（今贵港）借用钢铁厂闲置的厂房创办了广西航运技工学校，开设了船舶驾驶和轮机管理两个专业，共招收学生300人。这就是航运学校的前身。次年，学校迁到南宁亭子白沙路。1959年，广西部分工交中等学校调整，广西航运学校为其中两所交通类学校之一。1962年再调整时暂停招生。

1977年，广西航运学校恢复招生。当年开设的专业包括轮机、港机、船电、航道与港口、水运管理和财会专业。当年在校生为161人。

1978年秋，上述专业共招收学生239人，加上原有在校学生共达400人。

1981年，在校生720名，除了广西籍学生外，还有湘、鄂、豫、黔等地学生。

1982年9月，广西航运学校从南宁南郊迁址南宁西郊西乡塘路63号。新校址占地面积66 000平方米，校舍建筑面积14 300平方米。学校教学条件大为改善。除正式在校生外，还举办各种培训班和职工教育师资班，开办了职工中专政工、轮机、财会、物管、船检等专业，还办起了函大船舶工业本科班。同时，接受交通企事业单位委托，开办了包括港口装卸队长、港监航管人员、海员（机工）、乡镇船厂质检员等在内的交通干部培训；派出教师深入桂东南及沿海，为水运企业培训技术船员，深受企业欢迎。至1985年，新开设"水运管理""船舶检验""水运会计""轮机"4个专业。

2009年12月，广西航运学校（现名）更名为广西交通运输学校。

随着国家西部大开发力度的加大和泛珠江三角洲区域经济合作程度的逐步提升，西南水运出海中线通道对流域地区物流的分流日显重要。为满足"两江一河"贵州段的运力，加快黔西南州水运事业发展，解决沿江农民子女就业问题，2005年9月，经黔桂两省（区）教育部门批准，广西航运学校与黔西南师范专科学校及黔西南交通局航务管理处联合开办广西航运学校兴义教学点。该教学点设于黔西南师范专科学校校内，与该校其他专业同时招生，首届开设轮机管理、船舶驾驶和水运管理三个专业，共招收学员140人。2005年9月2日，开学典礼在贵州省黔西南州兴义市召开。时任珠江水系规划办公室副主任李小健、黔西南州民族宗教事务局局长贺明森、黔西南州交通局副局长白志元和办学方三方领导出席开幕典礼。

在办好中专的基础上，广西交通运输学校充分利用师资、设备、校舍的优势，开门办学，服务社会，继续积极开展交通行业成人教育。先后与长沙理工大学、大连海事大学、广西师范大学、湖南师范大学、武汉理工大学、广西广播电视大学等10所院校联合办学，开设有交通运输管理、工商管理、金融学、土木工程、汽车工程、机电一体化、电气工程及其自动化、体育教育、计算机应用、电子商务、会计学、会计电算化、汉语言文学等专业，有专科、本科、硕士三种教育层次，有函授、自考、远程教育三种方式。

同时，学校以服务社会为出发点，积极开展船员培训教育与考证工作。目前已开设"精通救生艇筏培训""精通船电业务培训""值班机工、值班水手适任培训""海船船舶驾驶""轮机员适任培训"等13个培训项目。同时还开设了管理类等其他岗位专业证书培训。2005年11月7日，广西航运学校被评为"全国职业教育先进单位"。至2017年，每年面向社会开展各类职业培训总规模达4 000人次以上。

学校建立并运行航海教育与培训质量管理体系，通过了STCW78/11国际公约及标准的认证，是广西乃至中西南地区唯一一所专门培养交通航运和港口管理人才、首家具备航海教育和培训资质的综合性中等职业学校。

（五）其他院校

1. 广州潜水学校

创建于1985年，隶属于交通运输部救助打捞局和广东省教育厅。国内唯一一所培养工程潜水员的全日制学历教育学校。学校创办30多年来，为国家海上救助打捞、海洋工程、水下考古、交通工程建设、水利"三防"、公安消防等行业培养了一大批技术精湛的应急潜水和工程潜水技术人才。以广州潜水学校毕业生为主力的救捞潜水队伍，首次成功完成300米饱和潜水作业，成功救援了56 550名海上遇险人员（含11 823名外籍人员），成功打捞了1 740艘沉船（含98艘外籍沉船）。

学校拥有先进、完善的潜水及其他专业训练设施设备，拥有体育馆、图书馆、计算机实验室、语言实验室、物理、化学、电工实验室、绘图实验室和多媒体教学系统等先进的设施设备以及从化深潜水实训基地，大亚湾开放水域实训基地，珠江实习基地。学校为国内第一个取得中华人民共和国民用潜水员培训资格的单位，也是中国船级社水下焊接和水下检测培训中心，广东省人力资源和社会保障厅定点职业技能鉴定站，世界潜水联合会（CMAS）会员，中国潜水运动协会（CUA）会员，中华人民共和国海事局认可的船员培训单位。

学校学历教育设置专业有工程潜水、旅游管理（旅游潜水方向）、船舶水手与机工、船舶驾驶（水手岗位）、轮机管理（3+2）、航海技术（3+2）。主要培训业务有游艇驾驶培训、休闲潜水培训、空气潜水员培训、混合气潜水员培训、盾构带压作业人员培训、船员培训。主要技术服务项目有水下检测、水下焊接、水下切割、水下拆解与安装、盾构带压作业操舱服务。

2. 技工学校

从1978年起，广西先后建立4所航运技工学校，即南宁航运技工学校、柳州航运技工学校、梧州航运技工学校、北海航运技工学校，到1985年共培养技术船员775人。后来，所有航运技校因办学条件欠缺，于1986年底全部停办。停办后，广西航运技校、北海航运技校保留校名挂牌，梧州、柳州2校则改名为职工培训中心。

梧州航运技工学校创办于1978年，是一所以培养内河流域船舶技术人员的行业职业技术培训学校，直属梧州航运分公司领导。1986年停招，只办本单位的在职工人培训。后为了适应中等职业技术教育发展需要，经区、市教育部门批准，原广西梧州市航运技工学校和交通部电视中等专业学校广西梧州分校更名为"梧州市交通职业技术学校"。该校是广西仅有的两所经中华人民共和国海事局认可的具有船员教育和培训资格的单位之一，是广西唯一一所经广西海事局和香港海事处批准的可开办"港澳航线法规"和"船上货物处理基础安全训练"培训班的专业学校，是广西海事局对珠江流域船舶船员进行定点考试的场所。建校至今，已为社会培训输送船长、轮机长等高级船员两万多名。另外，该校为满足社会汽车交通发展的需求，在原有电视中专汽车专业的基础上，于2008年成立了梧州市骏翔机动车驾驶学校（该驾校属于国家二级驾校）。

梧州市交通职业技术学校校风清廉，管理科学，设备先进，师资优良，得到广大学员的一致好评，先后多次荣获广西职业教育先进单位称号。

此外，根据交通部《关于开办交通部电视中等专业学校的通知》，广西壮族自治区交通运输厅还曾于1986年建立了交通部电视中专广西分校（简称分校）。当年开设"汽运管理""公路与桥梁工程""水运管理"3个专业，通过全国交通成人中专统一考试录取学员296名，其中全脱产学员240名，业余学员56名。分校在自治区内各地、市设立工作站。1990年，广西分校开设的专业由原来的3个增加到6个。各专业全部按北京总校制定的教学计划和录像磁带组织教学，并辅以一定的面授。期中、期末考试均由交通部教育局统一命题，统一评卷，毕业后由总校颁发毕业证书。电视中专的生源全部来自全自治区各级交通运输部门。到1990年止共招收学员810名。

从1959年广西壮族自治区交通运输厅创办的第一所技工学校开始，广西的水运教育事业走过艰难曲折的60年，先后经历了停办、合并及拆分重组等艰难的办学历程。在有关领导及全体教育工作者的共同努力下，广西的水运教育事业形成了技术培训与学历教育相结合，由技工、中专及大专架构的水运教育体系。各级各类学校不仅为广西的航运事业发展培养了大批人才，为服务地方经济建设做出了很大贡献，也为云南、贵州、广东、福建、湖南、西藏、陕西、山西、山东、浙江、河南、吉林、四川等15个省、区交通系统输送了10 000多名合格的专业人才，绝大部分毕业生已成为交通战线的管理、技术骨干。

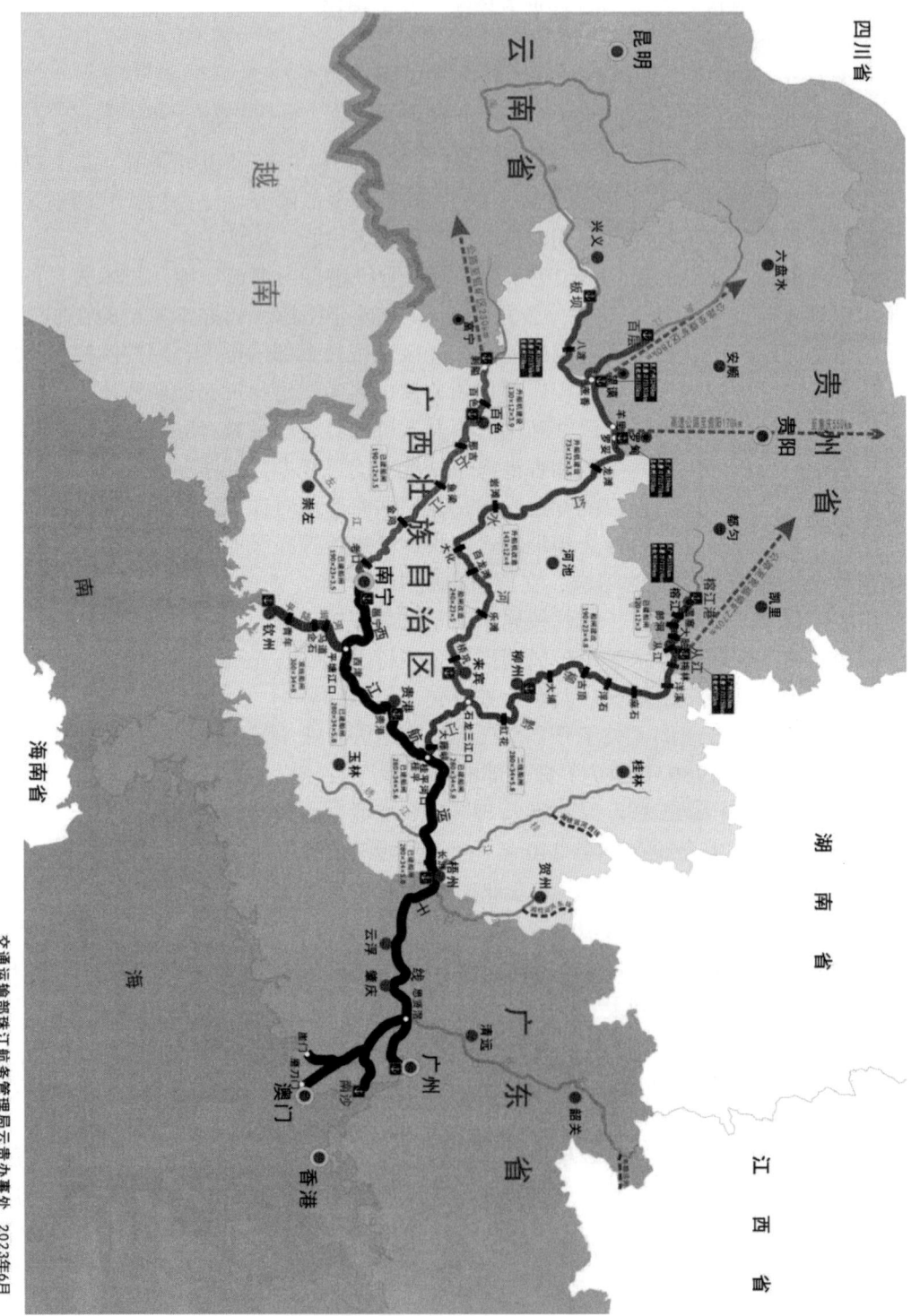

珠江水系港口与航道示意图
图片来源：交通运输部珠江航务管理局

大 事 记

（一）古代部分：先秦—1839年

新石器时代

约五—六千年前，南粤先民在北江、连江、绥江、增江、漠阳江和珠江三角洲，以及沿海台山、潮安和海南岛陵水等地滨海傍水而居，凭借舟筏从事渔猎和部落之间交往。

公元前2200年

青铜器时代，"舫"应运而生。"舫"就是把两只独木舟的舷相连，成为双体船。

公元前1766—前1754年

商王汤在位时，命伊尹制订《四方献令》，请令以珠玑、琦瑝为献。珠玑（珍珠）、琦瑝（玳瑝）正是南海之滨产物，可见，当时广东已有从事南海水域的捕捞活动。

公元前309—公元220年

战国时代，楚将庄蹻帅军从湘西沅水西征，利用牂牁江水道，先后征服夜郎及滇中等地，成为珠江上游地区各部落的统一首领，子孙世代相传，直至汉武帝元封二年（公元前109年）滇王降汉。

秦汉时期，西、北、东三江水运活动频繁，秦代灵渠开凿，沟通了珠江水系与长江水系航运。汉代北江的疏凿，标志着对自然河道改造的肇始。

同期：番禺是秦汉时期的一个造船中心。1974年广州市区发现一处规模巨大的造船工场遗址。印证出土文物，距今2190年左右，大体上为秦汉时期所兴建。

同期：与南海诸国交往，出现了徐闻、合浦和番禺等沿海港市，嗣后，番禺（广州）更发展成为市舶首冲。

同期："南越王造大舟"。从出土的两汉陶、木船模以及城砖刻绘的船形的纹饰，可见汉代或之前已有不同类型，不同用途的船只。

公元222—479年

吴晋南朝,番禺已取代徐闻、合浦,成为对外交往的主要港口。航海技术方面,利用信风和牵星术等有了进一步的发展。

同期:东晋卢循起义占领广州后,建造八槽舰,船楼四层,高12丈。

同期:东晋、南朝时期,由于北方战乱,岭南偏安,大批士民南迁,经北江和沿海来到广东,有的浮海到海南岛。

公元607—610年

隋大业三年至六年,屯田主事常骏与虞部主事王君政,从广州出发,出使赤土国。那时,东南亚的真腊、婆利、丹丹等十多个国家和地区都直接到广州进行贸易。

公元692年

公元692年(唐长寿元年)广西临桂县境内联通桂江支流良丰江与柳江支流相思江的桂柳运河相思埭建成,为黔、桂、湘航运开辟一条捷径。

公元713—763年

唐代对海贸十分重视,开元初年即在广州设立"市舶司",为历史上我国第一个管理商船外贸的机构。唐代"广州通海夷道",因输出商品以丝绸为主,故又名"海上丝绸之路"。

同期:从广州起航,还有驶往日本、朝鲜的航线。鉴真和尚就是由此东渡日本。日本高岳章王来中国访问也是循此航线回国。

同期:唐开元四年,左拾遗张九龄奏请开凿沟通赣粤之间的大庾岭山道。使险峻崎岖的山路成为"坦坦而方五轨"的通途,与北江相衔接,成为广东与北方往来最短的通道。

公元960—1279年

南北宋三百年间,沿东、西、北三江干流两岸修筑大小堤围28条,著名的有长利围,赤顶围等,这是兴修水利,防洪抗灾,兼收疏浚河床,改善航道之效。

同期:韩江流域,高雷地区,海南岛及广东至北方沿海运输有较大发展,香料、铜、铝以及铁、锡、米粮、布匹等成为水运的主要货源。

同期:北宋开宝四年(公元971年)六月,宋朝廷在广州设置了市舶司,有两个附属机构:市舶库和怀远驿。

同期:宋代陶瓷业持续发展,大量陶瓷器从广州出口,因此,除"海上丝绸之路",又增加"海上陶瓷之路"。

1279年(南宋祥兴二年),宋将张世杰集中全部战船千余艘,与降元叛将张洪范所部战船600余艘,在崖门水道银洲湖展开激战,宋军全军覆没,宋少帝与丞相陆秀夫跳海殉国于崖门,为南宋亡国最后一战。

公元1368—1644年

明代实施"海禁"政策,制订贡舶制度,闭关锁国,虽使航海事业受到挫折,但仍在广船制造及指南针使用和季风规律掌握上,比宋元进了一步。

同期:明代对珠江三角洲水网继续整治,"联围筑闸","塞支强干、束水攻沙"。把防洪、防潮、浚深河道结合起来,还开凿西江涌二十余里,由新宁县西南入广海。

同期:明代在广州设市舶司,在各州府治设河泊所。

同期:商品化农业、手工业的发展,水运业兴旺,促进圩镇勃兴。以珠江三角洲为例,1403—1424年有圩镇33个,至1558年增至95个,至1602年又增至176个。尤以顺德、南海、东莞、新会等县圩镇发展最为迅速,规模也比以前扩大。

同期:明代商货结构发生变化,从过去运专卖块铁及贡品、奢侈品,改为明中叶以后,粮食、蔗糖、块铁、蒲、葵、茶、水草、烟叶等成为水运大宗货源。

同期:广州于公元1380年和公元1565—1566年间,先后两次扩建,商业区不断扩大,成为岭南物资集散的枢纽,经济地位日益凸显,外贸数额也超泉州,在历史上再度成为主要对外海港。

同期:葡萄牙于公元1553年非法盘踞澳门,骗取了租借权。

同期:英国炮舰四艘于公元1637年入侵珠江口,炮击虎门,企图占虎门炮台,被击退。

同期:公元1639年西班牙殖民者乘船到广东,"在虎跳门结屋,群居下去",企图建立据点,但终被明朝派兵焚其聚落,驱逐出境。

同期:明代中叶以后,西方殖民主义者东来,在南洋群岛,形成葡萄牙在西,西班牙在东,荷兰在南,英国在印度沿岸的分割局面,南洋各国对中国的贡舶贸易,几乎停止。

公元1655年

清代于1655—1675年先后五次颁布禁海令。严禁沿海商民船只出海贸易、捕鱼,烧毁船只,禁止私人擅造五百石以上双桅出海大船和私卖海船与外国人等,"违者立斩",广东沿海运输深受其害。

同年:广东走私商船三艘,冲破海禁,前往日本国贸易,载去生丝、丝织品和其他货物。

公元1662年

康熙元年开始,禁海令措施更严酷:沿海五省(江苏、浙江、福建、山东、广东)居民内迁五十里,划界设防。广东的新安(宝安)、番禺、顺德、新会、东莞、香山(中山)及粤东的潮阳、澄海、饶平等县开始迁界。史称:"迁移之民,尽失其业"。

公元1664年

广东又进行一次大规模迁界。此次迁海历时三年,波及八郡,死亡数十万,为粤东有史以来的最大惨祸。

公元1683年

康熙二十二年，撤销海禁。

公元1685年

清廷宣布广东广州、江苏松江、浙江宁波、福建泉州为对外贸易港口，设立粤、江、浙、闽四个海关。粤海关设在广州次固镇。

广州设十三行。这是开海贸易后，清政府实行"以官制商、以商制夷"管理海外贸易的制度。外商至粤，必须"投行认保"，通过行商开展贸易活动。所谓十三行，亦称"洋行""洋货行""外洋行"，是清代前期广州官府特许经营对外贸易的商行。

公元1725年

广州官府设立广州府、高州府、琼州府、潮州府等四个造船厂。均由道府的文官和所在造船厂附近的副将、参将等武官会同管理。

公元1730年

两广总督鄂尔泰与广西巡抚金鉷奉旨修灵渠，于次年秋竣工。

公元1754年

两广总督应琚奉旨修灵渠。这次整修"石既坚良，法亦综密"，取得明显效果。

公元1757年

清政府禁止外国商人到闽、浙、江海关贸易后，广州成为唯一贸易港口。此后1758—1768年的十年间，各国平均每年来船117.7艘，比1755—1764年平均来船15.6艘，多7.5倍。从1700—1830年间，广州一港白银净输入量在九千万至一亿英镑，约为四亿银圆。

公元1768年

清廷解除商船租赁禁令，允许造船之家无力贸易者，听其出租。

公元1784年

美国在18世纪末才加入对华贸易行列。1784年2月22日，一艘名为"中国皇后号"载重360吨的美国商船从纽约首航直驶广州，于8月28日到达黄埔港，所载货物中有洋参40多吨，后采购了茶叶、丝绸和瓷器等物回航返国。

公元1830年

4月19日，英国轮船"福士号"拖着"杰姆茜娜号"，共载煤炭182吨和鸦片840箱，从印度戴蒙德港起航，经过38天航行驶达伶仃洋锚泊点。"福士号"是中国领海出现的第一艘轮船。

公元1837年

佛山涌于 1816—1837 年先后四次疏浚。最后一次清浚历时三年完工。从此"……贩客络绎偕来，而佛山一镇遂为天下之都会……"。

公元1839年

1727—1839 年，欧美把鸦片作为一种特殊商品运入广东沿海口岸，以扭转其对华贸易逆差。据统计这一时期，输入中国的鸦片总量达 648 246 箱，平均每年 3 889 箱，中国贸易从出超变为入超，白银从内流变为外流。

（二）近代部分：1840—1949 年

1843年

按照清政府在第一次鸦片战争中与英国订立不平等的《南京条约》，广州开埠通商。自此，外国船只可以自由出入广州港。外商凭借船只优势，在远洋和中国沿海各口岸，直入省河抢夺粤省沿海木帆船和内河船的生意。同年，英国小型木船开始航行省港、省澳航线。

1845年

美制使用螺旋桨推进器的"米达斯"号到达香港，开始行驶于省港之间。同年，英国亦有两艘汽船航行于省港之间。

1846年

苏格兰人柯拜在黄埔向中国人租赁了一座泥坞，用几年时间非法建造了船坞，命名"柯拜船坞"，广东官员未加制止，遂开外商在广东境内建造船之端。稍后，英商在香港大造船坞，各国轮船不再在黄埔修理而转到香港。黄埔船坞曾大量雇用当地人做工，他们或多或少地掌握了近代修造轮船技术，是广东最早的一批产业工人。

1848年

香港英商创办第一家往来省港间的专业轮船公司，即省港小轮公司，拥有两艘新造轮船。从此，省港间轮船来往有了定期航班。

同年，澳门总督亚玛勒擅自宣布撤销澳门海关，不许中国在澳门设关征税，以此赶走中国官员。从此，清政府的海关管辖权、航权丧失。

1873年

两广总督瑞麟在广州开办一个军装机器局，又称广州机器局，生产军火并修造轮船，是广东第一个近代造船工业，先后制造内河小轮和浅水炮艇 20 多艘。

1886年
两广总督张之洞将机器局与军火局合并，不再修造轮船，另在黄埔设黄埔船局，制造兵轮。

1887年
广东富商苏惠农以巨资向香港广协隆船厂购买五六艘小轮，办平安轮渡公司，航行于珠江三角洲。这是广东第一家有名可稽的内河民营轮船公司。

1889年
在清政府未废除内港行轮禁令之前，两广总督张之洞认为用轮船拖带木船，"确属可行，不妨变通办理"。允许民间经营内河轮拖业务，并缴纳"轮拖渡饷"。从此，广东有了合法经营的轮拖渡。

1893年
陈联泰机器厂从制造缫丝机发展为修理轮船和制造轮船。该厂造出的第一艘轮船"江波"号，是广东最早的民营轮船制造厂。

1896年
均和安机器厂造出第一艘平底的轮船，很受航商欢迎。

1897年
英国迫使清政府订立中英《续议缅甸条约·商务专条》开放"西江通商"，允许外国轮船行驶于香港、三水、梧州航线，把内河航运权拱手外国航商。沿西江航线被迫开放十多处客、货停泊点，先后设立三水、江门两个通商口岸。

1898年
清政府颁布《内港行轮章程》。内港包含沿海、沿江（河）及陆路各处不通商口岸。从此，广东航商踊跃购轮开业。

1899年
广州成立轮业公所，轮船行成为广州著名"七十二行"之一。

法国强迫清政府签订《广州湾租界条约》，强租广州湾及附近的东海、硇洲二岛，法国把广州湾变成无税口岸。

英国强迫清政府订立《香港英租新界合同》。英租新界之后，加强香港作为转口港的地位。

1906年
正式宣布南宁对外开埠通商，翌年设立海关。

1907—1908年

法国、德国、英国先后派兵舰"亚居士""青岛""武汉"号驶入西江,直至梧州、柳州、百色、龙州等港埠显示武力,探测航道。

1908年

由梁颂唐等人发起集资并组建"梧州航运股份公司",标志着广西民族航运业的兴起。

1913年

以陈少白为首的广东商人联合华侨和香港华商,集资60万元,在广州设立粤轮公司,并于同年以54万元的价格将法商省港梧邮船公司的三艘邮船全数买下,改挂华旗,成为当时珠江水系最大的民营航运公司。

1914年

广东成立航政总局,专管航政事宜。

四邑(即台山、开平、恩平、新会四县)旅美华侨联合香港四邑商人在香港设立四邑轮船公司,船行香港、江门线与英国商轮抗争。

协同和机器厂仿制出合格的船用柴油机,成为华南地区最早生产柴油机的民营企业。

巨商谭礼庭以80万银圆巨资在广州白鹅潭南岸购地370余亩,兴建两座船坞,创办广南船厂。不仅生产内河行驶的轮船,而且还造千吨级海轮,填补了广东海轮制造业的空白。

1918年

郝程以370吨的"江润"轮行驶广州、香港、汕头、厦门、淡水、基隆线。这是珠江口东部沿海行驶最远的一艘粤商经营的轮船。

1922年

1月12日,香港海员要求改善待遇,爆发了香港海员大罢工,历时56天胜利结束。斗争中培养出一批海员中的优秀分子和海员工会的领袖人物,如苏兆征、林伟民等。

1925年

6月19日,爆发了省港大罢工,坚决抵制英国货和英国航运。

1927年

在梧州正式成立广西航政局,这是广西设置航政机构之始,下设南宁、柳州、桂平、龙州、百色航政分局。

1929年

7月,南京国民政府公布广东沿河委员会组织条例,由该委员会负责广东省河道的疏浚、筑堤、建港开埠和预防水患,发展水利及筹款施工等事。1936年9月改组为广东水利局,职责同广东沿河委员会。

1932年

广东省政府收回粤海关理船厅,于11月7日由广东全省港务局"赓续办理丈量、检验船舶及发给牌照事项"。次年2月14日,正式接收粤海关理船厅的事权。

1933年

成立广西省航务局,翌年裁撤。

2月,广州海珠铁桥正式通车,桥中段用开合式,便利军舰、帆船、轮渡的往来。

7月1日,广东航海讲习所成立。开始招生,"训练普通航海人才",学制为两年,分设驾驶、轮机两科。从第二学年起,改名为广东航海学校,学制由两年改为三年。广东航海学校是广东历史上第一所培养航运专才的院校。

1934年

广州市国民政府在市政会议上,通过了内港管理处组织章程和码头租赁及船舶停泊征费章程,由内港处征收租费及停泊费。

1936年

南京国民政府交通部在广州设立航政局。广州航政局于9月1日正式成立,负责广东、广西、福建三省航政。

1937年

于梧州重设广西省航务管理局。

1月,"模范"汽船拖带"民族"渡从广州开往江门,航经甘竹滩时遇潮水湍急,撞向"香炉石"而沉没,溺死旅客和船员306人。

1938年

广州沦陷前夕,交通部广州航政局迁至广西梧州,仍统一管理粤、桂、闽三省航政。

广东省政府因广州沦陷北迁韶关。

1939年

日军占领广州及珠江三角洲地区,宣布封锁珠江,禁止各国船舶进出广州,对华商船舶野蛮劫持,以断绝广东水上交通。

组建西江航业战时服务社,总社设在梧州,规定凡原定期行走三水以上的轮船、拖渡、驳船一律参加，以军运为主要业务。

交通部指令在柳州设立西江造船厂，负责建造战时所需木船。

1940年

广东军政当局设立曲江造船所，以制造木船为主，兼造浅水小轮船。

1943年

广州航政局改称珠江区航政局，仅管辖广东、广西两省。

1944年

珠江区航政局撤至百色，机构陷于瘫痪。

1945年

抗战胜利，珠江区航政局迁回广州，次年改建成广州航政局，仍管辖广东、广西、福建三省航政事宜。

广东海事专科学校创立，1945—1948年共招收四届学生500人，培养了一批从事远洋、沿海、内河航运的骨干力量。

1946年

抗战胜利后，以广州为中心的20多条航线恢复轮运业，遍及西江和珠江三角洲干支流。

8月，国民政府将黄埔港和广州港变成军运港。

1948年

黄埔兴业股份有限公司成立，包揽了黄埔港仓储运输。

国民政府以水利部名义指令珠江水利总局疏浚沥滘航道，共挖石4 326立方米，挖泥267 025立方米。

（三）现代部分：1949—2022年

1949年

1月15日，广州绥靖公署成立"卸驳调配委员会"，控制全部的民营轮船和驳船，为国民党军运应差。

1月16日，沥滘水道经过治理正式开放，2 000吨级轮船不须候潮即可进入广州。

10月14日，广州市解放。广州市军事管制委员会交通接管委员会航运处成立，当时，广州市仅残存轮船、轮渡5艘，各式帆船、驳船数十艘。

1950年

1月，广西省航务管理局在梧州成立。

2月，广州市军事管制委员会交通接管委员会航运处改名为广东省航政局，为广东省交通厅下属航务管理机构，次月改称为粤桂内河航务管理局。

5月，广州区航务局成立，隶属中央人民政府交通部航务总局。9月，更名为中央人民政府交通部广州区港务局。

11月，华南地区最大海港黄埔港恢复开港，开始接卸轮驳。

1951年

2月，成立广东省交通厅内河航运管理局，接管广州区港务局的内河运输业务。

2月，珠江三角洲陈村水道全线疏浚工程开工。

8月，在南宁成立广西省内河航运管理局，下设南宁、梧州、柳州、北海四个航运办事处和广西国营轮船运输公司。1954年5月更名为广西省航运局。

秋季，对珠江三角洲甘竹水道甘竹滩进行炸礁整治。

1952年

10月，对西江航运干线都城新滩进行整治。

1953年

4月，交通部颁布《内河航标规范（草案）》，航标建设开始规范化、现代化进程。

1954年

6月，中央人民政府交通部珠江航运管理局在广州成立，统一管理广东、广西航运业务。

右江全线大疏浚工程动工，共有8个施工队1500人参加，为新中国成立初期广西第一次大规模的航道治理工程。

广东省在陈村水道进行布设锁链式二等内河航标试点工作，取得成功。

1955年

右江第一次全线疏浚工程完工，南宁至百色航线拖带船队可全线通航。

成立南宁航道工程区，为广西第一个独立建制的航道管理机构。

成立梧州航道工程区。

西江下游广东段新建锁链式二等内河航标安装完毕，正式发付使用。

1956年

成立柳州航道工程区。

珠江航运局在广东碧江举办航道技术培训班，参加培训的广东、广西航道职工共450余人，随即组成13个航道测量队，奔赴各通航河流开展险滩测量工作。

西江梧州至贵县设立锁链式二等航标，全线可昼夜通航。

广东省完成全省第一次航道全面普查外业工作，整理出版工作于翌年5月完成。

开始西江主干流第一次全线航道查勘，从云南省沾益县起，至磨刀门出海口全程2100多千米，其中上段南盘江900余千米为羊皮筏漂流查勘。

广西的浔江、榕江、南流江航道疏浚工程开始施工。

南宁港主要货运作业区北大码头开始施工。

郁江滩王伏波大滩整治竣工，在滩头伏波庙前竖立了"伏波大滩工程志"石碑。

在来宾成立红水河工程大队，负责红水河航道施工。

广东省私营轮驳船实现全行业公私合营，全省木帆船实现合作化。

1957年

2月，交通部珠江航运管理局被撤销，两广航运恢复到原来的分管状态。

8月，珠江三角洲天河至三埠航线97.5千米新建二等航标安装完毕并交付使用。

1958年

广东、广西航运管理体制改革，原省（区）直属的航运、港口企业，航道分局（工程区）下放地市管辖。

右江独石滩首创围堰炸礁施工法开辟新航道获得成功。

郁江西津水电站破土动工，船闸为二级，按千吨级通航标准建设。

两广木帆船先后成立"水上人民公社"。

广东市政府决定将广州第一造船厂和广州船舶修造厂合并，命名为广州造船厂。

1959年

连江渠化工程动工，先后开工的有界滩等五个梯级，至1961年，只建成界滩、黄燕两座梯级。

右江金陵大滩整治工程动工，翌年5月竣工，达到设计要求。

红水河全线疏炸整治暂告一段落，红水河工程大队更名为广西壮族自治区航道工程大队，基地从来宾迁至南宁。

广州港务管理局新建成大沙头客运码头和6200平方米的客运大楼。

广东省航运厅接管由地方管理的江门、粤中船厂。

1960年

交通部在广州召开"全国港口规划工作会议"，会议由副部长孙大光主持。

交通部海河总局在梧州港主持召开"全国中小港口装卸机具先进经验交流会"。

南宁港开始兴建上尧码头水铁联运作业区。

成立广东省航运规划设计院。

广西恢复航道管理处，同时收回下放地方的南宁、梧州、柳州航道工程区。

梧州航道工程区对浔江石梁塘航道进行重点整治。

广州港务局新建的新风和东风两个作业区投产。

创建广东省航运学校。

1962年

成立广东省航道管理局，广东省形成统一领导、分级管理的航道机构。

在香港和澳门分别注册成立珠江船务有限公司和粤通船务有限公司，为广东省航运厅在港澳开设的机构。

广东省开展第二次全省航道普查工作。

广东省航运厅收回1958年下放地市管理的港航企业和航道管理机构，成立地市航运管理局和各水系航道局。

1963年

4月，广东省组建新中国船舶修造厂。

6月，广东省人民委员会批复省航运厅《广东省航道、航标养护费征收暂行办法》，开始对运输船舶征收养河费。

1964年

国务院颁布《关于加强航道管理和养护工作的指示》。

广西交通部门组织对全区河流进行第二次普查工作。

珠江推广应用水泥船建造技术。

广东省对东江干流河源至惠州段航道开始进行为期两年的全线整治。

广西航运学校成立。

1965年

广东从1965年开始为时8年，共建造各类船舶343艘，支援越南社会主义共和国。

10月，列为国家国防战备项目的右江航道全线整治工程开工。

11月，广东省在高要县兴建西江船厂，于1967年竣工投产。

1966年

1月，西津水电站千吨级船闸建成通航。

9月，珠江水系第一座升船机广东顺德大门滘升船机建成投产，大良河恢复通航。

12月，广东开始为越南社会主义共和国培养驾驶、轮机实习生199名，修造船工人258名。

1967年

4月，陈村水道四方磨航道炸礁、切嘴裁弯整治工程完工，改单线通航为双线通航，撤销原设通行信号台。

6月，南宁港在港的大部分国营运输船舶在"文化大革命"武斗中被焚烧，企业停产一年多，损失严重。

10月，连江渠化工程龙船厂梯级动工，翌年4月完工。

1968年

9月，梧州港大南钢筋结构大型码头正式兴建。

1969年

10月，梧州航道工程区对浔江主要碍航滩险鲫鱼滩开始整治，工期两年。
广东新中国船厂试制成功6180型柴油机。

1970年

5月，西江六都港建成第一座坑道皮带输送系统墩柱式泊位，开创广东地方港口机械化装卸的新起点。
10月，红水河第一个梯级恶滩航运梯级正式动工。
梧州港第一座钢筋结构的大型码头大南码头建成投产。
江门、粤中船厂移植135系列柴油机成功。

1971年

9月，融江第一座水电站麻石电站拦河大坝截流。
东江干流老隆港建成投产，设计年吞吐能力100万吨。
广东援建刚果（布）小型木船厂竣工，移交刚果（布）。

1974年

10月，珠江水系第一艘钻机船在梧州航道工程区建成投产。

1975年

8月，石龙新港区建成水陆联运码头并简易投产。
8月，珠江三角洲发生重大恶性海事"八四"海事，不幸遇难者437人。
10月，连江全线渠化工程基本建成，建成相互衔接的梯级11座，渠化里程133千米，为珠江水系第一条全线渠化的河流，是全国山区河流渠化的典范。
10月，水电部门动工兴建红水河大化枢纽，按设计应有过船设施升船机一座，但没有动工，致使红水河断航。

1976年

12月，南宁港北大直立式码头开始施工。

1977年

7月，江门港位于北街高沙围的北街新港区第一期工程完工投产。
9月，广西梧州市轮渡公司轮渡4号遭雷雨大风袭击沉没，死亡31人。

1978年

3月，恢复成立广东省航运科研所。

4月，红水河溯河到大化段155千米航道经疏浚后通航，使红水河中段水运与湘桂铁路实现水铁联运。

11月，香港油麻地小轮公司与广东省合作经营黄埔——香港航线的气垫客船，签约期3年。

1979年

6月，香港招商局开辟了香港至黄埔线集装箱运输业务。

10月，广西壮族自治区境外水运企业"桂江船务有限公司"在香港成立。

深圳蛇口港破土动工。

1980年

1月，广东恢复来往香港、澳门间客运航线。

1月，广东省航运船舶工业公司成立。

2月，广东珠江航运公司"曙光401"轮在台山潭江水道遇雷雨大风袭击翻沉，死亡301人。

3月，广西航道业务从自治区航运公司划出，恢复广西航道管理处建制。

11月，广西梧州航运公司"桂民302"客驳，遭遇雷雨大风袭击沉没，死亡100人。

珠海特区九洲港破土动工。广东与香港外资合作成立"粤丰货柜有限公司"与"粤成货柜有限公司"，开展集装箱运输业务。

1981年

1月，深圳港蛇口港区建成开港，同年12月对外开放。

4月，广东省航政管理局成立，属广东省航运厅建制。

5月，中山港新港区动工兴建。

6月，国家计委批复《西江航运建设工程设计任务书》，西江千吨级航道建设正式开始。

1982年

6月，中国南山开发股份有限公司开始建设深圳港赤湾港区，1983年底建成开港。

1983年

3月，广东韶关航运局"红星312"轮在三水遭雷雨大风袭击翻沉，死亡147人。

7月，中断33年的梧州至香港直达客运航线复航，"漓江"号客船由梧州首航香港。

7月，广东省航运厅与交通厅合并，重新组建交通厅。成立广东省航运总公司，为交通厅直属企业。广东省航运船舶工业公司更名为广东省船舶工业联合公司，隶属省交通厅。

1984年

5月，广西航道管理处更名为广西航道管理局。

9月，西江航运建设广西段第一期工程破土动工，主要工程项目有桂平航运枢纽、贵县中转港、桂平至梧州段航道整治等。

1985年

1月20日，交通部根据国务院的批示，在广州召集广东、广西交通厅研究筹建交通部珠江航务管理局事宜。交通部张奇同志主持会议，广东省交通厅李谷、袁明钊、郑明钰、马玉荣等同志参加；广西壮族自治区交通厅杨林、刘奠国、杨为民等同志参加，交通部安监局李滨生同志参加了会议。

5月，交通部决定成立交通部珠江航务管理局筹备处，由袁明钊同志任主任、谭林生、郑明钰同志任副主任。

广西壮族自治区航运管理局成立。

西江航运干线广东段重点工程东平水道整治工程动工，全线工期历时6年。

1986年

4月15日，交通部转发《珠江航务管理局组建方案》，明确珠江航务管理局是交通部在珠江水系派出的行政管理机构。

5月1日，珠江航务管理局正式挂牌并开展工作。

8月，西江航运建设重点工程项目桂平航运枢纽破土动工。

10月，左江复航整治工程上金船闸开始施工。

11月，贵州省"两江一河"复航整治第一期工程正式开工，工期5年。

11月，陈村水道整治工程动工，建设标准为国家四级航道。

12月，国务院发布《中华人民共和国内河交通安全管理条例》。

1987年

2月2日，广东省顾委副主任罗范群到珠江航务管理局调研。

2月，云南省隔河复航工程动工，主要工程有船闸1座及两湖间2.1千米河道浚深加宽，12月竣工，恢复通航。

2月19日，西江航道整治工程列为国家重点建设项目。

2月19日，交通部内河局局长马希德、办公厅政策咨询办周明镜同志等到珠江航务管理局调研。

5月，国务院发布《中华人民共和国水路运输管理条例》。

5月26日，交通部在广州组织召开"珠江流域航运规划审查会议"。交通部计划局局长卢希龄、内河局局长张奇、部水规院副院长陈大强等参加会议。

7月14日，珠江航务管理局在广州组织召开"珠江水系航运座谈会"。

10月，交通部副部长黄镇东到珠江航务管理局调研。

12月，原隶属交通部的黄埔港务局与原隶属地方的广州港务局合并，组成新的广州港务局，为交通部与广州市双重领导，以市为主。原属黄埔与广州港的港务监督与交通部广州航道局航测处合并成立广州海上安全监督局隶属交通部。

同年，黄埔港新沙港区第一期工程破土动工，兴建3.5万吨级深水泊位10个，前期先建5个。

同年，由国家旅游局投资的漓江航道补水整治工程全面施工。

1988年

1月1日，国务院《关于公布第三批全国重点文物保护单位的通知》将灵渠列为全国重点文物保护单位。

1月，国家颁布《中华人民共和国水法》。

1月，珠江航务管理局西江办事处在南宁市成立。

4月1日，《珠航科技》月刊创刊。

6月，国务院颁布《中华人民共和国河道管理条例》。

6月15日，珠江航务管理局在昆明市组织召开"珠江水系内河航运建设前期工作座谈会"。

8月4日，交通部批准珠江航务管理局可以以"交通部珠江水系航运规划办公室"的名义对外联系与协调有关航运规划事宜。

8月，交通部副部长林祖乙来珠江航务管理局调研。

9月18日，广西横县南乡镇铁灵村船舶发生无证驾驶、严重超载的特大恶性沉船事故，死亡62人。

11月，贺江复航工程的云腾、厦岛、龙江船闸先后动工重建。

12月24日，桂平航运枢纽工程大坝截流成功。

广西壮族自治区航运局与区航道局合并组成广西壮族自治区航务管理局。

广东省航运总公司和广东省航政局合并组成广东省航务管理局（同时挂广东省港务监督局、广东省船舶检验局牌子）。

1989年

2月3日，桂平航运枢纽新建船闸正式投入运行。

5月2日，珠江航务管理局在贵阳市组织召开协调"两江一河"及都柳江航政与运管工作会议，明确桂、黔两省港航监督对航行该河段船舶安全管理的分工职责。

5月，经广西壮族自治区编制局批准，广西各航道工程区更名为航道管理处。

6月12日，交通部为加强长江、珠江、黄河、黑龙江和松辽四大水系航运规划机构，对水系航运规划领导小组及办公室主任的人选做出决定。

6月28日，珠江航务管理局在广州市召开"两江一河"公水联运试运协调小组会。

7月21日，珠江水系航运规划领导小组在广州召开扩大会议，宣布珠江水系航运规划领导小组正式成立并开展工作，审议了航运规划办公室组建方案；研讨航运发展战略和"八五"计划要点。

7月，漓江旅游航道整治竣工。

9月2日，珠江航务管理局牵头组织"两江一河"公水联运并获得成功。

1990年

1月，广东省人民政府批准成立东江流域管理局，负责东江的综合治理和开发。

2月4日，交通部印发《港口总体布局规划编制办法》。

5月，国家批准柳州港为一类口岸。

8月14日，珠江航务管理局在广东新会市组织召开"四省一市航务局（处）长座谈会"。

9月，交通部发布《中华人民共和国内河交通安全管理违章处罚规定》。

9月14日，在广西壮族自治区柳州市召开珠江水系乡镇运输船舶安全管理经验交流会。广西壮族自治区人民政府副主席王蓉贞莅会指导。

9月21日，珠江航务管理局在广西南宁市组织召开"珠江水系航运规划领导小组会议"。

10月，西江航运建设重点工程项目之一，广西最大内河港贵港中转港第一期工程开始施工。

11月，西江航运建设广东段整治工程竣工。

12月，西江航运建设广东段整治工程通过国家验收，工程质量评为优良。

1991年

1月，交通部对珠江航务管理局的职责进行调整。

4月，西江航运建设第一期工程桂平航运枢纽船闸竣工，通过国家验收，工程整体质量被评为优良。

7月23日，珠江航务管理局在云南省昆明市组织召开"珠江水系航运规划领导小组会议"。

9月，经广西壮族自治区批准，成立桂平航运枢纽管理处。

11月，东莞水道航道整治工程动工，航道标准由原来的六级提高到四级，工程到1995年底竣工。

11月16日，珠江航务管理局会同中国航海学会内河建设专业委员会在广东新会市组织召开"珠江水系航运发展战略研讨会"。研究探讨符合我国国情和珠江水系实际、适应珠江流域社会经济发展的珠江水系航运发展战略、目标、措施和建议。参加会议的有国家有关部、委、办和滇、黔、桂、粤省区有关部门，交通部党组成员刘锷、原副部长贺崇隆莅会并讲话。

12月，贺江复航工程的云腾、厦岛、龙江3座船闸通过竣工验收。

国务院颁布《中华人民共和国内河避碰规则》。

1992年

2月，江门水道航道整治工程动工，整治标准为国家四级航道。

4月，以电养航试点工程桂平枢纽水电站第一台机组并网发电。

5月1日，《珠航科技》更名为《珠江水运》。

8月，由水电部门开发建设的北江渠化工程白石窑梯级动工，船闸通标准为五级。

8月12日—14日，珠江航务管理局在贵阳市组织召开"珠江水系航运规划领导小组（扩大）会议"。

10月，西江航运建设一期工程桂平至梧州段航道整治开工，全段整治工期为四个枯水期。

11月15日，珠江水系航运规划办公室和长江水系航运规划办公室联合组织湘桂、赣粤运河的查勘工作。

11月，由水电部门开发建设的北江孟洲坝梯级动工，船闸通航标准为五级。

11月，位于东平水道的佛山新港动工，首期工程规模为年吞吐能力500万吨。

12月9日，珠江航务管理局在广西梧州市组织召开"珠江水系防抗雷雨大风工作座谈会"。

1993年

3月，珠江航务管理局在广东番禺市组织召开"《珠江流域航运规划综合报告》（修订稿）预审会议"。

5月，国务院正式批复《珠江流域综合规划报告》。

6月，交通部、广西壮族自治区人民政府联合批复西江航运建设二期工程初步设计。

10月，西江一期工程桂平航运枢纽整体工程、贺江复航工程竣工验收。

11月2日，交通部在广东江门市组织召开"《珠江流域航运规划综合报告（1993年修订本）》审查会议"。

1994年

4月，广西壮族自治区人民政府发布《广西壮族自治区航道管理办法》。

6月，国务院发布《中华人民共和国船舶登记条例》。

8月，珠江航务管理局在昆明组织召开"珠江水系航运规划领导小组会议"。

9月，由水电部门开发建设的北江飞来峡电站动工，船闸按照三级航道标准建设。

10月，珠江航务管理局召开干部大会，交通部副部长刘松金宣布：赖定荣同志为珠江航务管理局党组书记、局长。

10月，西江航运建设第二期工程贵港航运枢纽破土动工。工程包括拦河大坝、千吨级船闸、装机12万千瓦电站，西津库区尾端及贵港库区航道整治。

11月，贵州省"两江一河"复航整治第二期工程动工，重点清炸河段29千米，整治重点险滩11处。

12月，崖门（虎跳门）出海口门黄茅海航道开工建设，航道尺度：水深—6.0米，宽120米。

1995年

1月，《珠江水运》杂志经国家新闻出版署批准公开发行。

2月，珠江航务管理局在广州市组织召开"珠江水系航运规划领导小组会议"。

4月，珠江航务管理局局长赖定荣在广州会见由越南交通部副部长范文良率领的越南交通运输代表团。

4月，广东省交通运输厅组织江门水道整治工程竣工验收，评为优良工程。

5月，珠江航务管理局应邀参加"1995年国际运输博览会"。

7月，交通部交通安全委员会在广州市组织召开"珠江水系防抗雷雨大风经验交流会"。

8月，广东省航务管理局撤销，重新组建港务监督局（广东省船舶检验局一套人马，两块牌子）为副厅级单位，隶属广东省交通运输厅。组建广东省航运总公司，归省经委领导。

9月，广东省交通运输厅组织珠江崖门（虎跳门）出海口门航道验收。

12月3日—6日，珠江航务管理局在广西南宁市组织召开"加快珠江水系航运建设，促进流域经济发展"座谈会。全国人大常委会副委员长李沛瑶、交通部副部长洪善祥，以及广东、广西、云南、贵州四省（区）人大、政府、交通厅、沿江城市的政府领导参加会议。

12月，广东省交通运输厅组织东莞水道航道整治工程的竣工验收。

1996年

1月1日，广东省第一个地方性水上交通法规《广东省航道管理条例》施行。

1月23日—24日，珠江航务管理局在中山市组织召开"珠江水系防抗雷雨大风工作座谈会"。

3月25日，云南省机构编制委员会批复，云南省交通运输厅航务处更名为云南省航务管理局。

3月，国家重点建设项目西江航运建设第一期（广西段）桂平至梧州段航道整治工程全部完工。

5月20日—6月5日，珠江航务管理局组织，以全国人大常委会委员、民革中央副主席胡敏为领队、珠江航务管理局副局长谭林生为副领队的13人调研团，进行"加快珠江航运建设，促进流域经济发展"调研活动。沿江有关政府领导表达要求发展珠江航运，促进经济繁荣的强烈愿望，呼吁尽快解决红水河复航问题。提出《关于"加快珠江航运建设，促进流域经济发展"若干建议》，上报全国人大。

5月，广东省航运总公司改制为广东航运企业集团公司。

6月25日，交通部颁布实施由珠江航务管理局牵头制订的《珠江水系船舶防抗雷雨大风安全管理办法》。

8月8日—9日，珠江航务管理局在贵阳组织召开"珠江水系航运规划领导小组会议"。

9月1日，西江航运二期工程正式开工建设。

10月8日—10日，贵州省交通运输厅组织"两江一河"航道治理第二期工程验收会议，珠江航务管理局副局长谭林生代部主持会议。

10月15日，国务院参事林鸿慈等4人来珠江航务管理局调研。

11月19日，国务院参事室报送《关于红水河碍航闸坝恢复通航问题》建议，得到副总理邹家华的批示。

1997年

1月6日—9日，珠江航务管理局在广西桂林市组织召开"珠江水系船舶防抗雷雨大风工作座谈会"。

1月14日—16日，交通部组织西江航运建设第一期（广西段）桂平至梧州段航道整治工程竣工验收。

2月，贵州省人民政府向国家计委上报《贵州省人民政府关于请求尽快协调解决红水河岩滩、大化、百龙滩电站碍航闸坝问题的报告》。

5月27日—29日，《珠江水运》杂志首届理事会第一次会议在云南大理市召开。

8月6日，珠江航务管理局在昆明市组织召开"珠江水系航运规划领导小组会议"。

8月11日，贵州省内河航运管理局更名为贵州省航务管理局，同时成立贵州省港航监督局、贵州省船舶检验局（三块牌子一套班子）。

9月24日，交通部发布《中华人民共和国船舶最低安全配员规则》。

10月18日，西江二期工程贵港枢纽完成大江截流。

10月27日—28日，珠江航务管理局在梧州市组织召开"珠江水运行业管理座谈会"。

10月，白坭水道航道整治工程竣工。

11月5日，交通部发布《中华人民共和国船舶安全检查规则》。

12月3日，国务院发布新修订的《中华人民共和国水路运输管理条例》。

12月，崖门出海航道整治工程完成并投入使用。

1998年

1月1日，西江二期工程贵港枢纽船闸实现通航。

1月6日，珠江航务管理局在广州市组织召开"珠江水系船舶防抗雷雨大风工作会议"。

3月26日—29日，《珠江水运》杂志首届理事会第二次会议在海口市召开。

5月1日，深圳市颁布的《深圳经济特区港口管理条例》开始实施。

5月14日—16日，珠江航务管理局在贵阳市组织召开"珠江水系港航单位职工思想政治工作研究会"。广东省直属机关工委副书记曾利德、中国海员工会广东省委员会主席陈文杰、贵州省直属机关工委副书记吴忠培、贵州省海员工会主席冯自强、贵州省交通运输厅副厅长许德友等参加了会议。

6月11日，珠江航务管理局在汕头市组织召开"珠江水系航运规划领导小组会议"。

7月，漓江游览景区被国家旅游局评定为"国家AAAA级旅游景区点"。

10月27日，中华人民共和国海事局（交通部海事局）在北京成立，11月18日正式挂牌。

11月，云南省人民政府出台航道方面第一个行政规章《云南省航道管理规定》。

1999年

4月2日，北江飞来峡水利枢纽船闸举行正式通航仪式，广东省副省长欧广源出席仪式。

4月7日—8日，珠江航务管理局在昆明市组织召开"1999年珠江水系船舶防抗雷雨大风工作会议"。

5月6日—8日，《珠江水运》杂志社理事会第三次会议在厦门召开。

6月2日—5日，珠江航务管理局在桂林市组织召开"珠江水系航运规划领导小组会议"。

10月1日，《广西壮族自治区水路运输管理条例》施行。

11月16日—22日，全国人大常委会委员、民革中央副主席胡敏一行对红水河通航问题进行跟踪调研，全国政协常委、民革广西主委陈震宇和珠江航务管理局副局长谭林生等全程陪同。

12月9日—10日，珠江航务管理局在广州组织召开"珠江水系航务局（处）长座谈会"。

12月26日—27日，珠江水系航运规划办公室在广州组织召开"交通部长江、珠江、黄河、黑龙江和松辽水系航运规划办公室工作会议"。

2000年

1月28日，广东海事局在广东广州市成立、广西海事局在广西南宁市成立。

2月23日，经广西壮族自治区机构编制委员会批准，广西壮族自治区船舶检验处更名为广西壮族自治区船舶检验局，与广西壮族自治区航务管理局合署办公，挂两块牌子。

3月30日，珠江航务管理局在广州市组织召开"珠江内河航运发展战略研讨会"。

4月13日—14日，珠江航务管理局在柳州市组织召开"2000年珠江水系船舶防抗雷雨大风工作会议"。

4月18日，珠江航务管理局在广州市组织召开"思贤滘水利枢纽有关通航问题专家研讨会"。全国人大常委会委员、民革中央副主席胡敏，中国科学院院士窦国仁，中国工程院院士梁应辰，广东省计委、经委、交通厅及广西、贵州交通厅的领导和专家参加会议，专家一致认为思贤滘水利枢纽建设的必要性应进一步论证。

4月21日，广东省人民政府常务会议审议通过《广东省内河航道总体布局规划》。

8月11日—19日，珠江航务管理局配合交通部总工程师曹右安等领导和专家就内河航运建设规划及水资源综合利用等问题在珠江水系开展重点调研。

8月30日—31日，珠江航务管理局在贵阳市组织召开"珠江水系航运规划领导小组会议"。

10月31日，广西壮族自治区交通运输厅与广西海事局商定自2000年11月1日起，原广西壮族自治区港航监督局水上安全监督管理职能划转广西海事局。

11月21日—25日，全国政协提案委员会红水河通航问题调研组一行14人在全国政协提案委员会副主任、国家计委原副主任盛树仁及全国政协 3 位常委的率领下，对红水河恢复通航问题进行专题调研。

12 月 25 日，西南水运出海通道中线起步工程（贵州段）在百层码头举行开工典礼。

12 月，西江航运建设二期工程建成投入试运营。

2001 年

2 月 14 日，交通部印发《国内船舶运输经营资质管理规定》。

2 月，交通部印发《关于航运业结构调整的意见》。

3 月 29 日，交通部、国家经贸委、财政部发布《关于实施运输船舶强制报废制度的意见》。

4 月 4 日—7 日，交通部副部长张春贤专程就红水河碍航问题进行实地调研。

4 月 9 日—13 日，《珠江水运》杂志社第五次理事会在成都市召开。

4 月 25 日—26 日，珠江航务管理局在贵阳市组织召开"珠江水系水上交通行业安全管理座谈会"。

6 月 4 日—5 日，珠江航务管理局在昆明市组织召开"珠江水系航运规划领导小组会议"。

7 月，云南省交通运输厅港航监督局更名为云南省地方海事局。

10 月 11 日，交通部出台《内河运输船舶标准化管理规定》。

10 月 23 日，平班水电站工程开工建设。

10 月，恶（乐）滩水电站扩建工程动工兴建。

11 月 13 日，交通部任命朱伟桥同志担任珠江航务管理局党组书记（试用期）一年。

2002 年

3 月 7 日，由珠江航务管理局主持编制的《珠江水系船舶防抗雷雨大风应变部署》正式颁布。

3 月 23 日—24 日，珠江航务管理局在海口市组织召开"珠江水系航运规划领导小组会议"。

4 月，珠江河口整治首期项目"磨刀门疏浚治理工程"动工建设。

7 月 4 日，珠江航务管理局与广东省交通运输厅联合组织召开"广东片船舶标准化座谈会"。

7 月 10 日—13 日，珠江航务管理局在贵阳市组织召开"珠江水系四省（区）航务局长、水运处长座谈会"。

7 月 16 日—17 日，交通部在广州组织召开"广州港总体规划审查会"。

8 月 8 日，贵州省地方海事局正式挂牌，贵州省港航监督局、贵州省船舶检验局合并更名为"贵州省地方海事局"。

8 月 22 日，珠江航务管理局召开干部大会，交通部副部长洪善祥宣布：朱伟桥同志任珠江航务管理局局长；陈建华同志任副局长。

12 月 13 日—14 日，珠江航务管理局在珠海市组织召开"珠江干线液货危险品运输管理座谈会"。

12月，《广东省双重领导港口下放实施方案》正式出台。

2003年

1月，恶滩至石龙三江口航道整治工程竣工。

6月6日—8日，珠江航务管理局与广东海事局在韶关举行工作联席会议。

7月30日—31日，珠江航务管理局在百色市组织召开"珠江水系第二次航道普查协调会"。

9月8日，中国工程院院士梁应辰率领专家调研组到珠江航务管理局开展调研。

10月29日—11月2日，珠江航务管理局在昆明市组织召开"珠江水系航运规划领导小组暨行业管理工作座谈会议"，对珠江水系航运规划修编报告和航运结构调整报告等进行初审。

12月18日，珠江航务管理局局长朱伟桥在广东省委九届四次全会的讨论会上，向中共中央政治局委员、广东省委书记张德江汇报珠江航务管理局开展珠江水系航运规划和珠江航运结构调整工作情况。

2004年

1月1日，《中华人民共和国港口法》施行。

2月26日，经广州市人民政府批准，广州港进行体制改革，成立广州港务局和广州港集团有限公司。

2月27日—3月1日，交通部部长张春贤率领部有关司局在广东省副省长游宁丰同志的陪同下调研东平水道、西江航道。

5月2日—3日，中共中央政治局委员、广东省委书记张德江，交通部部长张春贤和广东省省长黄华华等对西江航道、东平水道等进行调研。张春贤部长在调研中听取珠江航务管理局专题汇报。

6月9日，交通部副部长徐祖远到珠江航务管理局调研。

8月17日，贵州省人民政府会同交通部在贵阳市主持召开"《贵州省内河航运发展规划》审查会议"。

9月24日，交通部水运司在广州组织召开"《珠江航运结构调整意见》审查会议"。

10月28日—11月1日，贵州省发改委在贵阳市组织召开"西南水运出海通道中线起步工程（贵州段）竣工验收会议"，珠江航务管理局局长朱伟桥和李小健同志出席。

11月4日—7日，珠江水系首个文明样板航道广东西江南江口—肇庆段航道通过评审。

11月16日，黑龙江航务管理局杨连地局长带队在广州与珠江航务管理局会谈，这是珠江与黑龙江两个水系管理局首次举行工作会谈。

11月16日—27日，以全国政协副主席陈奎元为团长，洪善祥、傅立民、张皓委员为副团长的京内16个界别37位委员组成的调研团到广西，就内河航运资源开发、保护和利用进行调研，珠江航务管理局全程陪同调研。

2005年

2月27日，绥江牛岐船闸复航工程举行开工典礼。

3月17日，交通部正式转发《珠江航运结构调整意见》，珠江航运结构调整正式启动。

4月23日，贵州省人民政府批复《贵州省内河航运发展规划》。

4月28日，崖门5 000吨级出海航道整治工程开工仪式在新会市举办。

4月28日，珠海港高栏5万吨级集装箱码头开工。

6月20日，交通部发布《中华人民共和国防治船舶污染内河水域环境管理规定》。

7月7日，云南省交通运输厅举行纪念郑和下西洋600周年暨庆祝首届"中国航海日"大会。

7月，交通部、国家安全生产监督管理总局发出《关于开展渡口渡船专项整治，规范渡口渡船安全管理的意见》。

8月25日，广东省人民政府发布《广东省航标管理办法》。

10月12日，云南省政府办公厅印发《云南省渡口渡船专项整治实施方案》。

10月，广东省机构编制委员会办公室发布《关于进一步明确我省水上交通安全监管职责分工有关问题的通知》。

12月16日，珠江航务管理局召开干部大会，交通部副部长徐祖远宣布：庄则平、刘胜根任珠江航务管理局党组成员；庄则平任珠江航务管理局副局长，刘胜根任珠江航务管理局副局长。同时明确暂时由汪湘涛同志牵头负责珠江航务管理局的全面工作。

2006年

1月，广东省编委印发《广东省交通综合行政执法改革方案》，将港口行政、航道行政、水路运政的行政强制、行政处罚职能划归综合执法机构统一行使。

3月28日，珠江航务管理局与香港海事处在广州联合举办"内地船舶航行香港水域相关法律法规介绍会"。

5月18日，广西壮族自治区发改委、交通厅在南宁市组织召开"广西内河航运发展规划审查会议"。

6月，"广西壮族自治区航务管理局"更名为"广西壮族自治区港航管理局"。

7月11日，"2006年航海日珠江片区纪念大会暨'郑和精神'与航运（海事）发展论坛"在广州隆重举行。

8月9日—10日，珠江航务管理局在珠海市组织召开"珠江水系航运规划领导小组会议"。

9月13日，滇黔桂三省（区）海事部门首次举办"天生桥库区水上应急演练"。

9月18日—21日，《珠江水运》杂志社第九次理事会在长沙市召开。

10月18日—19日，广东省发改委在惠州市组织召开"《广东省港口布局规划》评审会议"。

11月28日—29日，广东省交通厅在中山市召开"横门出海航道整治工程竣工验收会议"。

12月6日，珠江航务管理局召开干部大会，交通部副部长徐祖远宣布梁建伟同志任珠江航务管理党组书记、局长。

12月28日—29日，广东省交通运输厅在佛山市组织召开"陈村水道航道整治工程竣工验收会议"。

2007年

1月10日，交通部副部长翁孟勇到珠江航务管理局调研。

1月13日—14日，交通部水运司会同珠江航务管理局在广州市组织召开"珠江水系内河水运建设座谈会"，中国工程院院士梁应辰出席会议。

1月25日，广东省公布《广东省港口管理条例》。

2月5日，广西长洲水利枢纽中江截流。

3月3日，广西长洲水利枢纽2号船闸通航。

3月21日—28日，由珠江航务管理局局长梁建伟带队，广东省直机关工委、广东省发改委、新华社广东分社、中央电视台新闻中心等单位参加的调研组，深入珠江中上游地区开展调研。

4月13日—14日，珠江航务管理局梁建伟局长率队对长洲枢纽堵船问题进行现场协调督办。

5月15日，长洲水利枢纽1号船闸通航。

7月14日，珠江航务管理局与广西壮族自治区交通运输厅、贵港市人民政府在贵港市联合举办2007年"航海日"珠江片区纪念大会暨珠江航运发展论坛系列活动。

7月16日，交通部在佛山市组织召开"佛山市港口总体规划审查会议"。

7月19日，贵州省地方海事局（贵州省航务管理局）列入参照公务员法管理的省属事业单位。

9月15日，珠江航务管理局在广州组织召开"珠江水系航运规划领导小组会议"。

9月24日，贵州省通过《贵州省水路交通管理条例》。

10月20日—23日，"珠江水运杂志工作会议暨理事会会议"在贵阳市召开。

11月28日，贵州省交通运输厅在兴义市召开"天生桥一级电站库区永和、巴结、白云港口建设工程竣工验收会议。"

12月11日，交通部副部长徐祖远率队到长洲枢纽滞航现场，看望滞留在长洲枢纽的船民及奋战在一线的交通系统干部职工，并主持召开长洲水利枢纽通航现场协调会。

12月，根据广西壮族自治区编委《关于自治区航道和船舶检验管理机构更名的批复》，自治区港航管理局直属的航道管理处、船舶检验处分别更名为航道管理局和船舶检验局。

2008年

2月28日，珠江航务管理局局长梁建伟带队到水利部珠江水利委员会，与珠江委岳中明主任等进行工作座谈。

4月，云南省人民政府印发《进一步明确我省水上交通安全监管职责分工有关问题的通知》。

4月8日，交通运输部副部长高宏峰到珠江航务管理局调研。

4月11日，交通运输部党组成员、驻部纪检组组长杨利民到珠江航务管理局调研。

6月13日，交通运输部水运司在广州组织召开"加快珠江水运建设，推进水路交通现代化座谈会"。

7月4日—5日，珠江航务管理局、云南省交通运输厅、曲靖市人民政府和中国海员工会广东省委员会在昆明联合举办主题为"发展珠江水运，服务流域经济"的2008年"航海日"珠江片区活动。

9月10日，云南省人民政府出台《关于加快水运事业发展的若干意见》

11月5日—9日，"珠江水运杂志工作会议暨理事会会议"在武汉市召开。

11月25日，珠江航务管理局在广州组织召开"珠江水系航运规划领导小组会议"。

2009年

1月1日，交通运输部副部长徐祖远到珠江航务管理局调研。

3月3日，珠江航务管理局和广东省委政策研究室组成调研组，到梅州市进行内河水运专题调研。

4月23日，珠江航务管理局在广州组织召开"推进西江干线船型标准化工作座谈会"。

5月18日，广西壮族自治区交通运输厅在南宁市组织召开"柳州市港口总体规划审查会议"。

7月3日，以"加强水运合作、应对金融危机"为主题的2009年珠江片区航海日活动纪念大会暨珠江航运发展论坛，在贵阳市隆重召开。

7月3日，广东省交通运输厅在广州组织召开"河源港总体规划评审会议"。

8月17日，珠江航务管理局召开干部大会，交通运输部人劳司王韬宣布：刘丽扬同志任珠江航务管理局党组副书记、副局长，祁军辉同志任珠江航务管理局党组成员、副局长。

9月，广西壮族自治区党委、政府出台《关于打造西江黄金水道，促进区域经济协调发展的若干意见》。

9月18日，珠江航务管理局与中共广东省委宣传部在广州市举办以"走进珠江看巨变"为主题的大型联合采访宣传活动启动仪式。

9月18日，珠江航务管理局在广州组织召开"珠江水系航运规划领导小组（扩大）会议"。

9月20日—21日，广西壮族自治区交通运输厅在来宾市组织召开"来宾港总体规划审查会议"。

10月21日，广东省交通运输厅挂牌成立，广东省交通运输厅港航管理局也挂牌成立。

10月22日，交通运输部水运局局长宋德星在珠江航务管理局局长梁建伟陪同下，到长洲水利枢纽现场协调处理滞航问题。23日，在梧州市人民政府召开长洲水利枢纽通航应急工作座谈会。

11月10日—11日，由全国政协提案委副主任王显政担任组长，部分政协委员及国家有关部委相关负责同志参加组成的调研组，对珠江中上游闸坝碍航问题进行调研。

11月18日，交通运输部综合规划司在肇庆市组织召开"《肇庆港总体规划》评审会议"。

11月23日—24日，交通运输部部长李盛霖就加快推进内河水运发展到广西、广东进行调研。

12月29日，广西壮族自治区交通运输厅举办"长洲水利枢纽三线四线船闸工程开工暨贵港至梧州2 000吨级航道通航仪式"。

2010年

3月，广西壮族自治区人民政府批准实施《广西西江黄金水道建设规划》。

3月17日，广西壮族自治区人民政府批准《广西北部湾港总体规划》。

4月1日，国务院研究室、交通运输部、国家海事局、珠江航务管理局组成的调研组，在昆明召开珠江水运发展调研座谈会。

5月17日—20日，交通运输部副部长徐祖远率队到贵州、广西调研珠江水运发展情况，对水上交通安全工作进行检查督导。

7月2日，珠江片区庆祝"航海日"活动在珠海市隆重举行，交通运输部副部长徐祖远、广东省人大常委会副主任邓维龙、广东省副省长雷于蓝、珠江航务管理局局长梁建伟、珠海市委书记甘霖、珠海市市长钟世坚等500多人出席。

9月17日，珠江航务管理局召开干部大会，交通运输部人劳司宣布：任建华同志为珠江航务管理局党组成员、副局长。

10月11日，交通运输部副部长徐祖远到珠江航务管理局检查调研。

10月21日，珠江航务管理局在广州组织召开"珠江水系航运规划领导小组会议"。

10月21日，珠江航务管理局在广州组织召开"2010年珠江水运工作座谈会"。

11月12日，交通运输部部长李盛霖到珠江航务管理局调研。

12月17日，广西壮族自治区人大、交通运输厅联合召开《广西壮族自治区港口条例》新闻发布会。

2011年

1月14日—15日，珠江航务管理局在南宁组织召开"珠江水系航务工作座谈会"。

1月，国务院印发《关于加快长江等内河水运发展的意见》，加快发展内河水运上升为国家战略。

4月1日，珠江航务管理局在广州组织召开"珠江船型标准化工作座谈会"。

6月20日，"珠江片区'航海日'庆祝活动暨2011中山市第六届装备博览会"

新闻发布会在广州举行。

9月29日，珠江航务管理局召开干部大会，交通运输部徐祖远副部长宣布：任建华同志主持珠江航务管理局行政和党组工作。

11月7日，广西壮族自治区交通运输厅在南宁举办"西江航运干线南宁至贵港Ⅱ级航道开工仪式"。

11月26日，交通运输部副部长翁孟勇到珠江航务管理局展开调研。

11月30日，珠江航务管理局在贵阳市组织召开"2011年珠江水系航运规划领导小组会议暨港航工作座谈会"。

12月13日，交通运输部发布《西江航运干线过闸船舶标准船型主尺度系列》。

12月24日，交通运输部党组成员、政策法规司司长何建中一行到珠江航务管理局调研。

12月27日，广东省海上搜救中心在广东海事局正式挂牌。

2012年

1月，交通运输部印发《关于明确港口危险化学品安全监督管理若干问题的通知》。

2月，珠江航务管理局、广西壮族自治区交通运输厅、广东省交通运输厅、广西海事局、广东海事局及中国船级社广州分社共同公布《关于实施西江航运干线过闸船舶标准船型主尺度系列及有关规定的通告》。

4月1日，《西江航运干线过闸船舶标准船型主尺度系列》正式施行，珠江航运干线推广船舶标准化工作全面启动。

5月8日—13日，国务院参事张元方、蒋明麟、郭廷结、傅正恺、张纲，国务院参事室参事业务一司和交通运输部水运局领导组成的调研组，调研广东、广西水运发展情况。

5月24日，云南省人民政府常务会议审议通过《云南省乡镇船舶和渡口安全管理办法》，7月3日正式实施。

6月28日，贵州省编委办印发《关于同意设立贵州省南北盘江红水河航道管理局的批复》，批准设立贵州省南北盘江红水河航道管理局。

7月6日，以"黄金水道·绿色水城·蓝色海洋"为主题的2012年珠江片区"航海日"系列活动，在南宁启幕。

7月30日，交通运输部印发《关于完善管理，促进国内航运业健康平稳发展的意见》。

8月1日，广西壮族自治区人民政府正式批复《广西西江经济带发展总体规划（2010—2030年）》。

10月13日，国务院公布《国内水路运输管理条例》。

10月22日，西江港口联盟第二届年会在云浮市举行。

10月29日，交通运输部印发《关于加快"十二五"期水运结构调整的指导意见》。

11月，贵州省人民政府批准了《贵州省水运发展规划（2012—2030）》。

11月16日，广东省交通运输厅组织召开"东莞水道省级文明样板航道验收会议"。

11月27日,珠江航务管理局在桂林组织召开"2012年珠江水系航运规划领导小组会议暨港航工作座谈会。"

12月8日,都柳江从江、大融航电枢纽工程开工建设。

12月25日,交通运输部发布《珠江水系"三线"过闸船舶标准船型主尺度系列》。

12月,贵州省出台《贵州省人民政府关于加快水运发展的意见》。

12月,东江河源至惠州航道整治工程竣工验收。

2013年

3月6日,贵州省委常委、副省长秦如培带队到黔南自治州调研,强调尽快打通红水河南下珠江连接珠三角经济区的水运通道。

3月19日,交通运输部安全总监宋家慧一行就推进运输安全整治工作来珠江航务管理局调研。

4月,交通运输部印发《港口危险货物重大危险源监督管理办法(试行)》。

6月,交通运输部印发《关于交通运输推进物流业健康发展的指导意见》。

7月4日,珠江航务管理局、贵州省交通运输厅和黔西南州人民政府共同主办以"共建黄金水道,同享美丽珠江"为主题的2013年珠江片区"航海日"活动。

8月,交通运输部印发《关于促进航运业转型升级健康发展的若干意见》。

8月21日—28日,由全国政协副主席马飚率队的全国政协重点提案督办调研组就"加快推进珠江—西江经济带建设"进行调研。

9月,贵州省人民政府印发《贵州省水运建设三年会战实施方案》。

9月,北江韶关至清远航道整治工程竣工验收。

10月22日,珠江航务管理局在广州组织召开"推进'十二五'珠江水系船型标准化工作第一次会议。"

11月7日,以"加强港航产业协作,推进流域经济一体化"为主题的西江港口联盟2013年会暨西江港口发展交流座谈会在广西梧州市举行。

11月20日,交通运输部珠江航务管理局云贵办事处在贵阳市挂牌成立。

12月,交通运输部、财政部、国家发改委、工业和信息化部共同发布《老旧运输船舶和单壳油轮提前报废更新实施方案》。

12月20日,珠江航务管理局在昆明组织召开"2013年珠江水系航运规划领导小组会议暨港航工作座谈会。"

2014年

5月16日,珠江航务管理局召开干部大会,交通运输部人事教育司陈瑞生司长宣布:祁军辉同志全面主持珠江航务管理局党政工作。

5月27日,珠江航务管理局在广州组织召开专题会议,协调珠江和闽江水系内河船型标准化实施工作。

6月,交通运输部印发《关于推进港口转型升级的指导意见》。

7月9日,主题为"扬帆滇黔,通江达海"的珠江片区2014年"航海日"活动在云南省义山州举行。

7月，国务院印发《国务院关于珠江—西江经济带发展规划的批复》，珠江—西江经济带上升为国家战略。

8月27日，广东省省长朱小丹深入西江、北江，实地调研加快内河航运发展等工作。

11月28日，以"畅通西江水道，服务国家战略"为主题的西江港口联盟2014年会暨西江港口发展交流座谈会在珠海市举行。

12月15日，云南省人民政府公布实施《云南省水上交通安全管理办法》，自2015年3月1日起实施。

12月19日，珠江航务管理局在广州组织召开"2014年珠江水系航运规划领导小组暨港航工作座谈会"。

12月28日，全国人大通过《中华人民共和国航道法》。

12月31日，长洲水利枢纽三线四线船闸主体工程通过交工验收。

2015年

1月8日，长洲枢纽三线船闸通过试通航验收。

3月17日，全国人大常委会委员、华侨委副主任、致公党中央副主席杨邦杰，全国人大常委会委员、教科文卫委副主任、致公党中央副主席严以新率致公党调研组对红水河龙滩水电站展开调研。

4月29日，珠江航务管理局在南宁组织召开"珠江和闽江水系船型标准化工作协调领导小组会议"。

7月8日，主题为"海上新丝路，航运新引擎"的珠江片区2015年"航海日"活动在广州市南沙区举行，活动由珠江航务管理局、广东省交通运输厅、广东海事局、广州港务局、广东省海员工会、南沙区人民政府、广东航海学会共同主办。

7月31日，西江航运干线桂平二线船闸工程通过竣工验收，这是西江航运干线第一座通航3 000吨级船舶的船闸。

8月18日，珠江航务管理局在贵阳组织召开"珠江水系水运宣传工作座谈会"。

12月11日，"2015年珠江水运发展高层协调会议"在福州市召开。广东省省长朱小丹，广西壮族自治区主席陈武，贵州省人民政府主要负责人，云南省省长陈豪出席会议；广东省委常委、常务副省长徐少华主持会议；四省区人民政府副省长（副主席）、秘书长、发改委主任、交通运输厅厅长、泛珠三角区域合作行政首长联席会议秘书处等部门负责人列席会议；珠江航务管理局主要负责人参加会议。四省区行政首长一致同意依托泛珠三角合作平台建立珠江水运发展高层协调机制，会议通过珠江水运发展高层协调机制工作规则。

12月31日，长洲水利枢纽四线船闸通过试通航验收。

2016年

1月21日，珠江航务管理局在珠海市组织召开"2016年珠江水系航运规划领导小组暨港航工作座谈会"。

1月25日，珠江航务管理局在广州举办"珠江水运发展新闻发布会"。

3月，国务院印发《关于深化泛珠三角区域合作的指导意见》，泛珠区域合作上升为国家战略。

3月22日—23日，交通运输部副部长何建中带队到广西就珠江水运科学发展进行调研。

7月8日，以"扬帆新丝路，筑梦北部湾"为主题的2016年珠江片区"航海日"活动在广西钦州市隆重举行。活动由珠江航务管理局、广西壮族自治区交通运输厅、钦州市人民政府和广东省海员工会共同主办。

7月30日，交通运输部印发《关于推进珠江水运科学发展的若干意见》。

8月9日，长江航务管理局局长唐冠军一行到珠江航务管理局进行调研。

8月9日，广东省委常委、纪委书记黄先耀到珠江航务管理局指导。

8月31日，澜沧江景洪水电站升船机通过试通航验收。

10月，交通运输部发布《水路旅客运输实名制管理规定》。

10月14日，2016年珠江水运发展高层协调会在江西省南昌市召开。广东省委常委、常务副省长徐少华，广西壮族自治区主席陈武，贵州省人民政府主要负责人，云南省副省长刘慧晏出席会议。珠江航务管理局主要负责人参加会议。审议并原则通过《珠江水运科学发展行动计划（2016—2020年）》和《广东省人民政府广西壮族自治区人民政府贵州省人民政府云南省人民政府关于加快红水河龙滩水电站和右江百色水利枢纽通航设施建设的请示》。

12月7日，交通运输部珠江航务管理局和水利部珠江水利委员会在广州签署《关于加强珠江水利和水运发展合作协议》。

12月20日，由西江港口联盟主办主题为"畅西江，联西南，迎接大桥时代，对接一带一路"西江港航发展论坛在珠海市召开。

2017年

1月，广西壮族自治区人民政府印发《加快珠江—西江经济带（广西）发展若干政策》。

2月，国务院印发《"十三五"现代综合交通运输体系发展规划》。

4月12日，交通运输部与四省区政府联合发布《珠江水运科学发展行动计划（2016—2020年）》。

5月16日，交通运输部印发《珠江水运发展规划纲要》。

5月，交通运输部印发《深入推进水运供给侧结构性改革行动方案（2017—2020年）》。

6月，交通运输部党组书记杨传堂率队调研北江。

6月9日，交通运输部部长李小鹏就珠江水运发展展开调研，广东省副省长袁宝成参加调研。

6月16日，交通运输部党组书记杨传堂调研珠江水运改革发展情况，在珠江航务管理局主持召开"合力推进珠江黄金水道建设座谈会"。

7月，广东省省长马兴瑞调研北江，提出统筹推进西江、北江、东江航道扩能升级。

7月6日，以"弘扬长征精神，打造黄金水道"为主题的2017年珠江片区"航海日"活动在贵州省遵义市举行。

8月，《中央编办关于交通运输部承担行政职能事业单位改革试点方案的批复》《交通运输部关于交通运输部珠江航务管理局主要职责机构设置和人员编制的通知》先后印发，珠江航务管理局完成从事业单位向行政机构的转变。

9月25日，以"促进水运绿色发展，合力建设美丽珠江"为主题的珠江水运发展高层协调会在长沙市召开。广东省省长马兴瑞，广西壮族自治区主席陈武，贵州省代省长谌贻琴，云南省省长阮成发，广东省省委常委、常务副省长林少春，广西壮族自治区党委常委、常务副主席蓝天立出席会议，会议由贵州省代省长谌贻琴主持，珠江航务管理局主要负责人参加，审议通过了《推进珠江水运绿色发展行动方案（2018—2020年）》。

10月18日，中国共产党第十九次全国代表大会在北京胜利召开，"交通强国"成为国家战略。

12月23日，交通运输部原部长、《中国水运史》编审委员会主任黄镇东率队到广州调研，在珠江航务管理局组织召开座谈会。

2018年

2月1日，珠江航务管理局琼州海峡办事处在海南省海口市揭牌。

3月14日，交通运输部办公厅和广东、广西、贵州、云南省（区）人民政府办公厅联合发布《推进珠江水运绿色发展行动方案（2018—2020年）》。

3月30日，交通运输部副部长刘小明带队到广州开展党的建设调研并主持召开座谈会。

7月19日，2018年珠江片区"航海日"活动在昆明市举行，主题为"走进郑和故里，弘扬丝路精神"。

9月13日，德国联邦交通和数字基础设施部航道与航运司副司长维尔曼率代表团到珠江航务管理局进行交流访问。

9月20日，珠江航务管理局在佛山组织召开"2018年西江航运干线通航保畅工作会议"。

10月14日，西江航运干线长洲枢纽船闸货物通过量首次突破亿吨大关，达到10 008万吨，创历史新高。

11月，珠江航运综合信息服务系统正式上线试运行。

12月28日，广西西江开发投资集团召开新闻发布会，宣布"一干线三通道"11个梯级，15座船闸全面实现联合调度。

2019年

1月1日，2018年西江航运干线长洲枢纽船闸货物通过量首次突破亿吨大关，达到1.32亿吨。

1月14日，珠江航务管理局在广州召开"2019年珠江水运发展新闻发布会"。

6月，国务院办公厅印发《关于交通运输领域中央与地方财政事权和支出责任划分改革方案的通知》。

7月18日，2019年珠江片区"航海日"活动在肇庆举行。活动由珠江航务管理局、广东省交通运输厅、肇庆市人民政府、广东海事局、广东省海员工会共同主办。

7月24日—26日，中俄总理定期会晤委员会运输合作分委会第二十三次会议在广州举行。7月24日，交通运输部副部长戴东昌和俄罗斯联邦运输部副部长茨维特科夫乘船调研珠江航道情况，珠江航务管理局主要负责人陪同调研。

8月30日，珠江航务管理局主要负责人会见了来访的梧州市委书记全桂寿，市长李杰云一行。

9月6日，2019年珠江水运发展高层协调会在广西南宁市召开。交通运输部副部长刘小明，广东省省长马兴瑞、副省长张虎，广西壮族自治区主席陈武、副主席费志荣，贵州省省长谌贻琴、副省长卢雍政，云南省省长阮成发、副省长王显刚出席会议。审议通过《珠江水运助力粤港澳大湾区发展实施意见（讨论稿）》，商议解决珠江水运发展突出问题。

10月30日，交通运输部水运局在广州组织召开了珠江航运综合信息服务系统（珠江航务管理局）建设项目竣工验收会，建设项目通过竣工验收。

12月5日，财政部经建司宋秋玲一级巡视员，部财审司许春风司长、水运局杨华雄副局长一行，赴西江航运干线开展中央与地方财政事权和支出责任划分改革工作专题调研。

2020年

2月11日，为抗击疫情，珠江航务管理局为长江航务管理局捐赠1.5吨医用酒精和消毒液以及4 000多个口罩，专车送达长航总医院。

3月31日，大藤峡水利枢纽工程船闸试通航成功并通过验收。

4月7日—15日，珠江航务管理局主要负责人，先后向广西壮族自治区副主席费志荣、云南省副省长王显刚专题汇报百色水利枢纽通航设施建设情况，与两省（区）交通运输厅和发展改革委开展工作会商。

5月9日，广东省省长马兴瑞到珠江航务管理局调研。

5月29日，交通运输部印发《内河航运发展纲要》。

6月9日，交通运输部办公厅和四省（区）人民政府办公厅联合印发《关于珠江水运助力粤港澳大湾区建设的实施意见》。

6月22日，交通运输部副部长刘小明、广西壮族自治区副主席费志荣、云南省副省长王显刚等赴百色水利枢纽通航设施项目建设现场，共同见证了云南省港航投资建设有限责任公司、广西西江开发投资集团有限公司和广西右江水利开发有限责任公司三方签署《关于设立百色水利枢纽通航工程有限责任公司出资协议》。

7月11日，珠江航务管理局组织召开主题为"携手同行，持续发展"的2020年珠江片区"航海日"活动，活动采取"互联网+"的形式开展，通过云连线水系四省（区）交通运输部门、广东省总工会、广东海洋大学等单位，分析疫情下水运行业发展的"危"与"机"，研究探讨疫情防控常态化水运发展方向。

8月6日，珠江航务管理局主要负责人带队赴贵州省人民政府拜访，与副省长陶长海就加快推进红水河龙滩水电站通航设施建设、推进都柳江—融江北线水运通道建设、做好珠江水运发展高层协调会筹备等进行会商。

8月22日，交通运输部副部长刘小明在珠江航务管理局主持召开交通运输部系统驻粤桂单位工作座谈会，并到珠江航务管理局调研。

8月26日，珠江上游都柳江郎洞航电枢纽、温寨航电枢纽机组通过启动验收。

9月，广东省人民政府成立了以陈良贤副省长为总指挥的推进水运与铁路货运高质量发展总指挥部，印发《广东省推进内河航运高质量发展实施方案》。

9月17日—18日，由交通运输部党组成员王志清带队的部安全生产检查组到珠江航务管理局检查，珠江航务管理局顺利通过安全生产检查。

9月18日，2020年珠江水运发展高层协调会在海南三亚市举行。广东省省长马兴瑞、常务副省长林克庆，广西壮族自治区政府主席陈武、副主席刘宏武，贵州省省长谌贻琴、副省长胡忠雄，云南省常务副省长宗国英，部总工程师姜明宝出席会议，会议围绕"共享高层协调机制五年成果，合力建设交通强国珠江篇"等主题进行研讨，审议并原则通过《"十四五"珠江水运发展重大举措》。

10月15日，交通运输部安全总监、水运局局长李天碧带队赴南宁，开展百色水利枢纽通航设施项目前期工作进展情况调研。

11月25日，交通运输部党组书记杨传堂到珠江航务管理局调研，对珠江航务管理局提出"代部协调、行业监督、规划引领"的派出机构新定位。

12月1日，西江航运干线贵港二线船闸工程建成通航。

12月，广东省交通运输厅印发《广东省航道发展规划（2020—2035年）》。

12月16日，交通运输部、国家铁路局、国铁集团印发《船舶碰撞桥梁隐患治理三年行动实施方案》。

12月20日，交通运输部印发《航道养护管理规定》。

12月20日，交通运输部印发《关于修改〈港口经营管理规定〉的决定》。

2021年

1月1日，贵港港2020年货物吞吐量突破亿吨，达到1.06亿吨，成为珠江水系首个内河亿吨大港。

1月7日，珠江航务管理局在广州召开"2021年珠江水运发展新闻发布会"。

3月，交通运输部公布《航道养护技术规范》。

4月18日，百色水利枢纽通航设施工程初步设计获得广西发改委正式批复。

6月23日，百色水利枢纽通航设施工程正式开工建设。交通运输部副部长王志清，广西壮族自治区党委副书记刘小明，云南省副省长邱江出席开工动员活动，广西壮族自治区副主席费志荣主持活动。

7月8日，珠江航务管理局组织的2021年珠江片区"航海日"活动，以"传承百年志，开启新征程"为主题，采取"线上+线下"的方式举行。

8月，广东省印发《广东省提升内河航运能力和推动内河航运绿色发展总体分工方案》《广东省内河航运能力提升实施方案》《广东省内河航运绿色发展示范工程实施方案》。

9月，广东交通强省建设大会在广州召开。

9月，交通运输部、国家发展改革委发布新修订的《港口岸线使用审批管理办法》。

10月，交通运输部印发《绿色交通"十四五"发展规划》。

10月18日，交通运输部办公厅印发《珠江航运"十四五"发展规划》。

11月，交通运输部印发《关于加强"十四五"期全国航道养护与管理工作的意见》。

11月，交通运输部发布《交通运输部关于调整港口深水岸线标准的公告》。

11月，《贵州省推进交通强国建设实施纲要》出台。

2022年

1月，广东省委、省人民政府印发《广东省综合立体交通网规划纲要》。

1月5日，珠江航务管理局组织召开"2022年珠江水运发展新闻发布会"。

3月，广东省政府办公厅印发《广东省港口布局规划（2021—2035年）》。

4月12日，珠江航务管理局组织召开"2022年珠江水系航运规划领导小组会议"（视频）。

7月，广西壮族自治区政府办公厅印发《推进多式联运高质量发展，优化调整运输结构实施方案（2022—2025年）》。

7月8日，第17届珠江片区"航海日"活动在广州航海学院举行，以"畅通珠江水运大通道，助力绿色航运大提升"为主题，活动由珠江航务管理局，广州航海学院，广东、广西、贵州、云南、海南省（区）交通运输厅，广东省海员工会共同主办。

8月，交通运输部、国家发展改革委、自然资源部、生态环境部、国家林业和草原局联合印发《关于加强沿海和内河港口航道规划建设，进一步规范和强化资源要素保障的通知》。

8月，广东省政府办公厅印发《广东省推进多式联运发展，优化调整运输结构实施方案》。

8月17日—18日，都柳江从江、大融航电枢纽船闸工程通过专项验收。

8月28日，"世纪工程"平陆运河建设动员大会在广西壮族自治区钦州市灵山县旧州镇马道枢纽现场举行。交通运输部部长李小鹏出席大会并讲话，广西壮族自治区党委书记、人大常委会主任刘宁宣布平陆运河建设正式开工，广西壮族自治区主席蓝天立主持大会。

9月，贵州省人民政府印发《贵州省水运体系发展行动方案》。

10月，交通运输部、国家铁路局、中国民用航空局、国家邮政局印发《关于加快建设国家综合立体交通网主骨架的意见》。

10月25日，红花枢纽二线船闸工程通过交工验收和试通航验收。

12月15日，西津枢纽二线船闸正式通航。

后 记

为全面梳理珠江航运发展历史进程，系统总结改革发展实践经验，尤其是展现中国特色社会主义新时代珠江水运的发展成就，推进新时代珠江黄金水道建设和高质量发展，交通运输部珠江航务管理局于2022年组织开展《珠江航运史》编纂工作。

本次编撰的《珠江航运史》在1998年版《珠江航运史》的基础上，全面梳理和展现了珠江水运自先秦至"十四五"中期，尤其是2000年至2022年珠江水运在基础设施建设、管理体制机制、水运经济发展等各领域的发展历程、建设成就、重大事件和历史经验等。本书史料丰富、内容翔实、可读性强。时间跨度上至先秦，下至当下两千多年，范围涉及珠江水系的历史背景、航道、港口、船舶、航运政策、行业发展、客货运发展、航运教育等多个方面的内容。

2022年以来，编纂工作在交通运输部珠江航务管理局主持下全面展开。组织成立《珠江航运史》编审委员会，由珠江航务管理局局领导及部门负责人、水系四省（区）交通港航海事部门相关领导组成。同时成立由珠江航务管理局相关部门以及水系四省（区）交通港航海事部门工作人员组成的编纂委员会，负责组织协调推进编纂工作，落实编审委员会的部署要求、联系沟通编写合作单位、协调相关港航部门、对文稿提出修改意见等事项。确定了广州航海学院陈建平教授团队具体负责《珠江航运史》编写组，负责具体编写工作，制定详细的编写大纲、编写计划、收集相关资料、一线调研走访、文稿起草及修改、编印出版等事项。

编写工作开展以来，历经数十份材料调研，数次专家评审修改，数版修改稿的形成，在2023年年底完成送审稿，于2024年5月完成终稿审定。2024年8月，该书交付华南理工大学出版社出版。最终在2024年10月，经过全体编纂人员的共同努力，历时两载，数易其稿，终于面世。

《珠江航运史》是众手成书，集体智慧的结晶。我们谨向在编纂过程中参考过的文献资料的作者，在业务上指导帮助、审稿把关的专家学者和关心支持编纂工作的领导以及全体参与编纂工作的同志，表示崇高的敬意和诚挚的感谢！

沧海桑田，一部《珠江航运史》，就是珠江流域经济社会发展的历史。在编纂的过程中，我们常感叹于先民的智慧，也为相关资料的匮乏而深感惋惜。这也是不能全面深刻地展现历史真相而给编者和读者带来的遗憾。本书定有不尽如人意之处，敬请读者指正。

同时，我们也相信，随着科学技术的发达、考古发现的增多、文献资料的考证，都会为《珠江航运史》的进一步完善提供有力的资料和佐证。